유대인 이야기

유대인 이야기

그들은 어떻게 부의 역사를 만들었는가

JEWISH ECONOMIC HISTORY

홍익희 지음

행성B

한국전쟁의 잿더미에서 맨손으로 시작한 우리 경제는 이제 교역규모 세계 8위로 성장했다. 무에서 유를 창조한 것과 마찬가지다. 1950년대 한국은 아프리카 나라들과 별 차이가 없는 극빈국이었다. 아니 그보다도 못했다. 전쟁이 끝난 1953년 1인당 소득은 67달러로 세계 최빈국의 하나 였다. 그러나 2011년 우리나라 수출액은 5천5백억 달러를 넘어섰다. 50년도 채 안 된 사이에 만 배나 증가한 것이다.

세계은행에 따르면 1960년대 이후 30년 동안 한국의 경제성장률이 세계 197개국 가운데 가장 높다고 한다. 자그마치 30년을 1등으로 달려온 민족이다. 세계 경제사에 유례가 없다고 한다. 바깥을 향한 경제정책이 우리 민족을 일으켜 세운 것이다.

그런데 이러한 수출의 비약적인 발전에도 지금 우리 경제가 활력을 찾지 못하는 원인은 무엇일까? 내수경기는 좀처럼 불붙지 못하고 청년실업은 갈수록 늘어나고 있다. 이제는 세상이 바뀌어 상품 수출만으론 안 된다. 서비스산업의 발전 없이 제조업 수출만으로는 한계가 있다.

나는 해외 7개국에서 근무했다. 1990년대 중반 뉴욕무역관에 근무할 때, 제조업 고용비중이 10퍼센트도 안 되는 미국이 세계 경제를 호령하는 힘이 어디서 나오는지 궁금했다. 미국은 서비스산업 고용비중이 80퍼센트를 넘어선 서비스산업 강국이었다. 특히 금융산업 경쟁력은 세계 최강이었다. 뭔가 월가에 답이 있을 듯했다. 그 속내를 들여다보고 싶었다.

세계의 제조업이 산술급수적으로 커가고 있을 때 금융산업은 기하급수적으로 성장했다. 미국 경제에서 GDP 성장에 대한 금융산업 기여도는 3할에 이른다. 세계는 바야흐로 금융자본이 산업자본을 이끄는 금융자본주의 시대다. 이러한 금융자본주의 정점에 미국이 있었다. 제조업의 열세로 무역적자에 허덕이는 미국을 세계 각국에 투자된 미국의 금융자본이 먹여 살리고 있었다.

2001년부터는 스페인에서 두 번째로 근무하는 행운을 얻었다. 10여 년 전 첫 근무를 할 때에 비해 세계적인 제조업이나 변변한 첨단산업 하나 없는 스페인이 급속도로 발전하고 있는 데 놀랐다. 관심을 갖고 들여다보니 그 힘 역시 서비스산업이었다. 20세기에 어려웠던 스페인 경제가 21세기 들어 관광산업과 금융산업의 주도로 활기차게 돌아가고 있었다.

1980년대 초 해외근무를 콜롬비아 보고타에서 시작하면서부터 유대인들을 접할 수 있었다. 그리고 해외근무를 더해 가면서 가는 곳마다 유대인들을 만났다. 중남미에서부터 미국, 유럽에 이르기까지 근무한 나라가 늘어날수록 그들의 힘을 더 크게 느낄 수 있었다. 유통과 금융은 물론 각종 서비스산업의 중심에는 언제나 유대인들이 있었다.

그들의 힘의 원천이 무엇인지 알고 싶었다. 2010년 초 귀국해 보니 우리나라도 예외가 아니었다. 이미 우리 생활 곳곳에 알게 모르게 유대인들의 영향력이 강하게 미치고 있었다. 이제는 유대인이 우리 경제에서 그냥 지나칠 수 없는 거대한 상대가 되어 있었다.

서비스산업의 실체에 대해 제대로 공부해 보고 싶었다. 금융산업을 비롯한 서비스산업의 뿌리를 살펴보니 거기에도 어김없이 유대인들이 있었다. 경제사에서 서비스산업의 창시자와 주역들은 대부분 유대인들이었다. 더 나아가 세계 경제사 자체가 유대인의 발자취와 궤를 같이하고 있었다. 그들을 제대로 알아야 한다. 그리고 그들에게 배울 게 있으면 배워야 한다. 이런 의미에서 우리 경제가 도약하는 데 작은 힘이나마 보탬이 되고자 이 책을 쓰게 되었다. 우리도 금융강국이 되어야 한다. 그리고 다른 서비스산업에서도 경쟁력을 갖추어야 21세기 아시아 시대의 주역이 될 수 있다.

책을 쓰면서 '경제사적 시각'과 '자본의 공간적 흐름'에 주목했다. 경제사에서 자본의 흐름은 토인비(A. Toynbee)의 문명 서진설과 맥을 같이하고 있었다. 지금 세계는 인건비가 높은 나라에서 낮은 나라로 직접투자 자본(FDI)이 물 흐르듯 흐르고 있다. 그 덕에 제조업의 서진화(西進化)가 빠른 속도로 이루어지고 있다. 중국과 인도가 대표적인 사례다. 이를 통해 아시아 시대가 우리가 예상했던 것보다 더 빨리 다가오고 있다.

그러나 그보다 더 거센 물결은 세계 금융자본의 초고속 글로벌화다. 대부분의 글로벌 금융자본은 돈 되는 곳이라면 어디든 가리지 않는다. 인터넷 거래를 통해 빛의 속도로 세계 각국을 헤집고 다니며 엄청난 규모의 자본소득을 빨아들이고 있다.

이러한 거대하고도 빠른 복합적 흐름의 가속화는 급류요, 소용돌이다. 변혁의 시기인 것이다. 그러나 이러한 외부의 급물살에 휩쓸려서는 안 될 것이다. 더구나 중국이나 일본의 변방에 머물러 있어서도 안 된다. 그 흐름의 중심에 올라타야 한다.

제조업도 중요하지만 앞으로는 금융, 관광, 교육, 의료, 지식산업 등 서비스산업의 발전 없이는 우리의 미래도 한계에 부딪힐 수밖에 없다고 생각한다. 미래 산업이자 고용창출력이 큰 서비스산업이 발전해야 내수도 살아나고 청년실업도 줄어든다. 그래야 서비스수지와 소득수지도 적자를 면하고, 더 나아가 우리 서비스산업이 수출산업으로 자리매김할 수 있다.

이 책은 역사 속 유대인의 궤적을 추적했다. 이는 역사를 통해 서비스산업의 좌표를 확인하고자 함이요, 미래를 준비하고 대비하기 위한 되새김질이기도 하다. 경제를 바라보는 시각도 역사의식이 뒷받침되어야 한다고 믿는다.

책을 쓰면서 몇 가지 점에 유의했다. 먼저, 유대인에 대한 주관적 판단이나 감정을 배제하고 객관성을 유지하고자 노력했다. 가능하면 친유대적도 반유대적도 아닌, 있는 그대로 그들의 장단점을 보고자 애썼다.

두 번째로, 유대인 이야기와 더불어 같은 시대 동서양의 경제사와 세계사를 씨줄로, 과학과 기술의 발달과정을 날줄로 함께 엮었다. 이는 경제사를 입체적으로 파악하기 위해서다. 그리고 경제사를 주도한 유대인의 좌표를 그 시대상황 속에서 살펴보고자 함이다. 유대인도 엄밀히 말하면 셈족의 뿌리를 갖고 있는 동양인이다. 다만 오랜 역사의 과정 속에서 현지화했을 뿐이다.

과학과 기술의 발달과정을 함께 엮은 이유는, 경제사를 입체적으로 이해하기 위해서는 시대상황과 함께 과학과 기술의 변천을 함께 살펴야 한다는 믿음 때문이다. 과학기술사는 경제사와 떼려야 뗄 수 없는 불가분의 관계다. 실제 역사적으로 과학기술의 발전이 경제 패러다임을 바꾼 사례가 많았다. 이미 과학과 기술의 트렌드를 알지 못하고는 경제와 경영을 논하기 어려운 시대가 되었다. 날줄과 씨줄이 얽히면서 만들어내는 무늬가 곧 경제사의 큰 그림이자 큰 틀이다. 만약 이러한 횡적 종적인 연결고리들이 없다면 상호연관성이 없는 개별적인 역사만 존재하게 될 것이다.

세 번째로, 유대인 역사의 인과관계를 파악하고 그들의 의식구조를 이해하기 위해 그들이 믿는 '유대인의 역사책'인 《구약성경》을 많이 인용했다. 신학적 관점에서 보면 논란의 여지가 많겠지만, 이 책의 집필 목적상 성서의 기록을 그들이 믿는 역사로 인정하여 그 속에서 유대인의 저력이 어디서 기인한 것인지를 살폈다는 것을 미리 밝혀둔다.

마지막으로 이 책의 집필을 위해 여러 선학들의 글을 인용하거나 참고했음을 밝힌다. 널리 이해하시리라 믿는다. 참고 문헌은 익명의 자료를 제외하고는 각 문단이나 책 말미에 밝혔다. 이 책에 있는 오류나 잘못은 당연히 나의 몫이다. 잘못을 지적해 주면 감사한 마음으로 고치겠다. 이 책을 사랑하는 가족들에게 바친다.

2부 | 유대인 세계 경제사의 주역으로 우뚝 서다

7. 미국을 움직이는 오늘날의 유대인들

1부

고난과 형극의 역사를

1

영원한 계약

우리는 아브라함이 유목민 출신이라 생각하기 쉬우나 그 무렵 아브라함이 살았던 수메르 문명의 중심지 우르는 발달된 도시였다. 물질만능과 우상숭배로 타락된 도시에서 아브라함이 선택받아 순수한 광야로 이주하는 것으로 유대인의 문명사는 시작된다. 이 시대에 이미 수메르인들은 영국, 인도 등 먼 거리 해상교역을 시작했다.

유대인의 역사는
《성경》과 궤를 같이한다

유대 민족의 저력은 전적으로 유대교에서 기인한다. 유대교의 특징은 계약의 종교다. 그들에게 계약은 목숨 걸고 지켜야 하는 당위다. 그들이 신과의 계약뿐 아니라 상업상의 계약도 중시하는 이유다. 그들은 서로 멀리 떨어져 있는 유대인 커뮤니티 간 상업과 금융상의 계약을 바탕으로 한 교류를 통해 세계 경제사를 주도할 수 있었다.

또한 유대교는 배움을 중시한다. 하느님의 섭리를 이해하려면 하나라도 더 배워야 한다는 것이다. 그래서 유대교는 배움을 기도와 똑같은 신앙생활로 간주한다. 이것이 다른 민족과 차별점으로 유대인들이 세계사적으로 저력을 발휘할 수 있었던 또 다른 이유다. 더 나아가 유대교는 율법을 통해 유대인은 모두 한 형제라고 가르친다. 율법은 유대인 간에 형제애로서 단합하고 협동할 것을 명령한다. 신앙의 힘으로 연대하는 강력한 공동체 정신이 그들이 고난의 역사 속에서 버틸 수 있던 이유다.

유대인들은 이산(離散)과 수많은 고난을 겪으며 더욱 강해졌다. 고난이 바로 은혜였다. 그렇기 때문에 유대인은 과거 자신들의 역사를 중시한다. 과거의 역사를 현재에 반추하며 이를 현재의 스승이자 미래의 거울로 삼는다. 유대인들의 조상 아브라함과 모세가 현재 그들의 기억과 예배 속에 살아 숨 쉬는 이유다. 유대인의 경제사 굽이굽이에는 그러한 정신들이 깊숙이 배어 있다. 그 정신들이 어떻게 형성되었는지 유대 민족과 유대교의 탄생 과정을 알아보자.

《성경》으로 살펴본 유대인의 기원

하느님과 유대인의 관계를 적은 책이 있다. 바로 《구약성경》이다. 《성경》은 우주만물에 대한 창조 이야기로 시작된다. 그 무렵 다른 고대인들이 생각했던 여타 우주관과 달랐다. 신기하게도 현대과학의 빅뱅이론과 기본적으로 일치한다.

유대인은 하느님이 모든 것을 만들고 마지막에 '하느님의 형상'대로 인간을 창조했다고 믿었다. 모든 동물이 엎드려 다니며 땅을 보았지만 사람만은 두 발로 서서 앞을 보고 하늘을 볼 수 있었으며, 이것이 인간이 멀리 내다볼 수 있는 능력을 뜻한다고 여겼다. 그들은 본능으로 살아가는 동물과 달리 인간이 이상을 추구하며 사는 것을 대단한 축복으로 생각했다.

《성경》에 보면 하느님이 인간을 빚은 뒤 코에 생기를 불어넣는 장면이 나온다. 유대인은 이를 바로 하느님의 영혼이라고 믿었다. 이 같은 유대인의 사고에 따르면 결국 실존하는 것은 인간이 아니라 인간 안에 깃든 하느님의 영혼이다. 기원전 1세기의 유명한 랍비였던 힐렐(Hillel)은 "인간 속에 심은 하느님의 형상이 완전히 개발되어 세계와 우주를 이해하고 지배해, 모든 인류의 삶이 하느님의 평화에 이르는 것이 《성경》 전체의 뜻이다."라고 가르쳤으며, 이외에 나머지 설명은 다 주석에 불과한 것이라 했다.

이어서 《성경》에는 아담에서부터 유대인의 조상 아브라함에 이르기까지의 족보가 쓰여 있다. 아담의 10대 후손이 노아이며, 노아의 아들 셈의 10대 후손이 아브라함이다. 이는 유대인의 뿌리가 아담에 닿아 있음을 보여준다. 이로써 유대인은 자기들의 조상을 최초의 인간인 아담에게까지 소급시킨다.

유대인은 아담이 기원전 3761년에 창조되었다고 믿었다. 그래서 유대력은 양력에 3,760년을 더한다. 흔히 '인류의 5천 년사' 혹은 '유대인의 5천 년사'라 함은 바로 이 때문이다. 우리도 단군왕검이 고조선을 세운 기원전 2333년을 원년으로 하는 단기(檀紀)를 쓰고 있다. 민족의 기원력을 쓰고 있는 민족은 한민족과 유대 민족뿐이다.

《성경》에 따르면, 하느님은 타락한 세상을 '물'로 씻어내면서 노아를 선택해 그 가족을 구했다고 한다. 대홍수를 겪고 살아남은 노아에게는 세 아들 셈, 함, 야벳이 있었다. 이들이 인류의 조상이다. 큰아들 셈의 후손들은 동쪽으로 갔다. 이들로부터 훗날 히브리, 페르시아, 시리아, 아시리아, 아라비아, 한민족, 몽골족 등 아시아계가 나왔다. 둘째 아들 함은 아프리카 쪽으로 갔고 그에게서 이집트, 에티오피아, 리비아 등 아프리카계와 가나안 사람들이 나왔다. 유럽으로 간 막내 야벳에게서 코카서스인과 아리아인 등 백인이 나왔으며 이들에게서 바다를 끼고 사는 백성들이 갈라져 나왔다. 지금의 북해와 지중해를 끼고 있는 유럽 나라들과 러시아 등이다.

아직도 논란이 되고는 있지만 《성경》에 나온 이런 인종적 구분은 상당 부분 사실로 규명되었고 서구의 세계관과 인종 구분은 이에 뿌리 깊게 근거하고 있다. 현대 진화론자들도 모든 인류가 공통의 조상으로부터 시작됐다는 데에는 창조론자들과 의견을 같이하고 있다.

유대인의 경전이자 율법 《토라》

《구약성경》 도입부 첫 다섯 권이 '모세오경'이다. 〈창세기〉, 〈출애굽기〉, 〈레위기〉, 〈민수기〉, 〈신명기〉를 말한다. 초창기 6백 년 동안의 유대인 역사를 기술한 부분이다. 모세가 저술했다는 전승에 따라 '모세오경'이라 한다. 유대인들은 이 모세오경을 《토라(Torah)》라 부른다. 《토라》는 '가르침'이란 뜻의 히브리어다. 《토라》는 유대인들의 경전으로 유대인들은 같은 성서라 할지라도 《토라》 이외의 예언서나 성문서는 《토라》를 보조하는 경전으로 본다. 《토라》의 원리를 배운 것이 예언서이고 배운 말씀을 어떻게 삶 속에 적용시켜야 할지를 보여주는 게 성문서다.

따라서 《토라》는 《성경》 가운데서도 계시의 핵심이다. 유대인은 합리성을 중시하지만 계시가 합리성보다 우선한다고 믿는다. 유대인들의 《토라》에 대한 연구는 그들이 하느님의 계시에 참여하는 가장 본질적이고도 핵심적인 수단이다. 유대인에게 《토라》는 영원히 현존하는 신비스러운 차원의 이야기다.

《토라》에는 창조 이야기를 시작으로 이집트를 탈출해 가나안 땅에 이르기까지의 유대인 역사와 하느님으로부터 받은 십계명을 비롯해 유대 민족이 살아가면서 지켜야 할 계율이 상세히 적혀 있다. 《토라》에 실린 계율의 수는 613개다. 이 가운데 "하지 마라."

::: 모세가 저술했다는 '모세오경'을 묶어 유대인들은 《토라》라고 한다.

::: 법궤 안에 들어 있는 《토라》

가 365개로 1년의 날 수와 같고 "하라."가 248개로 인간의 뼈와 모든 장기의 수와 같다. 유대인은 이를 두고 우리가 1년 내내 하지 말아야 할 것들이 있는가 하면, 우리의 지체(肢體)를 가지고 열심히 해야 할 것들이 있다고 여긴다.

《토라》는 특별하게 규제하는 것이 없으면 무슨 일이라도 할 수 있도록 허락한다. '이런저런 일은 하라'고 적혀 있기도 하지만 그보다는 '이런저런 일은 하지 마라'고 밝히고 있다. 규제를 최소화하는 시스템이다. 이렇듯 《토라》는 유대 민족이 어떻게 태동해 왔는지를 알려 주는 역사서이자 어떻게 살아가야 할지를 가르쳐 주는 율법서라 할 수 있다.

유대교·기독교·이슬람교의 뿌리 《구약성경》

유대교 성경 《타나크(TANAKH)》는 총 24권으로 율법서(Torah), 예언서(Neviim), 성문서(Ketubim)로 구성되어 있다. '타나크'는 이 세 분류명의 첫 글자를 떼어 합성한 이름이다. 유대교는 히브리어 원문이 남아 있지 않으면 경전으로 인정하지 않는다. 때문에 기독교의 《성경》보다 권수가 적다. 기독교에서는 그들의 새로운 경전을 '신약'이라고 부르고 유대교의 타나크를 '구약'이라고 부른다.

구약(舊約)의 약(約)은 '계약'을 뜻하는데, 히브리어로는 혈약(血約)을 의미한다. '피로 약속한 영원불변의 언약'이라는 뜻이다. 오늘날 《구약》을 경전으로 삼고 있는 종교는 유대교, 기독교, 이슬람교다. 앞서 밝혔듯이 유대교는 히브리어 원문이 남아 있는 《구약》만 《성경》으로 인정한다. 반면 기독교는 《구약》과 예수 이후의 복음서인 《신약》을 함께 《성경》으로 믿는다. 이슬람은 여기에 마지막 예언자 무함마드(Muhammad)가 쓴 《코란》이 보태진다. 《코란》의 내용을 살펴보면 율법은 모세가, 복음은 예수가 선포했으되 진정한 예언자는 무함마드이고 그의 계시가 최종적인 것이라고 한다. 어쨌든 세 종교 모두 그 뿌리는 《구약》이다.

유대인의 역사는
세계 경제사와 궤를 같이한다

유대인의 역사와 경제행위를 살펴보려면 세계 경제사가 어떻게 발전해왔는지를 함께 살펴야 한다. 왜냐하면 그 중심에 항상 유대인이 있었기 때문이다. 유대인의 조상인 아브라함은 세계 4대 문명 중 가장 빨리 시작되었다는 수메르 문명기의 인물이다. 따라서 우리는 인류의 경제활동이 어떻게 시작되었는지 아브라함이 살았던 우르와 수메르 문명에 대해 알아둘 필요가 있다.

1차 경제혁명, 신석기혁명

현생 인류의 조상은 아프리카에서 살다가 약 6만 년 전 티그리스·유프라테스 강 유역의 비옥한 초승달지대에 정착했다. 그리고 약 1만 년 전쯤에 빙하기가 끝나면서 신석기시대가 시작됐으며, 기원전 8~7천년 경에 수렵채취 경제로부터 농경사회로 옮겨갔다. 가장 최초의 농경사회는 메소포타미아 남부 평원에서 수메르 민족에 의해 시작되었다. 이것을 경제사에서는 '신석기혁명'이라 부른다. 신석기혁명은 식량채집에서 '식량생산'

으로의 변화를 뜻한다. 이러한 생산경제로의 전환은 인류문화사상 하나의 전기를 가져온 큰 사건이다.

경제사를 제도발전 차원에서 다룬 공로로 1993년 노벨 경제학상을 수상한 버클리대학교의 더글러스 노스(Douglass C. North) 교수는 신석기혁명을 산업혁명에 버금가는 큰 변화로 보았다. 그래서 이를 '1차 경제혁명'이라고 명명하고 산업혁명을 '2차 경제혁명'이라고 한 바 있다.

수메르 문명이 발달한 이유

기원전 5000년경, 수메르인은 티그리스·유프라테스 강줄기를 따라 농사지으며 여러 개의 마을들을 이루었다. 하지만 이 지역은 하천 활동에 의해 진흙, 모래 따위가 쌓여 이루어진 충적층 평야라 이집트와 달리 금속은 물론 석재와 목재 등 문명생활에 필요한 기초재료가 귀했고 척박한 환경이었다. 그래서 역사가 시작된 때부터 외부에서 필요한 물건들을 가져오거나 재주껏 만들어 써야만 했다.

때문에 일찍부터 교역을 하지 않을 수 없어 무역이 발전했고 무언가 만들어 써야 했기 때문에 불을 다루는 기술이 발달했다. 우선 수메르인이 거주한 메소포타미아 지역에는 큰 나무와 돌이 없었다. 그래서 그들은 집을 지으려면 산에서 목재를 벌채해 오고 멀리서 돌을 가져와야 했다. 이 것들을 하천과 바다를 통해 나르다 보니 배 만드는 기술이 발전한 것이다.

그러다가 나무나 돌 대신 진흙을 뜨거운 불에 구워 단단한 벽돌을 만드는 기술을 발전시켰고, 그걸로 집을 지었다. 그들은 불의 온도를 끌어올려 도자기를 빚고 도자기 송수관을 만들어 상하수도 시설을 설치했다. 심지어 찰흙을 거의 금속이나 다름없을 정도로 날카롭게 구워서 단단한 농기구를 만드는 방법 또한 발명했다.

이렇게 부존자원이 척박해 초기부터 석재·목재·금속 등 원료를 찾아 주변 지역들과 교역해야만 했지만 다행히 메소포타미아 지역은 강물의 토사 공급으로 기름진 땅이 유지되어 농사와 길쌈은 할 수 있었다. 농축산업과 직조기술이 일찍이 발달할 수 있었던 것이다.

기원전 4000년경부터는 청동기시대로 접어들면서 대량의 물품이 메소포타미아의 수로와 운하를 통해 거래되면서 주변에 큰 도시들이 생겨났다. 이렇게 수메르 도시국가들은 상업과 무역의 터전 위에 세워졌다. 그 무렵 유물들이 지금도 터키와 지중해 서안 그리고 이란 중부와 멀리 인도에 이르기까지 넓은 지역에서 발견되고 있다. 수메르 문명은 이렇게 주변에 영향을 미치며 뻗어 나갔다.

아브라함은 이러한 수메르 문명의 중심지 우르에서 살았다. 아브라함이 유목민 출신이라 생각하기 쉬우나 그 무렵 아브라함이 살았던 우르는 상업과 무역이 활발히 이루어지고 있던 발달된 도시였던 것이다.

인류 최초의 언어, 수메르어

유대 민족의 출발점을 이해하기 위해선 당시 아브라함이 살았던 우르의 수메르 문명을 알 필요가 있다. 그런데 수메르 문명이 놀랍도록 발달한 문명이라는 사실은 20세기 전후해서야 밝혀졌다. 19세기까지 고대 오리엔트에 대한 지식은 《구약성경》과 기원전 5세기의 그리스 역사가 헤로도토스(Herodotos)가 쓴 《역사》가 전부였다. 그 뒤 수메르 문명이 세상에 알려진 것은 고고학 발굴의 덕분이었다. 수많은 유물들과 함께 대량의 점 토판이 발견되어 수메르어가 해독되면서 수메르 문명의 실체를 알 수 있 게 된 것이다.

수메르 문명이 인류에게 선물한 '최초의 것'들은 바퀴, 계획도시, 고층 건물, 상하수도, 교육, 음악, 악기, 야금술, 의학, 조각, 보석, 도시, 왕 조, 법률, 사원, 기사도, 수학, 천문학, 달력 등 백 가지가 넘는다. 그중에 서도 가장 중요한 것은 문자다. 기원전 3500년경 우루크에서 수메르인이 썼던 쐐기문자를 우리는 인류 최초의 문자로 본다. 우르 사람 아브라함도 이 문자를 사용했을 것이다.

수메르 문자는 농사와 관련된 행정을 기록하기 위해 주로 쓰였다. 우르 의 사원에서 발견된 공문서를 보면 식량을 정확히 계량해서 주민들에게 분배하는 일에 관한 내용이 대부분이다. 문자가 지배층의 통치수단 중 하 나였음을 보여 주는 것이다.

역사의 기록이 없는 시대를 '선사시대'라 부르고 기록이 남겨진 이후의 시대를 '역사시대'라 부른다. 수메르 문명을 인류 최초의 문명으로 보는 것은 바로 이 역사시대를 최초로 열었기 때문이다.

청동의 발견, 본격적인 인류 문명의 시작

본격적인 경제사는 금속의 발견으로부터 시작된다. 원시인들은 돌을 쌓아 불 피우는 화덕을 만들었다. 그런데 그 가운데 어떤 초록색 돌들은 불에 오래 가열되면 찐득찐득한 붉은 물질을 뱉어냈다. 식은 뒤 보니 멋 지게 반짝였다. 이 물질이 바로 구리다.

구리는 기원전 6500년경부터 터키의 아나톨리아 지방에서 채취되었다. 가끔 덩어리로 발견되기도 하지만 귀해서 아주 귀중한 것을 만드는 데만 사용했고, 녹는점이 높아 제련이 힘들지만 비교적 도구 만들기는 간단해서 다른 금속보다 먼저 이용되었다.

수메르인이 사는 강변에서 멀리 떨어진 소아시아 산악지대와 페르시아 만 근처에도 구리가 매장되어 있었다. 수메르인은 소아시아보다는 페르시아 만이나 키프로스에서 생산되는 구리를 강과 바다를 통해 갖다 썼다. 특히 키프로스 섬은 구리의 대량 생산지였다. 구리의 영어명인 copper는 키프로스 섬의 라틴명인 cuprum에서 유래했다.

한편 여러 광석들을 함께 녹이다가 우연히 '새로운 구리'가 발견되었는데, 이것이 구리와 주석의 합금인 청동이다. 구리가 본격적으로 활용되기 시작한 것은 청동을 만들면서부터다. 청동은 구리나 주석보다 녹는 온도가 훨씬 낮아 녹이기도 쉬울 뿐 아니라 훨씬 단단해서 도구를 만드는 데 유용하다. 청동의 발견으로 본격적인 청동기시대가 열렸다. 수메르에서 발달한 이러한 구리야금술이 연장과 무기를 쏟아내면서 메소포타미아의 도시화를 가져왔다. 기원전 4000년경의 일이다.

청동기시대 초기에는 부족장들이 청동을 독점했다. 그만큼 귀했기 때문이다. 주로 권위를 상징하는 종교용 제기(祭器)와 무기를 만들었으며, 그 뒤 기원전 3000년경에는 중동지방까지 널리 알려지고 유럽에도 전파되기 시작했다.

청동기시대부터 불을 다루는 기술이 중요해졌다. 구리를 녹일 수 있는 고온은 노천에서 나무를 태워서는 얻을 수 없다. 밀폐된 공간에서 숯(목탄)을 사용해 불을 피워야 한다. 구리와 주석을 합해 가열하면 800~900도에서 녹으며 식으면 더 단단해진다. 인간이 도처에 산재하는 철을 두고 청동야금술을 먼저 개발한 이유는 바로 이 녹는점 때문이다. 철은 종류에 따라 다르긴 하지만 1,130~1,540도가 되어야 녹는다. 이러한 광물의 사용으로 '기술의 역사'가 시작되었다. 이때부터 기술의 발전이 경제 패러다임을 바꾸는 중요한 계기가 된다.

수메르 문명, 교역의 중심지가 되다

수메르인들은 곡물과 직물 이외에도 인류 최초로 채색토기를 만들어 팔았다. 그리고 청동기시대에 들어와 구리의 수요가 늘어나자 터키 동부 산맥지대나 이집트에서 석재나 광물을 사들이고 이들을 가공한 완제품을 내다 팔았다. 부가가치를 높인 것이다.

당시 수메르인들은 청동으로 가정용구·항아리·장신구 등을 많이 제작했다. 또 티그리스 강 상류 아르메니아인들로부터 화산 폭발 때 생긴 자연산 유리인 흑요석을 사들여 날카로운 화살촉과 도구를 만들어 팔았다. 날카롭게 날을 세울 수 있는 흑요석은 희귀한 산물로 강 상류의 아르메니아인들이 가죽배에 와인과 흑요석을 싣고 왔다.

이러한 교역의 발달로 수메르인들이 정착한 메소포타미아 남부 지역은 수공업자들과 상인층이 자리 잡고 운송과 교통이 발전했다. 각 지역 특산품들이 활발히 교환되어 교역 품목이 늘어났다. 시나이 반도에서는 구리가 생산되었고 소아시아 타우루스에서는 은이 채굴되었다. 그리고 아프리카의 소말리아와 나일 강 유역 누비아에서는 사금과 상아가 채취되었다. 한편 이집트에서는 희귀한 향수, 향료와 더불어 훌륭한 아마포가 수출되었다. 그 무렵 크레타 섬 사람들은 아름다운 도기를 만들었다.

수메르 문명이 남긴 유산들

인류 최초의 화폐, 세켈

수메르인이 남긴 유산 가운데 경제사에 가장 큰 영향을 끼친 것은 화폐의 발명이다. 기원전 9000~6000년 전의 사람들은 종종 교환의 단위로 가축들을 사용했다. 나중에 농업의 발달로 사람들은 물물교환을 위해 밀 등 작물을 사용했다. 그 뒤 수메르인들은 이미 기원전 3000년경에 동전 주화를 제조해 사용했던 것으로 보인다. 그들은 이 동전을 세켈(Shekel)이라 불렀다. 밀(She) 다발(kel)이란 뜻이다. 이 동전은 이슈타르 여신을 섬기는 신전을 유지하는 비용을 축적하기 위해 필요했다. 이렇게 수메르인은 화폐를 발명해 물물교환을 한층 수월하게 했다. 그러나 큰 거래에는 금, 은이 사용되었다. 《성경》에 따르면 아브라함이 아내 사라를 위해 묘지를 살 때 화폐의 단위로 세켈을 사용했다고 한다. 지금도 이스라엘은 세켈을 화폐단위의 하나로 쓰고 있는데 이는 세계에서 가장 오래된 화폐단위다.

수메르의 장거리 해상교역

티그리스와 유프라테스 강 사이의 메소포타미아 지역은 왕래하기 쉬운 개방적인 지리조건을 갖고 있었다. 이런 개방적인 지리조건은 민족 간의 활발한 교류를 가능하게 했다. 메소포타미아와 이집트의 상인들은 사막 길과 바다를 통해 페르시아 만에서 시리아와 소아시아까지, 나일 강에서 키프로스 및 크레타, 그리고 저 북쪽의 흑해까지 진출했다.

기원전 2000년대에 메소포타미아 지역의 청동 사용이 크게 늘어났다. 그 이유는 영국 남단 콘월에서 대규모 주석광산이 개발되었기 때문이다. 그 무렵 이미 장거리 해상무역이 발달해 있었다는 이야기다. 이러한 상인들의 교역 과정에서 금이 부의 축적과 교환을 한결 쉽게 해 주었다.

장거리 무역의 교환수단 '금', 본격적인 교환수단이 된 '은'

인류 역사에서 경제활동이 시작된 후로 사람들이 가장 귀하게 여기는 금속인 금은 기원전 6000년경 메소포타미아에서 처음 발견되었다. 고대의 금은 대부분 사금에서 채취했다. 금은 대부분 광석의 형태로 산출되지만, 모암(母岩)이 풍화되어 강바닥에 침적해 사금으로 발견되는 경우도 많다. 금은 대략 금광석 1톤을 처리해야 2그램 정도의 금을 얻는다. 이러니 귀할 수밖에 없다. 금은 무른 금속이기 때문에 실생활에는 별로 사용되지 않았다. 하지만 세공이 쉽고 처음부터 귀한 것으로 여겨져 고급 장식용과 경건한 제례의식의 제기로 사용되었다. 금은 화학적으로 가장 안정된 금속으로 녹슬지 않는다.

이러한 금과 은을 화폐로 택한 것이 수메르의 신전들이다. 수메르 신전의 사제들은 금과 은을 회계수단이자 장거리 무역의 교환수단으로 선택했다. 이로써 금이 부의 저장수단이자 인류 전체의 교환수단으로 자리 잡았다. 하지만 보통의 시장에서는 거의 사용되지 않았다.

은은 예로부터 알려진 금속이었지만 이용 면에서는 금보다 뒤졌다. 이유는 자연상태로 산출되는 경우가 금에 비해 적고 까다로운 정제법 때문이었다. 그러다가 기원전 3000년경부터 본격적으로 널리 쓰였다. 수메르 도시국가의 사제는 은과 납을 사기 위해 상인들을 아나톨리아 고원의 히타이트로 보내기도 했다. 지금도 은은 여러 산업재료에 사용되어 가격 변동이 경기에 민감하다.

납땜과 거푸집 발명과 무기의 대량생산

보통 아연과 납은 함께 나온다. 아연 광석은 보통 80~90퍼센트 정도의 아연과 나머지 납으로 이루어져 있다. 아연을 다루다 납땜이 발명되어 이를 계기로 세공술이 발달했다. 우르의 왕묘에서 나온 공예품들은 오늘날과 비교해도 큰 차이가 나지 않는다. 한편 이 시대에 이르러 녹인 쇳물을 거푸집(주형, mold)에 부어 주물을 만드는 기술이 발달했다. 이를 주조(鑄造, casting)라 한다. 이로써 청동무기와 도구의 대량생산이 가능해졌다.

최초의 문명국가인 수메르는 원래 여러 도시국가들이 잦은 전쟁을 일으키는 지역이었다. 더불어 끊임없는 유목민의 침공에도 대비해야 했다. 이를 위해 청동 단검과 긴 칼인 만곡도, 투창용 창, 도끼 등이 만들어졌다. 새로운 발명품 가운데 가장 중요한 것은 검이었다. 역사에서 연장을 겸하지 않고 오로지 싸우는 데에만 쓰인 최초의 물건이 바로 검이다. 초기에는 청동이 많지 않아 무기가 널리 보급되지 못했다. 오히려 돌칼 등의 무기가 더 많이 쓰였다. 그 뒤 교역을 통해 구리와 주석이 다량 확보되자 청동무기의 수가 늘어났다.

이어 거푸집을 이용해 다량의 화살촉과 도끼를 만들었다. 무기의 등장으로 사람들은 농경과 수렵을 하는 것보다 다른 지역으로 쳐들어가 축적한 것을 빼앗아 오는 것이 세력을 더 빨리 늘리는 방법임을 알게 되었다. 수메르인에 의해 청동갑옷과 투구도 만들어졌다. 당연히 발달된 청동무기를 쓰는 민족이 쉽게 주변을 제패할 수 있었다.

세계 최초의 군대 탄생

끊임없는 전쟁 때문에 수메르 지역은 당시에 가장 발달된 무기와 군대를 가질 수 있었다. 수메르인들의 가장 혁명적인 기술은 바로 전쟁에 새로 발명된 전차를 이용했다는 것이다. 이러한 무기의 발달 이외에도 수메르인들은 세계 최초로 전문무사 계층으로 이루어진 상비군과 주민들의 일부를 징병하는 징병제를 탄생시켰다. 수메르의 주요 도시국가들은 각기 약 3만 5천여 명 내외의 주민을 지배하고 있었는데, 기원전 2600년경 수메르의 각 도시들은 6~7백 명의 전문무사로 구성된 상비군이 핵심을 이루었고 최대 수천 명까지 동원되는 예비군들로 세계 최초의 군대를 만들었다.

민간인과는 확연하게 구분되는 상비군의 출현은 상당한 훈련을 요하는 밀집진형(phalanx, 팔랑크스)의 탄생을 가능하게 해 주었다. 세계의 주요 문명국가들의 기본 진형 형태가 되는 밀집진형은 각 병사들이 대오를 맞추고 1열의 병사가 쓰러지면 2열의 병사가 그 빈자리를 메꾸는 진형으로 집단적인 힘으로 적에 대항하기에 알맞다.

메소포타미아에서 시작된 청동무기의 사용과 진화된 군대는 중앙집권형 국가를 탄생시켰다.

수메르 문명의 중심도시 우르

청동 등 대량의 물품이 메소포타미아의 운하와 수로를 통해서 거래되면서 부가 축적되자 수메르인의 도시계획에 의한 도시국가들이 많이 세워졌다. 신전 중심의 다신교 사회였다. 집권 관료층이 전문화된 일꾼들을 고용했고 전쟁포로로 노예제도가 시작되었다. 수메르 문명을 이루었던 도시국가들은 에리두, 키슈, 우르크, 우르, 라가시 등 10여 개가 경쟁하고 있었다. 수메르 최초의 고대왕국은 에리두였다. 수메르 신화에 의하면 천신 아누, 대지 신 엔릴, 물의 신 엔키가 다른 신들인 아눈나키 50명을 이끌고 땅으로 내려와 최초로 건설한 도시가 바로 에리두라고 한다. 《성경》 속의 에덴과 혼동되기도 하는 에리두는 기원전 5000년경에 시작되어 기원전 3000년경 대홍수로 멸망했다.

우르크는 기원전 3500년부터 다양한 도기문화를 발전시켰고 기원전 3200년경에 인류 최초로 수메르 문자를 만들었다. 이로써 기록이 전해지는 역사시대가 시작되었다. 수메르 최강의 도시국가로 알려진 우르는 아브라함의 고향으로 《성경》에는 '갈대아 우르'라고 기록되어 있다고 한다. 우르가 최강의 도시국가로 불리는 이유 중 하나는 그들이 남긴 많은 유적과 유물에 있다. 그들이 남긴 거대한 지구라트(Ziggurat)와 도시 유물, 그리고 전차 그림, 황금투구, 황금 보검, 청동제 화살, 하프, 도미노 게임판, 주사위 등은 찬란했던 고대왕국의 모습을 보여 준다. 우리가 수메르 유물이라고 알고 있는 다수가 우르의 것들이다. 우르의 법전은 후일 함무라비 법전의 모태가 되었다. 당시 우르는 운하로 연결된 항구도시로 국제교역이 발달해 있었다.

인더스 문명과의 교역

수메르 사회는 모든 일에 계약문서를 만들었다. 심지어 혼인문서도 만들어 각자 보관했다. 계약서에는 도장이 필요했다. 초기 도장은 보석이나 돌에 문양을 새겨 사용하다가 후기에 들어와 원통이 쓰이게 되었다. 실린더형 원통도장은 점토판에 문양을 음각으로 새긴 막대 형태의 굳은 점토다. 이를 굴려서 서명하면 점토판 위에 조각이 양각으로 부조된다.

기원전 2500년경에 생겨나 번성한 고대 인도의 모헨조다로 문명 유적지에서도 수메르에서 만든 실린더형 도장과 녹색 활석들이 많이 발견되어 두 지역의 교역이 빈번했음을 알려 준다. 수메르는 인더스에 양털과 모직옷감, 활석, 그리고 노예를 수출했다. 노예는 아마 도시국가끼리의 전쟁포로인 듯하다. 인더스는 수메르에 금, 구리, 터키옥, 구슬 장식품, 청금석, 히말라야산 목재, 밀, 상아, 목화, 면 등 다양한 품목을 팔았다. 수메르의 점토판 문서에 따르면, 인더스인은 원자재를 그대로 내다 팔지 않고 "잉여 생산물을 모아서 가공해 좀 더 가치 있는 제품으로 만들어 각지로 운반해 필요한 물건과 교환했다."고 기록하고 있다. 모헨조다로 문명도 수메르 문명의 영향을 받았는지 도시계획에 의해 벽돌로 도시를 건설했다.

::: 아브라함이 살았던 우르의 유적에서 발굴된 기원전 2600년경의 사륜전차 그림

선택 받은 아브라함, 우르에서 가나안으로

수메르 문명권에서 가장 발달된 도시 우르에 살고 있던 유대인의 조상 아브라함의 가족이 그곳을 떠나 척박한 땅 가나안으로 이주하면서 이스라엘 역사는 시작된다.

아버지 데라는 큰아들 아브라함 부부와 손자 롯을 데리고 우르에서 가나안을 향해 가다가 하란에 정착해 살고 있었다. 당시 하란은 바빌로니아-소아시아-이집트를 연결하는 통상 중심지였다. 그 무렵 수메르는 유대인의 시각에서 보자면 문명의 발달로 인한 부작용이 끊이질 않았다. 지나치게 타락하고 우상숭배가 만연해 영적으로 회복되기 힘든 지경에 이르렀던 것이다. 유대인들은 이 시기에 아브라함이 하느님에게 선택 받았다고 생각한다.

우리의 시각에서 보자면 척박한 가나안 땅에서 문명도시 우르로 이주하는 것이 오히려 합당하게 생각된다. 그러나 《성경》에 따르면 아브라함은 하느님 말씀 한마디에 아무 계산 없이 길을 떠났고, 유대인들에게 믿음의 조상이 되는 것으로 여겨진다. 아브라함의 나이 75세 때라고 알려져 있다.

히브리 사람들, 계약의 민족이 되다

아브라함은 사촌누이이자 아내인 사라와 조카 롯과 함께 그의 집에서 태어나 훈련받은 318명의 남자 종 등 대규모 식솔을 이끌고 9백 킬로미터 떨어진 가나안에 도착했다. 지금의 팔레스타인이다. 앞서 말했듯 이스라엘 역사는 이처럼 아브라함의 이주로부터 시작되었다. 가나안 사람들은 그때부터 이들을 히브리(헤브라이) 사람들이라고 불렀다. '유프라테스 강 건너에서 온 사람들'이란 뜻이다.

과학사가들에 의하면 이후 소돔과 고모라는 땅 밑의 역청(원유)이 솟구쳐 화재로 멸망하고 우르는 토사에 매몰되었다고 한다. 우르 상류의 숲이 벌목으로 모두 황폐화되자 엄청난 토사가 매년 하류로 떠 내려와 관개수를 뒤덮고 운하를 매몰시켜 결국에는 우르를 토사 속에 파묻어 버렸다.

여하튼 아브라함은 《성경》의 땅 가나안으로 들어온 이후, 유목민이 되어 양떼를 치며 이곳저곳을 유랑하며 살았다. 아내 사라는 나이가 들도록 아이가 생기지 않자 당시의 관습대로 여종 하갈을 소실로 들이게 했다. 그러나 이집트 여자 하갈은 임신을 한 이후로 사라를 괄시하기 시작했다. 어쨌든 하갈은 이스마엘을 낳았다. 아브라함의 나이 86세 때였다.

《성경》에 따르면 아브라함의 나이 99세 되던 해에 하느님이 아브라함과 계약을 맺었다고 한다.

"내가 너와 계약을 맺는다. 너는 많은 민족의 조상이 되리라. …… 네 이름은 이제 아브람이 아니라 아브라함이라 불리리라. …… 가나안 온 땅을 너와 네 후손에게 준다." 〈창세기〉 17:4~8

아브라함의 '아브'는 아버지라는 뜻이고 '함'은 민족이라는 뜻이다. 즉 '민족의 아버지'가 된 것이다. 이때부터 유대인들은 자기 민족이 하느님과 계약을 맺은 '계약의 민족'이라고 믿고 있다.

이때 모든 남자는 태어난 지 8일만에 할례를 받으라는 하느님의 명을 받고 아브라함은 그날로 집안의 모든 남자를 불러 모아 할례를 베풀었고 그 자신도 할례를 받았다고 한다. 유대인에게 할례는 하느님과 맺은 계약의 징표로 여겨진다. 어떠한 상황에서도 신앙을 가슴 깊이 새기기 위해 거룩한 표시를 몸에 새기는 것이다.

아브라함 이후의 유대교

아브라함이 100세가 되었을 때 사라에게도 아이가 생겼다. 이삭이 태어난 것이다. 사라는 그동안 자기를 괄시한 하녀 하갈과 그녀의 아들 이스마엘을 광야로 내쫓았는데, 이때 쫓겨난 이스마엘이 오늘날 아랍인의 조상이고 이삭이 유대인의 조상이라 여겨지고 있다. 논란의 여지가 있지만 아브라함의 후손인 형제 민족 간의 악연은 이렇게 시작되었다. 이스라엘과 아랍 간 투쟁의 시작인 셈이다.

아브라함의 종교를 이삭을 통해서 전수 받은 사람들이 유대인들이라면, 이스마엘을 통해서 전달 받은 사람들이 바로 이슬람교도들이다. 이슬람교에 의하면 알라와 하느님은 같은 신이다. 유대인들과 기독교도들이 아브라함의 종교를 타락시키고 《성경》을 변질시켰기 때문에 무함마드를 통해 하늘에 있는 경전의 원본을 내려 보내 아브라함의 종교를 회복시키고자 하는 것이 이슬람이라는 주장이다.

아브라함의 믿음을 시험한 이삭의 번제물 사건 이후 아브라함의 신앙은 크게 세 가지 특징으로 정리할 수 있다.

하느님 이외에 어떤 다른 신도 섬기지 못한다.
하느님과의 계약의 징표로 할례의식을 행한다.
하느님께 드리는 제사에 인간을 희생 제물로 써서는 안 된다.

동물을 속죄양으로 바치는 제사는 그 무렵 가나안에서 사람을 죽여 신에게 제사 지내던 관습에 반대하는 메시지로 이해할 수 있다. 아브라함 이전에는 흠 없는 정결한 어린아이를 희생 제물로 쓰는 관습이 있었다. 하지만 아브라함 이후 유대교는 살아 있는 사람을 제물로 쓰지 않은 것이다.

기독교에서는 아담과 이브가 금단의 과일 선악과를 따 먹은 것을 '원죄'라 한다. 그러나 유대교에는 아담과 이브의 불순종 죄는 인정하나 이 죄가 후손 대대로 이어진다는 원죄사상은 없다. 유대교는 과거에 얽매이지 않고 오히려 현재와 미래에 대해 이야기하고 있다. 일례로 유대교에서는 인간은 하느님의 형상대로 만들어졌기에 하느님은 분명 인간에 대한 기대가 있고, 따라서 하느님의 자녀로서 합당한 삶을 살지 않는 것이 죄가 된다. 더 나아가 주어진 가능성에 최선을 다하지 않는 게으름과 무능력이 죄다.

《성경》에 따르면, 아브라함의 믿음을 시험한 이삭 번제물 사건으로 하느님은 보편성이 담긴 약속을 반복해서 제시했다고 한다. 아브라함의 자손들에게만 번성을 약속한 것이 아니라, 지상의 백성 모두가 축복을 받을 것이라고 한 것이다. 이는 아브라함을 처음 선택할 때 말씀했던 내용의 반복이라 할 수 있다. 반복은 강조를 뜻한다. 이 때문에 유대인은 소명의식을 갖게 되었는데, 즉 인류는 하느님이 계획한 운명을 지니고 있다는 것이다. 유대인들은 자신들이 이 거룩한 계획에 동참해 앞장서도록 되어 있다고 생각한다.

최초의 유대인 땅 헤브론

유대인 역사상 중요한 일이 생겼다. 가나안 땅을 최초이자 '공식적으로' 획득한 것이다. 예루살렘 남쪽에 있는 헤브론은 아내 사라가 죽자 아브라함이 그녀를 안장시키기 위해 사들인 땅이다. 드디어 떠돌이 아브라함이 땅의 소유자가 된 것이다. 《성경》은 아브라함이 땅을 사들이는 과정을 상세히 기술해 의미를 부여하는 것으로 보이고 있다. 땅을 구입하는 데 든 돈이 은 400세켈로, 약 4.5킬로그램. 당시 은은 주화가 아니라 은괴였으며 이를 무게로 달아 계산했다. 아브라함은 최초로 자기 땅을 획득해 아내를 묻고 그 땅에 스스로도 유목민 생활을 마감하고 묻혔다. 그래서 오늘날 유대인들에게 헤브론은 각별한 의미를 지니고 있는 듯하다. 예루살렘 다음으로 중요한 성지며 유대인의 영원한 고향이다. 또한 유대교와 기독교, 이슬람교 모두에게 거룩한 장소다. 세 종교 모두 경전에서 아브라함을 언급하고 있기 때문이다.

지금도 이곳에는 유대인 회당과 이슬람 사원이 공존한다. 이곳을 지배하던 가나안인, 에돔인, 그리스인, 로마인, 비잔틴인, 프랑크인, 맘루크, 오스만튀르크인은 역사 저 너머로 사라졌지만 유대인만큼은 헤브론 땅에 여전히 자리 잡고 있다. 이처럼 헤브론은 4천 년이 넘는 세월 동안 유대인들이 어떻게 살아남았는지를 보여 주고 있다. 이는 그들의 비극적 역사와 역경을 극복해가는 강인함을 상징한다.[◆]

유대인의 역사는 고난과 부의 역사

유대인의 조상은 다른 민족들과 달리 처음부터 부자였다. 아브라함은 훈련된 장정만 318명을 거느릴 정도로 큰 부자였다. 그의 아들 이삭 또한 농업으로 1년에 1백 배의 수익을 올리고 노복이 많았다고 전한다. 유대인에게 있어 부(富)는 처음부터 떼려야 뗄 수 없는 관계였다.

《성경》에서는 아브라함을 히브리 민족의 시조로서 선하고 올바른 사람의 예로 묘사한다고 한다. 그는 의리를 위해 나가 싸웠고 승리를 거둔 뒤 관대함을 보였다. 평화를 사랑하고 욕심 없는 사람이었으며 자기 가족들에게 헌신적이었고 이방인들을 극진히 대접했다. 무엇보다도 하느님을 경외하며 명령에 순종했다고 한다. 그렇다고 해서 아브라함이 항상 모범적이었던 것은 아닌 듯하다. 저명한 역사학자이자 작가인 폴 존슨(Paul Johnson)은 《유대인의 역사》에서 아브라함은 인간적이고 현실적이며 겁을 먹기도 하고 의심을 품기도 했지만, 궁극적으로는 충실하게 하느님을 섬겼다고 말하고 있다.

어쨌든 유대인의 역사가 "나는 여러분들 가운데서 나그네로, 떠돌이로 살고 있습니다."라는 아브라함의 고백으로부터 시작되었다는 것은 부인할 수 없는 사실이다. 그 뒤로 4천여 년의 유대인의 역사는 한마디로

◆ 우광호, '유대인 이야기', 〈가톨릭신문〉, 2009년 1월 25일

방랑의 역사였다. 4백여 년간의 이집트에서의 종살이, 이집트에서 탈출
해 광야에서 보낸 40여 년, 아시리아와 바빌론으로부터 나라를 빼앗겼
던 포로 시대, 로마제국에 의해 세계 곳곳으로 뿔뿔이 흩어진 2천여 년
은 바로 유랑과 핍박의 역사였다. 이 시련의 유랑 길은 당시의 그들에게
는 힘든 고난의 길이었지만 경제사적으로는 현재의 유대인들의 부와 영
향력을 만든 '은혜의 길'이기도 했다.

2

고난의 역사, 엑소더스

힉소스 왕가가 이집트를 통치하던 시절, 유대인은 쉽게 정착하여 번성을 누렸다. 그러나 힉소스 왕가가 아닌 새로운 왕가가 탄생하자 유대인들은 각 산업 분야의 노예로 동원되었고 박해를 당했다. 이 장에서는 나일 문명과 메소포타미아 문명에 기여한 유대인들의 고난의 행군을 살펴보고자 한다.

이집트로 이주한 유대인, 12지파의 시작

《성경》에 의하면, 아브라함이 이삭을 낳고 이삭이 야곱을 낳고 야곱이 요셉을 포함한 열두 명의 아들을 낳는 동안 어느새 유대인의 4백 년 역사가 흐른다. 이삭의 아들 야곱은 꿈에 하느님과 씨름했다 해서 '이스라엘(Israel)'이란 이름을 얻었다고 한다. 이것이 지금 이스라엘의 국호다. 이는 유대인 개인에서 이스라엘이라는 민족으로 발전하는 시발점이다. 이스라엘이라는 이름은 '하느님과 씨름하다', '하느님의 군사'라는 뜻으로 이름 자체가 전투적이고 치열한 삶을 살아가는 의미를 지니고 있다. 실제로 이스라엘 민족은 역사 이후로 계속 싸워왔고 지금도 싸우면서 치열한 삶을 살아가고 있다.

한편 형들에게 밉보여 '애굽(埃及, 이집트의 음역)'으로 팔려간 요셉은 왕의 꿈을 해몽해 국민들을 기근에서 구하고 중앙집권제 국가를 건설해 이집트를 역사의 황금기에 올려놓았다.

그러던 어느 해 가나안에 기근이 들었다. 요셉은 아버지와 형제들을 기근이 든 고향에서 풍요로운 이집트로 불렀다. 이리하여 야곱은 아들들과 식솔 70명의 장정과 그에 딸린 식구들을 거느리고 풍요로운 나일강 유역 '곳센'에 정착했다. 야곱은 아들 덕분에 이집트에서 가장 비옥한 땅에 정착할 수 있었다. 요셉의 형제들이 왔다는 소식이 궁궐에 전해지자 파라오와 그의 신하들이 좋아했다. 이집트를 지배하던 힉소스 왕가가 같은 셈족 계통이었기 때문에 요셉이 친족들을 불러들여 쉽게 정착시킬 수 있었다.

이후 야곱의 아들 열두 명 가운데 열 명과 요셉의 아들 두 명이 이스라엘 12지파의 조상이 된다. 이스라엘의 역사는 이 12지파를 중심으로 전개되며 각 지파간의 협력과 갈등의 역사이기도 했다. 이때가 힉소스 왕가의 이집트 통치 말기였다. 외부 침략자인 힉소스인들이 이집트를 통치한 250년간 이집트 원주민들 다수가 남쪽으로 쫓겨난 반면, 이스라엘 민족은 힉소스 왕가의 호의로 북쪽의 기름진 땅에 살면서 번성했다.

이집트의 유대인,
건설노예가 되다

    기원전 1720년경, 고대 이집트 중왕국은 당시 최첨단 무기인 철제 이륜전차군단을 몰고, 복합궁 활과 만곡도로 무장해 쳐들어온 힉소스인에 의해 정복되었다.

    중왕국을 멸망시킨 힉소스가 이집트를 침공할 당시 이집트의 주력은 창병과 궁병으로 구성된 보병대였다. 힉소스는 강력한 복합궁으로 무장한 데 비해 이집트는 아직 원시적인 단순궁을 쓰고 있었다. 특히 힉소스인들은 청동기로 만든 만곡도(낫처럼 생긴 메소포타미아인들의 청동검)로 무장해 갑옷을 입지 않은 이집트 보병대를 학살했다. 힉소스 군인들의 청동갑옷 앞에 이집트인들의 주력무기인 철퇴는 무력했다. 이집트 군대가 보유한 원시적인 청동도끼는 힉소스인들이 가진 발달된 형태의 찌르는 도끼에 상대가 될 수 없었다. 이렇게 해서 힉소스는 이집트에서 새로운 파라오왕국을 세웠다. 메소포타미아에서 이동해 온 이들의 근본은 셈족이었다.

::: 힉소스의 전차

    힉소스란 '유랑의 왕자'란 뜻으로 이들은

원래 유목민족이다. 이집트는 비록 힉소스에게 정복당했지만 그들로부터 전차 등 발전된 군사기술뿐 아니라 제련법 등 신기술을 배워 이집트가 다시 부흥하는 계기를 만들었다. 힉소스인은 이집트를 정복한 뒤 팔레스타인에도 제국을 건설했다. 이들의 지배 영역은 멀리 아시아에까지 미쳤다. 이들이 타고 온 전차는 단번에 권력의 상징이 되었다. 이를 제작할 수 있는 전문직들과 이를 관리하는 전투귀족, 곧 기사가 탄생했다.

이집트 신왕국의 유대인 말살정책

《성경》에는 이집트 왕이 유대인을 박해하는 과정이 드러나 있다고 한다. 이는 요셉과 친밀한 관계를 유지했던 힉소스 왕가가 아닌 새로운 왕가의 탄생을 의미한다. 테베의 왕 아모세는 기원전 1580년경에 마침내 힉소스족을 무찔렀다. 제18왕조의 첫 통치자가 된 아모세는 마침내 이집트의 통치권을 회복하고 신왕국 시대를 열었다. 그리고 남아 있던 힉소스족과 그들이 불러들인 민족들을 추방하거나 노예로 삼았다. 유대인들은 노예로 동원되었다. 이집트 신왕국의 통치자들은 이스라엘 백성에게 강제노동을 시켜 파라오의 곡식을 저장해 둘 도성 비돔과 라암셋을 세웠다.

그러나 억압을 받으면 받을수록

::: 아모세의 전쟁벽화

이스라엘 백성은 불어났다. 이집트인들은 그들을 두려워한 나머지 이스라엘 백성을 더욱 혹독하게 부렸다. 그들은 흙을 이겨 벽돌을 만드는 일과 밭일 등 온갖 고된 일을 시키면서 이스라엘 백성을 괴롭혔다.

그 무렵 이집트에 거주하는 유대인 인구는 열두 부족 2백만 명으로, 이집트인보다도 많았다. 당시로서는 대단히 큰 민족이었다. 순수 야곱의 후예 이외에도 전쟁노예들과 이방인들이 섞여 공동체를 이루었던 것으로 보인다. 이집트인들은 자기들보다도 더 커진 유대 민족에 대해 두려움을 느꼈다. 이집트는 유대인들의 언어와 문화를 말살하려고 여러 차례 시도했으나 그때마다 수포로 돌아갔다.

그 하나의 예가 새로 태어나는 유대인 남자 아기를 모두 강물에 던져버리라는 파라오의 명령이다. 참고로 말하자면 훗날 유대인을 이끌고 이집트에서 탈출한 모세의 이름은 바로 '강물에서 건진 아이'라는 뜻이다. 이스라엘 민족이 이집트를 탈출하는 시기는 기원전 15세기 설과 기원전 13세기 설로 양분되어 있으나 많은 학자들은 대체로 그 연대를 람세스 2세 통치기간인 기원전 1220년대로 추정하고 있다.

유대인 건설노예들이 지은 신전들

기원전 14세기에 이르러 메소포타미아 지역에는 양대 세력이 팽팽히 자웅을 겨루었다. 《성경》에서 이야기하는 가나안 땅에 거주하는 일곱 족속의 하나인 '헷 족속' 히타이트와 이집트 왕국이 그들이다. 그 무렵 이집트는 이집트 왕조의 꽃이라 불리는 신왕조시대로 투탕카멘을 거쳐 람세스 2세가 파라오에 등극했다. 람세스 2세는 가장 오랜 기간인 67년 동안 이집트를 통치한 파라오다.

람세스 2세는 치열했던 카데시 전투♦ 이후 히타이트와 평화협정으로 안정된 정세를 마련하고 유대인 건설노예를 활용해 기념비적인 건축물을 많이 건설했다. 그리하여 '건축의 대왕'이라 불렸다.

그는 별명에 걸맞게 아비도스 신전, 카르나크 신전군, 룩소르 신전, 아부심벨 대신전과 소신전, 라메세움 신전 등 이집트 전역에 수많은 신전 건축물을 세우고 내부를 자신이 거둔 승리를 묘사한 글과 그림들로 도배했다. 특히 람세스 2세는 카데시 원정을 화려한 승리로 묘사했다. 하지만 실제로는 시리아의 지배권을 빼앗기고 주변 국가가 히타이트의 영향력 아래에 들어갔다.

람세스 2세는 유대 건설노예를 동원해 힉소스의 수도였던 아리바스를 재건하고 람세스의 집이라 불렀다. 또 몇 개의 도시를 더 건설해 가나안과 시리아 출정기지로 삼았다. 이러한 건설 사업으로 수많은 유대인들이 혹사당했다. 람세스 2세는 유대인들을 끊임없이 학대했다. 그러나 유대인들은 학대를 받을수록 더욱 번성해 더 큰 무리가 되었다. 요즘 관광객들이 보는 이집트 신전 대부분이 그때 유대인 건설노예들에 의해 지어진 것이다.

이집트 신전의 특징은 거대한 규모에 있다. 카르나크 신전은 길이가 약 4백 미터에 달하는 역사상 가장 넓은 면적의 종교 건축물이다. 유럽의 고딕 성당 중 아무리 큰 것이라도 이 신전의 중앙 홀에 들어갈 수 있을 정도다. 더구나 이 신전을 지을 때 경이로운 점은 신전 주위에 돌이 없어 모든 돌을 '아스완'에서 운반해 왔다는 것이다. 이것들 모두가 유대인 건설

♦ 기원전 1286년, 오리엔트 지역의 패자 이집트와 철기무기와 전차를 본격적으로 사용한 히타이트가 시리아 영유권을 놓고 벌인 대회전

노예들을 동원해 지은 것인 만큼 오늘날 이 신전들을 바라보는 유대인들의 감회는 남다를 수밖에 없을 것이다.

이런 박해에도 불구하고 나일 강가에서 야곱 일가 남자 70명과 그 가족들로 시작한 유대 민족은 430여 년 만에 2백만 명이 넘는 큰 민족으로 번성했고 노동력과 두뇌를 제공해 이집트 문명 발흥에 큰 보탬이 되었다.

당시 유대인들은 건설노예로만 학대당했던 게 아니었다. 웬만한 수공업 분야에서 모든 유대인 노예들이 혹사당했다. 특히 유대인 직조노예를 동원한 마직물공장은 공기가 잘 통하지 않는 열악한 작업장으로 악명이 높았다. 그러나 이는 훗날 유대인 직조기술의 원천이 되었다.

유대인들은 무자비한 압제와 혹독한 종살이에 지칠 대로 지쳐갔다. 노예로 전락한 유대인들은 절망적인 강제 노동의 상황에서 신에게 구원을 간구했다. 이집트에서 유대인들의 삶이 번영의 지속이었다면 그들은 결코 이곳을 떠날 생각을 안 했을 것이다.

엑소더스,
이집트에서 탈출하다

엑소더스(exodus)란 탈출의 의미를 가진 그리스어다. 유대인 역사 가운데 모세가 주도해 유대인들이 이집트에서 대탈출한 '출애굽 사건', 즉 엑소더스는 유대 신앙의 가장 중요한 구심점이다. 이 사건은 이스라엘 역사와 문화에 있어서도 중요한 위치를 차지하고 있다. 이를 통해 이스라엘은 비로소 자신들의 정체성을 확립하게 된다.

모세의 등장과 유대인의 결의

논란의 여지는 있지만 유대인들은 하느님이 어눌한 모세를 선택해 이스라엘 백성의 구원사업에 앞장서게 했다고 믿고 있다.

모세는 람세스 2세에게 유대인들이 광야로 가서 제사드릴 수 있게 해달라고 청했다가 거절당한다. 람세스 2세와의 담판에서 별 성과를 거두지 못하자 모세는 모든 방법을 동원해 파라오와 정면으로 맞선다. 열 가지 재앙 이야기가 그것이다. 나일 강이 피로 변하고, 개구리 소동이 일어나고, 모기와 등에가 들끓고, 가축병과 피부병이 만연하고, 우박이 쏟아지고, 한바탕 메뚜기 소동이 일어나고, 세상이 어둠으로 변하는 이야기. 하지만 파라오는 꿈쩍도 하지 않았다. 마지막 열 번째 재앙은 이집트 모든 맏아들의 죽음이었다.

《성경》에 의하면 하느님은 마지막 재앙이 다가오기 전에 이스라엘 가정은 집 대문 문설주에 양의 피를 바르라고 지시했다고 한다. 그 지시대로 마지막 재앙의 밤 이스라엘 백성들은 양의 피를 바르고 기다렸는데, 여기서 피 흘림은 죄 사함의 표시로 하느님 백성이라는 징표를 의미한다. 때문에 재앙을 내리는 천사들이 피 묻은 대문을 보고 그 집을 건너뛰었다는 것이다.

《성경》에는 이날 파라오의 장자를 포함한 이집트의 모든 맏아들이 죽었다고 한다. 하지만 유대인 맏아들은 모두 무사했다. 그래서 유대인들은 그날을 유월절(과월절)이라고 부른다. 유월절은 '재앙이 넘어간다'는 뜻이다. 영어로는 Passover, 그리스어로 '파스카(Pascha)'로 발음되고 히브리어로 '페사흐'로 불린다.

더 이상 버티는 것이 힘들다고 판단한 파라오는 밤중에 유대인들의 지도자인 모세와 아론을 불러 이집트에서 떠나라고 명령했다고 한다. 이집트인들도 그동안 온갖 재앙을 겪어왔던 터라 자신들이 가지고 있던 패물과 의복까지 내주며 속히 떠나기를 원했다. 드디어 유대인들이 이집트의 포로생활에서 해방된 것이다.

이집트를 떠난 유대인들은 드디어 해방을 맞았다고 생각한 듯하다. 《성경》에는 이집트에서 탈출시킬 때 하느님이 유대인들에게 사제의 직책을 맡은 내 나라, 거룩한 내 백성이 되라고 명했다고 하는데, 이후 '사제의 나라', '거룩한 백성'이라는 말은 유대인 삶에 지표가 되었다. 그러나 유대교의 거룩함은 '성스럽고 위대하다'는 뜻이지만 금욕적인 삶을 의미

하지는 않으며 이러한 '거룩' 정신이 유대인의 가정생활, 사회생활, 자녀
교육, 그리고 신앙생활을 관통하고 있다.

유대인에게 누룩과 '40'의 의미

이집트를 탈출한 이듬해, 유대인들은 시나이 광야에서 첫 번째 유월절
축제를 지낸 이후 지금까지 축제 때 허리에 띠를 매고, 신을 신고, 지팡
이를 쥐고, '누룩 없는 빵'을 먹는다. 유대인들은 지금도 유월절 때면 과
거 이집트의 노예생활을 잊지 않으려고 노예생활의 고통을 상징하는 쓴
나물과 누룩을 넣지 않은 납작하고 딱딱한 과자 '마짜(matzah)'를 먹으면
서 선조들의 고통을 되새기고 있다.

이 기간에는 이스라엘의 슈퍼마켓이나 식품가게에서 부풀린 빵을 구
할 수 없다. 심지어 맥도날드나 피자헛 같은 패스트푸드 매장에서도 딱딱
한 나무토막 같은 햄버거와 피자가 나온다.

고난했던 자신들의 과거를 잊지 않으려는 의미도 있지만 유대인에게
누룩을 넣지 않은 빵은 교만의 위험성을 암시한다. 교만은 인간이 신을
도외시하고 자기중심적으로 생각할 때 나타나는 현상이다. 유대인들은
누룩을 인간의 자부심이 이기심으로 '커져 가는' 방식으로 생각했다. 빵
에 누룩을 넣으면 부드럽고 먹기가 편해진다. 누룩은 안락하고 편안한
생활을 의미한다. 인간은 편해지면 나태해지고 타락하기 쉬워진다. 또 자
기도 모르는 사이에 자기중심적인 사람 곧 교만한 사람이 된다. 따라서
누룩이 들어간 빵을 먹는다는 것은 진정한 자유를 체험할 수 없음을 상
징한다.

유대인들이 이집트를 떠나 광야를 걸어간 과정을 보면 직선거리로 일주일이면 갈 수 있는 거리다. 그런데도 그들은 이집트와 가나안 사이의 황무지 사막을 40년 동안이나 떠돌아다녔다. 유대인들은 이를 두고 하느님이 굽이굽이 돌아서 40년 동안 고난의 길을 걷게 했다고 말한다. 유대인들은 여기에서 40년을 걸으며 많은 시행착오를 겪으며 깨달았다고 한다. 여기서부터 그들의 신앙이 새로 시작되었다.

유대인 역사에서 40년간의 광야생활은 아주 중요한 집단적 체험이자 기억이다. 유대인에게 '40'이라는 숫자는 특별한 의미가 있다. 구원을 위한 정화기간을 뜻한다. 고난과 시련을 통해 죄를 참회해 속죄하는 것이다. 이 시기에 유대인들은 광야에서 우왕좌왕하며 어떻게 살아가야 할지 몰랐다. 규율도 질서도 없었다. 이를 보고 하느님께서 직접 유대인을 위한 율법을 내려주었다고 그들은 말한다.

시대를 앞선 율법정신

모세는 시나이 산에서 하느님으로부터 십계명을 포함한 율법《토라》을 받아 유대인들에게 주었다고 한다. 이것이 유대교 신앙의 본질이다. 신은 유대인들을 이집트 노예생활에서 구했을 뿐 아니라, 그 민족과 공식적으로 언약을 맺고 십계명과 율법을 주어 바르게 사는 법을 가르쳤다. 유대인에게 구원이라는 큰 주제는 이집트 탈출과 떼려야 뗄 수 없는 관계다.

율법을 중심으로 하느님과 유대 민족 간에 계약을 체결함으로써 유대인들은 비로소 하나의 민족, 하나의 운명 공동체로 묶이게 된다. 이로부터 진정한 의미의 이스라엘이 시작되었다는 점에서 이집트 탈출 사건, 즉 엑소더스는 유대인에게 가장 중요한 역사적 사건이라고 할 수 있다. 유대인들은 오늘날에도 유월절과 율법을 받은 날, 그리고 광야의 방황을 기억하는 날을 기념비적인 사건으로 경축하며 해마다 그 기억을 새롭게 하고 있다.

모세의 율법은 어떤 성문법보다도 '정의', '공정'을 목표로 '민주주의 정신과 여성 존중'이라는 새로운 시대정신을 가르치고 있다. 그 무렵 '법 앞의 평등'이라는 개념은 매우 파격적인 원칙이다. 게다가 율법에 명시된 위생 관련 사항은 유대인들을 죽음의 전염병에서 구해 주었다. 안식일이란 개념은 훗날 로마시대에 채택되어 인류를 당시의 혹독한 노동 환경에서 적어도 일주일에 하루는 구해 주었다. 또 모세의 율법은 최초로 종교와 국가의 분리를 원칙으로 세웠다. 이는 3천 년이 지난 뒤 18세기 계몽주의의 시대가 되어서야 역사에 등장하게 된 개념이다.

율법 수여가 끝나자 모세의 임무도 완수된 것일까? 그 뒤 모세는 가나안 땅에 들어가 보지 못하고 광야에서 죽었다. 모세는 죽기 전 유대 민족의 새 지도자로 여호수아를 세웠다. 유대인에게 있어서 모세는 기독교들에게 예수와도 같은 인물이지만 그를 기리는 명절은 없다. 복음서 곧《신약성경》은 예수의 말씀을 기록하고 있지만 모세오경이라는 《토라》에는 모세가 말했다고 인용할 만한 것은 하나도 없다고 한다.

3

페니키아, 이스라엘, 그리스의 상권 각축

기원전 1300년경, 당시로써는 믿기 어려울 정도로 창조적이며 진취적인 해양 민족들이 지중해 동부 지역 가까이에 함께 살고 있었다. 바로 페니키아인과 이스라엘인과 그리스인이다. 경제사에서는 그들의 진취적인 해외시장 개척과 상업활동을 고대라는 시간 틀에 가두어 크게 주목하지 않지만 자본주의의 시발점으로 그들을 재조명할 필요가 있다.

◆ ◆ ◆

기원전 1300년경, 당시로서는 믿기 어려울 정도로 창조적이며 진취적인 해양 민족들이 지중해 동부지역 가까이에서 함께 살고 있었다. 바로 페니키아인과 이스라엘인들이다. 둘은 가나안 지방에 같이 살았다. 지금의 레바논은 페니키아인들이 살던 곳이다. 한참 뒤에 그리스인들이 해양 진출에 합류한다.

이 세 민족은 태생적으로 도시국가나 지파 공동체의 자치제에서 살았기 때문에 사고방식이 자유로웠다. 진보적이고 개방적이라 세계를 발전 가능한 대상으로 인식했다. 게다가 진취적인 기상으로 해외개척에 대한 도전의식을 갖고 있었다.

고대 서양에서 정복이란 명예로운 일이었다. 다시 말해 고대 서양 사회에서는 누군가를 지배하고 권력을 얻는 것은 좋은 것이었으며, 오히려 장사를 명예로운 정복전쟁에 비해 떳떳지 못한 상인들의 간교한 속임수로 보았다. 그러나 페니키아인과 이스라엘인들의 생각은 달랐다. 그들은 고대사회의 특징인 정복전쟁을 통한 부의 탈취보다는 교역을 통한 부의 증대를 꾀했다. 게다가 대륙이 아닌 해양을 개척해야 할 대상으로 본 최초의 민족들이었다.

역사의 흐름 속에서 민족, 국가 같은 경제단위의 흥망성쇠 요인을 완벽하게 파악하기란 그리 간단치 않다. 그래도 경제사를 들여다보면 분명한 것이 하나 있다. 인간의 자유와 창의성이 보장되는 곳에서 경제발전이 이루어졌다는 사실이다. 창의력과 자유의 반대는 억압과 규제다.

인간의 자유의지가 경제적 영역에서 무한하게 발현되는 시기가 고대에도 있었다. 페니키아인, 이스라엘인, 그리고 그리스인들이 그 시기의 주역이다. 그들은 서로 경쟁하며, 한편으론 협동하고 또 한편으론 적대하며 발전했다. 이들을 서로 관통하는 키워드는 '자유와 개방'이었다. 이들이 서로 주고받은 시너지 효과는 대단했다.

오늘날까지도 역사가들은 국가와 군주 중심의 역사기술에 익숙해 있다. 그러나 이들은 국가나 군주 중심이 아닌 개인의 삶을 중요하게 생각했다. 이들은 노예와 이방인을 제외한 모든 인간은 동등하다고 보았다. 인간이 자유를 획득하기 위해 부의 축적이 필요하다고 믿었다. 게다가 가난은 일종의 위협이며 오히려 물질적인 부를 개척하고 축적하는 일이 자유로운 삶을 보장받아 신에게 좀 더 가까이 다가가는 길이라고 믿었다. 한마디로 이들은 인간의 미래가 인간의 자유의지에 의해 현재보다 나아져야 하며 나아질 수 있다고 믿는 사람들이었다. 역사는 그들 덕분에 진보할 수 있었다.

이렇듯 페니키아인, 이스라엘인, 그리스인들은 자유를 숭상하고, 부의 축적을 신의 축복이라고 생각했다. 이 사상이 자본주의를 이루는 그리스·히브리 사상의 근간이 되었다. 경제사에서는 그들의 진취적인 해외시장 개척과 상업 활동을 고대라는 시간 틀에 가두며 크게 주목하지 않는다. 그러나 자본주의의 시발점으로 그들을 재조명해야 진정한 경제사라고 하겠다.

페니키아, 해상무역을 주도한
가나안 사람들

　기원전 3000년경부터 가나안 땅 해안지역에 페니키아인들이 살고 있었다. 페니키아라는 말은 후대에 그리스인들이 명명한 것으로 페니키아인들은 스스로를 '가나안 사람들'이라고 불렀다. 그들은 이스라엘인·아람(Aram)인♦과 함께 가나안계에 속하며 오래 전에 이들 민족 간에 혼혈이 이루어졌다. 또한 페니키아는 지중해 동쪽 해안을 일컫는 고대 지명이다. 따라서 페니키아인이라 하면 민족을 지칭하는 것이 아니라 이 지역에서 주로 활동하던 사람들을 일컫는 말이며 그 지역에 살았던 아람인을 비롯해 이스라엘인들도 포함된다.

　페니키아인들은 주로 해안가에 살았다. 뒤로 바닷가에 치솟은 해발 3천 미터 높이의 레바논 산맥이 가로 막고 있었기 때문에 그들은 일찍부터 바다로 진출했다.

　그들은 삼(杉)나무 목재로 뗏목을 만들어 인근 지역에 내다 팔았다. 그 뒤 삼나무로 큰 배를 만들어 지중해에서 생산한 천일염과 해발 2천 미터의 높은 산맥에서 벌채한 삼나무 목재와 함께 올리브와 포도, 바다에서

♦ 4천여 년 전, 아시리아 지역에 뿌리내린 셈족의 한 갈래

잡은 생선을 말려 인근 지역들과 해상교역을 하기 시작했다. 소금과 올리브, 포도는 기후와 토양을 가린다. 소금, 올리브, 포도가 생산·재배되는 지역과 그렇지 못한 지역 사이에 무역이 이루어지는 이유다. 교통이 발달하지 못한 고대에는 주로 수로를 통해 교역이 이루어졌다. 페니키아인들은 이들을 수출하고 키프로스에서 구리와 토기를, 이집트에서 곡물과 파피루스를, 크레타에서 토기를, 멜로스 섬에서 흑요석 무기와 도구들을 수입해 인근지역에 되팔았다. 이들은 해적질도 곧잘 해 가끔 주변 이스라엘 사람들을 납치해 그리스에 노예로 팔기도 했다. 당시 교역은 약탈과 혼재되어 있었다.

천일염으로부터 시작된 페니키아 무역

페니키아인들은 바다에서 소금을 수확한 최초의 민족이었다. 바닷물을 햇빛에 증발시켜 최초로 천일염(天日鹽)을 생산한 것이다. 당시 페니키아의 지중해 해안은 천일염을 만드는 데 적합한 기후를 갖고 있었다. 그 무렵 중국은 바닷물을 토기에 넣고 불을 지펴 소금을 생산할 때였다. 인근 이스라엘인들은 사해와 사해 밑 소금계곡에서 소금을 거저 줍다시피 했는데 질이 그리 좋지는 않았다. 그런 소금일지라도 가격이 비쌌으니, 순도가 높고 품질이 좋은 페니키아산 천일염은 더 비싼 값에 팔려 나갔다.

소금은 인류에게 재화를 얻는 중요한 방법을 하나 더 성사시키도록 했다. 거래였다. 거래는 시장을 형성했고 시장의 형성은 도시를 낳았다. 또한 거래는 생산활동보다 그 생산성이 훨씬 더 컸다. 특히 소금은 강수량이 많아 생산되지 못하는 곳에서는 금보다 비쌌다. 페니키아인들은 소금을 팔기 위해 장거리 항해를 마다하지 않았다. 갈리아 지방이나 잉글랜드처럼 멀리 나갈수록 더 비싸게 팔 수 있었기 때문이다. 이에 따라 원양 항해가 발달했다. 페니키아에는 소금을 사러 사람들이 모여들었다. 거래가 활발하고 시장이 발달한 곳에서는 경제가 더 빨리 발전하는 법이다. 역사적으로 소금이 생산되는 곳이 경제적 번영을 누렸던 이유가 여기에 있다.

고대 유럽에서 소금 생산이 가능한 지중해 연안은 경제적 중심지의 역할을 했다. 당시에는 암염 광산의 개발이 본격적으로 이루어지기 전이

천일염 생산의 조건과 암연

소금은 바닷가에서 쉽게 만들 수 있을 것으로 생각되나 그렇지 않다. 바닷물에는 소금이 약 2.5퍼센트, 그 밖의 광물이 약 1퍼센트 정도 들어 있다. 바닷물에서 천일염을 얻기 위해서는 먼저 물을 빨리 증발시킬 수 있을 정도로 기후가 덥고 건조해야 한다. 해안가에서 천일염을 만들 수 있는 곳은 극히 제한되어 있다. 한 해 동안 연평균 기온이 25도 안팎이어서 물의 증발량이 일정 기준 이상이어야 하고 최소한 건기와 우기가 뚜렷해야 한다. 그리고 비가 적고 주변에 큰 산지가 없어 적당한 바람이 있어야 한다. 게다가 갯벌이 넓고 적당한 간만의 차가 있어 계단식 염전을 꾸미기에 알맞아야 한다.

그런데 이와 같은 조건의 지역이 생각보다 그리 많지 않다. 지중해 연안 일부, 인도 서부, 오스트레일리아 서부 및 한국 등 극히 제한되어 있다. 게다가 옛날에는 지하에 묻혀 있는 암염층에서 소금을 파내는 방법도 몰랐다. 그래서 질 좋은 소금이 그리 귀했던 것이다. 해안 염전에서 소금을 만들 수 있는 나라는 축복받은 기후를 갖고 있다고 하겠다. 오늘날에도 바닷가 염전에서 얻는 소금은 전체 생산량의 3분의 1도 안 된다. 전 세계에서 생산하는 소금 가운데 70퍼센트는 땅속에서 얻는다. 지하의 암염층은 독일, 러시아, 미국 등에 많이 있는데 옛날에 바다였던 곳이다. 그래서 암염층 밑에서 종종 석유가 발견되는 경우가 많다.

라 소금 생산이 가능한 곳은 지중해 해안 중에서도 일부 지역에 한정되어 있었다. 깎아지른 절벽이 대부분이어서 소금 생산에 적합한 곳이 많지 않았기 때문이다. 더구나 다른 유럽 지역은 대체로 흐리고 비가 자주 오는 날씨라서 더더욱 소금생산이 어려웠다. 그만큼 소금은 희귀할 수밖에 없었다. 이렇게 소금을 이용해 지중해 문명을 만든 최초의 민족이 바로 페니키아인들이다.

페니키아 최대 수출품목, 백향목

페니키아인은 백향목(柏香木)이라 불리는 레바논 삼나무로 배를 만들어 지중해 지역을 오가며 교역을 했다. 이 크고 튼튼한 삼나무 배가 페니키아인들이 지중해 해상무역을 석권할 수 있었던 이유다.

백향목은 《구약성경》에 70번이나 등장하는 나무로서 레바논 산맥 표고 2천여 미터의 눈 덮인 높은 산에서 자란다. 향이 나는 목재라 백향목이라 불리며 단단할 뿐만 아니라 물에 잘 썩지 않는 것이 특징이다. 솔로몬 왕의 성전과 왕궁을 지을 때 사용한 목재이자 베네치아 바다 밑 침목들이 주로 레바논 삼나무로 되어 있다. 백향목은 수피(樹皮)에 상처가 나면 송진을 내는데 그 향이 매우 향기롭다. 이 송진에는 방부제와 방충제가 함유되어 있어 고대 로마에서는 종이에 발라 책에 좀이 쓰는 것을 막기도 했다. 이 성질 때문에 오랜 기간 썩지 않는 고급목재로 사용할 수 있다.

나무의 높이는 40미터, 나무 둘레는 4미터에 달하고 오래된 것은 수령이 3천 년이나 된다. 지금은 귀한 나무지만 당시에는 수량이 풍부했다.

이 삼나무가 있어 페니키아인들은 갤리선*과 같은 거대한 배를 만들고 목재를 수출할 수 있었다. 지금도 레바논 국기 한가운데는 그들이 자랑하는 삼나무 그림이 그려져 있다.

오리엔트와 서양의 다리 역할을 한 페니키아 도시국가들

지정학적으로도 당시 페니키아인들이 사는 팔레스타인 지역은 교통의 요충지이자 상업의 교역로였다. 큰 도로가 두 개 있었는데 하나는 '해변 도로'이고 다른 하나는 동쪽 산악에 있는 일명 '왕의 대로'였다. 이 중 해변 도로를 따라 도시국가들이 발달하기 시작했는데, 페니키아인들에 의해 지중해 연안에 건설된 도시국가로는 두로(티루스), 시돈, 베리투스(베이루트), 비블로스, 우가릿 등의 연안 도시국가를 들 수 있다.

이들은 그들이 세운 항구도시들을 중심으로 도시연맹의 형태를 취했으며 전형적인 상업도시들로 왕의 권한이 부유한 상인에 의해 제한되기도 했다. 또한 거주민 대부분이 주로 해상무역에 관련된 일에 종사하며 페니키아 특유의 문명을 발달시켰다.

이들 도시국가들은 주변 강대국들의 세력에 무력으로 저항하지 않고 속국으로 처신하며 경제적 번영과 안정을 유지해 나갔기 때문에 점차 다른 종교나 문화에 적응하고 동화되기도 했으며, 이를 다른 지역으로 전파하는 역할도 했다. 특히 크레타와 그리스에 문화적 영향을 끼쳤다. 그래서 서양 문명의 시원을 거슬러 올라가면 그리스 문명보다 페니키아 문

◆ 사람들이 양쪽에서 노를 저어 움직이는 큰 배.

명에 도달하게 된다. 그들이 오리엔트와 서양의 다리 역할을 한 것이다.

지중해 패권을 장악한 페니키아

기원전 5세기 그리스의 역사가 헤로도토스는 원시 형태의 교환을 다음과 같이 기록했다.

"상선을 타지에 정박시키고 상인은 상륙한다. 그들은 물건을 진열한
다음 우호의 뜻을 표시하는 것으로 그 자리를 물러난다. 뒤에 원주민
들이 나타나서 자신들의 물건을 늘어놓고 상대방을 놀라게 하지 않

이집트 영향력에서 벗어난 페니키아

페니키아는 본래 기원전 1500년경까지 이집트의 통치를 받았다. 이집트는 기원전 2550년경 거의 45미터에 달하는 배를, 기원전 1500년경에는 이미 길이 60미터 폭 21미터 크기의 선박을 만들었다. 페니키아의 조선 기술과 해양술은 이집트의 영향을 받은 것으로 보인다. 그러나 기원전 14세기에 들어 히타이트와 아모리인들이 이집트를 공격하면서 이집트가 쇠약해진 틈을 타 페니키아는 독자적인 해양 세력으로 성장했다. 기원전 1250년경 이미 페니키아는 동지중해 연안과 에게해 연안을 장악해 시돈, 티루스 등 연안 도시국가들이 크게 발전했다. 기원전 12세기에 이르러 이집트의 영향력이 약해지면서 페니키아는 지중해에서 가장 강력한 세력으로 부상해 스스로 식민지를 개척하기 시작했다. 기원전 11세기에 페니키아 함선들은 지중해 곳곳을 항해하며 해안을 따라 중요한 무역항들을 세웠다. 이들 페니키아인들의 활동을 통해 오리엔트 문명이 지중해 지역에 전파되었다.

기 위해 사라진다. 그러면 상인은 다시 돌아와서 상대방의 물건을 조사한다. 만족하지 않으면 자신의 물건의 일부를 갖고 사라진다. 새로운 흥정을 의미한다. 이 같은 흥정은 쌍방이 제안의 균형을 이루고 모두가 만족할 때까지 계속된다. 그리고 거래가 이루어진다."

성가신 과정이겠지만 이로써 교환시장이 생겨났다. 그 뒤 페니키아인은 교역 중심지에 항구를 건설했다. 이들이 다루었던 주요 교역품목은 주로 정착지에 꼭 필요한 소금을 비롯해 구리·주석·철 등 금속과 밀, 올리브기름, 포도주, 직물, 노예, 채색 유기, 건어물 등이었다. 특히 목재류, 키프로스의 구리와 주석, 이베리아 반도의 철과 납, 양모 등의 교역은 식민지 건설사업의 필수품으로 지중해 연안지역 발전에 지대한 공헌을 했다.

또한 청동, 금은, 보석, 상아, 유리 공예품 등이 무역 루트를 통해 오리엔트와 지중해 각지에 널리 퍼졌다. 여기에 티레·비블로스·베리투스에서 생산되던 고운 아마포, 뿔고둥에서 추출하는 보랏빛 염료와 염색 옷감, 시돈에서 생산되던 금속·유리제품·도기·자수제품·값비싼 직물·향신료·향수·청동거울·진주·금장식품·은 항아리 등 귀족들을 위한 특산물도 운송했다. 이러한 것들은 부피가 작게 나가면서도 비싼 것들이어서 교역에는 안성맞춤이었다.

페니키아인들의 항해는 세계사에 있어서 하나의 전환점을 마련했다. 교역량이 커지고 해상교역 거리가 점점 멀어지자 현지 항구에 식민지를 건설하기 시작한 것이다. 그들은 지중해 양 해안의 거의 모든 항구를 방문했다. 그리고 원주민들에게 교역에 대해 가르치고 페니키아 문자를 전파했으며 페니키아로부터 포도나무와 올리브나무를 갖다 심었다. 그 뒤부터 그리스에서 포도주가 생산된 것이다.

그들은 세계 최초로 막강한 해상교역국이 되었다. 그들은 당시 그들이 세상 끝이라고 믿었던 곳까지 교역망을 확장하기 위해 노력했다. 상선들은 지브롤터 해협을 넘어서 대서양까지 항해했고 북유럽 항구와 아래로는 아프리카 해안까지 나아갔다. 어떤 사람들은 그들이 실제로 북아메리카 해안까지 도달했다고 주장하기도 한다.

페니키아인들은 키프로스에서 코르시카와 스페인에 이르는 땅들을 식민지화했다. 그리고 기원전 810년경에는 스페인 광물 수입을 위한 북아프리카 해안 중간기지로 오늘날의 튀니지에 카르타고를 세웠다. 후에 카르타고는 지중해에서 가장 강력한 도시국가로 성장해 북아프리카, 사르디니아, 코르시카, 시칠리아의 일부와 스페인을 지배하는 세력권을 형성하면서 지중해의 통상을 지배하고 해양 패권을 장악했다.

또한 당시에 벌써 중계무역과 해외생산이 이루어졌다. 그들은 지중해 연안뿐 아니라 홍해, 인도양, 대서양을 넘나드는 교역을 했다. 아프리카, 아시아를 잇는 중계무역을 통해 귀금속, 상아, 공예품을 사고팔았으며 전쟁포로를 사서 노예로 팔기도 했다. 또 당시 주요한 교역품인 주석을 찾아서 영국에, 호박과 모피를 찾아서 덴마크와 스칸디나비아 반도에까지 진출했다. 그리고 식민지였던 이베리아 반도에서는 은을, 키프로스에서는 구리를 직접 생산해 거래했다. 종합상사가 따로 없었다. 군주가 주도하는 전쟁을 통한 정벌과 약탈이 아니라 상인에 의한 상거래를 통해 부의 축적과 분배가 폭넓게 시작된 것이다.

페니키아 항구 도시들은 전형적인 상업도시들로, 부유한 상인들에 의해 왕의 권한이 제한되기도 했다.

페니키아 문자의 진화, 알파벳

장사한 내용을 기록하기 위해서, 또 오랜 기간 집을 떠나 장사를 하던 이들이었기에 집에 소식을 전하기 위해서는 글자가 필요했다. 페니키아인들은 이집트의 상형문자와 수메르인이 쓰던 설형문자를 발전시켜 기원전 17세기경 표음문자인 알파벳 문자를 최초로 사용하기 시작했다.

페니키아	그리스	로마
ㅓ	ㅅ	A
ㅓ	B	B
ㅿ	ㅿ	D
ㅄ	K	K
ㄴ	ㅅ	L
ㅋ	N	N
ㅍ	ㄱ	Q
ㅋ	P	R

알파벳을 이용하면 다른 언어를 받아 적기가 용이해서 서로 다른 언어를 쓰는 이웃 국가들과 무역을 훨씬 활발하게 할 수 있었다. 이 알파벳 문자는 22개 자음만으로 표기하는 문자 체계였는데 기원전 11세기에 이르러 페니키아의 식민·무역 활동으로 빠르게 주변 지역에 확산되었다. 이 언어는 유대 민족이 쓰는 히브리어와 맥을 같이 하고 있다. 사실 어느 언어가 먼저 만들어졌는지는 불분명하나 서로 영향을 미친 것으로 보인다.

기원전 9세기경 그리스인들이 22개 자음으로만 되어 있는 페니키아 언어를 받아들여 모음을 더해 그리스어가 되었다. 이로써 무슨 글자도 다 쓸 수 있게 되었다. 이는 인류에게 전대미문의 사건이었다. 이것을 만든 사람들은 종교적인 글이나 편지 등 글을 많이 써야 하는 사람들이었다. 특히 계약서나 확인서를 많이 써야 했던 상인들이었다. 그 뒤 페니키아 문자는 지중해 연안으로 전파되어 기원전 8세기 무렵에는 에트루리아 문자를 통해 라틴 문자 형성에 영향을 끼쳤다.

이는 다시 슬라브어의 모체가 되었으며 이탈리아 반도의 에트루리아어를 거쳐 로마인들에게 전해져 로마 글자인 라틴 알파벳이 만들어진 것이다. 로마 시대의 라틴 문자는 23자였으나 중세에 이르러 26자가 되었다. 지금의 알파벳으로 진화한 것이다.

금값보다 비싼 자색 염료 생산과 최초의 유리 발명

페니키아인들은 단순한 상인이 아니었다. 1차(농업), 2차(제조업), 3차(유통업) 산업 모두를 아우르는 경제체제를 갖추고 있었다. 그들은 밀과 보리를 경작하고 무화과나무, 뽕나무, 올리브나무, 포도나무 등을 재배했다. 특히 올리브기름과 잘 익은 포도주는 값비싼 수출 품목이었다. 당시 좋은 와인은 5리터에 황소 한 마리 값이었다.

그 무렵 페니키아인들은 벌써 유리를 생산해 유리그릇을 제조하고 유리공예를 발전시켰다. 또 당시에 자주색 염료를 생산해 그들 스스로도 자주색 옷을 입고 다녔다. 자주색은 훗날 유럽 귀족과 성직자들이 가장 선호하는 색깔이 된다. 유리 제조와 염료산업 두 가지는 당시 첨단산업이자 고부가가치 산업이었으며, 두 가지 모두 시돈(sidon)이라는 도시국가에서부터 생산되었다. 시돈은 페니키아 고대 도시국가 중 하나로, 기원전 3000년대에 건립되어 그 후 1천 년 동안 번영했다.

자색 염료의 생산 페니키아라는 명칭이 붙여진 것은 그리스인들에 의해서였다. 그리스인들은 그들을 포에니키스(Phoenicis), 곧 '자(紫)색의 사람'이라고 불렀다. 이는 페니키아인들이 값비싼 자색 옷을 주로 입고 다녔기 때문이다. 그러나 그들 스스로는 자기들을 페니키아인이 아닌 '가나안 사람'이라고 불렸다. 당시에 가나안이라는 말은 장사꾼을 의미하기도 했다.

염료산업 초기에는 주로 식물에서 추출한 물감이 사용됐다. 하지만 햇빛이나 세탁으로 쉽게 색이 바랬다. 때문에 좀 더 질이 좋은 물감의 필요성을 느껴 동물성 염료가 개발되는데, 시돈에서 자주색 물감 제조의 고고학적 증거로 산더미처럼 쌓여 있는 깨어진 소라들의 무더기가 발굴되었다. 소라에서 자주색 물감을 얻기 위해서는 소라 내장의 특정 부위에서 분비액을 얻어야 하기 때문에 깨진 소라들의 무더기는 모두가 자주색 물감을 만들었던 흔적으로 볼 수 있다.

고대에 자색 염료는 약 1만 개의 뿔고둥을 벗겨야 1그램 정도의 염료를 얻을 수 있다. 때문에 당시 자색 염료는 금값보다 비싸 이집트로 수출되었다. 고대 이후로 자색은 하도 귀해 중세에는 추기경의 색깔이자 '최고의 영광'을 의미했다.

페니키아의 자색 염료 비법이 비잔틴제국으로 전승된 후에는 제국이 직접 염료생산과 판매를 관리해 외부에 노출되지 않도록 하였다. 그러나 보안이 워낙 철저한 나머지 비잔틴제국이 멸망함과 동시에 자색 염료의 생산법도 사장되어 이후 황제와 추기경의 색이 자색에서 붉은색으로 바뀌게 된다. 당시 왕들은 일반 평민이 붉은 색깔을 입거나 사용하지 못하도록 했다. 중세까지만 해도 서구 사람들은 붉은색 모직 재킷 한번 입어 보는 게 소원이었다. 여기서 중요한 사람을 예우하는 레드카펫이 유래됐다.

최초의 유리 발명 천연소다는 이집트의 소금호수 기슭에서 대량으로 산출되어 옷감이나 천 등의 세탁에 쓰이고 있었다. 또한 이집트인들은 시체를 미라로 보존할 때 방부제로 천연소다를 사용했다. 어느 날 이집트

소다석을 실어 나르던 페니키아 상선이 시돈 해안가에 정박하게 되었다. 그들은 해안가에서 불을 피우려고 했으나 주변에 화덕을 만들 만한 돌들을 찾을 수 없었다. 하는 수 없이 배에 있는 소다석을 가져와 흰 모래와 섞어 화덕을 만들고 불을 피웠다. 불이 뜨겁게 타 오를 때였다. 모래와 소다석이 함께 녹으면서 투명한 물체가 만들어졌다. 바로 유리였다. 시돈 해안가에는 규석 성분이 많은 모래가 있어 소다석과 함께 불에 녹이면 유리가 된다. 이렇게 세계 최초로 유리를 만드는 기술이 발명되었다. 그 뒤 페니키아는 유리제품 수출로 번영을 누렸다.

두로의 히람 왕과 이스라엘 솔로몬 왕의 동맹

기원전 10세기경에는 페니키아의 도시국가 두로가 주도권을 쥐었다. 그리고 지중해 서쪽으로 진출해 북아프리카 연안의 카르타고, 제노바, 시라쿠사, 크레타 등에 식민도시를 건설했다. 기원전 950년을 전후해서 히람 1세 때 최고의 번영을 누린 두로는 이스라엘의 솔로몬 왕과 동맹관계를 맺었다. 당시 두로는 메소포타미아, 아라비아, 소아시아, 이집트를 연결하는 교통의 요충이자 중심 무역항이었다. 두로인들은 해상무역을 통해 부유해지자 국방을 강화하고 많은 식민지를 거느렸다.

두로의 왕 히람은 다윗 왕 때부터 이스라엘과 가까이 지냈다. 백향목과 함께 목수와 석공들을 보내 다윗이 왕궁을 짓는 데 협조했으며, 솔로몬 왕 때에는 백향목을 보내 성전 건축을 도왔다. 두로의 히람 왕과 솔로몬 왕은 동맹관계로 함께 해외시장을 개척했다. 두로는 솔로몬 왕의 도움을 받아 홍해와 인도양으로 통하는 히브리의 항구를 이스라엘과 함께 쓸 수 있었고 그 지역의 광산을 공동 개발하고 조선소도 함께 운영했다.

한편 솔로몬 왕의 상선대는 두로의 왕 히람의 도움으로 지중해 페니키아 식민지에 진출할 수 있었다. 이를 통해 유대인들이 지중해 주요 거점에 상권을 마련했다. 그 무렵 이베리아 반도 카디스에 유대인들이 정착했다.

이렇듯 기원전 1000년 이후 지중해는 거의 '페니키아의 호수'가 됐다. 페니키아인들은 백향목, 도자기, 소금, 유리 등을 여러 지역으로 수출했는데 특히 세네갈에서 금과 교환해 많은 이득을 취할 수 있었다.

고대인들은 지금의 지브롤터 해협인 헤라클레스의 기둥 지역을 지나는 것을 무척이나 두려워했다. 그 이유는 헤라클레스의 기둥 너머 세상의 끝인 낭떠러지가 있다고 믿었기 때문이다.

그렇다면 어떻게 페니키아인들은 배를 타고 아프리카, 잉글랜드 등지로 무역활동을 할 수 있었을까? 기원전 5세기 그리스의 역사학자 헤로도토스는 그 이유를 '금'이라고 보았다. 금을 얻기 위해서 두려움도 이겨내는 용기를 가졌던 것이다.

그들은 주요 무역품인 청동 제조에 꼭 필요한 주석을 구하기 위해 지중해를 벗어나 멀리 잉글랜드 콘월까지 배를 보냈다. 그리스의 지리학자 스트라본(Strabon)에 의하면 페니키아인들은 주석을 사기 위해 영국에 소금을 수출했다고 한다. 이후 이 광산 덕분에 유럽에 본격적인 청동기 전성시대가 도래했다.

아프리카 서해안에서는 많은 금과 상아를 거두었다. 그리고 아프리카 북부 카르타고 내륙에서는 대규모로 밀을 경작했다. 후대까지 이름이 높았던 카르타고의 밀은 풍부한 식량자원이 되었다. 당시 흑해에서 지브롤터 해협까지 항해하는 데 두 달 걸렸다. 지중해 연안의 키프로스, 코카서스, 사르데냐, 이베리아 반도 등을 식민지화한 것은 물론, 뛰어난 항해술을 바탕으로 아프리카 서안과 동인도까지 세력을 확장했다.

동인도 진출은 페니키아 두로의 히람 왕과 이스라엘 솔로몬 왕의 동맹에 힘입어 홍해에 있는 이스라엘의 항구를 쓸 수 있어 가능했다. 이후 두 나라는 상선단을 꾸려 해상무역을 공동으로 함께하는 경우가 많았다. 이때 멀리는 중국까지 진출했다.

서유럽 최초의 도시, 카디스

페니키아는 그리스와 이집트를 중심으로 한 지중해의 주요 문명국과는 조금 떨어져 남 스페인에서 잘 나가는 무역 국가인 타르테소스(Tartessos)와 교역했다. 주로 청동의 재료인 주석을 들여왔는데 이 주석은 영국에서 건너온 것이다. '헤라클레스의 기둥'이라고 불리는 지브롤터 해협을 지나 이베리아 반도 해안에 건설된 가디스(Gades)라는 페니키아의 식민 항구도시는 사실 기원전 11세기에 이 국가와 무역하기 위해 만들어진 것이었다. 가디스는 나중에 카디스(Cadiz)로 발전했는데, 이때 탄생한 카디스가 서유럽 최초의 도시다. 신대륙을 발견한 콜럼버스의 배가 이 항구에서 출발했고 근대에 이르기까지 스페인 최대의 무역항이었다.

페니키아인들은 카디스가 자리한 이베리아 반도 지역을 사판(sapan)이라 불렀다. 이는 라틴어로 '히스파니아'로 변했고 그것이 곧 '에스파니아'란 스페인을 나타내는 말이 되었다. 사판은 페니키아 말로 '토끼가 많은 땅'을 의미한다. 지금도 이베리아 반도에는 올리브와 도토리나무가 많아 토끼와 다람쥐들이 많다.

지중해 최대의 부자도시, 카르타고 건설

해상교역과 문화 전파를 통한 페니키아의 전성기는 약 4백 년간 지속되었다. 페니키아는 지중해를 중심으로 유럽 남부지역과 아프리카 북부를 아우르는 도시들로 연결된 거대한 해양국가를 건설했다. 나중에 로마와 대결하게 되는 카르타고도 기원전 9세기에 페니키아가 지금의 튀니지 근처에 세운 식민지다.

이때부터 페니키아인들의 교역은 북아프리카의 카르타고를 중심으로 발전했다. 지중해 심장부에 위치한 카르타고는 해상무역이 발달해 일찍부터 그들 고유의 전통적인 항해 기술을 이용한 대외무역을 통해 '지중해 최대의 부자도시'로 명성을 떨쳤다. 카르타고인들은 그들 나름대로 스페인과 아프리카 서해안 지역에 식민지를 건설했다.

후일 카르타고가 식민 모국인 페니키아보다 훨씬 더 강대해져 서부 지중해 전역을 통제하는 강국으로 성장했으나 세계 제국으로 팽창해 가던 로마와 지중해의 패권을 놓고 일대 결전을 벌이다가 패배했다.

아프리카를 일주한 페니키아

기원전 11세기에 전략적으로 중요한 지점인 지브롤터 해협을 장악한 이후 페니키아는 활동 영역을 대서양까지 넓혔다. 페니키아의 배들은 대서양과 북해 연안에서 유입되는 원재료들을 실질적으로 독점했다. 페니키아인들의 위업으로 가장 유명한 것은 아프리카 일주 항해다. 기원전 600년께 이집트의 파라오 네코(Necho)가 고용한 페니키아의 선단이 3년을 소요해 아프리카 대륙을 일주한 것이다. 이 선단은 홍해에서 출항해 아프리카 동편 해안을 따라 내려갔다가 대서양을 타고 올라와 다시 지중해를 거쳐 돌아왔다. 이 사실을 기록한 헤로도토스는 이런 말을 덧붙였다.

> "그들은 자신들이 배를 타고 리비아(아프리카를 의미)를 돌 때 태양이 그들의 오른쪽에 있었다고 주장하는데 다른 사람들은 믿을지 몰라도 나는 믿지 않는다."

배가 남반구를 항해할 때 이런 일이 일어나는데 북반구에만 살던 헤로도토스로서는 이 같은 일이 도저히 이해되지 않았던 것이다. 그리하여 역설적으로 그가 믿지 못하겠다고 말한 바로 그 사실이 페니키아인들의 아프리카 일주를 입증하는 근거로 받아들여지고 있다. 참고로 바스쿠 다 가마(Vasco da Gama)의 아프리카 일주 항해는 1497년에 이루어졌으며 이것은 페니키아인의 아프리카 일주에 비하면 2천여 년 뒤의 일이다.◆

카르타고 득세와 멸망

기원전 9세기에 아시리아 세력이 팽창하면서 페니키아의 독립성은 점차 축소되었다. 아시리아는 이미 기원전 1950년경에 식민도시인 아나톨리아로 향하는 무역로를 개설하고 보석, 구리와 주석, 목재, 석재 등을 실어 나르는 상인들을 보호하기 위해 군사적인 역량을 강화할 정도로 강

◆ 주경철, '경제사 뒤집어 읽기', 〈한국경제〉, 2010년 9월 17일

력한 국가를 이루었다.

페니키아는 점점 쇠약해져 갔다. 바빌론이 기원전 586년 유다 왕국을 멸망시킬 때, 페니키아의 맹주였던 두로도 비참한 종말을 맞았다.

기원전 6세기 카르타고와 이탈리아의 에트루리아인, 그리스인 간의 치열한 상업 경쟁이 재해권을 둘러싼 전쟁으로 치달았다. 기원전 540년에는 코르시카 섬의 알라리아에서 해전이 벌어졌다. 여기서 카르타고와 에트루리아의 동맹군에 패배한 그리스인은 코르시카를 뺏기고 지중해 서부에서는 더 이상 활동하지 못했다. 그 뒤 2년 후인 기원전 538년에 페니키아 본국은 페르시아의 지배를 받게 되었다.

기원전 4세기 무렵 그리스가 성장하자 페니키아는 기원전 350년에 시돈이 공격을 받기 시작해 기원전 332년 결국 알렉산더 대왕에 의해 그리스의 속주가 되었다. 고대 문명 속에서 3천 년 동안 가장 진취적인 해상무역 강국이었던 페니키아가 카르타고에게 명맥을 넘기고 역사 속으로 사라진 것이다. 알렉산더 대왕의 공격으로 페니키아 본국이 무너진 다음 카르타고는 사실상 독립해 지중해의 주인으로 군림하며 '지중해의 여왕'이라고 불렸다. 그 뒤 카르타고는 로마와의 오랜 전쟁 끝에 의외로 해상 전투에서 지게 된다. 한니발 장군의 용투에도 불구하고 기원전 64년 카르타고가 멸망하면서 페니키아 전역이 로마의 폼페이우스에 의해 시리아 속주로 편입되었다.

이스라엘, 그리스보다 빠른 민주주의 국가 건설

가나안으로 돌아온 히브리인, 곧 이스라엘인들은 역사상 유례없는 독특한 정치체제를 탄생시킨다. 그들은 가나안에 정착한 후 12지파 족장이 땅을 분할해 통치하고 종교의식에서만 유대를 같이했다. 이렇듯 초기 이스라엘 지파연맹은 종교를 중심으로 공동체를 이루었다. 지파연맹 공동체의 정치 형태의 특징은 신만을 주권자로 모시면서 모든 지파가 평등한 권리를 누리는 것이었다.

그들은 가나안의 다른 도시국가들과는 달리 왕을 세우지 않았다. 이집트 파라오들로부터 그들이 억압을 당했던 부정적 경험들이 인간을 왕으로 세우는 것을 꺼렸기 때문이다. 이스라엘 지파연맹은 왕을 따로 세우는 것이 아니라 지파들의 대표에 해당하는 판관(判官)을 민의로 '선출' 했다. 그리고 판관이 지파연맹에 관한 전반적인 사안들을 담당하도록 했다. 판관은 '상원'과 '대중의회'를 소집하고 안건을 제안해 심의했다. 상원은 입법체일 뿐 아니라 사법권도 행사했다.

그러나 판관에게는 왕에게 주어졌던 것과 같은 전권은 주어지지 않았다. 이와 같은 이스라엘 지파연맹 체제는 대략 2백여 년 동안 유지되었는데, 이는 지파연맹체가 신앙으로 뭉치고 지파들 사이에 평등사회를 이루었기 때문에 가능했던 것이다. 신 앞에서 모든 지파는 평등하다는 민주주의적 통치 이념이 초기 이스라엘 지파연맹을 하나로 결속시키는 역할을 했다. 그들은 하느님의 주권을 선언함으로써 인간에 의한 인간의 지배를 종식시키고, 강력한 권력을 바탕으로 형성된 왕 중심의 군주국가 체제를 부정했다.

판관 시대에는 국가의 권한보다 지파의 권한을 강조하던 지방분권 시대였다. 각 부족은 장로가 지배하지만 그들을 중재해 통괄하는 일을 판관이 했다. 흔히 판관이라 부르지만, 재판관이란 의미보다는 통치자라는 의미로 받아들여야 한다. 판관은 이스라엘 각 지파 간의 분쟁을 해결하고 다스리는 일뿐 아니라 유사시 외부 공격으로부터 이스라엘 전체를 구하는 군사지도자 역할도 했다. 이렇게 이스라엘은 자신들의 평등이념을 기초로 한 종교 공동체의 성격을 지니고 있었다. 그들은 그리스보다 4백 년이나 앞서 민주주의 제도를 실천했다.

이스라엘인들은 위기가 닥치면 신이 모세와 같은 정신적 지도자를 보내 악(惡)으로부터 구해 준다고 확신하고 있었다. 실제로 이스라엘 역사에 드보라(Deborah)라는 잔 다르크에 비교될 만한 여성 판관이 있었는데, 드보라는 철병거 9백 대를 이끌고 온 가나안 연합군을 무찔렀다고 한다. 그들은 위기가 닥칠 때마다 구원자가 나타날 것이라고 생각했다. 구원자에 대한 생각은 뒷날 구세주 개념의 뿌리가 되었다.

빈곤한 경제로 시작하다

소규모의 농사와 목축을 주업으로 삼았던 고대 이스라엘의 경제는 주변 국가들에 비하면 상대적으로 빈곤한 형편이었다. 문명 형성의 중요한 기준이 되는 강도 요르단 강을 포함해 몇 개 되지 않거니와 그나마 수량이 부족해서 이집트 나일 강변에서 행해지는 대규모의 곡물 농사는 불가능했다. 《구약성경》에 등장하는 중요한 일곱 식물들은 밀, 보리의 두 가지 곡물과 대추야자, 포도, 올리브, 무화과, 석류 등의 다섯 가지 과일로 구분된다. 대추야자는 나무의 모양이 야자수 같이 생겼지만 열매는 대추와 비슷해서 대추야자라 한다. 《성경》에서는 이를 종려나무라 부른다.

농사 외에 고대 이스라엘의 기본적인 생업은 목축이었다. 양과 염소를 주된 가축으로 하는 산악 지대의 목축 외에도 넓은 초지가 자연스럽게 형성되는 바산(골란) 고원 지역에서 소들도 많이 방목했다. 지중해 해안에는 페니키아의 전통으로 어업이 발달했고 갈릴리 호수에서도 어족이 풍부해서 어촌들이 형성되었다. 갈릴리 지역에서는 목재로 사용할 만한 소나무와 상수리나무가 무성했고 돌감람나무와 올리브나무도 가구의 재료로 이용되었다.

2차 산업으로는 직물류와 돌그릇, 토기 등 그릇류가 생산되었다. 그리고 청동의 재료인 구리광산은 시나이 반도의 세라빗트 엘카딤과 이스라엘 만 부근의 팀나, 아카바 건너편의 페이난 등지에서 발견되어 채굴되었다. 구리에 첨가해 단단한 청동을 만드는 데 필수적인 주석은 소아시아나 아프가니스탄에서 생산되어 구하기가 힘든 금속이었다. 이를 구하기 위해 그들과 교역을 해야 했다.

사해의 소금으로 교역을 시작하다

다행히 이스라엘은 교역을 위한 소금이 있었다. 초기에는 사해(死海) 바다 남단에 에돔(Edom) 왕국이 있었다. 가나안은 전통적으로 요르단 강이 동쪽 경계를 이룬다. 북쪽에서 남쪽으로 흐르는 이 강은 주변의 여러 작은 개천들과 함께 갈릴리 호수로 모아진다. 그리고 직선거리로는 100여 킬로미터밖에 되지 않지만 그것의 세 배나 되는 거리를 굽이굽이 지나 마침내 사해로 흘러 들어간다.

사해는 지구상에서 가장 낮은 바다로 지중해 해수면보다 약 4백 미터나 더 낮고, 염분이 25퍼센트로 바다보다 아홉 배 정도 더 높다. 이스라엘인들의 땅에는 이렇게 '소금 바다'가 있었고 그 주변에 '소금 성읍'과 '소금 골짜기'가 있었기에 교역이 가능했다. 고대의 소금은 금값에 버금갔기 때문이다.

팔레스타인인과의 악연

이삭이 살던 시기에 남부해안에는 바다의 민족인 필리스틴(Philistine) 사람들이 이주해 왔다. 이 사람들이 현 팔레스타인(Palestine)인들이다. 이스라엘인들이 청동무기를 쓰고 있을 때 이들은 이미 철제무기를 썼다. 이들은 이집트에서 돌아온 이스라엘인들과 비슷한 시기에 가나안에 정착했고, 원주민들에게 마차와 철제무기를 소개했다. 이때부터 두 민족 간에 충돌과 영토 분쟁이 시작되었다.

고대 이스라엘인들은 필리스티아 사람들과 전투를 치렀고, 3천 년이 지난 지금도 여전히 팔레스타인 사람들과 힘든 싸움을 벌이고 있다. 필리스티아 사람들을 《성경》에선 '블레셋 사람들'이라 불렀다. 훗날 다윗과 싸우는 블레셋 거인 장수 골리앗이 바로 필리스티아 사람이다. 오늘날 이스라엘과 팔레스타인이 갈등을 벌이는 가자지구도 고대 필리스티아 사람들이 건설한 곳이다.

어쨌든 이스라엘인 입장에서는 호락호락하게 가나안 땅의 지배권을 필리스티아 사람들에게 내줄 수 없었다. 문제는 필리스티아가 지금까지 가나안 정복전쟁을 통해 만났던 상대와는 비교할 수 없는 크고 강한 적수였다는 점이다. 엄청난 힘을 자랑하던 판관 삼손도 그 벽을 넘지 못했다. 삼손이 필리스티아 사람들에게 포로로 잡혀 죽자, 12지파 중 삼손을 따르던 '단 지파'는 해체되었고 당시 이미 또다른 지파인 '유다 지파'는 필리스티아에 종속되어 있었다.

그러자 이스라엘인들은 새로운 정치체제를 생각해냈다. 좀 더 강력한 지도체제가 필요했던 것이다. 지금까지 이스라엘 민족 12지파는 외부에서 적이 침략해 왔을 때만 일시적으로 판관이라는 지도자 밑에서 동맹을 맺고 싸웠다. 이렇게 느슨한 동맹체제로는 강한 왕의 지휘 아래 일사분란하게 전쟁을 치르는 필리스티아를 대적하기 어려웠다. 이에 이스라엘인들은 자신들을 항구적으로 통치하고 전쟁을 지휘해 줄 왕을 요구하게 된다.◆

◆ 우광호, '유대인이야기', 〈가톨릭신문〉, 2009년 6월 17일

세계 최초 입헌군주제 도입

기원전 1100년경까지만 해도 이스라엘인들은 자기들을 통치할 판관을 선출했으나 그 뒤 필리스티아 사람들에 대항할 효율적인 전쟁지휘권 확립을 위해 왕정체제를 수립했다. 이 왕들이 바로 사울, 다윗, 솔로몬 왕이다. 이스라엘에 있어서 왕은 다른 나라의 왕들과는 개념이 달랐다. 이스라엘인들의 왕은 그들의 율법 아래 선임된 왕들로 곧 입헌군주제 하의 왕들이었다.

절대 권력을 쥔 왕이 아니라 왕도 일반 시민처럼 사법적, 도덕적, 종교적 행위의 대상이었다. 왕도 법의 예외가 될 수 없었다. 이스라엘 왕은 다만 신의 대리자일 뿐 신이 친히 당신 백성을 다스리신다는 사상은 변함이 없었다. 기원전 1050년에 12지파에 의해 세워진 입헌군주제는 세계사에 처음 있는 일이었다.

기원전 1050년에 마지막 판관인 사무엘은 사울을 왕으로 세웠다. 사울은 원래 '벤자민 지파'에 속한 농부의 아들이었다. 농부의 아들이 왕으로 발탁된 것이다. 그는 왕이 되기 전에 잘생긴 젊은이로서 지파의 영웅으로 부상했던 인물이다.

사울이 왕이 되었다고 계속해서 벤자민 지파에서 왕이 선출된 것은 아니다. 당시 다른 나라들은 혈통에 의해 왕이 세습되었지만 이스라엘인들은 율법에 합당한 능력자면 누구나 왕이 될 수 있었다. 어쨌든 왕이 된 사울의 주요 임무는 중앙 산악지대에서 필리스티아인들을 몰아내는 일이었고 그를 이어 필리스타인인 거인 골리앗과의 전투에서 승리를 거둔 다윗이 왕이 되었다. 그의 나이 30세였다.

다윗 시대, 부국강병의 기술을 마련하다

　다윗 왕이 만난 가장 강했던 최초의 적 역시 필리스티아 사람들이다. 이들은 팔레스틴을 지배했고 두로(티레)와 시돈이 해상무역으로 번성하는 것을 방해했다. 그 무렵 다윗 왕은 돌팔매 투석기로 날리는 돌보다 멀리 날아가는 활의 장점에 매료됐던 것 같다. 활은 오래 전에 개발되어 이삭의 아들 에서도 활로 사냥을 했다. 다윗 왕은 이스라엘 보병, 그중에서도 투석기를 다룰 줄 아는 궁수(弓手)들을 집중 훈련해 말과 전차를 사용한 필리스티아 군대와 그 밖의 적들을 맞아 싸웠다. 그들은 좌우 양손으로 돌팔매질도 하고 화살도 쏠 수 있는 궁수로서 일당백의 용사들이었다.

　드디어 이스라엘 민족은 필리스티아인을 비롯한 가나안 원주민들을 제압하고 다윗 왕 영도로 이스라엘의 12지파를 재통합해 강력한 통일왕국을 이룬다. 다윗 왕은 이스라엘의 통치권을 견고히 하기 위해 수도 이전의 필요성을 느꼈다. 당시 수도였던 헤브론이 너무 남쪽에 치우쳐 있었기 때문이다.

　다윗 왕은 이민족인 여부스족이 사는 견고한 성곽도시 예루살렘을 공격하기로 했다. 해발 790미터의 산악지역 중심부에 위치해 있는 예루살렘은 높은 곳에 위치해 있어 누구도 쉽게 정복할 수 없을 뿐만 아니라 세면이 골짜기로 싸여 있어 방어가 쉬웠기 때문이다.

기원전 1010년에 다윗의 병사들은 키드론 골짜기에 있는 기혼 샘 (Gihon's Spring)과 연결된 지하 수로를 타고 올라가 여부스족의 성읍 예루살렘을 점령했다. 그 뒤 이를 '다윗 도성'이라 불렀다. 이후 다윗 왕은 예루살렘을 이스라엘의 수도로 만들었다. 그리고 12지파를 하나의 왕국으로 통합해 예루살렘과 왕이 국민 생활의 중심이 되었다. 다윗 왕의 지배로 미미했던 유다 지파가 상대적으로 입지가 강화되자 유다는 다른 지파들과 구분될 수밖에 없었고 다른 지파들은 이스라엘이란 하나의 집단으로 불렸다. 이는 훗날 유다 왕국과 이스라엘 왕국으로 갈라서게 되는 원인이 되기도 했다.

그 뒤 하느님의 언약궤를 예루살렘의 다윗 성 천막에 옮겨 성소에 안치시켰다. 언약궤는 이스라엘 민족과 함께 광야를 유랑하며 그들을 약속의 땅으로 인도했다고 전해진다. 언약궤는 직사각형의 나무궤로서 원래 덮개가 없었으며, 십계명 돌판 두 개를 안치한 것이다.

유대인에게 있어서는 시나이 산을 떠난 뒤부터 신과 백성이 만나는 장소가 문제가 되었다. 시나이 산이 신과 인간이 만나는 장소였기 때문이다. 그들은 성전을 만들어냄으로써 이 문제를 해결했다. 다윗 왕은 예루살렘을 정치적 수도만이 아니라 종교적 수도로 만들려는 목적을 갖고 성전 건립을 준비했다.

다윗 왕은 필리스티아인들을 정복한 뒤에 주위 나라들과 우호동맹을 조직해 이스라엘을 강대국의 대열에 올려놓았다. 그 뒤에도 다윗 왕은 언제나 싸움을 승리로 이끌어 왕국은 아카바 만에 이르기까지 현재 이스라엘 영토의 다섯 배 정도로 커졌다. 이스라엘 역사상 가장 큰 영토였다. 왕국은 이집트 국경과 홍해에서 유프라테스 강 유역까지 확장되었다.

솔로몬 왕 시대 이스라엘의 번영은 선왕인 다윗 왕의 영토 확장에 힘입은 바 컸다. 이스라엘은 이제 비옥한 토지를 갖게 되었고 중요 국제교역로를 통제하게 되었으며 주변 국가들로부터 조공을 받았다.

에돔 왕국 병합으로 대량의 소금과 철 생산

다윗 왕이 남쪽의 에돔 왕국을 복속시킨 것은 군사적 측면뿐 아니라 경제적 면에서도 큰 이익이었다. 에돔은 현 이스라엘 남쪽 지방 사해 주변과 현 요르단의 산악 지방을 아우르는 곳에 있었다. 야곱의 형 에서의 후손들이 세운 나라였다.

그곳에 사해와 그 밑에 '염곡(the Valley of Solt)' 곧 소금 골짜기가 있었다. 염곡은 사해의 남쪽 끝에 있던 사방 16킬로미터 정도 넓이로 된 소금 평원이 있는 세계에서 가장 긴 협곡지대를 말한다. 에돔 왕국이 염곡을 안 빼앗기려고 격렬히 저항하는 바람에 다윗 왕은 에돔 병사 1만 8천 명을 염곡 전투에서 죽여야 했다.

에돔에는 구리와 철광산도 있었다. 다윗은 지체 없이 염곡과 사해 염전 그리고 철광산을 개발해 대량의 소금과 철을 생산해냈다. 워낙 소금이 귀해 미처 내다 팔 사이도 없이 사방에서 장사꾼들이 몰려들었다. 고대에는 소금을 무사히 잘 운반하면 큰돈을 벌 수 있었다. 소금 자체의 값도 비쌌지만 내륙과 사막 길 운반비와 통행료는 더 비싸 보통 소금 값의 열 배 정도 들었다.

에돔 왕국의 복속으로 소금은 이스라엘 왕국의 주요 수출품이 되었다. 소금의 대량 생산으로 국부의 기틀을 잡은 것이다. 내국민에게는 싸게 팔아 가뭄으로 척박한 땅을 비옥하게 만들었다. 땅에 소금을 뿌려서 비료로 사용할 만큼 이스라엘에서는 귀한 소금이 지천이었다.

또 이스라엘인들은 철광산 개발로 좀 더 강력한 철제무기를 확보하고 건축에 필요한 못을 풍부하게 갖게 되었다. 이로써 선박 건조도 활성화되었다. 철광석과 철제품 역시 주요 수출품이 되었다.

국제 무역로를 장악하다

이스라엘이 에돔을 점령한 주요 목적은 홍해의 에일랏 항구를 포함해 '왕의 대로'의 남단과 아카바 만의 에시온 게벨(Ezion-Geber) 항구로 가는 길을 장악하기 위한 것이었다. 팔레스틴의 역사에 있어서 이곳은 고대 근동의 국제적인 교역의 동맥이었다. 여기에 에돔은 인도와 아라비아, 지중해, 이집트를 연결하는 '낙타로(caravan routes)' 또한 장악하고 있었다.

왕의 대로가 개통되자 이스라엘을 통과하는 국제 무역로는 '해변 도로(Via Maris)'과 '왕의 대로'로 크게 구별되었다. 이 두 도로는 많은 군인, 사신, 상인, 여행자들이 지나 다니는 길로서 역사적, 정치적, 경제적, 문화적으로 이스라엘에 커다란 영향을 미쳐왔다. 이스라엘을 지나가는 이 중요한 고대 도로들은 동서양 문명을 연결하는 중요한 역할을 하게 된다. 특히 왕의 대로는 지중해와 홍해를 연결시켜 주는 도로였다. 가만히 앉아서 육로와 해로의 무역 상인들의 통행세만 받아도 국고를 충당할 정도였다. 당시 통행세는 일종의 관세였다.

팔레스틴은 두 개의 대륙이 묘하게도 집중되어 수많은 나라 사람들이 지나다니는 세계의 골목길이자 교통과 교역의 요지였다. 팔레스틴 도로

들은 그 기능과 중요성의 척도에 따라 세 유형으로 구별된다.

첫째, 국제 고속도로격인 '해변 도로'와 '왕의 대로'다. 둘째, 지역 내 도로다. 셋째, 시골길이다. 당시 지방 상인들이 도로와 시골길을 누비며 일반적으로 취급했던 품목들은 농산물인 밀, 보리, 올리브, 올리브기름, 포도주, 온갖 과일과 채소, 가축들이었는데 그들은 도시와 마을들을 다니면서 이것들을 팔았으며 수공품이나 외국 물건들을 구입해 갔다.

더 큰 규모의 국외 무역은 다양한 물품들이었다. 이스라엘은 주로 농산물 곧 올리브기름과 밀, 포도주와 견과류, 수공예품이나 모직, 그리고 여러 종류의 직물들을 수출했다. 수입품들은 아라비아의 남쪽으로부터는 주석, 납, 은, 구리, 철, 금을 들여왔으며 페니키아로부터는 백향목, 이집트로부터는 하얀 베와 파피루스, 그리고 구스(에티오피아)와 그 남쪽으로부터는 값진 향료용품, 상아, 향료, 보석을 들여왔다. 이들 수입과 수출 품목들은 왕의 대로를 따라 팔레스틴을 통과했다.

인근 페니키아 두로 왕국의 번영 역시 다윗의 군사적 활동에 힘입은 바 컸다. 다윗은 아람을 굴복시킴으로써 두로 왕국에게 아람의 군사적 위협을 제거해 주었으며 해상교역의 경쟁자인 팔레스틴을 격파함으로써 두로로 하여금 지중해 교역의 주도권을 잡도록 도와주었다. 이런 연고로 훗날 두로 히람 왕은 솔로몬 왕과 손잡고 해상교역에 나선다.

다윗의 호구조사와 유대인 기본사상

다윗은 호구조사를 통해 징집과 세금 징수의 기본 틀을 마련했다. 이로써 확실히 부국강병의 국가 면모를 갖추었다. 병적(兵籍) 조사 결과, 당시 무장 가능한 장정의 수가 이스라엘에는 80만 명, 유다에는 50만 명 정도인 것으로 나타났다. 하지만 다윗 왕이 실시한 이스라엘과 유다의 병적조사를 《성경》에서는 매우 사악한 것으로 간주했던 듯하다.

곧 다윗 왕은 그의 인구조사가 너무나 사악한 짓이었다는 것을 깨닫고 신에게 용서를 빌었다고 전한다. 신은 다윗 왕에게 속죄를 위한 벌로 3년간의 기아, 3개월간의 패전과 학살, 3일간의 역병(疫病) 가운데 하나를 택하도록 했고, 다윗은 세 번째 벌을 선택해 그 결과로 7만 명의 백성들이 역병으로 죽었다고 한다.

그렇다면 인구를 헤아린 행위가 어떻게 7만 명의 죄 없는 백성들이 죽음을 당할 만큼 큰 죄가 되는가? 논란의 여지가 있겠지만 그것은 인구를 헤아린 행위 그 자체가 통치행위의 시작이며, 이는 신이 가진 이스라엘에 대한 배타적 통치권을 침해함으로써 신의 권능에 도전하는 행위로 받아들여졌기 때문으로 보인다. 이 사건으로 우리는 유대인의 중요한 기본사상 중 하나를 볼 수 있다. 유대인에게는 인간이 주권자 곧 통치자가 될 수 없다는 것이다. 백성의 대표는 단지 대표일 뿐, 그들의 통치자는 하느님 한 분이다. 그래서 자치제와 민주주의 제도가 역사상 가장 먼저 유대인에 의해 실현된 것이다. 지금도 그들의 통치자는 하느님 한 분뿐이다.

다윗의 별

다윗의 별이란 '다윗왕의 방패'라는 뜻을 가진 히브리어 'Magen David'에서 비롯되었다. 유대인 그리고 유대교를 상징하는 표식이다. 다윗 왕의 아들 솔로몬 왕은 이스라엘과 유대를 통합한 후 다윗의 별을 유대 왕의 문장으로 삼았다. 다윗의 별은 헥사그램이라고 하는 삼각형 두 개를 엇갈리게 그려놓은 별모양이다. 헥사그램은 한 종교에서만 독점적으로  쓰는 상징은 아니지만 오늘날 이스라엘 국기에 쓰일 정도로 유대인과 밀접한 관련을 맺고 있다.

《탈무드》에서 전하는 바로는 다윗과 솔로몬 왕은 이 헥사그램을 가지고 귀신을 내쫓고 천사를 불렀다 한다. 그 뒤 헥사그램에는 악마를 쫓아내는 특별한 힘이 부여되었다. 하지만 이후에는 유대인들보다 오히려 기독교인들과 아랍인들이 이 상징을 더 많이 사용했다. 특히 중세에는 헥사그램이 귀신들린 사람을 치유해 준다는 믿음이 성행했다.

솔로몬 시대, 이스라엘 최고의 전성기

기원전 970년경 솔로몬이 치열한 왕위쟁탈전 끝에 왕위를 계승했다. 솔로몬은 부왕 다윗이 부하의 아내 밧세바를 취해 얻은 아들이었다. 이스라엘 세 번째 왕이 된 그의 나이는 21세였다.

솔로몬 왕은 왕국의 틀이 잡히자 제일 먼저 이집트 파라오의 딸과 결혼함으로써 이집트와 동맹을 맺었다. 당시 이스라엘 입장에서 북쪽의 히타이트족은 이미 세력이 줄어들어 무서울 것이 없었으나 당대 최대 세력인 이집트의 신왕조는 경계대상이었기 때문이다. 즉 결혼동맹으로 친선관계를 유지할 필요가 있었다. 이렇게 솔로몬 왕은 원근 각처 왕들의 누이나 딸과 혼인함으로써 이스라엘을 거대한 상업제국으로 만드는 데 필요한 군사·무역 동맹들을 맺었다.

한편《성경》에 의하면 어린 나이에 왕위에 오른 솔로몬 왕은 나라를 어떻게 이끌어야 할지 몰라 걱정이 태산 같을 때 하느님께 나라를 잘 다스리기 위해 "옳은 것을 가려내는 분별력(《열왕기상》 3:11)"을 청했다고 한다. 이때 하느님이 그의 청원을 칭찬하며 지혜와 부귀영화, 명예까지 허락했기 때문에 현재까지 유대인들이 솔로몬 왕을 지혜의 왕으로 여기고 있다고 한다.

그 뒤 솔로몬 왕은 이스라엘 전국에 지방장관 열두 명을 두어 다스렸다. 그리고 유프라테스로부터 팔레스틴 땅을 지나 이집트 국경에 이르기 지역 안의 모든 왕국을 지배했다. 또한 솔로몬 왕의 지혜는 그 누구도 따를 수 없어 그의 명성은 모든 나라에 떨쳤다고 한다. 신앙심과 더불어 문학적 소양도 풍부해 세 권의《성경》도 썼다. 〈아가서〉는 솔로몬의 청년기에, 〈잠언〉은 중년기에, 〈전도서〉는 노년기에 집필되었다.

비탈진 언덕을 활용해 올리브와 포도나무를 심다

솔로몬 왕은 고원의 비옥한 곡창지대에는 국제교역에서 현금 노릇을 하는 밀을, 비탈진 언덕에는 과수원과 포도원을 만들어 올리브와 포도를 집중적으로 심게 했다. 지세(地勢)를 적극적으로 활용한 농업정책이었다. 올리브와 포도는 강우량이 적은 척박한 땅에서도 뿌리를 깊게 내려 살아가는 생명력이 강한 식물이다. 그 시대 지중해 연안에 있어서 가장 중요한 두 가지 무역품은 올리브기름과 포도주였다. 이를 통해 이스라엘은 곡물을 필요로 하는 페니키아 해양민족들에게 밀과 올리브기름을 공급할 수 있을 뿐 아니라 이스라엘 영토를 가로질러 통행하는 수많은 아라비아 대상(caravan)들의 필요를 채울 수 있었다.

특히 올리브나무는《성경》에서 가장 빈번하게 언급되는 감람나무로 영광과 아름다움의 상징이자 기쁨과 평화를 나타낸다. 올리브 열매를 첫 번째 짠 기름은 성전에 바치는 기름 중 가장 거룩한 기름이었다. 이 기름으로 성전의 촛대(메노라)를 밝혔고, 또한 왕과 대제사장에게 기름 부을 때도 사용됐다. 가정에서 식용으로는 처음 짜고 남은 찌꺼기를 더 무거운 무게 추를 사용해서 다시 짜서 얻은 기름을 사용했다. 올리브는 이집트와 메소포타미아에서는 생산되지 않기 때문에 그 나라들은 올리브기름을 이스라엘에서 수입해 썼다.

솔로몬 왕 치하에서도 이스라엘은 중요 군사도로이자 교역로인 '왕의 대로'와 '해안 도로'에 대한 통제권을 갖고 이를 지나는 대상들에게 통행세를 받았다. 또 홍해 아카바 만의 에일랏과 에시온 게벨에서 이집트와 팔레스틴의 가자로 가는 사막과 네게브 지역에 세운 요새를 통해 대상들에게 군사적 보호를 제공하고 식량과 물과 사료를 공급해 그 대가로 이들로부터 진귀한 금속과 향료품, 가공 상품들을 받았다.

예루살렘 성전 건축으로 전성기 기반을 다지다

솔로몬 왕은 즉위 4년 2월에 예루살렘 성전 건축을 시작해 11년 8월에 준공했다. 7년에 걸쳐 건축한 예루살렘 성전은 어떤 나라의 이방 신전보다 장엄하고 품위가 있었다고 한다. 신전 벽은 석재였고 지붕은 페니키아산 백향목이었다. 금과 은, 구리 장식이 많이 들어갔고 십계명 석판두 개를 안치한 '언약궤'가 마련되어 유대인들에게 정신적 지주이자 마음의 고향으로 자리잡게 된다.

솔로몬 왕이 지은 성전은 이스라엘 3대 축제에 유대인들이 모이는 중심이 되었다. 곧 이집트 종살이에서 해방된 유월절(파스카)과 씨를 뿌려 얻는 첫번째 수확물을 바치는 수확절(오순절), 노동의 결실을 거두어 연말에 드리는 추수절(초막절)에 성전에서 모였다. 성전 건립 후 이스라엘 백성은 예루살렘을 향해 하루에 세 번씩 기도하는 풍습이 생겨났고, 유대교 회당의 법궤를 모시는 부분도 예루살렘 성전을 향해 지어졌다.

　13년 동안 건축한 솔로몬의 궁전도 주변 모든 국가의 군왕들을 제압하기에 충분했다. 〈열왕기 상〉은 3천3백 명의 관리가 통솔하고 감독하는 채석장의 노무자가 8만 명, 돌을 운반하는 자가 7만 명, 그리고 1만 명씩 조를 짜서 건물의 기둥이 될 재목을 잘라내기 위해 교대로 두로 왕국으로 파견되는 자가 모두 3만 명이 있었다고 기록하고 있다. 예루살렘을 국가적, 종교적으로 왕국의 중심으로 삼으려는 다윗 왕의 계획을 솔로몬 왕이 확대해서 진행한 셈이다.

　한편 모든 제국 건설자들과 마찬가지로, 솔로몬 왕은 군사력으로 영토를 유지했다. 그는 보병 외에도 막강한 전차부대와 기병대를 직접 조직했다. 동시에 나라 안 각지에는 왕의 성채도시 셋이 건설되었다. 이들 세 개 도시는 전략적으로 중요한 위치에 있었는데 솔로몬 왕이 창건한 새로운 전차부대의 기지로 썼다. 부왕 다윗은 전차 부대를 가진 적이 없었으나 솔로몬 왕은 약 1천5백 대의 전차와 4만 마리의 말을 각지의 마구간에 갖추어 놓고 있었다.

　20년에 걸친 솔로몬 왕의 건축 공사는 막대한 노동력이 요구되었다. 솔로몬 왕은 병역제도를 폐지하는 대신 강제 노역제도를 도입하고, 가나안 사람들이 사는 지역과 왕국의 북부에 이를 적용했다. 그는 옛 가나안 토착민의 자손들을 강제 노역에 동원함으로써 모든 일을 완수할 수 있었다. 솔로몬 왕에 의해 동원된 가나안 역군들의 수는 15만 명이 넘었다.

　그러나 솔로몬 왕은 율법에 따라 이스라엘 자손은 노예로 삼지 않았다. 이스라엘인은 원래 하느님의 백성이었기 때문에 그들은 하느님의 소유로서 다른 사람의 노예가 될 수 없다는 것이 율법에 명시되어 있었다. 그래서 이스라엘인들이 많이 사는 남쪽 유다에서는 강제 노역이 면제되었다. 나라에 봉사하는 형태로서의 강제 노역은 병역에 비해 명예롭다고 생각하기가 어려웠다. 게다가 훨씬 힘들었으므로 노역에 참여하는 비이스라엘인들의 원망은 차츰 더 깊어져 갔다. 그러나 솔로몬은 이 제도를 자신의 건설 계획을 실천하기 위해 대규모로 활용했다.

해상교역에 본격적으로 뛰어들다

솔로몬 왕이 예루살렘 성전을 건립할 수 있었던 배경에는 그의 상업적 재능이 크게 한몫했다.

솔로몬 왕은 아버지 다윗 왕의 뜻을 받들어 성전 건립에 착수했으나 큰 고민거리가 생겼다. 바로 당대 최고급 목재인 페니키아의 백향목을 수입하는 문제였다. 기본적인 건축자재인 석회암은 예루살렘에서 얼마든지 구할 수 있고 노동력이야 부역을 통해 모집할 수 있지만 성전의 내부를 황금빛으로 치장하기 위해서는 독특한 향과 함께 잘 썩지 않는 백향목을 반드시 사용해야만 했다.

마침 백향목 생산지인 두로의 왕 히람이 솔로몬 왕의 즉위를 축하하는 사절단을 보냈다. 솔로몬 왕은 히람 왕에게 백향목 거래를 제안한다. 거래조건을 받아들인 히람 왕은 솔로몬 왕이 요구한 대로 백향목과 전나무를 제공했다. 그리고 솔로몬 왕은 히람 왕실의 양식으로 밀 2만 섬과 찐 기름 20섬을 공급했다. 솔로몬 왕은 해마다 이만큼씩 히람 왕에게 주었다. 그 뒤 히람 왕과 솔로몬 왕은 동맹조약을 맺었다.

팔레스틴은 육상과 해상무역의 요충지였기 때문에 그 지역을 소유한 이스라엘이 교역의 중심지가 될 수밖에 없었다. 북쪽 페니키아에서부터 이스라엘로 뻗어 내려온 해변 도로와 산악지대의 왕의 대로가 아시아와 아프리카를 연결했고 지중해와 홍해(인도양) 양쪽에 항구가 있는 천혜의 조건을 이스라엘이 가진 것이었다. 솔로몬은 이러한 지정학적인 이점을 최대한으로 살려 이스라엘을 전성기에 올려놓았다.

이스라엘의 번영은 페니키아의 도시국가 두로와 동맹을 맺으면서 시작된 것이다. 당시 두로의 왕 히람은 이스라엘을 통해 홍해와 연결되는 교역로를 찾고 있어 홍해를 지나 인도양으로 통하는 이스라엘의 항구도시 에시온 게벨(Ezion-Geber)이 절실히 필요했다. 히람 왕은 솔로몬 왕과 동맹을 맺고 예루살렘 성전 건립을 후원하는 대신 예루살렘을 통과해 홍해로 진출할 수 있었다.

페니키아에게 에시온 게벨의 의미는 각별했다. 그간 지중해 교역만 하던 페니키아가 홍해 연안은 물론 아라비아 반도와 동부 아프리카, 멀리는 인도양과 태평양까지 진출할 수 있음을 뜻하는 것이다. 그로 인해 예루살렘 역시 교역의 중심지로 번영하게 되었다. 또한 홍해 근처의 구리 광산을 히람 왕과 공동으로 개발하면서 왕실의 재정도 풍족해졌다.

《구약성경》〈열왕기 상〉을 보면 솔로몬 왕이 홍해 쪽 항구 에시온 게벨에서 배로 홍해를 남하해 '오피르(Ophir)'에 가서 금을 가져왔다는 기록이 있다. 예루살렘 신전을 짓기 위해 필요한 금을 조달하러 장거리 항해를 감행한 것이다. 고대 이집트인들도 이곳에서 많은 광물을 운반해 사용했다고 한다. 솔로몬 왕의 오피르 원정 때 배를 제공하고 항해를 도운 것도 페니키아인이었다. 이후 유대인들이 해상교역에 본격적으로 뛰어들 수 있었다. 이러한 동맹 관계는 기원전 9세기 이스라엘 7대 왕인 아합 왕에 이르러서 사돈 관계로 발전한다. 아합 왕의 아내 이세벨이 바로 페니키아인이었다.

무역 공조를 통해 최고의 부와 명성을 쌓다

솔로몬 왕은 이스라엘 남부 아카바 만의 에시온 게벨 부근 에일랏(Eilat)에도 해상무역 기지를 건설했다. 그리고 인근 지방은 물론 장거리 무역을 크게 번성시켜 상업적 번영기를 가져왔다. 여왕이 통치하는 시바 왕국과 몰약, 유약과 향신료 등을 거래했고 동부 아프리카와는 해상 선단을 운용하면서 희귀동물과 새, 백단향, 상아, 금 등을 취급했다.

시바 왕국은 유향 등 향품을 많이 생산하며 왕성한 국제무역으로 번성과 부를 누리고 있었고 에티오피아도 시바 왕국의 통치를 받고 있었다. '유향의 길(스파이스 로드)'이라고 불리는 교역로를 통해 거대한 부를 축적했던 나라가 시바 왕국이다. 중국의 비단, 아라비아 반도 남부에서 채취된 유향 같은 물건들을 이집트나 이스라엘 등에 공급하는 통상로를 지배하고 있었기 때문이다.

이후 솔로몬제국의 성격은 주로 무역에 있었다. 솔로몬 왕은 그에게 우호적인 히람 왕과 손잡고 육로와 해로를 통한 무역을 적극적으로 확대했다. 두로의 히람 왕과 솔로몬 왕의 해상무역 탐험대는 지중해와 인도양은 물론 당시에 알려진 세계 끝인 중국까지 항해했다.

오피르와의 교역도 활발했다. 오피르가 어디인지에 대해서는 학자들 간에 이견이 있지만 '인도 해안지역'이었을 가능성이 많다. 그 이유는 무역 품목들이 금, 은, 상아, 원숭이, 공작 등으로 고대 인도지역의 주요한 무역품과 같기 때문이다. 솔로몬은 오피르에서 금 이외에도 백단목과 각종 보석 등을 운반해 왔다. 고대 무역은 사무역도 있었지만 일반적으로 조공무역의 형태를 취했다. '무역'이란 상호 이익을 위해 양 당사자가 전보다 더 부자가 되리라는 점을 예상하고 행하는 거래로 솔로몬 왕은 부의 축적을 위해 이를 적극 추진했다. 이로써 솔로몬 왕은 해상권도 장악하게 되었다.

협력 관계였던 솔로몬 왕과 히람 왕은 오피르 이외에도 무역도시 다시스(Tarshish)와도 거래를 했다. 페니키아인들은 좀 더 멀리까지 나아갔는데 그들은 영국의 콘월까지 당도해 청동을 만들 수 있는 주석을 대규모로 가져 왔다. 이후 유럽 대륙에서 청동무기와 도구가 본격적으로 제작되었다.

솔로몬 왕이 최고의 부와 명성을 쌓을 수 있었던 계기는 바로 에시온 게벨 항구에 설립한 다시스 상선대 덕택이었다. 솔로몬 왕은 다시스 상선대가 히람 왕의 상선대와 함께 해상무역에 종사토록 했다. 다시스는 상선대 소속의 배와 선원들이 대부분 그곳 출신이어서 붙여진 이름이다. 아직 정확한 지리적 위치는 확인되지 않았지만 대부분의 페니키아 학자들은 다시스를 스페인의 타르테소스로 보고 있다.

역사상 최초의 군수품 중계무역

솔로몬 왕은 전략적, 경제적으로 중요한 도시들을 요새화해 새로운 군사도시를 건설했다. 그리고 넓은 이즈르엘 평야에서 군마를 훈련시켰다. 솔로몬이 운영한 병거대와 기병대는 대략 1천4백 기의 전차와 4만 마리 말과 1만 2천 명의 기병들로 구성된 대규모 전차부대였다. 전차부대는 다윗 왕 시절만 해도 없던 당시로서는 최첨단이자 최강의 부대였다. 이러한 사실은 중요한 두 가지 사실을 의미한다. 하나는 이스라엘이 당대 최강의 군사력을 보유했다는 사실이다. 이로 인해 주변국들이 이스라엘 정책에 협력할 수밖에 없었고 이익 여부에 관계없이 조공무역을 하지 않을 수 없었다.

또 다른 하나는 이러한 군수품을 장사에 활용해 큰돈을 벌었다는 사실이다. 당시 병거는 한 대에 은 600세겔(6킬로그램)이었고 말은 한 마리에 은 150세겔(1.5킬로그램) 정도였기 때문에 솔로몬은 병거와 말 장사를 통해 커다란 이익을 올렸다.

당시 고대 근동은 철기시대로 진입하고 있었다. 한마디로 각국이 철제무기 현대화를 서두르는 시점이었다. 철제무기 중 가장 강력한 것이 군마가 끄는 철제전차였다.

솔로몬은 길리기아 말을 사들여 군마로 훈련시킨 뒤 이집트에 팔고 그 대금으로 이집트의 전차를 사들였다. 다시 그 전차에 훈련된 군마를 묶어 북쪽에 있는 히타이트와 아람의 왕들에게 팔고 그 대금으로 다시 말을 사들였다. 벌써 그 시기에 이윤이 가장 많이 남는 군수품 중계무역을 한 셈이었다. 이후 중계무역은 유대인 특유의 장기가 된다.

이러한 활발한 통상교역은 이스라엘 사회에 많은 변화를 가져왔다. 이제까지 지파 중심으로 농경과 목축에 주력하던 이스라엘에 상공업의 물결이 밀려 들어옴으로써 도시가 발달했다. 그리고 이러한 변화는 전통적인 지파 중심의 생활에서 탈피해 좀 더 체계적이고 대외적인 국가조직의 재편을 가져왔다. 당시 솔로몬 왕국은 이른바 종교권력, 군사권력, 상업권력을 동시에 다 가지고 있었다. 사실 솔로몬 왕은 이를 통해 주변을 피폐화시키기도 했다.

부의 증대가 부패를 만연시키다

무역으로 벌어들인 돈을 솔로몬 왕은 왕국의 수도 건설에 쏟아부어 20년 만에 성전과 궁전을 완성했다. 당시 솔로몬 왕의 공사 때문에 이스라엘 국고가 바닥나서 공사 대금을 현물로 다 갚지 못했다. 그래서 두로의 히람 왕에게 빚 대신 페니키아와 인접한 갈릴리 산악지대 20여 개의 촌락을 통째로 넘겨주었다. 하지만 이는 이스라엘 역사에 오점으로 기억되어 《성경》에까지 기록되었다고 한다.

《성경》에는 히람 왕이 솔로몬 왕이 준 마을들을 마음에 들지 않아 했다고 전한다. 자신이 제공한 건축 자재의 대가로 충분하지 않다고 생각한 것이다. 아마도 식량이 부족한 두로의 히람은 옥수수 등을 재배할 수 있는 평지를 원했을 것이다. 그러나 솔로몬 왕이 히람 왕에게 준 땅은 산악지대였다. 이 교역은 히람 왕의 입장에서는 한마디로 불성실 교역이었다.

이스라엘 입장에서도 하느님의 땅을 율법을 어겨 가며 사고팔았기 때문에 문제가 되었다. 하여 이 사건은 솔로몬 왕이 율법도 어기고 동맹간의 신의도 어긴 것을 보여 주는 것으로 평가된다.

어쨌든 솔로몬 왕은 하솔, 므깃도, 게젤 등 각 지역에 요새를 건축했고 군사들과 전차들을 배치시킴에 따라 요새 건설비뿐만 아니라 요새에 상주해 있는 군대의 장비 구입과 유지비용도 엄청나게 늘어났다. 또한 예루살렘에도 성전 건축, 왕궁 증축 등을 계속해 부역을 일삼았다. 이러한 솔로몬의 통치 아래에서 페니키아인들과 북쪽 이스라엘인들은 노예로 전락해 갔다.

솔로몬 왕은 처음에는 성전 건축을 위해 역군을 일으켰지만, 후에는 병거와 기병을 위한 국고성(國庫城), 혼인정책으로 결혼한 이방인 파라오의 딸을 위한 궁전, 그리고 배와 선단을 만드는 일에 부역을 동원했다. 국고성은 군사적 목적으로, 파라오의 딸을 위한 별궁은 명예를 위해서, 그리고 선단은 부를 추구하기 위해 건설되었다. 이로 인해 '권력과 명예와 부'가 솔로몬 왕정의 특징이 되었다. 이렇게 솔로몬 왕은 시간이 흐르면서 독재자가 되어 백성들을 착취하고 그들에게 무거운 짐을 지웠다.

그는 모자라는 국고를 중과세와 강제노동으로 충당했다. 이는 토지를 갖지 못한 극빈 계층을 늘렸다. 산업화를 급하게 추진한 나머지 여러 폐해들도 생겨났다. 소작민, 실업, 부재지주, 노동력 착취 등 현대 사회가 겪고 있는 문제점들이 나타났으며 부의 급격한 증대는 부패를 만연시켰다.

사회 구조의 심각한 계층 분리와 함께 솔로몬 왕은 미래에 닥칠 종교적 불협화음의 씨를 뿌렸다. 아브라함 시대에도 그랬지만 당시 유대인 사회에서는 일부다처제가 시행되고 있었고 율법으로 금지되어 있지 않았던 탓에 '신부가 무역을 성사시킨다'는 기치를 내걸고 주변 왕국의 딸들과 결혼했던 것이다. 이로 인해 무역을 확장시킬 수는 있었지만 종교적 갈등은 피할 수 없었다. 아내는 7백 명, 첩도 3백 명이나 되었다.

예루살렘 동편 산 위에 이방 아내들이 믿는 여러 우상들이 버젓이 자리 잡았다. 말하자면 신앙의 자유를 허용한 셈인데 당시 제사장들이 이를 너그럽게 보았을 리 없다.

게다가 솔로몬 왕마저 나이가 들어 주변 여인들의 꾐에 넘어가 이방의 다른 신들을 섬기게 되었다. 유대인으로서는 해서는 안 될 일을 한 것이다. 《구약성경》의 〈열왕기상〉 11장에 보면 "너의 마음이 이러하고, 내가 너와 계약을 맺으면서 일러둔 법들을 지키지 않았으니 내가 반드시 이

나라를 너에게서 쪼개어 너의 신하에게 주리라. 그러나 너의 아비 다윗을 보아서 네 생전에는 그렇게 하지 않겠고 너의 아들 대에 가서 이 나라를 쪼개리라."고 하느님이 질타한 말씀이 기록되어 있다고 한다.

솔로몬 이후,
왕국이 둘로 갈라지다

　기원전 926년, 40년을 통치했던 솔로몬 왕이 죽고 난 뒤 그의 아들 르호보암 왕 때 북쪽의 부족들이 '지도자란 국민의 심복이어야 한다'라는 원칙을 들며 강제노동과 세금을 줄여달라고 요구했다. 그러나 르호보암 왕은 이를 단호히 거절했다. 그러자 그들은 그들만의 모임을 갖고 여로보암을 왕으로 추대했다. 여로보암은 솔로몬 왕에게 부역정책에 대한 반대 의사를 표시하며 항거하다가 이집트로 도피했던 인물이었다. 이제 다윗 왕조를 섬기는 사람들은 유다 지파뿐이었다.

　결국 이듬해 이스라엘은 두 왕국으로 갈라진다. 이로써 북쪽은 솔로몬 왕의 아들에게 등을 돌린 나머지 10지파가 독립해 솔로몬의 신하였던 여로보암이 세운 '이스라엘 왕국'이 되었다. 남쪽은 유다 지파와 벤자민 지파로 구성되어 르호보암이 이끄는 '유다 왕국'이 되었다. 왕국의 대부분을 이루고 있는 유다 지파의 이름을 따 유다 왕국이라 불렸고 유다란 "하느님은 찬송 받을지어다."라는 뜻이다. 유대인을 가리키는 명칭인 그리스어의 Iudaios, 라틴어의 Judaeus, 프랑스어의 Juif, 독일어의 Jude, 영어의 Jew, 스페인어의 Judio, 러시아어의 Zhid 등은 모두 고대 히브리인의 12지파 중 하나인 유다 지파에서 왔다.

두 형제국 간의 전쟁의 시작

《성경》에 따르면 이스라엘 왕국의 왕이 된 여로보암은 자신의 백성들이 예루살렘 성전에 자유롭게 제사를 지내러 다닌다면, 왕국이 존폐 위기에 처할 것이라며 걱정했다고 한다. 이러한 걱정을 덜기 위해 여로보암 왕은 바알 신을 상징하는 황금 송아지 두 마리를 만들고, 백성들로 하여금 예배하게 함으로써 예루살렘 성전 출입을 막았다. 그러나 이는 종교적 관점에서 명백한 우상숭배였다. 하느님과의 계약을 위반한 것이다.

그 뒤 형제 국가는 크게 싸웠다. 르호보암 왕의 뒤를 이은 유다 왕국의 아비아 왕은 약 40만의 군대로 북 이스라엘 왕국의 80만 대군을 물리쳤다. 이스라엘 왕국은 이 전쟁으로 50만 명의 희생자를 냈고, 종교 중심지였던 벧엘과 몇 성읍들을 빼앗기게 되었다. 그 뒤 유다 왕국의 아사 왕은 이집트와도 전쟁을 치른다. 이집트의 1백만 대군과 병거 3백 대를 맞아 싸운 것이다. 이는 아사 왕의 군대 58만 명과 비교해 볼 때 두 배에 가까운 숫자였지만 《성경》에 따르면 아사 왕은 골짜기에 진을 치고 하느님께 간절히 기도해 이 전쟁에서 대승리를 거두며 필리스티아까지 점령했다고 알려져 있다.

아사 왕 36년에 이스라엘 왕 바아사가 유다를 다시 공격해 왔다. 바아사 왕은 이스라엘과 유다를 연결해 주는 요충지인 유다 왕국의 벤자민 지파의 땅 '라마'를 점령하고, 거기에 성을 건축해 백성들이 유다와 연락하지 못하게 하려 했다. 이때 아사 왕은 아람의 다메섹 왕에게 성전에 있던 금은을 모아 보내며 원병을 요청해 이스라엘을 공격하도록 했고 결국 바아사 왕의 군대는 철군했다. 그러나 이는 아람이 이스라엘을 수시로 괴롭히는 계기가 되었다. 그뿐 아니라 3천 년이 지난 지금까지도 아람 후손들이 살고 있는 시리아는 이스라엘과 전쟁도 불사하는 원수가 되어 있다.

이후 유다 왕국은 여호사밧 왕 때 가장 강성했다. 그의 군대는 다섯 개의 군단으로 조직되어 있었는데, 유다 지파에서 세 개의 군단, 벤자민 지파에서 두 개의 군단이 조직되어 그 군대의 수가 무려 1백만 명이 넘었다. 당시는 북쪽 이스라엘이나 남쪽 유다 왕국이나 모두 군사강국이었다. 이후 2세기 동안 두 나라는 이러한 분열된 형태로 유지되었다.

이스라엘 왕국, 아시리아 제국을 격파하다

북쪽의 이스라엘 왕국은 다윗 왕 때부터 형제국으로 지내던 페니키아의 시돈과 두로 등 도시국가들을 격파하고 다마스커스까지 진출했다. 그러나 동쪽의 아시리아가 커지자 위협을 느껴 그 뒤 서쪽 나라들과는 화평정책을 취했다. 당시 해상무역이 활발하게 전개된 것으로 보인다.

아시리아는 서쪽으로 계속 팽창했다. 그들의 최종 목표는 이집트였다. 이집트를 침공하자면 길목에 위치한 이스라엘 왕국을 먼저 공격해야 했다. 아시리아는 이스라엘 왕국에게 조공을 바칠 것을 요구했으나 이스라엘 왕국은 조공을 바치고 굴복하느니 차라리 싸울 것을 택했다.

기원전 854년 아시리아와 이스라엘은 드디어 일전을 치렀다. 이 역사적인 전투에서 이스라엘군은 2만 명이 죽었지만 의외로 승리했다. 이스라엘 왕국이 당시 세계 최대의 제국 아시리아를 격파한 것이다. 그만큼 당시의 이스라엘은 강했다. 이 전쟁으로 아시리아의 이집트 정복 계획은 백여 년 뒤로 후퇴했다.

아시리아의 재침공과 이스라엘 왕국의 멸망

《성경》에서 '아수르'로 불리는 아시리아는 노아의 손자이자 셈의 아들 가운데 한 명인 아수르가 조상이다.

인류가 말을 사용한 최초 병기는 전차였다. 그 무렵 말은 사람이 타기에는 체구가 작고 지구력이 부족했기 때문에 두 필의 말이 전차를 끌게 해 전투에 임했다. 그러나 이러한 말들을 교배를 통해 강력한 군마로 만들어 제국을 건설한 이들이 바로 아시리아인들이다. 그들은 안장을 발명해 기원전 1000년경에 군사들이 직접 말을 타고 전투하는 막강한 기병대를 선보였다.

말을 타고 활을 쏘는 궁기병이 탄생하면서 전장에서 훨씬 기동성이 좋아지고 타격력이 높아졌다. 그들은 기병대를 창을 주로 쓰는 창기병과 활을 쏘는 궁기병의 두 부류로 나누었다. 마부와 더불어 궁기병과 창기병이 함께 마차를 타고, 마부가 말고삐를 잡고 달리는 사이 나머지 사람들이 활과 창으로 적을 공격했다. 이로써 전투력뿐만 아니라 기동력을 높였다. 당시로선 최강, 최신의 전차전투부대가 탄생한 것이다. 이런 아시리아의 기병대를 당해낼 세력이 없었다.

기원전 9세기에 아시리아는 이러한 기마부대와 철제무기를 앞세워 동서 교역로를 장악하기 위해 주변 국가들을 차례로 정복해 나갔다. 기원전 743년에는 북부 메소포타미아 지역과 북 시리아 왕국들을 정복하고 동부 지중해 상권까지 장악했다. 그 후 아시리아는 이집트를 정복할 계획을 세우고 대군을 동원해 시리아와 팔레스타인을 침공했다. 이때 이스라엘 왕국이 무조건 항복할 수밖에 없을 거라고 생각했지만 전쟁은 무려 10년을 끌었다. 이 기간에 아시리아에서는 세 명의 왕이 교체되었다.

그러나 결국 기원전 722년에 이스라엘 왕국은 아시리아 사르곤 2세에게 패해 멸망한다. 이스라엘 왕국의 존속 기간은 불과 209년이었다. 이스라엘 왕국을 정복한 아시리아는 반란을 막기 위해 귀족들은 포로로 끌고 갔고 나머지 상류층 이스라엘인 약 2만 7천 명은 북동쪽 변방으로 추방했다. 이로써 이스라엘 왕국의 10지파는 역사 속에서 사라졌다.

그중 일부는 아시리아로 들어가 자리를 잡았다. 1845년에 기원전 626년부터 기원전 485년까지 140년에 걸친 이스라엘인 에기비 부자(父子)상회의 장부가 발견되었는데 이 상회는 당시 아시리아에서 19세기 유럽의 로스차일드 같은 대부호의 지위를 가지고 있던 것으로 추정된다. 이는 옛날부터 유대인의 이재가 주변 세계를 석권했음을 보여준다.

아시리아는 멸망한 이스라엘 왕국 지역에 아시리아 사람들을 이주시켜 살게 했다. 그대로 잔류한 이스라엘인 하층민들에게는 이방인들과 피가 섞이도록 하는 혼혈정책을 썼다. 통혼 정책에 따라 이스라엘 민족의 혈통과 종교적 전통은 말살되어 갔다. 이로써 이스라엘인과 아시리아인 사이의 혼혈인 '사마리아인'이 등장하게 된다. 율법을 강력히 지켜야 한다고 주장하는 바리새파 유대인들은 이들을 '강아지(개새끼)'라 부르며 잡종이라고 멸시했다. 유대교는 이스라엘 왕국이 행한 우상숭배라는 계약위반이 이렇게 가혹한 형벌로 마무리되었다고 설명한다.

세계 최초의 제국, 아시리아의 멸망

아시리아는 사르곤 2세 때부터 아슈르바니팔 시대에 걸쳐 최전성기를 맞이해 한때는 이집트까지 합병함으로써 최초의 세계 제국을 건설했다.

아시리아 문화는 이제까지의 바빌로니아 문화를 집대성하고, 정복한 여러 민족의 문화를 융합시켜 오리엔트의 일체화를 한걸음 진전시켰다.

《성경》에 의하면, 예언자 이사야는 이스라엘의 죄악인 우상숭배를 심판하기 위해 하느님이 사용한 아시리아도 왕국 자체의 교만과 패역으로 멸망한다고 예언했다. 실제로 기원전 612년 강대국 아시리아도 바빌로니아가 주도하는 연합군에 의해 역사에서 자취를 감추었다.

그리스,
해상무역에 뛰어든 후발주자

그리스는 페니키아와 이스라엘(히브리)에 비하면 해양개척에 늦게 참여했다. 페니키아와 이스라엘이 이웃사촌의 협조적 관계였다면, 뒤늦게 해상무역에 뛰어든 그리스와 기득권을 자처하는 이스라엘 사이는 불편한 경쟁 관계였다. 이는 두고두고 유대인과 그리스인 사이의 걸림돌로 작용한다.

기원전 1200년경, 이집트에서 탈출한 히브리인들, 즉 이스라엘인들이 가나안에 진입했던 시기에 그리스는 북부로부터 침입해 온 이른바 '해양해적'의 침입을 받아서 전 지역이 파괴되었다. 그리스 피난민들은 키프로스로 옮겨갔다. 이때 참혹한 정복전쟁으로 그리스 인구의 75퍼센트가 감소되었다. 이로써 그리스 미케네 지역을 중심으로 발달한 미케네 문명은 붕괴되어 역사 속으로 사라지고 그리스는 소작 중심의 작은 마을들로 탈바꿈하게 된다. 침입자들은 문자가 없었다. 그래서 이 시기에 관한 기록이 없어 암흑기라 불린다.

미케네 문명이 파괴될 무렵, 에게 해와 근동지역의 청동기시대도 붕괴되고 이웃 문명인 이집트와 히타이트 역시 파괴된다. 이는 당시 인류 최초로 철기시대를 열어 철제무기로 무장한 해양 해적 '바다의 사람들'

이 맹위를 떨쳤기 때문이다. 바다의 사람들이란 기원전 1400년경에 코카서스 지방에 살다 이동을 시작한 인도유럽어족의 조상인 아리안족의 후예들로 이들의 전면적인 대이동은 막을 길이 없는 인류의 대이동이었다. 에게 해에서 지중해 동남부로 휩쓸며 내려와 기습이 점점 빈번하고 심각해지자 그리스인들은 해안지역을 떠나 좀 더 쉽게 방어할 수 있는 지역을 찾아 떠났다. 그리스 도시국가들이 구릉지나 절벽 위를 택한 이유이다.

기원전 1200년경 바다의 사람들은 히타이트의 영토를 유린하고 시리아로 진격해 이집트까지 위협하게 되었다. 그리스 지역에 지적 발전이 멈추자 기원전 1200년부터 3백 년간 '암흑시대'가 에게 해 전역에 퍼지게 되었다.

상업과 교역을 유대인과 페니키아인에게 맡기다

그 무렵 인도유럽어족의 일파인 도리아인들이 스파르타를 세우고 이오니아인들이 아테네를 건설했다. 당시 외지인들이 세운 초기 그리스 도시국가들은 문자가 없었을 뿐 아니라 상업적 능력도 없었다. 따라서 오래도록 국내상업은 유대인들에게, 대외교역은 페니키아인에게 맡겼다. 페니키아는 당시 최고의 부와 조선, 항해 지식을 지니고 있었다. 그리스 학문의 아버지로 불리는 탈레스(Thales)와 피타고라스(Pythagoras)가 모두 페니키아인의 후예였다는 사실은 페니키아 문화가 당시 그리스 문화보다 월등했음을 알려 준다.

그리스 사회가 교환경제를 유지할 수 있도록 도와준 유대인과 페니키아인은 지중해의 중계상인으로서 그리스와 지중해 나라들을 무역으로 연결했다.

그리스는 땅이 척박해서 그들의 밀농사만으로는 모든 사람을 먹여 살릴 수 없어 이집트와 흑해 연안 지방에서 곡물을 수입해 와야 했다. 이에 대응한 수출품으로는 흑요석, 도자기, 포도주와 값비싼 올리브기름이 중요한 몫을 차지했다. 포도와 올리브 나무는 페니키아인들이 전파한 것들이었다. 척박한 땅에서 자라는 올리브가 그리스한테는 효자 상품이었다.

뒤늦게 해양문화에 합류하다

페니키아의 자극을 받아 그리스에서도 기원전 800년을 전후해 해안선을 따라 도시국가가 등장했다. 상업발전을 계기로 도시국가에는 수공업이 발달했으며 이 무렵에 그리스 반도에 작은 규모의 도시국가들이 본격적으로 생겨났다. 그리스의 본격적인 역사는 이스라엘 왕국이 아시리아에 패망할 때인 기원전 7세기 무렵 아테네, 스파르타, 코린트 같은 몇몇 주요 도시국가에서 시작된다. 그리스는 인구가 늘어나면서 바다로 나섰다. 곡물을 많이 수입해야 했기 때문이다. 고대 지중해권 삼국 페니키아, 이스라엘, 그리스 가운데서 해양 진출은 그리스가 가장 늦게 출발한 셈이다.

하지만 그리스인들이 바다로 나간 목적은 상업보다는 해적질, 정복, 해외이주에 있었다. 해적에 관한 가장 오랜 기록은 호메로스(Homeros)의 《오디세이아》에서 발견할 수 있다. 이집트 및 페니키아, 이스라엘이 주도한 해상무역으로 성시를 이루었던 동지중해와 에게 해 방면에는 연안 지방의 해적이 판을 치고 있었다.

그중에서 소아시아의 킬리키아와 그리스 본토는 해적의 소굴이었다. 노획물 가운데 노예는 델로스 섬의 노예시장에서 매각되었다. 그리스인은 예로부터 해적행위를 전쟁의 유리한 형식으로 보고, 해적들은 자신들의 행위를 공인된 일로 생각했다. 역사가 헤로도토스 등도 이를 비난하지 않았다. 이로써 해상무역에 국운을 걸고 있는 페니키아와 유대인들은 해상에서 그리스 해적들과 자주 부딪힐 수밖에 없었다. 양쪽은 결코 좋은 관계가 될 수 없었던 것이다.

그리스의 식민도시, 식량 생산지에서 상업거점으로

고대 그리스 경제는 기본적으로 노예제를 근간으로 한다. 군인계층이었던 시민들은 생업에 매이지 않고 철학과 과학에 매진한 반면, 노예들이 생산부문 전반에 걸친 노동에 투입되었다.

주로 농업에 종사하던 스파르타인들은 노예 반란을 두려워한 나머지 군사체제를 강화시켰다. 그러자 시민 대부분이 상인, 문인, 뱃사람이었던 아테네는 이러한 이웃에 대항하기 위해 강력한 함선단을 키웠다. 이무렵 이탈리아 남부와 시칠리아에도 그리스계 도시가 건설되었다.

나중에 그리스는 2백여 도시국가들의 연합체로 성장했다. 이렇듯 도시국가들이 늘어나자 국내 수확물로는 빠르게 늘어나는 인구를 제대로 부양할 수 없어 해외로 눈을 돌렸다. 일찍부터 살기 좋은 곳을 찾아 지중해 연안과 흑해 곳곳에 식민지와 상업거점들을 건설한 것이다. 고대 그리스인들은 오늘날의 그리스 본토 이외에도 지금의 터키 해안에서 에게 해의 무수한 섬들, 이탈리아 반도의 남부 해안지역과 시칠리아 섬, 그 외에 흑해 연안에 흩어져 살았다.

처음에 그리스의 식민도시들은 페니키아처럼 무역거점이라기보다는 본토에 식량을 대는 곳이었다. 그런데 시간이 흘러 아테네가 식량의 대부분을 수입할 지경에 이르렀을 때 그들은 교역을 새로운 각도로 보기 시작했다.

그리스인에 의해 상업과 교역이 발달하자 기원전 7세기에는 동전이 활발하게 주조되었다. 동전 형태의 주화가 처음 등장한 것은 고대 소아시아의 리디아 왕국이지만 그리스에 이르러서 본격적으로 상거래에 사용되기 시작한 것이다.

화폐가 확산될수록 그리스는 농업경제에서 상업경제로 빨리 옮겨갔다. 이전에는 농업, 목축업 그리고 전쟁이 가장 중요한 국부증대 사업이었지만 차츰 상업과 교역의 비중이 커졌다. 그리스 식민지들은 지중해 교역중심지들로 성장했다. 식민지라도 정치적 독립성을 갖고 있었다. 그 수가 훗날 약 8백여 개에 달했다. 당시 그리스 반도의 폴리스와 자치제였던 식민도시들을 다 합치면 그 수가 1천 개 이상이었다는 이야기다. 그리스인들은 스스로를 '헬레네스(Hellenes)', 혹은 헬라스(Hellas)라 불렀다. 제우스의 아내이자 누이인 헤라 여신의 자손이란 뜻이다.

이후 그리스가 번영하며 이들은 지중해에서 무역도 하고 수많은 전쟁을 치렀다. 페니키아는 그리스와 로마의 출현에 의해 점차 쇠퇴하기 시작했다. 그리스의 여러 도시국가들 가운데 상업이 가장 발달한 곳은 아테네로 뛰어난 항해술이 뒷받침했다.

아테네는 기원전 5세기 무렵 상업에 중요성을 두기 시작하면서 식민무역도시도 늘고, 직업적인 상인도 생겼으며, 외국과 협정도 맺었다. 전 지중해에 통용되는 상업의 관례를 받아들인 것이다. 식민지와 본국 사이에는 무역이 활발해졌다. 본국으로부터 식민지에 수출된 상품은 주로 수공업 생산품으로 올리브기름, 주류와 더불어 집기, 직물, 피혁, 금속, 무기 등이었으며 식민지로부터 수입된 상품은 곡물, 광석, 노예 등이었다.

유럽 문화의 원천이 된 그리스 문화

그리스 문화는 초기에 에게 문명 등 오리엔트 문화의 영향을 받으며 성장했다. 그 뒤 인접한 해양국가인 페니키아인들로부터도 상당한 영향을 받았다. 그들로부터 바깥세상의 소식을 듣고 글자와 배 만드는 법과 해양기술을 배웠다. 이후 그리스의 해양개척은 페니키아의 행로를 답습했다.

나중에 그리스인들은 오리엔트와 페니키아 문화로부터 독립해 성격이 다른 독창적인 문화를 발전시킴으로써 오늘날 유럽 문화의 원천이 되었다. 그리스 문명은 도시국가 문명이라는 것이 큰 특징이다. 이는 그리스가 지정학적으로 세계 4대 문명의 발생지와는 달리 대규모 하천이 없고 내륙의 땅들이 척박해, 주로 해안가를 따라 도시국가가 형성되었기 때문이다. 이 점이 바로 큰 강을 중심으로 농사를 지었던 4대 문명의 발상지와 그리스 문명의 성격이 갈리는 부분이다.

시민공동체 도시국가라는 자유로운 환경이 그리스인들로 하여금 군주 중심의 오리엔트와는 본질적으로 성격이 다른 독창적인 문화를 발전시킬 수 있게 했다. 자유가 있는 곳이라 창의성이 꽃피울 수 있었다. 고대세계에서 그리스인만큼 자유를 위해 헌신적이고 인간과 인간업적의 고귀함에 대한 믿음을 굳건히 지켰던 민족은 없었다. 그들은 우주 만물 중에서 가장 중요한 존재로서 인간을 찬양했다. 인간 중심의 휴머니즘 사상이 탄생한 것이다.

아테네 은화,
기축통화 되다

　기원전 6세기 솔론(Solon)은 그리스의 칠현(七賢)인 가운데 한 사람이다. 그는 아테네 경제 진흥책의 일환으로 아테네와 페르시아 사이의 무역을 증가시킬 방안을 모색했다. 그러기 위해서는 먼저 양국 간 화폐 통일이 필요했다. 그는 곧 아테네 드라크마와 페르시아 화폐를 등가로 만들기 위해 드라크마의 은 함유량을 줄여 역사상 최초로 화폐가치를 하락시켰다. 이로써 양국 통화를 서로 자유롭게 교환할 수 있게 했다. 그의 의도는 성공했다. 페르시아는 물론 이오니아, 흑해, 시실리, 아프리카로부터 화폐가 아테네로 몰려들었다. 아테네 은화가 가장 널리 유통되는 화폐가 된 것이다.

　아테네인들은 드라크마 이상의 단위를 갖고 있었다. 100드라크마는 1미나이고, 60미나는 1탈렌트였다. 그리스인들은 이처럼 십진법의 길로 들어섰는데 이것은 바빌로니아인들의 제도보다 더 실제적이었다. 이후 아테네인들은 그들의 긴 역사를 통해 화폐단위와 무게를 변경시키지 않았다.

　아테네는 그리스 화폐 주조의 중심지였다. 더구나 기원전 483년에 발견된 대규모 라우리온(Laurion) 은광은 국부를 획기적으로 증가시켰다.

그뿐만 아니라 그 돈으로 아테네의 해군력을 향상시켜 페르시아군을 무찌르는 계기가 되었으며 민주주의 정착을 앞당겼다.

기원전 449년에 아테네는 그리스 전역에 아테네식 주화와 도량형 사용을 강제하는 통화법령을 반포했다. 이는 경제적 교환의 거래비용을 최소화하는 데 큰 도움이 되었다. 이로써 기원전 5세기, 아테네의 항구 피레우스(Piraeus)가 지중해 세계의 중심지가 될 수 있었다. 이것은 통일된 화폐제도의 혜택을 입었기 때문이다. 아테네 은화가 기축통화가 된 것이다.

기축통화의 위력

기축통화의 위력은 대단했다. 이를 계기로 에게 해뿐 아니라 지중해 상권이 페니키아에서 아테네로 넘어왔다. 해상무역의 권력의 추가 이동한 것이다. 해상무역만이 아니었다. 지중해 경제권 중심축이 완전히 아테네로 이동했다. 아테네 항구 피레우스는 무역상과 환전상의 본고장이 되었다. 그중에서 특히 유대무역상들은 어디에서 어떤 상품을 구할 수 있는지 파악하는 정보 수단을 갖고 있었으며 유대인 환전상들은 각국 화폐에 정통했다.

아테네의 '시장경제'는 오늘날 뉴욕과 별반 다를 바 없었다. 개인 창고업자, 항해인, 은행가 같은 서비스 제공자들의 복합체가 피레우스 항구를 중심으로 발전했다. 결국 이곳은 지중해 전역의 항구 간 상품교역의 국제 청산소로 성장했다. 흑해, 시칠리아, 이집트 등지에서 도착하는 곡물의 수급에 따라 가격이 결정됐다. 그리고 이는 지중해 지역 전체의 표준이 됐다. 화물에 물리는 2퍼센트의 세금 덕분에 국고는 크게 불어났다. 아테네는 큰 배들이 더 많이 들어오도록 방파제, 도크, 준설 서비스 등 인프라를 개선했고 화물선을 보호하기 위해 호송대를 파견하기도 했다.

화폐 전성시대

기원전 5세기 말에는 아테네의 주화를 본 떠 그리스 도시국가 모두가 독자적인 화폐를 만들어 사용했다. 이것이 차츰 남부 이탈리아·소아시아·시칠리아의 여러 도시로 파급되었으며, 헬레니즘 시대에는 오리엔트에도 퍼졌다. 기원전 3세기 무렵에는 고대 인도도 그리스의 영향을 받아 왕이나 아폴론 상을 새긴 화폐를 주조했다.

기원전 4세기 아리스토텔레스(Aristoteles)는 당시 교역에 쓰였던 화폐의 기원을 다음과 같이 명료하게 기술하고 있다.

"각종 생활필수품은 쉽게 가지고 다닐 수 없으므로 사람들은 철이나 은같이, 본질적으로 유용하고 생활을 위해 쉽게 사용할 수 있는 물건을 서로의 거래에 이용할 것에 합의했다. 이러한 물건의 가치는 처음에는 크기나 중량으로 측정됐으나 시간이 경과함에 따라 일일이 계량해 가치를 기재하는 수고를 줄이기 위해 사람들은 그 위에 각인을 하게 됐다."

그 뒤 동전은 국가권력을 상징하는 도안을 집어넣어 찍어냈다. 이제 화폐는 사회 전반의 필수적인 교환수단으로 이용되었다. 화폐 덕분에 똑같은 기준에 의거해 모든 물건의 가치를 측정하는 일이 가능하게 되었다.

고대 이스라엘, 민간이 주도한 최초의 화폐 발행

기원전 6세기 아테네에서 제조된 은화에 새겨진 부엉이는 '전쟁과 지혜의 여신'인 아테나 여신을 상징한다. 부엉이는 어두운 곳에서 남이 보지 못할 때 홀로 잘 본다는 능력을 가진 짐승이다. 이것은 남이 못 보는 것을 본다는 초능력과 통하고, 현명하다는 의미도 되기 때문에 부엉이는 지혜를 대표하는 상징이 되었다. 이것들은 질 좋은 은화로 지중해 연안의 국제화폐가 되었다.

고대 이스라엘에서도 페르시아의 영향으로 동전이 비교적 일찍부터 통용되었다. 예루살렘에서 주조된 고대 히브리어로 '예후(YHD)'라고 새겨진 은전은 기원전 400년경부터 유통되기 시작했다. 직경 6~8밀리미터의 예후드 은전은 최초의 유대 동전이다. 이때부터 서기 135년 코르 코크바 혁명 시대까지 약 530년간 비교적 독자적인 고대 히브리어나 아람어로 새겨진 독특한 유대 동전들이 유통되었다.

특히 유대인들은 로마 점령 시대 이후에도 그들의 성전에 바치는 헌금에 다신교를 믿는 이방 동전을 사용치 못했기 때문에 일찍부터 성전 주변에 그들이 자체적으로 주조한 은화와 로마 주화를 교환해 주는 환전상이 발달했다. 원래 동전의 주조는 이익이 많이 남는 장사로 주화의 제작은 국가의 독점적 권한이다. 유대인들은 국가가 아닌 민간이 주도한 최초의 화폐를 발행했다. 이러한 민간 주도의 화폐 발행으로 유대인들은 부유해질 수 있었다. 또한 주조 이익인 시뇨리지 효과를 잘 아는 유대인들은 훗날 세계 화폐 발행의 역사를 주도하게 된다.

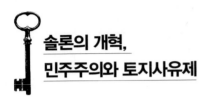

솔론의 개혁,
민주주의와 토지사유제

아테네가 경제사에 크게 공헌한 것이 있다. 민주주의와 토지사유제의 인정이다. 이는 훗날 자유시장경제의 중요한 밑거름이 되었다. 기원전 594년 당시 집정관 솔론은 이른바 '솔론의 개혁'을 단행했다. 아테네 시민들에게 역사상 최초로 민주주의의 기초가 되는 법령을 공포한 것이다.

개혁 내용은 당시로서는 가히 혁명적이었다. 먼저 빚진 자들에게 빼앗겼던 땅들을 모두 돌려주고 노예들을 해방시켰다. 그리고 당시 귀족들이 독점했던 정치를 시민들도 부의 정도에 따라 참여할 수 있게 했다. 이는 기득권층에 대한 혁명이었다. 이로써 아테네에서는 직접민주정치가 시행되었다.

유대인의 희년제를 본받은 솔론의 개혁

기원전 6세기 초는 아테네인들에게 어려운 시기였다. 세습 귀족계급은 좋은 땅을 소유하고, 정치를 독점하며, 파벌 싸움에 골몰해 있는 반면, 가난한 농민들은 쉽게 그들의 채무자로 전락해 자기 소유의 땅에서 농노

신세가 되거나 심한 경우에는 노예로 팔려갔다. 중간 계급인 중농·수공업자·상인은 정치에서 배제되어 불만이었다. 이렇듯 아테네는 유력자들과 시민(demos) 사이에 오랫동안 알력이 존재했다.

가난한 자들은 예속민(pelatai, dependants)이라 불렸는데 이는 그들이 유력자의 농지에서 일하고 소출의 6분의 1을 바쳤기 때문이다. 만일 임대료를 내지 못하면 감옥에 갇히고 심하면 노예가 될 수 있었다. 모든 부채는 솔론의 시대까지 인신(人身)을 담보로 설정되어 있었다. 이 체제에서 대중이 가장 공포를 갖는 것이 바로 노예가 되는 것이었다. 다수가 소수의 노예로 전락하자 시민들이 유력자들에 대해서 반기를 들었다. 분쟁은 격심했고 오랫동안 대립했다. 결국 양측은 기원전 594년에 솔론을 조정자이자 집정관으로 임명하는 데 동의해 국가 통치를 그에게 위임했다.

솔론은 집정관이 되자 개혁을 단행했다. 솔론은 귀족계급의 권력독점을 막고 대신 부유한 시민이 같이 통치하는 제도를 도입했다. 그는 곡물·올리브기름·포도주 등 주요 농산물을 기준으로 연간소득을 조사해 시민의 소득 계층을 4등급으로 나누었다. 이때부터 참정권과 군사의무는 출신성분에 관계없이 이 소득 등급을 토대로 배분되었다. 모든 시민은 민회에 참석할 권리가 주어졌다. 최하층에게도 참석할 권리를 주어 평민의 불만을 해소시키려 한 것이다. 이리하여 장차 민주정치의 토대가 마련되었다. 또한 각 부족으로부터 1백 명씩 4백 명의 평의회를 만들어 민회에 제출할 안건을 마련케 했다.

솔론은 유대인의 희년제를 본받아 부채 탕감을 시도했다. 희년제란 50년마다 돌아오는 희년에 모든 부채를 탕감하고 토지를 원 소유주에게 돌려주며 모든 노예를 해방시키는 유대인의 제도다. 《구약성경》〈레위기〉 25장 8~55절에 '희년 계산법', '대속죄일의 선포', '휴경에 관한 규정', '노예 해방' 등에 대해 상세히 설명하고 있다. 희년은 이스라엘 백성들의 이상이었던 평등공동체의 회복을 뜻한다고 한다. 그들은 희년법을 통해 다시 한번 평등한 하느님 나라의 건설을 희망했던 것이다. 그래서 희년이 되면 채무를 탕감해 주고, 노예에게 자유를 주고, 수감되어 있던 죄수들에게도 사면을 베풀었다. 더 나아가 가축과 땅에게까지 휴식의 시간을 주었다.

솔론은 기원전 594년에 아테네의 모든 채무자의 빚을 말소했다. 그리고 채무자를 노예로 삼는 제도 자체를 폐지하는 법률을 통과시켰다. 그 뒤 솔론은 빚을 탕감하고 땅을 재분배했지만 그때까지 소작농노들이 경작했던 땅은 귀족들이 계속 소유할 수 있게 해 주었다. 그러면서도 일부 토지에 대해서는 귀족들의 양해를 구해 농민들에게 돌려주는 상환제도를 시행했다. 그리고 개인이 소유할 수 있는 토지의 상한선을 정해 부의 집중을 막았다.

원래 솔론의 개혁은 고리채 문제를 해결하기 위한 것이었다. 채무자들은 처음에는 자녀를, 나중에는 자기 자신을 노예로 팔지 않을 수 없는 상황에 처하는 경우가 많았다. 이에 따라 노예 수가 증가하면서 시민 사회가 붕괴위기에 처했다. 그러자 솔론은 과감하게 아예 채무 무효를 선언했다. 채무 때문에 외국으로 팔려간 자들과 도망간 자들도 돌아오게 했다. 이것은 기득권에 대한 혁명이었다.

솔론은 인신을 담보로 이루어지는 대부행위를 금지했으나 토지의 재분재를 요구하는 빈민들의 주장을 전면적으로 받아들이지는 않았다. 대신에 농업으로 살아갈 수 없는 사람들에게는 대체할 직업을 제공해주었다. 예컨대 상업과 전문직이 장려되었으며 올리브기름을 제외한 농업 생산물의 수출을 금지시켜 인플레이션을 억제했다. 한편 지금까지 사용하던 것보다 더 적합한 기준에 의거해 아테네 고유의 주화를 제조함으로써 주화 사용을 촉진했고 새로운 도량형을 도입했다. 빈곤이 완전히 퇴치되지는 않았어도 솔론의 개혁 이전과 같은 절박한 문제는 더 이상 일어나지 않았다.

하지만 솔론이 자신의 과업을 완수했을 때 각계각층에서는 불만이 쏟아져 나왔다. 땅이 없고 기술만 있는 장인그룹은 자신들이 정치에서 배제되었음을 깨닫고 폭동을 일으켰다. 그리하여 대지주 5인, 농민 3인, 장인 2인으로 하는 최고평의회가 구성되었다.

귀족들은 솔론이 부분적인 개혁만 하기를 바랐다. 반면 빈민들은 모든 토지의 평등한 분배를 원하면서 그 같은 재분배를 실시하기 위해 필요하다면 그가 참주가 되어도 좋다고 생각했다. 그러나 솔론은 자유·정의·인도주의에 관심이 있기는 했지만 평등주의자는 아니었다. 또 권력을 장악하려는 야심도 없었다.

아테네인들은 불만을 갖기는 했어도 솔론의 처분대로 따르겠다고 한 약속을 지켰다. 그의 조치는 1백 년간 효력을 갖는 것으로 선포되었고 회전 나무판에 새겨져 모든 사람이 볼 수 있게 게시되었다. 이후 그는 더 이상의 논란과 해명을 피해 여행을 떠났다.

그 무렵 대부분의 그리스 도시국가들은 참주가 다스렸다. 참주란 힘센 귀족을 지칭하는 말로서 영어로는 'tyrant', 독재자란 뜻이다. 스파르타 같은 도시국가는 소수가 지배하는 과두 정치체제였다. 솔론이 아니었더라면 아테네도 다른 도시에서 그랬듯이 혁명과 뒤이은 참주정치(독재)로 귀결되었을지도 모른다. 솔론은 그리스인의 기본 미덕인 중용의 덕을 구현했다. 그는 최악의 빈곤상태를 종식시키고 동료 시민들에게 조화로운 정치체제와 인도적인 법전을 제시했다. 솔론의 개혁은 미완으로 끝나 그 뒤 아테네에서도 참주정치가 시행되기는 했지만 역사적으로 보면 솔론의 개혁으로 아테네의 민주주의는 크게 성장할 수 있었다.

부와 노예제도로 탄생한 민주주의 패러독스

아테네가 이렇게 직접민주주의 정치체제를 갖출 수 있던 것은 풍요로운 국부와 노예제도가 있어서 가능했다. 고대 다른 나라들은 부의 원천이 토지였다. 토지를 토대로 봉건주의 정치체제를 이루었다. 반면 아테네는 기원전 483년 매장량이 풍부한 라우리온 은광의 발견으로 매년 25톤에 달하는 은을 생산했다. 이로써 아테네에서는 기원전 3세기 말까지 은화가 주조되었다. 이 은광 덕에 시민들은 엄청난 소득을 올렸다. 당시 아테네에서는 국유재산 가운데 국가에서 필요한 분량 이외의 잉여분은 시민에게 분배하는 관습이 있었다. 덕분에 시민들은 노동을 안 해도 풍족하게 먹고 살 수 있었다. 게다가 당시 한 집에 두세 명 이상의 노예들이 있어 그들이 모든 육체노동을 대신했다. 노예제도로 말미암아 가사 일에서조차 자유로워진 것이다.

사람들이 농사에 매달리지 않고도 풍요롭게 살 수 있게 되자 생업에서 해방되어 철학과 정치에 관심을 갖기 시작했다. 그들은 틈만 나면 마을 광장에 모여 철학과 정치를 논했다. 사람들이 모여들자 자연히 시장도 형성되었다. '모이다'라는 어원을 가진 아고라(agora)는 그리스 도시국가의 중심에 있는 광장을 의미한다. 정치적인 광장과 시장을 겸한 독특한 것으로 그 주변에는 관청과 신전 등 공공건물이 세워져 있었다. 기원전 5세기의 역사가 헤로도토스는 아고라의 유무가 그리스인과 비그리스인을 구별한다고 했다.

　그러나 아테네와 오늘날의 시민 개념에는 차이가 있다. 당시 시민은 양친이 모두 아테네 시민인 18세 이상의 성년 남자만을 뜻했다. 따라서 여자, 외국인, 노예는 시민에 속하지 않았다. 기원전 5세기경 아테네의 13~15만 인구 중 10만이 노예였다. 시민의 수는 전체 인구의 14퍼센트에 불과했다. 이때의 노예들은 주로 채무를 갚지 못한 평민들과 전쟁 포로 노예들로 구성되어 있었다. 해적들의 인신약탈을 통해 공급된 수도 적지 않았으며 몰락한 평민들이 자기 가족을 판 숫자도 상당했다. 시민들이 정치하는 동안 이들은 노동을 해야 했다. 한마디로 그리스의 민주주의는 소수에게만 해당되는 민주정치였다.

　경제사적 관점에서 보면 화폐와 민주주의의 출현은 왕정, 성직자와 기사, 군인에게 편중되어 있던 권력이 상인에게 넘어가는 결과를 낳았다. 그리스 도시국가들은 그간 사제, 군주, 봉건영주들에 의해 주도되었던 부의 분배 방식을 '시장과 민주주의'라는 가히 혁명적인 모델을 고안해 상인과 시민들이 직접 주도할 수 있도록 바꾸어 놓았다.

　고대 그리스인들은 자신들을 '헬레네스'로 불렀다. 자신의 종족을 신들의 왕 제우스와 헤라의 후손으로 여겼기 때문이다. 그러니까 헬레니즘이란 이 그리스인들을 하나로 묶는 의식을 의미한다. 그리스인과 그 문화의 독특성을 인식하고 그것을 다른 종족이나 그 문화와 구분하려는 우월적 태도다. 그리스인은 5백 년 동안 번영을 누리며 그들의 독창적이면서도 월등한 문화인 헬레니즘을 퍼뜨렸다. 헬레니즘 시대에는 그리스와 접촉한 모든 나라가 마치 마술에 걸린 것처럼 모두 그리스화되었다.

4

Jewish Economic History

유대인 방랑시대의 시작,
바빌론 유수기

기원전 601년 유다 왕국은 신바빌로니아 왕국의 속국이 되었고 이후 유대인들이 저항하자 수많은 유대인을 바빌론으로 끌고 갔다. 이 장은 포로로 잡혀간 고난의 바빌론 유수기에서부터 바빌로니아 멸망 후 페르시아 제국 고레스 왕의 칙령으로 예루살렘에 돌아와 다시 유대사회를 개혁한 유대인의 이야기를 다루고 있다. 이 시기 유대인들은 신앙을 새롭게 다지고 인류 최초로 온전한 공동체 복지제도를 선보이며 거듭났다.

유다 왕국의 멸망과
1, 2차 바빌론 유수

북쪽의 이스라엘 왕국이 망한 후 유다 왕국은 아시리아의 위협에 직접적으로 노출되었다. 유다 왕국 내부에서는 굴복하고 사느니 싸우자는 의견이 우세했다. 유다 왕국은 북쪽 시리아 및 남쪽 이집트와 연합했다.

아시리아의 왕 산혜립이 유다 왕국에게 은 3백 탈렌트와 금 30탈렌트를 요구하며 쳐들어왔다. 기원전 701년 전쟁이 시작되자 아시리아 대군에 밀린 시리아와 이집트는 굴복하고 말았다. 이에 유다 왕국은 대제국 아시리아와 홀로 맞설 수밖에 없었다.

《성경》에 의하면, 대군을 몰고 예루살렘을 포위한 아시리아 군대가 하느님의 심판을 받아 하룻밤 새 18만 5천 명이 급사하는 장면이 있다. 정확한 진위 여부는 알 길이 없으나 이로써 유다 왕국은 나라를 지키게 되었고 그 뒤 아시리아 제국은 유다 왕국을 감히 범접지 못하다 결국 기원전 612년 바빌로니아에게 멸망당한다. 한편 후대의 그리스 역사가 헤로도토스는 《성경》과 달리 당시 아시리아 진지에 발진티푸스가 퍼져 철수했다고 주장했다.

정치적, 군사적으로 뛰어났던 신바빌로니아의 느부갓네살 왕은 기원전 605년에 중동 지역의 패자였던 이집트 군을 대파하고 기세를 몰아 가나안의 여러 도시를 점령했다. 기원전 597년에 이들은 아시아에서 이집트인을 추방한 후 시리아까지 획득했다.

기원전 721년 북 이스라엘 왕국이 아시리아에 의해 멸망할 때에도 남유다 왕국은 이집트의 보호로 왕조를 유지할 수 있었다. 그러나 이제 이집트는 신흥 강국으로 떠오른 신바빌로니아로부터 유다 왕국을 보호하기에는 너무 약했다. 느부갓네살 왕의 기세에 놀란 당시 유다 왕국의 지도자들은 전통적인 우방인 이집트의 파라오에게 군사 지원을 요청했으나 오히려 이러한 지원 요청은 느부갓네살 왕에게 유다 왕국을 침략할 명분을 주었다. 기원전 601년 유다 왕국은 바빌로니아의 속국이 되었다.

유대 민족은 이민족(바빌로니아)에게 지배당하자 자신들이 하느님의 계명을 어겼기 때문에 이런 벌을 받는다고 뼈저리게 뉘우쳤다. 이러한 어려움이 하느님에 대한 신앙을 회복하게 된 기회가 된다. 그들은 이교도들의 우상숭배가 강요될수록 나름대로 하느님을 따르고자 강력한 저항운동을 벌였다.

유다 왕국이 바빌로니아 지배를 받기 시작한 지 얼마 안 된 기원전 600년에 유대인들의 첫 반란이 있었다. 이때 반란을 진압하려 파병된 군대가 오히려 전멸했다. 느부갓네살 왕은 연합군을 진두지휘해 다시 공격해 왔다. 유대인들은 용맹하게 저항했지만 이 싸움에서 큰 타격을 입었다. 결국 예루살렘은 함락되었다. 기원전 597년의 일이다.

느부갓네살 왕은 다시 항거할 만한 8천 명을 추방시켰다. 그리고 왕과 상류층 계급의 유대인과 함께 은장이, 대장장이들을 바빌론에 포로로 데려갔다. 이것이 '1차 바빌론 유수(幽囚)'다.

그래도 느부갓네살 왕은 유다 왕국을 완전히 병합하지 않고 허수아비 왕을 앉혀 놓고 속국으로 남겨두었다. 그런데 새롭게 즉위한 유다 왕이 예상 외로 바

::: 포로로 끌려가는 유다 사람들을 묘사한 에두아르트 벤데만의 작품, 뒤셀도르프 예술박물관

빌로니아에 반기를 들었다. 이집트와 동맹해 독립을 선언한 것이다. 이에 격분한 느부갓네살 왕은 다시 군대를 동원해 결국 기원전 587년에 2차 침공을 감행했다. 이집트는 몇 주일 만에 항복했지만 유대인은 1년 6개월을 싸웠다. 6개월 동안 예루살렘을 포위하던 바빌로니아군은 기원전 586년에 성벽을 격파했다. 세 번에 걸친 대제국과의 전쟁으로 유다 왕국은 다시 회복이 불가할 정도로 철저하게 파괴되었다. 이때 수많은 유대인들이 바빌론으로 끌려갔다. 이것이 역사상 유명한 2차 바빌론 유수다.

다른 민족에게 지배를 받으며 산다는 것이 유대인에게는 너무나 힘들었다. 무엇보다도 신앙적 갈등이 컸다. 또한 문화와 사상에 있어서 타 민족에 비해 월등히 앞서 있다고 여겼기에 유대인들은 자기들보다 열등한 민족에게 지배를 받는다는 현실을 참기 어려웠다. 유대인은 어려서부터 《성경》을 읽고 배워 대부분이 일찍이 글을 깨우쳤는데, 정복 민족은 대부분 문맹으로 현격한 수준 차이를 보였다. 이러한 문화적 충돌은 결국 또다시 반란으로 이어졌다.

바빌로니아 진압군에 대항해 예루살렘이 포위당한 채 3년 5개월을 버

렸다. 하지만 반란은 실패해 기원전 582년에 처참하게 패해 유다 왕국도 아예 멸망하게 된다. 전쟁의 참화로 예루살렘 성전은 말 그대로 초토화했다. 이때 언약궤에 안치되어 있던 모세의 십계명 석판마저 없어졌다. 유다 국토 전체가 폐허가 되었다. 당시 유대인 상류층은 모조리 바빌로니아로 잡혀갔다. 부녀자와 아이들을 포함하면 4만 5천 명 이상으로 추정된다. 이것이 바빌론 유수의 전모다.

바빌로니아에 잡혀가지 않은 나머지 사람들은 제각기 흩어져 성 밖으로 도망쳤다. 많은 사람들이 그간 왕래가 잦았던 이집트로 주로 피신했다. 이때 지중해 권역의 페니키아 식민지에도 유대인들이 많이 건너간 것으로 추정된다. 다시 방랑이 시작된 것이다. 이를 유대인들의 '1차 이산(離散)'이라고 한다. 이때부터 1948년 이스라엘 건국까지 약 2천5백 년간을 '유대인 방랑시대'라 부른다.

유대교의 재탄생, 움직이는 종교로의 탈바꿈

바빌론 유수기에 유대인들에게 가장 충격적인 사건은 바로 예루살렘 성전의 파괴였다. 이 사건으로 인해 유대인들은 영적 딜레마에 빠졌다. '예루살렘 성전은 하느님의 집인데 어떻게 이방인들에 의해 파괴될 수 있을까? 그렇다면 우리가 믿는 하느님은 전지전능한 분이 아니란 말인가?'라는 의문이 생긴 것이다.

결국 이 의문에 대한 대답으로 선지자들의 메시지가 등장했다고 한다. 곧 하느님의 능력이 모자라서 예루살렘 성전이 파괴된 것이 아니라, 우리의 죄 때문에 하느님의 심판이 이르게 되었다는 내용이다. 또 선지자들은 이 기간을 새로운 '계약 공동체'를 준비시키기 위한 시련이라고 믿었다.

바빌론에서 유대인 포로들에게 종교의 자유는 허용되었다. 그러나 예루살렘 신전에서와 같은 제례의식은 할 수가 없었다. 유대인의 종교의식은 신성한 '성전에서만' 제물을 바치거나 예배를 드리도록 규정되어 있었기 때문에 예루살렘 성전의 파괴는 유대인에게 있어서 그들의 종교를 잃어버린 것과 마찬가지였다.

유대인에게 있어 종교의 상실은 곧 민족의 상실을 뜻했다. 이때 선지자 예레미야와 에스겔은 "성전에 재물을 바치는 것보다 믿음을 갖고 율법을 지키는 일이 하느님을 더 즐겁게 하는 길이다."라고 역설했다. 신에 대한 제물과 제례의식이 종교 그 자체로 여겨졌던 당시로서는 실로 파격적인 선언이었다. 그들은 성전에 고착되어 있었던 종교를 어디에서나 만날 수 있는 움직이는 종교로 바꿨다. 그 뒤 유대인들은 성전보다는 생활 속에서 '믿음을 갖고 율법을 지키는 것'을 더 중요하게 여기게 되었다. 성전과 제사장 중심 유대교에서 율법 중심의 유대교로 바뀐 것이다.

이렇게 해서 유대교 역사상 혁명적인 제도인 시나고그(synagogue)가 탄생한다. 사제 없는 회당 시나고그에서 학자인 랍비를 중심으로 신자들끼리 모여 율법낭독과 기도를 중심으로 하는 새로운 예배의식이 시작된 것이다. 선지자들은 정의, 도덕, 인간성이 사제들이 드리는 제례의식보다 우월한 것이라고 가르쳤다. 같은 아브라함을 시조로 모시는 이슬람교에서도 성직자가 따로 없다. 모든 신자가 설교자가 될 수 있다. 모든 신자는 신 앞에 평등하며 종교적 의무도 마찬가지라고 믿기 때문이다.

시나고그가 유대인을 강하게 만들다

그 뒤 시나고그는 유대인 생활의 중심이 되었다. 그곳에 모여 예배드리고 공부도 하고 공동체의 크고 작은 일을 의논하고 처리했다. 한마디로 공동체의 종교, 교육, 정치가 모두 시나고그에서 이루어졌다. 시나고그에는 사제가 없다. 단지 랍비가 있을 뿐이다. 랍비는 성직자가 아니라 학자다. 공부를 많이 해 아는 게 많다 보니 자연히 유대인 지역사회의 지도자 역할을 했다. 또 때로는 재판관이기도 하며 힘든 일이 있을 때 인생을 상담하는 친구이기도 하다. 유대교에서는 종교를 지키는 일이 가톨릭이나 개신교처럼 신부나 목사 등 성직자의 몫이라고 생각하지 않는다. 성직자가 없다 보니 모든 사람이 종교를 지킬 의무와 책임이 있다. 당연히 랍비가 일반 신도들보다 높은 곳에 서서 설법이나 예배를 주도하지 않는다. 이것이 바로 유대교의 핵심이다.

유대교에서는 종교를 지켜야 하는 책임 때문에 열세 살에 성인식을 치르고 나면 누구나 의무적으로 《성경》을 읽어야만 한다. 가톨릭이나 개신교에서는 《성경》을 읽고 해석하는 것은 주로 신부나 목사 같은 성직자 몫이다. 신자들은 성직자들이 읽고 해석한 《성경》 내용을 그대로 받아들이기만 하는 수동적 입장인데, 이 점에서 유대교와 다르다. 성직자가 없다 보니 유대인 스스로 《성경》을 해석해야 한다. 단지 랍비는 더 많이 공부한 사람으로 옆에서 도울 뿐이었다.

역사를 통해서 보면 기독교도들은 오랜 기간 대부분이 문맹이었다. 성직자들만 글을 알았다. 그래서 기독교에서는 글을 모르는 신자들을 위해 《성경》의 내용을 한눈에 알 수 있도록 하는 성화(聖畫)가 발달했다. 가톨릭에서는 중세에 신자들이 《성경》을 잘못 이해할까 봐 무려 5백 년 동안이나 일반 신도들은 《성경》을 읽지 못하도록 법으로 금했다. 한쪽은 글조차 읽을 줄 모르는 문맹이었고 다른 한쪽은 의무적으로 열세 살부터 글을 읽어야만 했으니, 이렇게 십 수세기 간 축적된 교육의 힘이 엄청난 에너지를 내재한 민족의 힘이 된 것이라 볼 수 있다.

교육이 곧 종교

유대교에서는 신께 기도드리는 것만큼 공부가 중요하다고 가르친다. 세상을 유지하는 데 하느님의 협력자로서, 인간이 하느님 사업에 동참하기 위해서는 먼저 하느님의 섭리를 이해해야 한다는 것이다. 그래서 유대인은 하느님의 섭리를 배우는 것을 의무로 여긴다. 유대교에서 배운다는 것은 기도를 올리는 것과 동일한 일로 신을 찬미하는 것과 같은 일이다. 배움으로써 신의 섭리를 이해하고 신에게 한걸음 더 다가갈 수 있기 때문이다. 이렇듯 유대인에게 교육은 그 자체가 곧 종교다.

그래서 시나고그의 주된 용도도 《토라》와 《탈무드》를 공부하는 학문적 공간으로서의 기능이다. 유대교에서는 《성경》과 《탈무드》를 비롯한 유대교 경전들을 배우고 연구하는 것이 곧 하느님을 믿는 신앙과 동일시된다. 이것은 유대교에서 발견되는 매우 중요한 특징이다. 《탈무드》도 "하느님은 1천 개의 재물보다도 한 시간의 배움을 기뻐하신다."고 가르치고 있다.

바빌론 유수기의 유대인들은 바빌로니아 도서관에서 주옥 같은 서적을 접하면서 책을 사랑하게 되고 교육의 즐거움을 알게 되었다. 그 뒤 유대교 역사에서 새로운 기원을 여는 《탈무드》 편찬을 바빌로니아 학파가 주도했다. 이후 유대인들은 가는 곳마다 그들이 접한 문화를 체화해 경쟁력을 갖추는 것은 물론 그 문화를 번역해 다른 문화권과의 문화 교역에 큰 일익을 담당하게 된다.

바빌론 유수기의 유대인 상업활동

바빌로니아의 느부갓네살 왕은 유대인들에게 자유로운 생활을 할 수 있도록 보장했다. 대도시인 바빌론과 니푸르 사이 비옥한 땅에 이주한 유대인의 경제적 활동은 활발할 수밖에 없었다. 바빌론은 이미 기원전 18세기 함무라비 왕 때부터 국제 무역도시로 명성을 떨치고 있었다. 니푸르 또한 고대 바빌로니아의 수도로서 경제적으로 번영했던 도시다. 유대인들은 이 두 도시를 거점으로 국제무역에 참여했다.

느부갓네살 왕은 시리아, 페니키아, 이스라엘 등의 무역도시들을 손에 넣고 바빌론을 중심으로 국제무역을 장악했다. 바빌론은 동방무역의 중심이 되어 온갖 물자와 외국 상인들이 모여들었다. 그의 시대에 바빌론은 세계 제일의 대도시로 성장했다. 이때부터 유대인은 세계 제일의 도시에서 경제활동을 하기 시작한다.

그 무렵 대부분의 사람들이 문맹이었을 때 글을 읽고 쓴다는 것은 대단한 경쟁력이었다. 이는 계산을 하고 상업 문서를 읽고 쓸 줄 아는 것을 뜻했다. 또 이것은 문서로 계약하고 장사를 해야 하는 장거리 무역에 특히 유리했다. 유대인들은 이러한 경쟁력을 밑천으로 국제적인 항구도시 바빌론과 니푸르에서 무역상이 되었다. 기원전 586년부터 기원전 538년 페르시아 고레스 왕의 포로 해방령(고레스 칙령)이 내려지기까지 약 50년간의 바빌론 유수기에 유대인들은 바빌로니아 무역로를 통해서 당시 세상에 알려진 곳곳에서 상인과 무역인이 되었다. 이때 많은 유대인들이 이집트는 물론 중국까지 진출하게 된다. 이때부터 유대인들의 경제적 성공에 따라 이를 질시하는 반유대주의가 생겨난다.

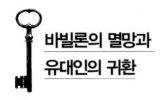

바빌론의 멸망과
유대인의 귀환

《성경》에 따르면 선지자 에스겔이 환상을 보는 내용이 나온다고 한다. 에스겔을 인도한 하느님의 성령이 골짜기에 흩어진 수많은 뼈들이 결합되어 살아나는 장면을 보여주었다는 것이다.

에스겔은 이를 이스라엘의 부활에 대한 징조로 받아들였다. 에스겔이 해석하기로, 이 마른 뼈들은 바빌론에서 포로 생활을 하고 있던 이스라엘 백성을 상징했기 때문이다.

이때 바빌로니아를 정복한 페르시아의 고레스(키루스 2세) 왕이 칙령으로 유대인의 귀환을 허용했다. 유대인들은 에스겔의 환상이 실현되었다고 믿었다.

인류 최초의 인권선언문 '고레스 원통'

오리엔트 역사상 가장 컸던 페르시아 제국은 처음부터 바빌로니아와는 아주 다른 정책을 폈다. 고레스 왕은 바빌로니아를 정복한 후에 '고레스 원통'이라는 인류 최초의 인권선언문을 발표했다. 이 문서가 1879년에 발견되었다. 여기에는 다음과 같이 적혀 있다.

"바빌론 거주민에 대해서는 …… 나는 노동자들에게 임금을 안 주는 것과 사회적 신분을 안 주는 제도를 폐지한다. …… 나는 그들의 무질서한 주거 생활에 안녕을 주었고 티그리스 다른 편에 있는 헌납됐던 도시들을 돌려주었다. 그 땅은 오랫동안 폐허였던 거룩한 땅으로 …… 나는 역시 이전의 원주민들을 모아서 그리로 돌려보냈다."

즉 모든 시민은 종교의 자유를 가질 수 있으며, 노예제도를 금지하며, 궁궐을 짓는 모든 일꾼은 급여를 지급한다고 한 것이다. 당시로서는 상상하기조차 힘든 파격이었다.

통치기간 동안 고레스 왕은 다민족국가인 페르시아 제국의 융화를 위해 종교적 관용정책을 표방했다. 그는 피정복민에게서조차 기꺼이 배우는 자세를 취했다. 정부형태와 통치방식에서도 다른 민족의 것을 차용해 그것을 새로운 제국에 맞게 응용했다. 이것이 그의 뒤를 이은 다리우스 1세 등에게까지 전해져 페르시아 제국의 문화와 문명을 형성하는 데 큰 역할을 했다.

::: 인류 최초의 인권선언문으로 유명한 고레스 원통

고레스 칙령과 유대인의 귀환

페르시아의 바빌로니아 정복 후 맨 먼저 고레스 왕이 한 일은 여러 민족들을 모두 석방하는 일이었다. 유대 민족에게도 자율권을 부여했다. 기원전 538년 고레스 왕의 포고를 통해 유대인의 귀향이 허용되었다. 이른바 '고레스 칙령'이다. 황폐한 유다 왕국의 영토를 방치하는 것보다는 유대인들이 돌아가서 땅을 개간하고 예루살렘을 재건해 페르시아에 조공을 바치는 것이 더 실리적이라고 판단했기 때문이다. 유대인들에게 고레스 칙령은 꿈 같은 소식이었다. 고레스 왕은 유대인들에게 해방자로 추앙받았다.

유대 민족이 바빌로니아로부터 풀려날 때까지의 약 50년간을 역사에서는 바빌론 유수기라 부른다. 기원전 586~538년 사이다. 당시 바빌론에 살던 유대인 15만 명 가운데 1차로 4만여 명이 예루살렘으로 돌아갔다. 이때 많은 유대인들이 예루살렘으로 돌아오지 않고 터키나 동유럽으로 가 흩어져 살게 되었다.

귀환한 이들은 세 번의 전쟁 폐허에서도 어렵게 살아남은 현지의 유대인들과 합류해 함께 살게 되었다. 이들을 이끈 첫 번째 유대 총독은 예전의 왕 여호야킨의 아들 셰나자르였다. 무역상으로 성공한 잔류 유대인들은 돈을 모아서 귀환하는 유대인들의 예루살렘 정착 경비를 지원했다. 이른바 시오니즘의 시작이다.

페르시아의 고레스 왕은 바빌로니아가 약탈했던 성전의 온갖 제기들도 갖고 돌아가도록 허락했다. 고레스의 명령에도 불구하고 첫 번째 귀환자들의 성전 재건 노력은 실패하고 만다. 고향에 남아 있던 가난한 유대인들이 저항했기 때문이다. 그들은 '가난한 땅의 백성들'이라 불렸는데, 이들의 경제 상황은 매우 열악했다. 그들은 사마리아인, 에돔인, 아람인과 힘을 합쳐 귀환자들이 성벽 쌓는 일을 방해했다. 이렇게 저항이 만만치 않은 데다 귀향자들도 너무 곤궁해 생계도 어려웠다. 이로써 성전 재건은 15년을 더 기다려야 했다.

2차 귀환과 예루살렘 성전의 재건

고레스 왕 이후 페르시아의 전면적인 지원을 받아 기원전 520년에 2차 귀환이 있었다. 인솔자 제룹바벨은 다윗의 자손으로 페르시아의 유대 총독으로 임명되었다. 《성경》에 의하면 4만 2,360명의 포로들이 그와 함께 귀환했다고 한다. 그 가운데는 수많은 사제와 서기들이 포함되어 있었다. 이를 계기로 예루살렘에서는 새로운 유대교 정통파가 출현한다.

신전 재건사업이 시작되었다. 새 신전은 비록 레바논 삼나무가 다시 사용되기는 했지만, 솔로몬 왕 때 지어진 신전보다는 훨씬 수수한 양식으로 지어졌다. 혼혈인 사마리아인은 이단으로 간주되어 재건공사에 참여하지 못했다. 마침내 기원전 515년에 성전 봉헌식을 올렸다. 성전 소멸로부터 꼭 70년 되던 해였다. 솔로몬 왕의 첫 성전에 이은 두 번째 성전이었다. 이 시기부터 유다 왕국은 제사장을 중심으로 한 행정 자치령의 나라가 된다.

유대인들은 고레스 왕을 메시아로 생각했다. 왜냐하면 그가 유대 민족을 바빌로니아의 압제에서 해방시켜 주었고, 바빌로니아에 의해 파괴된 예루살렘 성전까지 재건하도록 지원을 했으며, 종교적 자유인으로 만들어 주었기 때문이다. 그런데 유대인의 메시아로 인식됐던 페르시아의 고레스 왕이 신봉하던 종교가 바로 '조로아스터교'였다. 이후 유대인들은 자연히 조로아스터교의 메시아 사상에 주목하게 되었다. 이 사상은 조로아스터가 죽은 후 3천 년이 지나면 유일신이 지상에 강림해서 최후 심판기가 오고, 그때 모든 인간은 부활하며 심판이 행해진 후 영생복락의 메시아 세상이 온다는 것이다.

3차 귀환과 느헤미야의 사회개혁

바빌론 유대인들은 네 차례에 걸쳐 이스라엘로 돌아왔는데, 기원전 444년 총독으로 임명받은 느헤미야와 기원전 428년 종교 지도자 에스라에 의해 3차와 4차 귀환이 이루어졌다.

성전이 세워지긴 했으나 예루살렘에는 동족들의 고생이 심하고 아직 성벽조차 없었다. 페르시아 관리였던 느헤미야는 이 소식을 듣고 고심하며 기도하던 끝에 왕에게 간청해 유다 지방의 총독이 되어 성벽 건축에 필요한 재정지원도 약속 받는다. 동시에 그에게 유대의 지위를 제국 안의 독립 정치단위로 확립시키는 권한이 부여되었다.

기원전 444년에 부임한 느헤미야는 예루살렘 성벽을 다시 쌓아 자신들을 방비하고 사회의 질서를 바로 세우려고 했다. 그러자 주변에 있는 세도가인 사마리아 성 총독과 그 일당이 집요하게 방해했다. 그들은 무력으로 공사를 중단시키려 했다. 이에 느헤미야는 '싸우면서 일하자'라는 전략을 세웠다. 백성들을 반으로 나눠 반은 갑옷을 입고 창과 활, 방패로 무장하고 경비를 서게 했고 반은 성벽공사를 하게 했다. 공사는 개시한 지 52일 만에 놀라울 정도로 빨리 끝났다. 적들과 사방의 이방인들은 이 소식을 듣고 두려워했다. 이렇게 3차 귀환자들이 돌아오면서 거주지가 확립되고 안정하게 된다. 이것이 느헤미야의 공적이다. 이렇게 안전이 보장된 거점을 확보할 수 있었기 때문에 이후의 정착사업도 촉진될 수 있었다.

재건된 예루살렘은 솔로몬 왕 때보다 작고 인구도 적었다. 그래서 유대의 모든 지방에서 제비뽑기로 선택된 가족들이 옮겨왔다. 느헤미야 또한 예루살렘에 머문 12년간 총독의 녹까지 받지 않았으며, 자비로 유대인 150명을 먹이고, 또 포로에서 돌아오는 자들을 진심으로 환영했다. 기원전 433년 느헤미야는 임무를 마치고 바빌론으로 돌아갔다가 다시 왕의 허락을 받고 예루살렘으로 돌아왔다.

재부임한 느헤미야는 유대인들이 율법을 준수하도록 여러 조치를 취했다. 십일조를 바치고 안식일을 지키도록 명하고 이방인과의 혼인을 금했다. 또 안식년 7년마다 토지를 쉬게 하는 농경휴지법을 만들었다.

당시 유대 지도층들은 소작농들을 상대로 빚 놀이를 했는데 빚을 갚지 못하는 서민들은 땅을 뺏기거나 자식들을 노예로 팔아야 했다. 허나 이는 하느님의 명령을 정면으로 어기는 행위였다. 《구약성경》 〈신명기〉 23장을 보면 "너희는 동족에게 이자를 받고 꾸어 주어서는 안 된다. 돈에 대한 이자든 곡식에 대한 이자든, 그 밖에 이자가 나올 수 있는 것은 모두 마찬가지다. 이방인에게는 이자를 받고 꾸어 주어도 되지만, 너희 동족에게는 이자를 받고 꾸어 주어서는 안 된다. 그래야 주 너희 하느님께서, 너희가 차지하러 들어가는 땅에서 너희 손이 하는 모든 일에 복을 내려 주실 것이다."라고 기록되어 있기 때문이다. 격분한 느헤미야는 빈부격차 해소를 위해 안식년에 서민들의 부채탕감이라는 획기적인 조치를 취한다. 이후 동족끼리는 이자를 받지 못하게 되었다.

유대인 복지공동체의 구심점, 쿠파와 탐후이

이후 유대 사회에는 가난한 동족을 위한 복지제도가 강화되었다. 성전 시대 이후로 유대인 공동체에는 무료 숙박소가 있었다. 뿐만 아니라 유대 회당 어느 곳이나 '쿠파(kuppah)'라 불리는 모금함이 있었다. 이 모금함은 유대인 복지공동체가 축으로 삼는 구심점이다. 회당에는 구호금 접수원이 있어서 매주 금요일 아침이면 시장과 일반 가정을 돌아다니며 구호금이나 구호품을 수거했고, 모아진 것을 당일에 나누어 주었다. 일시적으로 구호가 필요한 사람은 위급을 면할 만큼 충분히 받고, 영구 구호가 요구되는 사람들에게는 하루에 두 끼씩 일주일에 열네 끼니를 받았다. 이 구호기금을 '쿠파' 곧 '광주리 기금'이라고 부르는데, 이렇게 유대인 커뮤니티에서 가난한 유대인은 구호를 받을 수 있는 '권리'가 있었다.

느헤미야는 이 제도를 강력히 시행하도록 했다. 부유한 유대인들에게 자선은 의무이자 하느님에게 감사를 표시하는 화해라고 가르쳤다. 이로써 유대인 공동체에는 최소한 돈이 없어 굶어 죽거나 의료에서 소외되는 문제가 없어졌다. 쿠파를 통해 모금된 돈은 음식 구입뿐 아니라 의복 구입, 교육, 장례 비용 등 가난한 사람들을 위한 복지 기금으로 쓰였다. 이후 유대인들은 의식주 걱정에서 완전히 해방되었다. 또한 공동체는 배움을 희망하는 가난한 유대인 학생에게 그가 원하는 과정까지 공부를 시킬 책임이 있었다. 인류 최초로 온전한 공동체 복지제도가 실현된 것이다. 지금도 이러한 복지제도를 자발적으로 유지하는 민족은 유대 민족뿐이다.

쿠파 모금은 자발적인 기부지만, 유대인 계율에 따라 강제적이기도 했다. 지급 능력이 있는 유대인이라면 그가 거주하는 지역사회의 유대인 공동체에 있는 쿠파에 한 달에 한 번 의무적으로 기부해야 한다. 마찬가지로 3개월 뒤에는 음식기금에, 6개월 뒤에는 의복기금에, 9개월 뒤에는 장례기금에 기부해야 한다. 또 유대인의 기부는 동족에게만 국한되지 않는다. 이방인 긴급 구호자들을 위한 매일 구호 모집이 있었는데 이것을 '탐후이(Tamhui)' 즉 '쟁반 기금'이라고 불렀다. 대체로 동족을 구제하는 사업을 '쿠파'라고 했고, 다른 민족을 구제하는 것을 '탐후이'라고 했다.

이후 각 쿠파를 담당하는 세 명의 관리자를 두었다. 시혜가 의무인 유대법에 의해 그들은 헌금하지 않는 사람들의 소유물을 압수할 수 있는 권한이 있었다. 또 복지금의 지급은 가난한 사람들을 위한 결혼비용, 교육비 같은 용도에 따른 구분과 고아, 난민, 노인, 병자 같은 상황에 따라 세부적으로 등급화해 그 각각에 대해 독자적인 기금과 관리기구가 존재했다. '각자의 능력에 따라 모으고 각자의 필요에 따라 배분한다'는 정신에 따라 설사 공동체 자체가 어려움에 처해 있는 경우라도 복지 시스템은 언제나 가동됐다. 오늘날 이스라엘의 키부츠(집단농장)는 이러한 정신을 이어받은 것이다.

유대인만큼 복지제도가 잘되어 있는 민족은 없다. 극도의 자본주의 정점에 있는 유대인들이 역설적으로 최상의 사회주의 시스템을 갖춘 것은 율법 덕분이다. 그들의 율법은 자기 동족을 의무적으로 돌보도록 명시하고 있다. 율법정신의 최고 목적은 약자를 돌보는 정의의 실현에 있다.

하지만 가난한 유대인조차도 복지기금에만 의존하는 일은 혐오했다. 《성경》, 《마쉬나》, 《탈무드》에는 노동을 해서 재정적으로 독립하라고 명한 규정이 많다. 식후 감사 기도에서 "아버지 하느님, 우리가 산 사람의 도움을 필요로 하지 않고 오직 하느님의 손만을 의지할 수 있기를 간청하나이다. …… 당신의 손은 풍성하고 활짝 열렸으며, 넘치고도 거룩하오니, 우리를 부끄럽지 않게 하시옵소서." 하고 기도한다. 지도자인 랍비들은 공동체에 "만일 필요하다면 저잣거리에서 동물 사체의 가죽을 벗기고 보수를 받아라. '나는 위대한 현자다. 이런 일을 한다는 것은 내 위신에 걸리는 일이다.'라고 말해서는 안 된다."고 가르쳤다.

에스라 개혁,
유대교를 바로 세우다

    기원전 428년경 느헤미야에 이어 제사장이며 율법학자인 에스라가 모세의 법전을 갖고 유대로 돌아왔다. 고레스 칙령 후 4차 귀환이다. 에스라는 사제인 동시에 서기였다. 그와 함께 약 1천8백 명이 같이 귀환했을 때 에스라는 유대인들의 실상을 보고 깜짝 놀랐다. 한마디로 예루살렘 유대인들의 종교생활은 엉망이었다.

    에스라는 이스라엘 백성들이 고난을 겪고 멸망하게 된 원인이 하느님으로부터 마음이 떠났기 때문이라고 보고 느헤미야와 힘을 합쳐 유대인 공동체 내부개혁에 앞장선다. 개혁의 핵심은 '이방인과의 혼인 금지, 《토라》의 편집 완성, 모세 율법의 준수'였다.

    먼저 유대인의 정체성 확립과 유대교 부흥을 위해 초막절을 맞아 본격적으로 율법을 가르쳤다. 그는 이방인들과 맺은 혼인을 모두 파기해 이방인 아내들과 그들에게서 태어난 자녀들을 모두 내보내도록 명했다. 이러한 조치는 잔인하고 비인간적으로 보이지만, 당시 상황에서 하느님에 대한 신앙을 새롭게 다지려는 의도이자 다시는 하느님을 잊지 않고 지켜감으로써 시련을 겪지 않겠다는 의지의 발로였다. 이 사건을 '에스라 개혁'이라 부른다. 그리고 자신들의 혈연만으로 공동체를 이루어 전통을 지키려는 이러한 생각을 '유다이즘'이라 한다.

또한 에스라는 모세 율법 준수를 위해 안식일을 지키도록 했다. 금요일 일몰부터 토요일 일몰까지 성문을 닫고 상인들은 장사를 못 하게 했다. 그리고 매주 안식일과 일요일 그리고 목요일에 《토라》를 읽도록 했다. 히브리어로 안식일을 뜻하는 '샤바트(sabath)'는 '그만두다'라는 의미다. 그날은 모든 일이 금지된다. 지금도 유대인들은 안식일에는 자동차를 타지 않고 회당에 걸어간다. 심지어 엘리베이터 단추도 누르지 않는다. 〈출애굽기〉 20장 8~11절을 보면 "네 문 안에 유하는 것"은 다 쉬라고 했다. 따라서 동물도 안식일에는 쉬게 했다.

식사에 관한 금기에 대해서는 더 엄격했다. 식사는 하느님과의 친교였으므로, 허용된 종류의 음식 재료가 아니면 안 되었다. 오늘날에 와서는 생명을 구하기 위한 일, 임산부를 돕는 일, 정당방위를 위한 행동은 허용하고 있다.

당시는 일주일 내내 일해도 먹고 살기 힘든 때였다. 휴식의 날을 따로 정해 하루 종일 쉰다는 것은 생각조차 할 수 없었다. 하지만 유대인들은 안식일을 지켰으며 관리들이 이를 단속했다.

《성경》을 보면 하느님이 6일간 만물을 창조하고 7일째 쉬었다고 한다. 그리고 그날을 거룩한 날로 정해 축복했다고 한다. 그러므로 유대인에게 안식일은 '쉬는 날'일 뿐만 아니라 '거룩히 지켜야 할 날'이다.

안식년과 희년 또한 안식일과 마찬가지 개념이다. 유대인에게 적용된 율법이 노예에게도 적용되어 노예도 7년만 일하면 해방될 수 있었다. 그리고 50년이 되는 희년에는 모든 것이 용서되고 모든 빚이 면제되며 모든 사람에게 해방이 선포된다. 이러한 율법정신의 최고 목적은 정의의 실현에 있다. 안식년과 희년법은 사회적 불평등을 정기적으로 해소해 준다.

에스라는 이러한 율법정신을 바로 세우는 데 힘을 쏟았다.

느헤미야의 사회개혁과 에스라의 영적개혁으로 사라져 가던 유대인의 정체성과 생명력이 다시 살아났다. 백성들이 《토라》를 읽기 시작하면서 민족과 신앙에 대해 다시 생각하게 되었다. 유대인들은 에스라의 가르침에 따라 금식하고 회개한 후 율법을 지키기로 맹세했다.

이로써 유대인들은 예루살렘과 바빌론 두 곳에 민족의 기틀을 마련했다. 한곳에 모여 사는 것보다 흩어져 사는 게 상부상조할 기회도 많고 특히 외침을 당했을 경우 민족 말살의 위험이 적고 전쟁 수행에도 유리하다. 이는 오늘날 예루살렘과 뉴욕에 떨어져 사는 유대인들 간의 관계와 흡사하다. 이후 1천5백 년간 바빌론은 유대인 커뮤니티의 중심지가 되었다.

《토라》의 정비

보통 패망한 민족은 다른 나라 사람들과 섞이고 그 과정에서 그 문화에 젖어 들어 세월이 흐름에 따라 그 민족에 귀속된다. 이것이 역사의 일반적 흐름이다. 그러나 유대 민족은 그들만의 유일 신앙과 독특한 이상을 가지고 역사와 맞섰다. 그 중심에 경전인 《토라》가 있었다. 유대인들은 《토라》를 통해 민족의 정체성을 '잃지 않고' 지켜 나갔다.

느헤미야와 에스라의 가장 중요한 업적으로 꼽을 수 있는 것이 《토라》의 정비다. 에스라에 의해 《토라》가 완결되어 그 뒤 수정 없이 그대로 전해진 것으로 《성경》학자들은 보고 있다.

유대인이 '모세오경'을 《토라》(율법)라 하며 신앙의 근본에 놓은 것은 뜻이 깊다. 왜냐하면 오경에는 바로 율법에 대해 다루고, 땅을 약속하고,

그 약속이 성취되는 경위가 묘사되어 있기 때문이다. 오경 이후의《성경》저작이 아무리 찬란하고 내용이 풍부하다 하더라도, 오경의 중요성에는 훨씬 미치지 못한다. 이후의 문서는 오경의 주석이기 때문이다. 그리고 주제는 언제나 하느님 약속의 성취다. 여기서 가장 중요한 것은 약속된 땅이다.

《토라》가 이 시기에 성문화해 집대성된 것은 바로 새로운 유대 공동체 재건은 율법을 통해 이룩될 수 있다고 보았기 때문이다. 낯선 세계에서 생존의 한 방식으로 오래된 기억과 전통을 모아 재구성함으로써 민족의 동질성을 구체화한 것이다. 이제《토라》는 단순히 공동체와 구성원들을 규제하는 수단이 아니라 공동체를 창출하고 결속하며 새로운 정체성을 마련해 주는 주체가 되었다.

또한《성경》의 어떤 구절도 모호해서는 안 된다는 규정 때문에 해설이라는 뜻의 '미드라쉬'를 가르치는 학교가 발달했다. 이 학교의 해설자들은 공동체에서 존경받는 사람들로서, 이후 유대인들이 설립한 '예시바'라는 학교의 설립자가 되었다.

에스라는 토라가 완성되자 그간 말로 전해 내려오던 구전 율법을 모아 글로 기록하기 시작했다. 천년에 걸쳐 쓰여진《탈무드》집필의 시작이었다.《토라》곧 성문율법의 해설서가 미드라쉬이듯 구전율법에 후대의 해설을 덧붙인 게《탈무드》이다. 에스라와 느헤미야는 유대인들이 모세의 율법을 잊지 않도록 최소한 안식일을 포함한 주 2회 모세 율법을 읽어야 한다고 선포했다. 이들은 유대력의 새해가 되면〈창세기〉1장부터 새롭게 읽기 시작한다.

성전과 함께 존재한 시나고그

바빌로니아에서 돌아온 유대인들은 팔레스타인에 시나고그를 세웠다. 그때부터 시나고그가 성전과 함께 존재했다. 회당은 세 용도로 쓰였다. 예배를 드리는 집, 학원, 그리고 집회장이었다. 기도, 교육, 자치 정부기능을 포괄하는 유대인 공동체의 중심 역할을 했다. 유대인들은 포로 생활을 마치고 팔레스타인에 돌아온 뒤로는 자신들의 대표 부족인 유대족을 중심으로 단결했다. 그 뒤로 그들은 지금까지 '유대인'으로 불리고 있다.

유대인들이 자신의 힘으로 국가를 통치할 때는 오히려 종교의 순수성을 유지하는 게 쉽지 않았다. 반면 고난과 역경에 처할 때 그들은 자신들의 원칙을 고수하며 종교적 경건함 아래에서 자신들을 가다듬을 수 있었다. 이스라엘은 부유하고 강력한 왕이 통치하게 되거나 평화의 시대가 도래하게 되면 여지없이 이교숭배와 부패가 반복되어 나타났다. 독립적인 통치기구를 갖고 번영을 누릴 때마다 기묘하게도 유대인들은 주변 민족의 종교에 이끌려 종교적으로 타락해 갔던 것이다. 반면 그들이 국가를 잃거나 외세의 지배를 받았을 때마다 그들은 좀 더 율법에 순종했고 신을 경외하며 종교적 경건성 아래에서 자신들을 가다듬을 수 있었다.♦

♦ 폴 존슨, 《유대인의 역사》, '추천의 글', 살림, 2005.

5

그리스 헬레니즘 시대의
유대인

고대에는 정복전쟁을 통한 부의 수탈과 전쟁포로로 유지되는 노예 경제가 국가 경제의 버팀목이었다.
알렉산더가 마케도니아 연합군을 이끌고 페르시아를 정복하자 유다 왕국은 그리스의 속국이 되었다.
이후 유대인들은 그리스 제국 각 도시로 스며들어 중앙아시아의 실크로드까지 진출했다. 하지만 그리
스 헬레니즘 문화의 영향으로 그들의 언어인 히브리어를 잊을 정도로 그리스에 동화되었다. 이 장에서
는 알렉산더 대왕이 대제국의 꿈을 품고 정복에 나선 시기부터 유대인이 다시 독립한 히스모니아 왕
조 시기를 중심으로 유대인의 활동상을 살펴보도록 한다.

◆ ◆ ◆

고대에는 정복전쟁이 곧 경제 행위였다. 옛날에는 국가가 전쟁을 통해 국부를 늘려 나갔다. 정복을 통한 부의 수탈과 전쟁포로로 유지되는 노예경제가 국가경제의 버팀목이었다. 전쟁포로 이외에도 고대 그리스 시대부터 흑해 북안과 남러시아 지역에서 지중해 세계로 노예가 수출되었다. 이러한 경로를 통해 수입되어 온 노예들은 노동력으로도 활용되었고 성적 노리개나 전투를 위한 용병으로도 활용되었다.

당시 노예는 가장 중요한 생산기반이었다. 특히 그리스와 로마는 노예경제를 기반으로 성립된 도시국가에서 출발했다. 노예경제를 기초로 그리스·로마에서는 민주정 사회가, 봉건주의를 기초로 동방에서는 전제국가가 출현했다. 게다가 그리스·로마를 포함한 지중해 연안은 오리엔트와는 다른 기후조건으로 대규모 농업경작이나 목축이 불가능했다. 이런 농업에 불리한 기후조건을 극복하기 위해 다른 지역을 정복해 토지와 곡물을 얻었다. 이런 의미에서 고대 경제사는 곧 전쟁사를 뜻한다.

그리스계 도시국가들은 페르시아에 대해 불만이 많았다. 도시의 상업과 무역 주도권을 일찍부터 페르시아에 편입된 유대인과 페니키아인들이 차지했기 때문이다.

페르시아 다리우스 1세의 스키타이 원정 실패는 기원전 500년경 밀레토스를 중심으로 그리스 식민도시들의 반란을 초래했다. 반란 도시들이 그리스 본토에 원조를 요청했을 때 스파르타는 응하지 않았지만 아테네는 20척의 군함을 파견했다. 반란은 곧 진압되었으나 이런 연유로 페르시아는 아테네를 적대시했고 다리우스 1세는 반란을 지원한 아테네에 대해 보복을 결심했다.

　그 뒤 페르시아와 그리스 두 세력 간의 갈등은 결국 폭발해 기원전 492년 다리우스 1세는 군대를 이끌고 그리스 본토를 공격했다. 이후 페르시아와 그리스는 지난한 대립을 계속했다.

페르시아 전쟁으로
유대인 그리스의 지배를 받다

그 무렵 오리엔트 세계는 페르시아 제국이 지배하고 있었고 페르시아 제국은 소아시아에 있는 그리스 도시국가들을 점령하고 있었다. 기원전 336년에 필리포스 2세가 죽자 알렉산더가 20세의 젊은 나이로 마케도니아 왕으로 즉위했다. 필리포스 2세는 국내의 평화를 회복하고 군사적·외교적 수단을 동원하여 그리스 전역에 대한 지배권을 확립함으로써 아들 알렉산더가 대제국을 이룰 수 있도록 토대를 마련한 마케도니아 18대 왕이다.

젊은 알렉산더가 이끄는 마케도니아와 연합군은 그리스 도시국가들을 식민지 상태에서 '해방'시키려 했다. 이리하여 두 나라 사이에 패권을 다투는 이른바 '페르시아 전쟁'이 일어난다. 기원전 334년에 알렉산더 대왕은 보병 3만, 기병 5천의 연합군을 이끌고 해협을 건너 소아시아로 건너가 페르시아가 지배하는 여러 도시들을 되찾았다. 이 병력이 알렉산더 대왕의 지휘 아래 페르시아의 1백만 대군을 쳐부수게 된다.

마케도니아가 이렇게 강할 수 있었던 데는 나름 이유가 있었다. 강력한 중장기병 주력부대가 기원전 4세기 마케도니아에서 탄생되었다. 필리포스 2세는 기병들에게 갑옷과 투구를 입히고 긴 창을 들고 적진에 돌격해서 적의 대오를 부수는 일을 맡겼다. 이로써 기병이 주력부대가 된 것이다. 어느 나라도 생각하지 못했던 전술이었다. 당시 다른 나라들의 기병은 주로 활을 쏘는 보조부대로 전투의 주력은 보병이었다.

알렉산더, 유다 왕국 점령하다

기원전 333년 이수스 전투에서 다리우스 3세를 물리친 알렉산더 대왕은 페르시아의 심장부를 향해 진격한다. 유다 왕국은 바람 앞의 등불이었다. 유대인들은 알렉산더 대왕의 정복 위협과 페르시아 군주에 대한 충절로 분열되었다. 그러나 결국 유대인들은 알렉산더 대왕에게 항복해 환대를 받았다. 이로써 에스라와 느헤미야가 이끌고 있던 유다 왕국은 이 일대를 점령한 알렉산더 대왕의 치하로 들어갔다.

당시 에스라와 느헤미야는 유대인의 정체성을 지키기 위해 이민족과의 결혼을 금지시키고 '모세오경'인 《토라》를 완성해 유대교의 보존에 힘쓰고 있을 때였다. 이때부터 유대는 그리스의 속국시대가 된다.

세계 최대 제국을 이룩한 알렉산더 대왕의 꿈은 단순히 군사적, 정치적 세계통일이 아니었다. 그는 세계를 헬레니즘으로 통일하고자 했다. 알렉산더 대왕의 꿈은 1차로 지중해와 오리엔트 세계를 하나로 통합하는 것이었다. 그는 페르시아의 금고를 열어 막대한 양의 금과 은을 화폐로 만들어 유통시켰다. 그 결과 생산과 상업이 눈부시게 발전했다.

또한 알렉산더 대왕은 도시를 세우고 문화를 창조했다. 다양한 언어, 민족, 문화가 하나의 제국 안에서 어우러지는 세계의 건설이 그의 이상이었다. 스승 아리스토텔레스의 민주주의가 실현되는, 모든 문화가 하나

되는 나라의 성군이 되는 것이 그의 꿈이었다.

유대인, 그리스 제국 곳곳으로 스며들다

당시 알렉산더 대왕은 유대인들에게 좋은 평을 받았다. 그는 성전에 제물을 바쳤으며 유대인에게 종교의 자유와 더불어 7년마다 오는 안식년에 세금을 면제해 주겠다고 약속했다. 그리고 알렉산드리아 건설을 돕도록 유대인들을 이집트로 데려갔다. 알렉산드리아에 유대인이 많았던 이유다.

이렇게 유다 왕국과 바빌론의 유대인 디아스포라(이산 유대인 공동체)가 그리스의 지배를 받게 되자 많은 유대인들이 그리스 제국 내 각 도시로 옮겨 갔다. 이때부터 유대인의 디아스포라가 지중해 연안 및 이집트의 알렉산드리아는 물론이고, 알렉산더 대왕이 인도 침입 당시 길을 닦아 놓은 중앙아시아의 실크로드 주변까지 진출했다.

이후 지중해 연안의 유대인 커뮤니티가 주도하는 해상무역이 급속도로 발전했다. 특히 알렉산드리아가 해상무역으로 번성하자 유대인들이 알렉산드리아에 대거 몰려들었다. 인구 1백만 명 가운데 40퍼센트가 유대인이었다. 세계 제1의 상업도시 중심에 유대인이 있었다.

알렉산더의 죽음과 그리스의 분열

알렉산더 대왕은 기원전 323년 바빌론을 수도로 정하고 아라비아 원정을 준비하던 중 말라리아에 걸려 33세의 젊은 나이에 갑자기 죽었다.

알렉산더 대왕은 13년이라는 짧은 세월 동안 지중해와 아시아에 걸친 대제국을 이룩했다. 그리고 자기가 정복한 땅에 알렉산드리아라고 이름 지은 도시를 70개나 건설했다. 이 도시들은 그리스 문화 동점(東漸)의 거점이 되어 헬레니즘 문화의 형성과 파급에 큰 구실을 했다. 이후 도시 이름이 바뀌거나 도시가 없어져 현재 알렉산드리아로 불리는 도시는 이집트의 알렉산드리아 한 곳밖에 없다.

알렉산더 대왕은 스승 아리스토텔레스의 영향 때문인지 학문과 문화 전파에는 큰 가치를 두었으나, 후계자를 지목하지 않고 그저 '가장 강한 자'가 자신의 뒤를 이으라는 유언만을 남겨 후계자 측근들의 후계자 전쟁을 불러왔다. 이 전쟁은 50년 이상 계속되어 결국 대제국의 영토는 셋으로 갈라졌다.

프톨레마이오스 왕국, 유다를 지배하다

알렉산더 대왕의 죽음으로 이제 갓 탄생하려던 제국은 여지없이 무너지고 말았다. 그의 지휘관들은 제국을 셋으로 분할해 통치했다. 그리스 본토에 마케도니아 왕국, 이집트 방면에 프톨레마이오스 왕국, 페르시아 제국의 중심지에 들어선 셀레우코스 왕국이 그것이다. 앞의 두 왕국은 후에 로마제국에 병합되었지만 셀레우코스 왕국은 헬레니즘 문화를 동방에 확산하고 정착시키는 데 크게 기여했다.

알렉산더 대왕 휘하에서 사령관으로 활동했던 프톨레마이오스는 이집트로 들어가 이집트의 마지막 왕조가 되는 프톨레마이오스 왕가를 세우고 알렉산드리아를 수도로 삼았다. 이후 프톨레마이오스 왕국은 유다와 예루살렘을 통치했다. 유다는 자치령으로 유지되었다. 이 시기에 관한 정보는 매우 적다. 그러나 이 기간 동안에 예루살렘은 상당한 번영을 한 것으로 보인다. 정치적인 안정으로 말미암아 폐허가 되었던 도시와 성벽들이 재건되었고 방어용 연못도 만들어졌다. 인구도 꾸준히 증가했다.

유대인, 헬레니즘에 빠지다

알렉산더 대왕의 유다 왕국 정복 이후 많은 유대인들이 그리스 정복지역인 지중해 연안 국가들에 흩어져 살게 된다. 곳곳에 흩어져 살면서도 유대인들이 정체성을 유지할 수 있던 것은 공통으로 간직한 《성경》 덕분이었다. 알렉산더 대왕의 유다 왕국 점령은 짧은 기간이었지만 유대인들에게 문화적인 충격을 주었다. 이른바 헬레니즘 문화 쇼크다. 기원전 3세기경에 이르러서는 헬레니즘 제국 내의 유대인들은 우수한 헬레니즘 문화에 푹 빠져 그리스인이 다 되어 있었다. 이제 그들에게 히브리어는 외국어나 다름없었다. 히브리어 《성경》을 못 읽는 유대인들이 많아 민족의 정체성을 유지하기 힘들 정도였다.

이때는 유다 왕국이 멸망한 지 이미 3백 년이 훨씬 지난 때로 유대인들은 나라 없는 백성들로서 여러 나라에 흩어져 고달픈 삶을 살고 있던 시기였다. 흩어진 유대인들은 생업 때문에 그리스어를 아주 자연스럽게 익히고 있었다. 특히 젊은이들은 그들의 언어였던 히브리어를 거의 잊어버리고 그리스어를 사용했다. 따라서 유대 젊은이들이 히브리어로 쓰인 《구약성경》은 읽을 수가 없어 《성경》을 그리스어로 번역해야 할 필요가 생겨났다.

헤브라이즘과 헬레니즘

서양 문화의 양대 기둥은 유대교의 헤브라이즘과 그리스의 헬레니즘이다. 헤브라이즘은 신 중심적, 초월적, 영적인 성향을 지닌다. 반면에 헬레니즘은 인간 중심적, 합리적, 현세 중심적 성향을 지닌다. 이 둘은 서로 대립하면서도 보완 발전하면서 오늘날의 서양 문화를 만들어 왔다.

철학적 측면에서도 서로 다르다. 헬레니즘은 근본적으로 합리주의를 본질로 한다. 우주와 인간사 모든 것은 어떤 합리적 법칙이나 원리로서 질서 잡혀 있다고 본다. 그리고 인간의 정신은 합리적 질서에 맞도록 인성을 도야함으로써 폴리스 국가처럼 이상적인 인류공동체를 만들 수 있다고 확신한다. 그러나 헤브라이즘은 역사는 새로움을 향해 전진한다고 본다. 유대인들이 본래 유랑 생활을 경험한 백성이기 때문에, 역사란 약속이나 비전이 실현되어 가는 과정으로 본 것이다.

정치사상 곧 바람직한 공동체에 대한 견해에서도 크게 다르다. 그리스인의 폴리스는 본질적으로 귀족정치체이며, 인간들은 이념적으론 평등하다고 말하지만 현실적으론 차별이 불가피하다고 생각한다. 그리스의 법정신은 폴리스가 혼동과 무질서로 빠지지 않도록 지켜주는 경찰기능이다. 반면 유대인 예언자들의 정치사상은 자유와 평등을 토대로 하는 공동체의 실현에 있다. 인간은 하느님 앞에서 철저히 평등하고 존엄하며, 왕일지라도 평민의 인격 존엄성과 권리를 박탈할 수 없다고 본다.

《구약성경》의 계약사상과 모세 율법정신은 철저하게 사회의 약자들을 보호하고 그들의 생존권과 인간존엄성이 권력이나 이념체계에 의해서 침해당하지 않도록 수호하는 데 있다. 민주정치는 정의를 갈망하는 정신과 불의에 빠지기 쉬운 인간의 경향 때문에 필요한 것이라고 본다. 결론적으로 헤브라이즘은 자본주의 사회의 자유로운 창의성과 사회주의가 꿈꾸는 정의로운 평등성을 동시에 살려낸 사회를 꿈꾼다. 헬레니즘과 헤브라이즘은 서로 대립하고 보충하면서 유럽 문화의 원동력을 이루고 있다.◆

◆ 김경재, '헤브라이즘의 본질은 무엇인가?', 〈한신학보〉, 2007년 3월

70인역 《성경》

이러한 위기를 맞아 당시 이집트의 수도인 알렉산드리아에 살고 있던 유대인들은 《토라》를 그리스어로 번역하기로 하고 이집트 왕 프톨레마이오스 3세에게 도움을 청한다. 대대로 프톨레마이오스 왕조는 유대인에게 우호적이었다.

당시 알렉산드리아는 지중해무역의 중심지이자 문화의 보고였다. 이곳에서 제일 중요한 곳은 알렉산드리아 도서관이었다. 이 도서관은 당시 세계 최대 규모로 파피루스로 된 책들만 70만 권 이상이 있었다. 이러한 도서관들이 그리스 문화를 전파하는 힘이었다. 고대 유럽의 학문과 예술이 알렉산드리아에서 나왔고 동양과 서양을 잇는 헬레니즘 문화의 사상적 체계도 여기에서 탄생했다.

알렉산드리아는 무역 중심의 상업도시로 계속 발전했고, 상업에 종사하던 많은 유대인들이 살고 있었다. 당시 알렉산드리아에 거주하는 유대인 수가 예루살렘보다 많았다. 지금의 뉴욕 격이었다. 이들 유대인들이 주축이 되어 《성경》의 그리스어 번역 작업이 이루어졌다. 왕은 유대인들의 부탁을 받아들여 적극적으로 도와주었다.

왕은 사신을 보내 유대의 12지파에서 각각 6명의 현자들을 선출해 총 72명을 알렉산드리아로 데려왔다. 기원전 300년경에 만들어진 이 《구약성경》을 '70인역(Septuagint)'라고 부른다. 최초의 번역 《성경》으로 역사적 의의가 크다. 원래 정확히는 72인역이지만 편의상 70인역이라 부른다. 그런데 70인역은 《구약》을 번역했을 뿐만 아니라, '4분법'이라는 새로운 원칙에 따라 《구약성경》의 순서도 재배치했다. 오늘날 우리들이 읽고 있는 《구약성경》의 순서는 바로 이 순서를 따르고 있다.

하스모니안 왕조의
탄생과 쇠락

　기원전 200년에는 또 다른 알렉산더 대왕의 부하장수였던 셀레우코스가 세운 셀레우코스 왕조가 지배하던 시리아 왕국이 유다를 정복했다. 그때 예루살렘의 유대인들은 시리아 왕국의 안티오쿠스 3세가 이집트의 프톨레마이오스 수비대로부터 도시 요새를 빼앗는 데 협조했다. 그리하여 기원전 2세기 초반에는 시리아가 예루살렘의 자치 행정을 허용했다.

　시리아 왕국 지배 당시, 시리아 왕국은 유대인들이 천거한 대제사장을 총독으로 임명했다. 유대 제사장 야손은 친그리스파 인사 가운데 온건파에 속해 전통을 중시하는 보수파와도 대화할 수 있는 인물이었다. 그는 유대인의 그리스화에 협력했다.

　그러자 이에 대한 유대인들의 분노가 표출되기 시작했다. 유대인들은 두 파로 나뉘었다. '헬라파'와 '정통파'가 그것이었다. 그들은 대제사장 자리를 놓고 싸우게 되었다. 이때 많은 유대인들이 경건자 그룹의 하시딤(Hasidim) 운동에 동참하게 된다. 그리고 이들은 기회를 틈타 그리스화를 부르짖는 공직자와 제사장들을 성전의 담장 위에서 떨어뜨려 처벌했다.

　기원전 171년 합법적인 대제사장 야손은 안티오쿠스 4세가 1차 이집트 원정에 나간 사이, 제사장 가문 출신이 아닌 마넬라우스와 그를 지지하는 극렬 헬라파의 세력에 축출당했다. 기원전 168년 두 번째로 이집트를 공격한 안티오쿠스 4세는 알렉산드리아를 거의 정복하려는 순간에 그를 견제하는 로마에 의해 실패하고 이집트에서 물러나게 되었다. 안티오쿠스 4세는 이집트 원정 실패로 실추된 위상과 경제적 부담 해결 차원에서 팔레스타인의 헬라화 정책을 발표했고, 이는 헬라파와 정통파의 갈등을 더욱 부채질했다.

한편 팔레스타인에서는 안티오쿠스 4세가 전쟁 중 죽었다는 소문이 돌았다. 예루살렘의 유대인들은 이때가 멍에를 벗어던질 좋은 기회로 여겨 반란을 일으켜 다시 야손을 대사장 자리에 앉혔다. 그러나 소문은 잘못된 것이었다. 반란 소식을 들은 안티오쿠스 4세는 예루살렘으로 진격해 1만여 주민을 무자비하게 학살해 반란을 진압했다. 그리고 예루살렘 근처에 시리아 병사들을 주둔시켰다. 자치권을 박탈하고 탄압정책으로 돌아섰다. 그는 배타적이며 '비타협적인' 유대 민족의 종교를 타도하기로 했다. 카스피 해까지 이르는 지역의 여러 종족을 통일해 광대한 제국을 만들기 위해 종교를 통일키로 했다. 그는 스스로 자신이 제우스의 지상현신이라고 주장하며 유대인들에게 제우스 숭배를 강요했다.

먼저 유대 종교의식을 금지시켰다. 그 뒤 새로운 동상들이 성전에 세워지고 이교도를 예루살렘에 이주시켜 유대인과의 통혼정책을 폈다. 또한 그는 유대교 말살을 위한 칙령을 선포했다. 내용은 유대인의 안식일과 종교적 공휴일 그리고 할례를 지키는 자는 사형에 처한다는 것이었다. 그들은 예루살렘 성전에 제우스와 같은 그리스 우상을 들여놓는가 하면 유대인이 제일 혐오하는 돼지를 제물로 바쳤다. 돼지는 유대교 율법이 금하는 동물이었다. 예루살렘의 유대교 성전을 제우스 신전으로 바꾸자 유대인의 거센 저항이 다시 폭발했다.

역사상 첫 종교전쟁, 마카비 전투

기원전 166년에 안티오쿠스 4세는 장대한 군사 열병식을 벌여 만방에 그의 힘을 과시했다. 열병식에는 2만 명의 마케도니아 군과 4만 6천 명의 보병이 참가했고, 그 뒤를 8천5백 명의 기병과 306기의 장갑 코끼리 부대가 따랐다. 이때 유대인들의 반란이 다시 시작되었다. 모딘이란 마을의 '마타디아'란 늙은 제사장이 마카비 등 그의 다섯 아들과 함께 혁명을 일으킨 것이다. 유대교 정통파들은 마카비 가문의 지도로 반란을 일으켜 곳곳에서 승리를 거두고 마침내 예루살렘에서 제우스 신상을 파괴했다. 이것이 역사상 첫 종교전쟁이다.

마카비 5형제를 중심으로 하는 유대 민족의 저항은 게릴라전을 통해 몇 번의 소규모 전투에서 승리를 거두게 된다. 안티오쿠스 4세의 토벌군을 마카비는 간단히 물리쳤다. 그러자 안티오쿠스 4세는 이번에는 군사령관 세론을 직접 보냈다. 하지만 이번에도 마카비의 용맹에 밀려 퇴각했다. 안티오쿠스 4세는 이제 마카비 형제들의 힘이 만만찮다는 것을 알게 되었다. 이들을 그대로 두었다가는 제국 전체에 위협이 될 수 있었다. 당시 안티오쿠스 4세는 페르시아와의 전쟁에 신경을 써야 할 형편이었는데 이런 작은 반란군 무리조차 제대로 다스리지 못한다면 체면이 설 수 없었다. 그래서 반란군을 괴멸시키기 위한 군대를 편성했다. 예루살렘을 비롯한 가나안 땅 전체가 술렁이기 시작했다.

진압군은 보병 5천 명에 정예 기병 1천 명이었다. 이에 대항하는 마카비 형제들의 병력은 3천 명에 불과했다. 기병도 없었다. 또 진압군은 갑옷 등 무장이 완벽했다. 게다가 병사 대부분이 전투 경험이 풍부한 용병들이었다. 하지만 마카비 5형제의 병사들은 전투에 익숙하지 않았을 뿐 아니라, 갑옷과 칼 등 무기조차 제대로 갖추지 못했다. 두 군대가 부딪힌 곳은 예루살렘에서 서북쪽에 위치한 엠마오 평원이었다. 그러나 이 전쟁에서 예상을 깨고 영웅적으로 싸운 마카비 군대가 이겼다.

그러나 안티오쿠스 4세는 물러서지 않았다. 이듬해 다시 섬멸작전에 나섰다. 이번에는 1년 전보다 열 배가 넘는 병력을 동원했다. 이에 마카비는 보병 1만 명으로 맞섰다. 용병 중심으로 편성된 진압군은 목숨 바쳐 싸우는 유대인들을 당해내지 못했다. 2년간의 끈질긴 싸움 끝에 기원전 164년 12월 25일 반란군은 결국 예루살렘을 함락시킨다. 마침내 유대인들은 독립을 쟁취해 예루살렘은 자치령이 되었다.

하스모니안 왕조 시대

마카비 전투 이후 탄생한 것이 하스모니안 왕조다. 마카비 가문의 조상 하스몬의 이름을 따 지었다. 그리하여 예루살렘은 이후 1백 년간 하스모니안 왕조에 의해 다스려졌다. 이들은 기원전 164년 12월에 성전을 정화하고 희생 제사를 부활시켰다. 이때 성전 반환을 기념해 하루 분량의 올리브기름으로 예루살렘 신전에 불을 켰는데 그 불이 8일 동안 계속되는 기적이 일어났다고 한다. 유대인들은 이를 하느님의 응답으로 여기고 '성전봉헌일'이라는 명절을 만들어 매년 이 기간에 가정에서 8일 밤 동안 촛불을 밝히고 있다. 이 축제는 지금까지도 이어져 내려오고 있는데, 유대인들은 이를 '하누카'라 부른다.

유대인들이 성스러운 성물로 여기는 유대인 고유의 일곱 가지 촛대 메노라(menoroh)가 바로 '하누카 촛대'다. 하누카는 봉헌(dedication)이라는 뜻이다. 황금의 메노라는 고대 예루살렘의 솔로몬 왕이 지은 성전의 예배의식 때 사용된 중요한 도구였다. 그 후 이것은 여러 형태로 유대 유물의 상징이 되었다. 하누카는 12월 하순이어서 기독교인들은 하누카를 유대인들의 크리스마스라고 부른다. 하누카 때 유대인 아이들은 부모들과 조부모들로부터 8일 동안 매일 선물을 하나씩 받는다.

독립전쟁에 승리한 하스모니안 가문은 그만 과욕을 부려 기원전 152년에 요나단이 왕과 대제사장을 독식하고 말았다. 종교 지도자인 대제상직은 대대로 사두개파의 직분이었다. 일이 이렇게 되자 그때까지 독립군에 가담했던 유대교의 경건자 그룹인 하시딤이 바리새파와 에세네파로 양분되기에 이르렀다.

하스모니안 왕조에 대항한 바리새파는 제사장이나 성전 제의보다 율법 그 자체에 주목했다. 반면 사두개파는 권력 집단으로 성전 제사를 중시했다. 바리새파보다 현실타협적이었고 보수주의자들로부터 비판을 받았다. 에세네파는 바리새파에 대립 은둔해 신비적이었다. 에세네파 수도자들은 정결법을 철저히 준수하며 독신생활을 했다. 후에 예수가 올 것을 예언한 세례 요한도 에세네파였다.

내전의 발생과 잔혹한 복수

독립운동에 참여한 하시딤이 분파되었지만 하스모니안 왕조는 기원전 165년부터 기원전 63년 로마의 폼페이우스 장군에게 패망할 때까지 약 1백 년간 계속되었다. 기원전 142년 유대인들은 면세특권과 화폐 주조권을 얻어내고 시리아군이 팔레스타인에서 철수함으로써 명실상부한 독립

국가가 되었다.

기원전 103년에는 알렉산더 얀네우스가 왕이 되었다. 그의 통치 하에 유다 영역은 최고에 달했다. 에돔 왕국이 정복되어 에돔 지역 총독으로 에돔 왕이었던 안티파터 1세가 임명되었다. 그는 훗날 예수를 죽이려 했던 헤롯의 할아버지다.

기원전 90년경에는 알렉산더 얀네우스 왕이 세력을 북동쪽으로 확산하려 했으나 오히려 실패해 대부분의 병력을 잃었다. 이로 인해 유다 내에서는 바리새파에 의한 반란이 일어났다.

알렉산더 얀네우스 왕은 6년에 걸쳐 잔혹하고 야만스럽게 반란을 진압했다. 유대 역사가 요세푸스(Flavius Josephus)에 의하면, 내전으로 바리새파 유대인 5만 명이 목숨을 잃었다. 내전이 끝나자 알렉산더 얀네우스 왕은 포로들을 이끌고 예루살렘으로 개선해 왕궁 앞에 8백 명의 포로들을 십자가에 매달았다. 그리고 아직 숨이 끊어지지 않은 그들이 보는 앞에서 그 자녀들과 아내의 목을 자르게 했다.

알렉산드라 여왕, 최초의 의무교육 실시

기원전 76년 얀네우스가 죽자 그의 부인 살로메 알렉산드라가 왕위를 계승했다. 그녀는 지적이고 온화한 사람이었다. 이 여왕의 집권기가 하스모니안 왕조의 최고 황금기로 꼽힌다. 통치 기간은 9년으로 비록 짧았지만 폭넓은 사회개혁이 단행되었다.

로마가 그리스와 다투던 시절만 해도, 로마는 유대인의 동맹이었다. 로마인은 약소국가의 존재를 인정하고 어느 정도 독립성을 인정했다. 그

::: 하스모니안 왕조의 황금기를 구가한 살로메 알렉산드라 여왕

러나 유다 왕국이 영토를 넓히려는 야심을 지닌데다 이웃 여러 민족을 강제로 유대교로 개종시키는 것을 로마의 원로원이 보고만 있을 수 없었다. 로마는 유다 왕국이 내부 분열을 일으켜 피폐해지고 틈을 드러내기를 조용히 기다렸다.

이런 점을 눈치 챈 살로메 알렉산드라는 내부 단결을 도모했다. 당시 반대파로서 대중적 세력을 넓혀가던 바리새파를 최고 의사결정기구인 산헤드린으로 받아들이고 그들의 구전율법도 나라의 법제 안으로 수용했다. 이를 통해 나라의 안정적 통일을 시도했다.

특히 여왕은 종교를 중심으로 나라를 통일하려고 했다. 그녀는 유대교를 재건하기 위해서는 모든 국민이 《성경》을 읽고 율법을 배울 수 있어야 한다고 판단했다. 그러기 위해서는 최소한 가정예배를 이끄는 남자들은 먼저 글을 깨우쳐야 한다고 생각했다. 여왕은 전국에 걸쳐 학교를 짓고 노소를 가리지 않고 남자들에 대한 의무교육을 실시했다. 교사 양성소도 설치했다.

이후 유대인 사회에서 최소한 가장들 사이에서는 문맹이 사라졌다. 이후 유대인들은 어느 곳에 가든 뛰어난 경쟁력을 갖출 수 있었다. 글을 읽고 쓰고 계산에 능한 유대인들은 어딜 가도 쉽게 자리 잡았다. 또한 그들의 서신 연락에 의한 정보 교류는 곧 무역으로 연결되어 막대한 부를 모으는 중요한 수단이 되었다.

그 뒤 유대인들은 세 살부터 히브리어를 배웠다. 율법을 암기하고 배우기 위해서다. 특히 열세 살에 성인식을 치르기 위해선 '모세오경', 즉 〈창세기〉, 〈출애굽기〉, 〈레위기〉, 〈민수기〉, 〈신명기〉 중 한 편을 반드시 모두 암기해야 한다. 그리고 성인식에 참석한 사람들을 대상으로 《성경》을 토대로 자기가 준비한 강론을 해야 한다. 이러한 전통은 유대 민족의 탁월한 지적능력을 향상시키는 데 크게 도움이 되었다.

6

로마의 득세와 유대인

로마의 패권이 유지될 수 있었던 가장 큰 이유는 점령지라도 자치권과 문화를 인정했기 때문이다. 이는 유대인에게도 해당되었다. 카이사르 이래 로마 왕국은 유대인의 유일 사상, 자치법, 율법 등을 인정했다. 그 덕분에 유대인은 해외와 유대인 공동체를 여기저기 설립하고 독자적인 정체성을 유지할 수 있었다. 오히려 유대인과 이방인의 벽을 허문 건 로마가 아니라 예수의 탄생이었다. 이 장에서는 로마 시대 각 지역의 유대인 생활상을 살펴보고 예수의 사상을 유대인이 왜 받아들일 수 없었는지 살펴보도록 한다.

로마가 팽창을 거듭하던 기원전 3세기~기원전 1세기 중 많은 포로들이 노예로 잡혀왔다. 카이사르는 갈리아 정복 때 무려 100만 명의 노예를 얻었다. 당시 대표적인 노예시장이 있었던 델로스 섬에는 하루 1만 명 정도의 노예가 거래되었다. 로마제국에서는 거의 모든 부문에서 노예가 사용됐다. 가장 널리 쓰인 분야는 물론 농업이었다. 다만 순전히 노예들만 일하는 농장은 거의 볼 수 없었고 대개 자유민들과 섞여 함께 일했다.

로마 노예제도의 큰 특징은 직능 분화가 상상하기 힘들 정도로 크게 진척됐다는 것이다. 주인 대신 배를 관리하는 노예 선장 밑에서 자유민들이 노를 젓는 일도 가능했다. 심지어 황실 노예는 오늘날 장관 혹은 수석 비서관에 해당하는 직위의 일을 했다. 전문적 능력을 가진 노예들은 통역이나 회계 업무를 맡기도 했다. 이런 사람 중 일부는 해방된 후 부와 권력을 누리기도 했다. 지식인 노예들도 있었다. 학교 교사나 의사, 약사 중에 노예 혹은 해방 노예들이 많았다.

역사가들이 많이 주목하는 현상은 관리인 역할을 하는 노예의 존재다. 주인 대신 공방이나 가게, 선박을 운영하는 노예는 비록 수는 적지만 경제적으로 아주 중요한 역할을 했다. 이들은 사업 이윤을 주인과 나누어 가졌으며, 거상으로 성장한 사람은 이렇게 모은 돈으로 노예 신분에서 해방되기도 했다. 사회 각 분야마다 다양한 노예들이 큰 영향을 끼쳤다. 기원전 1세기에는 로마제국 내에 2~3백만 명에 달하는 전쟁 노예들이 농업에 종사해 거대한 농업이 꽃을 피웠다.◆

◆ '경제사 뒤집어 읽기', 〈한국경제〉, 주경철, 2010년 10월 29일

그 무렵 유다 왕국의 하스모니안 왕조는 로마에 대항하기보다는 로마의 보호를 받으면서 번영을 구가하는 편이 전쟁에 휩싸이는 것보다 바람직하다고 생각했다. 그래서 기원전 63년 시리아에 주둔하고 있던 로마 장군 폼페이우스에게 화평을 요청했다. 이때 유다 왕국은 로마의 속국이 되어 로마의 유다이아(Judaea) 주로 편입되었다.

이로써 지중해 패권을 놓고 각축을 벌였던 페니키아, 그리스, 유다 왕국은 모두 차례로 로마의 속주가 되었다. 유대인 역사에 있어서 '로마시대'라고 불리는 이 시기는 바로 폼페이우스가 이스라엘을 접수한 때부터 시작되어 7세기에 무슬림이 팔레스타인을 점령할 때까지 약 7백 년간 계속되었다.

로마제국 초기
유대인에게 관용을 베풀었던 카이사르

로마의 패권을 확립하기 위해 애쓴 카이사르는 유다이아 주로 편입된 유다 왕국을 속주로 만들 생각은 하지 않았다. 로마의 패권을 인정하는 동맹관계 곧 로마의 우방국이 되는 것만으로 충분하다고 생각했다. 카이사르는 정교일치를 특징으로 하는 유대 민족의 특수한 사정을 당연한 것으로 인정했다. 그는 유대인들에게 여러 가지 관용과 특전을 베풀었다.

먼저 유대인 최고 제사장에게 유다 최고위 자리를 돌려주었다. 통치권을 돌려준 것이다. 또한 예루살렘 성벽을 재건하는 것도 허락했다. 군사적인 방어권도 허락한 것이다. 로마가 제패한 뒤 몰수한 유다의 주요 항구 야파를 반환함으로써 해상권도 돌려주었다. 게다가 로마군 월동 숙영지에 식량을 공급하는 의무도 동맹국 대우로 해제해 주었다. 또한 영구적인 조치는 아니라는 조건을 붙여 속주세까지 면제해 주었다.

카이사르는 종교적 관용도 베풀었다. 그는 적을 정복하되 그들의 신을 모독하지 않았다. 그리고 로마의 신들의 축일을 정했지만 이 신들을 믿지 않아도 그냥 내버려 두고 강요하지 않았다. 유대교도 인정한 것이다. 특히 카이사르는 그리스인과 경쟁관계에 있는 유대인에게 경제적으로 동등한 권리를 주었다. 이로 인해 그간 그리스계 상인에 밀렸던 유대 상인들

::: 유대인들에게 관용을 베풀었던 카이사르.

은 카이사르를 열광적으로 지지했다. 그들은 카이사르를 구세주처럼 환대했다.

그는 정치와 전쟁뿐 아니라 경제의 본질도 꿰뚫어 보았다. 집정관이 되자 정치개혁을 단행한 후 경제개혁에 착수했다. 먼저 원로원 의원들이 많이 하는 고리대금업의 이자를 대폭 낮추었다. 나중에 카이사르를 살해한 브루투스의 경우는 연 48퍼센트의 고율의 이자를 받기도 했다.

카이사르는 속주 전역에서 6퍼센트의 이자율을 권고했으며 이자율 상한선을 12퍼센트로 제한했다. 유대에도 동일하게 적용했다. 카이사르는 일정금액 이상의 현금보유도 금했다. 장롱예금을 금지해 돈이 바깥으로 돌도록 한 것이다. 이자율 인하와 장롱예금 금지는 돈의 흐름을 촉진해 경제에 활기를 불어 넣었다. 더 나아가 카이사르는 서민의 빚을 4분의 3으로 탕감하여 대중의 마음을 사로잡았다. 게다가 탕감된 채권의 회수도 활발해 돈의 흐름이 더 좋아졌다. 카이사르는 조세정책에서도 파격적인 개혁에 착수했다. 세율을 절반으로 낮추었다. 그러자 오히려 더 많은 세금이 걷혔다. 세금을 피해 도망 다니던 피정복민들의 자진납세가 확산되었기 때문이다.

그는 화폐제도에도 손을 댔다. 그 무렵 로마에 금과 은이 많지 않았다. 그는 로마 전역 신전의 봉납물을 공출하여 그것으로 화폐를 주조하였다. 유다 왕국과 아테네 같은 자치권을 인정받은 속주는 그곳 화폐가 계속 통용되었다. 따라서 환전상이 번창했다. 당시 로마 화폐가 기축통화가 되기 위해서는 금화와 은화의 교환가치가 고정되어야 했다. 당시 그가 정한 금과 은의 교환비율 1:12는 유럽에서 19세기까지 쓰였다. 그가 가장 역점을 둔 사업은 화폐주조권을 국가로 귀속시킨 것이다. 그는 국립조폐창을 만들어 원로원의 주조권을 가져왔다.

하지만 화폐주조 차익을 빼앗기고 고리대금업을 통한 수익률이 낮아진 로마 귀족들의 불만은 결국 카이사르 암살로 이어졌다. 독재자로부터 공화정을 지킨다는 명분을 내세웠지만, 실상은 카이사르의 친서민 정책이 원로원의 경제적 이권을 많이 빼앗았기 때문이다. 카이사르가 암살을 당하자 유대인들이 슬퍼했다고 전해진다. 카이사르가 유대인들에게 특별한 호의를 갖고 있던 것은 아니다. 단지 그는 다민족, 다종교, 다문화를 하나로 통합해야 한다는 그의 신념에 따라 행동했을 뿐이다.

카이사르 사후에도 유대의 자치를 존중하다

카이사르가 공화파 귀족들에게 암살당한 후 공개된 그의 유언장은 로마 귀족 사회에 일대 파란을 일으켰다. 카이사르는 그의 정치적 후계자로 20세도 채 안 된 옥타비아누스(훗날 아우구스투스)를 지목했기 때문이다. 아들 카이사리온이 카이사르의 후계자가 될 것을 믿어 의심치 않았던 클레오파트라와 카이사르를 오랫동안 보필했던 안토니우스는 카이사르의 유언장에 배신감을 느꼈다. 옥타비아누스는 카이사르의 친인척이라는 사실 외에는 로마 귀족사회에 거의 알려져 있지 않은 인물이었다.

역사적으로는 그를 후계자로 지목한 카이사르의 안목은 정확했다는 평가를 받는다. 옥타비아누스가 클레오파트라와 안토니우스 등 반대 세력을 진압한 뒤 로마의 전권을 장악하고 제정 로마시대를 여는 초대 황제가 되어 선정을 베풀었기 때문이다. 그는 모든 로마인의 존경을 받아 세상에서 가장 존엄한 자를 뜻하는 아우구스투스로 불렸다.

아우구스투스를 이어서 황제가 된 티베리우스 역시 기존의 대외정책을 그대로 계승했다. 로마제국은 점령지라도 자치권과 문화는 인정했다. 특히 유대인들의 유일 신앙을 이해했기 때문에 유대인들에게만 시행한 것들이 몇 가지 있다. 먼저 유대인들이 우상을 숭배하지 않는 것을 존중해 로마 군대의 상징인 은 독수리를 유다 내로 가지고 들어가지 않았다. 이것은 굉장한 의미였다. 후에 빌라도 총독이 유다에서 일어난 작은 소요를 진압하기 위해 군대를 투입할 때 은 독수리기를 가지고 갔다가 로마로 소환되고 문책을 받은 일도 있다. 마찬가지 이유로 로마 통화에는 황제의 얼굴을 새겼지만 유다에서 통용되는 로마 통화에는 황제의 얼굴을 넣지 않았다.

또한 로마제국은 유다의 자치법을 인정했다. 말 그대로 유대인들이 율법에 따라서 자국민을 재판할 수 있는 사법권을 인정한 것이다. 로마시대 팔레스타인 유대인의 일상생활에 실질적으로 가장 커다란 영향을 미친 것은 산헤드린이다. 지방 도시들의 소규모 공회가 23인으로 구성된데 반해 예루살렘의 산헤드린은 의장인 대제사장을 포함해 71인으로 구성되었다. 성전이 건재한 동안 산헤드린의 모임은 성전 내 커다란 방에서 열렸다. 산헤드린은 최고법원의 역할을 했다. 다만 사형에 관련된 것은 총독의 관할이었다.

게다가 로마인들은 유대인들의 병역거부도 받아들였다. 황제를 섬기는 것은 배교행위라 해서 당시 유대인들이 병역을 거부했다. 티베리우스 황제는 이것도 인정했다. 대신 세금 10퍼센트를 내도록 했다.

로마제국 내의 수천 개의 종교 사당 중 티베리우스 황제는 유일하게 예루살렘 성전에만 헌금을 보내기도 했다. 그만큼 초기 로마제국은 유다를 특별 대우했다. 다만 제국의 통치에 반항하는 언동만은 절대 용서치 않는다는 조건을 내걸었다.

해외 유대인 공동체와 팔레스타인의 유대인 생활

유다의 왕 헤롯(기원전 37~4년경)은 경제에 공을 들였다. 그는 솔로몬 왕과 마찬가지로 통상로를 이용하는 상인들에게서 세금을 걷었다. 그리고 공업 발전에도 신경을 써 당시에 배를 건조하는 데 꼭 필요했던 아스팔트를 사해에서 추출해 이집트의 클레오파트라와 배분해 독점했고 아우구스투스 황제로부터 키프로스에 있는 구리 광산을 빌려, 그 산출량의 반을 자신의 것으로 삼았다. 또 광대한 지역에서 세금을 거두어 로마와 반반씩 갈라 가졌다.

그는 자기 영토에 일종의 건축 붐을 일으키고 많은 도시와 요새를 건설했다. 예루살렘에 수도시설을 정비하고 새로이 왕궁을 건설하고 국경에 마사다 같은 요새를 새로이 정비하기도 했다. 또한 유대인이 솔로몬 왕 시대의 영광을 추억하면서 가장 소중히 여기던 예루살렘 성전을 더 크고 화려하게 재건했는데 이것을 '헤롯의 성전' 또는 그냥 두 번째 성전이라고 부른다. 유대 역사가 요세푸스에 의하면, 헤롯 왕 때 세출이 세입을 능가하는 바람에 국민에게 가혹해졌다고 한다. 그러나 그의 치세를 통해 유다 왕국의 경제는 좋아졌다. 이것은 외적인 위협의 소멸, 질서회복, 통상확대의 덕이었다.

로마제국 곳곳에 유대인 커뮤니티

헤롯 왕 시대에 팔레스타인 지역 유대인 수는 약 240만 명 정도로 추정된다. 그 무렵 예루살렘 일대의 인구는 거의 1백만 명에 달했다. 당시로써는 대단히 큰 도시였다. 당시 지중해 일대와 북아프리카를 아우르는 로마제국 전체에서 조사된 총 유대인 수는 694만 4천 명이었다. 이는 로마제국 인구의 약 10퍼센트가 넘는 큰 민족이었다. 이 수치는 기원후 48년 클라우디우스 1세 황제 때 실시한 인구조사에 근거한 것이다.

로마제국 내 유대인들은 상업과 해상무역은 물론 베짜기, 염색, 유리제조, 금세공, 주물 및 제련에 이르기까지 모든 종류의 수공품 생산에서도 뛰어난 재능을 보였다. 이밖에도 유대인들은 직업군인, 기사, 고위관료, 원로원 의원, 변호사, 의사와 같은 상류 계층에도 진입했다. 각지에 흩어져 사는 유대인들은 대부분 이교도들 틈에 섞여 살면서도 그들과 융합하기를 거절했다. 이것이 반유대주의를 불러일으킬 수밖에 없었다.

헤롯 왕은 로마를 비롯한 해외의 이산 유대인들에게 관심을 기울였다. 그는 아우구스투스 황제의 중요한 장군 아그리파와 절친했다. 이 덕분에 로마제국 안에 흩어져, 때로는 그 존재를 위협받기도 한 유대인 공동체는 두터운 보호를 받게 된다. 해외에 흩어져 있는 유대인들은 헤롯 왕을 최대의 후견인으로 생각했다. 헤롯 왕은 시나고그, 도서관, 공공 목욕탕, 자선단체에 자금을 지원했다. 이렇게 해서 헤롯 왕 시절, 유대인 커뮤니티는 여기저기에 설립된 작은 복지국가라고 간주할 정도로 유명해진다. 알렉산드리아, 로마, 안티오키아, 바빌론, 그 밖의 땅에 있었던 유대인 공동체에서는 병자와 가난한 자, 과부, 고아 등 소외된 자들의 뒤치다꺼리를 해 주었다.

팔레스타인 유대인의 사회적 상황

해외 이산 유대인 공동체에 비해 팔레스타인 지역 유대인들의 삶은 힘든 편이었다. 밭농사, 수공업, 소매업으로 겨우 생활비를 벌었다. 해안과 갈릴리 호수에서는 고기잡이를 했고, 일부 평야에서 농업이 이루어졌으며 요르단 골짜기에서는 올리브, 포도나무와 무화과나무를 키웠다. 수공업자들 곧 직조공, 피혁공, 재단사, 대장장이, 필사공, 도공들 역시 그리 형편이 낫지 않았는데, 특히 직업 자체를 부정한 것으로 여기는 사람들이 있었다. 일례로 피혁공은 늘 동물 시체에서 가죽을 벗겨내는 일을 했기 때문에 부정한 자로 여겨졌고, 세리는 이교 지배자에게 충성하기에 무시당해야 했다.

이외에도 율법의 정결규정에 배치된다고 여겨지는 직업을 가진 사람들은 모두 부정한 자들로 여겨졌다. 《성경》에서 "죄인들"이라고 부르는 사람들은 이런 직업을 가진 사람들이었다. 생계를 유지하기 힘들었던 가난한 사람들이 이런 직업을 선택할 수밖에 없었고, 종교적 부정함을 피하기 위해 차라리 가난과 구걸을 선택하는 사람들도 많았다. 그들은 돈 벌 기회가 있다면 어디로라도 떠날 수 있는 사람들이었다.

유대인 가정은 대개 창문이 없는 단칸방에서 살았다. 가족 모두가 한 방에서 잠을 잤고 아버지는 가장으로서 율법을 가르쳐야 했다. 혼인은 하느님의 계명으로 여겨졌기 때문에, 독신은 거의 찾아볼 수가 없었다. 남자는 대개 스무 살 전후에 결혼을 했고, 여자는 열세 살을 넘기지 않았다. 결혼은 남자와 여자의 아버지 사이에 합의를 통해 이루어졌다. 일종의 중매였다. 당시 여자는 남자에게 종속되어 있었다. 여자는 증인으로서 법정에 나설 수 없었고, 예배에도 참석할 수 없었으며, 성전에서조차 여자들이 갈 수 있는 영역이 구분되어 있었다. 또 여자들은 회당 예배에서는 방청만이 가능했고, 율법의 금지사항을 준수해야 했지만 율법을 공부할 의무는 없었다.

노예들 역시 율법의 금령들만을 지킬 뿐, 율법을 배우고 지킬 의무는 없었다. 유대인 노예들은 7년간 노예생활을 한 후 마지막 해에는 풀려났다. 이렇게 유대인 노예들은 율법에 의해서 보호되었기 때문에, 이방인 노예들은 율법의 보호를 받기 위해 할례를 받고 유대교로 개종하려는 경우가 많았다. 유대인이 이방인의 노예가 되었을 경우에는 될 수 있는 한 빨리 그를 자유롭게 하기 위해서 동족들이 전력을 기울였다. 이렇게 여자들과 어린아이들, 노예들은 당시의 율법과는 거리가 있는 자들로 여겨졌다. 그렇기 때문에 예수 주위에 여자들이 모여들었다는 사실과 예수가 여자들이 가까이 오는 것을 막지 않은 것 등은 당시의 사회적 상황에 비추어 상당히 혁신적인 것이었다.

예수, 유대인과 이방인의 벽을 허물다

예수가 탄생했다. 예수는 히브리어로 여호수아의 약어이다. '신은 우리의 구원'이라는 뜻이다. 외국 지배에 시달려온 유대인들은 민족을 구원해 줄 메시아를 기다리고 있었다. 이미 기원전 8세기경 선지자 이사야가 "처녀가 잉태해 아기를 낳으리니, 그 이름을 임마누엘이라 하리라."고 메시아의 탄생을 예언했기 때문이다. 임마누엘이란 '하느님께서 우리와 함께 계시다'는 의미다. 메시아를 그리스어로는 '크리스토스'라 한다. '예수 그리스도'는 여기서 유래되었다.

성장한 예수는 서기 27년 예루살렘으로 와서 만민구원의 복음을 전파했다. 그때까지만 해도 하느님의 축복은 유대인에게만 유효했다. 그리고 사람이 병들고 어려운 것은 그가 지은 죄 때문이라 생각했다. 그러나 예수는 이를 뒤집었다. 그가 말한 복음은 유대인이든 아니든, 사람이 병들든 건강하든, 그것은 중요한 것이 아니라 사람은 모두 하느님의 자녀이고 신의 사랑은 무한하다는 것이었다.

당시의 종교는 모두 '상선벌악(賞善罰惡)'이 핵심이었다. 착한 사람은 상을 받고 죄 지은 사람은 벌을 받는다는 것이었다. 그러나 예수는 이것도 뒤집었다. 죄 지은 사람도 하느님 앞에 진심으로 회개하면 구원받을 수 있다고 선포했다. 하느님은 죄인인 우리를 궁휼히 여긴다는 것이다. 정의가 아니라 신의 은총이 가르침의 핵심이었다. 따라서 신이 우리에게 사랑을 베풀 듯 우리도 이웃에게 똑같이 베풀라는 것이다.

예수는 유대인인데도 배타적인 선민사상과 형식화된 율법주의에 대해 비판적이었다. 그는 유대인들이 율법에 갇히지 않도록 율법의 자리를 '사랑, 믿음, 소망'으로 대치했다. 한마디로 그는 율법을 곧이 곧대로 지키는 게 능사가 아니라 하느님과 이웃을 등진 인간이 하느님과 이웃에게로 '돌아섬'을 강조했다. 이는 신선한 외침이었다. 예수는 십계명과 율법의 정신을 묻는 바리새파의 질문에 다음과 같이 대답했다.

"네 마음을 다하고 네 목숨을 다하고 네 정신을 다해 주 너의 하느님을 사랑해야 한다. 이것이 가장 크고 첫째가는 계명이다. 둘째도 이와 같다. 네 이웃을 너 자신처럼 사랑해야 한다는 것이다. 온 율법과 예언서의 정신이 이 두 계명에 달려 있다." 〈마태복음〉 22:34~40

예수는 더 나아가 유대인들이 받아들이기 힘든 내용의 복음을 전파했다. 율법과 할례로 유대인만 선택받고 구원받는 게 아니라 율법과 할례 없이도 모든 인류가 그를 통한 믿음으로 구원을 받을 수 있다고 가르쳤다. 유대인들이 생각하기에 유대인과 이방인의 가장 큰 차이점은 하느님과 직접 계약을 맺었는지의 여부다. 곧 하느님으로부터 '선택 받았는지의 여부'다. 바로 이 구분과 증거가 율법과 할례였다. 유대인에게 율법과 할례는 그들의 정체성이자 종교요, 목숨이었다. 하지만 예수는 율법과 할례 없이도 그를 통해 하느님을 믿고 회개하면 누구나 하느님의 백성이 될 수 있다는 새로운 복음을 전파했다. 유대인과 이방인의 벽을 허문 것이다. 이로써 하느님이 유대인만의 하느님이 아닌 모든 인류의 하느님이 되었다고 기독교에서는 평가한다.

예수를 십자가로 내몰다

예수는 계층 간 장벽도 허물었다. 고대 유대교 교리에 따르면, 예루살렘 성전에 들어가 자신의 죄를 회개하고 사제의 축복을 받은 사람만이 구원받을 수 있었다. 장애인은 성전에 들어가지 못하기 때문에 구원받을 수 없었다. 유대인들은 장애가 죄 때문에 발생했다고 믿었기 때문이다. 그러나 예수는 병자와 장애인들의 병을 고쳐주고 그들이 성전에 들어갈 수 있도록 했다.

예수는 하느님의 응답은 《토라》에 대한 복종으로 얻어지는 것이 아니라 믿음이 깊은 인간에 대해 주어진다고 말했다. 하느님을 향한 믿음 때문에 사람들은 계율을 지킨다는 것이다. 유대인 입장에서는 이것은 잘못된 교의였다. 왜냐하면 예수는 《토라》를 배제하면서, 다가올 최후의 심판 때 구제를 받기 위해서 필요한 것은 믿음이라고 단언했기 때문이다.

유대인 입장에서 《토라》를 부정하는 것은 있을 수 없는 일이었다. 더구나 선택받지 않은 이방인들이 자기들의 하느님을 같이 모신다는 것을 받아들일 수 없었다. 게다가 그러한 복음을 전하는 예수를 자기들이 기다리던 메시아로 인정하는 것은 더더욱 힘들었다. 유대인들은 율법과 관습이 깨져 나가는 것을 그대로 방치할 수가 없었다. 유대교 신앙공동체의 정체성을 지키기 위해 유대인들은 예수를 배척하고 박해했다. 결국 예수를 십자가로 내몰았다. 유대인들은 자기들의 이러한 행동이 훗날 후손

들에게 얼마나 지
난한 고통의 역사
를 가져다줄지 그
당시에는 미처 몰
랐다.

이러한 예수에
대해 유대교는 《탈
무드》 산헤드린에
서 "예수는 마술

::: 레오나르도 다빈치의 〈최후의 만찬〉. 유다 앞에는 소금이
뒤집어져 있는데, 이는 배신을 의미한다.

을 써서 이스라엘을 미혹시켜 배교하게 했으므로 유월절 전날에 처형되
었다."고 기록하고 있다. 이렇게 유대인들은 예수를 신의 아들, 삼위일
체 하느님의 한 지체로 보지 않는다. 예수를 '이샤'라고 부르는 이슬람도
유대교와 마찬가지로 예수를 신의 외아들로 보지 않는다. 그러나 처녀의
몸에서 태어난 사실과 기적을 행한 사실은 믿는다. 이슬람 신자들은 예
수를 유대 민족을 인도하기 위해 신이 보낸 중요한 예언자들 가운데 한
사람으로 존경한다.

인류 문명 탄생 이후로 인간이 살아가는 데 꼭 필요한 요소로 식량과 불 이외에도 세 개가 더 있었다. 물, 땔감, 소금이 그것이다. 그러다 보니 인류는 땔감과 소금을 구할 수 있는 범위 내의 강가에 모여 살게 되었다. 인류 역사상 가장 오래된 도시로 알려진 예리고(Jericho)는 소금을 쉽게 구할 수 있는 사해 근처에서 탄생했다. 페니키아가 해상무역을 석권할 수 있었던 원동력도 소금이었다. 경제사를 추적해 보면 문명의 탄생은 물론 도시와 국가의 탄생이 소금과 관계가 깊다.

로마의 소금길, 모든 길은 로마로

로마가 발전한 이유 중 하나도 소금이었다. 페니키아 시대에 이미 로마 근교 티베르 강 하구에 건설된 염전에서 소금이 만들어졌다. 당시 북유럽 내륙 염호나 암염갱에서 불로 구워 만든 소금은 생산비도 높았지만 특히 운송비가 비쌌다. 낙타 네 마리가 싣고 온 소금의 운송비로 낙타 세 마리가 싣고 온 소금을 주어야 했다. 게다가 오는 동안에 통행세 격인 수입세와 관세 등을 많이 물어야 했다. 이렇듯 큰 이문이 남는 소금 무역에서는 장기간의 내륙운송이 큰 문제였다. 그런데 티베르 강 하구의 소금은 하천을 통해 바로 로마 시내로 운반되었다. 이 소금이 로마 건국의 일등 공신이다.

기원전 640년에 로마인들은 로마 인근 바닷가에 대규모 제염소를 건설했다. 이것이 유럽 최초의 인공 해안염전이다. 해안염전에서 만들어져 하천을 통해 배로 운반된 소금은 품질도 좋았고 가격도 훨씬 저렴했다. 하천이 물류혁명을 가능케 한 것이다. 이로써 로마는 중요한 소금 유통의 중심지가 되어 소금을 대륙으로 수출했다. 이 길이 로마 발전의 원동력이 된 그 유명한 '소금길 (비아 살라리아, via salaraia)'이다.

이런 귀한 소금을 로마인들이 해안에서 대량으로 생산해내기 시작하자 소금 교역이 꽃 피웠다. 북유럽의 호박, 모피, 노예와 교환되었다. 또 사용가치가 높은 귀중한 교역품이었던 만큼 적에게 소금을 판매할 경우에는 사형을 당하기도 했다. 일부 황제들은 인기 유지를 위해 로마 시민들에게 그 귀하던 소금을 무상으로 배급하기도 했다. 국가의 전매사업인 소금 수출이 늘어나면서 로마는 자연스럽게 부강해졌다. 나라가 잘 살게 되자 인구가 로마로 몰려들었다. 결국 "모든 길은 로마로 통한다."는 말도 따지고 보면 티베르 강 하구에서 만들어진 소금에서 유래한 셈이다.

이곳에서 만든 소금은 이탈리아 반도를 횡단해 로마를 경유한 뒤 내륙 각지로 운반되었다. 소금의 수요는 미지의 대륙은 물론 대양을 가로지르고 사막길을 개척해 무역로를 닦았다. 소금 때문에 전쟁이 벌어지기도 했다. 이미 기원전 4세기 전반에 소금 운반을 위해 로마로 통하는 길이 닦여졌다. 특히 북유럽의 호박, 모피, 노예와 교환되던 소금이 운반되던 소금길들이 원거리 교통로로 이용되어 로마제국 부흥의 기반이 되었다. 훗날 로마가 부강해져 로마 인구가 2백만 명에 다다르면서 이 소금길로 운송된 소금 유통량만도 연 1만 톤이 넘었다 한다.

로마시대 소금의 경제적 위치

로마 초기에는 소금이 귀해 화폐의 역할을 했다. 관리나 군인에게 주는 급료를 소금으로 지불했다. 이를 '살라리움(salarium, 라틴어로 소금이라는 뜻)'이라 했다. 그 후 로마 제정시대 때부터 급료를 돈으로 지급했지만, 이를 여전히 살라리움이라 불렀다. 봉급생활자를 일컫는 샐러리맨은 바로 여기서 유래한 말이다. 참고로 'soldier(병사)' 'salad(샐러드)' 등도 모두 라틴어 'sal(소금)'에 어원을 두고 있는데, 채소를 소금에 절이면 채소의 쓴맛이 없어진다는 뜻에서

salad는 'salada(salted, 소금에 절인)'에서 나왔다. 심지어 사랑에 빠진 사람을 'salax'라 불렀다. 사랑에 취해 소금에 절인 것처럼 흐물흐물해졌기 때문이다. 이렇게 로마제국의 부흥은 소금과 관계가 깊다. 하지만 1세기경 해수면이 높아지면서 염전을 상실한 로마는 흑해에서 소금을 수입하게 되었다. 이후 중요한 부의 근원을 상실한 로마의 경제력은 급격히 쇠퇴하기 시작한다.

소금을 얻기 위한 각 지역의 노력

이미 선사시대에 소금이 산출되는 소금호수(염호)와 소금바위(암염)가 있는 장소는 교역의 중심지가 되었다. 산간에 사는 수렵민이나 내륙의 농경민들은 그들이 잡은 짐승이나 농산물을 소금과 교환하기 위해 소금 산지에 모이게 되었다. 옛날부터 식재료의 부패를 방지하는 데 쓰인 소금은 인간의 건강과 정력을 유지하는 식품으로 여겨졌다. 또한 신비한 의미가 부여되어 청정과 신성의 상징으로 받아들여졌다. 고대 이집트에서는 미라를 만들 때 시체를 소금물에 담갔다.

사해를 통해 풍부하게 소금을 얻을 수 있던 이스라엘 유대인들은 토지를 비옥하게 하기 위해 소금을 비료로 사용했으며, 상수원의 수질 관리에 소금을 사용하기도 했다. 또한 예배 때 소금을 제물로 바치기도 했다. 이런 풍습은 그리스나 로마에도 있었다. 그리고 소금이 물건의 부패를 방지하고 변하지 않게 하는 힘이 있다며 고대인은 소금을 변함없는 우정·성실·맹세의 상징으로 여겼다. 아랍인은 함께 소금을 먹은 사람을 친구로 여기는 풍속이 있다.

아프리카 내륙에서는 먼 고대로부터 오늘날까지 소금 무역이 계속되고 있다. 말리의 유명한 타우데니 광산에서 채굴된 암염은 3주간 사하라 사막 너머 팀북투를 거쳐 7백 킬로미터를 지나 남쪽으로 옮겨졌다. 이 길에는 늘 죽음의 위험이 도사리고 있다. 타우데니로 돌아오던 낙타 대상이 사고를 당해 2천 명의 인부와 1천8백 마리의 낙타가 갈증에 시달리다 죽은 1805년의 사건이 대표적이다. 이렇게 힘들고 위험한 장거리 여행 끝에 전해지는 소금은 같은 양의 황금과 맞교환될 정도로 비쌌다. 그래서 '흰색의 금'이라 불렸다. 고대 그리스인들은 소금을 주고 노예를 샀다. 옛날에는 소금을 얻기 위해 가난한 사람들이 자기 딸을 판 예도 적지 않았다.

다빈치의 상징, 소금

중세 유럽에서도 귀한 손님이 오면 소금으로 조리한 음식을 대접하며 그 앞에 소금 그릇을 놓아 주었다. 레오나르도 다빈치(Leonardo da Vinci)의 명화 〈최후의 만찬〉을 보면, 배신자 유다가 돈 주머니를 움켜쥐고 그 앞에 소금 그릇이 뒤집어져 있다. 유다가 그리스도와의 약속을 어기고 배신할 것이라는 것을 엎어진 소금으로 상징한 것이다.

소금은 기독교에서 신과 인간, 인간과 인간과의 불변의 약속을 상징해 세례 때 소금을 썼던 때도 있었다. 《구약성경》의 〈민수기〉에는 신과 사람의 영원히 변하지 않는 거룩한 인연을 '소금의 계약'이라고 표현했다.

진시황, 소금 팔아 중국 통일하다

기원전 221년 중국을 통일한 진시황도 국가가 부강하려면 먼저 경제가 튼튼해야 한다고 믿었다. 그는 다방면의 경제 부흥정책을 썼지만 특히 소금 전매 제도와 소금교역 수입으로 군대를 양성하고 무기를 표준화해 대량 생산했다. 그는 소금과 철의 전매 수입으로 통일 자금을 비축해 마침내 통일에 성공한다. 그는 통일 후에도 소금과 철을 독점해 이전 시대에 비해 20배의 이윤을 남겼다. 그것을 바탕으로 통일 중국의 도로망 확대는 물론 만리장성 같은 대대적인 건설 사업을 추진할 수 있었다. 중국 통일의 밑바탕이 소금이었던 셈이다.

소금으로 번영의 기틀을 닦은 베네치아

한편 소금으로 큰돈을 번 도시도 있다. 6~7세기까지 작은 어촌이었던 베네치아가 풍족한 항구도시로 번영한 것은 소금 덕분이다. 6세기와 9세기 사이에 베네치아에서는 오늘날에도 사용되는 천일염 제조기술이 발명되었다. 여러 개의 염전을 만들고 펌프와 수문을 이용해서 바닷물의 염도가 점점 높아지면 다음 단계의 염전으로 보내는 방식인데, 이것은 현재 우리나라에서도 사용하는 방식이다. 베네치아는 이렇게 생산한 소금을 비잔틴 제국 등 오리엔트의 여러 나라에 팔고 그 대가로 얻은 산물을 유럽에 팔아 큰 이익을 얻었다.

10세기경부터 베네치아는 아드리아 해안가 염전에서 대량으로 만든 천일염을 알프스 지역에 공급함으로써 막대한 부를 거머쥐었다. 그리고 베네치아 공화국 시민들에게는 절반 가격에 파는 가격 차별화 정책을 실시했다. 당시 소금을 팔아 유대인들이 중국에서 들여온 비단은 한 필당 금 한 덩어리에 거래되기도 했다. 이렇게 오리엔트 무역이 번성하자 사람들 특히 유대인들이 베네치아에 몰려들면서 모직물, 유리제품, 가죽제품을 생산하기 시작했다. 또한 독일 광산의 은이 유입되었고 이 길을 따라 오리엔트의 물건이 북유럽으로 전해졌다.

이렇게 소금의 중요성을 일찍 깨우친 베네치아인들은 소금채취 경쟁상대들을 제거하기 위해 여러 차례 전쟁을 일으켰다. 전쟁 후에는 이탈리아 여러 도시국가들에게 독점적 계약을 강요하는가 하면 13세기에는 소금세를 거두었다. 14~15세기에는 해수면이 높아져 자체적으로 거의 소금 생산이 안 되자 주변 아드리아 연안과 키프로스 및 북부 아프리카의 소금을 독점해 이를 유럽 대륙과 오리엔트에 내다 팔고 오리엔트 무역도 독점해 중세 유럽 최강국 중 하나가 되었다. 당시 베네치아의 유대인들이 오리엔트 무역을 주도했다.

그 무렵 사하라 사막을 가로지르는 대상들에게는 '소금, 황금, 노예'가 3대 교역품목이었다. 그만큼 소금은 귀하고 비쌌다. 실제 12세기 가나에서 소금이 금값으로 교환되었고 노예 한 명이 그의 발 크기만한 소금 판과 맞교환되기도 했다. 중세에는 4만 마리의 낙타로 구성된 대규모 대상들이 무려 한 달 동안 806킬로미터를 걸어 소금을 수송하기도 했다.

12세기 이후부터 대서양 염전의 소금은 브뤼헤와 앤트워프에서 거래되어 이들 도시들이 북해 상권의 중심지가 되었다. 14세기 초 프랑스 왕실은 소금 전매를 통해 수익의 3분의 2를 왕실 소유로 했고 이 소금을 제네바까지 공급했다. 제네바와 베네치아는 중세 소금 교역을 놓고 전쟁까지 불사했다. 그만큼 수익이 컸던 장사였다. 당시 해적들이 주로 노렸던 것도 소금 배였다. 암염광이 발견되어 동유럽 소금의 유통지였던 잘츠부르크(Salzburg)는 이름 자체가 '소금 성'이라는 뜻이다.

네덜란드, 염장 청어로 부를 쌓아

16세기 초 이베리아 반도에서 쫓겨나 지금의 벨기에와 암스테르담으로 몰려온 유대인들은 맨 먼저 피난 당시 갖고 온 보석으로 보석 사업을 시작했다. 그 뒤 두 번째로 손댄 것이 자신들이 살던 이베리아 반도의 소금을 사들여 대규모의 청어절임을 기업화해 수출한 것이다. 이것을 계기로 암스테르담은 유럽의 소금 중계무역 기지가 된다. 그 뒤 16세기 말 스페인제국에 맞선 네덜란드가 독립전쟁을 일으키자, 유대인을 주축으로 한 네덜란드인들이 이베리아 반도의 주요 소금 생산지를 봉쇄했고, 펠리페 2세 통치하의 스페인은 파산지경에 이르렀다. 한편 네덜란드는 막강한 경제력을 축적할 수 있는 소금의 채취에 열을 올려 멀리 서인도 제도에서까지 소금을 공급하기에 이른다. 17세기 초 네덜란드는 베네수엘라 아라야 간석지 주변에 쌓인 엄청난 소금 퇴적물을 채굴하기 시작해 매년 1백여 척의 배들이 오고 갔으며 이로 인해 네덜란드는 강력한 해상 무역국으로 부상했다.

시대를 막론하고 권력을 가진 이들은 고가품과 필수품을 통제하고 지배함으로써 권력과 부를 누렸다. 16세기 말 네덜란드에서 일어난 신교도 전쟁은 소금과 식민지 노예 등의 문제가 원인이었다. 프랑스에서는 왕권을 유지하기 위해 소금세를 올렸다. 만인이 소비하는 것이었기에 소금에는 세금을 매기기가 편했다. 이러한 간접세는 점차 담배 등의 다른 생필품에도 번져 서민들의 살림살이를 옥죄어 갔다.

농민봉기와 폭동의 원인이 된 소금

소금 가격의 변화된 예를 보면, 12~13세기의 프로방스에서 소금의 원가는 에민(45킬로그램)당 4푼도 채가지 않았지만 소금세의 증가와 소금 절임 청어의 대량생산으로 1630년에는 생산비의 열네 배로 뛰었다. 특히 프랑스의 염세인 가벨(gabelle)은 앙시앵레짐의 '봉건적 악제'의 대명사로서 흔히 프랑스 혁명의 한 원인으로 거론된다. 국가가 한번 '돈맛'을 알게 되자 소금 값이 극적으로 오르기 시작했다. 물론 그 가격 구성의 대부분은 국가가 거둬들이는 세금이 차지했다. 1710년에는 생산비의 140배까지 치솟았다. 자연히 농민들이 비싼 염세에 항의하며 암거래에 가담하고, 국가가 이를 잔인하게 억압하는 일이 벌어졌다. 당연히 불공정 세금·암거래·억압의 악순환은 농민봉기를 자초하기에 이르렀다.

1789년의 프랑스 혁명도 귀족에게는 소금세를 면제해 주고 일반 백성에게는 이를 과도하게 부과한 것이 한 원인이었다. 소금 암거래를 하다 잡히면 200리브르의 벌금형을 받았다. 200리브르는 일반 노동자의 1년 수입이었다. 이 벌금을 낼 수 없는 대부분의 범죄자들은 체형을 면치 못했다. "형리는 죄인을 넘겨받아 옷을 허리까지 벗겨 대로를 따라 끌고 다니다 매질한 다음 뒤퐁 광장에서 그의 오른쪽 어깨에 달군 쇠로 대문자 G의 낙인을 찍을 것을 명한다."는 것이 최종 판결 내용이었다. 여기에서 G는 갤리선을 가리킨다. 다음에 걸리면 갤리선에서 죽을 때까지 노를 저어야 한다는 의미다. 당시 갤리선 노수(櫓手)의 3분의 1이 가벨 위반자들이었다. 소금세 가벨은 프랑스 혁명 중인 1790년 폐지됐지만, 1805년 나폴레옹이 군비 마련을 위해 다시 부활했다. 프랑스에서 최종적으로 가벨이 폐지된 것은 1946년이다. 그만큼 소금은 권력자의 중요한 세금원이자 마찰의 쟁점이었다.

1856년 인도에서도 영국이 소금 전매제도를 시행하면서 무거운 세금을 물리자 이에 반발해 폭동이 일어났으며, 1930년에 일어난 마하트마 간디의 무저항 운동도 소금과 관계가 깊다. 간디는 소금에 대한 세금이 가난한 사람에게 많은 부담을 준다는 것을 알고 이른바 '소금행진'을 시작했다. 자발적으로 동참한 사람들과 같이 간디가 천천히 행진하자 그가 지나간 자리에는 반란의 불씨가 터졌다. 소금의 위대한 변신이었던 것이다. 1930년 4월 6일, 간디는 수천 명의 지지자들과 함께 3주 동안 4백 킬로미터를 걸어 바닷가에 도착한 후 거친 소금을 한 줌 집어 들었다. 머나먼 길을 걸어가 바닷가에서 소금 한 줌을 줍기 위해 몸을 숙이는 간디의 행위는 조국독립을 상징했으며 수많은 인도인들의 동참을 끌어내기에 충분했다. 소금은 이렇게 인도의 역사를 바꾸는 데 중요한 촉매 역할을 하기도 했다.

7

1, 2차 유대-로마전쟁과 2천 년 방황의 시작

초기의 로마제국은 점령지의 문화적·경제적 자치 통치를 허락했다. 이는 유대인에게도 마찬가지여서 팔레스타인에 대한 유대인의 직접 자치 통치가 이루어졌다. 그러자 팔레스타인 밖의 상업도시에서 경쟁관계였던 그리스인과 유대인 사이의 갈등이 깊어졌다. 반유대주의가 싹트기 시작한 것이다.

이에 더해 헤롯 왕이 죽은 뒤 로마제국이 직접통치를 시작하자 유대인 특유의 배타적인 유일신앙 때문에 로마에 동화될 수 없었던 유대인들은 로마에 대해 봉기를 일으키고 이를 진압하고자 로마군이 대대적으로 투입된다. 1차, 2차에 걸친 유대-로마전쟁은 로마의 승리로 끝났고 이후 유대인들은 자신의 국가를 잃어버리고 흩어져 로마제국 전역으로 퍼져나가 2500년 이상의 방랑의 세월을 시작한다.

◆ ◆ ◆

로마제국은 기원전 37년부터 팔레스타인에 자치 통치를 허락했다. 그러나 로마에 의해 왕으로 임명된 헤롯은 아기 예수를 죽이려고 영아 대박해를 저질렀다. 그의 치세 초기는 성공적이었으나 후기로 갈수록 포악해져 자신의 부인과 아들들까지 죽이는 폭정을 펼친다.

헤롯 왕이 죽고 얼마 지난 뒤 팔레스타인 지역은 유대 민족에 의한 자치통치에서 로마제국의 직접통치로 바뀌었다. 유대인들은 다시 식민통치를 받게 되었다.

66~73년 로마에 대한 유대인의 대항쟁 직전 유대인 인구는 대략 8백만 명으로 추정된다. 로마제국 통치 밖에 있었던 파르티아 왕국(바빌론)에 1백만 명가량이 살았으며, 나머지는 로마제국 내 유대인이었다. 로마 황제조차도 결코 무시할 수 없는 규모의 민족이었다. 당시 팔레스타인 내에 주둔했던 로마군단은 4개 군단이었는데, 한 군단이 6천 명이었으니 약 2만 4천 명이 유대인을 지배한 셈이다. 외세에 의한 직접 통치는 유대 민족에게는 견디기 힘든 시련이었다.

그 무렵 팔레스타인 밖의 상업도시에서도 경쟁 관계에 있었던 유대인과 그리스인들 사이의 갈등이 커져갔다. 복합인종으로 구성된 그리스인에게 유대인은 별종으로 보였다. 그리스인은 그들 문명이 지배하는 세계를 보편적이라는 뜻의 '오이쿠메네(oecumene, one world)'라고 불렀다.

그리스 사회는 자신의 문화를 표준으로 간주하고 있었다. 때문에 유대인들이 그리스 신들은 '부정하다'며 그리스 문화에 동화되기를 거절한다는 사실은 그들에게 적지 않은 문화적 모욕이었다. 그로부터 최초의 반유대주의가 시작되었다. 유대인들이 성전에서 몰래 인신 공양 제사를 드린다는 루머도 나돌았다. 그리스인들은 소문만 퍼뜨리는 것이 아니라 로마제국 내에 직접적으로 반유대주의를 부추기기도 했다.

로마 지배 당시 이집트 최대의 상업도시이자 항구도시였던 알렉산드리아에는 유대인과 그리스인이 많이 살았는데 상업적 경쟁관계인 두 민족 간의 사이가 좋지 않았다. 38년 어느 날이었다. 스스로를 신이라고 선언했던 로마의 칼리굴라 황제가 중병에 걸렸다는 소식이 들려왔다. 황제에게 제물을 바치며 쾌유를 빌긴 했지만 유대인들은 황제를 신으로 인정할 수는 없었다. 그리스인 입장에서는 유대인들을 모함할 좋은 기회였다.

다신교를 믿었던 그리스인들은 황제라는 신이 하나 더 늘어나는 것쯤은 하등 문제될 것이 없었다. 그리스인들은 곧바로 유대인들이 황제를 신으로 인정하지 않고 모독했다고 고발했다. 그리고 황제를 핑계 삼아 유대인에 대한 적대감을 드러내며 폭동을 일으켰다. 항구에 정박해 있던 유대인의 배를 모조리 불태웠다. 유대인 거주지역도 방화와 약탈로 쑥대밭이 되었다.

그 무렵 알렉산드리아 인구 1백만 명 중 40만 명이 유대인이었다. 유대인들이 해상무역과 상권을 장악하자 이것이 그리스인들의 심기를 건드린 것이다. 게다가 종교적 차이도 심했다. 당시에 눈에 보이지 않는 신을 섬긴다는 것은 이상한 일이었다. 사람들은 태양, 달, 바다, 강, 산, 바위, 큰 고목 등 형상이 있는 것을 눈으로 보고 섬겼다. 눈에 안 보이는 그것도 유일신을 섬겨야 하는 유대인을 당시 사람들은 이해하기 힘들었다.

유대인들은 엄격하고도 고된 율법과 풍습을 지키고 있었는데 단지 그 보이지 않는 신이 그렇게 하라고 했기 때문이라는 것이었다. 그리스인이나 로마인이 보기에는 제우스 신 등 보이는 신도 믿기 어려운 판국에 보이지 않는 신을 이해하기는 더 힘들었다. 처음에는 유대인들이 다른 민족들로부터 스스로를 고립시켰는데 이제는 다른 민족들이 유대인을 배척하기 시작했다.

또한 문화적 차이도 컸다. 그리스인들은 '세계는 하나다'라는 세계시민주의를 지향하는 헬레니즘 문화인 반면 유대인들은 선민사상에 근거한 차별성을 갖는 문화이다 보니 곳곳에서 부딪혔다. 알렉산드리아는 이제 반유대주의의 중심지가 되었다. 결국 종교 갈등이 더해지자 해상교역과 상권을 둘러싸고 경쟁 관계에 있던 두 민족 간 알력이 폭발했다. 당시 알렉산드라의 치안을 맡은 로마 군인들은 심정적으로 그리스인들 편에 서서 폭동을 방관했다. 그 뒤에도 계속되는 유대인과 그리스·로마인 간의 갈등은 반란의 도화선이 된다.

66년 여름 팔레스타인 지역에서 대규모 반란이 일어났다. 반란은 그리스인과 유대인 사이에서 벌어진 소송에서 그리스인이 승소한 직후 카이사리아(지금의 트리폴리)에서 발발했다. 승소한 그리스인들이 유대인을 학살하며 승리를 축하하는 동안 로마 수비대는 아무 조처도 취하지 않았다. 이 소식이 전해지자 예루살렘에서도 동요가 일어났다.

게다가 바로 이 시점에 로마 총독 플로루스가 예루살렘에서 유대인들을 십자가에 처형하고, 또 체납된 속주세 대신 예루살렘 신전에서 17탈렌트의 금화를 몰수한 일이 발생한다. 당시 《성경》 기록에 따르면 1탈렌트는 노예 90명을 살 수 있는 값이었다. 몰수 금액의 많고 적음이 문제가 아니라 신성한 신전을 더럽힌 행위에 분노해 유대인들이 들고 일어났다. 전투가 벌어지고 로마군의 약탈이 자행되었다.

다른 도시에서도 그리스인들이 유대인 거주지를 습격해 피난 온 유대인 난민들이 예루살렘을 뒤덮었다. 이때 전쟁 여부를 놓고 유대인 온건파와 강경파 사이에서 심한 논쟁이 일었는데 난민들의 출현으로 강경파가 우세해졌다. 유대인들은 로마 수비대를 공격하고 로마군 병사들을 죽였다.

반란은 로마군과 유대인 간의 전쟁이자 또 그리스인과 유대인 사이의 전쟁이었다. 동시에 유대인끼리의 내전이기도 했다. 왜냐하면 유대인 상류계급 다수가 그리스화해 그리스인 편을 들고 있었기 때문이다. 과격한 민족주의자들이 예루살렘을 제압하더니 부유층에게 칼날을 들이댔다. 그들은 맨 먼저 신전의 공문 서고를 불태워 채무기록을 몽땅 없애버렸다.

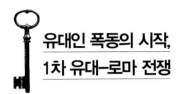

유대인 폭동의 시작, 1차 유대-로마 전쟁

유대인 폭동사건은 대규모 반란으로 이어졌다. 로마제국에 대해 1차 유대-로마 전쟁을 일으킨 것이다. 타민족의 지배를 받고는 살지 못하는 유대인 특유의 신앙적 가치와 그리스·로마 문명과 히브리 문명 사이의 문화적 충돌이 원인이었다. 특히 신앙적 가치의 충돌이 더 큰 원인이었다. 로마제국의 입장에서는 그간의 반유대주의가 폭발한 것이었다.

예루살렘에서 로마 수비대 병사들이 참살된 뒤, 시리아 주재 로마군들이 도착했으나 유대인의 거센 저항에 놀라 퇴각한 것이 결과적으로 패주로 이어지고 만다. 하지만 다른 지역에선 유대인들에 대한 보복 학살이 자행되었다. 특유의 신앙적 가치를 고집한 유대인들은 그에 따른 희생양이 될 수밖에 없었다.

반유대주의의 확산, 유대인 학살로 이어지다

반유대주의는 신학적(anti-Judaism), 인종적(anti-Semitism), 정치적(anti-Zionism) 반유대주의라는 세 가지 범주로 분류할 수 있다. 모두가 유대인 말살이라는 공동의 목표를 지향하고 있다.

사실 이러한 움직임은 이미 유대 민족의 출현과 함께 시작된 것이다. 유대인들이 거주했던 지역의 통치자들은 대부분 반유대정책을 펼쳤다. 이집트 파라오 람세스 2세는 자신의 왕국 내에 거하던 고대 유대인들이 민족을 이루게 되자 그들을 없애려고 노력했다. 그들의 수가 너무 많아져서 자신에게 위협이 된다고 느꼈기 때문이었다. 또한 페르시아의 크세르크세스 왕의 장관 하만은 페르시아 유대인들의 영향력이 커지자 모든 유대인들의 뿌리를 뽑고자 온갖 노력을 기울이기도 했다. 《성경》에는 람세스 2세의 군대가 결국 유대인들을 좇다가 홍해에 수장됐고, 하만 역시 교수대에서 최후를 맞이했다고 보여 주지만, 이를 통해 우리는 당시 전형적인 반유대주의를 짐작할 수 있다.

기원전 3세기 고대 그리스 시대에도 반유대주의가 존재했다. 그리고 로마제국에서도 반유대주의가 계속됐다. 로마 철학자 호라티우스(Quintus Horatius Flaccus)는 "유대인들의 풍습이 주피터 숭배를 타락시킨다."고 경고했다. 또 로마의 역사학자 타키투스(Cornelius Tacitus) 역시 "이 저주받은 민족이 그들의 영향력을 세계에 미치고 있으며, 패배자 주제에 자신들의 정복자들에게 법을 가르치고 있다."고 경종의 목소리를 높였다.

당시 카이사리아 그리스계 주민들은 유대인들이 예루살렘에서 로마에 항거하는 폭동을 일으켰다는 소식을 듣자, 그 증오를 카이사리아 유대인들에게 폭발시켜 대량 학살이 자행되었다. 한 시간도 채 안 되는 짧은 순간에 무려 2만 명의 유대인이 학살됐다. 이집트의 알렉산드리아에서는 5만 명의 유대인이 죽임을 당했다. 다마스쿠스 시민들도 유대인 1만 5천여명을 공공경기장에 몰아넣은 후 단 한 시간 만에 몰살해 버렸다. 이 같은 상황은 시리아에서도 마찬가지였다. 반유대주의가 제국 전역에서 들끓었다. 당시 참혹함을 유대 역사가 요세푸스는 《유대 전쟁사》에서 이렇게 적고 있다.

"시체들이 매장되지도 않은 채 도시마다 넘쳐났다. 노인들과 아이들의 시체가 뒤엉켜 있었고 여자들의 시체는 벌거벗겨진 채로 나뒹굴었다. 이 땅 전체가 끔찍한 참상으로 가득 차 있었다."

1차 유대-로마 전쟁의 발발과 유대인 간 내전의 발생

당시 로마 황제는 네로였다. 예루살렘에서 로마군이 전멸하자 네로 황제는 베스파시아누스 장군을 총사령관으로 임명했다. 장군은 영국을 정복할 때 혁혁한 무공을 세운 명장이었다. 그는 가장 우수한 세 개 군단과 수많은 외인부대를 이끌고 북쪽에서 갈릴리를 공격했다. 이 원정에 그의 아들 티투스(디도)가 군단장으로 참전했다.

제국 안에서도 가장 경험이 많은 베스파시아누스 장군은 일을 서두르지 않았다. 먼저 해안지대를 제압하고 연락망을 확보했다. 베스파시아누스는 68년 6월 21일 예리고를 탈환하고, 이어서 남쪽으로 13킬로미터 떨어진 쿰란 수도원을 파괴했다. 그리고 유대인이 지키는 외곽 성채의 대부분을 공략해 먼저 지방을 평정했다. 그는 결국 예루살렘을 고립무원의 상태로 만들었다. 68년 네로의 자살로 예루살렘을 공격하던 베스파시아누스 장군은 69년 로마 황제로 추대되었다. 아직 전쟁 중이었기 때문에 베스파시아누스는 그의 아들 티투스를 후임 사령관으로 임명하고 로마로 떠났다.

로마군과 대치하고 있는 상황에서도 예루살렘 성 안에서는 유월절 기간에 여러 당파들 간에 피비린내 나는 충돌이 벌어졌다. 유대인의 자치를 강력히 바라는 정치세력인 열심당(Zealots)의 당원들과 투쟁적 성향이 덜한 온건파의 싸움에서 처음에는 대중 가운데 지지기반이 넓은 온건파가 우위를 점하고, 강경파인 열심당원은 성전 구역으로 내몰렸다. 그러나 열심당원은 한밤중에 온건파를 덮쳤고 예루살렘 거리는 유대인의 피가 가득 찼다. 열심당원이 주도권을 장악했다.

하지만 이것이 내분의 끝이 아니었다. 애국자임을 자처하는 열심당원들 사이에서도 경쟁이 있었다. 로마군에 투항한 요세푸스와 원수지간으로서 요타파타 함락 때 예루살렘으로 도망쳐 나온 구쉬 할라브의 요하난, 엘르아살 벤 시몬, 시몬 바르 기오라가 서로 다른 세 무리의 지도자였다.

70년 이른 봄 로마군의 공격이 시작되자, 모든 당파들은 힘을 합쳐 성을 방어하기로 결정했다. 북서쪽 지역은 시몬 바르 기오라가, 성전과 안토니아 요새 근처인 북동쪽 지역은 구쉬 할라브의 요하난이 맡았다. 굶주림과 전염병에도 불구하고 성내의 지도자들은 항복을 생각조차 하지 않았다.

티투스, 예루살렘을 점령하다

베스파시아누스 황제의 맏아들인 29세의 티투스는 예루살렘 탈환 작전을 개시했다. 예루살렘 성전을 지키는 유대 병력 2만 3천여 명에 비해 8만 명에 달하는 로마군의 월등한 군사력에도 불구하고 전쟁은 치열하게 계속되어 70년 4월부터 9월까지 이어진다.

티투스는 유대인들의 반란을 무력으로 가혹하게 진압하면서도 부하들에게 예루살렘 성전은 파괴하지 말라고 했다. 그러나 전쟁 중 성전은 완전히 파괴되었다. 함락된 예루살렘 성 안에서는 무차별 살육과 약탈이 자행되었다. 병사들은 금화를 삼키고 탈출하는 예루살렘인들의 배를 갈라 내장을 뒤질 정도였다. 성전 수장고에 숨어 있던 여자와 어린이 6천 명은 산 채로 불태워졌다.

그 뒤 로마는 이 전쟁을 기념하며 특별 화폐까지 주조했을 뿐만 아니라, 정복을 기념해 최초의 개선문을 세우기까지 했다. 패배의 결과로 유대인은 자신의 국가를 잃어버리고 흩어져 로마제국의 전역으로 퍼져 나가 이산이 본격적으로 시작되었다.

전쟁이 끝난 뒤 로마제국은 승자의 관용을 베풀어 유대인들이 그들 땅에서 살며 유대교를 믿을 수 있도록 허용했다. 이때 유대인들 일부는 이베리아 반도 등으로 이주해 유대인 공동체를 형성했다. 티투스 장군이 남아 있는 유대인들과 후대 사람들에게 로마제국의 위대한 힘을 보여주려고 교훈적으로 남겨둔 것이 바로 '통곡의 벽(The Wailing Wall)'이다.

훗날 로마는 이곳 성전 터에 유대인의 출입을 금지했으나 성전이 파괴되었던 날에 한해 예

::: **티투스의 예루살렘 성전의 파괴를 그린 니콜라 푸생의 작품**
비엔나역사박물관 소장

루살렘 성에 들어올 수 있도록 허락했다. 바로 이날 유대인들은 모두 파괴당하고 겨우 한쪽 벽만 남아 있는 이 서쪽 벽 근처에 모여들어 슬퍼하며 통곡했다. 그래서 통곡의 벽이라는 이름이 붙었다. 이 통곡의 벽은 지금까지도 유대인들의 최대 성지 중 하나다. 통곡의 벽 돌 틈에는 전 세계에 흩어진 유대인들뿐 아니라 순례객들도 소원이 적힌 쪽지를 돌 틈새에 끼워 두고 기도한다. 한 가지 간절한 소망은 들어준다는 속설이 있기 때문이다.

유대교를 지킨 요하난 벤 자카이

서기 66년부터 70년까지 계속된 '1차 유대-로마 전쟁' 때 있었던 일이다. 서기 68년, 전쟁이 시작된 지 3년째 되던 해에 베스파시아누스 장군은 유다 왕국을 점령했지만 유대인들의 완강한 저항 때문에 예루살렘만은 함락시킬 수 없었다. 베스파시아누스는 예루살렘 도성을 포위하고 주민들이 굶주려 항복하기를 기다렸다.

이 무렵 강경파인 열심당의 무장투쟁이 성공하지 못할 것을 예견한 평화주의자가 있었다. 유명한 랍비인 '요하난 벤 자카이'다. 바리새파였던 그는 이 전쟁이 결국에는 대학살로 막을 내리고 유대인들이 뿔뿔이 흩어지고 말 것임을 예견했다. 그는 민족의 독립보다는 유대교 보존이 더 중요하다고 판단, 평화를 얻기 위해 항복하자고 주장했다. 그는 유대 민족이 역사의 무대에서 사라지는 것을 막으려면 로마군의 사령관과 모종의 타협을 해야 한다고 생각했다. 포위되어 있던 예루살렘은 아비규환이었다. 사람들은 굶주림과 질병으로 수천 명씩 사망했으나 아무도 예루살렘을 떠날 수 없었다.

요하난 벤 자카이는 제자들과 함께 예루살렘 탈출 계획을 짰다. 흑사병에 걸린 척 위장한 그는 열심당원들의 눈길을 피해 베스파시아누스 장군의 막사에 도착할 수 있었다.

요하난 벤 자카이는 장군을 만나 머지 않아 황제가 될 것이라고 예언한 뒤, 황제가 되면 자신들이 예루살렘 근처에서 평화롭게 유대 경전을 공부할 수 있는 조그만 학교를 허락해 달라고 요청했다. 베스파시아누스는 매우 놀랐지만 예언이 이루어지면 호의를 베풀기로 약속했다.

같은 해 네로가 자살했다. 네로가 죽자 스페인에서는 갈바가, 로마에서는 오토가, 그리고 독일에서는 비텔리우스가 황제로 추대되었다. 그러나 이로 인해 로마는 새로운 내란의 위험이 직면했다. 세 명의 정치군인들이 왕위에 올랐으나 모두 몇 달 만에 살해되었다. 바로 이때 팔레스타인 원정에 참여했던 베스파시아누스가 군대에 의해 새로운 황제로 추대되었다. 69년에 로마 원로원은 베스파시아누스에게 왕위를 물려주었다. 베스파시아누스는 요하난 벤 자카이의 예언이 성취된 데 놀라지 않을 수 없었다. 유대교 랍비가 당시 로마의 정치적 역학관계까지 꿰뚫어 보고 있었던 것이다.

뒤에 베스파시아누스는 약속을 지켜 예루살렘에서 가까운 도시에 유대학교 '예시바'를 허락했다. 이로써 유대 문화유산이 소멸의 위기에서 살아남을 수 있게 된다.

노예로 잡혀간 유대인들이 건설한 콜로세움

전쟁의 참상은 처절하고도 비참했다. 팔레스타인에 거주하는 유대인 240만 명 가운데 절반 가까운 110만 명이 칼과 불에 살육 당하거나 기근으로 굶어 죽었다. 엄청난 살상이었다. 로마인은 항복하는 자는 용서하지만 저항하는 자는 적으로 간주한다는 원칙을 엄격하게 실행했다. 당시 잡혀간 전쟁포로 노예만도 10만 명이었다. 이때 잡혀간 유대인 노예들이 베스파시아누스 황제 때인 서기 72년부터 8년간 투입되어 80년 티투스 황제 때 완성한 것이 그 유명한 콜로세움이다.

콜로세움은 미학적으로나 기술적으로도 최고의 걸작으로 꼽히는 건축물이다. 큰 규모에도 불구하고 사람을 짓누르는 듯한 위압감이나 단조로움을 느끼게 하지 않는다. 로마인들이 좋아하는 아치 양쪽에 원기둥을 세우고 아치 모양의 공간에는 입상을 세우는 형태가 연속되어 있는데 1층에 사용된 기둥은 중후한 도리아식, 2층의 기둥은 산뜻한 이오니아식, 3층의 기둥은 섬세한 코린트식으로 층마다 기둥 양식을 바꾸어 단조로운 느낌을 없앴다.

안타깝게도 지금 우리가 보는 콜로세움은 로마제국시대 규모의 3분의 1에 불과하다. 기독교가 지배하게 된 뒤 로마의 공공 건축물은 석재 공급처가 되었다. 콜로세움에서 떼어낼 수 있는 것은 전부 떼어서 가져가 버렸다. 아치마다 놓여 있던 수많은 입상들도, 벽면을 덮고 있던 대리석 판들도 모두 제거한 뒤에 남은 '뼈대'가 오늘날의 콜로세움이다. 콜로세움은 유대 전쟁포로들의 한이 서려 있는 건축물이다. 콜로세움을 바라보는 유대인들의 감회가 남다를 수밖에 없을 것이다.

1차 유대-로마 전쟁 그 후, 유대인의 생활

1차 유대-로마 전쟁에서 유다 왕국이 패하자 독립전쟁을 주도한 열심당과 자객당, 상급제사장·대지주·귀족 중심의 사두개파, 쿰란 수도원 중심의 에세네파는 모두 소멸되고 오직 바리새파만이 살아남았다. 이제 사두개파의 소멸로 예배를 이끌 제사장 곧 사제가 없어진 것이다.

서기 70~80년 율법학자 요하난 벤 자카이는 바리새파를 이끌고 텔아비브 남동쪽 약 20킬로미터 지점에 위치한 야브네로 갔다. 거기서 율법 중심의 유대교를 재건하고 율법학교(베트 미드라시)를 개설했다. 그는 교육에 온 정성을 쏟았다. 율법을 온전히 지키는 것만이 회복의 길이라고 믿었기 때문이다. 요하난은《토라》를 가르쳐 매년 소수의 랍비를 길러내 유럽 각지로 흩어진 유대인 마을에 보냈다. 그들은 거기서 시나고그를 세우고 예배를 드리며 유대인들에게《토라》를 가르쳤다. 이것이 패망한 유대인들의 생존에 구심점이 된다.

유대인에게 교육은 곧 신앙이다. 유대인들이 이 땅에 태어난 목적은 하느님의 빛을 만방에 보여 주기 위함이다. 빛의 전달자가 되기 위해서는 교육을 받아야 한다. 교육을 받지 않고서는 결단코 빛의 전달자가 될 수 없다. 왜냐하면 자신이 무지와 어둠 속에 있으면서 백성들을 빛 속으로 인도할 수가 없기 때문이다. 이 교육의 전통을 절망적인 상황에서도 요하난 벤 자카이가 기적처럼 지켜낸 것이다.

이제 유대 최고의회인 산헤드린은 더 이상 모일 수 없었다. 대신 요하난은 71인의 학자를 모았다. 그리고 산헤드린과 비슷한 기구를 만들었다. 그리하여 야브네에는 제사장들이 중심이었던 예루살렘의 산헤드린 대신 '벧딘(법정)'이 세워졌다. 이곳에서 요하난을 비롯한 유대교 지도자들이 유대 달력을 확립하고, 정결과 부정함의 문제를 논의하는 등 랍비 유대교의 기초를 다지기 시작했다.

예시바를 통해 유대교와 전통을 이어가다

요하난 벤 자카이는 비록 유다 왕국이 로마의 무력에 의해 망했다 할지라도 학교인 예시바를 통해서 유대교와 전통이 전승되기만 한다면 유대 민족은 역사에서 살아남을 수 있을 것이라고 생각했다. 실제로 서기 70년 예루살렘 성전의 붕괴에도 불구하고 변형된 형태로나마 유대교가 살아남고 유대 민족의 역사를 이어간 것은 요하난 벤 자카이 덕분이었다. 요하난 벤 자카이의 후임자 가밀리엘 2세는 최고의회를 창설해 유대교 최고의결기관으로 삼았다. 그 뒤 바리새파에서 유명한 랍비들이 등장해 민족의 지도자로서 떠돌아다니는 유대인들을 이끌었다.

랍비들은 율법을 해석하고 교육하는 역할을 수행했다. 수업방식은 질문과 토론이었다. 이때부터 유대인들의 수업방식은 질문과 토론이 대세가 되었다. 랍비들은 성직자가 아니라 평신도였기 때문에 당시 랍비들은 따로 생계 수단을 갖고 있었다. 랍비는 초기부터 오늘날까지 사제가 아닌 평신도다. 그들은 엄밀한 의미에서 아무런 의례도 집행하지 않는다. 설교야말로 랍비들의 주된 기능이지만 본질적으로 교사의 가르침으로 이해된다. 그렇다고 랍비가 권위나 영향력이 없다는 이야기는 아니다. 그들의 권위는 종교적으로 주어진 권위가 아니라 학문과 가르침 혹은 탁월한 도덕성을 통해 자율적으로 생긴 권위다.

재미있는 것은 고대 유대에서는 랍비를 길러내는 율법학교인 예시바 1학년을 '현자(賢者)'라 불렀고, 2학년을 '철학자'로 불렀다. 그리고 최고 학년인 3학년이 되어서야 비로소 '학생'이라 불리었다. 이러한 사실은 겸허한 자세로 배우는 자가 가장 높은 지위에 오를 수 있으며, 학생이 되려면 수년 동안 수업을 쌓지 않으면 안 된다는 발상에서 비롯된 것이다.

유대교와 그리스도교 갈라서다

원래 유대교와 그리스도교는 예배를 같이 보았다. 하느님을 믿는 뿌리가 같았기 때문이다. 그러다 85년경 야브네에서 사무엘 랍비가, 유대인들이 회당예배 때마다 바치는 18조 기도문 가운데 이단자들을 단죄하는 12조 기도문에 나사렛 사람들 곧 그리스도교도들을 덧붙였다. 그 결과 그리스도교도들은 유대교 회당예배에 더 이상 참석할 수 없어 이때부터 명실공히 독자적 종단으로 독립했다.

재정난에 처한 로마제국, 유대세 신설하다

　번영 일로를 달리던 로마제국은 계속되는 사치로 인해 심각한 재정난에 빠지게 되었다. 유대인 세금제도가 만들어진 것이 베스파시아누스 황제 때였다. 예루살렘 성전을 파괴하기 전에는 외국에 사는 유대인들을 포함해 성년 유대인이면 누구나 매년 은전 반 세겔을 예루살렘 성전에 성전세로 냈었다.

　그러나 성전이 없어졌기 때문에 베스파시아누스는 유대인 세금제도를 책정해 로마제국의 모든 유대인들은 반 세겔에 해당되는 2드라크마를 세금으로 바치게 했다. 이것을 유대인 인두세 '피스쿠스 유다이쿠스(FISCVS IVDAICVS)'라고 불렀으며 황제의 흉상이 들어가 있는 은전에 이러한 명문을 새겨 넣어 유대인들이 로마제국에 속해 있음을 선전했다.

끝까지 굴복하지 않은 유대인의 저항

로마군의 예루살렘 점령으로 1차 유대-로마 전쟁은 일단락되었으나 유대인의 봉기가 완전히 끝난 것은 아니었다. 헤로디움, 마사다, 마케루스, 이들 세 곳의 요새가 아직도 유대인 반군의 수중에 있었다. 티투스 황제는 제10군단을 수비대로 주둔시키고 유대 총독에게 그 처리를 맡겼다. 티투스 황제는 헤로디움은 쉽게 함락했고, 한동안 포위했던 사해 동쪽의 마케루스 요새는 저항군의 안전하고 자유로운 후퇴를 보장하는 조건으로 처리가 마무리되었다. 이제 마지막으로 남은 곳은 마사다뿐이었다.

이미 2년 전에 유다 왕국을 무너뜨리고 '유대 정복기념 동전'까지 만들어 쓰던 로마제국으로서는 1천 명도 안 되는 마사다의 유대인들을 보잘것없게 생각했다. 그러나 이들을 그대로 두면 항쟁의 불길이 또다시 타오를 것 같은 위협을 느낀 베스파시아누스 황제는 제10군단에 마사다 함락을 명한 것이다. 서기 72년 플라비우스 실바 장군의 제10군단과 보조 병력 1만 5천 명이 마사다로 진군해 왔다.

마지막으로 끝까지 굴복하지 않은 열심당원들은 절벽 위 요새 마사다에서 배수의 진을 치고 로마제국에 대항했다. 여자와 어린아이까지 포함해 모두 960명의 이들이 로마의 10군단과 맞서 싸웠다.

::: 천혜의 요새로 유대인 항전의 격전지가 된 마사다 전경

마사다의 유대인들은 놀랍게도 2년이나 버텼다. 마사다 항전은 유대 민중들의 처절한 마지막 절규였다. 마사다에 저장된 엄청난 양의 식량과 물, 무기가 그들의 마지막 버팀목이었다.

마사다는 히브리어로 '요새'라는 뜻이다. 마사다를 포위한 로마군은 성의 사방 여덟 곳에 주둔지를 정하고 캠프를 세웠다. 성은 외부로부터 완전히 고립되었다. 그러나 사막과 다름없는 들판을 건너와 지친 로마군은 가파른 벼랑 위에서 내려다보며 활을 쏘아대는 반란군을 쉽게 이길 수가 없었다.

실바 장군은 군수품 보급이 어려운 로마군에게는 시간이 흐를수록 불리한 전쟁이라 판단하고 무더운 여름이 오기 전에 전쟁을 끝내기로 마음먹었다. 마사다의 서쪽 벼랑에는 희고 넓은 바위가 툭 튀어 나와 있었다. 실바는 이곳에 흙과 돌을 다져 인공 능선을 쌓아 올리도록 지시했다. 그 공사를 예루살렘에서 끌려온 6천 명의 유대인 노예들이 하는 바람에 마사다의 열심당원들이 동족들을 향해 돌을 던질 수 없었다. 언덕은 완성되고 마사다가 함락되는 것은 시간문제였다. 비탈길이 완성되자 로마군은 공성퇴라 불리는 투석기를 끌어올렸다. 투석기에서 날아간 20킬로그램이 넘는 돌들과 불화살은 결국 마사다의 성벽을 무너뜨리고 말았다. 다음날 아침 로마군은 구름다리를 놓고 성 안으로 쳐들어가기로 결심하고 밤새 아무도 도망치지 못하도록 마사다를 지켰다.

그날 밤 마사다 요새의 함락이 목전에 달하자 유대인 지도자 엘리에제르 벤 야이르는 로마군의 포로나 노예가 되느니 자결할 것을 호소했다.

유대교 율법은 자살을 엄격히 금지하고 있기 때문에 엘리에제르 벤 야이르의 호소에 동의한 저항군들은 각자 가족들을 죽이고 남자 열 명 가운데 한 명을 뽑아 그가 나머지를 죽이고 마지막 한 명이 자결하는 의식을 치른다. 결국 서기 73년 4월 15일 마사다에서 저항하던 960여명 가운데 두 명의 여자와 다섯 명의 어린이들만 붙잡혀 살아남고 모두 숨졌다.

현재 이곳은 이스라엘 군인들이 선서식을 거행하고, 유대의 젊은이라면 정신무장을 위해 필수적으로 찾아와 '다시는 이런 아픔을 겪지 않을 것'이라고 다짐하는 곳이다. 이후 유대인들은 전 세계에 강제로 흩어졌지만 그들은 언어와 율법을 민족의 정체성으로 삼고 2천 년을 버티면서 결국 독립을 이루어냈다. 지금도 그들은 그때를 잊지 않으려 마사다를 찾아 준비해 온 병에 흙을 담아간다고 한다. 유대 민족의 단결력은 마사다 정신이요, 그 정신은 흙에 담겨져 있기 때문이다.

마사다 전투 후 로마는 예루살렘을 더욱 철저히 응징했다. 그곳에 있었던 유대교 신전은 완전히 파괴되었다. 로마의 지배하에서 반란을 가장 많이 일으킨 민족은 유대인이다. 이들은 한번 저항하기 시작하면 끝장을 보기 때문에 로마군조차도 두려워했다. 가장 치열했던 7년 동안의 마사다 전투를 비롯해 전쟁과 굶주림으로 죽은 유대인들은 무려 110만 명에 이르렀다. 이렇게 팔레스타인에서 유대인들의 종교적 생활이 크게 제약받자 많은 유대인들이 그 땅을 버리고 떠나게 되었다.

디아스포라 유대인들의 봉기

로마의 트라얀 황제(98~117년 재위)는 110년경 파르티아로 군사원정을 시도했다. 그는 이를 위해 파르티아 서쪽에 살고 있는 유대인들의 환심을 살 필요가 있다고 보았다. 트라얀 황제는 팔레스타인의 유대인에게 성전 재건을 약속했다. 그러나 트라얀 황제의 파르티아 원정이 시작되자 초반에는 그의 원정이 결실을 맺는 것처럼 보였지만 이제 막 점령한 속주들이 반란을 일으켰다. 더욱이 파르티아 전사들은 트라얀 황제의 퇴각로를 끊겠다고 위협했다. 그중에는 파르티아 유대인들도 있었다. 트라얀 황제는 파르티아 원정을 포기하는 수밖에 없었다.

로마의 파르티아 재침공은 유대인들에게 또다시 반란의 틈새를 제공했다. 115~117년 사이에 디아스포라 곳곳에서 유대인들의 대로마항쟁이 번졌다. 이집트, 키프로스, 등지의 유대인들이 반란을 일으켰고, 같은 기간 바빌론의 유대인들은 그 나라에 침범한 로마군에 항거해 전쟁을 벌였다. 트라얀 황제는 투르보 장군을 보내 소요 지역 내 이방인까지 받아들여 유대인들을 공격했다. 키프로스 섬에서는 수천 명에 이르는 유대인 인구 전체가 살육되었다. 그리고 이 섬에는 결코 유대인을 허용하지 않는다는 법을 제정했다.

이집트의 알렉산드리아 유대인 공동체는 이때부터 결정적으로 기울기 시작했다. 115~117년의 봉기는 유대인 공동체 중 가장 크고 중요한 이집트 유대인들의 대량학살이라는 결과를 가져왔다. 트라얀 황제는 소요를 진압하고 반도들을 무자비하게 처형했다.

바르 코크바 반란, 2차 유대-로마 전쟁

로마제국 유대인의 마지막 반란은 14대 하드리아누스 황제(117~138년 재위)가 펼친 일련의 유대인 탄압을 계기로 일어난다. 그가 황제로 취임할 때, 선제 트라야누스 황제의 정복정책에 의해 제국의 판도는 최대에 이른 상황이었다.

130년 유대 지방을 방문한 하드리아누스가 실시한 두 가지 정책이 유대인의 분노를 샀다. 하나는 아일리아 카피톨리나라는 식민도시를 예루살렘 바로 북쪽에 건설해 그의 10군단을 상주시킨 것이고 다른 하나는 할례를 금지시킨 것이다. 또한 예루살렘 성전 자리에 로마의 신 주피터의 신전을 세웠다. 유대인들이 도저히 묵과할 수 없는 조치였다. 이에 격분한 유대인들은 132~135년 바르 코크바를 중심으로 똘똘 뭉쳐 대대적인 봉기를 일으킨다. 그러나 《구약성경》 해석서인 《미드라쉬》에 의하면, 반란의 실질 원인은 사마리아인의 압력을 받아 하드리아누스가 성전재건 약속을 깼기 때문이라고 한다. 바르 코크바는 카리스마 있는 지도자였다. 132년에 시작된 유대인의 반란은 현지에 주둔한 로마군단을 전멸시킬 만큼 거셌다. 이에 바르 코크바에 의한 대규모 반란은 '제2차 유대-로마전쟁'이라 일컬어진다.

바르 코크바는 아람어로 '별의 아들'이란 뜻이다. 당시 가장 존경받던 랍비 아키바 벤 요셉은 "한 별이 야곱에게서 나온다."(《민수기》 24:17)는 《성경》 구절이 바르 코크바를 가리킨다며, 그야말로 '약속된 별의 아들'이자 메시아로 선포해 봉기에 종교적인 힘을 실어주었다. 예수는 자신이 하느님의 아들이자 메시아라고 했다가 유대인들에게 살해당했는데 당시 최고의 랍비였던 아키바가 바르 코크바를 메시아로 인정한 것이다. 그때부터 바르 코크바를 메시아로 믿고 많은 유대인들이 가담했다. 그를 메시아로 믿고 따르지 않는 자들은 여지없이 처형당했다.

유대인들은 메시아가 왔으니, 당연히 하느님의 왕국이 실현될 것이라고 믿었다. 유대인들은 바르 코크바를 중심으로 일치단결했다. 이러한 광적인 열광은 한때 예루살렘 점령은 물론 유다와 사마리아까지 장악하며 위세를 떨쳤다. 그렇게 유대인들은 4년 동안 로마에 대항했다. 전쟁과 반란에 능한 유대인들은 로마의 군대를 험한 골짜기로 유인한 후, 미리 매복해 있던 반란군들이 로마의 정예 부대를 참패시키는 게릴라전을 펼치는 방식을 썼다. 로마 입장에서는 용납할 수 없었다. 하드리아누스 황제는 이번 기회에 아예 유대인의 뿌리를 뽑겠다고 결심하고 총동원령을 내렸다. 로마제국은 각지에서 군단을 팔레스타인으로 집중시켰다.

세베루스 장군은 3만 5천 명이나 되는 대규모의 로마군단들과 지원부대를 이끌고 바르 코크바의 군대와 싸웠다. 그러나 초전에 로마군은 불명예스러운 참패를 당한다. 세베루스 장군은 정면대결로는 유대인에게 승리할 수 없다는 사실을 인식하게 되었고 초토화 작전을 사용하기로 결정했다. 그는 전면전 대신, 반군의 수많은 거점들을 포위해 그들이 굶주려서 스스로 항복하기를 기다리는 전술을 택했다. 시간은 오래 걸리지만 희생이 적은 방법이었다. 이때부터 로마인은 전쟁을 서두르지 않고, 조직적이고 착실히 유대인을 항복시키는 전법을 구사했다. 저항군의 주 세력을 분단해서 고립시키고, 주변에 흩어져 있는 전투 집단의 양식을 끊는 수법으로 항복하게 만들었다. 그리고 남겨진 저항의 거점을 점차로 좁혀 나갔다. 유대인이 예루살렘을 한때 점령한 일도 있었지만, 성벽이 없는 도시의 방어는 불가능했다. 결국 135년 로마군의 승리로 바르 코크바의 반란은 끝이 난다.

봉기를 이끌었던 바르 코크바는 전사했으며 당시 지식인을 비롯한 추종자들은 모두 처형됐다. 로마제국의 폭압에 항거해 독립을 목표로 한 전쟁이었지만 이번에도 로마군으로부터 가차 없는 타격을 받는다. 유대 역사가 디오 카시우스(Dio Cassius)는 58만 명의 유대인이 전투 중에 죽고, 그 밖에도 "이루 셀 수 없는 수의 사람들이 굶주림과 화재와 칼에 맞아 죽고 유대 전역이 폐허가 되었다."고 기록했다.

로마 황제는 '유대'라는 민족의 이름도 '시리아-팔레스타인'으로 바꾸었다. 수많은 유대인 전쟁포로들이 로마제국의 노예시장으로 쏟아져 나왔다. 4세기 말경, 최초의 라틴 《성경》 번역가로 알려진 성 제롬(St. Jerome)은 패전 후 너무나 많은 유대인이 노예로 나오는 바람에 노예가 말 값보다도 싸졌다는 베들레헴의 구전을 기록으로 남겼다.

2차 이산, 2000년에 걸친 방랑의 시작

66년과 132년에 발생했던 1차 유대-로마전쟁과 2차 유대-로마전쟁으로 고대 유대 역사는 사실상 종지부를 찍었다. 서기 70년 예루살렘 함락 이후에도 유대인들에게는 그나마 영토가 있었다. 그러나 서기 135년 바르 코크바에 의한 봉기가 실패로 끝나면서 유대인들의 나라는 이제 역사의 무대에서 사라졌다. 이때 유대교와 기독교는 완전히 분리되었다.

이 일련의 사건으로 유대인들은 모든 것을 잃었다. 유다 왕국의 240만 국민 중에 66~70년 1차 유대-로마전쟁으로 예루살렘 성전이 파괴되고 110만 명이 죽었으며, 132~135년 2차 유대-로마전쟁 때 58만 명 이상이 살해당했다. 로마제국과의 전쟁에서 국민의 3분의 2 이상이 죽은 셈이다. 그나마 살아남은 사람들은 노예로 잡혀 가거나 나라를 등지고 방랑길에 올라야 했다.

이때부터 2천 년에 걸친 본격적인 유랑의 시대가 시작된 것이다. 유대인들은 정든 고향을 등지고 사방으로 뿔뿔이 흩어졌다. 주로 북부 이탈리아와 독일 그리고 북아프리카로 향했다. 이를 '제2차 이산'이라 불린다.

당시 하드리아누스 황제는 세 가지 금지령을 내렸다. 안식일 준수금지, 《토라》 연구금지, 할례금지가 그것이다. 그리고 이 금지령을 어기면 사형으로 다스렸다. 이때부터 유대인들의 종교의식이 금지되었다. 그뿐만 아니라 하드리아누스 황제는 2차 유대반란을 계기로 이스라엘 땅에서 유대인들의 기억을 완전히 지우기 위해 이스라엘 땅의 이름을 유대인들에게는 저주스런 이름 중 하나인 팔레스타인으로 바꾸었다.

안식일 금지령 때문에 기독교 교회에도 어려운 문제가 발생했다. 당시 로마제국 내에는 유대인들과 기독교인들이 공존하며, 모두가 안식일을 지키고 있었는데, 반란으로 인한 금지령 속에 포함된 안식일 준수 문제는 기독교인들에게까지 해당되는 칙령이었기 때문이다. 유대인이 아닌 기독교인들도 안식일을 지키면 유대인으로 간주돼 박해를 받게 되었는데, 이는 당시 로마제국의 위정자들이 그리스도교를 단순히 유대교의 또 다른 한 분파로 인식했기 때문으로 보인다.

황제는 또 파괴된 예루살렘을 그리스풍 도시로 소생시켰다. 이렇게 건설된 새 도시는 '아엘리아 카피톨리나'라고 불렸다. 그리스어를 쓰는 사람들이 이주해 와서 시내에 자리를 잡았다. 유대인은 출입이 금지되었다. 이 규칙을 어기면 사형에 처해졌다. 그러나 이 규칙이 엄격하게 운용되지는 않았던 모양이다. 4세기 반경 율리아누스 황제 때 출입금지 제도가 폐지되었다.

국가가 성립하기 위한 3대 기본 요소는 영토, 국민, 주권이다. 우선 영토가 없으면 국가가 아니다. 그러나 135년 바르 코크바에 의한 봉기가 실패로 끝나면서 유대인들은 영토와 국민, 주권 모두를 잃게 된다. 국가를 구성하는 요소가 하나도 남지 않았다. 이 정도 상황이면 어떤 민족도 버텨내기 힘들다. 세계사에는 그렇게 사라져 간 민족이 한둘이 아니다. 그러나 유대인들은 이런 극한 상황에서도 살아남았고, 지금까지도 자신들만의 문화를 지켜오고 있다.

만일 그들이 나라 없이 유랑할 때 《토라》와 동족이 겪었던 학살과 마사다의 의미를 망각했더라면 분명 지금의 이스라엘은 존재할 수가 없었을 것이다. 유대인의 속담에 "망각은 포로 상태로 이어진다. 그러나 기억은 구원의 비밀이다."라는 말이 있다. 유대인은 역사를 망각하는 민족은 미래 또한 없다고 믿는다.

예루살렘에서 유대인들이 추방된 뒤 이 지역은 주로 아랍인에 의해 통치되어 왔다. 이슬람 예언자 무함마드는 이를 신이 유대인들로부터 거둬들인 축복을 이슬람에 내린 증표라고 여겼다. 아랍인들은 사라센제국 건설 이후 동로마제국을 멸망시키고 팔레스타인 지역을 장악해 예루살렘을 성도로 삼아 왔다. 그 뒤 예루살렘은 십자군 원정이 있었을 때 기독교도들에 의해 일시적으로 점령당한 기간을 제외하고는 이슬람이 지배했다. 예루살렘은 이제 "하나의 신(神)이 사는 집이자, 두 민족의 성도이며, 세 종교의 사원이 존재하는 유일한 도시"가 된 것이다.

유대인의 고난의 역사에서 바빌론으로의 강제 집단 이주가 첫 번째였다면 두 번째는 민족이 아예 사방으로 뿔뿔이 흩어지게 된 것이었다. 이후 유대 민족은 세계 각지에서 국가적 조직체가 아닌 랍비를 중심으로 하는 신앙 공동체로 살아갔다. 이를 '디아스포라(Diaspora)'라 한다. 디아스포라는 '흩어진 사람' 곧 이산이라는 뜻이다. "뿔뿔이 흩어져 그 사회의 영원한 이방인으로 살아간다는 것"은 어떤 의미일까? 그것도 2천5백년 이상을 그 기나긴 인고의 세월 동안 민족과 신앙공동체의 정체성을 잃지 않고 시공을 초월해 단결해 살아갈 수 있다는 그 자체가 한마디로 기적이 아닐까?◆

◆ 우광호, '유대인 이야기', 〈가톨릭신문〉, 2010년 2월 14일

8

Jewish Economic History

2차 이산 이후
후기 로마시대와 유대인

1, 2차 유대-로마전쟁에서 패한 후 유대인은 정착지를 잃고 뿔뿔이 흩어졌다. 로마제국은 이후 콘스탄티누스 황제의 등장과 밀라노 칙령을 계기로 기독교 국가로 바뀌게 된다. 하지만 기독교 세력이 걷잡을 수 없이 늘어나자 그동안 로마제국이 왜 기독교를 박해했는가를 해명하기 위해 유대인을 박해하기 시작했다. 그러나 유대인 박해는 필연적으로 로마제국의 경제적 쇠락을 가져왔다. 이 시기 상업 및 교역은 유대인에 의해 주도되었는데, 여러 가지 원인이 있겠지만 유대인이 추방된 후 저질 화폐의 유통으로 폭발적인 인플레이션을 초래했고 화폐의 불신이 시장 기능의 마비를 불러와 500년 만에 다시 물물교환 경제가 출현한 것이다. 만약 로마제국이 유대인을 추방시키지 않고 관용을 베풀어 체제 안으로 흡수해 활용했다면 로마제국이 경제적 문제로 그리 쉽게 무너졌을까?

오늘날 학자들은 서기 66~73년의 유대–로마전쟁 직전의 전 세계 유대인 인구를 대략 8백만 명으로 추정한다. 그 가운데 파르티아 왕국(바빌론)에 1백만 명가량, 팔레스타인에 240만 명가량, 나머지 460만 명은 로마제국 내에 흩어져 살았다. 대개 이집트, 소아시아와 시리아 등에 살았던 것으로 보인다.

　　그 무렵 시리아, 이집트, 소아시아, 메소포타미아, 그리스, 이탈리아 등에 많은 유대인 공동체 디아스포라가 생겼다. 디아스포라의 가장 큰 중심지는 로마제국 3대 도시인 로마, 안티오키아, 알렉산드리아였다. 그 가운데서도 특히 안티오키아에는 로마인들보다 먼저 기원전 150년경에 유대인들이 정착해 있었다. 알렉산드리아의 유대인 공동체는 규모가 크며 부유했고 영향력도 셌다.

　　디아스포라 유대인들은 팔레스타인 유대인들보다 그리스 문화에 대해 훨씬 개방적이어서 대부분이 그리스어를 사용했다. 주로 수공업과 무역에 종사했기에 무역을 중시한 알렉산드리아에서는 원주민보다 높은 지위를 얻을 수 있었다. 북아프리카의 또 다른 지중해 연안 도시 키레나이카(오늘날의 트리폴리)에도 10만 명가량이 있었고 로마제국의 수도 로마만 해도 대략 5만 명이 살고 있었다.

　　당시에도 팔레스타인 지역보다는 바깥에 사는 유대인 숫자가 두 배 이상 많은 것으로 보인다. 주로 시리아와 이집트에 거주했지만, 이탈리아 북부와 남부 독일 등지에도 많이 정착했다. 이탈리아 반도 전역에 40개의 유대인 정착지가 있었다고 하니 웬만한 도시마다 유대인 커뮤니티가 있었다는 이야기다.

로마에 대한 1, 2차 봉기의 실패로 좌절을 맛본 유대인들은 이제 서서히 랍비 요하난 벤 자카이의 방법을 받아들이기 시작했다. 그들은 칼을 내려놓고 펜을 들었다. 이것이 바로 70~200년 사이에 팔레스타인에서 일어난 의미 있는 유대 역사의 한 과정이다.

게다가 예루살렘이 1차 유대-로마전쟁으로 붕괴되면서 제사장 지파인 사두개파는 역사 속으로 사라졌다. 이후 유대 민족에겐 제사장이 없다. 또한 68년 공동체의 중심지인 쿰란이 로마군의 공격으로 파괴되면서 강경파인 엣세네파도 자취를 감췄다. 열심당원 역시 두 차례에 걸친 항쟁 과정에서 그 인력과 정신마저 멸절되었다. 오직 바리새파 사상만이 유대 민족에게 희망을 불어넣어 줄 수 있는 유일한 요소로 남게 되었다. 모든 빈자리를 바리새파가 메웠지만, 그들은 평신도에 불과했다. 이후 바리새파 율법학자인 랍비들이 사제직은 아니지만 평신도로서 유대인의 정신적인 스승이 된다. 랍비는 '위대한 이' 또는 '상급자'라는 뜻이다. 랍비는 후에 '나의 스승'이라는 뜻의 호칭으로 발전한다.

바리새파가 고수했던 두 가지 근본 원칙은 첫째, 각 사람은 하느님과 친밀하고도 직접적인 관계를 맺어야 한다는 것이요, 둘째, 지식은 경건에 이르는 길이라는 것이다. 이 두 번째 원칙에 근거하여 《토라》를 꾸준히 읽으면 좋은 행위와 좋은 생각이 뒤따른다고 그들은 믿었다. 그런 좋은 행위와 생각이 반복되어 습관을 이루고, 좋은 습관은 좋은 성품을 가져온다고 했다. 따라서 정치 지도자인 에스라 이후 유대인 모임에서 《토라》 읽기는 중요한 요소가 되었다.

그리고 직접 성전에서 희생제물을 드릴 수 없는 대신 차선책으로 기도문이나 〈시편〉을 낭송했다. 1세기에 들어오면서 이미 회당예배가 공식화되었다. 이제 유대인이 사는 곳에는 어디든 회당이 들어서게 되었다.

유대인의 2차 이산 이후 유대인 지도자들은 사방에 흩어진 종족들을 보존시키고, 더 나아가 종교적 동일성과 민족적 동질성을 유지시킬 방법을 찾는다. 이 결과 그들은 디아스포라 공동체 수칙과 커뮤니티 조직에 대한 규정을 제정하고, 모든 유대인 공동체는 이것을 준수하도록 했다. 이 수칙에는 일곱 개의 규정으로 이루어져 있다.

첫째, 유대인이 노예로 끌려가면 인근 유대인 사회에서 7년 안에 몸값을 지불하고 찾아와야 한다.

둘째, 기도문과《토라》독회를 일률화해 통일한다.

셋째, 13세 이상의 남자 성인이 열 명 이상 있으면 반드시 종교집회를 갖는다.

넷째, 남자 성인 120명이 넘는 커뮤니티는 독자적인 유대인 사회 센터를 만들고 유대법을 준수해야 한다.

다섯째, 유대인 사회는 독자적인 세금제도를 만들어 거주국가의 재정적인 부담을 받지 않도록 한다. 그리고 비상시에 쓸 예금을 비축해 둔다.

여섯째, 자녀교육을 하지 못할 정도로 가난한 유대인을 방치하는 유대인 사회는 유대 율법에 위반된다. 유대인이면 누구든 유대인 사회의 도움을 청하고 받을 권리가 있다.

일곱째, 유대인 사회는 독자적인 유대인 자녀들의 교육기관을 만들어 유지하고 경영할 의무가 있다. 가난한 유대인 가정의 아이들을 무료로 교육시키고 인재 양성을 위한 장학제도를 운영한다.

기원전부터 만들어져 전해진 이 수칙의 주요 요점은 "모든 유대인들은 그의 형제들을 지키는 보호자이고 유대인은 모두 한 형제다."라는 것이다. 이러한 유대인 고유의 공동체의식이 유대 사회를 발전시켰다. 그리고 세계 각지의 디아스포라를 하나로 묶었다. 이 원칙들은 시대에 따른 개혁을 거쳐 오늘날까지 굳건히 이어지고 있다.

유대인 박해가
시작되다

로마제국의 황금기였던 오현제 시대에는 능력 있는 사람을 황제로 추대했다. 그런데 이러한 관례를 깨고 오현제의 마지막 황제 아우렐리우스(161~169년 재위)는 그의 아들 콤모두스(177~192년 재위)에게 왕위를 물려주었다. 이때부터 로마는 쇠망의 길을 걷기 시작했다. 그가 단독 황제가 된 180년 이후 대제국은 분열의 조짐을 보이기 시작했다.

로마제국의 혼란이 최고조에 달했을 무렵 어느 가난한 집의 아들이 제국의 통치권을 쟁취했다. 그가 바로 285년 왕위에 오른 디오클레티아누스 황제다. 그는 붕괴되어 가고 있는 국가를 혁명적으로 새로 건설하려고 했다. 또한 그는 광대한 로마제국에 황제가 하나뿐이기 때문에 다툼이 계속된다고 보았다. 이런 폐단을 막기 위해 로마제국을 동서로 나누어 다스리기로 했다. 286년 막시미아누스를 공동 황제로 지명해 이탈리아, 프랑스, 스페인 등 서로마를 맡긴 것이다. 이로써 로마제국이 동서로 나뉘는 계기가 되었다. 그 후 각각의 제국에 부황제를 두어 다시 통치 구역을 사등분했다. 293년 이후 로마제국에는 네 명의 황제가 존재하게 된다.

콘스탄티누스 황제의 등장과 밀라노 칙령

로마제국 내에 기독교가 널리 퍼지자 303년 디오클레티아누스 황제는 기독교도들이 로마인들의 신에게 제물을 바치지 않는다는 이유로 박해하기 시작했다. 이것이 정치적 내분을 일으켜 황제들이 서로 다투는 계기가 되었다. 이를 계기로 기독교를 믿었던 콘스탄티누스는 국력을 통일시키기 위해 다른 황제들을 하나씩 제거했다. 그는 갈레리우스, 막시미안, 또 다른 막시미안을 제거하고 마지막 막센티우스를 312년에 격파하고 로마에 입성했다. 로마제국 권력다툼에서 기독교를 지지하는 콘스탄티누스가 승리한 것이다.

콘스탄티누스 황제는 전 군대에 그리스어로 그리스도를 상징하는 '키(X)'와 '로(P)'로 된 깃발을 들고 싸우도록 했다. 그리스어 키(X)와 로(P)는 라틴어로 Ch와 R에 해당하는데, 그리스도의 알파벳 머리글자와 일치한다. 이 전투에서 그는 세 배나 많은 적을 무찌르고 승리했다. 이로 인해 콘스탄티누스는 기독교에 대해 적극 옹호하기 시작했다.

전쟁을 승리로 이끈 콘스탄티누스 황제는 313년 밀라노 칙령으로 '로마제국 내의 종교의 자유를 선포'했다. 이는 313년 2월에 당시 동로마 황제였던 콘스탄티누스와 서로마 황제 리키니우스가 밀라노에서 혼인동맹을 맺고 발표한 칙령이다. 기독교 탄압에 종지부를 찍은 것이다.

박해 때 몰수당한 재산을 되돌려주고 종교 재산과 성직자에 대한 세금과 병역면제 등을 시행했다. 교회에 대한 세금면제는 지금까지도 지켜지고 있다. 이로써 그동안 박해하고 금지해 왔던 기독교를 누구나 믿을 수 있는 종교로 공식 인정한 것이다. 그간 숨어 지냈던 기독교도들한테는 무한한 기쁨이요, 예수를 박해했던 유대인들에게는 불행의 시작이었다.

교회 예배, 안식일에서 일요일로 바뀌다

콘스탄티누스는 기독교를 위해 여러 국법들을 개정했다. 315년에는 십자가 형벌을 폐지하고 검투를 금지시키고 축첩과 간음을 엄중히 금하며 이혼을 제한시켰다. 또 여자들도 토지 외의 재산은 소유할 수 있도록 함으로써 여성의 권리를 신장시켰고 죄인의 이마에 화인을 찍는 습관도 금지시켰다. 또 교회법을 국법과 마찬가지로 인정하며 교회 안의 분쟁에 대해 성직자가 내린 결정은 국가가 그 효력을 공인했다. 교회 대회의의 판결은 그대로 로마제국의 국법이 되었다. 또한 교회 건물은 아무도 침범할 수 없는 성역이 되었고 죄인은 그곳으로 피신하면 보호받을 수 있었다. 또 죄인을 위해 사죄와 감형을 요구할 수 있는 권리가 성직자에게 주어졌다.

이어 321년에는 일요일이 공식 휴일로 도입되었다. 이 법령은 기독교 역사의 새로운 장을 열게 하는 기점이 되었다. 이 법령을 통해 콘스탄티누스는 제국 내의 2대 종파, 곧 태양신인 아폴로(Apollo)를 숭배하는 이교도들과 예수 그리스도를 숭배하는 기독교도들을 일요일(dies solis)로 묶어서 단일 종교로 합치려는 야심찬 종교 정책을 시도했다. 그는 이 정책의 성공을 위해서 자신도 기독교로 개종한다고 선포했다.

로마제국에는 유대인들과 기독교인들이 공존하며 모두가 안식일을 지키고 있었다. 서기 132년 2차 유대-로마 전쟁으로 치닫게 된 유대인 반란으로 당시 하드리아누스 황제에 의해 안식일 금지령 칙령이 생겼는데 이는 기독교인들에게도 해당되는 칙령이었다. 그래서 로마제국은 안식일을 지키는 기독교인들을 유대인과 마찬가지로 무지막지한 박해를 가했었다. 하지만 그 뒤 325년 니케아 종교회의에서 태양의 날인 일요일을 부활

절로 성수하도록 결의했다. 태양신을 국교로 믿었던 로마인들의 반발을
피하기 위해 콘스탄티누스는 교회도 태양신의 날인 일요일에 예배를 보
도록 했다. 그 뒤 365년 라오디게아 종교회의에서 기독교 교회의 예배일
을 정식으로 안식일에서 일요일로 바꾸게 된다.

로마제국의 수도, 비잔티움으로 옮기다

콘스탄티누스 황제와 그의 어머니 헬레나는 예루살렘에 교회를 세우
고 기독교 전파에 노력했다. 황제는 원로원에 기독교를 권했으나 거절당
했다. 로마인들을 기독교화 하려다가 실패하자 콘스탄티누스 황제는 아
예 비잔티움을 개조해 새로운 기독교 종교도시를 만들기로 했다. 이 무
렵부터 로마는 제국의 중심 지위를 잃고 이탈리아 반도의 정치적·경제적
중심이 밀라노와 라벤나로 옮겨졌다.

콘스탄티누스 황제는 비잔티움을 자신의 종교도시로 대대적으로 개조
했다. 사람들은 황제의 이름을 따라 '콘스탄티누스의 도시'라는 뜻으로
'콘스탄티노플'이라고 불렀다. 또 확장되는 로마제국을 효율적으로 통치하
기 위해 330년 수도를 아예 교통과 해상교역의 요충지인 비잔티움으로 옮
겼다. 그리고 도시 이름도 비잔티움
에서 콘스탄티노플로 개명했다. 정
치혁신과 황제권 강화를 통한 로마
제국의 중흥을 꾀하기 위해서였다.

비잔틴 시대가 시작되었던 시절의
콘스탄티노플은 로마와 닮아 있었

::: **콘스탄티누스 황제가 세운 성 소피아
성당**

다. 비잔틴 시대의 로마제국은 기독교 국가였고, 그래서 도시 안에는 기독교의 상징물들이 세워지기 시작했다. 대표적인 것이 콘스탄티누스 황제에 의한 성 소피아 성당 건설이다.

기독교, 반유대인 정책 선동하다

콘스탄티누스 황제가 죽은 뒤, 세 아들이 로마제국을 삼분했다. 351년 콘스탄티누스 황제의 셋째 아들 콘스탄티우스 2세가 단독 황제가 된다. 그는 유대인의 기독교 노예 소유 금지령을 이교도 노예로까지 확장했고, 유대인과 기독교도 사이의 혼인도 금했다. 이런 혼인은 사형에 처해졌다. 기독교 고위 성직자들은 대중이 모이는 광장에서 공공연히 반유대인 설교를 하면서 무리로 하여금 유대인들의 예배장소를 파괴하도록 선동했다.

《신약성경》이 기록되고 얼마 후인 4세기 초를 고비로 교회에 대한 그리스 문화의 영향력이 수그러들기 시작해 교회의 언어가 라틴어로 바뀌었다. 이를 계기로 4세기 말에는 로마제국의 공식 언어가 그리스어에서 라틴어로 바뀌게 된다. 교권의 확립은 이렇게 로마제국을 명실상부한 기독교 국가로 바꾸어 놓았다.

콘스탄티우스 2세 이후 20여 년 뒤 여러 황제의 난립을 제압하고 등극한 테오도시우스 황제는 더욱 신실한 기독교도가 되어 392년에 기독교를 로마제국의 국교로 채택했다.

이로 인해 기독교 세력이 걷잡을 수 없이 늘어나자 로마제국은 그동안 왜 기독교를 박해했는가에 대한 적절한 해명을 할 필요성을 느꼈다. 그 희생양이 바로 유대인이다.

"유대인은 하느님의 독생자 예수를 죽게 만든 하늘의 죄인이자 기독교의 적이다. 하늘에 대역죄를 지은 유대인들은 앞으로 거룩한 땅 예루살렘의 하늘을 바로 쳐다보아서는 안 되며 그 신성한 하늘과 마주하는 땅 위에 어떠한 씨앗도 뿌려서는 안 된다. 또한 하늘에 죄를 지은 유대인들은 검과 창을 쓰는 무사가 되어서도 안 된다."

이와 같은 로마 당국의 강력한 의지로 유대인들은 농사를 지을 수 없게 됐으며 전쟁에 군인으로 참가할 수도 없게 되었다. 이제 시민으로서의 자격이 없어진 것이다.

로마제국의 반유대정책으로 유대교 개종자와 기독교도의 결혼이 금지되었고 유대인이 기독교인 노예를 3개월 이상 소유하는 것이 금지되어 경제적인 제약이 가해지자 유대인은 노예제에 의존하는 농업 대신 가족 구성원의 노동력에 의존하는 소영농이나 자영업을 찾아야만 했다. 425년 유대인은 정부 관직에서 일할 수 있는 권리마저 박탈되었다.

기독교의 유대인에 대한 기본적인 태도는 중세 이전 곧 후기 로마제국부터 구체화했다. 즉 하느님의 유대인 선택은 더 이상 유효하지 않으며, 그 선택이 이미 기독교로 옮겨 왔다는 신학적 이해가 4세기 이후 확대된 것이다.

한편 기독교, 즉 그리스도교는 이제 지하묘지 예배소 대신에 교회에서 예배를 보았다. 그리고 고통을 통한 구원의 징표인 십자가는 이제 오히려 군단의 전투휘장으로 빛나게 되었다. 이 말은 대주교와 주교가 고위 고관이 되어 국가 통치에 큰 영향을 끼친다는 뜻과 같았다. 예수를 박해했던 유대인들에게는 그들의 신앙과 더불어 안위를 걱정해야 하는 그야말로 커다란 역사적 변화였다.

기독교 폭도들이 유대교회당을 공격하는 일 또한 빈번해졌다. 나폴리, 로마, 밀라노, 제노바 등 도시에서는 5세기 후반부터 6세기 중엽까지 유대인 학살이 자행되었다. 서기 589년 3회 톨레도 공의회는 기독교도 노예뿐 아니라 어떠한 경우에도 유대인이 노예를 소유하는 것을 전면적으로 금지시켰다. 또 7세기 중반에는 유대인의 토지 소유도 완전히 금지되었다. 이러한 과정을 겪으면서 유대인들은 어쩔 수 없이 농업이 아닌 상업에 종사하는 상인이 될 수밖에 없었던 것이다.

그러자 로마제국 내의 유대인 숫자는 점차 줄어들기 시작했다. 10세기에 이르러 100~150만 명으로 대폭 줄어들었다. 경제가 피폐해져 로마제국의 인구 자체가 줄어든 이유도 있었지만 더 큰 이유는 유대인들이 박해가 심해지는 로마제국을 떠나 이집트의 알렉산드리아 등 외지로 떠났기 때문이다. 상업을 장악하고 있던 유대인들이 떠난다는 이야기는 그 지역 상권이 죽고 경제가 피폐해짐을 의미했다. 로마 경제 몰락의 이유 중 하나이기도 했다.

로마제국의 분열

로마는 혼란을 거듭하다 결국 395년에 다시 동·서로 분열되었다. 테오도시우스 황제가 죽으면서 어린 두 아들에게 로마제국을 반반씩 나누어 상속했기 때문이다. 동로마제국은 열일곱 살의 아르카디우스, 서로마제국은 열 살의 호노리우스에게 주었다.

다음 한 세기 동안 제국의 동과 서는 명목상 하나의 제국이었을 뿐 외부 압력과 문화적 차이로 인해 점차 다른 길을 가게 된다. 서로마제국에서는 라틴계가 우세했고 동로마제국에서는 그리스계가 우세했다.

동로마제국은 많은 인구, 유능한 황제, 풍부한 재정, 우수한 군사력 덕분에 3~4세기의 대 격변 속에서 살아남을 수 있었다. 반면 서로마제국은 476년에 막을 내렸다. 서로마제국의 멸망으로 서양의 고대는 막을 내리게 되었다.

경제사적 관점에서 바라본 로마제국의 멸망

고대에는 농업과 전쟁을 통해 부국강병책을 도모했다. 자국의 농경지를 넓히는 것이 곧 부국의 길이요 정복지의 물자와 노예를 거두어들이는 것이 강병책으로 인식되던 시대였다. 농업이라는 기초산업의 생산자 단위는 가정이었고 주된 노동력은 노예였다. 당연히 노예 확보를 위한 전쟁이 매우 중요한 국가사업으로 간주되었다.

그런데 로마제국의 빈번한 전쟁으로 그때마다 보병으로 출정한 자영 농민층의 피해는 커져만 갔다. 반면 전쟁에서 이기고 개선하는 장군과 귀족들은 새로운 영지를 늘려가며 더욱 부유해졌다. 결국 로마의 중추적인 핵을 이루었던 자영 농민층은 점점 몰락해가고 봉건 영주의 세력은 점점 더 커져 사회 양극화가 심해졌다. 이로써 로마 사회를 지탱해 주는 기반인 중산층이 붕괴되기 시작했다. 농본주의의 로마제국에서 농업의 기반이 흔들리기 시작한 것이다.

농촌만이 아니었다. 도시 경제 상황은 더 심각했다. 당시 가장 심각한 경제 문제는 노예경제와 인력부족에 기인한 것이었다. 사실 로마 문명은 도시에 기반을 두고 있었고 도시들은 대체로 노예들이 생산하는 농산물에 의존하고 있었다. 그러나 이때에 이르러서는 노예인구의 현상유지마저도 불가능했다. 로마의 태평성대였던 오현제 중 두 번째 황제인 트라야누스 황제 시대(서기 98~117)부터는 정복전쟁마저 없어 노예인력을 공급할 수 없었다. 그 뒤 로마는 극심한 인력난에 빠졌고, 인력부족은 경제문제를 크게 악화시켰다. 이의 영향으로 '라티푼디움(latifundium)', 즉 대토지소유제를 기반으로 한 농업 생산체제가 쇠퇴했다. 나중에는 아예 노예를 해방시켜 그들에게 토지를 대여해 수확의 일부를 지주에게 상납케 하는 소작농제도가 출현하게 된다.

노예제도가 사양길에 접어들면서 생산 인력이 줄어들었는데도 북방 야만인들의 지속적인 침입으로 병력은 계속 필요했다. 게다가 2~3세기에는 전염병이 창궐함으로써 인구가 격감했다. 이 시기에 로마의 인구는 약 3분의 1가량 줄어든 것으로 추정된다. 결국 로마제국은 노동력도 모자라고 병력 또한 부족하게 되었다. 패배라곤 모르던 로마의 군대가 번번이 패하게 된 이유이기도 하다.

비단 사치에 따른 대규모 은의 유출

로마 경제의 몰락을 재촉한 또다른 요인으로 사치문화를 들 수 있다. 그중에서도 특히 은의 대량 유출을 일으킨 비단 사치가 문제였다. 중국은 비단 값을 주로 은으로 받았는데, 이때부터 유럽의 은이 중국으로 흘러들어가 유럽에 은 부족 현상이 나타나기 시작했다. 이것이 은화의 결핍 현상을 가져오고 더 나아가 은 함량의 저하를 가져와 화폐 불신을 초래했다. 결국 비단은 로마 경제가 급속도로 무너지는 단초를 제공한 셈이다.

비단 교역은 주로 유대인에 의해 주도되었다. 유대인들이 중국에 대해서 처음 알게 된 것은 솔로몬 왕 때부터다. 중국 측 자료에도 솔로몬 시대에 유대인들이 중국 곳곳의 항구에 드나들었고 중국과 이스라엘의 왕복에 3년 가까이 걸려 상당히 장거리를 항해해 왔다고 전하고 있다. 그러나 본격적인 왕래는 유대 민족이 기원전 597~538년 사이 60년간 바빌론에서 포로 생활할 때였다. 유대인들은 바빌론 상인들과 함께 육로로 중앙아시아를 경유해 중국에 들어갔다. 유대인들이 육로를 통해 중국에 들어간 건 이때가 처음이다. 당시 중국에는 서양에서 보기 힘든 문물이 많았는데, 그중 가장 인기품목은 단연 비단이었다. 중국은 이미 4천5백 년 전에 비단을 생산했다.

기원전 6세기부터 비단은 유대인과 바빌론 상인에 의해 서양에 전해졌다. 비단은 그 독특한 아름다움으로 서양인에게 "천당에만 존재하는 물건"으로 찬양되었다. 서구 역사 기록에 비단이 공식적으로 등장한 것은 기원전 4세기 알렉산더 대왕의 동방원정 때였다. 그후 비로소 비단이 누에에서 얻어진다는 사실이 알려졌다. 헬레니즘 시대 이후에 전개되는 서아시아와 로마와의 정치적 대립에도 불구하고 고대 중국의 견직물은 월지나 흉노 등에 의해 기원전 3세기부터 서방에 활발히 수출되기 시작했다. 특히 기원전 3세기 말 흉노는 매년 수많은 비단을 한나라로부터 공납받았다. 이 비단의 일부는 흉노 사회에서 소화되고 나머지는 실크로드를 따라 서방으로 전해졌다. 고대 그리스인과 로마인은 중국을 'Serica', 중국인을 'Seris'라고 불렀다. 그런데 이 단어는 모두 비단실을 나타내는 'Serge(絲)'에서 유래된 것이다.

로마인은 파르티아와의 전투에서 비단을 처음 목격한다. 살벌한 전투속에서도 파르티아인이 두르고 있는 비단의 신비로움은 로마인의 눈길을 사로잡기에 충분했다. 이로써 비단이 로마에 처음으로 수입되기에 이른다. 이때 파르티아의 상인들이 중계무역을 통해 막대한 이익을 남김으로써 비단이 로마에 도착했을 때 그 가격은 같은 무게의 금값보다 비쌌다.

비단의 수요는 사막을 가로지르는 무역로 '실크로드'를 만들었다. 길에는 도적떼가 자주 출몰해, 상인들 자체가 무리지어 다니며 무장을 하거나 상인들의 안전을 지켜 줄 호위대를 구성해 이동해야 했다. 당시 상업은 이처럼 약탈과 교역이 혼합된 상태였다. 안전을 보장해 주는 지역은 대신 통행세를 받았다. 도중에 여러 나라를 거치기 때문에 나라마다 세금(통행세)을 내야 했다. 당시에도 '국내산업 보호'를 위해 수입품 세율이 수출품 세율보다 높았다. 그러나 귀족들에게 비단 가격은 문제가 되지 않았다.

로마의 비단 열풍은 대단해서 그때까지 투박한 아마포와 면 그리고 양모만이 옷감의 전부라 생각한 로마 귀부인들은 입어도 입은 것 같지 않은 황홀한 촉감, 안개처럼 흐느적거리는 유연한 질감에 천상의 빛처럼 은은한 광채, 깃털처럼 가볍지만 질긴 비단의 매력에 푹 빠졌다. 1세기 초에 로마의 비쿠스 투스쿠스 지역에는 전문 비단시장이 개설되어 성황을 이루었고, 얼마 지나지 않아 로마에서는 남녀를 불문하고 비단옷을 입는 것이 일대 유행처럼 번졌다.

급기야 서기 14년에는 비단의 인기 풍조가 퇴폐를 조장한다고 여겨 티베리우스 황제가 비단옷 자체를 금했다. 당시 집정관이었던 플리니우스는 속이 다 비치는 이 새로운 의복에 대해 "여성을 나체로 만드는 것"이라고 불만을 표시하며 비단에 대한 로마 여성들의 갈망 때문에 경제가 고갈될 지경이라고 비난했다. 공식적으로 금지했는데도 비단 무역은 더욱 번창했다. 그 뒤 비단 선호 풍조는 2세기 아우렐리우스 황제 시대에 더 심해져서 비단 자체가 금이나 화폐처럼 통용되기도 했다. 이때 로마제국

서쪽 끝인 런던에서조차 비단이 성행했으니 당시 비단이 얼마나 인기였는지 가히 짐작할 수 있다. 로마 황제 가운데 방탕과 사치로 악명을 떨친 엘라가발루스 황제(재위 218~222)는 몸을 칭칭 휘감는 1백 퍼센트 순견 토가를 만들어 입어 질시와 부러움을 동시에 받기도 했다. 나중에는 비단 열풍이 일반 시민들에게까지 퍼져서, 410년 로마 황제 세례식에는 참석한 로마인 모두가 비단옷을 입을 정도였다.

고리대금의 성행으로 최초의 금융위기 발생

대부업의 역사는 얼마나 되었을까? 수메르 문명기의 신전에서 유래된 듯하다. 그 뒤 기원전 18세기에 바빌로니아의 사원들이 상인들을 대상으로 대출을 행했다는 기록이 있다. 당시는 모든 것이 신의 소유였기 때문에 부(富) 역시 사원에 집중되어 있었다. 그러다 보니 사원이 곡물창고와 빈민구제소 역할도 했다. 춘궁기에 곡물을 대출해 주고 추수 후 이를 되받았다. 고대 그리스에서도 사원을 중심으로 대출, 예금, 환전 등의 업무가 이루어졌다.

로마시대에 들어서는 종교단체가 아닌 개인들에 의해 금전대출이 이루어졌다. 대부업에 대한 국가 규제가 거의 없었기 때문에 여윳돈이 있는 사람들은 누구나 할 수 있었다. 특히 재산이 많았던 귀족들이 대부업을 했다. 당시 월 10퍼센트에 달하는 고리대금업은 귀족들의 특권이다시피 했다. 소액 채무자들은 채무불이행으로 고통을 당할 뿐 아니라 이를 피하기 위해 자식을 노예로 파는 일이 다반사였다.

서기 33년에 최초의 금융위기가 나타났다. 속주에서 무자비하게 고리

대금업을 하고 있던 원로원 의원이 고발당한 것이다. 불똥이 튈 걸 두려워한 대금업자들이 숨자 시중에 돈이 돌지 않았다. 이를 발단으로 한 금융 불안과 땅값 하락으로 로마에 금융위기가 발생했다.

티베리우스 황제는 '공공자금 투입'을 비롯한 여러 가지 대책을 내놓아 일단 위기를 진정시켰지만 그리 오래지 않아 국가 재정이 파탄 났다. 서기 39년의 일이었다.

저질 주화 대량유통으로 화폐경제 무너지다

로마제국의 화폐가치가 본격적으로 추락하기 시작한 것은 네로 황제(54~68년 재위) 시절부터다. 국가 재정이 계속 어려워지자 서기 64년 네로는 로마 대화재 후의 재건과 도심개조를 위한 재원확보를 겸해 화폐개혁을 실시했다. 이 과정에서 구리를 살짝 섞어 은 함량을 줄인 주화를 대량유통시켰다. 구리는 풍부하고 값이 쌌기 때문이다.

잠시 동안은 주화의 구리 함량은 매우 적어서 문제가 되지 않았다. 은화에 구리를 섞는 와중에 순금화 아우레우스(aureus)는 계속 주조되었다. 재정이 완전히 고갈되자 네로는 은화뿐 아니라 금화까지도 순도를 10퍼센트씩 낮춘다. 예를 들면 금 1파운드로 금화 50개 정도를 만들던 것을 55개씩 만든 것이다. 일종의 평가절하인 셈인데 화폐 공급량은 늘었지만 화폐가치가 떨어지니 당연히 물가가 오를 수밖에 없었다.

은화인 데나리우스(denarius, 데나리온)는 《신약》성서에서 가장 빈번히 언급되고 있는 화폐단위다. 원래 그 무게는 4.55그램이었으나 네로 때에 3.41그램으로 줄었고, 후에는 2.3그램으로 떨어졌다. 직경도 22밀리미터에서 18밀리미터로 줄었다. 1아우레우스는 25데나리우스였다. 특히 데나리우스는 노동자의 하루 임금에 해당하는 가치로 간주되어 표준이 되는 은전으로 다른 화폐의 가치를 가늠할 때의 기준화폐가 되었기 때문에 순도를 낮추는 것은 사회문제가 될 수밖에 없었다.

앞서 말했듯 당시의 은 부족은 중국과의 무역수지 적자에 큰 원인이 있었다. 로마인들은 중국의 비단이나 인도의 향신료 등 사치품을 구입하면서 주로 은을 지불했다. 중국이 은본위제였기 때문이다. 그렇기 때문에 이 시대에는 주화가 워낙 귀하기도 했지만 혹시 있다고 해도 대부분 금화였다.

로마의 곤경은 1백 년 동안 악화됐다. 은화의 구리 함량은 점점 늘어만 갔다. 마침내 은화는 그 가치의 3분의 2를 잃어버렸다. 이런 악순환은 로마 몰락 때까지 지속되어 고티쿠스 황제 시절인 244년 이후엔 은화 데나리우스에 실제로 함유된 은의 양이 처음의 20분의 1에 불과했다. 그동안 물가는 계속 오르고 경제 상황은 계속 나빠졌다. 이제 이방인들은 로마에 파는 상품대금으로 데나리우스를 받지 않았다. 로마군대가 이국에 주둔할 때 먹이고 재우고 입히는 경비도 데나리우스로 받지 않았다.

수입이 막히자 로마가 시도한 첫 번째 조치는 사치품 수입의 제한과 귀금속 소장의 금지였으나 이 조치는 실패했다. 서기 260년 갈리에누스 황제 재위시 환전상들은 가치가 절하된 로마의 은화를 받는 것을 거절했다. 사실상 은행이 문을 닫은 것이다. 이로써 화폐 순환이 정지되고 나라 경제가 마비되었다. 데나리우스는 가치가 너무 떨어져 심지어 정부마저 세금을 순금과 순은으로 요구할 지경이었다. 나중엔 은의 함유량이 5천분의 1까지 떨어지면서 화폐가 아닌 고철덩어리에 불과한 수준까지 추락했다.

네로를 로마제국 몰락의 원흉으로 꼽는 데는 여러 가지가 있지만, 화폐가치 하락에 불을 당겨 로마 경제를 돌이킬 수 없는 늪으로 몰아넣었다는 점이 가장 큰 이유라 하겠다. 로마제국 후기의 저질 주화 곧 '경화주조의 가치 저하'는 통치자의 공적인 부패 행위이자 로마제국을 몰락으로 이끈 도덕적 타락의 전형이었다. 로마제국은 결국 화폐가치가 폭락하고 걷잡을 수 없는 인플레이션이 발생해 시민들이 화폐를 불신하기에 이른다.

시장 기능 상실로 도시경제 몰락

화폐가치의 하락으로 3세기 말 폭발적인 인플레이션이 일어나자, 이에 대한 대책으로 디오클레티아누스 황제(285~305년 재위)는 화폐 조세에서 물납 조세로 전환했다. 이로 인해 로마제국의 경제체제는 본질적으로 성격이 바뀌었다. 시장을 위한 생산이 감소했고 각 지역마다 자급자족적인 폐쇄 경제가 형성되기 시작했다. 301년 인플레이션이 더 심해지자 디오클레티아누스 황제는 가격통제를 실시했다. 역사가들은 이것이 인류 최초의 가격통제정책이라고 한다.

그는 인플레이션을 잡기 위해 로마제국에서 유통되는 모든 상품과 서비스의 최고 가격을 정하고 그 가격 이상으로 거래하는 사람들은 엄벌에 처했다. 물론 시민을 보호하려는 '선한 의지'였다. 하지만 로마는 일대 혼란에 빠져 시장 기능이 마비되었다. 5백 년 만에 물물교환 경제가 출현했으며 생산이 급격히 줄어들었다. 화폐가 기능을 잃자 군인들의 녹봉도 생필품과 곡물, 가축, 소금 등 현물지급으로 대체되었다.

312년 콘스탄티누스 황제가 화폐개혁을 단행했다. 그는 새 금화 솔리두스(solidus)를 주조해 사실상 유통에서 사라진 아우레우스를 대체했다. 그러나 솔리두스는 아우레우스보다 더 빠르게 로마에서 빠져나갔다. 악화가 양화를 구축한 것이다.

이국땅에 주둔한 로마군대를 지원할 수 없게 되자 로마는 별 수 없이 그들을 로마로 불러들일 수밖에 없었다. 방대한 로마제국은 줄어들기 시작했고 귀국한 군인들은 나라가 멸망의 문턱에 있다는 것을 알았다. 금과 은의 소지자들은 그것을 사용하는 것을 원치 않았고 데나리우스는 더 이상 가치가 없어져 사실상 화폐공급은 0으로 봐야 했다. 이에 따라 경제는 이미 물물교환제도로 바뀌었다.

로마제국 후기에는 정치적으로도 매우 혼란스러웠을 뿐만 아니라 해적의 출현으로 그나마 존재했던 무역활동도 침체되었다. 무역도 쇠퇴하고 인구가 감소하면서 대규모 영지는 자급자족 체제를 강화했다. 그 결과 도시 중심의 시장경제가 축소되어 로마제국의 상징이었던 도시는 황폐화되었다.

훗날 막스 베버(Max Weber)는 로마제국의 멸망은 상거래 감소와 물물교환 경제의 확대가 원인이었다고 진단했다. 곧 시장경제의 파탄이 정치적 붕괴로 연결된 셈이다.

로마제국이 강성할 수 있던 이유는 수많은 나라와 다양한 인종들을 정복한 뒤 로마제국에 편입시켜 포용력 있는 동화정책을 추구했기 때문이다. 결과론적인 이야기이지만, 유대인들을 추방시키지 않고 좀 더 관용을 베풀어 체제 안으로 흡수해 활용했다면 로마제국이 경제적인 문제로 그리 쉽게 무너졌을까? 역사의 의문점이다.

로마의 몰락은 현대인에게도 몇 가지 교훈을 알려준다. 첫째, 부의 원천이 오로지 농업에 있다며 상업을 경시해 시장경제를 무시한 점이다. 결국 상업이 쇠퇴하고 시장경제가 무너져 로마제국이 쓰러졌다.

둘째, 인플레이션의 무서움이다. 인플레이션이 화폐의 신뢰도를 떨어뜨리고 실물 선호도를 높임으로써 통화경제가 몰락했다. 인플레이션은 거대한 제국도 순식간에 파산시킬 수 있다는 점을 보여 준다.

셋째, 어떤 국가나 정부도 경제가 제대로 돌아가지 않으면 정치도 성립할 수 없다는 점이다. 로마제국 몰락 이후 한동안 무정부 상태의 암흑세계에서 지낸 중세의 역사가 이를 말해 주고 있다.

구전율법 모음집, 미쉬나

유대인들은 모세오경에 기록된 것 이외에도 하느님이 모세와 아론에게 제시했다고 여겨지는 구전율법을 믿는다. 유대인들은 구전율법을 모세가 시나이 산에서 받아 여호수아와 함께 회중 앞에서 선포해 입에서 입으로 전해졌다고 생각한다. 유대인들은 '입에 의한 토라'도 '기록된 토라'와 마찬가지로 모세가 시나이 산에서 받은 것인데, 후자만 기록되고 전자는 대대손손 입에서 입을 통해 전수되었다고 여긴다. 성문《토라》에 다 적어 놓을 수 없는 미세하고도 중요한 것이 구전《토라》에 포함되어 있다는 것이다. 따라서 유대인은 두 가지를 똑같이 하나님의 명령으로 받아들인다.

하지만 구전으로 전승되어 내려온 해설을 곁들인 구전율법은 아무리 기억력이 좋은 사람일지라도 그대로 후대에 전하기가 힘들었다. 게다가 교사 역할을 담당했던 랍비들도 시대에 따라 저마다 조금씩 해석 방법이 달랐다. 결국 기억력의 한계에 부딪혀 기원전 6세기 에스라에 의해 쓰이기 시작한 구전율법이 200년경 위대한 랍비 유다 하 나시에 의해 결집되는데, 그것이 바로 '미쉬나(Mishnah)'다. 미쉬나는 히브리어로 '공부'란 뜻이다. 이로써 지난 4백여 년 동안 말로 전해 내려온 전승(傳承)을 모은 구전율법 모음집이 편찬된다.

유대교는 《토라》의 실천적인 면 곧 생활 속에서 어떻게 《토라》를 적용시키며 살아왔느냐에 중점을 두고 있다. 유대교란 생활의 도리를 가르치는 종교로 생활 그 자체라 할 수 있기 때문이다. 이를 계기로 랍비를 중심으로 한 '랍비 유대교(Rabbinic Judaism)'의 기본 틀이 세워진다.

《탈무드》의 등장

보통 사람들은 《탈무드》만 알고 미쉬나에 대해선 잘 모른다. 하지만 미쉬나는 오늘날 이스라엘 국법의 뿌리일 정도로 유대인들에게는 큰 의미를 지닌다. 미쉬나는 6부(농업, 축제, 결혼, 민법과 형법, 제물, 제식) 63편 520장으로 되어 있다. 그런데 원론적 내용만 담고 있어 일상생활에 그대로 적용하는 데 많은 어려움이 있었다. 그래서 랍비들은 미쉬나를 바탕으로 오랜 기간 토론하고 해석하는 작업을 하게 된다. 이 해석들을 모은 것이 '게마라(Gemara)'다. 게마라는 아람어 어원 게마르(gemar)에서 온 말로 '배운다'는 의미다.

이 게마라와 미쉬나를 한데 모은 것이 바로 《탈무드》다. 《탈무드》는 히브리어로 '연구', '배움'이라는 뜻으로 사회의 모든 사상에 대해 구전, 해설한 것을 집대성했다고 볼 수 있다. 랍비 유대교가 완전한 기반을 세우는 시기는 미쉬나가 편찬된 이후 미쉬나 해석서들이 서기 400년경 '예루살렘 탈무드'로, 600년 경 '바빌로니아 탈무드'로 편찬될 때까지를 말한다. 이 시기에 쓰인 《성경》 해석서 '미드라쉬'와 미쉬나의 해석서인 《탈무드》는 분량이 방대하다.

흔히 유대 민족을 '책의 백성'이라고 부르는 이유는 이 시기에서 찾을 수 있다. 이러한 유대인의 문헌들은 평생 배워도 완전히 이해하기 힘들다. 일곱 권의 대백과사전 같은 《탈무드》를 하루 한 쪽씩 공부하면 7년이 지나야 전질을 겨우 읽을 수 있다고 한다. 분량도 많지만 내용도 만만치 않다. 그러나 율법을 연구하는 것은 하느님을 조금이라도 더 아는 것으로 직결되기 때문에 유대인들은 대를 이어가며 부지런히 책을 읽는다. 오늘날 《탈무드》는 주로 바빌로니아 《탈무드》를 가리킨다.

한편 《탈무드》의 편집과 아울러 발전된 사조는 유대교 신비주의다. 대표적인 유대교 신비주의는 카발라(Kabbalah) 전통이다. 카발라 신비주의자들은 오직 카발라 상징세계의 신비를 터득한 사람만이 《토라》의 진실하고 깊은 내적의미를 이해할 수 있다고 주장한다. 모세나 심지어 아담에게 계시된 하느님의 뜻을 깨닫게 하는 체계인 카발라를 '숨겨진 지혜'라고도 부른다. 신비주의에 관한 의견과 설명을 한 랍비들이 대부분 《탈무드》에 나오는 인물들이다. 이런 점으로 보아 유대교 신비주의는 법과 법해석에 대한 전통을 중심으로 발전된 특성을 지니고 있다.

바빌론 디아스포라

200년경 미쉬나 편집을 한 팔레스타인의 유대인 공동체는 비잔틴 시대에 들어오면서부터 서서히 그 영향력을 상실해 갔다. 그 바통을 이어받아 유대 민족의 활력을 제공한 곳은 바빌론 디아스포라였다. 오랜 세월 동안 생존하는 것으로만 만족해 왔던 바빌론 디아스포라가 이제 긴 잠에서 깬 것이다. 그리하여 바빌론 디아스포라는 대략 3세기에서 10세기에 이르는 8백 년 동안 유대 민족정신의 중심이 된다.

70년경 바빌론의 유대인 인구는 대략 1백만 명가량이었다. 이후 바빌론 내에서의 자연 증가와 팔레스타인으로부터의 이주로 말미암아 서기 200~500년 사이에는 절정을 이루어 약 2백만 가량에 이르렀던 것으로 추정된다. 바빌론 유대인들의 통용어는 아람어였으며, 그들은 어느 정도 자치권을 누릴 수 있었다. 바빌론의 각 유대인 공동체에는 우두머리 한 명과 일곱 명의 고문으로 구성된 공동체 공회가 있었다. 이 공회는 공동체의 구제비 모금과 분배와 같은 민간 활동, 회당과 다른 공공 재산, 학교 등을 감독했다. 그리고 관리를 임명해 사회 질서를 유지케 하고 도량형을 감독케 하는 것도 공회의 일이었다.◆

◆ 김경래, 《그리스도 이후 유대인 방랑사》, 전주대학교 출판부

9

Jewish Economic History

이베리아 반도의 영화(榮華)와
이슬람의 유대인

이베리아 반도는 대략 500년 동안 전 세계 유대인 역사의 중심장이 된 유대인 문화의 부흥기였다. 2천 년간의 유대인 방랑역사를 돌이켜볼 때 유대인들은 800~1100년 사이 이베리아 반도에서 누렸던 번영을 잊지 못한다. 당시 이베리아 반도를 지배한 이슬람 왕국은 유대 민족에게 관대했고 오랜 세월 이슬람 세력과 유대 민족은 평화롭게 지낼 수 있었다. 이슬람 왕국이 분열되고 이슬람 근본주의를 강조하는 알모하드 왕조가 등장하자 유대인은 또 다시 박해를 받기 시작했다. 이에 유대인은 스페인 카스티야 왕국으로 흘러들어갔고 훗날 스페인 왕국은 이슬람을 이베리아 반도에서 몰아내고 지중해 패권을 차지하게 된다.

　유대인들의 방랑역사를 돌이켜 볼 때, 유대인들은 800년부터 1100년 사이 그들이 이베리아 반도에서 누렸던 300년간의 번영을 잊지 못한다. 그들은 이 시기에 꽃피웠던 유대인의 '세파르딤 문화'를 자랑스러운 황금기로 기억하고 있다. 2천 년에 걸친 기나긴 디아스포라 기간 중 가장 자유롭게 그들의 자질을 꽃피운 시기를 이베리아 반도 시절로 꼽고 있다. 그 다음이 현재의 미국이라 한다. 당시 이베리아 반도의 이슬람 문화 분야의 중추적 핵심인재들은 유대인들이었다.

　이때부터 유대인들의 사고방식은 물론 글을 쓰는 주제도 크게 달라졌다. 이전에는 거의 모든 글이나 그림이 성경에 관한 내용이었으나 바깥 세계의 풍속과 개인적인 주제가 다루어지기 시작했다. 중세 문화의 큰 변화가 시작된 것이다. 중세 유럽이 그동안 신과 왕 중심의 사상과 틀 속에 갇혀 살다가 유대인들 덕분에 신이 아닌 인간에게 시선을 돌릴 수 있게 된 것이다. 이는 유럽의 회화사를 보면 극명하게 나타난다. 유대인들의 이러한 변화는 사상의 자유가 보장된 사회 덕분에 신앙과 이성의 분리가 시작되어 가능했다. 르네상스의 전조였다.

이베리아 반도에 진출한 세력들

　기원전 15세기경에는 가나안의 페니키아인들에 의해 지중해와 북해를 오가는 해상교역이 활발하게 진행되었다. 이렇게 해상교역이 활발해지자 중간에 거점항구가 필요했다. 그래서 기원전 11세기경 이베리아 반도에 서유럽 최초의 도시 카디스(Cadiz, 스페인 남서부의 항구도시)가 탄생했다. 지브롤터 해협의 대서양쪽 관문에 위치한 항구도시로 지금은 인구 15만 명의 작은 도시지만 당시에는 지중해에서 가장 먼저 번성한 도시였다. 이베리아 반도는 유럽의 끝, 지금의 포르투갈과 스페인이 위치한 지역으로 지중해를 끼고 아프리카와 마주보고 있는 교통의 요지라 하겠다.

　중세까지만 해도 콜럼버스의 탐험선이 이곳에서 두 번이나 출항했고 신대륙이 발견된 후에는 아메리카 교역의 75퍼센트를 카디스에서 담당했다.

　그 뒤 페니키아인들은 지중해 연안에 식민도시들을 연이어 건설하고, 개방적인 해상무역 민족답게 이베리아 반도의 현지 원주민에게 화폐의 사용, 알파벳, 금속도구의 제작기술, 그리고 의복 직조기술을 알려 주었다. 또 페니키아는 스페인, 북아프리카, 아라비아에서 염료를 비롯해서 건어물, 금속 및 금속제품, 섬유제품 등 일상용품은 물론 상아, 흑단, 술, 향료, 보석 등 사치품에 이르기까지 모든 물건을 교역했다. 이를 위해 페니키아인들은 교역로 인접지역의 광산을 개발하고 전략적 요충지역인 북아프리카와 이베리아 반도 남부지역에 공장을 건설해 방대한 해상교역망을 구축했다. 이런 영향으로 이베리아 반도는 주변에 비해 일찍 문명이 발달했고, 이는 로마가 갈리아 지방보다 먼저 이베리아 반도를 점령한 이유이기도 하다.

유대인과 그리스인의 이베리아 반도 진출

페니키아인의 뒤를 이어 이베리아 반도에 본격적으로 진출한 사람들이 유대인이다. 기원전 10세기 솔로몬 왕 시대에 유대인들은 '다시스 상선대'를 운용해 이베리아 반도와 대규모 교역을 시작했다. 다시스는 카디스 인근에 위치한 타르테소스로 추정된다. 이때부터 이베리아 반도에 유대인들이 공동체를 이루며 살았다.

기원전·8세기에는 그리스인들이 이베리아 반도와 교역을 시작했고 그 뒤 기원전 7세기에는 터키 지방의 그리스계 페르시아인들도 이베리아 반도에 도착했다. 그들은 이베리아 반도 남부에 정착해 금속교역로를 확보하기 위해 말라가(Malaga, 스페인 남부의 항구도시) 근처에 마이나케라는 도시를 건설했다. 마르세유에 거주하던 그리스인들은 해상교역시장이라는 뜻의 암푸리아 시(市)를 건설해 이베리아 반도 동부 연안의 교역권을 장악했다. 또한 그리스인들은 자기 나라에서 키우던 포도와 올리브를 이베리아 반도에 이식해서 재배했다.

기원전 6세기 카르타고인들은 옛 페니키아 식민지를 장악하고 이비사 섬에 대규모 염전을 건설한 후 그리스인들의 통상활동을 차단했다. 기원전 3세기에는 한니발의 아버지 하밀카르 바르카가 카르타헤나와 바르셀로나를 세웠다. 바르셀로나는 주변 카르도나 계곡의 소금을 팔아 부를 쌓았고 고대부터 유대인들이 많이 살았다.

로마제국의 이베리아 반도 진출

로마제국은 지중해의 여왕이라 불렸던 카르타고를 멸망시킴으로써 이베리아 반도를 차지하게 되었다. 로마제국은 이베리아 반도에서 서유럽 팽창의 유리한 고지를 점령했다. 이베리아 반도의 중요성은 카이사르, 폼페이우스 등 이베리아 반도 총독 출신들이 훗날 로마 황제가 된 것을 보아도 그 중요성을 짐작할 수 있다. 이베리아 반도는 이제 로마의 완전한 일부가 되어 이후 이베리아 반도 출신의 황제가 네 명이나 나왔다.

4세기 무렵부터 유럽 여러 나라에서 추방당한 유대인들은 이베리아 반도로 몰려들었다. 로마제국의 쇠퇴기에는 게르만족의 일파인 반달족과 서고트족이 이베리아 반도에 쳐들어왔다. 이후 반달족은 서고트족에 쫓겨 북아프리카로 건너가 반달 왕국을 건설했고 서고트족이 이베리아 반도에 서고트 왕국을 세웠다. 이후 서고트 왕국은 711년 이슬람교도들의 침입으로 붕괴되었다.

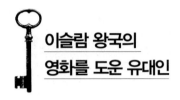

이슬람 왕국의
영화를 도운 유대인

622년 이슬람 왕국을 건설한 아랍인들은 유대 민족에 대해 매우 관대했고 유대인들은 오랜 세월에 걸쳐 그들과 평화롭게 지낼 수 있었다. 가나안 땅에서 추방된 유대인들 가운데 상당수가 로마의 폭정을 피해 당시 이집트 수도였던 알렉산드리아로 옮겨가 살았고, 그중 많은 유대인들이 점차 북아프리카를 거쳐 이베리아 반도로 이주했다. 지중해 교역이 융성해지자 상업이 발달하고 살기에 기후도 좋았기 때문이다.

이슬람, 지중해 해상권과 교역을 장악

570년 메카에서 태어난 무함마드는 상거래를 위해 외지를 돌아다니면서 유대교와 기독교에 대해 많이 알게 되었다. 그는 자기 민족에 맞는 새로운 종교의 필요성을 느꼈다. 그리하여 630년 무함마드에 의해 이슬람교가 탄생했다. 그 뒤 이슬람 세력은 페르시아와 비잔틴제국을 차례로 정복하고 바빌론에서부터 이베리아 반도에 이르는 광대한 지역에서 제국의 통치를 이어 나갔다.

이슬람교의 출현 이후 4대 칼리프(caliph, 이슬람 제국의 통치자)인 알리에 의해 수도를 메카에서 다메섹으로 옮기고 순식간에 페르시아를 멸망시켰다. 당시 이슬람 세계는 유럽 기독교 세계보다 군사력은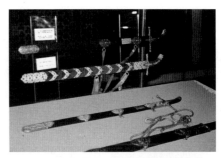

::: 1~4대 칼리프의 검. 터키국립박물관 소장

물론 여러 면에서 월등했다. 성전(聖戰)의 의무에 불탄 이슬람군은 노도와 같은 기세로 아라비아 반도 밖으로 뻗어 나갔다.

634년에 다마스쿠스, 641년에 메소포타미아, 642년에 알렉산드리아, 697년에 동로마제국 최후의 거점 카르타고를 함락시키고 700년경에는 북아프리카의 대서양 연안에까지 세력을 뻗쳤다. 이리하여 동로마제국은 7세기에 동방세계와 지중해에 대한 통제권을 거의 상실하게 된다. 이슬람 세력이 지중해 해상권을 완전히 장악하고 중동과 유럽, 북아프리카를 아우르는 지중해 교역을 주도했다.

이슬람 시대 동부 지중해의 번성은 크게 두 가지 이유가 있었다. 하나는 매년 많은 이슬람들이 동부 지중해 해로를 통해 메카 순례를 행했기 때문이다. 또 다른 이유는 이집트에서 출발한 곡물이 이 길을 따라 이스탄불로 운반되었기 때문이다.

이슬람 왕국의 이베리아 반도 통치

이슬람교가 등장한 지 1백 년도 지나지 않아 이슬람 왕국은 서양문명을 압도했다. 이슬람 왕국은 기독교를 배척했으나 다행히 유대인에게는 관용을 베풀었다. 이는 아마도 무함마드 자신이 유대교 경전인 《구약성경》으로부터 영향을 받았기 때문인 것으로 보인다. 이슬람교의 핵심인 창조주 유일신 사상이 바로 그것이다.

이슬람교의 경전인 《코란》 속에도 《구약성경》의 아브라함, 이삭, 야곱, 요셉, 모세의 이야기가 있다. 이슬람교가 유대교의 영향으로 탄생되었다는 이야기도 같은 맥락에서 이해될 수 있다. 역사적으로도 이슬람인들은 유대인과 인종적으로 친족이었다. 아랍인은 원래 아브라함의 큰아들인 이스마엘의 후손들이다. 그런 점에서 《코란》은 유대교의 여러 전통과 관습을 보존하고 있다.

이슬람 왕국 초기에는 이슬람교 세력이 크지 않아서 기독교도의 도움을 받아 행정을 펼쳤다. 그러나 이슬람교 세력이 점점 커지고 개종자가 증가하면서 기독교를 탄압하기 시작했다. 나중에는 기독교 예배에 참석하는 자를 사형에 처했다.

이러한 가운데 북아프리카의 이슬람교도들이 세력이 강성해지자 711년, 타리크 이븐 지야드가 이끄는 이슬람군이 지브롤터 해협을 건넜다. 그 무렵 서고트 왕국에서 왕위 계승 싸움이 일어나 북아프리카 이슬람 용병을 요청하자 이를 역이용한 것이었다. 그들은 이베리아 반도를 침입해 서고트족을 물리쳤다. 그 뒤 이슬람군은 7년이라는 짧은 기간에 북서쪽 고산지대를 제외한 반도의 대부분을 차지하고 서고트 왕국을 멸망시켰다. 이후 이슬람 왕국은 이베리아 반도에서 인도의 인더스 강에 이르는 광활한 영토를 차지하며 이후 무려 8백 년 동안이나 이베리아 반도를 통치했다.

이슬람교도들이 이베리아 반도로 들어오자 이들을 가장 환영한 사람들이 유대인들이었다. 왜냐하면 종교적인 측면에서 이슬람교도들은 유대인들을 같은 아브라함의 자손으로 인정하며 비교적 우호적으로 대했기 때문이다. 이슬람교는 예수를 무함마드 이전의 선지자로 간주한다. 때문에 예수를 죽였다고 유대인을 박해하는 기독교와는 달리 유대인에 대한 악감정이 없었다. 유목민족인 아랍인들은 예전부터 유대인들을 늘 '책 읽는 민족'으로 알았고 우수한 지식인으로 여겼다. 더구나 정복자로서 여러 생소한 지역의 행정을 맡다 보니 그 지역 유대인들의 해박한 지식과 더불어 외국어 구사 능력이나 외국 문물에 대한 이해력이 꼭 필요했을 것이다.

또 다른 이유는 유대인들이 그간 이베리아 반도에서 많은 박해를 받았기 때문이다. 412년 서고트족이 이 지역을 장악하면서부터 약 1세기 반 동안은 비교적 종교의 자유를 누릴 수 있었다. 유대인들은 주요 상인으로서, 또는 대지주로서 존경도 받고 영향력을 행사하기도 했다. 그러나 서고트족 왕들은 시시때때로 지역 귀족들의 반발과 반역에 부딪쳐야 했다. 마침내 589년 레카레드(Reccared)가 왕위에 오르자, 그는 로마 가톨릭으로 전향하고 교회 감독들과 힘을 합해 타종교도들을 박해하기 시작했다. 유대인들은 가톨릭으로 개종하든지 아니면 나라를 떠나든지 둘 중 하나를 택해야 했다.

그리하여 유대인들 가운데 일부는 북아프리카나 프랑스 남부의 프로방스 지방 등지로 떠났다. 어떤 이들은 겉으로는 가톨릭으로 개종하고 비밀리에 유대교 의식을 준수하는 쪽을 택했는가 하면, 일부는 스페인 내 강력한 귀족에 기대어 보호를 받고자 했다.

이렇듯 7세기는 이베리아 반도의 유대인들에게 있어서 생존을 위한 투쟁의 시기였다. 유대교 의식을 행하는 것이 발견되면 노예로 팔리고 그 자녀들은 가톨릭 사제들에게 맡겨서 양육하도록 하는 명령이 내려졌다. 그러니 새로운 통치 세력인 이슬람을 반기지 않을 수 없었다.

유대인들 이베리아 반도로 몰려오다

이슬람 왕국의 우마야드 왕조는 이베리아 반도에 알 안달루스(Al-Andalus, 오늘날의 스페인, 포르투갈, 안도라를 차지하는 중세 이슬람 국가)라는 독립국을 세우고 주변 도시들과 도로망이 잘 발달한 코르도바를 수도로 삼았다. 코르도바는 로마시대 때부터 스페인산 올리브기름과 밀을 로마로 운

칼 마르텔의 이슬람군 방어 성공은 유럽에게 득일까? 실일까?
720년경 이슬람군은 계속해서 피레네 산맥을 넘어 프랑크 왕국에도 세력을 뻗쳤다. 732년에는 마침내 총력을 기울여 보르도 지방을 폐허로 만들고 투르까지 침입해 들어갔다. 이때 프랑크 왕국의 재상인 칼 마르텔이 투르 근처에서 이들을 격퇴해 프랑크 왕국을 위기에서 구했다. 카롤루스대제 때의 일이다. 역사에 만약은 없다지만 이때 칼 마르텔이 이슬람군을 막아내지 못했다면 유럽의 역사는 이슬람이 주도했을지도 모른다. 이를 두고 서구 역사가들은 야만으로부터 서구 문명을 구해냈다고 평가했지만 미국의 역사학자 데이비드 리버링 루이스(David Levering Lewis)는 정반대의 평가를 내린다. 당시 이슬람군이 패배함으로써 오히려 유럽은 긴 세월 암흑의 시대를 맞게 되었는데, 이슬람의 선진적 문명의 세례를 받지 못했기 때문이라는 게 그 이유였다.

송하는 중요한 항구도시였다.

이슬람 세력의 이베리아 반도 정복과 더불어 일부 유대인들도 이 지역으로 이주해 들어와서 기존의 유대인 공동체와 합류했다. 이슬람교도들은 그들이 점령한 지역 내에 사는 유대인들과 기독교도들이 반드시 따라야만 하는 법전을 제정했는데, 보통 '오마르의 협약'이라고 알려져 있다.

이 협약의 목적은 이슬람 이외의 다른 종교 신도들은 이슬람보다 열등하다는 점을 확실히 하는 것으로, 이는 특별히 기독교도들을 겨냥한 것이었다. 비이슬람교도들은 구성원 중 하나가 이슬람에 가입해야 했고 무거운 세금에 시달려야 했다. 또 교회의 수리는 허용했으나 새 교회 또는 회당을 지을 수 없었고 교회나 회당의 탑이 근처 이슬람 사원보다 높아서는 안 되었다. 이슬람 이외의 다른 종교 신도들은 말을 타지 못하는 대신 노새는 허용되었다. 비이슬람교도는 칼을 차고 다닐 수 없었으며, 이슬람교도와 쉽게 구분되는 복장을 착용해야 했다.

오마르의 협약은 유효하긴 했지만 엄정하게 실시되지는 않았다. 따라서 이슬람인들의 통치와 더불어 유대인들은 한숨을 돌릴 수 있게 되었다. 위장 개종했던 자들이 다시 유대교로 돌아왔으며 북아프리카나 프로방스 지방 등지로 도망갔던 유대인들도 귀환했다.

이슬람은 이베리아 반도에 있던 로마시대의 수로와 관개시설을 복구했으며, 농업기술을 보급해 이 지역의 농업을 발달시켰다. 그리하여 지금의 남부 스페인 지역이 당시 유럽에서 가장 발달한 지역이 되었다. 이러한 부를 바탕으로 이 지역은 서서히 경제, 철학, 과학 등 여러 분야에서 꽃을 피우기 시작했다. 이러한 매력적인 분위기 때문에 바빌론과 페르시아 내 유대인 공동체의 많은 구성원들도 스페인으로 몰려들기 시작했다.

특히 10세기를 전후해 바빌론의 어려웠던 정치 경제 상황으로 바빌론 유대인들 중 많은 이들이 찾아 나선 새로운 삶의 터전이 바로 이베리아 반도였다. 이제 반도는 대략 5백 년 동안 전 세계 유대인 역사의 중심지가 될 기반을 갖추기 시작한 것이다.

더 이상 바그다드에 의존하지 않고 완전히 독립하게 된 우마야드 왕조의 통치기에 이베리아 반도 지역은 바야흐로 문화적 번영기를 맞이하게 되었다. 특히 유대인들은 압드 알라만 3세(912~961년 재위)의 통치 때 문화의 부흥기를 맞이했다.

이집트의 알렉산드리아에 살던 많은 유대인들이 같은 이슬람 왕국인 이베리아 반도 지역으로 이주한 것은 자연스러운 현상이었다. 다른 유럽 도처에 흩어졌던 유대인들도 비교적 종교적인 관용성을 보이는 우마야드 왕조의 통치 지역인 이곳으로 몰려들었다. 그 뒤로 이베리아 반도가 유대 공동체의 중심이 되었다.

코르도바, 서유럽 최대 도시로 성장

그 무렵 유럽에는 인구 3만 명 이상의 도시가 흔치 않았는데 우마야드 왕조가 수도로 삼은 코르도바는 이미 10세기에 인구 50만 명의 초대형 도시로 성장했다. 동쪽의 콘스탄티노플과 더불어 유럽 최대 도시가 되었다. 규모가 커졌을 뿐만 아니라 유럽에서 가장 문명화된 도시로 발전했다.

10~11세기에 투르크인의 유대인 억압에 따라 바빌로니아 유대인 학자들이 이베리아 반도로 대거 이주해 과학, 종교 철학, 유대교 신비주의의 황금시대를 맞이하자 코르도바는 이슬람 왕국의 바그다드를 뛰어넘어 이슬람 세계의 중심지가 되었다. 당시 이베리아 반도의 이슬람인들은 대수

학을 발명했으며, 아라비아 숫자가 로마 숫자를 대체했다. 동시에 이슬람 문명은 중세 문명의 암흑기에 사라졌던 고대 그리스 철학이나 로마법을 다시 살려 배우고 수용했다. 그밖에도 중세의 암흑기 속에 묻혀 있던 옛 것들을 살려냈다. 코르도바와 바그다드 사이의 교류도 활발했다.

고대 자연철학과 기하학, 수학도 발전시켜 체계화했다. 멀리 비잔틴, 페르시아의 예술을 흡수했을 뿐 아니라 유대교나 기독교 등 이교도의 신학, 교리들을 공부하고 토론하고 논의했다. 한마디로 포용력 있는 열린 사회였다. 코르도바를 통해서 이슬람 문화는 북유럽으로 전해졌고, 또 이베리아 반도를 통해서 유럽은 그리스 고전이나 철학, 아랍의 선진 과학을 새로이 접하게 되었다. 이슬람 문화가 고대와 중세의 다리 역할을 톡톡히 한 것이다. 오늘날의 서구 문명은 이슬람 문화에 감사해야 한다. 그 중심에 유대인들이 있었다. 유대인이 아니었으면 그리스 고전이나 철학은 영영 어둠속에서 빛을 못 보았을지도 모른다. 유대인들이 그리스어를 아랍어로 번역했고 또 아랍어 서적을 라틴어로 번역해 유럽에 소개했다.

이슬람의 종교 관용성이 가져온 영화

당시 코르도바에는 이슬람 사원이 3백 개 정도 있었다. 하지만 공납·부역·인두세를 거두었을 뿐 피정복민족 고유의 사회·정치·종교 체계에 대한 강제적 파괴와 재편은 행해지지 않았다.

이슬람은 종교의 자유도 인정했다. 기독교도는 공조(貢租) 곧 공물로 바치는 조세부담을 조건으로 종전까지의 토지지배권, 교회의 유지, 서고트 관습법으로 운영되는 특별자치구를 승인받았다. 이슬람교로 개종하는 사람은 기독교도로부터 배교자(背敎者)라 불렸으나 자유민의 신분을 얻고 조세도 경감되었기 때문에 서고트 시대 노예들이 많이 개종했다. 당연히 유대교도 종교의 자유를 누릴 수 있었다.

이베리아 반도는 유럽 내에서 이슬람과 기독교, 유대교도들이 평화롭게 함께 살면서 공통의 관습과 문화를 오랫동안 형성했던 유일한 지역이다. 이슬람인들은 기독교와 유대인을 핍박하지 않아 3대 종교와 문명이 이곳에서 용광로처럼 융합하면서 암흑시대의 중세 유럽에 한줄기 빛을 비추었다. 아랍 학자와 유대인 학자들이 코르도바에서 연구한 그리스 철학, 천문학, 의술, 수학이 기독교 세계로 퍼져 나갔다.

다양한 문화들이 혼합 공존할 수 있던 것은 이 지역을 정복한 우마야드 왕조가 온건한 형태의 이슬람을 실천했던 결과였다. 그로부터 2세기 동안에 문화와 정치발전, 번영과 세력이 절정을 이루었다. 당시 수도인 코르도바의 주택 수는 약 20만 채에 달했고 9백 개의 공중목욕탕, 50개의 병원들이 있었으며 포장된 거리에는 밤이면 불이 밝혀졌다.

중세 이베리아 반도의 유대인 생활상

이베리아 반도는 상업의 발달로 경제적 발전이 눈부셨는데, 이는 이슬람 사회가 처음부터 상업의 존재를 인정했고 상인에게 높은 도덕적 가치를 부여했기 때문이다. 이는 이슬람교의 창시자인 무함마드가 상인 출신인 것에서도 알 수 있다. 유대인들에게는 고기가 물 만난 격으로 그들의 상업적 재능을 맘껏 펼칠 수 있었다.

유대인들의 상업 및 교역 활동은 소비산업의 발전으로 이어졌다. 비단, 가죽, 도자기 산업과 금, 은, 유리세공 산업의 발전은 외부로부터 유능한 기술자와 과학자들과 더불어 상인들을 불러들였다. 당시 이베리아 반도 지역은 상업 외에도 문화와 과학에 있어서도 유럽의 어느 곳보다도 월등했다. 그 뒤 이베리아 반도의 이슬람 왕국은 문화적 번창뿐 아니라 지중해 교역을 장악해 막대한 부를 축적했다. 아프리카의 금, 아시아의 향신료, 유럽의 밀 등 전 세계의 부가 이곳으로 몰렸다.

이곳에서 유대인들은 장인과 무역업자뿐만 아니라 통치자인 칼리프의 재정 담당관으로도 활동했는데, 그중 칼리프의 주치의였다가 재정관이 된 히스다이 이븐 샤프루트(Hisdai ibn Shaprut)가 유명하다. 계산에 빠르고 재무행정이 뛰어나 높은 귀족 대접을 받았던 그로 인해 전체 유대인들의 위상이 높아졌을 정도다. 궁중 의사였던 히스다이 이븐 샤프루트는 워낙 출중해 재정담당뿐 아니라 코르도바 항구의 세관 총감독도 겸했고 사실상 외무대신 일도 전담하다시피 했다. 그를 중심으로 유대인들은 코르도바를 유대인 학자, 철학자, 시인, 과학자들의 도시이자 세계적인 유대 문화의 중심지로 만들었다. 그들은 아랍어로 의사소통을 했으며 그리스어로 철학을 논하고 라틴어나 아랍어로 저술과 번역 활동을 했으며 히브리어로 기도했다.

중세에 접어들자 거의 모든 유대인들이 유럽 주요도시에 삶의 터전을 마련했다. 이들 유대인들은 문맹인 현지인들과 달리 남자들 모두가 글을 읽고 쓸 줄 알았으며 계산에도 능해 상업적 재능은 물론 지적 월등함까지 갖추고 있었다.

그전에 서로마제국 말기부터 중세까지 근 1천 년 동안 유럽인들은 그리스 문화와 거의 단절되어 있었다. 유럽인들이 그리스 문화를 다시 접하게 된 것은 12세기에 들어와서다. 당시 유대인에 의해 아랍어로 번역된 수많은 그리스 문화 서적들이 없었다면 유럽 문화의 고대와 중세는 완전히 단절되었을 것이다. 훗날 르네상스가 도래할 수 있던 것은 이들 유대 학자들 덕분이다.

실제로 유대인 학자들의 활발한 학문연구와 저술활동 덕택으로 코르도바에 있던 칼리프의 도서관 하나에 소장된 책이 유럽 전역에 있는 도서관의 장서를 합한 것보다도 많았다. 유럽의 중세사회가 점차 안정되자 아랍어판의 고대 그리스 서적들이 다시 라틴어로 번역되기 시작했다. 13세기 후반에는 아리스토텔레스의 모든 책들이 번역될 정도가 되었다. 만약 유대인의 활약이 없었다면 이성적 학문 곧 철학과 과학을 숭상했던 그리스의 헬레니즘 문화는 역사에서 영원히 사장되었을지도 모른다. 이베리아 반도로 이주한 유대인들이 유럽 문화의 원류를 회복시키는 데 중요한 역할을 했다.

지중해 교역의 주역, 유대인

8세기 이후 서부 지중해상의 섬들은 모두 이슬람 세력의 수중에 들어가 지중해는 이슬람의 바다가 되었다. 유럽인들은 이 해역으로부터 완전히 거세되어 내륙에 갇혀버린 꼴이 되었다. 이슬람 세력에 의한 해상 봉쇄체제는 동방으로부터의 무역이 차단되어 서유럽에 심각한 영향을 주었다. 이로써 유럽은 이집트의 파피루스를 비롯해 향료, 비단 등의 동방산물을 수입할 수 없었다. 동방과의 교역에 종사하던 상인들이 자취를 감추었으며 따라서 도시경제도 쇠퇴해갔다. 다만 유럽 내륙에서는 알프스를 넘어 이탈리아, 동로마로 연결되는 예루살렘 순례길이 있어서 유대상인들을 중심으로 어느 정도 교역이 이루어지고 있었다.

그 무렵 이베리아 반도의 이슬람 왕국이 지중해 교역을 담당하고 있었으며 범선만도 2백 척 이상으로 대외교역이 활발하였다. 그 중심에 유대인들이 있었다. 당시 이슬람과 기독교 국가 간에는 전쟁 중이었기 때문에 상인일지라도 서로 상대방 진영을 오가는 왕래는 위험하였다. 유대인은 양 종교 간의 전쟁에는 관계가 없었기 때문에 비교적 안전하게 양쪽을 왕래하였다. 자연히 무역업은 그들의 독무대가 되었다. 이렇게 유대인들이 주도하는 지중해 무역이 날로 번성했다.

게다가 이슬람 지역에서 항상 그렇듯이 이교도와 접촉해야 하는 외교업무도 이슬람이 아닌 유대인이 도맡았다고 한다. 또한 유대인들의 또 다른 이점은 지중해 주변과 서구 내륙 곳곳에 살고 있는 유대인 디아스포라를 활용해 거대한 무역망을 형성할 수 있었다는 점이다.

먼 거리 노예무역을 주도한 유대상인

중세 초기의 노예무역은 유럽의 남쪽과 동쪽 지역에서 주로 시행되었는데, 비잔티움 제국과 이슬람 세계가 종착지였다. 유대인, 바이킹, 아랍인, 그리스인 상인 모두가 중세 초기의 노예무역에 관여했다.

6세기 말부터 동양에서 동방물품을 수입하고 중앙아시아와 슬라브 지역에서 사온 노예를 수출하는 노예상들이 남부 프랑스와 이베리아 반도의 항구에 모여들었다. 이 노예무역의 중심에 동방무역을 주도하는 유대인들이 있었다.

사실 지중해 동방무역에서 서구가 동방에 수출한 물품은 그리 많지 않았다. 주로 모피와 검, 노예인 반면 동방으로부터 수입품은 비단, 카펫, 의류, 설탕, 향료, 향수와 같은 고가 사치품들이었다. 유대인들은 주로 중국과 인도를 상대로 무역을 했는데 무역역조가 심해 서양의 은이 동양으로 흘러들어 갔다. 한편 돌아오는 길에 슬라브 지역에서 노예들을 사서 이슬람 사회에 팔았다. 원래 이슬람권에서는 같은 종교를 가진 신도를 노예로 삼는 것을 금했기 때문에 이슬람권 바깥에서 노예를 들여올 수밖에 없었다.

슬라브 노예들은 대부분 도나우, 보헤미아, 몰다비아 등 슬라브 지역에서 기독교인에 의해 잡혀온 전쟁포로 등이었다. 노예를 뜻하는 'slave'는 슬라브 사람(Slav)이란 말이 어원이다. 중세에 많은 슬라브 사람들이 노예가 된 데서 비롯되었다. 주로 러시아와 동구계였는데 특히 동구 슬라브족들이 이베리아 반도와 북아프리카 이슬람 지역으로 많이 팔려갔다. 중세에 그들은 주로 서유럽 노예상인을 통해 공급되었으나 동유럽에서는 발칸으로 진출한 오스만제국이 중간상인들을 배제하고 직접 슬라브 노예들을 사서 팔았다.

828년 중세 프랑크왕국의 경건왕 루트비히는 먼 중국을 오가는 '라다니트'라 불리는 유대인 무역상들에게 '보호증서'를 만들어 주며 노예무역을 허용했다. 라다니트란 길을 잘 안다는 뜻으로 유대상인들에게 붙여진 별칭이다. 리용의 주교가 반대했지만 이교도 노예가 없으면 왕국의 경제가 큰 타격을 입는다며 허가했다.

당시 보호증서는 유대상인이 기독교상인과 상거래를 함에 있어 어떤 불이익도 받지 않도록 유대인의 목숨을 보호해 주었다. 군역이 면제되어 잦은 전쟁에 참가하지 않아도 되었고 국가의 운송 목적으로 유대인의 운송수단이 차압되지 않도록 배려했다. 대신 유대인들이 이 보호특권을 얻기 위해 이윤의 10분의 1을 황제에게 바쳐야 했다.

그 무렵 동서무역을 위한 해상운송은 장기간이 소요되고 도처에 해적선이 출몰했기 때문에 생명의 위험을 무릅써야 했다. 유대인들이 거의 독점적으로 이러한 해상무역을 장악했다. 당시 유대인과 무역상인은 같은 말로 통했다.

10~11세기의 노예상들은 볼가 강 중류 연안, 그리고 시베리아 지방까지 가서 노예를 모집했으며 같은 시기 동유럽의 타타르 지배자인 몽골인들은 러시아, 폴란드, 우크라이나 등지를 습격해서, 매년 수천 명의 젊은 노예를 이스탄불로 배로 실어 날라 오스만 제국의 여러 도시에서 팔았다.

유대인, 어음을 결제수단으로 사용하다

이 시기 이슬람 문화권 내에 퍼져 있는 유대인들은 벌써 어음을 결제수단으로 쓰고 있었다. 신용거래가 시작된 것이다. 이것은 유대인들이기에 가능한 일이었다. 어음이란 채무자가 정해진 날짜에 어음을 가진 사람에게 일정한 액수를 지불할 의무를 지는 문서를 말한다.

화폐의 역사를 보면 새로운 종류의 화폐나 경제제도는 언제나 두려움의 대상이었다. 최초의 금화와 은화의 출현, 최초의 지폐의 등장, 최초의 환어음의 소개는 그것이 정착할 때까지 오랫동안 사람들에게서 의혹의 눈총을 받았다. 새로운 화폐제도의 출현이 파탄의 씨앗이 되지 않을까 염려스러웠다.

이 모든 의혹, 염려, 불안은 불신이다. 이러한 불신을 잠재울 수 있는 민족이 유대인이었다. 그들은 계약을 생명처럼 소중히 여겼다. 어음제도는 각국에 흩어져 있는 유대인 간에 같은 민족이라는 동질성이 강했고 계약에 대한 신뢰도가 높았기 때문에 생겨날 수 있던 제도다. 금융과 회계에 관한 새로운 창안과 진보된 방식은 늘 유대인에게서 나왔다.

당시 유대인들은 해상교역뿐 아니라 환전업, 대부업, 전당업 등 초기 형태의 금융 산업을 쥐고 있었다. 어음제도를 활용해 경제 번영을 이룬 카이로와 알렉산드리아, 코르도바 등지에서는 상업 외에도 유대 문화가 꽃피었다. 훗날 서구에서는 이탈리아 상인들이 14세기부터 본격적으로 어음을 사용하기 시작했다.

복리는 가문의 비밀

재미있는 사실은 이자의 복리 개념이 아직 외부에는 알려지지 않았지만 유대인에게는 가문의 비밀로 전승되었다는 것이다. 아인슈타인(Albert Einstein)은 "복리 계산이야말로 인간의 가장 위대한 수학적 발견"이라고 극찬하면서 세계 여덟 번째 불가사의라고 경이로움을 표시했었다. 그는 복리수익률로 원금의 두 배를 벌 수 있는 기간을 쉽게 계산하는 '72법칙'도 알고 있었다. 72법칙이란 72를 복리수익률로 나눈 값이 바로 원금의 두 배가 되는 기간이다. 예를 들어 복리수익률이 6퍼센트라면 원금이 두 배가 되는데 걸리는 기간은 72를 6으로 나눈 12년이 되는 것이다. 1천만 원을 연 8퍼센트의 복리 투자 수익이 발생하는 펀드나 상품에 투자했을 경우 두 배가 되는 기간은 9년(72/8=9)이다.

복리는 처음 몇 년 동안은 가치 증가속도가 미미하다. 하지만 장기로 갈수록 급격하게 늘어난다. 유대인들은 '시간과 복리'에 대한 명확한 인식을 갖고 있었다. 시간과 복리에 있어 가장 중요한 개념은 '돈이 돈을 버는 것이 아니라 시간이 돈을 번다'는 것이다. 유대인들은 자녀가 성인식을 치를 때 보통 3~10만 달러 내외를 축하금으로 마련해 준다. 이들은 유년 시절부터 《탈무드》에서 배워왔듯 평생을 '시간과 복리개념'에 충실한 투자를 한다. 10만 달러를 우리나라 돈으로 환산(달러당 1천 원 기준)하면 1억 원이다. 이 1억 원을 20퍼센트(다우존스지수 20년간 연평균수익률) 연복리로 20년간 투자한다고 가정할 때 20년 후에는 38억 원이 된다. 이처럼 유대인들은 사회생활을 시작하면서 돈은 '버는' 게 아니라 '불리는' 것이라는 점을 먼저 배우게 된다. 이는 일견 사소한 것처럼 보이지만 큰 차이다.

이슬람 사회의 분열과 이슬람 근본주의 왕조의 등장

8~11세기 이베리아 반도는 이슬람뿐 아니라 유대 공동체의 중심이었다. 세파르디(Sefardi)는 이산 이후 흩어진 유대인들 가운데 이베리아 반도에 거주했던 사람들과 그 자손들을 지칭하는 말이다. 세파르디는 중세에 세계 유대인의 약 절반을 점했다.

이베리아 반도의 44개 도시에 부유하고도 안정적인 유대인 공동체가 생겨났다. 많은 공동체들이 그들의 고유한 교육기관인 예시바를 소유하고 있었다. 특히 그중에서도 루세나, 타라고나, 그라나다 등이 '유대인의 도시'로 불렸다.

이베리아 반도의 이슬람 사회는 3백 년이 지나면서 세비야, 그라나다, 말라가, 코르도바 등 도시를 중심으로 한 작은 나라들로 분열된다. 뒤에서 더 살펴보겠지만 우마야드 왕조는 11세기 초엽부터 세력이 약화되면서 1031년 마지막 칼리프가 폐위되고 만다. 이런 상황에서 이슬람 세력은 자연히 북아프리카로 옮겨가고, 이베리아 반도 내 기독교도들이 1085년 톨레도에서 이슬람 세력을 몰아내기에 이른다. 하지만 이도 잠시뿐, 이슬람 근본주의자 알모하드파가 이끄는 이슬람 세력이 1146년 스페인 지역으로 쳐들어왔다. 1150년에는 스페인 안달루시아 지방도 그들의 손에 넘어가고 말았다. 1172년까지 알모하드 왕조는 이베리아 반도에서 이슬람 왕국을 유지했다. 이들 정복자들은 이교도들을 무참히 쓸어버렸다. 코르도바, 세비야, 루세나의 유대인 학교들은 폐교되었고 회당들은 파괴되었다. 유대인들은 개종하지 않으면 추방당하는 신세였다. 다행히 북부 스페인 지역의 기독교 국가인 카스티야 왕국 등의 군주들이 관용적 태도를 취해 유대인들을 환영했다.

이슬람 근본주의의 등장과 유대인의 수난기

이슬람 세계에서 비교적 부와 자유를 누리던 유대인들에게 시련이 닥쳐왔다. 야만적인 베르베르족이 1013년에 코르도바를 점령해 유대인과 관계가 좋았던 우마야드 왕조를 붕괴시켰다. 세상이 바뀌자 유대인들이 거둔 사회적 신분상승 및 문화적 우수성에 대한 질시는 이민족 간의 종교적 대립 양상으로 첨예화되었다. 결국 유대인들은 바람 앞의 등불 처지가 된다. 코르도바에서 수많은 유대인 학자들이 형장의 이슬로 사라졌다. 1066년 불거진 유대인 민중 봉기는 그라나다 박해로 이어져 유대인 5천 명의 대학살로 치달았다. 이로써 유대인들의 황금시절도 종식되었다. 또한 적지 않은 기간 이슬람 문명과 같이 공존하면서 유대 문화의 꽃을 피웠던 '세파르딤 문화'의 전성기도 한풀 꺾였다. 이제 이슬람 지배자들은 유대인에게 이슬람 정통 신앙을 강요하기 시작했다.

셀주크 투르크의 실크로드 장악과 유대인

1037년 북동쪽에 있던 셀주크 투르크족의 침공으로 중동의 이슬람 왕국은 사라진다. 이후 1071년의 한 사건은 세계사를 뒤바꾼 의미를 갖고 있다. 셀주크 왕 알프 아르슬란이 비잔틴의 영역이었던 아나톨리아의 만지케르트 전투(말라즈기르트 전투)에서 비잔틴 황제를 생포하는 대승을 거두고 동부 지중해로 향하는 교두보를 마련한 것이다. 이로써 셀주크는 중국과 인도의 육로와 동부 지중해를 잇는 실크로드, 향료길 무역을 보호하면서 중계와 교역을 통한 막대한 국가수입을 올렸다. 셀주크의 강성과 부의 원천은 바로 육해상 실크로드를 잇는 중계무역이었다. 이러한 상황에서 셀주크 통치자들의 정책 기본은 육상과 동부 지중해의 교역로를 방어하고 교역망을 확충해 나가는 것이었다.

당시 셀주크의 경제 원동력 역시 그 이전 이슬람 왕국에서 활약했던 유대인들이었다. 더욱이 해적이나 도적들로부터 그들의 교역품이 강탈당한 경우에 국고에서 이를 보조하는 일종의 보험제도와 신용대출 같은 금융편의도 제공되었다. 셀주크의 수표 사용과 보험과 같은 금융제도는 곧바로 지중해 교역을 통해 유럽에까지 소개되었다. 셀주크 투르크의 중국-인도-동부 지중해를 연결하는 국제무역의 번성은 동시에 농산물 생산 증대, 제조업과 광산개발의 활성화 같은 국내산업 전반에 긍정적인 파급효과를 주었다.

셀주크에 대한 반동으로 12세기 초 북아프리카 산악지대에서 이슬람 근본주의자들이 발흥했다. 그들의 목표는 이슬람 진흥이었다. 이로써 1천 년 동안 북서 아프리카에 존재했던 기독교 공동체가 전멸했다. 1146년에는 이슬람 근본주의자들인 알모하드 왕조가 이베리아 반도에 상륙

했다. 이 왕조가 유대인에 대한 광적인 탄압에 나섰다. 유대인들은 이제 아주 제한된 경우를 제외하고는 무역활동도 금지 당했다. 유대인은 개종과 죽음 가운데 하나를 받아들여야 했다.

결국 유대인들은 칼에 의해 강제로 개종됐고 그들은 쉬클라라 부르는 푸른색의 기이한 옷과 모자를 쓰고 다녀야 했다. 차별의 상징인 쉬클라를 걸치지 않을 경우에는 노란색 옷만 입어야 했다.

몸에 노란 표시를 해야 했던 유대인

이슬람 근본주의자들은 유대인들을 구분하기 위해 늘 몸에 노란색 표시를 하도록 했다. 중세시대 노랑은 치욕의 색으로 거짓과 비겁, 불충과 배반을 의미했다. 유대인들은 터번을 두를 때도 노란색을 사용해야 했다. 터번을 두르지 않을 때는 노란색 허리띠를 반드시 차야 했다. 유대인들은 또 회당을 만들 수 없었고 돈이 많아도 이슬람인 노예를 부릴 수 없었다. 심지어 말을 타고 다닐 수도 없었다. 종교생활을 드러내 놓고 한다는 것은 자살 행위였다. 이때 많은 유대인들이 이베리아 반도 북부에 있는 기독교 스페인 왕국으로 이주했다.

이때부터 스페인의 유대인 디아스포라는 신학적인 탐구 활동보다는 당장 하느님으로부터 초자연적인 도움을 받고자 하는 마음에서 종교적인 신비체험을 추구하는 양상으로 탈바꿈했다. 다시 말해서 연구와 토론, 사고(思考) 등 지적인 활동을 중시하는 랍비 유대교보다는 하느님과의 직접적인 만남을 강조하는 신비주의적 유대교인 카발라(Kabala)가 유대인들 사이에서 인기를 끈 것이다.

카발라는 관념적 신학체계와 신비적 숫자, 상징주의를 사용한다. 이들은 단어와 숫자를 신비롭게 배열함으로 히브리 경전의 깊은 의미를 파헤치고자 했다. 카발라는 형이상학적인 문제에도 관심을 기울였다. 완전한 신이 불완전한 세상을 만들고, 무한자가 유한자를 만든 유출설을 바탕으로 출발했다. 무한자로부터 신의 의지는 지혜(남성)와 지식(여성)을 생성시키고, 이것이 다시 은총(남성)과 힘(여성)을 생성시켰으며, 다시 이들에 의해 자연계가 생성되었다는 것이다. 인간은 이 모든 속성과 우주적 힘을 지닌 소우주이며 적절한 방식과 상징, 명칭을 통해 자신을 통제할 수 있다고 확신했다. 한편 메시아도 출현하면 신비로운 명칭과 상징을 통해서 표현될 것이라고 주장했다.

유대인들이 떠나자 이슬람의 상업적 기반이 무너지다

죽음에 내몰린 유대인들은 더 이상 견딜 수 없었다. 그래서 유대인 대부분은 이베리아 반도 북부의 기독교 국가인 스페인 왕국으로 피신했다. 유대인들이 떠나자 이슬람 왕국의 상업적 기반이 무너졌다. 해외무역은 물론 국내 상업도 타격이 컸다. 우선 돈이 돌지 않았다. 교환경제의 쇠퇴와 함께 문화적, 사회적 기반도 같이 쇠퇴해갔다.

반면 13세기 스페인 카스티야 왕국의 알폰소 10세는 유대인들을 받아들이고 호의적인 태도를 취했다. 교황 그레고리 7세에게 경고를 받았지만 알폰소 10세는 이를 무시하고 계속해서 유대인들에게 피난처를 제공했다. 이에 따라 유능한 유대인들이 대거 몰려오면서 스페인 왕국은 경제적으로 부흥하는 계기가 마련되었다.

스페인 카스티야 왕궁은 밀려오는 유대인들을 차별하지 않았다. 상업과 수공업은 물론 모든 직업이 유대인에게 개방되었다. 가옥과 토지 소유도 허용되었다. 특히 알폰소 10세는 학문을 유달리 사랑해 아랍어, 라틴어, 히브리어로 기록된 고전 문헌을 연구할 수 있는 학자의 양성에 힘을 쏟았는데, 이때 유대인들이 선진 아랍 문명을 기독교 사회에 전하는 긍정적인 역할을 했다. 이로써 유대 문화는 다시금 황금기가 되었다. 유대인들의 경제력 및 사회동력의 이동은 훗날 스페인 왕국이 이슬람을 이베리아 반도에서 몰아내고 지중해 패권을 차지하는 역사의 원동력으로 작용한다.

10

중세 유럽, 유대인의
동방무역과
금융업

유대인은 농경사회에서 축출되어 상업에 눈뜨게 되고, 뿔뿔이 흩어지게 되어 글로벌한 민족이 된다.
중세에는 문맹률이 98% 이상이었으나 유대인들은 글을 읽고 쓸 줄 알았기 때문에 어디를 가든 상업
과 무역을 석권할 수 있었다. 게다가 유대인 동족 간의 나눔 정신은 물질적인 것에만 국한되지 않고
지혜와 정보까지 나눔으로써 환시세에 정통한 뱅커가 출현하고, 오늘날 금융업의 기본인 신용거래와
유가증권, 환어음까지 가능하게 했다.

◆ ◆ ◆

　일반적으로 경제사에서 중세는 476년 서로마제국 멸망 이후부터 콜럼버스의 대항해 직전까지 약 1천 년 동안을 의미한다. 중세를 암흑기로 보는 이유는 화폐경제가 마비되어 시장기능이 실종되고 도시는 황폐화되어 사람들은 시골로 옮겨가 물물교환경제로 돌아갔기 때문이다. 영주 중심의 장원경제가 중세의 대표적 경제체제다. 게다가 7세기 이후 지중해를 장악한 이슬람권에 의해 해상 진출이 봉쇄되었다. 그리고 바이킹족이 북해를 지배하면서 끊임없이 남하하는 바람에 유럽 대륙은 아래로도 위로도 나아갈 방도를 잃고 장원경제 체제에 매달릴 수밖에 없었다.

　봉건제도가 주축을 이룬 장원경제 체제에서 농노는 토지 사용의 대가로 영주에게 지대(地代)를 납부했다. 중세 봉건제도의 구성원들은 영주 이외에 크게 성직자, 기사 등의 지배계급과 피지배계급인 농노로 나뉜다. 영주와 기사는 영토를 방어하고 농노는 생산과 세금 납부 등 뚜렷한 역할 분담으로 각자의 의무와 권리가 정해져 있었다. 농민은 땅에 대한 소유권이 없었다. 때문에 역사학 용어로 농노로 불리기도 하나 우리가 생각하는 자유가 완전히 박탈된 노예는 아니었다. 하지만 그렇다고 자유로운 신분도 아니었다.

　농노는 땅의 소유권은 없지만 다른 농노들과 공평하게 분배받은 땅에서 농사짓고 그것을 자손에게 물려줄 수도 있었다. 최소한의 생활이 보장된 셈이었다. 대신 영주에게 묶여 살았다. 영주가 관할하는 직영지에 가서 일주일에 사나흘, 심지어는 엿새를 꼬박 일해야 하는 경우도 있었다. 또 영주 허락 없이는 장원을 떠나 다른 곳으로 이사 갈 수도 없었다. 영주는 이들에 대해 몸을 구속했을 뿐 아니라 재판권이나 경찰권도 행사

할 수 있었다. 농노들은 영주에게 예속되어 자유롭지 못했다.♦

　장원경제의 성립은 교회도 한몫 거들었다. 농사 이외의 상업은 기독교 교리에서 '탐욕'의 직업으로 인식되었다. 그들은 상업이야말로 교회와 사회에 불안을 초래할 수 있는 원인으로 보고 기독교도들에게 이익에 집착하지 말도록 끊임없이 설교했다. 교회는 경제성이나 수익성을 부정하고 도덕규범으로만 경제활동을 규정하려 했다.

　초기 중세사회는 각기 독자적 관할권을 갖는 장원으로 재조직되었다. 그리고 과거의 도시는 장원경제 체계 속에 포함되어 영주(제후)로 행세하는 교구장의 지배를 받았다. 따라서 도시와 시골을 구분 짓는 특성이 사라졌다. 도시적 삶의 퇴화는 지역 간의 경제적 고립을 가져왔고, 종교적으로는 지나친 신성숭배를 동반했다.

♦ 강철구, '자유로운 유럽 중세도시의 신화', 프레시안(www.pressian.com), 2007년 11월13일

기독교 대부업 금지가 낳은
유대인 대부업의 유래

중세 유럽의 유대인은 농노들과 같은 영토에서 살 수는 있을지언정 공동체 구성원 자격은 부여받지 못한 아웃사이더였다. 즉 그들은 공동체 구성원이 아니어서 농사조차 지을 수 없었다. 농사를 못 지으니 유대인은 당시 천시 받았던 장사나 물건 만드는 수공업자밖에는 할 일이 없었다.

중세 초기에는 농민만이 유일한 생산계급으로 인식되었다. 상업이나 수공업은 생산계급에 빌붙어 사는 계층 정도로 여겨졌다. 상업이나 수공업은 농노보다도 못한 천민들이나 공동체 밖의 떠돌이들이 하는 천한 직업이었다. 유대인은 이렇게 농사에서 배척되어 상업이나 수공업에 종사하거나 다른 일거리를 찾아 봉건제에 부재한 상인계급을 맡았다.

당시 돈은 유대인에게 생명줄이나 마찬가지였다. 공동체의 구성원이 아니었기 때문에 유대인이기 때문에 거절된 사회적 권리를 돈으로 사야 했다. 농노는 영주나 교구장이 보호해 주었으나 유대인은 돈의 힘으로라도 보호를 받아야 했다. 이후 유대인들은 돈이 모이면 이를 아껴 모았다가 돈놀이를 해 돈을 늘렸다. 중세 봉건체제 밖의 제4계급에 속했던 유대인은 영주나 교구장의 보호를 받는 대가로 특별세를 내야 했는데,

이는 당시 농노들이 수확물의 일정 부분을 지대로 영주에게 바치는 것과 같은 개념이었다.

유대인의 남다른 장사꾼 재질에 위협을 느낀 길드

유대인에게는 장사꾼으로서 남다른 자질이 있었는데, 이는 타고난 것이라기보다 그들의 지식과 교양에서 유래된 것이다. 유대인은 어디서나 유대교의 가르침에 따라 항상 공부하며 살았기 때문에 교육 수준이 높았다. 읽기, 쓰기와 계산은 물론이고 사물을 분석하는 능력이 뛰어났다. 게다가 신용과 계약을 목숨처럼 여겨 상도의 정신이 투철했다. 또한 세계 각처에 흩어져 있는 유대인 커뮤니티를 통해 긴밀히 정보를 교환하고 장사거리를 찾아내 서로 도우며 살았다. 특히 장거리 교역에 있어서 유대인 커뮤니티 간의 거래는 신뢰를 바탕으로 한 가족처럼 움직였다. 이를 통해 국제적인 통상망을 갖추고 규모 있는 장사를 해 자연히 번성했다.

유대인들이 번창하자 이에 위협을 느낀 기독교 상인들과 수공업자 조합인 길드가 유대인들을 배척했다. 길드가 모든 상권과 수공업을 장악하고 있는 중세의 상황에서 유대인들의 상업 및 수공업 진출은 점점 힘들어졌다. 상업과 수공업에서 기독교도 위주의 길드가 조직되고부터는 유대인들에게 기독교도들이 꺼리고 사회적으로 냉대 받는 일거리만이 유일한 생계 수단이 되었다. 노예상, 가축상, 전당포, 고물상과 대부업이 그것이다. 당시 노예교역은 슬라브 지역에서 기독교도가 이교도 노예를 잡아서 유대인에게 팔면, 노예를 산 유대인이 기독교권에서 다시 팔든가 국경을 넘어 수요가 많은 이슬람 지역에서 판매하는 방식이었다. 이슬람 지역은 기독교도들의 출입이 금지된 터라 유대인만이 들어갈 수 있었다.

중세에도 이슬람 지역과의 교역은 중단되지 않고 유지되었다. 지중해 지역을 지배하고 있던 이슬람 세계로부터 향료·견직물 등이 수입되었고, 모피·노예 등의 상품이 서유럽으로부터 이슬람 세계로 수출되었다. 특히 동유럽의 슬라브인을 이집트나 이베리아 반도의 이슬람 왕국에 수출한 노예무역은 중세에서도 계속된 중요한 무역이었다.

또한 당시 소가 없는 농노는 유대인 가축상에게 소를 빌려 농사를 짓고 우유를 얻었다. 나중에 소를 팔게 되면 이익을 농노와 가축상이 반반씩 나누었다. 그나마 노예와 가축과 같은 대규모 교역이 동반되는 사업은 기독교도 점원을 고용해야 했다. 그래야만 기독교도들의 적대감을 조금이라도 누그러트릴 수 있었다.

기독교의 대부업 금지와 유대인의 대부업

고대로부터 이자는 금기시되었다. 철학자 아리스토텔레스는 '이자 불임설'을 주장했다. 돈은 그 자체로 이윤을 낳을 수 없다는 뜻이다. 그는 이자 받는 행위를 맹렬히 비난했다.

> "고리대금업은 가장 미움을 받는다. 그것이 미움을 받는 데에는 마땅한 이유가 있다. …… 왜냐하면 화폐란 교환하기 위한 것으로서 사용되는 것이지 이자를 불리기 위해서가 아니기 때문이다."

기독교 또한 이자를 금하고 있다. 이자는 돈을 빌려준 시간에 대해 받는 반대급부인데 시간은 신의 영역이기 때문에 이를 이용해 인간이 이자를 받으면 안 된다는 것이다. 따라서 기독교는 돈을 빌려 주는 것을 '금융'이라 부르지 않고 이자의 높고 낮음에 관계없이 모두 '고리대금'으로 불렀다. 이렇게 중세 교회는 이자를 목적으로 돈을 빌려 주는 행위를 죄악시했다.

하지만 당시 부의 중심이었던 교회와 수도원 그리고 기사단 일부가 신의 뜻을 거스르며 대부업을 했다. 때문에 1179년에 열린 제3차 라테란 공의회에서 교황청이 나서서 기독교인의 대부업을 공식적으로 금지했다. 높은 이자를 받을 경우 종교 파문은 물론 법적으로 이자를 되돌려 주도록 하는 규정이 생긴 것이다. 이자를 요구한 성직자들은 직책이 박탈되었다. 회개하지 않고 죽은 대부업자에겐 기독교식 매장을 허용하지 않았다. 이렇게 기독교인이 공식적으로는 대부업을 할 수 없게 되자 이는 자연스레 유대인의 몫이 되었다.

반면 유대교에서는 "이방인에게 돈을 빌려 주고 이자는 받을 수 있되 너의 형제에게는 이자를 받고 돈을 빌려 주어서는 안 된다."(《신명기》 23:20)라는 《구약성경》의 구절을 근거로 이방인에게 돈을 빌려 주고 이자를 받을 수 있다는 해석을 내렸다. 이로써 유대인은 대부업에 종사할 수 있었다. 중세 기독교 국가의 왕실과 귀족들은 국고 관리와 재무 관리를 주로 유대인에게 맡겼다. 그러나 《탈무드》도 이자를 '많이' 받는 고리대금은 엄격히 금했을 뿐 아니라 고리대금업자를 살인자와 동일시했다.

다른 종교는 청빈을 덕목으로 삼고 있다. 하지만 유대교는 부(富)도 엄연한 하느님의 축복이라고 가르친다. 유대교 경전 《탈무드》가 가르치는 돈의 중요성에 관한 유대인 속담들이 있다.

"사람을 해치는 것이 세 가지 있다. 근심, 말다툼, 그리고 빈 지갑이다."

"몸의 모든 부분은 마음에 의존하고 마음은 돈 지갑에 의존한다. 돈은 사람을 축복해 주는 것이다. 부는 요새이고 가난은 폐허다."

대부업과 관련된 오명은 유대인이라는 이름 앞에 꼬리표처럼 붙어 다녔다. 기독교에서는 이자를 받고 돈 빌려 주는 일을 죄악시했기 때문에 어느 누구도 감히 대부업을 공공연히 할 수 없는 상황이었지만 현실적으로 대부는 점점 더 경제적으로 필요한 것이 되었다. 말 그대로 '필요악'을 유대인이 떠맡은 셈이었다.

중세 왕실의 국고 관리까지 맡은 유대인

돈에 대한 필요는 어느 사회나 많은 법이다. 유대인의 대부업은 날로 번창해 갔다. 그러나 돈을 다루는 대부업은 위험한 직업이었다. 유대인 대부업자가 실종되거나 살해되면 대출금에 대한 소유권은 국왕이나 영주에게 돌아가도록 되어 있었다. 당시에는 모든 소유권이 국왕이나 영주에게 있었다. 따라서 그들은 유대인을 자기 개인 재산으로 취급하는 경향을 보였다.

국왕이나 영주들은 유대인들로부터 이중의 이익을 취했다. 일반 세금을 징수했을 뿐만 아니라 대출할 때마다 대출세를 바치도록 했다. 필요할 때 큰돈을 대출해 쓸 수 있으며 세금을 많이 내는 유대인들은 통치자에게는 귀중한 자산이었다. 그들의 법적 신분은 다른 권세가가 손댈 수 없도록 왕실 직속으로 관리되었다. 그러나 이러한 왕실 보호와 관리는 유대인에게 유리한 것만은 아니었다. 일부 국왕은 아예 유대인들을 추방해 채무관계에서 벗어나고 그들의 재산까지 몰수했기 때문이다.

중세 도시의 형성과
상인 세력의 등장

11세기 북부 이탈리아를 중심으로 하는 지중해무역의 번성과 플랑드르 지역을 중심으로 새로운 모직물산업이 유럽의 경제를 활성화시켰다. 그 온기가 점차로 내륙으로 전파되어 전 유럽에 경제적 활기가 감돌기 시작했다. 중세 도시들은 바로 이 상업부흥의 흐름을 타고 상공업 중심지로서 거듭났다. 대체로 중세 초기의 도시들인 항구도시, 교회도시, 성곽도시는 생성 당시부터 교통의 요지에 위치한 경우가 많았기 때문에 그곳에 각지의 상인들이 모여들기 쉬웠던 것이다.

대체로 상인들은 유사시에 신속히 대피할 수 있는 성채나 교회, 수도원 부근에 자리를 잡았다. 처음에는 겨울을 나기 위한 일시적인 주거지였으나 점차로 상인들의 생활 터전이 되었다. 이러한 상인들의 거주지는 대개 성곽 외부에 건설되었으나 점점 상업 인구가 증가하고 경제력이 커지자 상인들은 스스로를 지키기 위해 거주지 주변에 새로운 성벽을 쌓기 시작했다. 이후 더욱 번성해 활동 공간이 부족하게 되면 동일한 과정이 반복되어 여러 겹의 성벽이 축조되었다. 이와 같이 형성된 것이 중세시대의 도시다.

성 안의 사람을 뜻하는 부르주아

중세 도시에서 상인들과 더불어 도시 주민의 핵심을 이룬 것은 수공업자들이었다. 그들 대부분은 영주나 성직자를 위해 일하던 사람이었거나 농촌 출신의 막노동꾼이었다. 상인들은 영주에 얽매이지 않는 자유인이었지만 여전히 농노 신분이었다. 그들은 상업이 활발해지자 상품의 선적과 수송, 선박의 수리와 단장, 수레와 상자 제조 등 필요한 모든 물건과 부속품을 만들어냈다. 또한 도시 인구가 점점 증가하자 새로이 외부로부터 제빵업자, 양조업자, 대장간, 푸줏간, 대부업 등을 하는 사람들 곧 소상인들도 모이게 되었다.

중세 도시는 방어하기에 좋은 성채 가까이 형성되어 성채 바깥에 모여든 상인들은 시장과 집을 만든 다음 그 주위에 새로운 성벽을 쌓아 도시를 보호했다. 그래서 이들에게는 성벽 안에 사는 사람이라는 뜻의 '부르주아'라는 별칭이 붙었다. 이렇듯 '부르주아'란 개념은 원래는 성(Burg) 안에 사는 사람 부르거(Burger)에서 유래했다. '도시 사람들'이란 뜻으로 성밖의 '시골사람'과 대비되는 말이다.

투쟁을 통해 자치권을 획득한 도시 상인들

당시 상인들은 위험한 육로로 돌아다니면서 장사를 했기 때문에 호위병 곧 용병들을 대동하고 다녔다. 그래서 상인들이 단합하면 영주나 기사들도 그들을 대적하기 힘들었다. 도시 상인들은 공동서약을 통해 주민의 자치제인 코뮌(commune)을 결성하고 영주와 대결했다. 진정한 의미의 코뮌은 도시가 발달한 이탈리아에서 가장 먼저 출현했다. 일찍부터 자치도시가 되었던 베네치아의 뒤를 이어 11세기 초에는 제노바와 피사가 자치권을 얻었다. 자치권 확보를 위한 투쟁은 11세기 후반 롬바르드 지방을 시작으로 라인 강

::: 중세시대 '귀족―상인―농노'의 신분 차이를 잘 보여주는 그림
프랑스 국립도서관 소장

유역의 도시들과 북부 프랑스 도시들로 확산되었다.

당시 이탈리아 도시에서의 영주는 대개 주교였다. 11세기 말에는 게르만 황제의 위세를 업고 호령하던 주교들에 대해 도시민들이 반란을 일으켰다. 주교의 봉신인 귀족들과 제휴해 거사한 것이었다. 그 결과 상인과 귀족의 과두집단이 주도하는 중세 도시로 성장하게 된다. 영주나 교회의 재판권으로부터 해방되는 자유를 얻은 것이다. 그리하여 12세기 중엽까지는 유럽 대부분의 도시가 자치권을 획득했다.

길드의 탄생

중세 도시의 상인과 수공업자들은 점점 활동 규모가 커지자 길드(guild)라는 조합을 조직했다. 상인조합은 공동의 이익과 안전을 도모하기 위한 조직이었는데 자연재해나 해적으로 인한 상업상의 손실을 보상해 주고 조합원이 죽었을 때는 그 가족에 대한 생활을 책임지기도 했다.

현대와 다르게 치안 상태가 불안했던 당시로서는 서로 돕기 위한 길드야말로 수공업자와 상인들의 생존과 번영을 보장하는 유일한 수단이었다. 누구든지 도시 안에서 사업을 하려면 길드에 소속되어야 했다. 이들 세력은 상당히 강해져 나중에는 도시의 행정권을 독점하다시피 했다.

상인조합보다 뒤늦게 조직된 수공업자조합은 다른 도시의 수공업자들과의 경쟁에서 이기기 위해 생산 독점권을 가지고 생산과 판매를 엄격히 통제했다. 장인, 직인, 도제라는 직분을 나누어 장인만이 길드에 가입할 수 있었으며 제품을 시장에 팔 수 있는 권한이 있었다. 도제는 7년이 지나야 직인이 될 수 있고 직인은 길드 심사에 합격해야 장인이 될 수 있었다. 상인과 수공업자들은 점차 부를 축적하게 되자 새로운 세력으로 등장해 귀족과 성직자 중심의 중세 신분질서에 도전하게 된다.

현대 박람회의 효시, 샹파뉴 정기시

북부 이탈리아 도시국가들과 플랑드르(Flandre, 중세에 북해 연안 저지대 남서부에 있던 공국) 지방이 11세기 말 각각 상업 중심지로 번창하고 있었지만, 이들 사이의 교역은 비교적 빈약했다. 이는 주로 수송의 어려움 때문이었다. 이탈리아에서 플랑드르로 가는 뱃길은 극히 위험했다. 해적 떼와 폭풍우 때문이었다.

그래서 11세기 후반부터 두 지역의 상인들은 중간 지점에서 만나기 시작했다. 12세기 초 샴페인의 고장인 샹파뉴의 한 강력한 제후 집안이 이러한 상황을 이용해 큰 수입을 올릴 방책을 생각해 냈다. 그는 이 지역을 하나의 거대한 시장으로 탈바꿈시키는 작업에 착수했다. 상업과 산업이 가장 발달했던 북부 이탈리아와 플랑드르 지역을 중간에서 연결하기 위해 샹파뉴 시가 주도해 그 지역의 주요 도시들에 정기적으로 열리는 시장인 정기시(定期市)를 설치한 것이다.

그들은 정기시를 위한 장소를 따로 마련하고 상가를 세웠으며 질서 유지를 위한 경찰과 분쟁해결을 위한 재판관을 두고 여러 지역의 상인들이 아주 다양한 종류의 화폐를 가져오는 문제를 해결하기 위해 환전상까지 배려했다. 게다가 정기시에서의 상거래는 세심하게 조직되어 지역과 상품에 따라 거래일이 따로 정해져 있었다.

약 2백여 년 동안 샹파뉴의 정기시는 서유럽에서 가장 중요한 시장으로 군림했다. 대규모 정기시는 기본적으로 오늘날의 도매시장과 비슷했다. 당시 샹파뉴 정기시는 1년에 네 번 정기적으로 개최되었다. 현대 국제박람회의 효시다.

나중에는 상인들이 늘어나자 매년 여섯 차례씩 장이 섰다. 거의 1년 내내 시장이 열리는 셈이었다. 당시 장에는 플랑드르와 이탈리아산 직물과 동방무역을 통해 수입한 실크, 향료, 명반 등과 영국과 스페인의 양모 그리고 독일의 리넨 등이 주로 거래되었다. 해로보다는 육로에 의존했던 당시의 교역 환경에서 대륙의 한가운데 위치한 샹파뉴 정기시는 12세기에 시작해 플랑드르의 브뤼헤에게 상권을 넘겨주는 14세기까지 중세 유럽경제의 흐름을 주도했다. 당시 유럽 경제를 주도했던 북부 이탈리아와 플랑드르, 그리고 샹파뉴시의 공통점은 유대인들이 상권을 주도하고 있었다는 점이다.

유대인이 상업을 석권했던 이유

중세 가톨릭 신자는 대부분 문맹으로 당시 문맹률은 98퍼센트로 추정되고 있다. 상류층 가운데 일부만 글을 읽을 줄 알았다. 그들 중 일부가 《성경》을 읽고 자기 뜻대로 해석해 전파하는 바람에 신자들이 이단의 위험에 빠질 소지가 있었다. 교회는 이를 두려워했다.

당시 교황권이 세속화로 치닫자 교황의 신권을 부인하며 《성경》만을 의지하는 종파가 탄생했다. 일명 발도파라 불리는 그들은 교황의 신권을 부인하고 《성경》만을 믿을 것을 길거리 설교를 통해 전파하면서 세력을 넓혀갔다. 당연히 교황청은 그들을 파문했다. 이후 1229년 툴루즈 회의에서 교황 그레고리 9세는 평신도들이 이단에 기우는 것을 막기 위해 평신도들은 《성경》을 소유할 수도, 읽을 수도, 번역할 수도 없다는 금지령을 내렸다.

그 뒤에 《성경》을 번역하거나 소유하거나 읽는 신도들은 종교재판에 회부되어 엄벌을 받거나 화형에 처해졌다. 뿐만 아니라 《성경》이 숨겨져 있다고 의심되는 곳이 있으면 거침없이 수색했다. 평신도가 《성경》을 소유하는 것은 곧 사형을 뜻했다. 이런 상태가 약 5백 년 동안이나 계속되었다. 중세에는 사제가 미사를 행할 때도 사어(死語)인 라틴어로 집전함으로 평신도들은 《성경》을 알 기회가 거의 없었다. 그래서 중세 이후로는 신도들에게 《성경》의 말씀을 이해하기 쉽게 그려서 알려 주는 수단으로 발전한 것이 교회의 성화다. 대부분이 문맹자였던 기독교도들을 위한 최상의 전달 방법이었다.

유대교가 유대인들에게 《성경》을 읽히기 위해 기원전부터 글을 가르친 배움의 종교인 반면 가톨릭에서는 신도들이 이단에 빠질 것을 두려워 《성경》 읽는 것을 금한 문맹을 권하는 교회였다. 여기서 큰 차이가 벌어졌다.

문맹사회에서 글을 아는 독보적 존재

16세기 활자가 발명되기 전 책은 어느 나라를 막론하고 손으로 써야 했다. 일반인은 글씨가 써 있는 책조차 볼 기회가 드물었다. 그건 하층민이 접근할 수 있는 일이 아니었다. 중세 후기까지만 해도 대부분의 사람들은 글을 전혀 몰랐다. 이들을 위해 돈을 받고 관공서 문서 등을 읽어주거나 대필해 주는 직업이 있었다. 주로 유대인들로 이들은 일반 백성들보다 많은 부와 권리를 누렸다.

당시 문맹은 결코 수치가 아니었다. 글을 읽고 쓸 줄 모른다는 것은 오히려 기사에게 있어 용맹의 상징처럼 여겨졌다. 심지어 왕족이나 귀족들 중에서도 글을 전혀 읽고 쓸 줄 모르는 경우도 있었다. 예를 들면 프랑크 왕국의 카롤루스 대제는 그렇게 문화를 장려했으면서도 정작 자신은 알파벳을 쓸 줄 몰랐다. 글을 배워보려고 노력했지만 실패했다. 그래서 서명할 일이 있으면 글자 모양으로 구멍이 뚫린 자를 대어 글자를 그리는 식으로 썼다.

그러므로 이 시기 유대인들이 상업을 석권할 수 있던 것은 바로 글을 읽고 쓸 줄 알았기 때문이다. 중세 이탈리아 유대 상인의 일상 업무 중에 가장 중요했던 것은 글쓰기였다. 상인들은 일주일에 적어도 서너 통의 편지를 써야 했으며, 이에 더해 자신의 상업 활동을 상세하게 장부에 기록해야만 했다. 물품을 받고 부칠 때 관련 증빙서류를 함께 동봉해야 했고, 시장에서 판매되는 상품의 목록을 작성하고, 수시로 시세를 파악해서 사업상의 동료나 랍비에게 보내야만 했다.

지혜와 정보를 나누는 오랜 관습

유대인 동족 간의 나눔 정신은 물질적인 것에만 국한되지 않는다. 물질보다 더 강력한 지혜와 정보를 나눈다. 부자가 자신의 재물을 사회에 기부해야 하는 것처럼, 지혜로운 자는 자신의 지혜로 사회에 기여해야 한다. 유대인은 자신의 도움이 필요할 때 봉사하지 않는 것을 죄로 여긴다. 타인을 위해 드리는 기도는 의무다. 자신의 동료를 위해 하느님의 자비를 구할 수 있으면서 행하지 않으면 죄를 짓는 것이다.

이 공동체 의식은 고대부터 변함없이 그들의 생각과 행동을 지배해 왔다. 학자인 랍비가 공동체를 이끌어가는 것도 같은 맥락이다. 실제 비즈니스 측면에서도 유대인들은 사업이 번창하면 가족이나 친척은 물론 유대인을 우선적으로 끌어들이는 것으로 유명하다.

또 유대인 커뮤니티의 유대교 회당인 시나고그에 모르는 이방 유대인이 찾아오더라도 적어도 원로 가운데 한 사람은 꼭 그를 자기 집 식사에 초대해야 한다. 이방 유대인에게 필요한 정보와 도움을 주어야 하는 것도 시나고그의 오랜 관습이기 때문이다. 그래서 유대인들은 멀리 가면 꼭 그 지역 시나고그부터 찾는다. 유대인들이 멀리 떨어져 있는 다른 커뮤니티와 서로 도와 사업을 함께해 나갈 수 있는 것은 바로 이 공동체 의식 덕분이다.

유대인들은 개개인이 유대인다운 바른 행위를 해야 한다는 의식뿐만 아니라, 모든 구성원이 서로 사회적인 연대책임을 갖고 있다는 생각이 강하다. 공동체가 구성원 한 사람 한 사람의 유대인에게 바른 행동을 하도록 이끌어야 할 책임도 있음을 뜻한다. 유대인이 남달리 자선행위를 중요하게 여기는 것도 같은 맥락이다.

일반적으로 서구인들은 개인주의적이고 독립적 개성과 프라이버시를 중요하게 여기지만, 유대인은 다르다. 유대인은 유대인 공동체 속의 한 사람이 될 때라야 비로소 유대인이 된다. 이러한 사고방식은 고대로부터 줄기차게 전승되어 왔다. 《탈무드》에 "만일 부모가 자식을 올바르게 교육시키지 못했거나 그런 환경을 자식에게 마련해 주지 못했을 때, 그 자식이 잘못을 저지르게 되면 그 죄를 자식 혼자서만 책임지게 할 수 없다."는 구절이 있다.

사업자금 지원하는 무이자 대부제도

유대인은 사업이 성공하면 가족이나 친척을 참여시키고 번창하면 동족들을 불러 모으기 때문에, 대부분 가족이나 친척이 일군 사업에 참여하는 게 오랜 관습이 되었다. 하지만 본인이 새로운 사업을 시작할 경우에도 가족이나 친척들의 재정적 지원을 받는 경우가 많다. 설사 주변의 재정적 지원이 없더라도 유대인 사회의 무이자 대부제도를 활용할 수 있다.

일반적으로 성공한 유대인 상인들은 단체를 조직해 다른 유대인을 돕기 위한 기금을 조성하고 사업정보와 아이디어를 제공한다. 그들 사회에는 장사하려는 가난한 동포를 돕는 '무이자 대부제도'가 오래전부터 있었다. 장사를 시작하려고 하는 사람이나, 실패해서 다시 재기하려는 사람에게 자금 조달은 지극히 절실한 문제다. 그런 면에서 사업자금을 무이자로 대부하는 제도가 역사적으로 유대인 사회에 존재했다는 사실은 매우 특기할 만하다. 이러한 전통은 현재까지 면면히 이어지고 있으며, 유대인의 성공은 이러한 제도적 뒷받침이 있었기에 가능했다.

대표적인 사례가 18세기부터 유럽에서 있었던 '헤브라이인 무이자 대부협회'다. 이러한 전통은 유대인들이 미국에 이민을 가서도 계속되었다. 지금도 성공한 유대인들은 기부금을 내는 걸 당연하게 생각한다. 이런 모금단체를 비롯해 각종 커뮤니티 조직이 미국에만도 2백 개가 넘는다.

비슷한 시기에 미국에 이민 온 중국인이나 일본인들에게도 이러한 동포끼리 자금조달을 위한 금전 상호융통조직이나 호조회(互助會) 같은 것이 있었다. 그러나 그것은 이자가 있는 융통이었다. 게다가 그들은 출자한 사람이나 돈을 빌리는 사람이나 모두 가난한 이주자들이었다. 반면 유대인 사회의 출자자들은 거액의 출자를 서슴지 않았던, 이미 미국사회에서 성공한 사람들이 주축이었던 것이다. 더 중요한 것은 종교색이 없는 전자에 비해, 후자는 유대교의 가르침에 따라 설립된 종교적 자선단체의 일종이라는 차이가 있다.

도움이 필요한 형제를 돕는 것은 유대교 율법

유대인들은 엄청난 금액의 기부로도 유명하다. 이것 또한 가난한 동포를 도우라는 유대교 율법에 따른 것이다. 유대인은 어릴 때부터 저금통을 갖고 있는데, 이 저금통이 다 모이면 자선에 쓰는 습관을 들인다. 자선의 구체적인 방법도 정해 놓았다. 《토라》는 형제들 가운데에서 분명 필요한 사람(needy person)이 있다면, 그가 필요한 만큼(enough for his lack) 주어야 할 것이라고 규정해 놓았다. 가난한 사람이 아닌 필요한 사람은 세상 어디에나 있다. 그러나 통상적인 자선은 소득의 5분의 1에서 10분의 1까지로 제한해 놓아서, 자신의 주제를 망각한 채 많은 돈을 자선하는 것은 금하고 있다.

동포를 돕는 방법은 금전뿐이 아니다. 가난한 유대인 자제가 공부를 계속하기 원하면 공동체는 그 아이의 공부를 책임져야 한다. 유대인들은 유아원부터 시작해서 성인이 될 때까지 다양한 유대 교육기관과 단체에 가입해 교육을 받을 뿐만 아니라 인맥을 쌓는다. 이 안에서 그들은 성장할 수 있는 정보와 기회를 서로 제공하고 세계 각국의 유대인들과도 연대해 강력한 유대인 네트워크를 만들어 간다. 유대인이라는 것 하나로 뭉치고 서로 돕는 단결력이 유대인의 힘인 것이다.

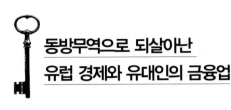

동방무역으로 되살아난
유럽 경제와 유대인의 금융업

원래 동방무역이란 고대 해상무역을 주름 잡았던 페니키아인과 유대인으로부터 비롯되었다. 이후 중세 전반에 쇠퇴했다가 10세기 말부터 상업의 부활로 다시 성행했다. 좁은 의미로는 북부 이탈리아의 항구도시에 의한 중·근동무역을 가리킨다. 그러나 곧 10세기부터 16세기의 신항로의 발견에 이르기까지 이탈리아의 여러 해양공국들과 동방과의 무역을 말한다.

한마디로 동방무역은 서구 기독교 세계에 살았던 유대인들과 이슬람 세계에 거주하고 있던 유대인들의 합작품이다. 이들 양대 유대인 커뮤니티 간의 무역이 곧 동방무역이었다. 당시 기독교와 이슬람이 적대 관계에 있었기 때문에 양쪽을 유일하게 잇는 끈이 유대인이었다.

'레반트(Levant)'란 이탈리아어로 태양이 뜨는 지방 곧 동방을 뜻하는 말로, 협의로는 소아시아를 뜻했다. 동방무역을 레반트무역이라고 했다. 중세 말기 이후로 인도항로가 열릴 때까지 동서무역의 주 무대를 이루었다. 이탈리아는 고대부터 동방과 유럽 교통의 요지로서 큰 비중을 가졌다. 베네치아, 라벤나, 아말피는 비잔틴제국의 영향력 하에 있던 관계로 레반트무역이 발전했다.

11세기부터 본격적으로 부활하기 시작한 지중해 상권은 북부 이탈리아 유대상인들의 동서무역을 기반으로 시작한 것이다. 유럽인들에게 특히 인기가 있던 수입품은 후추를 비롯한 향신료, 비단, 설탕, 염료 등이었으며 서유럽의 수출품은 중부 유럽에서 채굴한 은과 북부 이탈리아의 모직물이 주류를 이루었다.

이슬람권과의 무역을 독점하다

중세유럽에서는 지방산물을 도시시장에 가지고 와서 파는 일반적인 상업과 '원거리 무역'을 엄밀히 구분했다. 원거리 무역을 하기 위해서는 회계, 외환, 외국어 게다가 어느 곳에서 상품을 얻을 수 있고 어느 곳에서 더 높은 가치를 가지는가 하는 지식 등 많은 것을 알아야 했다. 세계 각국에 커뮤니티를 갖고 정보와 외환시세 산정에 능숙한 유대인들이 통상을 주도할 수밖에 없었다.

더구나 당시 이슬람권과 기독교권과의 무역을 금지한 교황 덕분에 유대인들이 반사이익을 누릴 수 있었다. 이슬람권에는 유대인만이 통행이 가능했기 때문이다. 또 이슬람권에도 유대인 커뮤니티가 있어 이들이 서방의 유대인 커뮤니티와 교역을 주도했다. 이렇게 해서 유대인들은 암흑의 중세시대, 특히 기독교와 이슬람 사이가 나빴던 시기에 동방무역을 독점하다시피 해 막대한 부를 쌓았다.

11~12세기에는 상업혁명이라 불릴 만큼 해상무역과 상권이 발달하기 시작했다. 게다가 십자군 전쟁이 횟수를 더해 갈수록 해상운송과 해상무역은 더욱 증대되었고 이를 뒷받침해 줄 금융업도 발전했다. 무역과 금융

업은 실과 바늘의 관계였다.

무역을 지원할 금융이 발달하다

앞서 말했듯이 무역을 토대로 돈을 번 유대인들은 기독교에서 금지했던 대부업을 발전시켜 금융 산업을 일으켰다. 교역에서 금융으로의 전환은 상업혁명 초기에 일어났다. 상인들은 처음에는 환어음을 취급하다가 전적으로 금융 성격을 띤 어음을 취급하게 되었다. 더 나아가 상인들에게 대부하다가 왕족과 귀족들에 대한 대부로 발전했다. 이런 상업자본이 은행을 형성했다.

이후 무역금융은 해상보험으로 발전한다. 해상보험은 처음에는 선박담보 대부로 시작되었다. 이것은 배를 잃을 경우에는 갚을 필요가 없는 초보적인 형태의 해상보험이었다. 그 후 선박담보 대부는 해상보험으로 발전해서 위험이 화주들로부터 금융가들에게 넘어가서 분산되었다.

이렇게 유대인들은 대규모 금융업을 영위하면서부터 자연스럽게 유럽 내 각국 왕실의 자금줄 역할을 도맡았다. 이후 유럽이 세상에서 우뚝 서기 시작한 것은 금융 산업의 덕이었다. 상업 활동을 통해서 부를 이룬 상인들에게서 금융이라는 부의 축적과 증식방법이 개발되고 체계화되면서 유럽을 부유한 지역으로 만들어 놓은 것이다.

커뮤니티 간의 정보교환으로 부를 일구다

유대인 랍비들은 멀리 떨어져 있는 커뮤니티 간에 일상적으로 편지를 교환했다. 종교상의 의문점을 묻고 답하기 위해 또는 크고 작은 전통과 관습의 대소사를 의논하기 위한 것이었다. 그 외에도 이 편지에는 현지 사정과 변화들을 자세히 기록해 다른 커뮤니티에 전달되었다. 거기에는 상품과 환시세의 변동도 기재되었다. 따라서 유대인 랍비들은 어디에 밀이 모자라 값이 오르고 있고 어디에 밀이 많이 비축되어 가격이 안정되어 있는지 훤히 알 수 있었다.

밀뿐만이 아니라 말, 갑옷, 소금, 포도주 등 모든 상품에 대해 그랬다. 그들은 상품이 장소를 이동하는 것만으로도 가치가 변한다는 것을 알았다. 그래서 유대인들은 랍비의 가르침대로 상품이 풍족한 곳에서 모자라는 곳으로 옮겨다 주고 돈을 벌었다. 유대 상인들은 모르는 것이 있으면 랍비에게 물었고 랍비가 직접 나서 무역을 하는 경우도 많았다.

그들의 정보교환은 상품정보만이 아니었다. 금과 은의 교환비율 등 환시세의 변화도 함께 알 수 있었다. 금과 은의 교환비율이 어느 곳은 1:12였고 어느 곳은 1:14였다. 심지어 1:15~16 하는 외딴 곳도 있었다. 이들을 서로 옮기기만 해도 돈의 가치가 달라졌다. 당연히 유대인은 그 차액을 챙길 수 있었다. 이렇게 유대인들은 처음으로 '돈'을 상품으로 본 민족이다.

환시세에 정통한 뱅커의 출현

중세시대에는 지역별로 큰 도시에 1년에 네 번 정도 정기시가 섰고, 시장은 한 번 열리면 며칠씩 계속되었다. 이 시장에서 그 계절의 중요한 거래는 거의 다 이루어졌다. 11세기 이탈리아의 시장에는 원거리 무역상들을 위해 긴 탁자(banko) 하나를 놓고 환전을 해 주고 어음과 신용장을 취급하는 사람들 곧, 뱅커(banka)들이 있었다. 오늘날 '은행(bank)'의 시작이다. 이렇듯 bank의 어원은 이탈리아어 banko에서 유래되었다.

중세기의 환전상은 시장 거리 한구석에서 저울, 주판, 시금석으로 주화의 가치를 평가했다. 그는 수백 종류의 금화와 은화의 가치가 그 주화를 만든 도시에 따라 다르다는 것을 알아야만 했다. 당시 군주들은 연례행사처럼 주화의 순도를 낮추었다. 일종의 세금이었다. 수많은 종류의 돈이 국제무역을 어지럽히고 있었다. 이러한 이유로 환전상은 노련한 전문가가 되어야만 했다.

당시 유통되는 수많은 주화의 환율을 산출해 내는 데에는 많은 경험과 정보가 필요했다. 이러한 정보를 알 수 있는 집단은 현지 커뮤니티와 정보를 교환하는 유대인밖에 없었다. 경제적으로 불안한 나라의 화폐가치는 직관적으로 이들 환전상에 의해 조절되었다. 그들은 시장이 열리기 전에 그날의 각국 간 통화의 교환비율을 공표해 기준을 잡았다. 이러한 환전상의 신뢰를 바탕으로 모든 이들은 편안하게 거래를 할 수 있었다.

그 뒤 이탈리아의 은행가, 곧 뱅커들은 환전업무 이외에 어음업무와 함께 예금업무도 보기 시작했다. 예금자들은 돈을 맡기고는 대신 증서를 받았는데, 간혹 증서를 가지고 가도 뱅커에게 돈이 없어서 돌려받지 못하는 경우가 있었다. 화가 난 예금주들은 탁자를 부숴버렸는데, '파산

(bankruptcy)'이라는 말은 이 부서진 탁자(banko rotto)에서 유래했다. 한편 중국의 상인 길드인 '행(行)'은 원거리 무역에 '은(銀)'을 사용했는데, 이 행이 금융업의 주체가 되면서 '은행(銀行)'이라는 말이 나오게 됐다.

::: 16세기 초 활약한 플랑드르 화가 쿠엔틴 마시스의 〈대금업자와 그의 아내〉. 루브르박물관 소장

은행의 출현, 거짓 보관증서의 발행

중세 환전상들이 취급했던 초기의 은행업은 보관은행의 역할이었다. 거상들이 은행(환전상)에 금을 맡기면 보관수수료를 받고 예치한 금의 무게를 명시한 금 보관증서를 발급했다. 이렇게 발급 받은 증서는 상인들에게 화폐와 동일한 수단으로 활용되었다. 무거운 금덩이나 금화를 직접 지니고 다닐 필요가 없어 참으로 편리한 제도였다. 이 증서가 어음의 시초다.

환전상들은 자신들이 예금주로부터 받은 금을 돈이 필요한 상인들에게 빌려 주고 이자를 받는 대부업을 하면서 이득을 챙길 수 있었다. 물론 이때에도 금을 현물로 직접 빌려 주는 것이 아니라 증서를 발급했다. 돈을 빌린 사람 역시 이 증서로 화폐와 동일한 방법으로 사용할 수 있었다.

시장의 거래규모가 커지면서 점점 더 많은 사람들이 환전상들에게 금을 맡기게 되었고 환전상들은 더 많은 증서들을 발행하기 시작했다. 돈을 빌리려는 사람 또한 늘어났다. 일반적인 상업 활동을 하는 사람들 외에도 생산 공장이나 새로운 사업을 시작하려는 사람들도 큰 자금이 필요했던 것이다.

보관수수료와 이자 벌이로 재미를 본 환전상들은 돈을 빌려 줄 고객은 있으나 보유하고 있는 금이 없어 돈을 빌려 줄 수 없는 경우도 발생했다. 그러자 환전상들은 금을 맡긴 사람들 중에 소수의 사람들만 금을 찾아가고 대부분의 사람들은 맡긴 금을 빨리 찾아가지 않는다는 사실에 착안해 없는 금이 있는 것처럼 거짓 증서를 발행하기 시작했다. 증서만 발행되면 이자를 벌 수 있기 때문이다. 결국 증서를 대출해간 사람은 이 돈을 시장에서 아무런 의심 없이 화폐로 사용하면서 존재하지도 않는 금에 대한 이자를 물었다.

한꺼번에 모든 예금주가 금을 인출하러 올 리는 만무했기 때문에 혹시라도 이런 거짓 증서가 발각되지 않을까 하는 염려는 크게 하지 않아도 되었다. 혹 예금주가 인출하기 원하는 금의 양이 모자라면, 금융업자끼리 잠시 빌려주면 그만이었다. 아무도 이러한 사실을 눈치채지 못했다.

시간이 지날수록 은행들은 점점 더 많은 보관증서들을 발행해서 더 많은 돈을 벌어들였다. 더 나아가 상공업자들에 대한 대부는 왕족과 귀족들에 대한 대부로 확대되었다. 그 뒤 이러한 상업자본이 은행을 형성했다.

《탈무드》, 신용거래와 유가증권을 가능케 하다

중세 초기의 거래는 현금거래였다. 그런데 현금을 노리는 강도들이 많이 출몰하자 유대인들은 다른 방법을 생각해 냈다. 신용과 유가증권이 그것이다. 신용거래나 어음의 교환은 유대인 커뮤니티 간의 신뢰가 밑바탕이 되어 가능할 수 있었다. 어음은 국가의 권위 아래에서 발행되는 화폐와 달리 초보적 형태의 개인 간 금융이다.

유가증권은 오늘날의 안목에서 보면 초보적인 것이지만 중세에는 괴이하고 사악한 방법으로까지 생각되었다. 로마법을 이어 받은 중세의 법은 모든 부채는 개인의 것이며 채권자는 지불기일 이전에 차용증서를 제3자에게 팔 수 없게 되어 있었다. 곧 채무자는 본래 채권자 이외의 사람에게는 지불 의무가 없었다. 만일 채권자가 사망하면 빚을 갚지 않아도 됐다. 그래서 중세에 영주는 유대인을 학살하거나 추방함으로써 유대인에게 진 빚을 소멸시킨 것이다.

그런데 《탈무드》 법은 신용제도를 인정하고 부채는 그 지불을 요구하는 자에게 지불하게 되어 있었다. 오늘날 은행이 그와 같은 지불청구에 응해야 하는 것과 마찬가지다. '이산'은 유대인들로 하여금 3대륙으로 흩어지게 만들었다. 그러나 그들은 하나의 관습과 법으로 결합되어 있었다. 그들은 이교도 나라들에 흩어져 살면서도 《탈무드》의 법과 윤리로 한 나라처럼 통치되었다.

《탈무드》는 종교생활뿐만 아니라 도덕, 윤리, 사업행위를 규정했다. 개인의 범죄, 무역, 손해, 부동산, 상업, 서약의 존엄, 계약이행 등에 관해 《탈무드》는 유대인의 광범위한 경제활동을 규제하는 국제법으로 기능했다. 랍비들은 종교뿐 아니라 상거래에 관한 규칙도 알아야 했다. 유대 신학자와 철학자들도 경제문제를 지적 탐구대상에서 제외할 수 없었다. 당시 유대인들은 《탈무드》라는 형태로 국제법을 갖고 있던 셈이었다. 그것은 유대인과 유대인뿐 아니라, 유대인과 국가, 유대인과 비유대인 사이의 상거래 활동도 규정했다. 《탈무드》에는 비유대인에 대한 유대인의 책임이 더 크다고 규정되어 있다.

광범위한 유대인의 상업 활동은 이미 10세기에 볼 수 있었다. 유대인은 유럽이나 북아프리카나 중동에 살고 있을 뿐 아니라 인도나 중국에도 무역사무소와 유대인 커뮤니티를 갖고 있었다. 인도나 중국에서 유대인 활동은 널리 알려져 있으며 13세기 마르코 폴로도 중국에 갔을 때 그곳 유대인과 그 업적에 대해 기록을 남겼을 정도다. 유대인은 상거래를 촉진하기 위해 비공식 어음교환소를 차리고 그곳에서 대부나 약속어음의 유통 업무를 보았다.◆

환어음의 출현, 교역과 경제를 활성화시키다

그 뒤 유대인들의 대부업과 금융업은 지역적인 한계를 뛰어넘어 자연스럽게 국가 간 통화 교환과 상품대금의 지불과 수취 등 국제 금융업으로 발전했다. 유럽시장에서 신용과 계약을 생명 이상으로 여기는 유대인들끼리는 외상장사가 가능했다. 물건을 외상으로 가져가면서 다음번 시장이 열릴 때나 다른 나라에서 열리는 시장에서 갚는 것들이 일반적이었다. 이때 물건을 외상으로 가져가는 상인은 종이에 이러한 내용을

◆ 막스 디몬트, 《세계 최강성공집단 유대인》, 이희영 옮김, 동서문화사

적어 증표로 주었다. 이 증표는 이후 강제적인 차용증서 형태로 발전되어 유대 상인들 사이에서 돈 대신 통용되기도 했다.

이 과정에서 유대인 은행가들은 환어음을 고안했는데, 이는 일정한 기간 내에 일정한 금액을 일방이 상대방에게 지불하겠다고 약속한 증서였다. 환어음은 신용장이나 약속어음과 달랐다. 신용장은 예금주 앞으로 작성되었고 약속어음이 발행인 자신이 지급할 것을 약속하는 것인데 반해, 환어음은 제3자(지급인) 곧 외국은행 등이 지급을 보장하는 어음으로 주로 국제무역거래에 쓰였다. 환어음의 유통으로 해외 무역을 위해 현찰을 많이 가지고 다닐 필요가 없어져 상대적으로 안전하고 편해졌다.

환어음은 오늘날 지폐나 수표가 유통되듯이 거래에 유통되었다. 거래 당사자의 신용상태에 따라 이 증서들은 현금처럼 생각되고 취급되었다. 은행의 국제 업무가 점점 커지자 그들은 외국에 지점망을 설치했고, 이 지점망을 통해 유통되는 환어음의 양은 증가했다. 환어음이 일단 생겨나자 유럽에서 급속히 사용되었다. 환어음은 원래 장거리 결제를 해결하려고 고안된 것이지만 결국에는 모든 상인들 사이에서 가장 중요한 지불수단이 되었다.

게다가 당시의 금속본위제◆하에서는 그만큼의 화폐발행량을 늘리는 효과를 가져와 경제를 활성화시켰다. 은행이 생기고 어음, 외국환 등이 주로 유대인들에 의해 무역거래에 사용되었다. 이탈리아의 다른 상인들은 14세기 이후부터야 어음을 사용했다. 나중에는 환어음이 기독교도 간의 대부업에 편법으로 사용되기도 했다. 돈을 빌려 주고 이자만큼 환

◆ 본위화폐 1단위의 가치를 금속의 일정량과 묶어 놓은 화폐제도

율을 더 높인 환어음과 교환했는데, 당시 대부업을 엄격히 금지한 교회 법 때문이었다.

르네상스 탄생에 기여한 유대인

르네상스는 1400년부터 1530년의 130년간 사이에 일어난 문예부흥 운동을 말한다. 여기서 문예부흥이란 구체적으로 문화, 예술 전반에 걸친 고대 그리스와 로마 문명의 재인식과 재수용을 의미한다. 이 점에서 르네상스는 일종의 시대적 정신운동이라고 말할 수 있다.

르네상스가 일어났을 때 사람들은 고대로 눈을 돌렸다. 제일 먼저 주목을 받은 것이 고대 로마였다. 그러나 곧 학자나 시인 그리고 예술가들은 장대한 로마 문화의 배후에 그보다 더욱 힘차고 매력 있는 문화가 숨어 있는 것을 알았다. 과거의 두터운 장막은 차츰 열렸고, 그리하여 모습을 나타낸 것이 고대 그리스 문화였다. 거기에는 중세를 옭매었던 신이 아닌 자연 그대로의 인간이 있었다.

르네상스는 한마디로 신으로부터의 해방이라 하겠다. '인간은 원죄를 지고 태어났다'는 신학적 사상 대신 '인간도 고귀하다'는 휴머니즘을 회복한 것이다. 미술로부터 시작된 휴머니즘 구현은 문학과 학문으로 파급되었다. 르네상스는 이탈리아어 'rinascimento'에서 어원을 찾을 수 있다. 5세기 로마제국의 몰락 이후에 암흑의 중세가 시작되었는데, 그때부터 르네상스에 이르기까지의 시기를 야만시대, 곧 인간성이 말살된 시대로 파악하고 고대의 부흥을 통해 이 야만시대를 극복하려는 것이었다. 역사적인 측면에서 유럽은 르네상스의 시작과 더불어 기나긴 중세의 막을 내리고 근대로 접어든다.

고대와 중세문화를 연결시키다

피렌체에서 개화된 르네상스 문화운동은 프랑스·독일·영국 등 북유럽 지역에 전파되어 각각 특색 있는 문화를 형성했으며 근대 유럽 문화의 기반이 되었다.

15세기 후반에 공화제도를 유지할 수 있었던 곳은 베네치아, 제노바, 피렌체 등 소수의 상업도시였다. 도시 상호간의 경쟁의식과 군주가 미술가와 학자를 보호했던 정치적 분위기 속에서 르네상스 문화가 개화했다. 비잔틴제국과 이슬람지역에 보존되어 있던 고대 그리스 철학이나 자연과학, 아라비아의 의학·천문학 등 뛰어난 문화와의 접촉이 시발점이었다. 이를 발굴해 번역하고 전파한 이슬람 세계의 유대인 학자들이 없었으면 고대 문화는 르네상스와 연결되지 못하고 영영 사장되었을지도 모른다.

이탈리아 사람들은 유대인을 지적인 민족으로 인정하고 직접 유대인을 르네상스에 참여하도록 해 흡수했다. 그들은 유대인으로부터 철학, 과학, 의학, 수학 등을 배웠으나 미술과 건축만큼은 유대인들보다 훨씬 뛰어났다. 유대인은 농업만 빼고 당시에 있었던 모든 직업에 종사했다. 그들 중에는 의사, 학자, 시인, 천문학자, 약제사, 재무장관, 국무장관, 금은세공사, 과학기구 설계사 등이 있었다. 제화공, 재봉사, 선원, 행상인이기도 했고 모피와 비단상인, 전당포 주인, 향신료 상인, 직조공, 수출업자, 수입업자, 대장장이나 날품팔이, 일꾼도 있었다. 르네상스 시대 유대인은 극작가, 무대감독, 배우, 무용가, 화가, 조각가이기도 했다. 이렇게 장황하게 직업군을 나열하는 데는 이유가 있다. 그 무렵 도시 상인의 뿌리는 유대인이었고 또 농촌 봉건 영주사회에서도 영주, 기사, 농노를 제외한 제3의 직업은 대부분 유대인들 몫이었던 것이다.

유대 여성의 사회활동도 활발했다. 의사나 은행가가 된 여성도 있었고 배우나 가수가 된 여성도 있었다. 유대인들에게는 막대한 돈이 있어 귀족과 함께 미술가의 후원가가 되기도 했다. 훌륭한 건축가를 고용해 건물이나 시나고그를 설계했다. 때문에 현재 남아 있는 건축물에서도 웅장하고 화려한 르네상스의 모습을 찾아볼 수 있다. 이렇게 유대인들은 고대 그리스 문화의 번역과 전파는 물론 르네상스 운동의 한가운데 자리하고 있었다.◆

◆ 막스 디몬트, 《세계 최강성공집단 유대인》, 이희영 옮김, 동서문화사

십자군 운동과 중세 유대인의 학살

9세기에 프랑크 왕국의 카롤루스 대제와 루드비히 경건왕은 유대인들에게 종교 및 재산의 보호를 보장했으며 교역의 자유를 인정했다. 당시는 일반 주민과 유대인들은 마치 다정한 이웃처럼 지냈으며 핏줄과 신앙의 차이를 서로 이해하고 있었다. 그러나 11세기 말, 유럽 대륙에서 유대인에 대한 핍박은 1095년 교황 우르바노 2세에 의해 십자군이 소집된 다음부터 본격적으로 시작되었다. 십자군들이 모이자 그들은 집단의식에 휩쓸려 기독교 근본주의자들이 되었다. 기독교 이외의 이단은 다 공격해야 할 대상이 된 것이다. 게다가 교황은 기독교를 보호하기 위해 이단자들을 죽이는 것은 십계명에 위배되지 않는다고 선포했다.

11세기 말부터 거의 2백 년가량 지속된 십자군 운동은 유대인들에게 있어서는 비참한 운명을 자아낸 공포의 시기였다. 유대인 학살은 1096년 프랑스 루앙에서 시작하여 십자군을 따라 라인 강 주변의 라인란트의 도시들로 퍼져 나갔다. 이로써 십자군 전쟁이 시작되기도 전에 유대인들이 학살되었다. 특히 대부업에 종사하던 유대인들이 채무자들에 의해 집단으로 희생되었다. 1차 십자군으로 말미암아 살해된 유대인의 수는 라인 강 주변에 살던 독일계 유대인들을 중심으로 대략 1만 2천 명에 달했다. 1099년 팔레스타인에 도착한 십자군은 예루살렘을 함락시켰던 날, 이교도들을 색출하려고 온 도시를 이 잡듯 헤집고 다녔다. 거기 살고 있던 모든 유대인들을 회당 안에 모아 놓고 불을 질렀다. 십자군이 남녀노소를 가리지 않고 그 날 하루 한 장소에서 무려 7만 명을 죽였다.

경제적 이용물로 전락한 유럽 중세의 유대인

교황의 권위는 11세기 들어 더욱 강화되어 세속 정치권력마저 장악하기에 이르렀다. 그레고리 7세 교황은 1076년 신성로마제국의 황제인 헨리 4세를 폐위해 황제가 교황이 휴가차 머무르고 있는 알프스산장 카노사에서 3일간 문밖에서 추위에 떨며 폐위 철회를 요청했다. 이를 '카노사의 굴욕'이라 부른다.

1078년 그는 유대인을 공직에 고용하는 것을 금하는 법령을 선포했다. 1184년 교황 루시우스 3세는 종교재판소를 인정했고, 1190년 교황 클레멘트 3세는 면죄부 판매를 개시했다. 특히 4차 십자군 전쟁을 주도한 교황 이노센트 3세는 유대인들을, 그리스도를 거부한 대가로 고난 받으며 영원히 안식과 평화를 누릴 수 없는 저주받은 민족이라고 믿었다. 이후 이노센트 3세 교황은 종교재판소를 만들어 교황의 명을 따르지 않는 자들을 1백만 명 이상 살해했다.

그는 1216년에 열렸던 4차 라테란 공의회에서 일련의 반유대 칙령을 제정해 유대인 식별마크 착용을 의무화했다. 악마의 뿔을 상징하는 노란색 모자를 쓰고 노란 마크를 유대인 가슴에 붙이게 한 것이다. 모든 유대인은 열등한 종족이어서 머리와 가슴에 부끄러움의 표지를 달아야 한다는 의미였다. 중세에 노란색은 멸시받는 자의 색이었다. 따라서 노란 의복과 노란 장식은 말 그대로 '치욕의 징표'였다. 그 시대 사람들은 유대인을 신의 저주를 받은 종족으로 취급했고 기독교도들과 구분되어야 한다고 믿었던 것이다. 이 칙령에는 유대인을 공직에서 제외시킬 것과 강제개종을 명시하고 있었다. 이로써 유럽의 유대인들은 18세기에 이르기까지 온갖 조롱과 냉대와 혐오의 대상이요, 가난과 공포와 절망의 대명사로 근근이 생존하기에 이르렀다. 이 6백여 년 동안 유럽의 통치자들에게 있어서 유대인의 존재는 경제적인 이용물일 뿐이었다.

유대인 박해와 추방의 관례화

십자군 운동이 8회에 걸쳐 일어났던 1096년부터 1306년에 이르기까지 유대인들은 서유럽 국가들에서 온갖 박해의 대상이었다. 1290년 가을에는 영국 내 1만 6천 명이나 되는 모든 유대인들이 추방되었다. 그때 그들이 옮겨 간 곳이 플랑드르 지방 브뤼헤다. 그 뒤 브뤼헤 경제는 무섭게 부흥하기 시작했다. 1306년에는 프랑스에서 유대인들이 추방되었다. 유대인은 멀리 가지 못하고 프랑스 국경 주변으로 피하여 귀환령만을 기다렸다.

마침내 9년이 지난 1315년 기다리던 귀환령이 떨어졌다. 다시 돌아오게 된 것은 역시나 프랑스 통치자의 수입원과 맞물린 함수관계 때문이었다. 유대인은 어디까지나 착취의 대상으로 필요 없으면 내뱉고 필요하면 받아들이곤 한 것이다. 유대인들은 루이 10세 때 다시 프랑스에서 추방되었다가 1359년 재정난 때문에 다시 유대인들을 불러들였다. 1394년 9

월에 또 다시 프랑스 전역에서 유대인들을 추방했다.

　이 무렵 독일 유대인들의 운명도 프랑스 유대인들의 운명과 별반 다를 바 없었다. 1348년 유럽 전역에는 무시무시한 흑사병이 돌기 시작했다. 사람들이 수천 명씩 죽어 갔다. 유럽 사람들은 공포와 무지 가운데 희생양을 찾다가 결국 유대인들이 사탄과 연합해 행한 짓이라고 하는 일부 악덕한 사제들의 허무맹랑한 비난을 그대로 받아들였다.

　일반 군중 사이에 스며들기 시작한 유대인에 대한 짙은 혐오감으로 이 무렵 독일 내 유대인 인구의 절반 정도가 전멸된 것으로 추정된다. 독일의 유대인들은 한 도시에서 쫓겨나 다른 도시로 피하거나 아니면 아예 동유럽으로 이주해 버렸다.

　14세기 후반에 독일의 유대인들은 비록 본래 살던 곳으로 입경이 허락되었지만, 도시 내 한 구역에 모여 살아야 했다. 이것이 바로 후에 '게토(ghetto)'라고 불리게 되는, 도시 안의 작은 유대인 거주구역이다. 게토의 유대인들은 도시의 이익을 위한 수단이었기 때문에 유대인들에 대한 추방도 없었지만 자발적인 이주도 허용되지 않았다.♦

　15세기 말에 이르러서는 이탈리아 각 도시에서 유대인 추방이 잇달았다. 그나마 용케 남게 된 사람들도 은행가의 위치에서 쫓겨나 겨우 소규모 대부업과 전당포업으로 생업을 유지해야 했다. 유대인들은 13세기 영국, 14세기 프랑스, 15세기 스페인, 16세기 이탈리아에서 차례로 추방되었다. 이러한 현상은 15세기 이후 지중해 연안에서 북부로의 상권 이동이 유대인과 밀접하다는 좀바르트(Werner Sombart)의 의견을 뒷받침해 준다.

♦ 김경래, 《그리스도 이후 유대인 방랑사》, 전주대학교출판부

2부

유대인 세계 경제사의
주역으로 우뚝 서다

근대부터 오늘날까지 유대인 경제사

1

Jewish Economic History

스페인제국의
영광과 몰락

1492년은 스페인으로서는 뜻 깊은 한 해다. 이베리아 반도의 통일인 레콘키스타와 신대륙 발견의 위업을 동시에 이룬 해이기 때문이다. 이 무렵 한 가지 사건이 더 있었다. 바로 '유대인 추방령'이다. 이 추방령으로 유대인뿐 아니라 이슬람 무어족 수십만 명이 스페인에서 강제로 쫓겨났다. 그러나 유대인이 물러난 후 스페인제국의 영광은 서서히 몰락의 길을 걸어갔다. 이 장에서는 가톨릭·이슬람·유대교가 평화적으로 공존했던 스페인이 제국주의적 팽창정책으로 유대인을 추방한 후 경제적으로 어떻게 어려워졌는지 살펴보도록 하겠다.

이사벨 여왕,
스페인을 통일하다

1492년, 스페인으로서는 뜻깊은 한 해다. 이베리아 반도의 통일인 '레콘키스타(Reconquista)◆'와 '신대륙 발견'의 위업을 동시에 이룬 해이기 때문이다. 세계 경제사에 있어서도 1492년은 더욱 각별한 의미를 갖는다. 세계 경제를 쥐락펴락하는 미국의 탄생이 콜럼버스로 인해 시작됐다는 점에서 현재의 세계 질서를 탄생시킨 씨앗이 이때 심어졌다.

레콘키스타는 재정복이란 뜻이다. 전성기에 비해 많이 약해진 이슬람 세력은 십자군 전쟁이 한창일 때도 버텨냈던 최후거점 그라나다까지 내주고 1492년 이베리아 반도에서 완전히 퇴각했다. 레콘키스타의 완성은 서구가 세계사의 주역으로 등장하는 신호탄이었다. 콜럼버스의 신대륙 발견도 같은 맥락이다.

이 무렵 한 가지 사건이 더 있었다. 바로 '유대인 추방령'이다. 이사벨 여왕이 그라나다 알람브라 성에서 교서를 발표했기 때문에 일명 '알람브라 칙령'이라고도 불리는 이 추방령으로 유대인뿐 아니라 이슬람 무어족 수십만 명이 스페인에서 강제로 쫓겨났다.

◆ 8~15세기에 기독교도가 이슬람에게 점령당한 이베리아 반도 지역을 되찾기 위해 일으킨 운동

중요한 점은 알람브라 칙령이 유대인 방랑사에만 영향을 준 게 아니라 두고 두고 세계 경제사에 영향을 미쳤다는 사실이다. 스페인이 유대인을 추방시킴으로써 세계 경제사의 흐름이 바뀌었다. 포르투갈

::: 프란시스코 P. 오티스의 〈그라나다의 항복〉. 무어 왕조인 그라나다 왕국의 마지막 술탄 무함마드 12세(보압딜)가 이사벨 여왕 부부에게 항복함으로써 레콘키스타가 완성되었다.

의 대항해, 브뤼헤와 앤트워프의 발흥, 네덜란드의 중상주의 만개, 삼각무역, 영국의 산업혁명과 자본주의의 전개, 신대륙의 부흥, 미국의 성장 등이 유대인이라는 키워드 없이는 설명될 수 없다는 점이다.◆

레콘키스타의 완성

이사벨 여왕은 독실한 가톨릭신자였다. 그녀가 국왕으로서, 가톨릭의 수호자로서 맨 처음 한 일은 레콘키스타, 즉 이슬람을 이베리아 반도에서 몰아내는 국토회복전쟁을 마무리하는 것이었다. 마침내 레콘키스타를 완성하는 순간만큼은 피 한 방울 흘리지 않았다. 그라나다 왕국의 마지막 왕 무함마드 12세(보압딜)가 저항을 포기했기 때문이다. 그는 수십만 명에 이르는 이슬람교도의 종교와 재산권, 상권을 유지해 준다는 조건에 순순히 그라나다를 내주고 지브롤터 해협을 건너갔다. 덕분에 무혈 입성

◆ 권홍우, 《부의 역사》, 인물과사상사

한 이사벨 여왕은 아름다운 궁전과 거대한 도서관을 그대로 물려받았다. 이때가 바로 1492년이다.

오늘날 스페인 국기의 노란색은 그토록 되찾기를 열망했던 대지를 상징하고 빨간색은 이슬람 세력과의 투쟁에서 흘린 피를 상징한다. 과학기술과 문화수준이 아시아와 이슬람에 크게 뒤져 있던 유럽이 학문과 과학의 발전을 주도하게 된 것도 이때부터다. 이에 고무된 교황 율리우스 2세는 아라곤의 페르난도 왕을 '예루살렘의 왕'으로 봉했는데, 이는 성지 예루살렘을 속히 되찾아 주기를 염원하는 의미이기도 했다. 카스티야의 이사벨 여왕과 아라곤의 페르난도 왕은 '가톨릭의 왕들'이라 불렸다.

한편 많은 이슬람교도들이 현지에 남아 가톨릭으로 개종했다. 그러나 새로운 지배세력으로 등장한 가톨릭교도들은 개종한 이슬람교도인 '모리스코스(Moriscos)'의 재산을 멋대로 빼앗고 그것으로도 모자라서 모리스코스 부녀자들을 성폭행하는 등 온갖 악행을 저지른다. 이러한 만행은 비가톨릭 신자인 유대인에게도 마찬가지였다.

가톨릭·유대교·이슬람교의 평화로운 공존

로마제국 이후 유럽에서 최초로 출현한 제국이 스페인제국이다. 이러한 영광 뒤에는 막강한 경제력의 유대인들이 있었다. 14~15세기에 유대인들이 가장 많이 살았던 나라가 스페인이다. 당시 스페인 인구가 7백만이었으며 이 가운데 7퍼센트인 약 50만 명 정도가 유대인이었다. 특히 주요도시의 경우에는 인구의 3분의 1이 유대인이었다. 유대인 공동체가 있는 도시가 44개에 이르렀는데 이는 스페인 방방곡곡에 유대인들이 살고 있었다는 이야기다.

막대한 전쟁비용을 충당해야 했던 스페인 왕실은 당시 부유층이었던 유대인들의 재정적 도움이 절실했다. 또 혼란기 국가를 이끌어 가기 위해 능력 있는 유대인이 한 사람이라도 더 필요했다. 유대인들을 상업, 무역업 및 수공업은 물론 의술, 통역 등에 활용했으며, 세무, 재정, 관리 부문에도 중용해 중요한 일들을 맡아보게 했다. 부(富) 이외에도 그만큼 그들의 재능과 정직성이 뛰어났다는 증표다.

그리하여 11세기부터 1492년 레콘키스타가 달성되기까지 스페인 왕국에서는 가톨릭교도, 유대교도 그리고 이슬람교도들 간에 평화로운 공존이 유지되었다. 국토회복운동이 활발히 전개되던 때인 13세기에 스페인의 수도 톨레도에선 유대인들이 우리나라의 세종대왕에 비견할 만한 현왕(賢王) 알폰소 10세(1221~1284년 재위)를 만나 문화 창달에 크게 기여했다. 알폰소 10세는 《코란》이나 《탈무드》, 유대 신비주의 사상인 카발라, 인도의 동화까지 유대인 학자, 아랍인 철학자, 사상가들을 동원해 번역시켰고, 유대 지식인들의 도움을 받아 법, 사상, 역사가 망라된 종합대전을 쓰기도 했다. 이를 계기로 유대인 커뮤니티 또한 크게 성장했다.

당시 유대인 학자들은 코르도바 시절 아랍어로 이미 번역된 그리스 고전들을 다시 라틴어로 번역했다. 아리스토텔레스의 윤리학과 같은 철학서, 로마 최고의 의학서라는 갈레누스(C. Galenus)의 저서, 코페르니쿠스(Nicolaus Copernicus)의 이론이 나오기 전까지 서구 천문학의 바탕을 이루었던 프톨레마이오스(Claudios Ptolemaeos)의 천체학, 아라비아 수학과 0의 개념, 유클리드(Euclid)의 기하학, 아르키메데스(Archimedes)의 원주율 계산법 등 수학서, 그리고 《코란》은 물론 《아라비안나이트》, 《신드바드의 모험》 등 문학작품들도 라틴어로 번역되어 서구에 알려지게 되었다. 특히 알폰소 왕의 위대한 점은 가톨릭, 이슬람, 유대교를 아우르는 스페인 특유의 융합문화를 육성한 것이다. 종교적 관용에 힘입어 알폰소 왕에 의해 톨레도는 당시 중세 최대의 문화도시가 되었다.

그 뒤 스페인 왕국이 통일되자 톨레도에는 남쪽 이슬람 왕국에 있었던 유대인들도 합류해 이베리아 반도 내에서 유대인 인구가 가장 많은 지역이 되었다. 예나 지금이나 유대인이 가장 많이 사는 나라와 도시가 세계 경제를 지배해 왔다. 당시 통일 스페인제국 수도인 톨레도는 마치 지금의 뉴욕처럼 유대인 인구밀도가 세계에서 가장 높았다.

흑사병의 창궐과
유대인 대학살

14세기부터 중세 유럽은 백년전쟁에 시달려 말 그대로 암흑의 시대였다. 게다가 흑사병이 전 대륙을 휩쓸고 있었다. 흑사병은 크림 반도 남부 연안에서 발원해 1346년 봄에 이탈리아 상선대에 의해 흑해 연안에 도달했다. 이후 무역로를 따라 1347년 이탈리아를 강타하고 이듬해 프랑스 전역을 휩쓸었다. 다음 해에는 영국에 이어 북유럽과 러시아까지 이르렀다. 1340년대에 유럽을 휩쓴 흑사병은 유럽사회에 치명적인 타격을 가했다. 1347년부터 4년간 발병으로 유럽 인구 3분의 1이 죽었다. 특히 도시의 경우에는 인구 절반이 죽었다고 한다. 이후 8년에 한 번꼴로 발생해 유럽 전체 인구의 4분의 3을 휩쓸었다.

흑사병이 이렇게 무서운 결과를 낳은 것은 당시로서는 병을 치료할 적절한 수단이 없었기 때문이다. 또한 유럽인들의 영양 상태가 좋지 않았던 것도 이유였다. 인구가 급증함에 따라 식량이 부족해졌고 따라서 병에 대한 저항력이 약해졌다. 서기 1000년경에 약 3천만 명이었던 유럽 인구가 1340년경에 약 7천4백만 명이 될 정도로 크게 늘어났다. 당시 농업 생산성이라는 것이 밀 한 알을 심으면 겨우 서너 알을 수확할 정도로 낮았으니 급격히 늘어난 인구를 충분히 먹여 살리기가 힘들었던 것이다. 굶주림이 만연된 상황에서 흑사병이 퍼지자 막대한 피해가 발생했다.

흑사병은 폐 페스트를 일컫는다. 일단 감염되면 갑자기 고열이 치솟고 피를 토하며 호흡곤란을 일으켜 정신을 잃는다. 대개 발병한 지 24시간 이내에 죽는데 사망 직전에 환자의 피부가 흑색으로 변하기 때문에 흑사병이라 불리게 되었다. 당시 환자들을 격리하지 않은 채 주로 성당에 함께 모여 미사를 드렸기에 전염이 확산되었고, 이 과정에서 성직자들의 희생도 많았다. 여기에 흉작까지 겹쳐 인구가 거의 3분의 2로 줄어들었다. 심지어 인구가 5분의 1로 준 지역도 많았다. 특히 인구가 많은 도시의 피해가 컸다. 당시 피렌체 인구는 페스트로 인해 11만 명에서 4만 5천 명으로 급감했다.

페스트균이 발견된 것은 19세기 말 파스퇴르(Louis Pasteur)에 의해서였으니 인류는 그때까지 전염병의 공포에 떨어야 했다. 자연히 유럽인들의 평균수명 역시 대폭 낮아졌다. 영국의 경우 1276년 당시 35세였던 것이 페스트 창궐기에는 17세까지 뚝 떨어졌으며 1400년경까지도 20세 정도밖에 되지 못했다. 이러한 노동력 감소는 곧 극심한 경제침체로 이어져 중세는 말 그대로 암흑의 시대가 될 수밖에 없었다. 인구가 줄어들자 많은 농경지가 버려지고 상업이나 수공업도 쇠퇴했으며 도시도 위축되었다. 결과적으로 유럽경제는 거의 파멸 상태에 빠졌다. 큰 전쟁이나 전염병이 돌아 인구가 많이 줄어든 다음 그것이 다시 원상태로 회복되는 데는 보통 약 2백 년의 기간이 소요된다고 한다. 16세기 근대에 들어서야 유럽경제도 겨우 다시 회복되기 시작했다.

미국의 역사학자 윌리엄 맥닐(William H. McNeill)에 의하면 이 현상은 몽골제국과 관련이 있다. 몽골 전사들이 유라시아 대륙의 광범위한 지역들을 정복해 제국을 건설하고 광대한 교역체계가 만들어지면서 이 병이 세계 각지로 확산되었다는 것이다. 말과 낙타, 배를 이용해 사람들이 이동할 때 쥐와 벼룩 그리고 페스트 병균까지 세계여행을 한 셈이다. 그리하여 중국에서 1330년대 초에 시작된 이 병은 곧 아시아 지역으로 퍼져갔고, 1340년대 초에는 흑해와 지중해에 도달했으며, 1340년대 후반이 되자 유럽 내륙지역과 서아시아, 북아프리카에까지 퍼진 것이다. 흑사병이 발병한 지역에서는 모두 엄청난 피해를 입었다. 흑사병은 유럽뿐 아니라 몽골제국에도 치명적이었다. 중국의 한 성은 1340년 인구의 90퍼센트를 상실했다. 무서운 파괴력이었다.

피해가 너무 엄청나 민심이 흉흉할 수밖에 없었다. 당시 사람들은 이 병이 왜 시작됐는지, 또 왜 그처럼 엄청난 규모와 빠른 속도로 퍼졌는지 알 수 없었다. 이럴 때 사람들은 병의 원인을 흔히 '하늘의 뜻'으로 돌리곤 한다. 인간의 죄에 분노한 신의 천벌이라며 수만 명이 스스로를 채찍으로 때리는 고행에 나서기도 했다. 죽음의 공포가 사회를 휘감았으며 살아남기 위한 투쟁은 기존의 가족관계나 인간관계를 철저히 파괴시켰다. 흑사병에 대한 공포는 사람들을 극심한 광기와 미신에 사로잡히게 했다.

서민들 입장에선 전당포와 고리대금업은 물론 돈 되는 사업은 모조리 거머쥔 유대인들이 평소에도 눈엣가시였을 것이다. 곧 흑사병의 원인이 유대인들 때문이란 소문이 돌았다. 애꿎은 유대인들이 희생양이 된 이유 중 하나는 흑사병이 유독 그들만 피해갔기 때문이다. 《탈무드》는 이를 청결을 강조하는 유대교의 율법과 전통 덕분이라고 설명한다. 손 씻는 것을 신과 만나는 신성한 행위로 여겨 잘 지켰다는 거다. 유대인들은 잘 씻는 습관 하나로 전염병의 마수에서 벗어날 수 있었던 셈이다.

죽음과 십자가 중 하나를 택하라

흑사병이 한창 기승을 부리던 1348년 아라곤 왕국에서는 유대인에 대한 폭동이 발생하기 시작했다. 그 뒤 스페인 전역에서 흑사병으로 인한 대대적인 유대인 학살 이후 결국 유대교는 금지되었다. 특히 카스티야에 거주했던 유대인들은 개종을 하거나 아니면 스페인을 떠나야 했다. 또한 유대인 공동체의 경제자치권과 사법권이 박탈되었다. 유대인들에 대한 대대적인 개종운동은 1319년부터 착수되어 1350년과 1415년 등 세 차례에 걸쳐 진행되었다. 이로써 수많은 가톨릭 개종 유대인이 생겼다. 사회 분위기가 워낙 험악해 약 50만 명의 유대인 가운데 5만 명이 개종했다. 당시 개종 유대인 수는 카스티야 왕국 3만 5천 명, 아라곤 왕국 1만 5천 명 정도였다. 단기간에 이루어진 가장 많은 개종자 수였다.

기독교로 개종한 유대인들을 스페인 사람들은 '콘베르소(conversos)' 혹은 '마라노(marranos)'라 불렀다. 특히 마라노는 돼지무리 혹은 더러운 탐욕자란 뜻으로 비하와 경멸의 뜻이 담겨져 있었는데, 원래 유대인들이 이웃나라의 이방인들을 비하해 지칭할 때 돼지라고 불렀기 때문이다. 이 중 마라노들은 겉으로는 가톨릭을 믿는 것처럼 행동해도 남이 안 볼 때는 은밀히 유대교를 신봉한다는 의혹을 여전히 받고 있었고 오히려 더 위험한 파괴세력이라고 여겨졌다.

1366년부터 시작된 카스티야 내전에서 친유대인 정책을 취했던 페드로가 패하고, 마침내 1369년 엔리케가 카스티야 왕위에 올랐다. 엔리케(엔리케 2세)는 유대인들의 권리를 제한하는 각종 법률의 시행 외에도 그들에게 무거운 세금을 부과했다. 1390년에는 스페인에 사회적 긴장이 재차 감돌았다. 귀족과 성직자가 왕실에 맞섰고 농부와 수공업조합원들이 귀족과 시참의회에 대립했다. 이 문제를 푸는 데 필요한 희생양이 바로 당시 상업을 장악하고 있던 유대인들이었다. 이제 민중은 눈엣가시인 유대인에 대한 핍박과 학살에 길들어져 있었다.

부주교가 선동한 유대인 학살

드디어 1391년 세비야의 부주교 마르티네즈는 백성을 부추겨 유대회당을 부수고 유대인들을 습격하게 했다. 1391년 세비야에서만 유대인 4천 명이 학살당했으며 2만 명이 죽음을 피해 개종했다. 학살은 전국으로 퍼져 나갔다. 세비야, 코르도바, 톨레도 등을 비롯해 수많은 도시의 유대인 공동체들이 깡그리 무너졌다. 정부조차도 폭도들의 행동을 제지할 수 없었다. 이처럼 잔인한 박해 속에서 수만 명의 유대인들이 당면한 죽음을 면하고자 세례를 받고 가톨릭으로의 개종을 선언했다.

이 시기에 약 10만 명 이상의 유대인이 스페인을 떠났다. 영세를 받고 가톨릭 교인이 되는 길을 선택한 유대인이 늘어나면서 개종 유대인이라는 새로운 사회계층이 형성되고 이들은 15세기 스페인 경제발전에 중요한 자리를 차지했다.

개종 유대인들은 가톨릭 공동체에 적응해 동등한 권리를 누렸다. 관직은 물론 성직에도 오르고 귀족으로 신분상승도 하면서 도시의 명망 있는 가문과 결혼을 통해 사회적으로 중요한 입지를 차지했다. 노련한 재무전문가는 왕실의 재정을 담당하기도 했다. 하지만 경제적 성공에 대한 부러움과 질시는 유대인과 개종자에게 똑같이 쏟아졌다.

톨레도칙령부터 종교재판까지

15세기에 들어와 스페인에서는 개종한 유대인들의 숫자가 상당수였다. 물론 절대다수가 강요에 의한 개종이었다. 사실 이들 가운데 어떤 이들이 기독교로의 개종을 끝까지 거부한 유대인들과 비밀접촉을 가지면서 유대교 율법을 준수하는 데 노력을 기울이기도 했다. 기독교 사제들은 이런 개종자들을 색출해 처형하려고 랍비들을 협박하면서까지 그 명단을 받아내려 했으나 별 효과가 없었다. 일부 마라노들이 정치, 경제, 심지어는 종교 방면에서 두각을 나타내기 시작하자, 서민들은 마라노들에 대해 경계의 태도를 늦추지 않았다. 때때로 마라노들을 공격하는 소요가 발발하곤 했다. 이사벨 여왕은 1480년 톨레도칙령을 반포해 모든 유대인들이 그들만의 거주구역을 마련해 기독교인들과 분리되어 살도록 명령했다. 성스러운 기독교 신앙으로부터 백성을 미혹하는 사악한 유대인들이라고 판단했기 때문이다.

그러나 종교적 사회적 갈등의 수위는 점점 더 높아졌다. 일부 종교인들은 마라노들을 견제하기 위한 수단으로서 종교재판을 도입하기를 원했다. 종교재판이란 본래 이단을 찾아내 처형하기 위한 제도였다. 종교재판을 좋아할 사람은 아무도 없었다. 그러나 위기를 모면하기 위해 가짜로 개종한 마라노의 수가 증가해 30만 명에 이르자 위험을 느낀 진정으로 개종한 유대인인 콘베르소(진정으로 가톨릭으로 개종한 유대인)들이 왕실에 영향력을 행사, 마침내 종교재판이 도입되게 되었다. 1480년에 종교재판소를 설치하고 왕실이 직접 주관하기에 이르렀다.

당시는 교황청이 이단을 엄금하던 시기였다. 또한 이베리아 반도에서 이슬람교도들을 몰아낸 이사벨 여왕과 페르난도 왕은 교황으로부터 '가톨릭의 왕들'이란 특별 칭호를 부여받았다. 가톨릭 세력을 넓힌 데 따른 고마움의 표시였다. 교황청이 가톨릭을 국교로 채택할 것을 권하였다. 이베리아 반도에서 이슬람교도들을 몰아낸 이사벨 여왕과 페르난도 왕인 '가톨릭의 왕들'도 왕국의 기반을 튼튼히 하기 위해 민족의 혈통과 신앙을 단일화시킬 필요성을 느꼈다. 이에 가톨릭을 정식 국교로 내걸면서 유대인을 본격적으로 박해하기 시작했다.

1480년에 유대인 격리법인 톨레도칙령 공포와 동시에 스페인 특별종교재판소가 창설된 것은 그 시작일 뿐이었다. 교황 인노첸시오 8세는 로마의 관할이 아닌 독자적 종교재판에 반대했으나 페르난도 2세는 이에 아랑곳하지 않고 왕권에 의한 심판을 계속했다. 국가 종교재판소는 이제 전통적인 교황의 종교재판소를 대체했다. 스페인에서의 첫 처형은 1481년에 있었다. 이때 여섯 명의 남자와 한 명의 여자가 산 채로 화형을 당했다. 이후로 종교재판의 희생자는 날마다 증가했다.

1483년 5월, 통치자들은 이 제도를 스페인 전국으로 확대시켰다. 많은 마라노들이 고문실에서 수난을 겪었고 형장의 이슬로 사라졌다. 이제 개종 유대인들도 안전하지 않았다. 1484년 12월과 1509년에 사형 집행뿐 아니라 재산도 몰수했다. 이로써 종교재판은 일거양득이 되어 스페인 전역에서 진행되었으며 왕권을 위한 도구로 사용되었다. 스페인 종교재판은 1480년에서 1530년까지 다양한 장소에서 다양한 이유로 개최되어 약 2천여 회의 처형이 이루어졌다. 3세기 동안이나 계속된 종교재판 제도는 1834년에 가서야 완전히 철폐되었다.

스페인 종교재판소가 존속하는 동안 약 34만 명의 희생자가 생겨났다. 단연 주요한 대상은 은밀한 유대인이라 의혹을 산 마라노들이었다. 이 가운데 3만 2천 명이 화형을 당했으며 29만 명이 처벌을 받았다. 밀

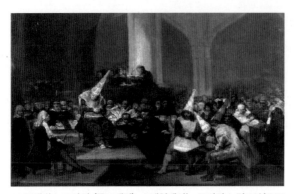

::: 프랜시스 고야의 〈종교재판〉. 스페인에서는 모자와 노란 표식으로 유대인을 식별하였는데, 주로 개종 유대인들이 종교재판의 대상이 되었다.

고와 음모, 심지어는 가족 간의 고발로 피해자가 속출했다. 한마디로 마녀사냥식 종교재판이었다.

중세 유럽은 신앙의 시대인 동시에 미신의 시대이기도 했다. 일체의 사상은 교회의 엄중한 통제를 받았지만 무지한 민중들은 곧잘 점쟁이나 요술쟁이에게 마음을 빼앗기곤 했다. 특히 의학이 발달하지 못한 시대라 약초에 조예가 깊거나 미래를 점치는 사람을 존경하기도 하고 두려워하기도 했다. 그러나 교회는《성경》의 가르침을 정신면에 국한시키지 않고 자연계와 인간세계의 온갖 진리를 포함한다고 해석했기 때문에 이들을《성경》의 가르침을 어기고 악마에게 홀린 자라 해 모조리 처형했다. 그 결과 오랜 세월에 걸쳐 수백만 명이 처형되었으며, 그 재판을 마녀재판이라고 했다. 마녀재판이라 해도 대상은 여자에 국한되지 않고 교회의 교리를 어긴 자는 남녀불문하고 마녀라 불렸다. 프랑스의 애국소녀 '잔 다르크'가 처형된 것도 마녀라는 이유에서였다. 마녀재판에는 잔인한 고문이 따르기 마련이었고, 고문에 못 이겨 자백을 하면 곧장 화형대에 올려 불살라 죽였다. 재판이 아니라 사실상 살해였다.

종교적 단일화 뒤에 도사린 유대인 추방령의 이유

1492년 3월 31일에 스페인 왕국은 유대인 추방령을 발표했는데, 정부가 전쟁으로 이반된 민심을 추스르고 바닥난 국고를 재정비하는 데 이단 종교를 믿는 유대인의 재산몰수와 추방이 제격이었기 때문이다. 그 무렵 스페인 전 국민의 6.5퍼센트가 유대인이었다. 이들이 14~15세기 스페인 경제 발전에 중요한 역할을 해왔다.

1492년 유대인 추방령은 1391년 유대인 박해와 마찬가지로 종교적 광기와 전쟁 후유증으로 불거진 사회적 불안이 크게 작용했을 뿐이다. 이완된 민심을 수습하고 신앙심 깊은 왕실로 권위를 회복하려는 의도 속에 제시된 종교적 단일화 그 뒷면에는 경제적 이유가 도사리고 있었다. 유대인의 재산을 몰수해 전쟁으로 바닥난 국고를 메우기 위한 조치였다. 뿐만 아니라 콜럼버스 신항로 탐사에 들어갈 왕실자금을 마련하기 위한 목적도 한몫했다.

4개월 이내에 추방을 선포한 칙령에 의하면, 유대인들은 재산을 처분해 가지고 나가는 것은 허용하되 화폐와 당시에 화폐와 함께 쓰인 금, 은은 가져 나갈 수 없다고 발표했다. 발각되면 처형이었는데, 한마디로 억지였다. 칙령이 발표되자 개종을 거부한 유대인은 팔 수 있는 모든 것을 몇 달 이내에 헐값으로 팔아 치웠다. 집을 주고 당나귀를 얻었고 포도원이 몇 필의 포목과 교환되었다.

이렇게 재산을 급하게 처분할 수밖에 없었지만 불행 중 다행인 것은 신변의 위험을 늘 안고 사는 유대인들은 평상시에도 모든 재산을 나누어 놓는 습관이 있었다는 것이다. 3분의 1은 현찰로, 3분의 1은 보석이나 골동품 같은 값나가는 재화로, 3분의 1은 부동산으로 부를 분산시켜 관리했는데, 안정적인 재산관리방식인 '포트폴리오(Portfolio)'는 여기서 유래했다. 그 와중에도 유대인들은 담보대출 시 저당 잡은 보석류를 챙겼다. 당시 유대인에게 토지 소유는 금지되었기 때문에 대부분의 저당물이 보석류였다. 이는 후에 유대인들이 이주해 간 앤트워프와 암스테르담이 다이아몬드 보석시장으로 자리 잡게 된 이유가 된다.

이리하여 개종하지 않은 유대인 17만 명이 스페인에서 한꺼번에 추방을 당했다. 1480년 이후로 종교재판을 피해 빠져나간 사람까지 치면 약 26만 명 이상의 유대인이 스페인 땅을 벗어났다. 당시 인구 3만이 넘는 도시가 흔치 않은 유럽에서, 스페인에서만 일시에 빠져나간 17만 명은 대단한 숫자였다.

1492년 8월 2일 세비야 근처 항구에서는 마지막으로 추방되는 유대인 무리가 배 위로 탑승하는 동안, 또 다른 세 척의 선박이 그 옆에서 출항을 준비하고 있었다. 그 유명한 크리스토퍼 콜럼버스의 선단이었다. 가련한 유대인들의 후손을 위해 그가 발견하게 될 신대륙이 피난처를 제공하게 되리라고는 콜럼버스 자신을 비롯해 당시의 그 누구도 상상할 수 없었다.

스페인에서 유대인 사회의 몰락은 유대사 가운데서도 중대한 사건 중 하나임에 틀림없다. 적어도 솔로몬 왕 시대부터 스페인에는 유대인들이 살았으며 그곳에서 주목할 만한 문화적 황금기를 이룩하며 유대인 사회의 특징들을 발전시켜 왔기 때문이다.

제국주의적 팽창정책,
스페인제국을 무너뜨리다

우연의 일치일까? 유대인 추방 결과 그들이 많이 살았던 주요 상업도
시의 집세와 가게 세가 반으로 폭락했다. 바르셀로나는 은행들이 대거
파산했다. 인구의 6.5퍼센트가 유대인이었던 아라곤 왕국은 금융업과
상업이 몰락하다시피 하면서 큰 타격을 받는다. 전성기에 3백 개의 작업
장을 자랑했던 바르셀로나의 면직물산업은 15세기 중엽에 열 개 정도의
작업장만을 운영하는 초라한 수준으로 전락했다.

게다가 유대인 추방은 경제 분야에서 수많은 고급 인력을 잃어버리는
결과를 낳았다. 그나마 남아 있던 마라노들도 종교재판을 피하기 위해서
유대인 티를 안 내고, 전통적인 유대인 직업들을 버리고 농업에 종사했
다. 동시에 그들의 재능도 땅에 함께 묻혀 버렸다.

스페인과 포르투갈은 동인도제도에서 후추와 향신료를 싣고 와도 유
대인들이 구축했던 유통망이 붕괴되어 소비자가 있는 북유럽으로 유통
시킬 방도가 없었다. 동인도제도로 싣고 갈 교역품도 구할 수 없었다. 이
베리아 반도의 생산과 유통기반이 무너진 것이다. 이처럼 유대인 추방은
스페인과 포르투갈 경제에 치명적이었다. 유대인들이 떠난 뒤 내수 부진
과 더불어 국제교역의 감소는 스페인 경제를 피폐케 했다. 이는 국고수입

의 감소로 직결되었다. 1492년 유대인 추방이 시작된 후 스페인은 비록 카를로스 1세 때 영토상으로는 거대한 제국을 이루었으나 경제적으로는 서서히 몰락의 길을 향해 가고 있었다.

콜럼버스의 신대륙 발견

1492년 스페인 통일을 이룩한 같은 해 10월에 이사벨 여왕의 후원을 받은 콜럼버스가 신대륙을 발견했다. 당시 유럽은 13세기 말경 마르코 폴로의 여행기를 통해 인도를 비롯한 동양에 대한 신비감이 고조되어 있었고 이슬람에 의해 정상적인 동방무역로가 차단되어 새로운 항로의 개척이 필요했다. 마침 르네상스로 지리와 천문학 지식이 늘고, 조선술의 발달과 나침반의 사용으로 원양 항해가 가능해져 대항해 시대를 열 수 있게 된 것이다.

1492년 이전의 유럽은 부나 힘, 과학, 기술, 문화적 영향력에서 아시아를 능가하지 못했다. 오히려 상당히 뒤처져 있었다. 그러나 1492년 이후에 모든 것이 바뀌었다. 유럽이 아메리카를 매개로 국제적인 우월성을 확보하기 시작한 것이다. 서유럽의 여덟 배나 되는 광대한 토지, 마음대로 이용할 수 있는 수천만의 노동력, 풍부한 자원을 기반으로 세계를 지배할 수 있게 되었다. 그리고 그것은 산업혁명과 자본주의의 발흥으로 19세기에 현실화했다. 세계 지배를 달성한 것이다. 이 점에서 1492년은 세계사적 전환점이다. 이때를 기준으로 역사학자들이 중세와 근대를 나눈다.

카를로스 1세, 제국을 경영하다

콜럼버스로 인해 스페인 역사에서 가장 중요한 인물이 된 이사벨과 페르난도는 그들의 다섯 아이를 포르투갈과 합스부르크 왕가의 신성로마제국, 영국 등으로 보내 결혼시킴으로써 유럽 왕실들과 복잡한 관계를 맺는다. 이런 배경을 바탕으로 이사벨에 이어 페르난도가 죽자 손자인 오스트리아 합스부르크 왕가의 카를로스 1세가 1516년 스페인 왕으로 즉위한다. 이것이 바로 스페인 합스부르크 왕가의 탄생이다.

1516년 합스부르크가의 카를로스 1세는 외할아버지 페르난도로부터 스페인 본토 아라곤 왕국과 남부 이탈리아령을, 외할머니 이사벨로부터 카스티야 왕국과 신대륙 식민지를, 그리고 할아버지인 막시밀리안 1세로부터 오스트리아를, 할머니로부터는 지금의 네덜란드인 부르고뉴 공국을 물려받았다. 그의 통치하에서 스페인 본국, 신대륙 식민지, 독일의 합스부르크령(領), 네덜란드, 이탈리아령 등을 통괄하는 초강대국이 되었다.

카를로스 1세는 제국을 유지하기 위한 정책으로 공격적인 팽창정책을 채택하며, 유럽 대륙의 일에 사사건건 끼어들었다. 먼저 신성로마제국의 황제였던 할아버지 막시밀리안 1세가 1519년에 사망하자 선거로 뽑는 신성로마제국 황제 자리를 노렸다. 그가 신성로마제국 황제에 오른 다음에는 '카를로스 5세'로 불렸다. 그는 신성로마제국의 이름값을 해야겠다고 생각했다. 곧 유럽 전체를 지배해 로마제국을 부활시키겠다는 야심을 가졌다. 그러기 위해서는 통일 자금이 필요했다. 그는 푸거가를 비롯한 대상인들에게 6백만 두카트라는 거액의 장기채(후로)를 팔았다.

이후 1524년 독일농민전쟁을 진압하고, 1525년에는 신성로마제국 황제 선거 경쟁자였던 프랑스의 프랑수아 1세를 이탈리아 파비아 전투에서 사로잡아 본때를 보여줬다. 석방조건으로 왕자 두 명의 볼모와 함께 몸값만 금화 2백만 크라운을 받아냈다. 금화를 세는 데만 4개월이 걸릴 정도로 큰돈이었다.

해가 지지 않는 최초의 제국을 이루다

당시 스페인은 중남미는 물론 플로리다에도 식민지를 건설했다. 포르투갈과 연합해 아프리카, 브라질, 동인도제도를 지배하는 세계 제국을 이루었다. 중세 이후 근대까지 유럽의 정치 경제사를 쥐락펴락하고 20세기 초까지 최고의 명문가였던 합스부르크 가문의 기반이 이때 잡혔다.

1556년에 왕위를 물려받은 펠리페 왕은 동방교역을 위해 지중해 해상권을 보호해야 했다. 그는 지중해 연안을 위협하는 오스만튀르크를 몰아내기 위해 교황 피오 5세, 말타, 베네치아와 신성동맹을 맺고 레판토 만에서 2백여 척의 갤리선을 주축으로 1571년 오스만튀르크를 대파했다. 이것이 유명한 '레판토 해전(Battle of Lepanto)'이다. 오직 노를 젓는 전함들만으로 치러진 이 전투로 펠리페 왕은 튀르크인들을 지중해에서 영원히 몰아내고 지중해 교역에서 우위를 확보하게 되었다. 그 뒤 스페인의 강력한 해군에게 '무적함대'란 별명이 붙었다.

1580년, 펠리페 2세의 조카인 포르투갈의 세바스티앙이 후사를 남기지 못하고 죽자 이제 스페인은 포르투갈까지 통합해 그 식민지까지 손에 넣었다. 포르투갈은 60년 후 다시 독립을 쟁취할 때까지 스페인의 속국이 된다. 이로써 남아메리카, 필리핀, 네덜란드, 밀라노 공국, 부르군디 공국(이상 카스티야 왕국령), 사르데냐 섬, 시칠리아 섬, 나폴리 왕국(이상 아라곤 왕국령), 아프리카 대륙의 남서부, 인도의 서해안, 말라카, 보르네오 섬(이상 포르투갈 왕국령) 등 광대한 영토를 손아귀에 넣음으로써 스페인 역사상 최전성기를 맞으며, 명실공히 유럽 최강의 나라가 되었다.

이후에도 스페인의 팽창정책은 계속되었다. 합스부르크가의 카를로스 5세와 그의 아들 펠리페 2세가 이끄는 스페인제국은 무적함대를 이끌고 해상권을 장악했다. 무적함대는 멀리 필리핀, 마카오까지도 정복했다. 이로써 네 개 대륙에 걸쳐 '해가 지지 않는' 스페인 제국이 출현했다.

'해가 지지 않는 최초의 제국'을 흔히들 영국으로 알고 있으나 사실은 스페인이 먼저다. 영국의 최전성기인 빅토리아 시대 때 지배한 면적보다 훨씬 더 광활한 지역이 스페인의 차지였다. 이후 카를로스 5세는 아들 펠리페에게 스페인 제국을, 동생 페르디난트에게 오스트리아를 물려주었다.

팽창정책으로 인한 대규모 재정적자

하지만 제국의 외형적 팽창과는 달리 내실은 곪아가고 있었다. 제국의 재정 충당을 위해 신대륙 식민지에서는 현지 인디오들을 노예로 삼아 금은 채취 강제노역을 시켰다. 그렇게 해서 식민지 개척자들이 채굴한 금속의 5분의 1을 본국의 왕에게 바치도록 했다. 이를 '오일조(五一租)'라 한다.

중남미에서 약탈하거나 채취한 황금의 5분의 1만 스페인 왕에게 바치고 나머지는 자신이 가질 수 있었기에 수많은 사람들이 신대륙으로 몰려갔다. 그 통에 유럽의 전염병도 함께 딸려가 내성이 없는 원주민들이 9천만 명이나 죽는 참변이 일어났다. 힘겨운 강제노역과 유럽인들이 전파한 전염병은 정복 이전의 원주민 인구의 90퍼센트를 쓸어 갔다. 그리고 원주민 남성들이 대부분 죽은 결과 스페인 남성과 원주민 여성 간에 새로운 혼혈 인종인 메스티소(mestizo)가 출현하고, 이들이 오늘날 라틴 아메리카의 최대 인구 층을 이룬다.

1503년부터 1660년 사이에 이들은 3백 톤 이상의 금과 페루에서 생산되는 2만 5천 톤 이상의 은을 본국의 세비야 항구로 보냈다. 스페인은 16세기 중에 전 세계 금, 은 총생산량의 83퍼센트를 차지하는 최고의 부국으로 등장한다. 문제는 이렇게 식민지로부터 금은보화가 들어와도 스페인의 과도한 팽창주의와 방만한 재정으로 적자규모가 엄청나게 불어났다는 것이다. 유대인들이 떠난 뒤 상업 중심지였던 아라곤이 금융서비스 제공을 제대로 못하자 그 무렵 스페인과 교역량이 많았던 제노바의 금융가들이 자본을 제공하기 시작했다. 카를로스 5세 치세부터는 아메리카 식민지의 광산에서 채굴되는 금, 은을 담보로 제노바 금융가에게서 미리 돈을 빌려 프랑스의 부르봉 왕조와의 전쟁 자금을 대기도 하고, 네덜란드의 반란을 진압하기 위한 전비로도 사용했다.

막스 베버의 추정에 따르면 당시 스페인은 국가 수입의 70퍼센트를 전쟁 비용으로 썼다고 한다. 전쟁 비용 이외에도 제국이 워낙 커서 국가 재정에 필요한 돈이 엄청났다. 그러니 당연히 대규모 재정적자가 계속될 수밖에 없었다. 카를로스 5세의 재위시기인 1516~1556년 40년 동안 부채만 4천만 두카트를 남겼다. 같은 기간 신대륙에서 들어온 금은보화 3천5백만 두카트보다도 더 많은 금액이었다. 두카트는 당시 기축통화격인 베네치아 금화다. 그 뒤 1568년부터 장장 80년간 네덜란드와 독립전쟁을 벌일 때에는 더 많은 적자가 났다. 이렇게 되자 스페인은 식민지의 은이 거쳐 가는 단순한 경유지로 전락해 국내 산업이 침체되기 시작했다. 스페인은 이를 만회하기 위해 부가 집중되어 있는 플랑드르 지역을 통제와 징세로써 압박했으나 오히려 독립전쟁을 초래하게 되었다. 스페인 독주에 도전하는 영국이 네덜란드를 원조했다.

유대인 추방 직후부터 손실이 나기 시작한 국고를 지탱하기 위해서는 외국으로부터 돈을 빌려야 했다. 주로 제노바, 독일, 플랑드르의 금융가로부터 신대륙에서 가져온 금과 은을 담보로 맡기고 돈을 빌렸다. 국가부채가 눈덩이처럼 불어났다. 1543년 경우 경상수입의 65퍼센트가 이미 발행된 정부 공채의 이자 상환에 지출되는 실정이었다. 1550년경 스페인은 외형상으로는 부국이었으나 경제적으로는 심각한 상황에 봉착했다. 유대인이 빠져나간 후유증으로 산업은 급속히 침몰했고 끝없는 전쟁에 돈이 무한정 투입되었다. 더구나 영국 해적선들은 스페인 배들을 공격해 스페인이 절실히 필요로 하는 금은보화들이 스페인에 도착하기도 전에 약탈했다.

국가 부도 상태가 되다

스페인제국은 당시 독일 지방에서 일어난 종교개혁의 여파로 북부 독일 군주들과 전쟁을 하게 되었는데 이게 발전해 오스만제국과 프랑스 등 사방의 적들과 싸우는 처지가 되었다. 카를로스 5세는 지나치게 광범위한 영토가 사방에 적들로 둘러싸이자 하나의 왕조가 흩어진 영토를 유지하기는 어렵다는 결론을 내리고 1555년 신성로마제국의 황제 자리를 동생 페르디난트 1세에게 양도했다. 1556년에는 스페인 왕의 자리 또한 아들에게 물려줬다.

1556년에 카를로스 5세에 이어 왕위에 오른 아들 펠리페 2세는 오스

트리아를 제외한 모든 영토와 더불어 막대한 빚까지 물려받았다. 그가 등극해 보니 1561년까지의 국고 수입이 모두 저당 잡혀 있었다. 결국 등극 다음해인 1557년에 최초의 파산 선언(디폴트)을 하기에 이른다. 현대적 의미의 첫 국가 파산인 것이다. 이는 1588년 스페인 무적함대가 영국에 패하기 31년 전의 일이었다.

::: 레판토 해전에서 승리하는 등 스페인의 무적함대 신화를 만든 펠리페 2세의 초상. 그의 사후 재정적자로 인해 화려한 세계 제국 스페인의 시대가 저물고 있었다.

제국의 군사력보다 경제력이 먼저 깨졌다. 한때 네덜란드, 오스트리아, 독일, 이탈리아 지역까지 합병하고 4대륙에 걸쳐 식민지를 운영했던 스페인제국이, 세계 최강의 군사력과 경제력을 뽐내던 스페인제국이 종교 이데올로기에 갇혀 유대인을 추방함으로써 경제 기반이 무너졌고, 얼마 지나지 않아 허무하게 막을 내리기 시작한 것이다.

그런데도 제국주의적 팽창정책은 멈출 줄 몰랐다. 과도한 정치적 야망으로 전쟁을 계속 치르는 바람에 사태를 더욱 악화시켰다. 사실 전비 차입 방식이 문제였다. 한번 데인 금융업자들은 스페인 장기채 '후로'를 거들떠보지도 않았다. 결국 차입은 대부분 '아시엔토'라는 단기채 방식으로 이루어졌는데, 단기로 빌리니 만기가 빨리 돌아올 수밖에 없었다. 전쟁 중이라 만기가 되어도 갚을 수 없는 상황에 직면하자 계속 더 큰돈을 빌리는 단기채 계약을 체결할 수밖에 없었고 이 과정에서 많은 국유지와 광산이 상인들의 수중으로 넘어갔다. 결국 펠리페 2세는 견디다 못해 1560년에 다시 파산선고를 하기에 이른다.

레판토 해전에서 승리한 직후이자 네덜란드 독립전쟁이 한창이던 1572년에는 군사비 지출이 재정수입의 두 배 이상 많았다. 게다가 네덜란드인들이 그간 스페인의 주요 수입원이었던 이베리아 반도의 주요 소금 생산지를 봉쇄하자 스페인은 재차 파산지경에 이르렀다. 이렇게 되자 왕에게 돈을 대 주던 채권자들도 위험을 감지하고 이자를 천정부지로 올리기 시작했다. 1573년에는 이자가 40퍼센트로 뛰었다. 결국 1575년에 또다시 파산선고를 했다.

1576년에 이르러서는 병사들에게 지불해야 할 급료가 국가 수입액의 2.3배에 달했다. 이번에도 막대한 부채를 해결할 길이 없었다. 채무불이행 선언은 거의 20년을 주기로 다섯 번이나 더 계속되었다. 메디치가보다도 돈이 많았다던 독일의 금융가문인 푸거가와 제노바의 은행가들이 이때 파산했다.

1581년 여전히 개신교 지역으로 남아 있던 네덜란드 북부는 펠리페 2세의 통치권을 부인했다. 이에 펠리페 2세는 1588년에 네덜란드 북부의 반란세력을 지원하던 잉글랜드를 정벌하기 위해 무적함대를 파병했으나 칼레 해전에서 대패했다. 이때부터 스페인 쇠퇴의 징조가 보이기 시작했다. 귀족 작위나 영주권이 매매되었으며, 식민지로부터 엄청난 양의 귀금속이 들어왔지만 군사비 증대로 인한 국고 파탄을 막지 못했다. 결국 1596년에 또다시 파산선고를 하고 만다.

게다가 약 3년에 걸쳐 흑사병까지 유행하게 된다. 펠리페 2세가 1598년 암으로 서거할 무렵에, 이미 스페인의 시대는 끝나 가고 있었다. 거의 모든 세입원이 저당 잡힌 상태였고 신대륙에서 얻을 것으로 예상되는 세입을 담보로 빌린 돈으로 국가 재정을 꾸리는 처지가 되었다.

이후 1640년에는 포르투갈이 독립전쟁을 일으켜 1668년에 분리해 나갔다. 1648년에는 네덜란드가 80년 전쟁 끝에 독립했다. 1659년에는 프랑스 남서부와 북부 일부를 프랑스에 내주었다. 그러는 동안 국가 채무는 더 늘어갔다. 1560년에 380만 두카트였던 국가 채무는 1667년에는 900만 두카트로 늘어났다. 당연히 돈을 빌리는 이자율도 높아져 정부 수입 중 70퍼센트가 이자로 나갔다. 당시 차입금은 정부 소득 10년 치였다.

1678년에는 동부를 프랑스에 내주었다. 또 스페인 왕위계승전쟁 직후인 1714년에는 시칠리와 나폴리, 사르디냐와 네덜란드 남부지방을 오스트리아에게 할양했다. 그 뒤 스페인은 강대국의 대열에서 영원히 사라지고 말았다.

2

동전의 양면,
중상주의와 유대인

경제사에서 16~18세기 유럽은 중상주의 시대였으며 자본주의가 본격적으로 태동했던 시기이다. 이 300년의 시기에 유대인 이동 경로에 따라 브뤼헤, 앤트워프, 암스테르담은 경제의 중심지가 되었고 유대인은 중계무역으로 꽃을 피워 유대 대상인의 1, 2차 중흥기를 맞이하게 되었다. 특히 네덜란드는 소금에 절인 청어를 팔아 북방무역을 장악함은 물론 다양한 금융기법을 선보여 근대 자본주의의 토대를 닦았다. 이 장에서는 유대인이 글로벌하게 전 세계를 무대로 상업을 할 수 있었던 이유를 살펴보고 그 과정을 흥미롭게 따라가보고자 한다.

◆ ◆ ◆

　16~18세기 유럽은 중상주의(重商主義, Mercantilism) 시대였다. 중상주의란 말 그대로 상업을 중시하는 정책이다. 이로써 상업의 귀재인 유대인의 시대가 본격적으로 열렸다. 중상주의 사상은 한 나라가 부강하려면 무역을 통해 국부 곧 당시의 화폐 금, 은을 늘려야 한다고 생각했다. 이렇게 중상주의는 중금주의(bullionism)라고 할 만큼 화폐를 중시했다. 그래서 이를 늘리는 데 최고의 정책목표를 두어 수출을 장려하고 수입을 억제했다. 한편 값싼 원료의 확보와 수출 확대를 위해 해외 식민지를 개척하는 것도 정부의 중요한 몫이었다. 한마디로 중상주의는 국부를 증대하기 위한 정부의 전방위적인 강력한 계획과 간섭이었다.

　이를 위해 모든 특권은 경제를 주도하는 계층에게 주어졌다. 상인들이 유통을 장악해 이윤을 독점했고 이들이 자본을 축적하자 공장까지 만들어 생산과 유통을 함께 지배했다. 이렇게 상인주의 시대가 도래해 자본주의가 본격적으로 시작되었다. 중상주의는 기본적으로 국가를 강력하게 만들려는 시스템인 반면 자본주의는 능력 있는 개인을 부유하게 만드는 시스템이다. 근대 초기 유럽 여러 나라에서는 큰 갈등 없이 두 시스템이 공존했다. 물론 이 시대에는 개인의 이익과 사회의 이익이 상충될 경우, 공익을 위해서는 개인을 통제할 수 있다고 생각했고 엘리트주의에 입각해서 일부 유능한 사람들에게 공익을 맡겨야 한다고 믿었다. 이 과정에서 가장 득을 많이 본 계층이 유대인들이다. 그들이 생산과 유통 그리고 무역 활동의 중심에 있었기 때문이다.

　경제사에서는 중상주의 시대를 15세기 중반부터 18세기 중반까지 3백 년간으로 보고 있다. 자본주의가 본격적으로 태동했던 시기다.

브뤼헤 시대,
중계무역에 주력한 유대인

1096년 1차 십자군 전쟁이 일어나자 영국 내 반유대 정서가 고조되면서 유대인 박해와 살해가 잇달았다. 그러자 많은 유대인들이 바다 건너 플랑드르로 탈주했다. 이러한 이주는 거의 1백 년간 지속되었다. 플랑드르 지방은 11세기 이후 영국령으로 유대인들은 영국의 양모를 가져다 이를 대륙에 내다 팔았다. 그 뒤 플랑드르 지방에 모직물산업을 일으켜 상업도시들이 생겨나 발전했다.

이후 3차 십자군 전쟁 때인 1290년 11월에 영국의 에드워드 1세에 의해 영국에서 유대인들이 일시에 추방 당하는 사건이 발생했다. 대부업에 종사하던 1만 6천 명 모두를 한꺼번에 내쫓은 것이다. 반유대 정서의 민심을 달래기 위한 것도 있었지만 그보다는 국왕과 귀족들이 그간 유대인에게 진 빚을 무효화시키고 그들의 재산마저 몰수하려는 이유가 컸다. 당시 추방된 유대인들이 제일 먼저 도착한 곳이 바로 플랑드르 지방의 브뤼헤 항구였다. 그때만 해도 플랑드르와 보르도 지방은 영국 국왕의 영지였다.

브뤼헤에 정착한 유대인들은 기존 브뤼헤의 유대인들과 손잡고 당시 최고의 상품인 모직물의 고급화에 주력했다. 질 좋은 북부 이탈리아 모직물과 경쟁하기 위해서였다. 먼저 자기들이 살았던 영국 본토에서 품질 좋은 고급 양모를 선별해 들여와 이를 유통시켜 모직물의 질을 한 단계 높였다. 모직물은 주로 프랑스 샹파뉴 정기시(定期市)에 내다 팔고 일부는 영국에 수출했다. 샹파뉴 정기시는 이때 번영의 절정에 달했다.

브뤼헤의 눈부신 발전, 직항로가 개설되다

1291년 제노바가 지브롤터 해협을 발견한 이후 1293년에 카스티야-제노바 연합 함대에 의해서 이슬람 해군이 결정적으로 패배했다. 이로써 북부 이탈리아 도시국가들의 지중해 무역이 대서양 연안 및 북해까지 확대되었다. 이후 제노바, 베네치아와 브뤼헤의 직접 교역은 정기적인 형태로 자리 잡을 수 있었다. 해적의 출몰에도 안전한 최신형 대형 갤리선에 의해 브뤼헤에 직항로가 개설되었기 때문이다. 그 뒤 이탈리아 상인들은 해로를 통해 브뤼헤를 직접 방문하는 직교역 횟수를 늘렸고, 이것이 브뤼헤의 상권이 샹파뉴 정기시를 앞서게 된 이유다.

이때부터 유대인들이 주도해 지중해 국가들과 양모와 모직물 직교역이 활성화되면서 도시는 눈부시게 변화했다. 1296년 양모시장이 브뤼헤에 개설되었고 도시가 급격히 팽창하면서 1297년 새로운 성벽이 빠르게 건설되어 도시의 규모가 세 배로 확장되었으나 금세 새로운 저택과 창고들로 급속히 채워졌다. 성 밖을 둘러 파 못으로 만든 오래된 해자는 상품을 수송하는 운하로 사용되었다. 해상무역이 발달하자 1300년에는 브뤼헤가 독일 여러 도시들의 도시동맹의 일종인 한자(Hansa)동맹의 일원이 되었다. 그 뒤 1306년에 프랑스에서 추방 당한 유대인들도 브뤼헤에 합세

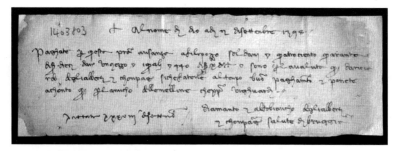

했다. 이들의 합류로 브뤼헤는 그들이 취급하던 프랑스산 포도주, 아마
포와 양모 등 프랑스 상품의 중심 수출입 항구가 되어 경제가 더욱 활성
화되었다. 이로써 브뤼헤는 통과(通過)무역이 번창했고, 유럽 최대의 모직
물산업 지역이 되었다.

브뤼헤의 유대인들, 중계무역에 주력하다

15세기 말에 유대인이 가장 많이 살았던 스페인과 포르투갈에서 유대
인 추방령으로 유대인 약 30만 명이 추방당했다. 엄청난 숫자였다. 이들
유대인들이 가장 많이 모여든 곳이 동족의 연고가 있는 브뤼헤와 앤트워
프였다. 그리고 일부가 북부 이탈리아와 오스만제국으로 가 테살로니카
는 세파르디 유대인의 중심지가 되었다. 오스만제국으로 간 유대인들은
경제를 부흥시켰을 뿐만 아니라 튀르크족에게 대포, 화승총, 탄약, 탄환
을 비롯한 군수 제조기술과 인쇄술도 보급했다.

이제 브뤼헤는 명실공히 전 유럽 최고의 무역 및 금융 중심지로 떠올
랐다. 유대인들이 떠나간 스페인과 포르투갈의 항구가 제 기능을 상실했

기 때문이다. 브뤼헤는 이베리아 반도에서 온 유대인들 덕분에 '중계무역'
이 발달했다. 중계무역은 통과무역과 달리 유대인이 무역의 주체가 될 수
있었다.

브뤼헤로 온 이베리아 유대인들은 처음에는 그들이 살았던 이베리아
반도의 특산품들을 많이 취급했다. 스페인산 양모와 피혁 그리고 천일염
이 주류를 이루었다. 여기에 더해 스페인 북부 바스크 지방의 철과 남부
산 과일, 올리브, 쌀, 포도주들도 취급했다. 진귀한 품목으로는 스페인
령 카나리아 제도와 남부 안달루시아에서 재배되는 커피가 있었다. 당시
스페인과 포르투갈 남부 지역에는 이슬람들이 재배했던 유럽 유일의 커피
농장이 있었다.

유대인들은 중계무역을 위해 들여온 상품을 다양한 방법으로 부가 가치
를 높였다. 또한 교역망도 확대했다. 유대인들은 이베리아 반도 상품의 중
계무역 이외에도 발트 해 연안국으로 플랑드르산 아마, 모직물과 프랑스산
포도주, 독일 맥주를 수출했다. 특히 15세기 말에 인기를 끌어 그 수요를
감당치 못한 브뤼헤의 직물은 유대인 상인들에게 부를 갖다 주었다.

번영을 구가하던 브뤼헤는 바닷물이 들어오던 츠빈 강의 수로가 침전
물로 막히면서 점점 쇠퇴할 수밖에 없었다. 바다로 열렸던 길이 퇴적작
용으로 인해 더 이상 배들이 접안할 수 없게 된 것이다. 결국 도시는 항
구의 기능을 잃어버렸고 역사의 전면에서 물러나 얼어붙은 듯 잠들어 버
리고 말았다. 브뤼헤를 중심으로 해상교역에 주로 종사했던 유대인들에
게는 불운이자 재앙이었다. 그러나 유대인들은 항상 그렇듯이 불운 앞에
무릎 꿇지 않았다. 그 뒤 유대인들은 인근의 또 다른 항구도시인 앤트워
프로 발길을 옮겨 그들의 경제 활동을 다시 시작했다.

유럽 자본주의의 거점

유럽의 자본주의는 두 지역에서 피어났다. 하나는 중세시대 크게 부흥했던 북부 이탈리아 도시국가들이고, 또 다른 하나는 플랑드르 지방이다. 지금도 이 지역들이 유럽 대륙 내에서 지역단위 경제규모가 가장 크고 1인당 소득수준도 가장 높다.

바이킹의 침입이 누그러진 후, 플랑드르의 저지대 지역(오늘날의 벨기에 서부)에는 떠나갔던 인구가 다시 찾아들었다. 플랑드르는 북쪽의 발트 해 연안 국가들과 남쪽의 지중해 국가들을 맺어 주거나 영국과 대륙을 연결해 주는 교통 요충지였다. 이러한 지리적 이점으로 도시가 발전했다. 12~13세기에 이르러 플랑드르 지방은 북유럽 모직물산업 중심지이자 유통의 중심지가 되었다. 특히 헨트와 항구도시 브뤼헤를 중심으로 상권이 발달했다.

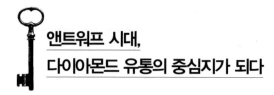

앤트워프 시대, 다이아몬드 유통의 중심지가 되다

항구로서 기능을 잃은 브뤼헤의 패권은 그 뒤 온전히 앤트워프(안트베르펜)로 넘어간다. 브뤼헤의 유대인들이 앤트워프로 모두 옮겨 갔기 때문이다. 1500년께 이르러 앤트워프가 완벽히 브뤼헤를 대체한 후 앤트워프는 국제 무역시장으로 급속히 발전한다.

앤트워프를 짧은 시간에 발전시킨 것은 포르투갈이 인도에서 가져온 향신료 후추 등 동방물품이었다. 포르투갈 리스본 항에 도착한 동남아 향신료는 유대인이 없어지자 이를 유통시킬 방법이 없었다. 할 수 없이 유대인들이 있는 앤트워프로 보내 유통시켰던 것이다.

그 뒤 앤트워프 유대인들이 다루었던 주요 교역품은 이베리아 반도와 브뤼헤 시절 다루었던 교역품에 더해 인도산 향신료와 금은보석과 다이아몬드다. 당시로서는 최고의 고부가가치 품목들이었다.

이렇게 16세기 전반에 앤트워프는 발트 해 무역의 중심지로서, 그리고 포르투갈과 스페인의 중계무역항으로서 번영을 누렸다. 이로써 유대인들은 당시 유럽과 동인도는 물론 신대륙의 상품을 거의 다 취급했다. 역사상 최초로 세계 상품의 대부분이 한곳에서 거래되었다는 의미로 볼 때 앤트워프는 명실공히 '세계시장'이라 할 것이다.

앤트워프를 다이아몬드 유통의 중심지로 키우다

1492년 스페인에서 추방당한 유대인들이 브뤼헤와 앤트워프 두 곳에 정착할 때, 앤트워프에 도착한 유대인들이 가장 먼저 시작한 것이 스페인에서 추방될 때 숨겨 가지고 온 보석 장사였다. 이 보석을 바탕으로 보석 시장이 쉽게 형성되어 활성화되었다. 얼마 지나지 않아 앤트워프는 국제 보석거래의 중심지가 되었다.

유대인들의 보석 거래 가운데서도 다이아몬드가 가장 이윤이 많이 남았다. 그러자 유대 보석 상인들은 인도에 있는 유대인 커뮤니티와 협력해 직접 다이아몬드 원석을 들여와 이를 가공해 팔았다. 기원전 3세기부터 2천 년간 인도는 세계에서 유일한 다이아몬드 생산국이었다. 그 뒤 17세기 말 베네치아의 유대인 페르지(Vincent Peruzzi)가 다이아몬드 특유의 '브릴리언트 커팅' 연마방법을 개발한 뒤로 다이아몬드가 명실상부하게 최고의 보석이 되었다. 그러다 18세기에 브라질에서 다이아몬드 광산이 발견됨으로써 다이아몬드 주산지는 브라질로 넘어갔다. 하지만 정작 본격적인 다이아몬드 시대를 열게 된 것은 1866년 남아공에서 유레카라는 약 21캐럿짜리 다이아몬드 원석이 발견되면서부터다. 이어서 남아공에서 대규모 광상(鑛床)이 발견되어 다이아몬드가 급속히 대중화되었다.

앤트워프 유대인들은 보석 물량이 점차 커지자 이번에는 가공한 물건들을 외국에 있는 유대인 커뮤니티와 손잡고 수출하기 시작했다. 이로써 다이아몬드 산업은 유대인들이 '수입-가공-수출-유통' 프로세스 일체를 장악해 완전히 유대인 커뮤니티 간의 독점산업이 되었다. 독점이다 보니 부르는 게 값이었다. 유대인들은 이 시장을 확고히 지배했다. 훗날 앤트워프는 스페인으로부터 독립해 네덜란드에 귀속되었다가 벨기에에 속하게 된다. 지금까지도 벨기에는 유대인들의 다이아몬드 중계무역으로 유명하다.

설탕산업 일체를 장악하다

앤트워프에 성공적으로 정착한 유대인들은 취급하는 상품을 더욱 다양화했다. 북유럽의 타르(역청)와 호밀, 스페인의 양모·소금·포도주·올리브기름 등 당시의 대표 수출상품들이 모두 여기서 거래되었다. 여기에 커피와 차, 코코아, 담배, 설탕이 더해졌다. 이 품목들이 이후 몇 세기를 풍미하는 최고 히트상품이다.

서구에 설탕이 처음 알려진 것은 알렉산더 대왕의 인도 침공 때였다. 기원전 325년 인더스 강 동부 지역을 답사한 대왕의 부하가 "인도에서 자라는 갈대는 벌의 도움 없이도 '꿀 같은 것'을 만들어 낸다. 인도인들은 그 즙으로 단 음료수를 만든다."고 기록했다. 이후 서기 600년 페르시아에서 사탕수수를 재배하기 시작했다. 그 뒤 페르시아를 멸망시킨 이슬람 세계는 전리품으로 사탕수수와 설탕의 제조 비법을 챙겨 가는 곳마다 이를 전파했다. 이후 이베리아 반도를 점령한 이슬람들이 비교적 기후 조건이 비슷한 스페인의 마리다 섬을 필두로 카나리아 제도와 남부 연안지방에서 사탕수수를 재배했다. 드디어 유럽 대륙 내에서도 사탕수수 생산이 가능해진 것이다. 그러나 양이 작고 귀해 값이 비쌌다.

그 무렵 설탕은 왕이나 귀족들만 애용하는 고급 향신료이자 의약품으로 권위의 상징이 되었다. 심지어 몇몇 유럽 왕실은 중요한 행사 때 그들의 위용을 과시하기 위해 화려한 설탕조각을 만들어 전시했다. 물론 값

은 엄청났다. 영국에선 설탕 4파운드(1.8킬로그램)가 송아지 한 마리 값이
었다.

1372년 레반트에서 베네치아를 경유해 들어온 설탕 1킬로그램의 가격
은 수소 두 마리 값이었고 14세기 말에는 수소 열 마리 값까지 폭등하기
도 했다. 그 뒤 15세기 내내 보통 소 한두 마리 가격은 유지했다. 예나 지
금이나 이러한 고이윤을 오래도록 보장할 수 있는 길은 독과점 체제를 유
지하는 것이다. 이를 위해 유대인들은 설탕의 독과점 유통 체제를 완성
한다. 유대인들이 직접 브라질과 서인도제도의 사탕수수 농장을 경영함
으로써 사탕수수 재배에서부터 운반-정제-판매의 핵심 프로세스를 일
괄 장악하는 독과점 체제를 완성한 것이다. 유대인들의 '생산-교역-가
공-유통'의 일괄 독점체제의 완성은 이후 다른 산업에서도 적용되는 유
대인의 주특기가 된다.

신용을 기반으로 무역과 금융을 연계시킨 유대인들

유대인들의 특기는 중계무역이었다. 대부분 스페인·포르투갈·인도 등
을 연결하는 삼각무역이 주류를 이루었다. 중간에서 이득을 많이 얻으려
면 무역을 주도할 수 있는 자본력 또는 금융 운용실력이 관건이었다. 유
대인들은 후자를 택해 그들의 무역을 금융과 연계시켰다. 처음에는 담보
금융이 주를 이루었다. 그러나 머지않아 신용대출을 상품에 연결시켰다.
유대인이기에 가능한 일이었다.

역사적으로 약속어음을 담보로 한 신용대출은 중세 초기에 유대인들
사이에서 시작되었다. 그 뒤 유대인들은 믿을 만한 이방인들에게도 신

용대출을 확대해 나갔다. 이것이 상인들 사이에서는 외상 장사로 발전했다. 신용대출과 외상 장사로 인해 상업 활동에 필요한 유동성이 크게 늘어나는 효과를 보았다. 이것이 상업뿐 아니라 해상교역을 폭발적으로 늘리는 기폭제가 된다.

또 유대인들은 앤트워프 상설시장에서 처음에는 신용대출을 상품에 밀접하게 연계시켰으나 나중에는 3개월에 2~3퍼센트, 연간 8~12퍼센트의 이자율로 정기시 상인들 사이에서 거래되는 '환어음'을 개발해 유통시켰다. 앞에서도 살펴보았지만 환어음의 역사도 중세로 거슬러 올라간다. 그 무렵 사람들은 당시의 화폐격인 금이나 은을 튼튼한 금고를 갖고 있는 금 거래상들에게 맡겼고 증서를 받아서 화폐 대용으로 사용하기 시작했다. 이것이 환어음의 시초이자 종이화폐의 기원이다. 그 뒤 이것이 진일보해 유대인들은 금, 은 이외에도 상품에 연계시키는 환어음도 개발한 것이다. 1630년경에는 부유한 상사들이 상품과 연계되지 않은 순수한 금융상의 환어음만 다루었다.

환어음은 당시 유통되던 약속어음보다 훨씬 발전된 금융기법이다. 약속어음은 발행인 자신이 지급할 것을 약속한 것인데 반하여, 환어음은 제3자가 지급의무를 진다. 주로 물건을 외상으로 준 수출업자가 채무자인 수입업자를 지급인으로 지정해 발행한다. 이는 누가 됐든 어음을 갖고 있는 사람에게 약정된 시기에 어음에 표시된 금액을 무조건 지급할 것을 위탁한 증권이다. 한마디로 수표와 같은 기능을 했다. 교역 활동을 하기 위해 무거운 금, 은 주화를 많이 가지고 먼 길을 여행하는 위험과 고충을 해결한 것이 환어음이었던 것이다. 이후 서로 멀리 떨어져 있는 유대인 커뮤니티 사이에서 이러한 환어음이 유용하게 사용되었다.

부를 쌓는 일에 유대인이 기여한 최대 공헌은 신용대출이라는 제도를

만든 일이었다. 또다른 공헌은 유가
증권을 발명해 이를 보급시킨 일이다.
유대인은 안심하고 살 수 있는 지역뿐
아니라 박해 가능성이 있는 지역에서
도 유가증권의 사용을 추진했다. 그들
이 이렇게 세계를 하나의 시장으로 간
주하는 선진적인 시각을 가질 수 있던
것은 아이러니컬하게도 민족이 뿔뿔이
흩어진 이산의 결과였다. 일찍이 세계
곳곳에 흩어져 사는 유대인 디아스포
라 간의 교류로 글로벌한 시야가 몸에
배어 있었기 때문이다.

::: 앤트워프의 유대인 시나고그

유럽 5대 도시로 급성장한 앤트워프

앤트워프의 인구는 유대인이 몰려오기 전까지는 2만 명이었다. 그러
나 스페인과 포르투갈에서 추방당한 유대인들이 몰려온 1500년 무렵에
두 배가 넘는 5만 명으로 급성장했다. 도시 인구의 반이 유대인이었다.
1516년 이탈리아 베네치아에 유럽 최초로 '게토(ghetto)'가 생겼다. 유대
인을 강제 격리시켜 밤에는 특정한 거주 지역 안에 가두어 둔 것이다.

자유롭게 해상무역과 조선업, 금융업에 종사하던 베네치아 유대인들
은 게토에 갇히게 되자 이를 피해 앤트워프와 암스테르담으로 몰려왔다.
이베리아 반도에서 온 유대인들과 베네치아에서 온 유대인들이 합쳐지면

서 여러 면에서 시너지 효과가 일어났다. 해상무역의 범위가 넓어졌으며, 금융기법이 발달하고, 특히 조선업이 강해졌다. 유대인들이 몰려온 앤트워프는 얼마 지나지 않아 해양 공국 베네치아의 뒤를 이어 유럽의 중요한 유통 기지가 되었다. 이 시기에 앤트워프는 중계무역을 바탕으로 금융업이 급속히 커졌다.

이후 앤트워프 경제는 무섭게 급성장했다. 1560년 무렵에는 인구가 10만 명이 되어 당시 스페인 최대 항구인 세비야를 능가하는 국제항구로 커졌다. 조그마한 앤트워프가 상업 면에서 스페인제국을 능가한 것이다. 앤트워프는 이제 유럽에서 나폴리, 베네치아, 밀라노, 파리 다음의 대도시로 성장해 유럽 5대 도시의 하나가 되었다. 이후 유럽 경제의 중심지는 단연 활기찬 앤트워프였다. 세계 교역의 반이 이 도시를 통해 거래되었으며 완전히 국제 상업도시의 면모를 보였다.

우리가 여기서 주의 깊게 보아야 할 것이 있다. 경제사적인 측면에서 소도시에 지나지 않았던 앤트워프가 15세기 무렵을 전후해 어떻게 이렇게 빨리 성장할 수 있었는지를 설명하는 데 있어서 유대인을 빼놓고는 설명할 길이 없다는 점이다. 이후 16세기 중후반부터 쇠퇴의 길을 걸으며 스페인 지배에 들어간 앤트워프의 짧은 번영기와 유대인 거주시기가 정확히 맞아 떨어지는 것을 보면 참으로 무서운 민족이라는 생각이 든다. 이 시기를 바탕으로 발전한 벨기에는 지금도 강소국으로 유명하다.

15~16세기, 유대인 경쟁력의 원천

그 무렵 소수의 유대인들이 무역을 독점할 수 있던 이유는 교황이 기독교도들의 이슬람 접촉을 금지한 데 있었다. 게다가 십자군 전쟁으로 기독교권과 이슬람권이 서로 대치했기 때문에 양쪽을 자유롭게 드나들 수 있는 유대인들이 어부지리로 그 이득을 보았다. 하지만 유대인들만의 경쟁력이 없었다면 무역을 독점하다시피 할 수 없었을 것이다.

유대인들의 경쟁력이란 《성경》과 《탈무드》 공부를 통해 글을 읽고 쓰는 데 능하다는 것, 부에 대한 적대감이 없어 계산에도 능했다는 것, 사방에 퍼져 있는 유대인 커뮤니티와의 연결로 각종 정보에 밝았다는 것을 꼽을 수 있다. 1638년 중세 유럽의 변증론자였던 시몬 루자토는 《베니스의 유대인에 대한 소고》에서 "유대인이 사는 곳에는 어디서나 무역과 상업이 넘쳐흐른다."고 기록했다.

게다가 유대인의 안식일은 금요일 일몰부터 시작하기 때문에 기독교의 주일보다 하루 이상 빠르다. 즉 유대인들은 안식일이 끝나는 토요일 일몰시부터는 일을 시작할 수 있어 월요일 아침에야 일을 시작하는 기독교도에 비해 매주 하루 이상 일찍 일을 시작하는 셈이었다.

이처럼 유대인들의 종교는 경제 활동에도 큰힘이 되었다. 사실 유명한 무역업자들 가운데에는 학식 높은 랍비들도 많았다. 그들이 학문상의 논의를 위해 편지를 주고 받은 루트는 무역 루트로 활용되었다.

암스테르담 시대,
종교개혁과 유대인 황금시대

16세기 유럽의 종교개혁은 유대인들의 운명에 결정적인 영향을 끼쳤다. 장기적인 관점에서 프로테스탄트의 출현은 유대인들에게 유리하게 작용했다. 종교개혁이 교황 중심의 기독교 세계의 통일성을 무너뜨렸기 때문이다. 종교개혁으로 유대인들에 대한 노골적인 격리는 끝났다. 유대인들은 종교개혁을 환영했고, 종교개혁 초기에 개신교도와 유대인들은 비교적 잘 지냈다.

마틴 루터(Martin Luther)도 처음에는 유대인을 옹호했다. 그가 가톨릭을 공격했던 내용 중 하나는 가톨릭이 유대인들을 너무 무자비하게 취급했다는 점이었다. 루터는 가톨릭 성직자들이 유대인들을 박해한 일을 강렬한 어조로 비난하면서 유대인들을 개종시키기 위한 최선의 방법은 예수의 사랑이요, 초대 교회 교부들이 권했던 친절과 관심이라고 주장했다.

일부 유대인들은 루터의 말에 큰 기대를 걸고 그를 환영했지만 대부분의 유대인들은 관망했다. 그 뒤 루터는 교황의 박해를 피해 피신을 하는 동안 사제들만 읽던 라틴어 《성경》을 독일어로 번역했다. 이를 통해 근대 독일어의 근간이 정리되었다. 이 번역 《성경》은 인쇄술의 발전 덕에 각지로 전파될 수 있었으며 루터의 의견에 호응하는 사람들이 많아졌다. 루터의 독일어 《성경》 덕분으로 가톨릭 평신도들은 금서였던 《성경》을 처음 접할 수 있었다. 《성경》은 삽시간에 전 독일에 퍼져 베스트셀러가 되었고 루터는 교황의 권위를 정면으로 부정하면서 유대인에게 도움을 구했다. 1523년에 쓴 《예수 그리스도는 나면서부터 유대인》이라는 소책자에서 루터는 유대인이 예수를 받아들이지 않을 이유가 전혀 없다고 말하면서, 유대인이 자발적으로 집단 개종하기를 바랐다. 그러나 루터가 번역한 《성경》보다는 《탈무드》 쪽이 훌륭한 《성경》 해석을 해 놓았다면서 유대인들은 개종의 손짓을 거부했다.

이때부터 루터는 유대인들을 거세게 비난하기 시작했다. 이어 간행된 《유대인과 그 허위에 대해》라는 소책자는 홀로코스트를 향한 거대한 첫 발짝이라 할 만했다. "먼저, 유대인의 시나고그에 불을 지르고, 타고 남은 것들은 몽땅 뻘 속에 파묻은 다음, 그 초석이나 불탄 재가 사람 눈에 뜨이지 않도록 해야 할 것"이라고 유대인에 대해 과격한 독설을 퍼부었다.

루터는 말로 공격하는 것만으로는 만족할 수 없었다. 영향력이 커진 그는 1537년 작센에서 시작해 1540년에는 독일 거리 곳곳에서 유대인을 내쫓았다.

칼뱅, 유대인을 지지하다

훗날 영국 청교도 혁명의 사상적 지주가 된 프랑스의 종교개혁가 장 칼뱅(Jean Calvin)은 상인들을 지지했다. 당시 유럽에서 상업에 종사하는 자들은 낮은 사회적 지위를 감수하고 있었는데, 이들에게 칼뱅은 자신의 직업에 충실한 것이 신에게 봉사하는 길이라고 설교했다. 그 무렵 '상인

(merchant)'은 유대인과 같은 뜻으로 쓰일 때였다. 해상무역에 직간접적으로 종사하는 유대인을 'merchant'라 불렀기 때문이다. 중세 말기 유대인들은 대부분 모직물 분야의 머천트 어드벤처스(Merchant Adventurers) 회사의 일원으로 활동했다.

이러한 칼뱅의 주장은 당시로서는 파격이었다. 그리하여 상업이 융성했던 네덜란드에 칼뱅파가 널리 퍼지게 된다. 그는 인간이 스스로의 구원을 확신하면서 세속적인 직업 활동과 합리적이고 금욕적인 일상생활을 함께 영위해야 함을 강조했다. 이는 근대적인 직업관과 생활윤리를 제공해 근대사회의 발전에 크게 기여했다.

칼뱅은 이렇게 유대인에 대해서 호의적이었다. 이유는 여러 가지가 있겠지만, 그중 하나는 칼뱅은 이자를 받고 대부하는 일에 대해 찬성했다. 칼뱅은 5퍼센트 이자율 한도 내에서는 빌려 주어도 좋다고 했다. 루터의 반대에도 불구하고 종교개혁 후 등장한 일부 신교도들도 고리대금업에 대해 관대한 입장을 폈다. 네덜란드 신교도와 영국 청교도들이 이자 상한선을 정해 놓고 대부업을 허용한 것이다. 이것이 근대에 접어들어 이 두 나라가 금융산업을 기반으로 상업을 비약적으로 발전시킨 이유이기도 하다. 칼뱅은 그의 저서를 통해 유대인의 주장을 객관적으로 전하는 바람에, 루터파로부터 유대화되고 있다는 질책을 받을 정도였다.

앤트워프 유대인들의 암스테르담 이주

16세기 후반 앤트워프는 스페인의 침공으로부터 도시를 지키기 위해 용병들을 끌어들였는데 이것이 화근이었다. 보수를 제대로 받지 못한 용병처럼 위험한 존재는 없다. 이들은 툭하면 폭동을 일으키고 약탈을 일삼았다. 무법천지였다. 1576년에는 6천여 명이 살해되었는데, 이것이 앤트위프 쇠락의 근본 원인이었다. 이때 많은 유대인들이 암스테르담으로 옮겨 갔다.

암스테르담이라는 이름은 원래 '암스텔 강의 둑'이란 뜻이다. 13세기에 어민들이 암스텔 강에 둑을 설치하고 정착한 데서 유래했다. 그 뒤 14세기에는 한자동맹(Hanseatic League)♦에 가입해 함부르크의 맥주 수출항으로 번창했다. 16세기 중엽부터 유대인들이 가장 많이 모여든 곳은 스페인의 영향력이 미치지 않는 네덜란드의 암스테르담이었다. 이는 종교적 관용을 베푼 네덜란드의 유대인 수용정책 덕분이었다. 네덜란드는 유대인들이 그리스도교들하고 결혼하거나 국교를 비판하지 않는다는 조건으로 유대인들을 받아들였고 이는 오히려 유대인들이 원하는 바였다.

1579년 네덜란드는 건국헌장에 종교의 자유를 선언했다. 이것이 강력한 흡입력을 발산해 네덜란드는 유럽 전역에서 종교난민들을 흡수할 수 있었다. 유대인들 또한 각지에서 네덜란드로 몰려들었다. 영국에서 국교인 성공회에 대항한 칼뱅주의자들도 심한 박해 때문에 네덜란드로 피신해 왔다. 이때부터 네덜란드에서는 각자의 양심의 자유와 내면적 신앙은 불가침의 영역으로서 존중되었다.

1585년에 앤트워프가 스페인에 다시 정복되자 절반 가까운 앤트워프 시민들이 북부 네덜란드로 탈주했다. 그때까지 남아 있던 유대인들도 이때 대부분 암스테르담으로 옮겨 왔다. 앤트워프 시민 일부는 다른 나라로 떠나갔는데 그 가운데 1만여 명이 런던으로 이주했다. 상당수가 유대

♦ 독일 북부 도시들과 외국에 있는 독일의 상업집단이 상호교역의 이익을 지키기 위해 창설한 조직

인이었다. 당시 영국은 유대인의 공식 입국을 허용하지 않았을 때였지만 해상무역의 진흥을 위해 유대인의 입국을 눈감아 주었다. 아니 영국에서 이들을 불러들였다고 보는 게 옳다. 이유는 두 가지였다. 하나는 당시 영국이 무역에 있어서는 '양모'라는 단일 품목 수출과 '앤트워프'라는 단일 수출 시장에 목매고 있을 때였고, 또 하나는 영국 왕실의 긴급 자금 조달과 관련해 영국 내 유대 금융인이 없었기 때문에 국내에서 자금 조달을 할 수 없었기 때문이다. 이후 앤트워프에서 건너간 유대인들이 영국의 해상무역을 이끌었으며 1600년 영국 동인도회사, 1605년 레반트회사를 설립해 동방무역을 주도했다.

이러한 유대인 이주는 당시 플랑드르 경제에 막대한 손실을 입히는 원인이 된다. 반면 반대급부로 암스테르담의 경제는 급속히 발전한다. 암스테르담이 부흥하자 유럽 각국의 부유한 상인과 예술가들 또한 이곳으로 밀려들었다. 1580년대 말에 암스테르담 규모는 이전보다 세 배나 커졌다. 암스테르담은 앤트워프가 가지고 있던 시장을 빠르게 잠식해 가면서 유럽 최대의 항구로 급성장했다. 유대인들은 16세기 말에 암스테르담 상권을 완전히 장악했다.

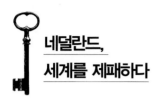

네덜란드,
세계를 제패하다

　해상권을 영국과 네덜란드가 쥐게 되면서부터 본격적인 유대인의 시대가 열린다. 그들은 해상무역에서 브뤼헤와 앤트워프 시절의 시장을 승계한데다 동인도 항로까지 추가했다. 1602년 유대인들이 주축이 되어 설립된 네덜란드 동인도회사는 아시아 무역에 집중했는데, 당시로선 국운이 걸린 국가적 사업이었다. 동인도회사 유대인들은 네덜란드 시대를 활짝 열었다. 그래서 1590년에서 1609년 사이의 20년 동안을 '유대 대상인의 1차 중흥기'라 부른다.

　1648년, 30년 간의 스페인과의 전쟁을 마치고 '네덜란드 연방공화국'이 성립되자 정치적으로 안정을 되찾은 네덜란드는 동인도회사를 적극 지원해 해외 진출의 황금시대를 맞이한다. 네덜란드 독립전쟁(30년 전쟁)은 영국의 청교도 혁명, 미국의 독립전쟁, 프랑스의 대혁명에 선행한 시민혁명의 승리로 특히 미국 독립과 연방제도의 모델이 되었다.

소금에 절인 청어 열풍

초기에 저지대와 네덜란드에 정착했던 유대인들에게 이 지역은 종교의 자유를 제외하고는 그리 풍요로운 곳은 아니었다. 아니 오히려 열악한 환경이었다. 저지대와 네덜란드는 농수산업과 염료산업이 있기는 했으나 전반적으로 지하자원이나 특별한 생산물이 없는 빈국이었다. 이러한 척박한 환경 속에서는 아무리 유대인들이라도 상업을 키워 나가는 데 한계가 있었다. 그러나 유대인 역사를 살펴보면 유대 민족은 형극의 역사를 영광의 역사로 바꾸는 능력을 지녔다. 비즈니스에서도 예외가 아니었다. 네덜란드의 지리적 한계를 극복하고자 유대인들은 더더욱 중계무역에 주목했다.

스칸디나비아 근처 발트 해에서 잡히던 청어가 14세기부터는 해류의 변화로 네덜란드 연안 북해로까지 밀려드는 이변이 일어났다. 그러다 1425년경부터는 청어 어장의 중심이 아예 북해로 이동했다. 네덜란드인들은 너도나도 청어잡이에 나섰다. 그 결과 매년 여름이면 약 1만 톤의 청어가 잡혔다. 당시 네덜란드의 총인구가 약 1백만 명 정도였는데 고기잡이와 관련된 인구만 30만 명이었다. 한마디로 청어잡이는 전 국민의 목숨줄이었다. 어장 쟁탈로 네덜란드와 스코틀랜드는 세 번이나 전쟁을 치르기도 했다.

14세기 중엽 네덜란드 한 어부 빌렘 벤켈소어(Willem Beukelszoon)가 선상에서 작은 칼로 청어의 배를 갈라 내장을 꺼내고 머리를 없앤 다음 소금에 절여 통에 보관하는 염장법을 고안해 냈다. 바다에서 잡은 청어를 잡는 즉시 소금에 한번 절이고 육지에 돌아와서 한번 더 절임으로써 1년 넘게 보관할 수 있었다. 냉장고가 없던 당시에 소금에 절인 청어는 전 유럽에 불티나게 팔려 나갔다. 이렇게 청어를 저장하고 수출하는 데에는 소금이 필수품이었다. 당시 필요한 소금의 일부는 브뤼헤나 앤트워프를 통해 수입하기도 했지만, 대부분은 독일이나 폴란드 암염광산에서 한자 동맹 무역망을 통해 공급받았다.

북해에서 청어가 잡히기 시작하자 브뤼헤와 앤트워프의 유대인들이 가장 먼저 주목한 것은 청어를 절일 때 필요한 대량의 '소금'이었다. 그 무렵 소금은 비쌌다. 유대인들은 바로 이점에 착안했다. 그들은 먼저 한자 동맹으로부터 공급받는 소금 대신 이베리아 반도의 천일염을 수입했다. 천일염이 암염보다 값도 싸고 질도 훨씬 더 좋았기 때문이다. 이때부터 청어절임 소금은 암염에서 천일염으로 서서히 바뀌게 된다. 다들 청어에 주목할 때, 청어를 절이는 소금에 주목한 유대인들의 타고난 경제 감각 이 빛나는 대목이다.

소금 산업의 독과점 체제를 이루다

15세기 말 이베리아 반도에서 추방당해 저지대에 정착한 유대인들은 천일염을 다시 한번 '정제'할 생각을 했다. 그렇게 하지 않아도 천일염은 암염보다 순도도 높고 깨끗했지만, 이를 더 정제해 고운 소금으로 재탄 생시킨 것이다. 소비자는 소금의 순도, 모양, 때깔 등 소금의 질에 민감 했는데 특히 양질의 음식에 쓰일 소금에는 더 그랬다. 유대인들은 이러 한 고객의 요구에 맞춘 것이다. 유대인들은 결정이 더 작고 염도가 높은 소금을 만들기 위해 대서양 연안 천일염을 다시 끓여 불순물을 제거하고 증발시켜 순도 높고 고운 결정을 만들었다. 역사상 처음으로 거친 소금을 소비자가 원하는 대로 곱게 만드는 소금 정제산업이 발달한 것이다. 유대인은 예부터 이렇게 고객을 만족시켜 돈 버는 법을 알고 있었다.

16세기 중엽에는 총 4백 개의 대서양 연안 소금정제소에서 4만 톤의 소금을 생산했다. 이는 당시 베네룩스 3국 소금 필요량의 절반에 해당하는 양이었다. 그런데도 이 정제소금이 오스트리아나 독일에서 육로로 오는 암염보다 쌌다. 한마디로 이베리아 반도의 정제 천일염은 대단한 가격 경쟁력과 품질 경쟁력 모두를 갖고 있었던 것이다. 이로써 발트 해 지역이 북해를 제치고 소금 중계무역의 중심지로 부상했다.

소금으로 인해 경쟁에서 밀린 한자동맹 도시들의 북해 주도권은 여기서 끝나고 역사 속으로 사라졌다. 그만큼 교역에서 소금이 차지하는 비중이 높았던 것이다. 채굴도 어렵고 운반도 힘든 암염 대신 양질의 바다소금을 정제해 대량으로 공급함으로써 유대 상인들은 한자동맹과의 무역전쟁에서 승리를 거둘 수 있었다.

당시 한자동맹의 영향력이 무너진 이유가 또 있었다. 그들은 유대 상인들이 발행하는 환어음을 거부했고 현지 화폐 등으로 상품을 매매했다. 그러니 당시 북부 이탈리아와 플랑드르 지역 상권을 쥐고 있던 유대 상인들과 연계될 수 없었다. 그러던 차에 소금의 독점적 공급이 깨지고 판매가 줄면서 금융이 꽉 막힌 그들의 유동성이 줄어 급격히 쇠퇴한 것이다.

유대인들은 청어를 절이고 남는 천일염과 정제소금을 인근국가들에게 되팔아 소금 유통을 완전히 장악했다. 이로써 소금 산업 역시 생산-유통-소비 일체를 지배하는 독과점 체제를 이루었다. 유대인들은 국내 자원의 부족을 원자재나 상품의 부가가치를 높여 재수출하는 중계무역에 남다른 재주가 있었던 것이다. 네덜란드의 척박한 환경이 전화위복이 된 셈이었다.

네덜란드의 부, 청어에서 시작되다

유대인들은 먼 바다를 항해해야 하는 네덜란드 해군과 상선 모두에 소금에 절인 청어를 공급했다. 또한 그들은 청어 처리에도 일대 혁신을 가져왔다. 바로 '분업화'를 도입한 것이다. 고기 잡는 사람, 내장 발라내는 사람, 소금에 절여 통에 넣는 사람 등으로 나누어 작업을 진행했다. 숙련공들은 한 시간에 약 2천 마리의 청어 내장을 발라냈다. 청어절임의 생산량이 획기적으로 증가했다. 청어의 포획부터 시작해 처리와 가공 그리고 수출이 기업화되기 시작했다. 청어절임이 본격적인 산업으로 자리 잡은 것이다.

이후 유대인들은 네덜란드에서 지금의 수협 격인 '어업위원회'를 만들었다. 위원회는 의회로부터 법적인 권리를 부여 받아 체계적인 청어산업을 관리 감독했다. 위원회는 품질관리를 위해 저장용 통의 재질과 소금의 종류, 그물코의 크기를 정했다. 그리고 가공 상품의 중량, 포장 규격 등 엄격한 기준을 만들어 지속적으로 네덜란드산 청어절임이 뛰어난 품질을 유지할 수 있도록 관리했다. 그리고 어획시기를 한정해 청어산업의 장기적인 포석과 더불어 공급을 조절해 청어산업의 고부가가치화를 이끌었다. 이로써 다른 나라에 견주어 우수한 경쟁력을 확보할 수 있었다.

1620년 경 네덜란드의 선박은 2천 척이 넘었는데 대부분 70톤에서 1백 톤에 이르는 청어잡이 어선이었다. 한 척당 약 15명 정도의 선원이 승선했으니 단순 계산으로도 약 3만 명 이상의 어부가 조업한 것을 알 수 있다. 1630년대에서 1640년대에는 연간 약 3만 2천5백 톤의 청어를 처리해 당시 유럽 전체 청어 포획량 6만 톤의 절반을 넘겼다. 이렇게 네덜란드의 부는 청어에서 시작되었다. 1669년 청어잡이와 청어의 가공처리, 통 제작,

망, 어선건조 등 관련 사업에 종사하는 사람을 모두 합하면 그 수가 약 45만 명에 달했다. 당시 노동인구의 대다수가 청어와 관련된 산업에 종사하고 있는 셈이었다. 이렇게 수산업에서 촉발된 활황은 조선업의 발전으로 이어졌고, 이는 목재업·무역업·금융업의 발전을 낳았다. 청어 어업이 네덜란드 경제와 해운의 발전에 지대한 공헌을 한 것이다.

조선업의 발달, 대형 수송선의 대량 건조기술

청어잡이가 호황을 누리면서 네덜란드에 비로소 제대로 된 산업들이 자리 잡기 시작했다. 조선업이 발달하고 부수적으로 목재업이 호황을 누렸다. 그 밖에 방직, 염료가공, 제지, 도자기 제조 등 제조업과 운송, 상업 등 서비스업까지 다양한 분야가 균형 있게 발전했다. 그 뒤 해상무역이 급증하면서 조선업이 대형화하기 시작했다.

16세기 중반부터 네덜란드 선박은 유대인들의 주도로 '경량화'와 '표준화'에 승부를 건다. 이는 배의 크기를 키워 화물적재량을 극대화하는 방향으로 진화한다. 경쟁국인 영국의 배들이 중무장한 채 사람을 많이 태울 목적으로 튼튼하게 건조하는 데 중점을 두었다면, 네덜란드 선박들은 최소의 선원으로 최대의 경제효과를 얻는 데 초점이 맞추어졌다. 게다가 조선 기술자들에 의해 조선소용 밧줄, 목재 제재용 톱과 조선소용 기중기와 같은 첨단 장비와 기계가 발명되었다. 근대식 조선소가 탄생한 것이다. 1570년, 드디어 네덜란드에서는 가볍고 표준화된 '보급품 수송함'의 대량 건조기술이 개발되었는데, 이는 경제사에 한 획을 그을 만한 대단한 기술이었다.

이 기술의 가장 큰 특징은 이전에 만들어진 배에 비해 5분의 1 정도의 인원만으로 작동이 가능해졌다는 점이다. 게다가 건조비용이 영국의 60퍼센트에 지나지 않았다. 이는 곧 화물유통 경쟁력의 차이로 이어져 네덜란드 조선업은 당대의 최고 산업이 된다. 항구도시 자르담(Saardam)의 조선소에는 러시아의 표트르 대제가 러시아의 부국강병의 꿈을 실현하기 위해 신분을 숨기고 1백 여 명의 사절단에 끼어서 목수로 일한 적이 있을 정도였다.

설탕산업으로 부를 일군 암스테르담

네덜란드는 청어산업의 호황과 더불어 한자동맹 상인을 물리치고 북유럽의 무역 주도권을 획득하며 본격적인 네덜란드 시대를 연다. 당시 소금도 비쌌지만 그보다 더 비싼 것이 설탕이었다.

유대인이 떠난 앤트워프의 설탕 정제산업도 1585년 이후 자연스럽게 암스테르담으로 넘어왔다. 암스테르담은 앤트워프를 대신해 브라질, 카나리아 제도 등지에서 온 원당의 집산지가 되었다. 당시로선 설탕산업이 가장 돈을 많이 버는 첨단산업이었다. 이로써 암스테르담은 당대 최대 상업도시가 된다. 나중에는 중산층까지 값비싼 설탕을 애호하자 암스테르담 시정부는 1602년 '사치품사용 제한령'을 내려 설탕의 국내 소비를 막을 성도였다.

해상무역에 최적화된 배로 북방무역을 장악

16세기 중반 베네치아에 게토가 생기자 게토에 갇히지 않으려던 유대인들이 대거 암스테르담으로 옮겨 왔음은 이미 언급했다. 이후 목재 가격이 올라 선박 건조비용이 상승했을 때, 베네치아는 16세기식 표준을 고수한 반면, 암스테르담의 유대인들은 기존의 갤리선보다도 좀 더 가볍고 조종하기 쉬운 배를 개발했다. 이것이 베네치아와 네덜란드 간의 조선업과 해운업의 승패를 가르는 분수령이 되어 이후 조선업과 해운업은 네덜란드의 독보적인 산업이 되었다.

영국도 이에 지지 않으려 노력했지만 네덜란드 유대인의 과감한 모험정신 앞에는 어쩔 수가 없었다. 그 무렵 다른 나라 바다를 지나려면 통행세를 물어야 했는데, 통행세 부과기준이 갑판의 넓이였다. 당시는 해적들의 출몰이 빈번해 대부분의 배 양옆으로 많은 수의 대포를 장착해야 했고 그러려면 단단하고 굵은 목재를 써서 갑판을 키울 수밖에 없었다. 그러나 네덜란드 유대인들은 대포를 장착하지 않거나 12~15문 정도의 대포만 설치해 무장을 최소화했다. 대신 상대적으로 값싼 나무로 화물칸을 배불뚝이로 만들고 갑판은 좁게 만들어 제작 경비와 함께 통행세를 절감하는 방식을 채택했다. 그래서 네덜란드 선박은 양옆은 통통하고 둥글지만 갑판은 매우 좁았다.

이 배를 '플라이트(Fluyt)선'이라 불렀다. 오늘날의 컨테이너선인 셈이다. 이 배는 갑판이 좁고 긴 대신 선창이 넓어서 많은 화물을 실을 수 있었다. 그리고 돛이 매우 효율적으로 배치되어 있어 선박이 가벼워 속도도 빨랐다. 보통 플라이트선 한 척의 적재용량은 약 250~500톤에 길이는 25미터 내외였다. 게다가 배불뚝이 저중심 설계라 출발 및 정지가 쉽고

::: **해상무역에 최적화된 네덜란드의 플라이트선**

폭풍우 같은 악천후에도 잘 견뎠고 선박 건조비도 싸게 먹혔다. 영국에서 제작할 경우 1천3백 파운드일 경비가 네덜란드에서는 8백 파운드로 족했다. 대형 선박의 경우 그 차이는 1천4백 파운드에서 2천4백 파운드까지 이르렀다.

이런 이점 이외에도 발트 해에서 다른 나라 선박이 한 번 왕복할 동안, 플라이트선은 두 번 왕복할 수 있었다. 승선인원이 보통 9~10명으로 영국 동급선박의 30명에 비해 저렴하게 운행할 수 있었다. 유대인들은 이렇게 목숨을 담보로 화물 운송비를 3분의 1까지 낮추었다. 이것이 네덜란드가 세계 해운업계를 평정할 수 있던 이유다.

대포를 장착하지 않은 배는 가벼워 해적선으로부터 빨리 도망칠 수 있는 이점도 있었다. 이로써 네덜란드인은 '바다의 마부'라는 별명을 얻게 되었다. 유대인들은 해상운송 물량이 폭증하자 이런 장점을 가진 배를 대량 건조했다. 이를 위해 조선소의 설비와 자재, 계측장비 등을 표준화했다. '표준화' 또한 유대인 장기다. 청어산업에 이은 표준화가 조선업에서도 위력을 발했다. 네덜란드는 16세기 중엽에 이미 북방무역의 70퍼센트를 장악했다. 보유 상선 수도 나머지 전 유럽의 상선 수보다도 많은 1천8백 척이나 되었다.

인도 항로를 통해 후추 교역을 성사시키다

16세기 후반에 네덜란드 유대인들에게 문제가 생겼다. 1580년 포르투갈이 스페인에 합병된 것이다. 참고로 이 합병은 60년간 지속되었다. 이 합병은 그간 포르투갈이 동인도에서 가져온 동방상품을 받아 유럽에 유통시켰던 네덜란드 유대인들에게는 치명적인 사건이었다. 네덜란드가 동방물산 유통에서 배제되기 시작한 것이다. 스페인은 포르투갈을 합병하면서 네덜란드 유대상인 대신 독일 함부르크 상인들에게 이 권리를 양도했다. 유통 거점이 암스테르담에서 함부르크로 바뀐 것이다. 이때 부상한 것이 독일의 푸거가(Fugger family)◆였는데, 당시 푸거가는 유통을 잘 아는 유대인들을 많이 고용하고 있었다. 이듬해인 1581년 세계 최초의 연방제 국가인 '네덜란드 연방공화국'이 탄생되어 독립을 선언하기에 이른다. 이로 인해 네덜란드와 스페인 간에 전쟁이 본격적으로 시작되었다. 그러자 스페인은 네덜란드와 무역을 단절하게 된다. 다시 한번 해상 교역에 종사하는 유대인들에게 위기가 찾아왔다.

유대인들은 이러한 위기를 전화위복의 기회로 삼았다. 그렇지 않아도 후추 가격을 점점 올리는 스페인을 제치고 후추를 직접 본고장에서 구매하고자 하는 네덜란드 유대인들의 욕구가 강했다. 하지만 이들은 아프리카를 돌아 인도로 가는 바닷길을 몰랐다. 그러나 뜻이 있는 곳에 길이 있다고 우연치 않게 기회가 찾아왔다. 1597년 자바 섬에서 인도로 가는 길을 선원들에게 알아보았다는 이유로 감금되어 벌금형에 처해진 한 상인이 있었는데, 그의 벌금을 암스테르담 시가 대신 물어 주고 인도로 가는

◆ 15~16세기 유럽의 상업계를 독점하며 자본주의 경제 개념을 발전시키고 유럽의 정치에 영향력을 행사한 독일의 상업·금융 가문

해상로를 알아냄으로써 숙원사업이 성사된 것이다.

이제 네덜란드인들도 향료 섬들과 직접 무역을 개설하기 위해 1598년에 탐험대를 파견할 수 있었다. 이렇게 해서 찾아온 암스테르담 후추 교역선을 몰루카 섬 주민들은 환영했다. 그간 선교에 열을 올렸던 스페인과 포르투갈인들에게 주민들이 반감을 가졌던 것이다. 그렇게 시작된 후추 교역은 이윤이 엄청났다.

네덜란드 동인도회사 설립

네덜란드 선주들은 자체적으로 새로운 항로를 개척해 원양항해에 나섰다. 이런 회사들이 몇 년 사이에 14개로 늘어났다. 하지만 이들의 지나친 경쟁으로 많은 선단이 파견되어 이익의 감소가 눈에 두드려졌다. 게다가 스페인과 영국 등 열강과 경쟁하기 위해서는 규모가 크고 강한 회사가 필요했다. 이 문제를 해결하기 위해 네덜란드 정부와 의회가 나서서 하나의 회사로 합병을 유도했다. 그 결과 통합되어 탄생한 것이 네덜란드 동인도회사(VOC, Vereenigde Oost-Indische Compagnie)다. VOC는 네덜란드어로 '하나로 통합된 동인도회사'라는 뜻의 이니셜이다. 네덜란드의 동인도회사가 설립된 것은 영국보다 2년 늦은 1602년이었다.

동양 탐험에는 엄청난 자본이 필요했다. 한두 사람의 힘으로 해결될 문제가 아니었다. 당시 유대인들은 앤트워프 시절에 시도했던 '주식회사'라는 기발한 개념을 다시 꺼냈다. 동인도회사 설립에 필요한 자본을 해상무역을 주도하던 선주 각자의 투자로 충당했다. 당시 81명의 선주가 투자자본의 절반 이상을 조달했다. 이 가운데 과반 이상이 스페인에서 추방당한 유대인들이었다. 한마디로 유대인 지분이 가장 많았다.

이 81명 가운데 60명으로 처음 '주주위원회'를 구성했는데, 이들은 모두 최소한 1만 길더 곧 금 1백 킬로그램 이상씩 투자한 사람들이었다. 그러다 그 수를 점점 줄여 나중에는 '17인 주주위원회'가 되었다. 지역별로는 암스테르담 유대인이 17명 중 8명이었고, 그 외 로테르담의 유대인들도 있었다. 당연히 지분이 많은 암스테르담 유대인들의 발언권이 가장 셀 수밖에 없었다. 약 645만 길더 곧 금 64톤이 모아졌다. 엄청난 양이었다. 한국은행의 2009년 금 보유량이 14.3톤임에 견주어 보면 이때 모인 금이 얼마나 많은 양인지 가늠할 수 있다.

네덜란드 동인도회사는 이렇게 모은 자본으로 설립한 주식회사였다. 주식회사라는 형태를 통해 각종 사업에 필요한 자금을 여러 사람들로부터 모을 수 있으리라는 생각을 제일 먼저 한 이들이 유대인들이었다. 이러한 상상이 모태가 되어 탄생한 네덜란드의 동인도회사는 영국의 동인도회사보다 여덟 배가 넘는 대규모의 경영을 할 수 있었다. 자본주의의 꽃이라 일컫는 근대적 의미의 주식회사는 이렇게 탄생했다.

근대 자본주의
토대를 구축한 유대인

네덜란드 정부는 동인도회사에 전권을 주다시피 했다. 국가 수준의 재량권을 준 것이다. 1607년 네덜란드는 동인도 항로 해상교역에 집중하기 위해서 전쟁 중이던 스페인과 12년간의 휴전 협정을 맺었을 정도로 동인도회사에 열성을 쏟아붓고 있었다. 중상주의의 진수였다.

설립 후 10년 동안 동인도회사는 이익금을 선박건조와 아시아 거점 확보 등에 투자하느라 전혀 배당을 하지 않았다. 동인도 항로는 워낙 장거리 항로인데다 위험 요소도 많아 막대한 선투자가 필요했지만 사세를 확장할 투자금은 터무니없이 모자랐다.

이때 네덜란드 유대인들은 또다시 획기적인 발상을 한다. 동인도회사의 주식이 거래가 잘 되자 새로운 주식을 발행해 대규모의 자본을 끌어들일 구상을 한 것이다. 아예 본격적인 주식거래를 위해 '상설' 증권거래소를 설립키로 했다. 이로써 이 주식을 거래할 근대적 의미의 증권거래소인 암스테르담 보르스(Amsterdam Bourse)가 1608년 암스테르담에 설립되었다. 본격적인 자본주의 자금조달시장이 선을 보인 것이다.

동인도회사는 이익을 내지 못했는데도 증권거래소를 통해 막대한 자금을 모을 수 있었다. 신대륙으로부터 얻을 수 있는 막대한 부의 미래를 보고 투자자가 줄을 이었고 주가가 올랐다. 외국인들까지도 네덜란드 동인도회사에 투자했다. 유럽의 자금이 네덜란드로 모였다. 투자 자금이 몰려들자 동인도 해상을 운행하는 배는 50척이나 되었다. 영국보다 뒤늦은 출발이었지만 네덜란드 동인도회사의 배는 10년 뒤부터는 후추와 진귀한 향료, 섬유, 도자기 등을 가득 싣고 암스테르담 항으로 돌아오곤 했다. 이를 팔아 엄청난 이익을 올리기 시작했다. 1620년 동인도회사는 엄청난 돈을 벌어 주주들을 부자로 만들었다. 유대인의 재능과 상술 그리고 현지 유대인 커뮤니티를 통한 정보력이 다른 경쟁국들을 압도한 결과였다. 그 뒤 동인도회사의 배는 1690년에 156척으로 불어났으며 배가 대형화되자 선박의 톤수가 두 배로 늘었다. 이외에도 전함 40척과 사병 1만 명이 있었다. 이후 동인도회사 전성기에는 대형 선박이 1천5백 척까지 불어났다.

경제사에서 볼 때 네덜란드의 동인도회사와 증권거래소는 최초의 근대적 의미의 주식회사와 증권거래소의 효시이다. 이때를 기준으로 자본조달 시장으로서의 기능이 활성화되어 자본주의가 본격적으로 시작되었기 때문이다. 당시 영국의 동인도회사나 증권거래소는 네덜란드보다 더 일찍 시작되었음에도 제대로 그 기능을 다하지 못했다. 크롬웰의 항해조례 이후 네덜란드 유대인들이 영국으로 건너가서야 활성화되었다.

아슈케나지 유대인들의 합류

유대인들이 대거 옮겨 온 1585년 이후 암스테르담은 앤트워프가 가졌던 통상의 흐름을 그대로 계승해 경제적 번영의 길로 들어섰다. 이러한 흐름은 독일과 동유럽에 살고 있는 아슈케나지(Ashkenazi) 유대인들에게도 영향을 주어 그들도 1590년대를 전후해 암스테르담으로 대거 이주하게 된다. 아슈케나지 유대인은 일반적으로 독일 라인 강 유역 및 인접한 프랑스 지역에 살다가 11~13세기 십자군 전쟁 때 러시아 등 동유럽으로 피신한 유대인을 통틀어 일컫는 말이다. 아슈케나지란 히브리어로 '독일(Ashkenaz)'이라는 뜻에서 유래되었는데, 히브리어로 노아의 셋째 아들인 '야벳의 자손'이라는 뜻이기도 하다. 노아에게는 세 아들이 있었는데, 유대인들은 큰아들 셈은 황인의 조상, 함은 흑인의 조상, 야벳은 백인의 조상이라고 여겼다. 반면 세파르디계 유대인은 셈계의 후손이다. 아슈케나지도 오랜 세월 게르만과 슬라브 민족들 속에 살다 보니 그들과 피가 섞여 백인화했지만 그들의 뿌리는 셈족이다. 셈어와 게르만어의 혼용에 뿌리를 둔 그들의 언어 '이디쉬어'가 이를 증명한다. 언어가 그들의 삶의 발자취를 반영하고 있다.

중세시대 라인 강은 중요한 상업교통로였다. 당시 마인츠, 쾰른 등 라인 강 주변 지역에는 스페인과 남부 프랑스, 북부 이탈리아에서 올라온 유대인 공동체가 많이 있었는데, 이들이 십자군 전쟁 때 박해와 학살에 시달리다 동유럽으로 피난을 간 것이다. 그 뒤로 15세기 말 스페인에서의 유대인 추방과 17세기 30년전쟁으로 더 많은 유대인들이 동유럽으로 이주했다. 그 무렵 폴란드 등의 지역이 경제 발전을 위해 유대인 유치에 열을 올렸다.

오늘날 아슈케나지는 전 세계에 흩어져 있는 유대인 1천4백만 명의 80퍼센트 이상을 차지하고 있다. 미국과 러시아 등에서는 스페인·포르투갈계인 세파르디 유대인보다 아슈케나지 유대인들이 훨씬 많다. 반면 유대인의 조국 이스라엘에는 아슈케나지와 세파르디 유대인의 수가 거의 비숫하다.

세파르디와 아슈케나지는 네덜란드에서 큰 차이가 나는 삶을 살았다. 이 둘은 사회 문화적으로 통합이 잘 안 되는 가운데 예배당인 시나고그도 따로 지어 살았다. 17세기 말 무렵 세파르디는 재력이나 문화적으로 상류 소수층을 이루는 반면, 아슈케나지는 하류 다수층을 이루었다.

이슬람이 지배하는 이베리아 반도에서 살았던 세파르디계 유대인들은 이슬람의 정치·경제·문화·사회에 융화되어 히브리어와 아랍어로 매우 폭넓은 저술들을 남겼다. 그들은 독자적으로 유대식 스페인어인 '라디노 (Ladino)' 곧 히브리어와 스페인어가 혼합된 방언을 썼다. 이렇게 유대인들의 언어도 당시 그들이 살았던 족적에 대한 시대상을 반영하고 있다.

학식 있고 부유한데다 혈통에 대한 긍지를 지닌 세파르디계 유대인들은 재주가 많았다. 유대인들은 이슬람 문화 속에 라틴 세계를, 혹은 그 반대 방향으로 고전 과학과 철학의 전달자 노릇을 했다. 이것이 양 세계의 학문을 소개하는 유일한 통로이자 고대와 중세를 연결시키는 유일한 연결고리였다. 세파르디계 유대인이 없었으면 고전의 세계를 부활시킨 르네상스도 없었다.

세파르디계 유대인들은 훌륭한 귀금속 장인, 수학자, 정밀기기와 정확한 지도와 항해도 제작자이기도 했다. 당시 일등 항해사와 지도 제작자들은 대부분 유대인이었다. 스페인과 포르투갈의 대항해는 그들의 도움이 컸다. 그런 세파르디계 유대인들이 속속 암스테르담으로 모여든 것이다. 그들은 이베리아 반도와 투르크제국, 그리고 브라질 등지에서 설탕, 목재, 담배, 다이아몬드 등을 교역하는 상인들과 국제적 연결망을 가진 은행가들이었다. 작가와 학자들도 안정되고 번창하고 있는 암스테르담으로 몰려들었다.

반면 부유한 세파르디계와 달리 아슈케나지 유대인들은 영세 수공업에 종사하거나 거리의 행상들로 1635년에야 비로소 자신들의 공동체를 형성했다. 그들은 자신의 공동체에만 관심을 갖고 고립된 삶을 살았다. 그들은 18세기에 들어서야 네덜란드 사회로 진출했다.

아슈케나지 유대인의 유래

아슈케나지 유대인의 근본에 대하여는 여러 가지 학설이 있다. 그중 하나가 옛날 카자르 왕국이 유대교로 집단 개종했다는 설이다. 그 무렵 카자르는 이슬람과 기독교 사이에서 양자택일의 압력에 시달리고 있었다. 사실 당시 카자르 내부에는 이미 비잔틴 제국의 박해를 피해 카자르로 망명한 유대교도들이 많이 살고 있어 700년대에 이르러서는 카자르 내에서 유대인들의 영향력이 무시할 수 없는 수준이었다. 이런 점도 고려되어 결국 카자르는 740년대 유대교로 개종했다.

1976년 아슈케나지 유대인이었던 아서 쾨스틀러는 《13번째 지파》라는 저서를 저술했다. 그는 여기서 유대인의 대다수를 차지하는 아슈케나지 조상이 이스라엘에서 추방된 유대인들이 아니라 카자르족이라고 주장했다. 이 주장은 상당한 파란을 몰고 와 상당한 논쟁을 촉발했다. 특히 반유대주의자들 및 아슈케나지들에게 차별받고 있다고 느낀 비아슈케나지계 유대인들에게서 상당한 지지를 얻었다.

하지만 1990년대 유전자 조사기술이 발달하면서 이 주장은 바로 사장되었다. 유전자 조사 결과 아슈케나지의 조상은 이산을 당한 디아스포라의 유대인들이 맞다는 것이 증명된 것이다. 카자르 유전자가 일부 존재했으나 세파라딤이나 다른 지역 유대인들과 비슷한 수준이었다. 어차피 아서 쾨스틀러는 자신의 주장이 반유대주의자들에 의해 남용되는 현실에 괴로워 1983년에 이미 자살한 뒤였다.

암스테르담 은행, 은행화폐의 개념을 도입하다

증권거래소가 설립된 이듬해인 1609년에 암스테르담 은행이 탄생했다. 경제가 발달하고 교역이 급증하자 거래되는 돈의 유통량도 많아졌다. 그런데 문제는 당시 암스테르담에 흘러 들어온 각종 유럽의 주화들이 1천 종 이상이었다는 점이다. 그나마 무게도 함량도 제각각이었다. 특히 위조화폐와 저질 주화의 범람이 큰 문제였다. 이렇다 보니 네덜란드 정부는 상인들을 보호할 필요를 느꼈다. 표준 통화를 만들어 교환가치를 통일하는 것이 급선무였다. 이로써 '공적' 은행이라는 기관이 설립된다. 국책은행이라는 개념이 없었던 당시로서는 유대인이 주도하는 민간 기업으로 설립된 것이다.

암스테르담 은행에서는 계좌를 가진 상인으로부터 금, 은을 받고 이를 근거로 계좌의 주인이 다른 거래를 할 수 있도록 하는 이른바 은행화폐라는 개념을 도입했다. 오늘날의 수표와 비슷한 개념이다. 이는 상거래에 있어서 효율성뿐 아니라 안전성을 담보했다. 더구나 암스테르담 시정부가 그 지급을 보증했기 때문에 암스테르담 은행은 매우 빠르게 발전할 수 있었다. 특히 6백 길더 이상의 거래는 반드시 은행화폐를 통해 거래를 하도록 하는 규정이 도입되면서 암스테르담 은행의 발달은 더욱 가속화됐다.

암스테르담 은행은 상인들이 표준화된 암스테르담 은행화폐로만 예금 구좌를 개설토록 했다. 이로써 화폐가 신뢰를 얻고 난해한 환전으로 인한 비효율이 제거됐다. 이렇게 통화가 표준화되자 환어음이 활성화되었으며 상인들끼리 거래할 때는 실물 주화의 교환 없이도 서로 구좌 간의 결제를 통해 거래를 쉽게 처리할 수 있었다. 이는 수표와 자동이체 시스템 등 오늘날 당연시되는 제도의 선구자격이었다. 이로써 금융 선진화에 큰 진전을 보였다.

은행이 처음 생긴 곳은 11세기 이탈리아 베네치아였다. 그러나 금융업에서 중요한 개척자 역할을 담당한 것은 암스테르담 은행이라는 데에 모든 역사가의 의견이 일치한다. 암스테르담 은행은 나중에 영란은행의 모델이 되었고 이는 나중에 미국 연방은행제도에도 영향을 미쳤다.

편리한 은행권 사용이 일반화되다

그 무렵 일반인들은 은괴를 잘라내어 주화 대신 지불하거나 국영 주조 기관이나 일반 금세공인에게 은괴를 가져가 주화로 주조해 사용했다. 그들은 은괴를 주화로 주조해 주는 대신 비용과 주조 이익을 함께 챙겼다. 예를 들어 10킬로그램짜리 은괴를 갖다 주면 9.5킬로그램을 은화로 만들어 주고 0.5킬로그램은 금세공인들이 갖는 것이 일반적이었다. 그런데 암스테르담 은행은 고객들이 가지고 온 금괴와 은괴를 비용 부담 없이 전액 동등한 무게의 길더 주화와 바꿔 주었다. 이는 당시로서는 획기적인 일이었다. 그 뒤 암스테르담은 물론 네덜란드 인근의 거의 모든 금괴와 은괴들이 암스테르담 은행으로 몰려들었다.

이때 사람들은 일부만 주화로 바꿔 가고 나머지는 은행화폐로 받아갔다. 원하는 경우 제노바의 두카트 주화나 피렌체의 플로린 주화로도 환전해 주었다. 그런데 사람들이 써보니 주화보다 은행화폐가 훨씬 편했다. 그 뒤에는 사람들이 갖고 있는 주화도 가져와 은행에 맡기고 편리한 은행화폐를 점점 쓰기 시작했다. 이렇게 해서 은행화폐인 은행권이 널리 쓰이게 된 것이다.

또한 암스테르담 은행은 경화 예금자들에게 무게를 재고 함량을 분석해 그에 따른 은행권을 지급해 경화의 예금가치를 정확하게 평가해 주었다. 이렇게 신뢰가 쌓이자 은행권이 경화에 비해 오히려 프리미엄을 누리게 된다. 뿐만 아니라 로마제국 말기의 저질 주화 발행으로 시작된 함량 부족 '악화'의 폐습 또한 종결시켰다. 믿을 만한 암스테르담 은행으로 물밀 듯이 밀려드는 유입 자금은 특히 30년 전쟁 기간 중인 1630년대 들어 폭발적으로 늘어났다. 전쟁 기간 중에 무겁고 위험한 경화를 갖고 다니는 것보다 은행권이 안전하고 편했기 때문이다. 당시에는 돈을 은행에 맡기면 이자를 받는 게 아니라 보관수수료를 물어야 했는데도 1634년 예금액이 4백만 플로린을 넘더니 1640년에는 8백만 플로린을 돌파했다. 예금액은 나날이 늘어갔다.

17세기 내내 네덜란드가 상업과 무역의 패권을 거머쥘 수 있던 가장 큰 핵심적 이유는 바로 세계 최초로 지폐를 대량 유통시켰다는 것이다. 일종의 최초의 세계 기축통화였다.

주식회사, 증권거래소, 은행을 축으로 한 경제 형태의 등장

암스테르담 은행은 초기에는 예금만 받았으나, 이후 암스테르담 시와 동인도회사에 대출을 해 주었고 한참 후에야 일반인 대상 대출을 시행했다. 거래 실적과 능력을 지켜보고 선별된 사람들에게 주식을 신용 구매할 수 있도록 은행이 담보 없이 신용만 믿고 대출해 준 것이다. 신용대출의 시작이었다. 신용도에 따라 이자율을 달리 적용해서 신용 있는 사람이나 회사들이 저리로 차입할 수 있도록 했다. 이렇게 예금을 받고 대출해 주는 과정에서 이자 수입이 생겼다. 게다가 예금으로 받은 주화는 계속 가지고 있으면서도 화폐라는 '신용'이 창조되었다.

이리하여 화폐 창조는 중립적인 행위가 아니라 이윤이 매우 높은 업무가 되었다. 이후 은행은 로테르담 등 네덜란드 다른 도시들과 독일로 급격히 퍼졌다. 그러나 네덜란드 지역 이외의 은행들은 민간 주도의 독립성 원칙이 잘 지켜지지 않고 왕실이 개입해 무리한 대출 등으로 파산하는 사례가 많았다.

얼마 지나지 않아 네덜란드 전역에 은행과 증권거래소가 들어섰다. 느슨한 연방구조 아래 독립된 여덟 개 주마다 은행을 세웠기 때문이다. 주식회사와 증권거래소 그리고 은행, 이 세 곳을 축으로 새로운 경제 형태가 등장한 것이다.

이때 네덜란드의 금리는 경쟁국의 반에도 미치지 않았다. 금융산업 발전은 네덜란드의 경쟁력을 한층 더 높여줬다. 이런 저금리자금은 영국 등 다른 나라의 상인들에 비해 유리하게 작용해 대규모의 투자와 무역을 가능하게 만들었다. 당시 영국에서는 신용이 좋은 사람이래야 이자율이 연 10퍼센트였는데, 네덜란드는 자금이 많다 보니 4퍼센트면 족했다. 결국 암스테르담은 유럽의 외환 거래 중심지로 발전했다.

특히 증권거래소는 주요 도시마다 설립되어 실물상품과 주식뿐 아니라 외환, 해상보험까지 거래되었다. 네덜란드 증권거래소의 활황에는 선망의 대상이었던 동인도회사 주식의 공로가 컸다. 이것이 주식 붐을 일으킨 직접적인 원인이었다. 1611년부터 배당을 시작한 동인도회사는 회사의 이익을 대부분 주주들에게 환원시켰다. 1632년의 경우, 주주 배당률을 12.5퍼센트로 정하면서 주주 만족도를 높였다. 이는 당시 채권이나 동인도회사의 차입 이자율보다 두세 배 이상 높은 수준이었다. 주가는 더

::: 18세기 네덜란드 조선소 전경

뛰기 시작했다. 이후 동인도회사의 흑자 폭이 커지자 덩달아 배당률도 더 높아졌다. 1650년까지 총 배당금은 원 투자금의 여덟 배에 달했고 연 수익률은 27퍼센트나 되었다. 동인도회사의 총 운영 기간 중 평균 배당률은 약 16.5퍼센트였다. 같은 기간 동인도회사의 주가는 약 여덟 배로 뛰었다. 그 무렵은 인플레이션이 거의 없던 시기로 배당률 8백 퍼센트와 순수한 주가차익 8백 퍼센트의 수익은 대단한 것이었다.

이렇게 동인도회사의 주가가 꾸준히 상승할 수 있던 것은 자금이 필요한 경우 증자를 하지 않고 채권을 발행해 자금을 조달했기 때문이다. 즉 주식 수를 희석시키지 않았다. 놀랍게도 동인도회사 운영 기간 동안 자본금에 본질적인 변함이 없었다. 따라서 주가를 항상 높게 떠받칠 수 있었다. 이것은 유대인들이 동인도회사에 대한 자기들의 기득권을 보호하기 위한 방책이기도 했다.

이렇게 많은 증권거래소가 생긴 이후에도 네덜란드 경제는 연이어 터지는 호재들로 즐거운 비명을 질렀다. 1621년에서 1650년 사이의 30년간은 이른바 '유대 대상인의 2차 시기'라 불리며 해상무역의 꽃을 피웠다.

유대인의 길드 가입 제한이 가져온 결과

한편 네덜란드 정부는 유대인들이 급격히 성장하자 자국민들의 상업적 경쟁력을 보호할 필요를 느꼈다. 이에 1632년에 법령으로 유대인의 길드 가입을 금지시켰다. 당시 길드는 관련 업종의 독과점을 위한 기구였다. 작업시간이나 작업의 종류, 상품의 질 등을 세세하게 규제했고 길드에 속하지 않은 사람은 물건을 만들지도 팔지도 못했다. 유대인에게는 자국민과 충돌하거나 경쟁할 우려가 적은 대외무역과 금융 분야, 약사나 의사, 히브리서 출판 등만 허용되었다. 그 결과 조합이 없었던 직물업과 다이아몬드 세공업에 유대인이 몰렸다. 길드 가입 금지조치는 특히 아슈

시뇨리지 효과

암스테르담 시는 6백 플로린이 넘는 환어음의 지불은 반드시 은행을 통하도록 했다. 이 때문에 암스테르담 은행은 환은행으로 알려졌다. 은행은 예금액에 따라 대부도 함으로써 유동성도 확대되었다. 대부 받은 사람이 이 가운데 일부만 쓰고 나머지를 다시 은행에 맡기면 이를 기초로 또 대출이 늘어났다. 이러한 신용창조로 별다른 노력 없이 그저 대출만 해도 이자가 들어오게 되었다. 이른바 '시뇨리지 효과'였다.

이처럼 훌륭한 돈벌이에 정부가 유혹을 느끼지 않을 리 없었다. 그래서 생겨난 것이 바로 중앙은행이다. 중앙은행은 은행권 발행 독점권 등 다양한 특권을 지녔다. 중앙은행이 경화를 획득하면 이를 국고에 보관하고 이를 담보로 지폐를 발행했다. 국가는 전쟁 등 필요시에는 증세로 재정을 맞추어 나가기보다는 금 보유 등 담보가액보다 많은 지폐를 발행해 부족액을 메우려는 유혹을 늘 받았다. 실제로 대부분의 경우 지폐 발행이 담보가액을 크게 웃돌았다. 이후 서구 역사는 정부와 금융권 사이의 화폐발행권을 둘러싼 치열한 암투와 대립의 길을 걷게 된다.

케나지 유대인들에게 타격이었는데, 세파르디계 유대인들은 이미 덩치가 커져 조합 밖의 도매상으로 활동했기 때문이다.

하지만 네덜란드 정부의 이러한 제약이 유대인에게는 오히려 보약이 되었다. 산업과 무역업의 규모가 커진 상태에서 상업에서 배제된 유대인들은 실물경제를 뒷받침할 금융산업에 힘을 쏟았고 당연히 금융계와 증권계를 그들이 선도했다. 이후 금융산업이 실물경제를 리드하면서 유대인의 자본축적이 급속도로 진행된 것이다.

이후 또 하나의 반전이 일어난다. 길드가 유대인들을 상업에서 소외시킨 것이 아니라 유대인들이 그 막강한 길드를 와해시킨 것이다. 18세기에 유대인이 벌인 폭넓은 상업과 금융 활동은 괄목할 만했다. "그것이 주된 원동력이 되어 근대 자본주의가 성립했다."고 생각하는 경제사가가 바로 좀바르트다. 일생에 걸쳐 자본주의의 기원과 진화에 대해 연구한 베르너 좀바르트는 1911년 《유대인과 경제생활》을 출간했는데, 거기서 그는 유대인들이 길드에서 배제되었기 때문에 길드 체제를 와해시킬 수 있었다고 적고 있다.

중세 상업은 길드가 정한 원칙을 따르고 있었다. 그것은 '정당'하다고 생각되는 정액의 임금과 가격 그리고 '공평한 제도'의 추구였다. 여기서 말하는 공평한 제도란, 합의에 의해 시장에서의 일정 분배율이 결정되고, 이익이 보장되며, 생산 한도가 설정되는 것 같은 제도를 가리킨다. 유대인은 이런 제도에서 배제되어 있었기 때문에 이를 파괴하고 대신에 근대 자본주의를 채택했다는 것이 좀바르트의 설명이다.

근대 자본주의에서는 경쟁에 제한을 두지 않았다. 유대인들은 길드의 제약을 받지 않고 오로지 '고객만족'으로 승부했다. 이는 결과적으로 고객을 유일한 법으로 생각하는 현대 자본주의의 씨앗이 되었다. 길드에서 배제된 유대인들이 '착한' 가격으로 중세 상업의 기반을 흔들어 놓았다. 유대인들은 길드가 정한 가격과 이익체계를 해체시키고 고객 중심의 자유경쟁체제를 도입했던 것이다.

서인도회사의 설립과 다양해진 금융기법

    네덜란드 동인도회사의 헨리 허드슨은 1609년 맨해튼 섬을 발견했다. 1612년에 동인도회사는 그곳에 뉴암스테르담을 건설하기 시작했다. 여기가 지금의 뉴욕이다. 그곳에 네덜란드 사람들이 정착했다. 그 뒤 북아메리카와 교류가 활발해지자 아메리카 항로를 전문적으로 담당하는 '서인도회사'가 1621년에 설립되었다. 유대인들은 동인도회사 때와 마찬가지로 서인도회사의 대주주가 되었다.

    이렇게 설립된 서인도회사는 신대륙 무역과 식민지 활동을 독점 수행하는 특권회사이자 동시에 본국으로 은을 싣고 가는 스페인 상선대를 습격하는 해적질도 서슴지 않는 사실상의 전쟁기업이었다. 이 회사는 브라질 북부와 베네수엘라 연안군도 및 기아나를 지배해 무역기지로 삼으면서 원주민과 모피거래·노예무역·사탕수수 등 거래에 중점을 두었다.

    특히 서인도회사에는 포르투갈에 살았던 개종 유대인들이 많이 참여했다. 그들은 서인도회사와 손잡고 대규모로 브라질과 카리브 해 지역에서 사탕수수 농장과 원목 벌채사업에 뛰어들었다.

    브라질의 유대인들은 1630년 레시페에서 사탕수수를 본격적으로 재배했다. 그들은 이제 더 이상 기독교 신자로 위장할 필요가 없었다. 본래

382

의 유대교로 회복하고 시나고그를 세우고 랍비를 초청해 당당하게 예배를 드렸다. 그러나 이러한 평화는 그리 오래 지속되지 못했다. 1645년 포르투갈이 다시 브라질 식민지의 주도권을 잡자 네덜란드는 1654년 1월 레시페를 포르투갈에 양도한 것이다. 그러자 그곳에 살던 유대인 1천5백 명은 서인도제도로 옮겨갔고 일부는 네덜란드로 돌아왔다. 이로써 서인도제도에서 유대인들의 사탕수수 농장이 대규모로 시작되었다.

서인도제도에서 사탕수수가 잘 자라고 이윤을 꽤 남길 수 있는 산업적 전망이 보이자 유대인들은 아프리카에서 흑인 노예를 실어다가 이 지역에 대규모 사탕수수 플랜테이션을 만들기 시작했다. 노예, 담배, 설탕의 삼각무역을 통해 유럽으로 가는 설탕과 럼주의 원료인 당밀의 양은 폭발적으로 증가했고 마침내 유럽 전체가 이 설탕의 단맛에 빠지게 되었다.

소매금융의 출현과 전문화된 금융의 발달

앞서 살펴보았듯이 암스테르담의 금융혁명은 16세기 중엽 유대 대상인들로부터 시작되었다. 상인들은 은행 대부를 받던 방식에서 탈피해 부자들에게 직접 채권을 팔았다. 기존 은행가들에게 채권을 팔던 것과는 달리 개인들에게 직접 채권을 팔기 시작한 것이다. 자금 조달에서 '소매금융'이 시작된 것인데, 이는 영국보다 1백 년, 미국의 남북전쟁 당시 채권보다 3백 년 앞선 것인데, 이러한 기법은 유대인의 이동경로를 따라 런던을 거쳐 미국으로 이어졌다. 남북전쟁 때에는 제이 쿡이 북부 연합채권을 은행권을 통하지 않고 개인들에게 팔아 명성을 얻은 바 있다. 그뿐만 아니라 정부로부터 완전 독립되어 있던 은행은 상환 능력만 있으면 대출 상대를 가리지 않았다. 전쟁 상대국의 사람들에게도 합법적으로 대출해 주었다. 돈 앞에는 아군, 적군의 구분도 없었다.

주식회사·증권거래소·은행을 축으로 금융산업의 발달은 좀더 전문화된 금융의 발달을 가져왔다. 보험국과 여신은행도 그중 하나이다. 수출과 해운업의 발달에 발맞추어 네덜란드는 각종 지원기관을 설립했다. 암스테르담 시의회는 보험관련 분쟁을 해결하고 보험의 신뢰도를 높이기 위해 보험국을 설치했고 1614년에는 무역금융 지원업무를 담당하는 암스테르담 여신은행이 생겨났다. 암스테르담의 각 금융기관은 이렇게 전문화된 조직을 갖추고 자금을 지원함으로써 무역 진흥에 크게 기여했다.

금융 서비스가 좁은 지역에 집중되었다는 점도 암스테르담에 유리하게 작용했다. 시 청사로부터 몇 블록 안에 증권거래소와 상품거래소가 있었고 그 주변에 보험회사와 무역회사 및 해운회사가 밀집해 있었다. 전신이나 전화가 발명되기 전이라 이러한 밀집이 경쟁력을 높였다. 훗날 런던의더 시티나 뉴욕의 월스트리트는 여기서 힌트를 얻은 셈이다.

무역 등 경제정보의 전달체제도 발달했다. 상인과 해운회사 사이에 정보망이 형성된 것은 물론이고 신문사들도 연달아 생겨났다. 이로써 각종 경제정보가 신속하게 전달되었다. 1611년에 설립된 암스테르담 거래소는 경제계 전반의 중추적인 역할을 했다. 한 건물 안에서 상거래, 자금알선, 운송 및 상품에 대한 정보교환 등이 이루어졌다. 뿐만 아니라 암스테르담 거래소에서는 새로운 형태의 금융증권이 탄생함으로써 금융업의발달뿐 아니라 무역과 해운업의 발달에 크게 기여했다. 선물(先物)시장이바로 그것이다.◆

◆ 최용식, 《환율전쟁》, 새빛에듀넷, 2010

선물시장의 발전과 증권거래인의 등장

선물(先物)은 요즘 나온 개념이 아니다. 당시 상업과 무역을 주도했던 유대인들이 선물거래를 시작했다. 배가 항구에 들어오기 전에 주식을 팔던 관행이 선물시장으로 발전한 것이다. 유대인들은 이미 그 이전부터 상품 선물거래를 하고 있었다. 곡물의 경우 불안정한 기후 등 계절적 영향이나 천재지변으로부터 미래의 안정적인 상거래를 담보하고 대량거래를 유지하기 위한 것이었다. 선물거래는 가격 등의 거래조건을 지금 정하되 미래의 일정 시점에서 그 정한 조건에 따라 매매하는 일종의 선(先)계약이다.

이 선물거래는 미래의 불확실성에 대한 헷징(hedging) 의미도 있지만 유대인의 독점욕에서 기인한 바도 크다. 사전에 독점을 위해 일종의 밭떼기를 한 것이다. 유대인들은 예부터 독점에 의한 이익의 극대화를 누구보다도 잘 알고 있는 민족이다. 16세기 초 곡물에서 시작된 선물거래는 그 뒤 고래기름, 설탕, 구리, 이탈리아 비단 등으로 확대되었다. 앤트워프와 프랑스의 리용 거래소에서는 주로 곡물, 양모, 향신료 등의 선물이 거래되었다. 16~17세기 이후에는 선물거래 대상이 매우 다양해졌다. 이때부터 주식도 미래 시점의 정해진 가격에 사거나 팔 수 있는 권리를 사고파는 옵션거래가 형성되었다. 북해 어장의 청어는 선물증권의 등장으로 잡히기도 전에 사고파는 수준이 되었다.

1608년 암스테르담 증권거래소가 만들어진 이후로 17세기 중반부터 주식시장의 규모가 커지면서 암스테르담의 증권거래소는 활기찬 모습을 띠게 된다. 이곳에서는 온갖 형태의 금융상품 매매가 이루어졌다. 상품과 외환거래, 주식, 해상보험 등 암스테르담은 하나의 자금시장이었고 금융시장이었으며 증권시장이었다.

유대인에 의해 '증권거래인'이라는 새로운 직업도 출현했다. 이들은 새로운 금융기법들을 고안해 냈고 금융거래는 자연스럽게 투기로 이어졌으며 미래 시점에 확정된 가격에 상품을 인도하기로 하는 선물거래가 일반화되었다. 17세기 후반에는 액면 분할주가 탄생했다. 동인도회사의 주식이 분할되어 10분의 1 가격에 거래되었다. 그들은 유가증권을 담보로 대출해 주식에 투자하는 차입투자의 개념도 터득해 수익을 올렸다. 그 밖에 청산일, 교역시세, 인수(引受)와 이연(移延)거래, 매수연합과 매도신디케이트 등이 생겨났다. 금융기법의 발달은 따라잡기 힘들 정도였다.

당시 암스테르담은 유럽에서 가장 중요한 국채 거래시장이기도 했다. 1700년에는 환율시세표가 정기적으로 발표되었다. 암스테르담이 국제 외환시장의 효시인 셈이다.

무기명 유가증권의 대중화

경제적인 과정을 합리화하고 거래를 익명화하는 것은 유대인들이 지닌 무의식적인 본능이다. 유대인 소유 자산들은 고대와 중세는 물론 근대 초기까지만 해도 항상 강탈의 위험에 노출되어 있었다. 특히 지중해 지역에서 그랬다. 해적은 물론이거니와 심지어 스페인 해군과 몰타의 기사단조차 유대인들의 선박과 물품들을 탈취하면 일종의 전승 기념품격인 전리품으로 여겼다. 게다가 유대인을 납치하면 몸값도 두둑히 받아낼 수 있었다. 유대인 공동체는 필히 유대인들을 구한다는 것을 잘 알고 있었기 때문이다.

이런 이유로 유대인들은 해양보험을 비롯해 국제적으로 처리되는 문서에 허위로 기독교식 이름을 사용했다. 그 뒤 이는 이름을 명시하지 않는 익명거래방식으로 점차 발전해 갔다. 또한 유대인들은 자금회전에 대한 또 하나의 방식으로 무기명채권이라는 것을 개발했다. 왜냐하면 이들의 재산은 항상 위협 아래 있었고 언제든 추방될 수 있었기에 환어음이든 무기명 수표 같은 익명으로 처리되는 유가증권을 만들 수밖에 없는 상황이었기 때문이다.

신용대출 다음으로 유가증권의 고안과 대중화는 유대인들이 부의 창출 과정에서 만들어낸 가장 커다란 공헌이었다. 유대인들은 세계 어디서나 유가증권을 사용했는데, 이는 전 세계를 단일시장으로 이해했기 때문에 가능했다. 세계 각국에 퍼져 있는 유대인 공동체 디아스포라는 그들을 금융 시장의 선구자로 만들었다. 국가가 없는 민족에게는 세계가 하나의 고향이었다.

시장이 확대될수록 유대인들에게는 그만큼 기회도 커졌다. 유대인들은 세계를 단일시장으로 만들기 위해서는 상품이나 재화의 이동을 막는 규제가 모두 없어져야 한다고 믿었다. 이것은 지금도 마찬가지다. 이들의 영향력으로 중상주의 시대에 다른 나라들은 모두 귀금속의 유출을 막았지만, 독특하게도 네덜란드 의회는 귀금속의 자유로운 수출입을 허가해 부의 창출에 기여했다. 자본 이동의 자유화를 지금으로부터 4세기 전에 실행한 것이다.

유대인의 탁월한 독과점 능력

유대인들의 돈에 관한 천부적 감각은 탁월 그 이상이다. 돈이 되는 설탕, 육두구, 다이아몬드, 정제소금 등의 품목을 모조리 독과점 사업으로 만들었으며 담배와 비단에도 상당한 영향력을 발휘했다.

예나 지금이나 독과점만큼 이윤이 많이 남는 사업은 없다. 그들은 독과점적 지위와 고이윤 폭을 오래 유지하기 위해 사업의 핵인 '유통'을 장악했다. 지리적으로나 시간적으로 멀고도 기나긴 생산자와 소비자 사이의 유통경로를 완전히 지배했는데, 각국에 뿌리내린 유대인 커뮤니티끼리의 합동작전으로 가능했던 일이다.

이는 블루오션 사업으로 경쟁자가 없었다. 아니 유대인을 상대해 경쟁할 능력이 있는 집단이나 조직이 없었다. 그것은 지금도 마찬가지다. 실물자산은 물론 군수산업과 금융산업, 영화산업, 유통업과 같은 서비스산업에 이르기까지 돈 되는 사업은 여전히 그들의 절대적인 영향력 아래 놓여 있다.

그 외에도 네덜란드의 유대인들은 무역업과 금융업 외에 《토라》와 《탈무드》를 인쇄하기 위해 출판업을 발전시켰다. 《탈무드》는 모두 20권으로 총 1만 2천 쪽에 이른다. 그들의 신앙을 후손들에게 가르치기 위해 출판업은 필수였다. 특히 유대인이 많이 살았던 앤트워프가 인쇄술의 산실이었다. 인쇄술이 발달하자 마틴 루터가 《성경》을 대량 출판함으로써 종교개혁을 이룰 수 있었다.

30년 전쟁,
유대인의 지위를 바꾸다

　네덜란드의 1차 독립전쟁 이후 스페인은 다시 현재의 벨기에를 탈환하고 이어 네덜란드까지 공격했다. 이리하여 1618년부터 1648년까지 2차 전쟁이 벌어졌다. 한창 네덜란드가 유대인들 덕분에 무역진흥의 기틀을 잡을 때였다.

　'30년 전쟁'은 네덜란드와 스페인 두 나라뿐만 아니라 개신교와 가톨릭 사이에 벌어진 최대이자 최후의 종교전쟁이다. 처음에는 종교전쟁의 이름을 빌린 민족대립 양상을 보였으나 전쟁 2기에 접어들면서 유럽에서 패권을 확립해 가던 스페인과 독일 지역의 합스부르크 왕가와 이를 제지하려는 세력 사이의 대규모 전쟁으로 발전해 유럽 열강들 모두가 참가한 최초의 국제전이 되었다.

　처음 1차 독립전쟁이 1568년에 시작되어 2차 전쟁이 결국 1648년에 끝이 났으니 1, 2차 합쳐 '80년 전쟁'이라 부르기도 한다. 이때 체결된 것이 "모든 군주는 자기 백성의 종교를 자유롭게 결정할 수 있다."는 베스트팔렌 조약(Peace of Westfalen)이었다. 이는 스페인과 네덜란드 사이에 벌어진 80년 전쟁과 독일의 30년 전쟁을 마감한 최초의 다자간 조약이다. 1648년 30년 전쟁을 끝내는 베스트팔렌 조약에서 유럽의 열강들이 네덜란드의 독립을 보장하는 조항을 넣음으로써 스페인-네덜란드의 80년 전쟁은 마침표를 찍는다. 1648년 네덜란드의 완전독립이 쟁취되었다.

스페인은 네덜란드를 잃었을 뿐 아니라 유럽 내 주도권 경쟁에서도 밀리게 되었다. 합스부르크가의 우월권은 깨졌다. 프랑스는 강국으로 부상해 부르봉 왕가가 득세했고 스웨덴은 발트 해의 지배권을 장악했다. 이 조약으로 가장 득을 본 나라는 국제적으로 독립국임을 인정받은 네덜란드와 스위스다. 이 조약에 따라 셸드 강에서는 네덜란드 선박만 운행이 허용되어, 당시 경쟁 항구였던 앤트워프의 무역은 시들고 암스테르담이 더욱 번성하게 된다. 30년 전쟁으로 동유럽의 직물산업이 붕괴되고 네덜란드 직물산업이 호황을 맞이한 것이다.

그것보다 더 중요한 점은 독립 후 개인의 자유와 관용이 만개했다는 점이다. 특히 종교적 편견이나 공격이 사라졌다. 양심과 사상, 언론과 출판의 자유가 보장되었다. 여성에게도 다른 나라에서는 볼 수 없는 자유가 주어졌다. 미혼이든 기혼이든 여성은 동행자나 감시인 없이 자유롭게 외출했고 남들과 자유롭게 대화했으며 남성과 거의 똑같이 일터에서 일을 하거나 사업을 운영할 수 있었다. 네덜란드 여성들은 그 어떤 나라의 여성보다 남성에게 종속되지 않았다. 또한 네덜란드에서는 최초로 마녀사냥이 금지되었다. 마지막 마녀사냥은 1597년이었다.

30년 전쟁이 준 도약의 기회

유대인은 새로운 기회를 통해 주어지는 이점들을 신속하게 활용하는 데 천부적인 소질을 가지고 있는 민족이다. 30년 전쟁 역시 유대인들에게는 유럽 경제의 중심으로 올라설 수 있는 계기를 마련해 주었다. 전쟁 내내 대규모의 군대가 몇 년씩이나 전장에 주둔해야 했는데, 이곳에 음식과 보급품을 공급하는 일은 유대인들의 몫이었다.

이를 위해 그들은 먼저 유대인 커뮤니티 간의 협조로 식량 공급망을 만들어 식량을 안정적으로 공급했으며 주물공장과 방앗간을 세웠고 군대를 찾아 유럽 각지를 돌아다녔다. 유대인들은 유럽과 동방을 돌며 무기를 사모아 부족한 군수물자를 각 전장에 공급하는 비범한 능력을 보였다. 후에는 그들은 직접 주조 공장과 화약 제조공장을 세웠다. 이것이 유대인의 주특기 중 하나인 근대 군수산업의 효시가 된다.

이를 통해 유대인들은 돈을 버는 한편, 전쟁 당사자들에게는 없어서는 안될 존재로 부각했다. 전쟁이 유럽 전역으로 확대됨에 따라 전 유럽 유대인들이 보급품과 군수품 공급에 참여했다. 전쟁 중에 독일 지역 영주들은 군수품을 안정적으로 관리하고 나라 살림도 챙길 유대인을 궁중에 채용하기 시작했다. 이러한 정황으로 30년 전쟁 동안 유대인들은 흥미롭게도 역사상 처음으로 유럽에서 다른 주민들보다 나은 대우를 받았다.

30년 전쟁 중에 보인 유대인의 활약은 전쟁 후에도 이어졌다. 30년 전쟁이 끝난 뒤, 독일 각 지역 영주들은 전쟁으로 피폐해진 자신의 영토를 탄탄한 국가조직체로 만들려는 노력을 기울였다. 즉 영주들은 귀족과 상류계급에 의존하는 기존 방식에서 벗어나 절대주권을 구축할 필요가 있었다. 이를 위해서는 먼저 나라 경제가 부강해져 재정 자립을 꾀해야 했다. 그래야 귀족들의 경제력에 휘둘리지 않고 중앙 집권력을 강화할 수 있기 때문이다. 그래서 자본주의 경제가 추진되었고 상업과 매뉴팩처 (mamufacture, 공장제 수공업)의 장려가 국가 현안으로 대두된 것이다.

유럽은 전반적으로 너무 폐쇄적이고 봉건적인 중세 길드제도로 인해 경제 회생 능력을 상실했다. 네덜란드와 영국만이 유일하게 구태를 벗어나 부와 권력을 증대시키고 있었다. 이 시기에 프러시아의 선거후(選擧侯) 프레드릭 윌리엄은 경제 개혁의 칼을 갈고 있었다. 그는 개혁을 가로 막는 길드제도를 없애고 새롭게 경제를 개혁할 필요성을 간파했다. 그 방법 중 하나로서 유대인을 이용키로 했다. 그는 이제까지 유대인들에게 가해졌던 규제를 풀고 그들에게 상권을 허용했다. 당시로서는 혁명적인 방안이었다. 이로써 17세기 말엽 독일의 유대인들은 국가 경제 재건에 공헌할 수 있는 기회를 얻게 되었다. 윌리엄은 사무엘 오펜하이머라는 1670년 비엔나에서 추방당한 유대인을 기용해 프러시아의 재정 관리를 맡겼다.

이 상황에서 독일 지역 다른 영주들도 유대인들을 유능한 납세자이자 무역에 활력을 불어넣을 수 있는 존재로 여기게 된다. 유대인들은 주요 도시에서 받아들여졌다. 그들은 지역경제 활성화 기대에 보답이라도 하듯 농업과 매뉴팩처 분야에 투자했다. 그리고 양모, 가죽, 비단 등의 생산 활동에 적극 참여했다. 특히 유대인 중간계층은 수입식료품, 값싼 장식품, 보석거래와 같이 길드나 동업조합의 규정에 얽매이지 않은 새로운 상업분야를 개척했다.

그 뒤 유럽 각국의 왕과 제후들이 유대인들에게 재정을 맡기는 게 일종의 관습처럼 되었다. 이들을 궁정유대인이라 부르는데, 유럽 각국에서 약 150년 동안 성행했다. 궁정유대인들은 제후들에게 유대 금융조직을 활용해 상당한 재원을 마련해 주었다. 또 주요 도시의 건설계획을 주도했으며, 중상주의 정책에 힘이 되었다. 유대인들의 대부를 얻어 비엔나의 카를 성당과 합스부르크가의 쇤브룬 궁전 또한 완성되었다.

일부 유대인들은 독일 제후의 수석장관으로 활동하면서 그들에게 정치 경제적인 권력이 집중될 수 있도록 도와주면서 자신들도 주권자로서의 혜택을 누렸다. 이것이 19~20세기 초 독일을 유럽 최강의 나라로 만든 기초였다. 궁정유대인은 1900년대 국제적 은행업자의 원형이었다고 보기도 하지만 그보다는 현재의 재무장관의 원형이었다고 보는 편이 적절할 것이다. 그들의 역할은 군대의 보급, 왕의 재정대리인, 조폐소의 책임자, 재원 확보, 차관 교섭, 채권발행, 새로운 세제의 고안 등이었다. 즉 궁정유대인은 근대적 재정 수단으로 통치자를 귀족들의 올가미에서 해방시키기 위해 '제도'를 만든 것이다.

개종만 하면 궁정유대인은 그 나라 최고의 지위에 오를 수도 있었지만 놀랍게도 그들은 그렇게 하지 않았다. 30년 전쟁 뒤 신성로마제국의 2백 개나 되는 주요 공국과 영주들 대부분이 궁정유대인을 거느렸다. 황제 중에서 가장 가톨릭에 가까운 프랑스의 샤를 5세까지도 궁정유대인을 두고 있었다. 궁정유대인 제도가 오늘날 미국의 역대 재무장관이 대부분 유대인인 점과 일맥상통한다면 지나친 무리일까?

1492년 스페인에서 추방당해 나올 때 유대인들은 보석을 가지고 나왔다. 추방령에 돈이나 금괴의 반출은 사형이라고 못 박은 데다 담보로 잡은 보석이 많았기 때문이다. 사실 유대인들이 보석을 중요한 재화의 대용으로 사용하기 전에는 보석은 값도 일정하지도 않았고 귀족이나 성직자 예복의 장식품 정도에 쓰이고 마는 수준이었다. 유대인들이 보석을 중요한 교환가치의 하나로 승격시키면서 보석에 생명을 불어넣은 것이다. 이후 보석은 유대인들에 의해 꾸준히 개발되면서 세상에서 가장 중요한 재화로 발전했다.

유대인들이 쫓겨나 앤트워프로 와서 제일 먼저 한 장사가 보석 거래였다. 이후 보석시장이 자리를 잡자 그들이 가장 먼저 일으킨 산업이 바로 다이아몬드 가공 및 수출산업이었다. 당시 유일한 산출국이었던 인도에서 원석을 들여와 가공해 팔았다. 그 전통을 계승한 앤트워프는 현재도 유럽 최대의 다이아몬드 유통지이다.

비극을 잉태하고 태어난 다이아몬드

다이아몬드는 물질 가운데에서 가장 단단하다. 곧 경도가 가장 높아 '10'이다. 이는 영원불멸의 강력함과 깨지지 않는 사랑을 상징한다. 그래서 결혼반지로 쓰인다. 다이아몬드가 보석으로서 최고의 자리를 차지하게 된 것은 17세기 말 베네치아의 유대인 페르지에 의해 다이아몬드 컷팅 기술의 정수인 '브릴리언트 커팅'의 연마방법이 발명된 뒤다.

본격적인 다이아몬드 생산은 1866년 남아공의 오렌지 강 연안에서 21캐럿짜리 대형 다이아몬드 '유레카' 다이아몬드가 발견되고 나서부터다. 이어 대규모 다이아몬드 광산이 발견되고 근대적 채굴법이 채택되었다. 그리고 나서야 다이아몬드는 대중화되었다. 그 뒤 남아공에 다이아몬드 러시가 시작되었다. 하지만 1881년 다이아몬드 광산을 차지하기 위한 영국과 남아공 사이의 보어전쟁이 일어났다. 네덜란드 동인도회사 소속 식민지 개척자들이었다가 현지에 주저앉은 사람들을 '보어인(Boer)'이라고 했는데, 1881년과 1889년 2차에 걸친 보어전쟁 결과, 2만 6천 명의 보어인이 학살당했다. 다이아몬드가 불러온 비극이었다.

보어인 대학살이라는 참상의 한 가운데에서 태어난 게 제국주의 이론이다. 유대인 투자가들이 킴벌리와 란드 광산에 투자하여 단기간에 얻은 부는 엄청난 반향을 불러일으켰다. 비판자의 한 사람으로 영국 기자이자 경제학자인 존 홉슨이 있었다. 그는 '저축이 투자를 감소시켜 경제발전을 저해할 것'이라는 당시로서는 이해하기 힘든 경제이론을 발표하여 한창 나이인 31살에 런던대학교에서 제적당한 후 기자가 되었다. 그는 〈맨체스터 가디언〉지의 특파원으로 1899년 보어전쟁 취재를 위해 남아공에 파견됐다.

홉슨이 취재하다 보니 싸움의 씨앗은 온통 유대인들이 뿌려놓은 것이었다. 그는 유대인들을 '사회도덕이 완전히 결핍된 자들'이라고 보았다. 그리고 그들이 남아공 도처에서 활약하고 있는 걸 보고 쇼크를 넘어 분노를 느꼈다. 전쟁 중인 1900년에 홉슨은 제국주의 만행을 파헤친 《남아프리카에서의 전쟁, 그 원인과 결과》를 출판했다. 그가 보기에 보어전쟁을 일으킨 것은 한 줌밖에 되지 않는 유대인 자본가그룹이었다. "요하네스버그야말로 새로운 예루살렘이다."라고 그는 혐오의 감정을 노골적으로 드러냈다.

그가 보어전쟁을 취재하고 돌아와서 쓴 《제국주의 연구》(1902)에서는 제국주의를 대외투자를 둘러싼 투쟁으로 파악하였다. 그 뒤 홉슨은 옥스퍼드대학교에서 경제학을 연구하여 《실업의 경제학》(1922)을 저술했다. 그는 이 책에서 소득분배의 불균형이 과잉저축과 과소소비를 초래하고 그것이 경기후퇴와 실업을 유발시킨다는 경기변동론을 주장했다.

그 뒤 그의 제국주의 비판은 영국 노동당의 점진적 사회주의의인 '페이비언 사회주의'가 되었고, 그의 《제국주의 연구》는 레닌의 《제국주의론》에 비판적으로 섭취되었으며, 혁명을 통해 러시아를 공산화시켰다. 다이아몬드로 인한 대학살이 홉슨의 제국주의론을 낳았고 공산주의를 탄생시킨 것이다.

한편 후대의 케인즈는 홉슨의 '과소소비론' 이론을 받아들여 이를 그의 유효수요이론으로 발전시켰다. 이번에는 홉슨의 이론이 자본주의의 핵심이론이 된 것이다. 참으로 대단한 다이아몬드다. 공산주의와 자본주의를 둘 다 탄생시켰으니 말이다.

독점 괴물의 탄생, 드비어스

일찍이 영국인 세실 로즈가 로스차일드가의 자금을 받아 1888년 드비어스(De Beers)사를 설립해 아프리카 남부를 지배했다. 드비어스란 원래 남아공 촌부인 원주민 형제의 이름이다. 평범한 농사꾼이었던 형제는 남아공의 어느 농장을 50파운드에 매입했는데 우연히 그 농장에서 키운 농작물 밑에서 다이아몬드가 발견되었다. 1871년의 일이었다. 드비어스 형제는 이 뜻하지 않은 복덩어리 농장을 매입가의 무려 126배인 6천3백 파운드에 팔았다. 더욱이 형제는 이 농장을 팔면서 농장의 명칭을 자기들의 이름인 '드비어스 광산'으로 영구히 붙여줄 것을 요구했다. 오늘날 다이아몬드 시장을 장악하고 있는 드비어스는 이렇게 탄생했다.

드비어스 형제로부터 다이아몬드 농장을 사들인 사람이 유명한 세실 로즈(Cecil Rhodes)다. 로즈는 농장 밑에 묻혀 있던 엄청난 다이아몬드 원석으로 큰돈을 벌어 재력가가 되었다. 이후 정계에 진출해 1890년 남아공 케이프주 식민지 총독이 되었다. 그는 자신의 권력을 이용해 각종 정책과 법을 영국인과 드비어스에 유리하게 만들었다. 인근 지방에 대한 무력정복도 서슴지 않았다. 그는 아프리카 남부 일대에 '제국'을 건설했는데, 그가 정복한 지역은 그의 이름을 따서 '로디지아'라고 불렸다. 로즈의 땅이란 뜻이다. 이 지역이 1980년 독립한 짐바브웨다. 로즈는 정계에서 은퇴한 뒤 자신의 이름을 따

'로즈 장학재단'을 설립했다. 클린턴 전 미국 대통령, 블레어 전 영국 총리를 비롯한 많은 영재들이 받은 '로즈 장학금'이 바로 로즈 재단에서 지급한 장학금이다.

오펜하이머, 금과 다이아몬드 함께 장악

세실 로즈 사후인 1916년에 독일계 유대인 어니스트 오펜하이머 (Oppenheimer)가 '앵글로 아메리칸'이라는 광산회사를 설립해 남아공의 다이아몬드 광산을 지배했다. 그후 아들 해리를 거쳐 3대째인 니콜라스 오펜하이머에 이르고 있다. 오래전부터 세계의 금 업계도 오펜하이머 일가가 움직여왔다. 이 오펜하이머가 다이아몬드 시장도 장악하고 있는 것이다. 1880년 유대계 담배 상인의 아들로 태어난 오펜하이머는 영국 보석상의 대리인으로 남아공의 킴벌리에 파견되면서 다이아몬드와 인연을 맺었다. 1916년 제이피 모건으로부터 투자를 유치해 광산회사 앵글로 아메리칸을 설립한 후 앙골라, 콩고, 남아공 등지로 사업을 확장했다. 그러면서 꾸준히 드비어스의 주식을 사들여 1929년 마침내 드비어스의 회장 자리에 올랐다.

이 무렵 전 세계적인 대공황이 닥쳤다. 오펜하이머는 유대인답게 이 위기를 기회로 바꾸었다. 전 세계 거의 모든 다이아몬드를 헐값에 사들였고 동시에 파산된 광산회사들을 사들여 독점을 위한 토대를 닦았다. 2차 세계대전이 발발하자 공업용 다이아몬드의 수요가 급증해 사세는 더욱 커졌다. 무엇보다 런던에 자회사인 중앙판매기구(CSO)라는 신디케이트를 만들어 전 세계 다이아몬드 원석의 생산, 유통, 판매를 통제함으로써 드비어스 신화를 완성할 수 있었다. 오펜하이머는 드비어스를 배경으로 킴벌리 시장과 남아공 국회의원을 역임한 정치가이기도 했다. 그는 정계와 경제계를 오가며 인맥을 넓히고 영향력을 확대했다. 자체 정보기관을 운영했고, 일종의 외교담당부서를 두어 각국의 정권과도 직접 접촉했다. 적대적 인수합병, 주가조작, 가격 조정 등 갖가지 방법을 동원해 사업을 키웠다. 그가 사망할 무렵 드비어스는 세계 다이아몬드 시장의 80~90퍼센트를 장악하기에 이르렀다.

20세기에 들어와 드비어스 카르텔은 남아공, 보츠와나, 나미비아에서의 생산과 기타 국가에서의 다이아몬드 원석을 독점 매집하면서 거의 1백 여 년간 전 세계 다이아몬드 생산과 유통을 주물러 왔다. 아프리카 최고 갑부인 오펜하이머 일가는 2010년 기준, 재산이 60억 달러로 이들은 드비어스사의 최대 주주다.

다이아몬드, 돌 값으로 폭락할 수 있는 위험성

보석산업의 특징은 생산과 유통, 판매에 이르기까지 일련의 유통구조가 대부분 폐쇄적으로 운영된다는 점이다. 그래야 수급 조절을 마음대로 조정할 수 있기 때문이다. 수급을 조절할 수 있어야 고가 정책을 유지하여 마진폭을 키울 수 있다. 만약 이들 유통 조직이 가진 다이아몬드가 모두 시장에 풀리면 다이아몬드 가격은 하루아침에 돌 값으로 폭락한다.

다이아몬드와 같은 보석류는 상상 이상의 마진이 붙는다. 다이아몬드 원석에는 정확한 값이란 게 없다. 원석 채취 비용은 지역에 따라 편차가 크기 때문이다. 드비어스의 사이트홀더(Sightholder)들은 큰 원석을 절단도 하지 않고 그냥 한번 살펴본 뒤 입찰한다. 그러나 도박 같은 다이아몬드 사업에도 한 가지 법칙은 있다. 다이아몬드 가격은 채굴업자에서 사이트홀더와 소매업자를 거쳐 소비자까지 이르는 사이 단계별로 껑충 뛴다는 점이다.

역사적으로 보석산업은 유대인이 주도했다. 15세기 말 앤트워프에서 보석산업이 탄생한 이후 지금까지 변함이 없다. 다이아몬드는 주로 아프리카와 러시아가 주산지였다가 현재는 호주, 캐나다 등이 새로운 공급원으로 떠오르고 있다. 가공은 값싼 것은 저임금의 인도에서, 고급품은 주로 앤트워프와 뉴욕에서 이루어지고 있다. 여기에 유대인의 본거지인 이스라엘을 합하면 다이아몬드 4대 가공지가 된다.

다이아몬드 유통업계

드비어스는 1888년부터 오늘에 이르기까지 많을 때는 다이아몬드 시장의

90퍼센트까지 장악하기도 했다. 그 누구도 이 아성에 도전할 엄두를 내지 못했다. 조금이라도 그런 조짐이 보이면 이 '다이아몬드의 제왕'은 가차 없는 공격을 퍼부으며 시장에서 다이아몬드 왕국의 명예를 지켜왔다. 어쩌면 드비어스의 이런 마케팅 전략은 영국의 못된 식민지 정책에서 그 모델을 찾을 수 있을 것이다.

다이아몬드는 한 해에 1천 억 달러가 넘게 거래되는 거대한 산업품이다. 오랜 세월 '사랑'으로 각인된 다이아몬드지만 한 꺼풀 벗겨보면 이 업계는 모순투성이다. 십여 년 전까지만 해도 드비어스가 가격결정 주도권을 빼앗기지 않기 위해 원산지를 불문하고 마구잡이로 사들여 수급을 조절했다. 창고에 40억 달러 이상의 원석이 쌓여 있지만 전 세계 물량 조절을 위해 계속 사들인 것이다.

다이아몬드 원석 거래방식도 비합리성 그 자체다. 드비어스는 다이아몬드 광석을 등급별로 분류해 가공 직전 단계의 원석을 파는 회사다. 그런데 이 거래방식이 희한하다. 1년에 딱 열 번만 이뤄지는 판매는 세계적으로 150여 '지정고객'에게만 구매권한이 주어진다. 이들을 '사이트홀더'라 부른다. 유대인이 주류를 이루고 다음으로 인도계가 30명대로 가장 많다. 한국은 한 업체도 없다. 독점이다 보니 완전히 공급자 시장이다. 지정고객들은 다이아몬드 원석에 대한 선택권이 전혀 없다. 회사 측에서 가격과 물량을 제시하면 불만 없이 '현금'으로 구입해야 했다. 가격에 불만을 나타내면 다음부터 초청되지 않는다. 그런데도 지정고객이 못되어 안달이었다. 마진이 큰 중간 도매를 할 수 있기 때문이다. 드비어스는 이렇듯 세계 150여 개의 보석가공회사에 공급 시스템을 갖추고 가격이 내려가면 유통량을 줄여 가격을 올리고, 가격이 올라가면 유통량을 늘리는 등 가격을 자유자재로 조절했다. 드비어스는 다이아몬드에 관한 한 절대 권력자였다.

이런 아성과 권력에도 누수가 생기기 시작했다. 뜻하지 않게 1991년 구소련의 해체로부터 비롯되었다. 러시아는 1954년 레나 강 지류에서 처음 다이아몬드가 발견되어 1980년부터 본격적으로 다이아몬드를 생산했다. 현재 주

생산지인 사하 공화국 야크츠크에서 연간 20억 달러어치의 다이아몬드 원석을 캐내고 있다. 러시아 국영기업인 알로사가 전체 생산량의 90퍼센트를, 광산이 위치한 사하 공화국이 10퍼센트의 유통을 관장하고 있다. 시베리아에서 원석을 채굴하기 시작하자 당시 드비어스의 회장이었던 해리 오펜하이머는 공산당과 밀약을 맺고 전량 수입했다. 그러나 1991년 공산정권이 붕괴되면서 러시아는 드비어스 외에 다른 회사에도 다이아몬드 원석을 공급했다. 구소련의 절대권력 해체가 드비어스의 절대독점도 해체시킨 것이다.

수요가 줄면 가격이 올라가는 다이아몬드

다이아몬드는 속성상 비즈니스에 관여하는 모든 사람이 한 가족처럼 철저하게 서로 신뢰할 수 있어야 한다. 보통 비즈니스처럼 직원의 입장에서는 다이아몬드 거래를 하기가 어렵다. 가치를 판별하는 과정에서 쉽게 수만 달러에서 심지어 수십만 달러까지의 이익과 손실을 가져다 줄 수 있기 때문이다. 그래서 다이아몬드 비즈니스는 유대인의 가족 사업으로 많이 이루어지고 있다. 비록 과거에 견주어 크게 위축되고 있기는 하지만, 드비어스는 2009년 기준으로 전 세계 다이아몬드 총생산의 41퍼센트에 해당하는 4천7백만 캐럿을 생산했다. 2011년 생산량은 3천1백만 캐럿으로 줄였다. 금융위기로 인한 불황 탓이다. 그럼에도 그들은 가격을 올려 연간 수익을 종전처럼 확보했다. 그들은 이렇게 생산량을 조절해 가격을 조정한다. 다이아몬드는 수요가 줄면 오히려 가격이 올라가는 희한한 물건이다.

강력한 라이벌, 레브 레비예프

비합리적인 독점거래는 언젠가는 무너지는 법이다. 캐나다, 호주 등지에서 연달아 드비어스의 영향권에서 벗어난 독자적인 다이아몬드 광산이 발견됐다. 이보다 드비어스의 독점체제가 도전받는 근본적인 이유는 강력한 라이벌 레브 레비예프(Lev Leviev)의 등장이다. 드비어스를 상대로 1990년대 말부터 급부상하고 있는 이스라엘 다이아몬드 거상 레브 레비예프는 우즈베키스탄 출신의 유대인으로 현재 국적은 이스라엘이다. 그는 러시아와 앙골라에서 이미 드비어스 원석 시장을 많이 잠식했다.

레비예프는 우즈베키스탄의 수도 타슈켄트에서 자랐다. 가족은 공산주의 치하에서 살았지만 유대교를 믿었다. 남자들은 비밀 할례의식도 치렀다. 레비예프의 아버지는 성공한 직물상이었다. 그의 가족은 7년을 기다린 끝에 1971년 이스라엘로 이주하면서 재산을 1백만 달러 상당의 다이아몬드 원석으로 바꿨다. 그러나 이스라엘로 건너간 가족들은 다이아몬드의 질이 낮아 20만 달러밖에 안 나간다는 말을 들었다. 당시 15세였던 레비예프는 잘못을 바로잡겠다고 맹세했다.

그는 아버지의 반대에도 불구하고 유대교 학교를 중퇴하고 다이아몬드 커팅을 배우기 시작했다. 1977년 레비예프는 다이아몬드 커팅공장을 설립했다. 당시 막 꿈틀대던 이스라엘 다이아몬드 시장의 투기 바람은 대단했다. 커팅업자 대다수는 가격이 계속 치솟으리라는 예상에 재고를 많이 확보했다. 그로부터 3년 뒤 시장이 붕괴되자 은행들은 대출을 더 이상 연장해 주지 않았다. 그 결과 많은 커팅업체가 파산했다. 재정상태가 양호했던 그는 열두 개 가공공장을 인수했다. 그는 공장을 돌릴 원석을 확보하기 위해 런던, 앤트워프, 남아공, 러시아로 뛰어다녔다. 또한 레이저 기술과 당시 혁명적이었던 커팅 소프트웨어를 도입해 더 많은 부가가치를 창출해 냈다. 그 결과 레비예프는 이스라엘에서 내로라 하는 다이아몬드 세공업자로 성장했다. 드비어스는 1987년 레비예프에게 사이트홀더 자격을 부여했다.

하지만 레비예프는 사이트홀더를 다루는 드비어스의 고압적 태도에 격분했고, 사이트홀더들에게 몇 상자의 원석을 제멋대로 정한 값에 떠넘기는 횡포가 계속되자 원석을 산지로부터 직접 구매할 방법을 찾기 시작했다.

2년 뒤 레비예프는 러시아 국영 다이아몬드 채굴·판매 업체인 알로사로부터 커팅공장 합작투자 요청을 받고 리시아에 최초로 침단기술 연마공장을 설립했다. 그는 러시아산 다이아몬드를 러시아에서 연마한 최초의 사람이다. 원석 생산에서부터 세공까지 마무리하는 러시아 최초의 회사 '루이스(Ruis)'는 그렇게 탄생했다.

당시 거래를 인연으로 레비예프는 러시아 원석 공급량의 일부를 확보하게 됐다. 드비어스가 발끈한 것은 물론이다. 드비어스의 사이트홀더 자격을 상실했지만 1995년 사업에 탄력이 붙으면서 레비예프는 드비어스 없이도 사업을 확장할 수 있었다. 또한 푸틴과의 돈독한 우정을 과시하며 국영이던 알로사 민영화에 참여해 대주주가 되었다. 현재 레비예프는 루이스 지분 1백 퍼센트를 보유하고 있다. 루이스는 연간 1억 4천만 달러 상당의 다이아몬드를 커팅한다.

레비예프, 아프리카 진출하다

레비예프와 푸틴의 관계는 1992년 시작됐다. 당시 상트페테르부르크 부시장이었던 푸틴은 시장이 주저하던 유대교 학교 설립을 허가했다. 레비예프가 자금을 지원한 유대학교는 50년 만에 처음 세워진 것이다. 그는 이런 인연을 계기로 푸틴 대통령과 알게 되었다. 푸틴 대통령과 앙골라 산토스 대통령은 매우 끈끈한 관계를 가지고 있었다. 앙골라는 다이아몬드 문제로 세상의 이목을 끈 첫 번째 국가다.

1990년대 중반 앙골라 내전 당시 드비어스는 다이아몬드 광산지역을 장악하고 있던 반군으로부터 12억 달러 상당의 다이아몬드 원석을 밀반출시켰다. 드비어스에 대한 앙골라 정부의 반감이 치솟았음은 물론이다. 그러나 이는 레비예프에게는 앙골라 다이아몬드 시장에 진출할 수 있는 절호의 기회였다. 당시 다이아몬드는 앙골라의 유일한 수출산업이었고 레비예프는 1996년 앙골라에 6천만 달러를 투자해 현지 최대 다이아몬드 광산의 지분 16퍼센트를 받아냈다. 이로써 연간 8억 5천만 달러에 이르는 앙골라 카토카 광산의 다이아몬드에 대한 마케팅 독점계약을 맺게 되었다. 그는 이어 나미비아, 앙골라, 보츠와나, 남아공 등에 첨단기술 연마공장을 설립했다.

제3의 변수들

드비어스에게 러시아의 배신은 단지 시작에 불과했다. 호주의 아질 광산을 소유하고 있는 리오 틴토(Rio Tinto)는 레비예프가 드비어스에 맞서는 것을 보고 자극받았다. 그는 1996년에 사상 처음으로 다이아몬드 4천2백만 캐럿을 드비어스를 거치지 않고 앤트워프의 한 세공업체에게 직접 판매했다. 대규모 중저가 다이아몬드를 안정적으로 공급하던 아질 광산이 직접 판매를 선언하고 드비어스의 그늘을 벗어난 것이었다.

그뿐 아니라 캐나다 북서부 지방인 에카티·다이빅·윈스피어 등 세 곳에서 대규모 광산이 발견되면서 캐나다가 제3의 다이아몬드 생산국으로 등장해 드비어스를 더욱 곤혹스럽게 만들었다. 이런 위기는 미국과 EU의 반독점법 규제와 맞물려 더욱 심각한 지경에 이르렀다. 아프리카의 내전이 대부분 마약과 다이아몬드가 그 원인인 것으로 알려지면서 다이아몬드 산업 자체에 큰 부담을 안기기도 했다. 이렇듯 여러 악재가 겹쳐 드비어스의 시장 지배력은 조금씩 줄어들고 있다.

드비어스는 1888년 창업 이후 1백여 년에 걸쳐 다이아몬드의 유통량과 가격을 결정해 왔으나 영원할 것만 같던 오펜하이머 가문의 다이아몬드 제국 전성시대도 끝이 났다. 오펜하이머 가문이 2012년 드비어스 경영에서 손을 뗐기 때문이다. 오펜하이머 가문은 드비어스 지분 40퍼센트를 51억 달러에 '앵글로아메리칸'에 넘겼다. 가족지분을 회사에 넘긴 것이다.

떠오르는 중국 다이아몬드 시장

최근에는 중국이 다이아몬드 원석 수입에 열을 올리고 있다. 중국이 아프리카 각국 정부를 상대로 도로 등 인프라 개발을 약속하면서 이에 상응하는 현지 다이아몬드 원석을 대량 확보한 것이다. 그러자 인도가 화들짝 놀랐다. 다이아몬드 원석 절단 및 세공 부문에서 세계시장 점유율 60퍼센트를 차지하고 있었는데, 중국이 원석 물량 확보에 나서자 바짝 긴장한 것이다. 인도는 2009년 175억 달러 규모의 다이아몬드 세공품을 수출한 반면 중국은 30억 달러에 그쳤다. 아직은 중국의 숙련 기술공이나 기술수준이 인도에 경쟁이 되지 못하지만 중국이 인도에 주요한 위협이 되고 있는 것은 사실이다.

3

Jewish Economic History

유대인,
동양을 요리하다

16세기 후반 앤트워프에서 암스테르담으로 대거 이동한 유대인은 그곳을 기반으로 네덜란드 동인도회사를 세우고 중계무역으로 이름을 날리기 시작했다. 당시 유대인들은 삼각무역에 주력했다. 인도네시아의 향신료와 인도의 후추, 무명 및 다이아몬드를 본국에 실어다 팔아 은을 마련했고, 그 은으로 인도네시아에 가는 길에 인도에 들러 후추와 무명을 샀다. 유대인들은 인도에서 산 후추와 무명을 갖고 인도네시아의 향신료와 일본의 은·구리와 바꾸었다. 그리고 일본 은을 가지고 중국에 가서 금과 비단으로 바꿨다. 이렇게 유대인은 당시 금과 은의 국제간 시세 차익을 이용해 큰돈을 벌었다. 이장에서는 16~17세기 유대인이 주축이 된 네덜란드 동인도회사가 동양을 상대로 어떤 교역을 했는지 시대적 상황과 함께 살펴보도록 하겠다.

향신료 전쟁과 동인도 항로

후추 등 향신료는 경제사에서 우리가 상상하는 이상으로 중요하다. 대항해시대의 개막과 식민지 획득 경쟁은 바로 향신료를 찾기 위한 것이었다. 이 시대 자체가 향신료의 시대라고 할 수 있다.

유럽에서는 육류의 맛을 내는 데 동양의 향신료가 필수적이다. 향신료 중에서도 인도의 후추, 스리랑카의 계피, 동인도 제도의 육두구(nutmeg), 몰루카 제도의 정향이 대표적이었다. 원래 인도에서 실크로드를 따라 전해진 후추는 그리스, 로마시대부터 귀하게 여겨 소중하게 다루었다. 그런데 14세기 초 무역을 중시해 실크로드를 보호해 주던 원나라의 힘이 떨어진 틈을 타 오스만제국이 발흥해 유럽과 동방의 무역로를 차단했다. 그러자 유럽에서 후추 등 동방상품의 가격이 폭등했다. 생산지 가격의 1백 배는 보통이었고 육두구의 경우 6백 배까지 치솟았다.

여기에 불을 붙인 것이 마르코 폴로의 《동방견문록》이다. "중국보다 동쪽에 황금의 나라가 있으며 그곳 사람들은 후추를 물 쓰듯 한다."는 대목에서 유럽인들의 눈은 휘둥그레졌다. 《동방견문록》에는 과장되거나 불확실한 부분도 있으나 이탈리아 베네치아의 상인이었던 마르코 폴로가 남긴 향신료의 산지에 대한 기록은 비교적 정확했다.

이렇게 되자 신항로 개척의 필요성이 한층 절실해졌다. 1492년 콜럼버스는 후추와 금을 찾아 인도로 출발했다. 그는 대서양으로 나가도 지구가 둥글기 때문에 언젠간 인도에 도착할 것이라고 굳게 믿었다. 그러나 먼저 그를 맞은 곳은 서인도제도와 신대륙이었다.

동인도 항로의 주인공들

이번에는 1498년 바스쿠 다가마(Vasco da Gama)의 포르투갈 함대가 향신료를 찾아 아프리카 남단 희망봉을 돌아 처음으로 아프리카 동쪽 해안에 이르렀다. 거기에는 많은 이슬람 상선들이 입항해 있었다. 그곳에서 단숨에 계절풍을 타고 인도양을 가로지를 수 있었던 것은 아랍인 뱃길 안내자 덕분이었다. 이렇게 그는 인도 캘리컷에 도착했다. '진짜 인도'에 도착한 것이다.

그 무렵의 인도는 유럽보다도 훨씬 풍요로운 국가였다. 특산물인 향신료 이외에도 갖가지 수공업이 발전해 있었다. 무명만 하더라도 캘리컷의 무명은 매우 고급품이어서 유럽인들이 한눈에 반했다. 이때 유럽인들은 이 직물에 '캘리코(calico)'라는 이름을 붙였다. 영국의 산업혁명은 이 캘리코에 자극 받아 면직물 산업에서부터 시작되었다.

바스쿠 다가마의 일행은 향신료와 캘리코 등 귀중한 동방 산물을 가득 싣고 귀국했다. 리스본에 2년 여 만에 도착했을 때 처음 170명 가운데 생환자는 겨우 55명뿐이었다. 하지만 인도에서 가져온 상품 견본들은 포르투갈 상인들의 호기심을 끌기에 충분했다. 바스쿠 다가마 일행은 이때 6천 퍼센트의 이득을 남겼다. 아주 놀라운 이윤율이었다. 중세 말 지중해 향신료 무역에서 얻을 수 있었던 이윤율은 40퍼센트 정도였을 뿐이다. 그 뒤 신항로의 개척으로 동방 산물이 이슬람 상인이나 이탈리아 중계상을 거치지 않고 유럽에 들어오면서 포르투갈 상인들은 엄청난 수입을 얻었다.

이때부터 서구 열강의 동양 진출이 본격화되었다. 포르투갈은 1505년에 인도 고아에 총독을 두고 이곳을 중심으로 식민지 개척 전략을 펴나 갔다. 1511년 실론과 말레이 반도의 말라카도 정복했다. 그리고 1515년 페르시아 만의 항구 호르무즈의 점령으로 포르투갈의 동아시아 시대는 활짝 만개되었다. 1517년에는 중국에 진출해 마카오를 선점했다. 마카오는 광둥 성의 거대한 비단 시장을 끼고 있었기 때문에 중계무역으로 최적의 입지였다. 이렇게 해서 포르투갈은 16세기 전반에 큰 이익을 보장하는 후추와 비단 등 동방무역을 독점해서 거대한 부를 얻었다.

그런데 이때 경쟁국이 등장한다. 1519년부터 3년여에 걸쳐 마젤란의 스페인 함대가 동남아시아를 거쳐 유럽으로 돌아가는 세계 일주에 성공한 것이다. 스페인도 '진짜' 인도 항로를 찾게 되자 포르투갈과 스페인 간의 경쟁이 본격화되었다. 곳곳에 두 나라의 중계기지와 식민지가 생겨났는데, 이처럼 두 나라가 식민지 개척에 열을 올린 이유는 향신료와 동방 상품에 혈안이 되어 있었기 때문이다.

그러다가 스페인제국의 무적함대가 그간 우습게 보던 영국과 네덜란드 연합군에게 패한 이변이 발생했다. 이로 인해 동인도 항로의 주인공이 바뀌어 16세기 말부터 영국과 네덜란드가 스페인과 포르투갈을 대체한다. 특히 네덜란드의 동양 진출이 활발했다. 17세기 중엽 유대인들이 주도하는 네덜란드 동인도회사는 말레이 반도에서 자바, 수마트라 등을 비롯해 대만, 일본과 독점 무역권을 수중에 넣어 동남아시아 해상무역을 완전히 장악했다.

향신료 교역, 1백 배 이상의 수익을 내다

초기에 영국은 인도를 중심으로 거래를 했고 네덜란드는 인도네시아를 위주로 무역을 했다. 마르코 폴로에 의해 인도네시아 동부 몰루카 섬들이 향료 섬이라는 사실이 알려지자 네덜란드인들은 직접 그 원산지를 찾아 나섰다. 1595년 네덜란드인들은 향료 무역의 중심지인 지금의 자카르타 바타비아에 근거지를 세우고 포르투갈 사람들을 몰아냈다. 그리고 실론과 케이프타운에 중간 통상거점을 세우고 거대한 아시아 무역망을 발전시켰다.

그 무렵 향신료는 부피가 적고 공급이 부족한 상황이었기에 매우 수익성이 높은 상품이었다. 처음으로 정향을 거래한 네덜란드의 상선은 무려 2천5백 퍼센트의 순익을 남겼을 정도다. 하지만 이것은 시작에 불과했다. 그 뒤 네덜란드 동인도회사의 유대인들은 경쟁이 심한 인도의 후추를 피해 동남아 지배권을 확립하고 육두구와 정향 등을 독점 거래했다.

유대인들은 이렇게 독점 체제를 완성해 구입 가격과 판매 가격을 마음대로 조정했다. 그들은 생산지 가격은 최저로 억누르고 유럽에서의 판매가는 최고 수준으로 유지하며 독점이윤을 실현했다. 이 같은 방법으로 헐값에 산 향신료들을 가득 싣고 배가 무사히 돌아오면 보통 1백 배 이상의 시세 차익을 볼 수 있었다. 선장과 선원들은 고향에서 영웅이 됐고 항해에 자금을 댄 상인들은 떼돈을 벌었다.

하지만 향료무역은 성공하면 대박이었지만 그에 못지않게 많은 비용과 희생도 따랐다. 힘든 항해를 마치고 본국에 살아 돌아오는 선원들과 상인들의 수는 소수에 불과했기에 해상무역을 하는 회사는 무엇보다도 군사적으로 강해야 했고 식민지를 개척·운용할 줄 알아야 했다. 1602년에 설립된 네덜란드 동인도회사는 본국과 멀리 떨어진 곳에서 사업을 수행하기 위해서 아예 '주식회사와 국가가 결합된 형태'가 되었다. 그래서 동인도회사에 주어진 권한은 정부 권한에 버금갔던 것이다.

네덜란드 동인도회사, 막강 권력을 갖다

네덜란드 정부는 1602년 동인도회사에 아시아 독점무역권을 보장했다. 해상교역권 이외에 식민지 개척 및 관리권도 주었다. 그리고 이에 필요한 협상의 권리와 교역 상대국 안에서 독립적인 주권도 보장해 주었다. 아울러 식민지 개척을 위해 회사가 군대를 가질 수 있게 했다.

이와 함께 동인도회사는 관리 임명권은 물론 식민지 개척과 운영에 필요한 치외법권과 전쟁선포권도 갖게 되었다. 더불어 조약체결권과 화폐발행권도 주어졌다. 그밖에 식민지 건설권, 요새 축조권, 자금 조달권 등을 주었다. 뿐만 아니라 외국경쟁자와 싸울 때는 정부의 전폭적인 지원을 받았다. 이처럼 네덜란드 동인도회사는 한 나라에 비견되는 막강한 권리를 갖게 되었는데, 이 모든 것이 동인도회사의 대주주들에게 자유재량권이라는 이름으로 위임되었다. 한마디로 유대인 대주주들이 동인도회사의 정책과 식민지 정책을 주도한 것이다. 이렇게 자본주의의 상징인 최초의 주식회사 동인도회사는 한 손에는 무역, 다른 한 손에는 총을 들고 시작했다.

17세기에 이르러 네덜란드 동인도회사 유대인들은 일본에까지 해상교역 대상을 넓혔다. 1609년 일본 히라토(平戶)에 최초의 네덜란드 무역관을 설치해 차, 도자기, 비단 외에 은과 구리도 취급한 것이다.

이후 1619년에 네덜란드는 자바 섬 서쪽의 수마트라 섬을 침략했다. 그리고 포르투갈로부터 몰루카 제도를 빼앗은 후 말라카와 실론까지 점령했다. 실론은 오늘날의 스리랑카다. 이렇게 네덜란드 동인도회사는 17세기 중엽에 이르기까지 폭력적인 점령으로 곳곳에 식민지를 세워 무역관을 개설했다. 무역관들은 약 20여 곳에 이르렀다.

동인도회사 유대인들은 삼각무역에 주력했다. 인도네시아의 향신료와 인도의 후추, 무명 및 다이아몬드를 본국에 실어다 팔아 당시의 국제 화폐격인 은을 마련했다. 그 은으로 인도네시아 가는 길에 인도에 들러 후추와 무명을 샀다. 당시 인도에는 6세기에 설립된 유대인 상인조직이 있어 그들과 주로 교역이 이루어졌는데, 유대인들은 인도에서 산 후추와 무명을 갖고 인도네시아에 가서 향신료와 바꾸고, 일본에 가서 은과 구리와 바꿨다. 그리고 일본 은을 중국에 가서 금과 비단으로 바꿨다. 한 행차에 몇 번의 거래를 해 수익을 크게 늘릴 수 있었다. 삼각무역은 오랜 기간 진행되었다.

선박 운행기간이 대폭 단축되다

1622년, 네덜란드 동인도회사에 중요한 전기가 도래한다. 동방 상품이 직접 거래되던 페르시아 만 어귀 호르무즈 해협의 호르무즈 항구를 이용할 수 있게 된 것이다.

원래 이 항구는 1515년 포르투갈이 선점하면서 동인도 무역을 독점할 수 있었던 항구로 고대로부터 동서양을 연결하는 핵심거점이었다. 배들이 이곳까지만 오면 아라비아 대상들이 물건을 받아 서양에 넘겼다. 그 무렵 유대인을 추방해 버린 포르투갈은 그 대타로 독일의 거상 푸거가와 손을 잡았고, 푸거가의 동방무역에 대한 자금으로 포르투갈 배가 동인도 무역을 독점적으로 주도했다. 인도에서 돌아오는 포르투갈 배가 호르무즈에 도착할 즈음 중동 지역에서는 1~4천여 마리의 낙타로 이루어진 대상들이 은과 금, 그리고 상품을 가득 싣고 호르무즈에 모여 거래를 했다. 푸거가는 이 거래를 통해서 돈을 벌어 리스본에서 자금이 오기까지 기다리지 않고도 유럽으로 보낼 향료를 적기에 다시 구입할 수 있었다.

호르무즈의 이점은 무엇보다도 선박이 인도양 남단을 멀리 횡단해 아프리카를 돌아 포르투갈까지 가야 할 필요가 없어졌다는 것이다. 연안 항로를 이용해 1년 내내 교역활동을 할 수 있었다. 당시 원거리 해양무역을 결정하던 가장 중요한 요소는 무역풍이라고 불리기도 하는 계절풍으로 반년 주기로 풍향이 바뀌는 바람이다. 바람의 방향이 1년에 한 번 바뀌면서 무역상은 한 방향으로 될 수 있는 한 멀리 갔다가 바람의 방향이 바뀔 때까지 그곳에 머물렀다. 이렇게 해상무역 상인들의 행동반경은 기후 조건으로 제약되자 그 다음의 일은 중계상인들의 몫이 되었다. 그러나 포르투갈은 호르무즈의 지배로 계절풍이 뚜렷이 나타나는 인도양을 항해하지 않고도 동방물품을 대상들에게 인도할 수 있게 된 것이다. 게다가 본국까지 갈 필요가 없어지자 선박 운행기간이 대폭 단축되어 거래 회전수를 획기적으로 늘릴 수 있었다. 왕복에 2년 이상 걸리던 뱃길을 6개월 미만으로 단축할 수 있었다. 이렇게 호르무즈의 점령으로 포르투갈의 동아시아 시대는 1세기 이상 지속되었다. 1622년에 영국과 페르시아가 호르무즈를 탈환함으로써 포르투갈 시대는 막을 내린다. 그 뒤 호르무즈는 누구나 이용할 수 있는 자유 교역항이 되어 네덜란드 동인도회사가 본격적으로 동아시아 교역을 주도하게 된다.

네덜란드 동인도회사의 만행

　포르투갈로부터 몰루카 제도를 접수한 네덜란드인들은 정향 가격을
올리기 위해 정향을 이 섬에서만 생산하도록 했다. 약간 매운 듯하면서
향기를 내는 정향은 늘 푸른 키 큰 나무로 분홍 꽃이 피는데, 이 꽃이 정
향의 원료다. 꽃이 피기 바로 직전에 따서 햇볕이나 불을 지펴 말린다. 말
린 꽃봉오리가 마치 못을 닮았다고 해서 정향(丁香)이라 하며, 영어 이름
인 클로브(clove) 역시 클루(clou, 못)에서 유래했다. 정향은 고대부터 대표
적인 묘약이었다. 정향은 향기가 좋을 뿐 아니라 우리가 쓰는 향료 가운
데 부패방지와 살균력이 가장 뛰어나다. 현재도 정향은 햄, 소스, 수프
등 서양요리에서 필수적으로 쓰인다.

　네덜란드 동인도회사 사람들은 이후에도 무력으로 향신료 시장을 넓
혀갔다. 그러나 정향의 대량 공급은 가격을 떨어뜨렸고, 향신료에 다른
품종을 첨가하는 부정을 저지르기도 했다. 그 결과 소비자의 불신을 초
래해 정향 가격이 폭락했다. 이에 1760년 암스테르담에서는 향료 가격을
인상시킬 야욕으로 산더미 같은 향료 재고를 불태워 버리는 사건이 발생
했으며 일부 지역을 제외한 모든 향료의 섬들에 자라는 정향나무를 모두
뽑아 버리기도 했다. 그 뒤 향료를 불법적으로 재배하거나 거래하는 자
들은 모조리 처형했다. 오랫동안 정향에 의존해 왔던 원주민들의 수입원
은 이러한 폭력적 조치에 의해 몰락할 수밖에 없었다.

　1770년 모리셔스의 프랑스인 총독은 몰루카로부터 어렵게 정향나무
씨앗을 훔쳐 동아프리카 농장에서 재배했다. 이후 향료산지가 늘어나고
향료 공급이 증가해 향료 독점권은 무너지고 가격이 하락해 일반 서민들
도 쉽게 구입할 수 있게 되었다. 오늘날 동아프리카 탄자니아는 세계 정

향의 9할을 공급한다. 반면에 정향나무 원산지였던 인도네시아는 오히려 정향의 최대 수입국이 되었다. 역사의 반전이다.

오늘날 인도네시아가 가장 많은 정향을 소비하게 된 데는 그럴 만한 이유가 있다. 19세기 후반에 인도네시아는 담배와 정향을 혼합해 '크레텍 (kretek)'이라는 정향담배를 생산했는데 인도네시아 7만 명의 노동자가 이것의 생산에 종사할 정도로 수요가 엄청나다. 오늘날 인도네시아인은 세계 정향의 절반을 연기로 날리고 있는 셈이다.

아시아교역, 상품교역보다 환차익거래로 돈을 벌다

　지금으로부터 약 4백 년 전인 1609년, 네덜란드 상인들은 일본 히라타에 무역관을 개설했다. 그 뒤 일본에서 포르투갈과 스페인이 기독교 선교 문제로 쫓겨난 후 1855년까지 218년 동안 네덜란드가 일본의 유럽을 향한 유일한 창구였다.

　일본은 1543년 포르투갈 선박이 표류해 온 것을 계기로 서구와 교역을 시작했다. 이때 조총이 일본에 전래되었다. 일본은 이 총으로 1592년 임진왜란을 일으켰고 조선으로부터 최고 수준의 인쇄술과 신유학, 의학까지 지식을 사람 채로 노획했다. 임진왜란은 장기간의 난세로 부진했던 일본의 학문과 산업부흥에 결정적 전기가 되었다.

　이후 일본에 포르투갈과 스페인 선교사들이 기독교를 전파했다. 막부는 신자가 70만 명에 이르자 위협을 느껴 1612년에 전교금지령을 내리고 교회를 파괴했다. 이어 1639년에 쇄국령을 내려 포르투갈 사람들을 추방하고 스페인과 단교까지 했다. 그렇지만 네덜란드 동인도회사는 유대인들이 주축이었기 때문에 기독교 전파와는 아무 상관이 없어 그대로 남겨 두었다.

네덜란드 동인도회사, 드디어 중국의 문턱을 넘다

당시 중국은 해금정책으로 오랑캐를 받아들이지 않았다. 이러한 중국을 네덜란드인들이 뚫었다. 1656년에 네덜란드 상인들이 중국 베이징에서 순치황제에게 삼배구고(三拜九叩)의 수치를 마다하지 않고 무역의 길을 튼 것이다. 삼배구고란 무릎을 꿇고 양손을 땅에 댄 다음 머리가 땅에 닿을 때까지 숙이기를 세 번, 또 이것을 세 번 되풀이하는 것이다. 청나라는 이것을 외국 사절에게도 강요했다. 어렵게 튼 중국과의 거래는 네덜란드 동인도회사에게 큰 전환점이 되었다. 이후 중국 거래는 일본의 은과 연계되어 '대박'을 쳤다.

이어 1663년 아프리카 해안을 따라 향료와 노예무역 항구들을 연달아 건설했다. 당시 전성기의 네덜란드는 1만 6천 척에 달하는 상선을 보유했는데 이는 프랑스, 영국, 스페인, 포르투갈 4개국 상선의 4분의 3 수준이었다. 1664년 2차 영란전쟁 이후 종전 협상에서 네덜란드는 영국에게 뉴 암스테르담을 양보하는 대신 육두구 산지인 반다 제도와 사탕수수 재배지인 수리남을 얻었다. 네덜란드로서는 지금의 뉴욕인 뉴암스테르담보다 육두구와 설탕이 더 중요했던 것이다.

금·은 환차익 거래로 큰 수익을 남기다

17세기 유대인들이 주도했던 네덜란드 동인도회사의 주된 수익원은 향료, 도자기, 비단이 아니라 금과 은 등 귀금속 화폐의 거래였다. 네덜란드 동인도회사가 1660~1720년 사이에 아시아에 판 상품의 87퍼센트가 은이었다. 그 무렵 은이 국제통용 화폐였으니 '돈'을 판 셈이다. 나머지 13퍼센트만이 유럽산 상품이었다. 당시 금과 은의 국제간 시세 차익을 이용한 무위험 차익거래를 통해 돈을 번 것이다. 그도 그럴 만한 것이 당시 서양과 동양의 '금은 교환비율'은 차이가 매우 컸다.

서양은 수메르문명 이후 금과 은의 교환비율이 대략 1:12.5 내외였다. 원래 이것은 수메르 천문학에 기초한 양력과 음력의 비율이다. 금이 태양이요, 은이 달로서 태양이 한 번 변할 때 달이 '열두 번 반' 변한다는 이유에서 1:12.5이 정해졌다. 이러한 전통이 이어져 내려오면서 로마제국에서도 금과 은의 교환비율은 1:12.5거나 1:13이었다.

17세기 초 유럽의 금은 교환비율도 크게 변하지 않아 바로 1:12 내외였다. 이에 비해 중국은 1:6 정도였다. 딱 두 배 차이였다. 중국에서는 은이 금에 비해 거의 두 배로 높은 평가를 받았던 것이다. 유럽에서 상대적으로 싼 은을 구입해 중국에 가져가면 그것만으로 1백 퍼센트의 환차익을 누릴 수 있었던 것이다. 영악한 유대인들이 이를 놓칠 리 없었다. 먼저 중국과 교역을 했던 포르투갈이 1600년부터 1630년까지 환차익 재미를 보았다. 이후 포르투갈을 대체한 네덜란드 동인도회사가 그 뒤를 이었다. 17세기 중엽에 이르러 이 교환비율은 점차 거리가 좁혀졌다. 그래도 중국은 1:10, 유럽은 1:15 내외였다. 차익 마진이 1백 퍼센트에서 50퍼센트로 줄어들었으나 이후에도 오랜 기간 동안 유대인들은 이 환차익을 즐길 수 있었다.

그 무렵 일본에서도 은이 대량으로 생산되어 금에 비해 저평가되었다. 동인도회사 유대인들이 이런 기회를 놓칠 리 없었다. 그들은 일본에서 은과 구리를 구입해 은의 가치가 높은 중국에 팔았다. 중국이 은을 높게 평가하는 이유는 우선 화폐제도 때문이었다. 중국은 다른 어느 문명권보다 일찍 지폐를 발행했다. 당시 유럽은 지폐라는 개념조차 모를 때였다. 그런데 명대에 들어와서 지폐를 초과 발행하자 초인플레이션이 일어나서 결국 지폐 사용이 중단되었다. 이를 대신하는 지불수단으로서 은이 유통된 것이다.

특히 은의 대규모 유통을 초래한 중요한 요인은 1560년대에 시행된 일조편법(一條鞭法) 때문이었다. 중국 정부가 모든 조세 수입을 은으로 통일한 것인데, 이 법이 시행됨으로써 은이 공식화폐가 되었다. 중국은 모든 조세를 은으로 받았고 세금을 내야 하는 국민들은 대량의 은이 필요했다. 수요가 공급을 웃돌자 당연히 은값이 상승했다.

그래서 동인도회사 유대인들은 상품 교역을 하면서 동시에 유럽과 일본의 은을 중국에 가져가서 금과 교환하고 또 그 금을 갖고 일본에 가서 은과 교환하고, 또 이 은을 돌아가는 길에 중국에 들러 금과 바꾸어 큰돈을 번 것이다. 이렇게 각국 간의 '금은 교환비율'의 차이 곧 환시세 차이를 이용한 귀금속거래가 상품거래보다 훨씬 많았다.

사실 실크로드를 통한 동서무역 이후로 유럽의 은이 계속 중국으로 흘러 들어갔다. 당시 중국은 부유한 문명국이라서 유럽에서 들여오고 싶은 물품이 특별히 없었고, 반면 유럽인들은 비단 등 중국 상품을 손에 넣기 위해서는 은을 가져오지 않으면 안 되었다. 중국과 유럽의 교역은 일방적인 유럽의 무역적자로 진행된 것이다. 16세기 중국의 일조편법 시행과 동서양의 금은 교환비율 차이로 전 세계 은이 이후 4세기 동안 계속해서 중국으로 흘러 들어갔다. 1500~1800년 사이에만 중국이 무역을 통해 얻은 은이 약 6만 8천 톤에 달했다. 유럽이 아메리카에서 얻은 은의 절반 이상에 해당한다. 이러한 무역적자는 결국 아편의 등장으로 해소된다. 중국의 은이 아편 구입 대금으로 유출되었기 때문이다.

중국·일본 간 금은 중계무역을 할 수 있었던 이유

16세기에 중국과 일본은 서로 거래하지 않았다. 명나라가 먼저 일본과의 교역을 엄격히 제한했다. 중국 남쪽의 반정부세력이 남방 국가나 왜구하고 손잡고 쿠데타를 일으키지 않을까 하는 우려에서였고, 은의 교환가치가 일본보다 중국에서 갑절 가까이 높았기 때문이다. 그래서 밀무역이 성행했고, 이 밀무역을 주도한 집단이 왜구였다. 왜구의 본업은 해적이라기보다는 무장밀수단이었다. 포르투갈 사람들은 마카오와 일본 사이를 운항하며 이 무역의 상당 부분을 도맡았다. 1630년대까지 계속된 이 무역선은 가장 수익성이 높았다.

1600년대 들어 네덜란드인들이 포르투갈인의 역할을 넘겨받게 된다. 그 무렵 명나라에서는 여전히 은에 비해 금이 쌌다. 일본은 당시 세계 2위의 은 생산국이었다. 네덜란드 동인도회사의 유대인들은 일본에서 은과 구리를 대량으로 사서 중국에서 금과 바꿨다. 또 중국에서 바꾼 금을 일본에 가져다 은과 바꿨다. 이러한 무위험 차익거래로 엄청난 수익을 얻을 수 있었다.

은을 매개로 삼각무역에 주력하다

유대인들은 삼각무역에도 은을 매개로 했다. 일본에서 산 대량의 은과 구리로 중국에서 비단과 금을 샀다. 비단은 다시 일본에 팔고 금과 구리는 인도에 팔아 후추와 무명을 샀다. 인도는 당시 구리가 비쌌다. 인도에서 산 후추와 무명은 유럽에 팔았다. 되돌아가는 길에는 역순으로 진행되었다. 인도에 들러 산 후추와 무명을 일본에 팔아 은과 구리를 구입했다. 지역적으로도 유럽 대륙과 신대륙에서 벌어들이는 수익보다 동양에서의 수익이 훨씬 많았다.

한때 명나라는 민간무역을 인정해 해금(海禁) 정책을 완화하는 듯 보였으나 1644년 청나라가 들어서며 또다시 바다를 막았다. 일본에서도 1640년경부터 해금정책이 강화되어 막부 말기까지 계속되었다. 네덜란드 동인도회사의 유대인들은 이 틈에 양국의 해금정책으로 제약 받는 중일 간의 무역을 중계하면서 말 그대로 대박을 터트렸다.

17세기 중엽 네덜란드 번영기와 일본의 은 수출 전성기가 일치한다. 이때 일본은 막대한 은 수출로 거대한 국부를 형성할 수 있었다. 일본이 경제대국으로 커 가는 첫걸음이었다. 일본은 은을 팔아 서양 상품을 수입했고 특히 서적을 통해 서양문물을 받아들였다. 당시 일본에서 유행하던 '난학(蘭學)'이란 네덜란드 학문을 뜻하나 실제로는 서양 학문 전체를 의미한다.

그러나 이후 매년 20만 킬로그램에 달하는 대량의 은이 유출되자 마침내 일본의 은이 고갈되기 시작했다. 에도막부는 무역에 아무런 제한도 두지 않았지만 결국 1685년에 은 3천 관으로 네덜란드와의 연간 무역금액을 제한했다.

조선의 은 제련술, 일본을 부흥시키다

당시 일본이 이처럼 대량의 은을 수출할 수 있었던 배경에는 조선의 발달한 은 제련기술이 있었다. 은 제련은 다른 금속과 달리 제련방법이 의외로 까다로워 세계적으로 가장 발전이 늦은 분야였다. 그 무렵 유럽이 쓰던 은 제련법은 '수은아말감공법'으로 수은을 사용해 은을 정제하는 것이었다. 스페인이 중남미에서 대량의 은을 제련하면서 수은 가스 중독으로 8백 만 명의 인디오가 희생되었다. 그런데 일본인들은 그렇게 많은 은을 제련하면서도 죽지 않았다. 이는 전적으로 조선의 은 제련술 덕분이었다. 일본은 은 제련기술이 없었다. 은을 제련하려면 은광석을 배에 싣고 조선으로 가져와서 제련해 가고는 했다. 조선은 연산군 때 양인 김감불과 노비 김검동이 발견한 '연은 분리법' 덕분에 수은을 쓰지 않고도 납과 은을 분리하는 세계 최초의 첨단기법을 갖고 있었다. 이 기술이 1553년에 일본에 전해져 일본을 경제대국의 길로 접어들 수 있게 한 것이다.

유럽, 동양 자기에 매료당하다

　중국은 당나라 이후로 세계 자기산업의 중심이었다. 그 무렵 자기를 생산할 수 있는 나라는 중국과 한국뿐이었다. 자기 생산을 위해서는 1천 3백 도 이상으로 불의 온도를 끌어올려야 하는데 이러한 기술을 중국과 한국만 갖고 있었던 것이다.

　당시 유럽은 동양에 비해 과학이 뒤떨어져 있었다. 유럽은 자기 제조에 필요한 고온까지 불의 온도를 끌어올릴 수 없었다. 유럽은 7~8백 도에서 구워지는 토기와 8백~1천 도의 도기(pottery)는 생산했지만 1천3백~1천 5백 도의 고온에서 구워지는 자기(porcelain)는 생산치 못했다. 토기나 도 기는 점토가 많이 들어가 두드리면 둔탁한 소리가 나고 물에 젖었다. 하지만 자기는 정제된 고급점토에 유약을 발라 구웠기 때문에 유리질막이 생겨 두드리면 금속 소리가 나고 물을 흡수하지 않았다.

　중국 도자기는 8세기부터 아시아 지역에 배로 수출되었다. 그 뒤 중동 지역의 이슬람 국가들에게 육로로 수출되었다. 하지만 도자기는 운송하 기에 무겁고 깨지기 쉬운 물건이라 그 수출량이 많지는 않았다.

　이후 원대에 이슬람인들의 유입과 동시에 들어온 페르시아의 코발트는 푸른 색깔을 내는 백자의 염료로 쓰여 청화백자라는 혁신적인 도자기가 탄생한다. 청화백자는 원나라 중기에 시작해 징더전(景德鎮) 가마에서 생산되었다. 1천3백 도 이상의 고온에서 견딜 수 있는 청색염료는 코발트뿐이었다. 이런 연유로 청화백자는 귀할 수밖에 없었다.

산화코발트 계열의 안료는 본래 페르시아의 아라비아 반도 지역에서 발견되어 사용되었는데 중국에 전해지면서 회청(回靑) 또는 회회청(回回靑)이라 불렸다. 중국인들이 페르시아를 '회회'라 불렀기 때문이다. 회청이 조선에 전래된 것은 14세기 말이며 본격적으로 청화백자가 생산된 것은 15세기 중엽 이후다. 초기의 중국 청화백자 무역은 이슬람 상인들이 장악하고 있었다. 터키 톱카피 궁전박물관에 소장된 그림에서 당시 청화백자를 운송하던 정경을 찾아볼 수 있다.

이 무렵의 중국 자기 가운데 일부가 당시 이슬람 국가와 기독교 국가 사이에서 동방무역을 주도하던 유대 상인들을 통해 유럽에 전해졌다. 하지만 운송과정의 어려움으로 공급이 적다 보니 유럽시장에서의 가격이 지나치게 높았다. 14세기 중국산 도자기의 가격은 동일 중량의 금값과 비슷했다. 보통 중국 자기 한 점의 가치가 노예 일곱 명이나 좋은 집 한 채 가격에 해당할 정도였다. 중국산 도자기가 유럽 상류층 사회에선 부를 상징하는 보물 같은 것이었다.

네덜란드 동인도회사의 대규모 도자기 수입

도자기는 포르투갈이나 스페인이 네덜란드에 앞서 수입했다. 하지만 유럽에 본격적인 도자기 열풍을 일으킨 나라는 네덜란드였다. 1602년 설립된 지 1년도 안 된 네덜란드 동인도회사는 중국에서 화물을 가득 싣고 돌아가던 포르투갈 상선 캐슬리나호를 빼앗아 이 배에 실려 있던 수십만 점의 중국 도자기를 암스테르담으로 가져와 경매에 붙였다.

네덜란드 동인도회사의 유대인들은 이 경매에 많은 귀족들이 몰려든 것을 보고 놀랐다. 그중에는 프랑스나 영국 국왕 같은 군주들도 있었다. 물건은 모두 팔리고 이익도 엄청났다. 이 전설적인 이야기는 전 유럽을 흥분시켰다. 귀족들 사이에 도자기 열풍이 불었다.

그 뒤 네덜란드 동인도회사는 돈이 되는 중국 도자기 수입에 열을 올렸다. 처음에는 중국 광저우산 도자기를 수입했다. 그 뒤 유럽 문장을 넣은 주문형 도자기가 대세를 이루었다. 당시 유럽에 수입된 중국 자기 숫자를 보면 1612년에는 한 척의 배가 38,641점의 자기를 중국 난징(南京)에서 암스테르담으로 운반했고 2년 후에는 그 양이 두 배로 늘어났으며 1636년은 259,380건, 1637년은 210,000건, 1639년은 366,000건으로 당시 얼마나 방대한 양이 유럽에 전해졌는지 알 수 있다.

중국과의 교역이 단절되다

1643년 네덜란드 동인도회사는 중국에서 일어난 명과 청의 전쟁 때문에 도자기 수입을 할 수 없게 된다. 대륙 밖으로 쫓겨난 반란군이 바다에 머무는 것을 막기 위해 해상봉쇄령을 내렸던 것이다. 또한 청화백자 생산지인 징더전은 오삼계의 난으로 파괴되었다. 명나라가 망한 뒤 1661년에 청나라가 천계령(遷界令)을 공포하자 상선 무역이 금지됐다. 그래서 네덜란드는 새로운 도자기를 찾아 나선다.

천계령이란 청나라 초기에 연해의 경계를 정하고 이것을 역내로 옮긴다는 뜻으로 해금령이었다. 목적은 반청운동을 전개해 대륙 밖으로 쫓겨난 대만의 정성공(鄭成功)의 공격을 막기 위함이었다. 당시 타이완 섬을 비롯한 5도 열도 지역은 왜구의 소굴이었다. 그들과 힘을 합쳐 쳐들어올까 봐 겁을 낸 것이다. 동시에 연해 주민들과의 교통·접촉을 단절시킴으로써 정성공의 물적·인적 자원을 고갈시켜 자멸케 하려는 의도를 갖고 있었다. 일본 도자기가 중국 도자기를 대신해 유럽에 수출되기 시작한 것은 바로 이때였다.

조선과의 자기교역 실패

당시 유럽에서 발간된 《하멜표류기》는 조선의 사정을 유럽에 소개한 최초의 문헌이다. 이 책이 유럽에서 히트를 쳐 조선 자기에 대한 유럽인들의 호기심이 높아졌다. 이에 동인도회사가 조선 상품 수입을 적극 검토하게 되고 조선 자기를 찾아 나선다. 네덜란드 동인도회사는 조선과 대규모 자기 무역을 위해 1천 톤급 대형 상선까지 별도로 준비하고 '꼬레아호'라 명명했다. 꼬레아

호는 선원 31명을 태우고 1669년 5월 20일에 벨흐헨을 출항해 이듬해 1월 19일 인도네시아 바타비아에 도착해 조선을 향해 출항대기하고 있었다.

그러나 일본이 막무가

::: 일본에서 제작되어 유럽에 들어온 자기. 가운데 VOC 마크가 또렷하다.

내로 반대했다. 만약 네덜란드가 조선과 통상하면 일본 내 네덜란드 무역관을 폐쇄하겠다는 으름장을 놓았다. 결국 동인도회사의 조선과의 직교역은 일본 막부의 압력 때문에 이루어지지 못했다. 당시 일본은 네덜란드 동인도회사로부터 수입한 무명과 후추 등을 조선에 되팔아 수십, 수백 배의 폭리를 취하고 있었는데 이러한 조선에 대한 독점적 무역업자로서의 지위가 흔들릴까 봐 극구 반대한 것이다.

이삼평이 만든 아리타 청화백자를 수입하다

동인도회사는 일본의 방해로 조선과 직교역을 못 하게 되자 그 대안으로 일본 내에서 생산되는 조선 청화자기를 수입했다. 당시 일본에는 임진왜란 때 강제 납치된 도공(陶工)들이 많았다. 1592년 임진왜란을 일으킨 일본은 납치한 조선인의 수만도 10만 명에 달했는데 그들 대부분이 도공이나 공예기술자들이었던 것이다. 이는 조선의 선진기술을 약탈하기 위한 것으로 지식인들도 상당수 일본으로 끌려갔는데 이들로 인해 일본 경제와 문화는 일대 전기를 맞이하게 된다. 이들이 학문은 물론 도자기 생산기술 등 일본의 제조업을 비약적으로 발전시킨 것이다.

네덜란드 동인도회사는 임진왜란 때 잡혀간 도공 이삼평(李參平) 등 재일 조선인들이 규슈(九洲) 사가(佐賀) 현 아리타(有田)에서 만드는 청화자기를 수입했다. 그 한참 뒤 유럽인들은 이를 본 떠 유럽 자기를 탄생시켰는데, 유럽에서 처음 제작된 마이센의 '청화양파문양' 자기를 보면 조선의 청화백자를 꼭 빼닮았다. 유럽 자기의 뿌리는 조선 청화백자였다.

4

Jewish Economic History

유대인, 산업혁명 토대를 구축하다

엘리자베스 1세가 죽은 후 왕위에 오른 제임스 1세와 찰스 1세의 전제정치로 영국 국왕과 의회의 대립은 내란으로 치달아 1645년 크롬웰이 이끄는 의회군이 승리한다. 크롬웰은 1651년 '항해조례'를 선포하고 유대인의 이주를 허용했다. 이후 크롬웰이 사망하고 네덜란드 왕이었던 윌리엄 3세가 영국의 왕위에 오르자 네덜란드 유대인이 대거 영국으로 건너갔다. 이들에 의해 네덜란드를 부흥시켰던 현대적인 사업방식도 고스란히 영국으로 건너갔다. 이로써 영국은 짧은 시간에 선진적인 금융산업의 토대를 구축할 수 있었다.

해적의 나라가
세계 최강이 되기까지

영국이 처음부터 대국의 면모를 갖춘 나라는 아니었다. 영국 귀족들은 상업을 천시하고 중세 기사들처럼 용기 있게 적을 공격해 당당하게 이익을 얻는 정복 활동을 찬양했다. 상업으로 이익을 남기는 일 따위는 좀도둑처럼 좀스럽고 비열하게 보았다. 성 니콜라스가 영국에서 상인의 수호성인이자 도둑의 수호성인이라는 사실은 영국인이 상업과 도둑질을 같은 걸로 보았음을 뜻한다.

그래서인지 17세기까지 영국 상선은 해적선과 구별되지 않았다. 모든 배들이 잠재적인 해적선이었다. 심지어 1568년 스페인의 화물선이 해적을 피해 영국 항구에 들어왔을 때 엘리자베스 여왕은 배에 실린 황금을 빼앗아 버렸다. 여왕이 앞장서서 약탈을 지휘한 것이다. 같은 시기에 활동한 해적 드레이크가 지금도 영국의 국민영웅이라는 점도 같은 맥락이다. '신사의 나라' 영국이라는 말은 너무 비신사적인 사회 분위기 탓에 이를 계몽하려고 나온 말이라 한다.

영국의 수출입은 15세기까지 플랑드르와 이탈리아계 유대인들이 주도했다. 영국인들은 무역에 끼어들 수 없었다. 양털과 주석은 이미 오래전부터 영국의 중요한 수출 품목이었는데, 이러한 주산물 수출조차 외국인이 장악했다는 것이 당시 낙후된 영국의 현실이었다. 사정이 이렇다 보니 그들로서는 해적질보다 나은 장사가 없었다. 그래서 국가 차원에서 해적질을 했던 것이다.♦

유대 상인에 의지하던 영국

유럽의 작은 섬나라 영국은 16세기 말까지만 해도 스페인은 물론 포르투갈이나 네덜란드에게도 밀리는 변방국이었다. 그러나 영국은 그로부터 2백 년 후 5대륙 45곳에 식민지를 건설해 세계의 통치자가 된다. 사실 영국은 세계무대에 등장하기 전까지 양모와 모직물 수출을 제외하고는 특별한 산업이 없었다. 그나마 모직물도 14~15세기 영국과 프랑스 사이의 백년전쟁이 시작되기 직전 해인 1336년에 에드워드 3세가 모직업을 발전시키려고 플랑드르에서 유대인 직조기술자를 데려온 후에야 발전할 수 있었다. 백년전쟁 기간 중에는 영국이 양모의 수출을 금지했기 때문에 플랑드르의 모직물산업이 타격을 입었다. 그때 전란을 피해 다수의 플랑드르 직조공들이 영국으로 이주했기 때문에 모직물 생산의 중심이 플랑드르에서 영국의 요크셔로 이동된 것이다.

이후 플랑드르와 북부 이탈리아에서 온 유대상인들이 영국의 양모 수출을 주도했다. 당시 영국에서 상인과 유대인은 동의어나 마찬가지였다. 16세기 중반 영국의 해외무역 가운데 4분의 3은 모험상인(merchant adventure)이라 불리는 유대인 모직수출상들이 장악하고 있었다. 모험상

♦ 이지훈, '철학자, 바다를 뒤집다', 〈국제신문〉 2008년 5월 1일

인이란 '한 번의 항해로 1회용 기업을 이룬다'는 의미로 해상무역업자를 부르는 말이었다. 이들은 나중에 서서히 영국인 모험상인조합으로 성장했다.

17세기 초반 영국경제의 최대 취약점은 모직물이라는 단일 수출상품과 앤트워프라는 단일 수출시장에 목을 매고 있다는 것이었다. 만약 이것이 한순간에 붕괴된다면 영국경제는 큰 불황에 빠질 수밖에 없었다. 우려했던 대로 1617년 영국에는 큰 불황이 닥쳐왔다. 네덜란드 독립전쟁으로 앤트워프 시장이 몰락한 것이다. 앤트워프의 유대인들은 전란을 피해 모두 암스테르담으로 옮겨가 이윤이 더 큰 다른 나라와의 교역에 몰두했고, 그로 인해 영국은 아프리카 노예무역과 왕실에서 묵인하는 해적질이 극성을 부렸다.

대규모 전쟁이나 다름없는 영국의 해적질

당시 영국경제를 지탱하는 데는 해적질이 한몫 단단히 기여했다. 당시 영국의 해외진출 주역은 정부가 아니라 해적이었던 셈인데, 영국 해적들은 스스로를 '해안의 동업자'라 불렀으며 그들 나름대로 노획물에 대한 정교한 분배제도와 부상을 대비한 보험제도를 갖추고 있었다.

이들은 주로 무역선을 공격해 귀금속과 선적된 거래상품을 약탈했다. 1449년에는 남쪽에서 1천8백 톤의 소금을 싣고 오던 1백1십 척의 한자동맹의 상선대를 약탈하기도 했다. 그 무렵 소금은 북해 한자상권의 청어절임에 꼭 필요한 최고가품의 하나였다.

영국의 해적질은 규모면에서 대규모 전쟁이나 다름없었다. 당시 영국 왕실은 해적들에게 사략선(私掠船) 면허를 내주었다. 사략선이란 민간 선박이지만 항해 규칙과 전투 수칙에 의거해 배에 함포를 적재하고 전시에 적선을 나포하는 면허를 가진 민간 무력선을 일컫는다.

엘리자베스 1세 치하의 영국은 당시 신대륙를 지배하고 제3국 진출을 무력으로 막고 있던 스페인의 독점무역을 타파하기 위해 아메리카 대륙의 식민지도시를 약탈하고 선박들을 나포했다. 영국 입장에서 해적질은 스페인을 상대로 한 게릴라전과 마찬가지였다. 스페인 측도 이에 응수함으로써 양국은 준 전쟁상태에 있었다.

영국의 해적들은 스페인의 약점을 공략해 많은 자산을 뺏어 왔다. 엘리자베스 여왕 시대의 유명한 해적인 드레이크가 1573년 한 해에만 영국에 반입한 약탈물의 가치는 60만 파운드에 해당했다. 당시 영국의 가장 큰 수입원인 양털 수출액이 1600년에 1백만 파운드였으니, 당시 약탈물의 규모가 어느 정도였는지 가늠해 볼 수 있다. 특히 드레이크 해적선은 스페인으로 들어가는 신대륙 물건들을 약탈했을 뿐 아니라 심지어는 스페인제국의 신대륙 교역 중심 항구인 카디스까지 쳐들어가 약탈을 자행했으며 여왕의 방조 아래 해군을 대신해서 스페인 함대들과 해상교전도 자주 벌였다. 스페인에 대한 영국의 전략적 견제였다.

엘리자베스 1세, 무적함대를 격파하다

이러한 전략적 견제를 뒤에서 조종한 엘리자베스 1세 여왕은 1558년 즉위하자 곧 통일령을 발표해 영국교회인 성공회를 확립했고 국왕을 종교상의 최고 권위로서 인정하도록 했다.

::: 스페인의 무적함대를 무찌르며 영국을 세계사의 주역으로 만든 엘리자베스 1세

1570년대 후반 스페인 왕 펠리페 2세는 영국의 엘리자베스 1세에게 청혼했다가 거절당한다. 정략 결혼으로 스페인제국의 세력을 넓히려다 실패한 것이다. 당시 유럽 각국의 왕가는 서로 정략 결혼하는 것이 관례여서 여왕에게도 구혼자가 많았다. 하지만 여왕은 "나는 영국과 결혼했다."며 끝내 독신으로 지냈다.

독실한 가톨릭신자였던 펠리페 2세는 구혼에 실패한 뒤 이번에는 무력으로 성공회 국가인 영국을 점령해 가톨릭국가를 세울 목표를 세운다. 이러한 뜻을 영국의 대신들이 알고 전쟁의 불가피함을 주장하지만, 국민들이 전쟁에서 입을 피해를 먼저 생각한 엘리자베스 1세는 직접적인 전쟁보다는 간접적인 방법을 택했다.

스페인이 식민지 신대륙에서 얻는 경제적 부는 거대한 수송함대의 전투력에 달려 있었다. 이를 간파한 그녀가 영국의 가장 뛰어난 해군제독 프랜시스 드레이크를 비밀리에 해적 노릇을 하도록 시켰다는 설도 있다. 하여튼 여왕은 영국 해적들이 주로 스페인 상선을 공격하도록 조장했다. 드레이크와 해적 선장 존 호킨스는 1587년에 카디스를 급습해 수많은 배들과 함대 보급을 위해 쌓아 놓은 '통 제조용' 목재를 불태웠다. 스페인 상선과 함대가 해적들에게 자꾸 털리자 펠리페 2세는 엘리자베스 여왕에게 드레이크의 처형을 요구했다. 그러나 여왕은 이 요구를 무시하고 도리어 드레이크에게 기사작위를 수여했다. 이것은 구혼실패와 더불어 엄청난 모욕이었다. 양국 사이에는 전운이 감돌았다.

1585년 이후 엘리자베스 여왕은 공공연하게 스페인과 싸우는 네덜란드 북부 일곱 개 주를 지원하고 있었다. 이러한 영국의 행동에 펠리페 2세는 더는 참지 못하고 1588년 5월 131척의 무적함대를 영국으로 출격시켰다. 3천 대가 넘는 대포로 무장한 스페인의 무적함대가 프랑스 칼레 항에서 스페인 군대와 합류하기 위해 출발한 것이다. 승선 인원만도 3만 5백 명이다. 그러나 스페인 무적 함대는 태풍을 만나 시간이 지체되는 바람에 출발한 지 두 달이 지난 7월 29일에야 영국해협에 그 모습을 드러냈다.

그 두 달 동안 여왕이 스페인 함대의 움직임을 모를리 없었다. 미리 대기하고 있던 영국과 네덜란드 연합군이 스페인의 무적함대를 상대로 기습공격을 단행했다. 영국의 기동성 좋은 작은 배들이 장거리포를 활용해 치고 빠지는 작전을 벌였다. 당시 장거리포의 사정거리는 스페인보다 영국이 훨씬 길었다. 다른 산업은 다 뒤져 있던 영국이 대포 제작기술만은 월등했기 때문이다. 덩치 큰 무적함대는 근접할 수가 없었고 일주일 동안 계속되는 해전에 스페인 함대는 지쳐갔다. 결국 인근의 칼라이스에 닻을 내렸다.

스페인 함대와 1.6킬로미터 떨어진 해상에서 대치하던 영국 진영은 여덟 척의 작은 배에 장작과 역청, 화약 등 가연성 물질을 잔뜩 싣고 가미가제식 기습공격을 단행했다. 화염에 싸인 영국 배들이 부딪치자 스페인 전함들은 무참히 침몰했다. 이 해전에서 스페인은 65척의 전함과 1만여 병력을 잃었다.

마침내 영국이 스페인의 무적함대를 무찔렀다. 이는 세계 권력의 이동이자 해상권의 장악을 뜻한다. 그간 스페인 제국의 기세에 눌려 살았던 영국은 이를 계기로 중상주의의 날개를 활짝 펼 수 있게 되었다. 해상권의 장악은 해상무역의 제패를 의미했다. 영국인들은 그들 영해뿐 아니라 미국과 인도 항구에서도 스페인 상선을 쫓아내 버렸다. 스페인제국이 지고 영국의 해가 떠오르기 시작한 것이다.

크롬웰, 항해조례 발표하다

엘리자베스 1세가 죽은 후 왕위에 오른 제임스 1세와 그의 뒤를 이은 찰스 1세는 왕권신수설의 신봉자로 전제정치를 실시하며 의회와 대립했다. 국왕과 의회의 대립은 내란으로 치달았으나 결국 1645년 크롬웰이 이끄는 의회군이 승리했다.

17세기 중엽 세계 무역에서의 네덜란드의 독주는 영국 크롬웰에 의해 제동이 걸린다. 1651년 그 유명한 '항해조례'를 크롬웰이 발표한 것이다. 이 조례는 유럽 다른 나라들이 영국 및 영국 식민지와 무역을 하려면 반드시 영국 배이거나 영국 식민지 선박만을 사용해야 한다는 내용이었다. 한마디로 해운과 무역업계에서 경쟁국인 네덜란드를 배제시키겠다는 의도였다. 선장과 승무원도 4분의 3이 반드시 영국인이어야 한다는 규정도 있었다. 이렇게 함으로써 부수적으로 전시에 해군이 필요로 하는 선원을 기를 수 있다고 보았다. 네덜란드의 유대인 해상무역업자들에게 위기가 닥친 것이다.

설탕으로 촉발된 영국-네덜란드전쟁

경제사에 많은 영향력을 행사한 항해조례의 이면에는 설탕이 도사리고 있었다. 그 무렵 유럽은 신대륙 서인도제도의 설탕 무역으로 부를 축적하고 있었으며, 당시 사탕수수 농장이 있는 서인도제도의 바베이도스섬은 영국령이었지만 교역은 네덜란드의 서인도회사가 주도하고 있었는데, 당시 사탕수수 농장으로 부를 얻은 바베이도스 섬의 유대인들은 의회가 아닌 영국 왕에게 충성을 맹세했던 것이다. 그들은 1640년 포르투갈 사람들을 피해 브라질에서 건너온 유대인들이었다.

이후 내전에서 영국 왕이 지고 의회파인 크롬웰이 승리하자 바베이도스 섬을 오가던 네덜란드 상선 13척이 영국 함대에 나포되었다. 그에 따라 네덜란드의 설탕 무역은 치명타를 입고, 1652년에 1차 영국-네덜란드전쟁이 일어난 것이다. 그 뒤 전쟁에 이긴 영국은 1655년부터 서인도제도산 설탕 무역의 종주권을 네덜란드로부터 빼앗았다.

바베이도스 유대인, 직접 삼각무역에 뛰어들다

바베이도스 사탕수수 농장 유대인들에게 위기가 닥쳤다. 이제 사탕수수 즙을 사 줄 네덜란드 상선이 오지 않았다. 그렇다고 영국 상선이 이를 제대로 대체한 것도 아니었다. 유대인들에게 이런 위기는 항상 기회의 전조였다. 그들은 비정기적인 상선을 기다릴 것이 아니라 직접 배를 사서 무역에 뛰어 들기로 했다. 사탕수수 농장주에서 더 나아가 선주가 되어 직접 해상무역업자가 된 것이다. 그 뒤 바베이도스 유대인들은 오히려 사업

영역을 더욱 확장했다.

바베이도스 유대인들은 사탕수수의 부산물인 당밀의 구매자이자 노예 무역상으로서 서인도제도 시장에서 두각을 나타냈다. 당밀은 노예무역과 삼각무역에 긴요하게 쓰였다. 서인도제도에서 온 당밀로 생산된 럼주는 아프리카에서 노예들을 획득하는 수단으로 요긴하게 쓰여 영국 부의 원천이 되었다. 이때부터 서인도제도의 사탕수수 농장에는 유럽에서 데려온 노동자보다 아프리카 흑인노예의 숫자가 훨씬 많아졌다.

그 뒤 영국의 찰스 2세는 1661년 연소득 1만 파운드가 넘는 열 명의 유대인 사탕수수 농장주이자 영국 국적선의 해상무역업자들에게 남작의 직위를 주었다. 여기서도 1671년에 기독교 상인들을 중심으로 한 반유대인 움직임이 있었으나 영국 정부에 의해 유대인들의 정착은 오히려 권장되었다.

크롬웰의 영국,
유대인을 반기다

크롬웰은 청교도 혁명을 통해 왕정을 타파하고 공화제를 설립했다. 그가 1651년에 발표한 항해조례로 영국과 네덜란드 사이에 1차전쟁이 벌어졌으나 3년여 전쟁 끝에 영국이 이기고 네덜란드 해안을 봉쇄하기에 이른다. 해상무역에 종사하는 네덜란드의 유대인들로서는 다른 방법이 없었다. 유대인들은 그들의 대표인 랍비 '마나세 벤 이스라엘'을 영국에 파견키로 했다. 1290년 이후 유대인의 입국이 금지된 영국에 재입국 가능성을 타진하기 위해서였다.

신동으로 불리던 마나세는 18세의 어린 나이에 암스테르담 유대인 공동체의 랍비가 되었다. 그곳에서 그는 유대인으로서는 처음으로 인쇄소를 열었다. 그의 저서는 라틴어와 스페인어로 번역·출판되었다. 그는 기독교도들에게 그 시대 유대인의 학문을 대표하는 존재였다. 이미 항해조례 발표 전인 1650년, 랍비 마나세 벤 이스라엘은 유대인의 영국 재입국을 위해 올리버 크롬웰에게 청원한 터였다. 1652년 크롬웰도 마나세 벤 이스라엘을 영국으로 초청해 이 문제를 협상하고자 했다. 크롬웰 역시 암스테르담에서 두각을 나타내고 있는 유대인들에게 관심이 있었기 때문이다. 하지만 전쟁을 비롯한 몇몇 난관 때문에 마나세의 영국 방문은

1655년에야 성사될 수 있었다. 크롬웰 시대에 영국 안에서 다양한 계층 간에 유대인의 재입국 문제에 대한 격렬한 토의가 진행되는 동안, 이미 오래 전부터 영국 안에 살아왔던 개종 유대인인 마라노들은 1655년에 공개적으로 유대인임을 선언하고 나섰다. 그만큼 영국 내에서 유대인에 대한 평판이 좋아지고 있었던 것이다.

유대인에 대한 새로운 평가

크롬웰 시대에 영국에서는 실용주의가 대두했고, 이를 계기로 유대인에 대한 평가도 새롭게 이루어질 수 있었다. 1644년 설교가 로저 윌리엄스는 "기독교는 유대인과 이방인의 차별을 두는 것을 금지해야 한다. 이것이 하느님의 뜻이요 명령이다. 종교의 자유는 모든 국가에서 인정되어야만 한다."고 역설했다.

사실 1290년 에드워드 1세에 의해 대대적인 추방을 당한 후에도 유대인들은 간헐적으로 영국에 들어왔으며 1500년경 《성경》이 영어로 번역되면서 영국인들은 하느님 백성과 《성경》과의 관계를 새롭게 알게 되었다. 이후 마라노들의 거주지가 런던과 브리스톨에 생겨났고 1520년 무렵 공식적으로는 유대인 입국이 금지되어 있었지만 기존에 남아 있던 유대인들과 네덜란드에서 이민 온 유대인들이 이미 해상무역에 종사하고 있었다. 이 밖에도 1630년 무렵에는 유럽 대륙의 부유한 유대인들이 영국 정부의 비공식 요청으로 가톨릭교도로 위장해 들어와 있었다.

청교도 혁명으로 일신된 사회 분위기

이러한 유대인에 대한 새로운 평가 근저에는 청교도 혁명으로 일신된 사회 분위기가 주효했다. 청교도는 유대교와 분위기가 흡사했다. 청교도 혁명이 일어난 배경을 보자. 영국의 절대 봉건주의는 엘리자베스 1세 여왕 때 최고조에 달했다. 그러나 청교도들은 1559년에 엘리자베스 1세가 내린 통일령에 순종하지 않고 국교인 성공회 내에 존재하고 있는 로마가톨릭적인 제도와 의식(儀式) 일체를 배척하며, 칼뱅주의에 의한 투철한 개혁을 주장했다. 종교적 신념으로 절대 왕정의 카리스마에 정면으로 대항한 것이다. 청교도들은 엄격한 도덕률, 주일의 신성한 엄수, 향락의 제한을 주장했다. 결국 청교도들은 제임스 1세와 찰스 1세 때 심한 박해를 받고 네덜란드 지역으로 피했다. 이들 중 일부가 메이플라워호를 타고 신대륙으로 떠난 '필그림 파더스(Pilgrim Fathers)'다.

그 뒤 청교도는 영국 내에서 점차 세를 불려 정치적 영향력을 형성하게 된다. 시민의식의 발달은 점차로 정치적 요구와 결부되어 의회 민주주의가 고조되고 1642년에 일어난 청교도 혁명의 주체가 되었다. 결국 시민 혁명으로 의회파 크롬웰에 의해 세상이 바뀌었다. 절대 왕정이 무너지고 공화정이 설립되어 의회 민주주의의 싹이 튼 것이다. 청교도들은 비국교도로서 심하게 박해를 받아왔던 만큼 다른 종교에 대한 관용에 일찍 눈떴다.

또한 청교도들의 교리 자체가 《구약성경》을 중시하고 가톨릭에 비판적이어서 유대교와 흡사한 면이 많은 데다 다른 종교들과 달리 청빈을 주장하지 않았기에 이 점에서 유대교와 맥을 같이 했다. 성실한 노력으로 일군 부를 오히려 찬양했기에 가톨릭에서 죄악시했던 대부업을 경제 발전의 필요불가결한 요소로 보고 이자를 5퍼센트 이내에서 허용했다. 이런 면에서 당시 영국 사회 분위기는 유대인을 받아들이는 데 큰 걸림돌이 없었다.

영국의 청교도 혁명 이후 유대인은 물 만난 고기였다. 그 이유는 청교도 정신이 유대주의적인 성격을 가지고 있었기 때문이다. 청교도는 구약성서의 정신을 이어받아 구약성서에서 신을 찾았다. 청교도가 '유대인의 신파'라고 불린 이유 중 하나이다. 청교도와 유대교 사이에 커다란 공통점이 있었다. 세계의 종교들은 부를 부정하고 탐욕을 억제하라고 가르친다. 가톨릭은 돈과 부귀를 탐하지 말라고 가르치고 불교는 모든 물욕을 버리고 마음을 비우도록 '무소유'를 설파하며 힌두교는 아예 아무것도 소유해선 안 된다고 가르친다. 이슬람교도 물욕을 버릴 것을 요구한다.

이처럼 대부분의 종교가 한결같이 물욕을 버리라고 가르치는데 딱 두 개의 종교가 부를 인정하고 부자가 돼도 좋다는 교리를 강조한다. 이 두 종교가 바로 유대교와 청교도이다. 칼뱅은 '깨끗한 부자'를 강조했고 유대교도 부자가 축복받은 것임을 강조하는 공통점을 지니고 있다. 다만 유대교는 부는 인간을 교만하게 하여 하느님을 잊어버리게 할 수 있으며 금전욕은 사람으로 하여금 불의와 부패로 이끈다는 경고를 잊지 않았다.♦

♦ 이원복, 《먼 나라 이웃나라》, 김영사

유대인의 영국 이주 허용

원래 랍비 마나세는 유대인 집단 피난처로 스웨덴을 염두에 두고 스웨덴 여왕과 접촉하고 있었다. 그러던 중 영국이 비교적 유대인에게 우호적이라는 이야기를 듣고 크롬웰과 접촉해 그의 지지를 얻어내는 데 성공했다. 크롬웰은 일부 국무위원들의 반대에도 불구하고 1656년 유대인의 이주를 허용했다. 단, 상인들과 성직자의 반발을 예상해 비공식적으로 이주가 묵인되었다.

이렇듯 영국과 유대인 양측의 이해관계가 맞아 떨어져 유대인들의 영국 이주가 시작되었다. 비공식적이긴 하지만 유대인은 경제적 동등권과 거주 이전 및 종교의 자유를 누릴 수 있었다. 해상봉쇄로 어려움을 겪었던 세파르디계 유대인 무역업자들이 먼저 도버해협을 건넜다. 곧 세계의 경제력과 경쟁력이 도버해협을 건넌 것이다.

유대 금융인들을 위한 경제특구 마련

청교도 혁명 당시 많은 상인들 특히 유대 금융인들이 크롬웰을 적극 도왔다. 특히 랍비 마나세가 주도해 네덜란드 유대인들이 크롬웰에게 대규모의 전쟁 비용을 제공했다. 네덜란드 유대 커뮤니티와 미리 들어와 있던 영국 내 유대인 커뮤니티가 힘을 합해 도운 것으로 보인다.

크롬웰은 그들에 대한 고마움을 잊지 않았다. 시민전쟁에서 승리한 크롬웰이 전쟁 때 자기를 도와준 상인들을 위해 중상주의 정책을 시작했다. 귀족과 교회로부터 몰수한 토지도 재분배하면서 유대 상인들에게 파격적인 특혜를 베풀었다. 구도심 지역을 아예 경제특구로 지정한 것이다. 일종의 경제자유구역이었다. 유대인의 금융업이 다시는 군주나 귀족들에 의해 침해받거나 흔들리지 않게끔 제도적으로 보호해 주기 위한 배려였다. 크기는 약 2.6제곱킬로미터 남짓으로 서울의 중구보다도 작지만 당시에 그곳은 런던 경제의 중심지이자 유대인이 몰려 살고 있었다. 이들은 은행가나 무역상인 또는 의사 등 전문 직업가로 활동했다. 이것이 발전해 오늘날의 '런던시티(더 시티, The City)'가 되었다.

지금의 런던 한복판인 이곳은 기원전 1세기 로마시대부터 형성된 런던의 기원지다. 그래서 이곳을 '런던 속의 런던(The City of London)'이라 부른다. 크롬웰이 바로 유서 깊은 이 지역을 통째로 경제특구로 지정해 유대 금융가들에게 넘겨준 것이다. 이 지역은 지금도 특별 자치지역으로 의회가 따로 있어 그 안에서는 회사법 같은 영국 법률이 적용되지 않고 영국 정부에 세금도 내지 않는다.

한편 크롬웰이 유대인 정착을 허용한 뒤에도 일부 군주들은 이를 번복하려 했다. 이 때문에 유대인들은 전쟁 때 재정지원을 하거나 자발적으로 군사모집에 나서는 등 충성심을 보여야 했다. 그리고 그 대가로 훗날 1753년 유대인들을 영국 시민으로 받아들이는 '유대인법'이 통과됐다.

2차 영국-네덜란드전쟁과 브레다 조약

1660년 영국이 선포한 2차 항해조례는 설탕, 담배, 목화 등 중요 상품을 영국 식민지에서 영국 및 영국령으로만 수출할 수 있도록 했다. 돈 되는 상품을 영국령끼리만 무역하도록 한 것이었다. 완전히 네덜란드의 목을 조르자는 의도였다. 게다가 1663년에 발표한 3차 항해조례, 즉 시장 조례는 더 가관이었다. 유럽 대륙에서 아메리카 영국 식민지로 수송되는 모든 화물은 먼저 영국에 들러 육지로 내린 후 식민지로 재선적하지 않으면 안 된다고 규정했다. 이는 다른 국가로부터 식민지로 향하는 화물에 영국 관세를 부과함으로써 식민지와 다른 국가 간의 직접무역을 제한한 것이다.

결국 영국과 네덜란드 두 나라는 1665년 다시 전쟁을 시작한다. 양국의 적대행위는 그 이전 해부터 시작되어 영국은 이미 뉴암스테르담(뉴욕)을 점령하고 있었다. 영국은 1665년 3월 전쟁을 선포하고 6월 영국의 로스토프트 앞바다에서 네덜란드 해군을 격파했다. 그러나 이듬해에 벌어진 대부분의 전투에서는 네덜란드가 승리했다. 영국의 동맹국인 뮌스터 공국은 네덜란드 영토로 군대를 출정시켰으나 네덜란드 편을 들며 전쟁에 개입한 프랑스군에 패했다.

이듬해 1667년 6월 영국 함대가 네덜란드군의 공격으로 파괴됨으로써 영국은 완전히 전의를 상실했다. 전쟁은 그해 7월 브레다 조약(Treaty of Breda)으로 종결되었다. 2차 영국-네덜란드전쟁은 네덜란드의 승리였다. 1667년 2차 전쟁의 종식과 함께 영국이 뉴욕을 얻는 대가로 네덜란드에게 사탕수수 산지인 수리남을 양도하고 분쟁 중이었던 육두구 산지 반다 제도의 네덜란드 소유권을 인정하는 것이었다. 당시로서는 사탕수수 산지와 육두구 재배지가 경제적 가치가 더 높았겠지만 전쟁에 이긴 네덜란드가 뉴욕을 포기한 건 역사적 관점에서 큰 실수였다.

지역별 독점무역회사의 설립

영국의 동인도회사는 네덜란드보다 2년 빠른 1600년에 발족되었지만 당시는 네덜란드 유대인들에게 밀려 상대적으로 해상교역이 활발치 못했다. 그래서 비공식적으로 앤트워프와 네덜란드에 있던 유대인들을 불러들여 1605년 '레반트회사'를 별도로 만들어 동방무역을 독점적으로 전담시켰다. 그 무렵 이슬람이 지배하던 레반트 지역(소아시아)은 유대인이 아니면 들어갈 수 없었기 때문이다.

1656년부터 영국의 유대인 이주가 묵인되어 네덜란드에서 해상무역에 종사하는 유대인들이 몰려오자 영국의 무역이 활기를 띠었다. 이들은 기존의 영국 동인도회사의 대주주가 되어 아시아 교역에 앞장서는 한편 신대륙과의 교역도 활발히 추진했다. 네덜란드에서 이미 오래 전부터 하던 일이었기 때문에 거칠 것이 없었다. 신대륙과의 교역 규모가 커지자 1670

::: 영국 동인도회사 본사 건물

년에는 네덜란드의 서인도회사를 본 떠 아예 '허드슨회사'를 별도로 설립했다.

그 뒤 허드슨회사의 교역량도 기하급수적으로 커지자 이번에는 노예 삼각무역 부문을 별도 회사로 분사시켰다. 이것이 1672년에 설립된 '왕립 아프리카회사'다. 이후 영국은 이 회사를 중심으로 영국, 아프리카, 서인도를 연결하는 삼각무역을 성공적으로 실시해 네덜란드를 압도했다.

프랑스-네덜란드 전쟁, 유대인들 영국으로 대거 이동

1658년 크롬웰이 사망했다. 이를 틈타 영국은 11년 만에 왕정이 복고되었다. 그러나 1660년에 영국의 왕좌에 복귀한 찰스 2세 역시 경제적 필요로 인해 유대인의 입국에 대해 묵인하는 입장이었다.

한편 1672년 유럽 대륙에서는 프랑스의 태양왕 루이 14세가 네덜란드로 쳐들어왔다. 인구도 적은 데다가 해군 중심 국가인 네덜란드는 프랑스 육군을 대적하기 힘들게 되자 오렌지 가문의 윌리엄 3세를 국가적 위기에 대처할 지도자로 추대했다. 이때 윌리엄 3세는 프랑스 군에 완강히 저항하면서 세계 외교사에 남을 만한 기획을 한다. 프랑스 루이 14세의 야심에 대항하기 위해서는 영국과 동맹관계를 맺어야 한다고 판단, 영국 왕 제임스 2세의 딸이자 자기 사촌인 메리와 결혼을 한 것이다.

그러나 영국은 네덜란드 편을 드는 스페인에 대항하기 위해 프랑스와 동맹을 맺었다. 결과적으로 당시 유럽을 주름잡던 루이 14세의 프랑스 군대와 영국, 독일 공국의 '동맹군'과 네덜란드, 스페인, 신성로마제국의 '연합군' 간의 전쟁이 된 것이다.

동맹군에 대항해 싸운 연합군 사령관 오렌지공 윌리엄의 경제적 뒷받침을 한 사람들이 헤이그의 세파르디계 유대인 그룹이다. 6년간의 전쟁 끝에 윌리엄 3세는 루이 14세의 야망을 저지하고 1678년 평화조약을 맺었다.

한편 영국에서는 형인 찰스 2세의 뒤를 이어 왕위에 오른 제임스 2세가 전제정치를 펼치고 가톨릭을 강요하자 이에 반대해 명예혁명이 일어났다. 귀족들은 네덜란드의 윌리엄 공을 영국 왕으로 추대해 불러들이는 공작을 진행했으며, 의회에서는 토리당·휘그당의 양당 지도자가 협의한 끝에 1688년 6월 말 네덜란드의 오렌지 공 윌리엄과 메리 부처에게 영국의 자유와 권리를 수호하기 위해 군대를 이끌고 귀환하도록 초청장을 보냈다. 윌리엄 3세가 영국 찰스 1세의 딸 메리의 아들로 외가 쪽으로 영국 왕실의 혈통이었고 또한 그의 왕비 메리 스튜어트가 영국 왕실의 적통을 이을 수 있는 제임스 2세의 딸이었기 때문이다.

사실 윌리엄도 영국 입성을 미리 준비하고 있었다. 용병을 모으는 한편 유대인 은행가 프란시스코 수아소로부터 은화 2백만 길더를 빌려 군자금을 확보했다. 심지어 교황 인노첸시오 11세까지 숙적인 프랑스의 루이 14세를 견제하기 위해 자금을 빌려 주었다. 총비용은 7백만 길더였으며 그 가운데 4백만 길더는 국채로 발행되어 대부분 유대 금융가들이 사 주었다.

그해 11월 윌리엄·메리 부처는 1만 5천 명의 군대를 이끌고 영국 남서부에 상륙해 런던으로 진격했고 영국 귀족들도 잇달아 윌리엄·메리 부처 진영에 가담했다. 사위가 장인을 공격하는 얄궂은 판이었다. 제임스 2세는 사태가 불리해지자 프랑스로 망명했다. 이를 피 한방울 흘리지 않고 통치자를 교체했기 때문에 무혈혁명 곧 '명예혁명'이라 한다. 1689년 2월, 의회는 윌리엄·메리부처에게 '권리선언'을 제출해 승인을 요구했다. 둘은 그것을 승인한 다음 공동으로 왕위에 올랐다.

윌리엄 왕을 따라 영국으로 건너간 인원이 호위 병력 포함, 3만여 명이었다. 민간인 가운데 반 이상이 유대인들로 세파르디 유대인 3천 명과 아슈케나지 유대인 5천 명 등 8천여 명이 이때 영국으로 옮겨갔다. 이들 유대 금융인들을 이끌었던 페레이라의 아들 이삭은 영국의 병참부 장관이 되었다. 그는 1690년 9월부터 1년간이라는 짧은 시기에 막대한 선박 건조비용과 군수품 조달을 무난히 성사시킨다.

이후에도 윌리엄의 경제관과 금융에 대한 시각을 잘 알고 있는 유대 금융업자들이 대거 이동했다. 이들 진취적인 유대인 금융업자들과 함께 네덜란드를 부흥시켰던 현대적인 '사업방식'이 고스란히 영국으로 건너갔다. 이로써 영국은 짧은 시간에 선진적인 금융산업의 토대를 구축할 수 있었다.

국제금융과 해상국가의 바통을 넘겨받은 영국

명예혁명 이전 영국은 오랫동안 종교 간, 민족 간 전쟁이 벌어지던 각축장이었으나 윌리엄과 메리가 즉위하면서 모든 것이 달라졌다. 1689년 영국의회는 권리장전과 관용법을 통과시켰다. 관용법은 가톨릭교도가 아닌 비국교도에게 신앙의 자유를 인정하는 법이었다. 이러한 혁명적인 법률들은 새로운 시대의 출발을 알리는 신호였다. 영국은 그 후 2백 년이 넘도록 지구상에서 가장 관대한 관용정책을 펼쳤다. 덕분에 유대인들은 어느 때보다 자유롭게 영국 사회로 진입할 수 있었다. 이들은 금융과 산업혁명에서 중요한 역할을 담당했다. 이를 토대로 영국은 세계적인 패권 국가로 비상했다.

1609년에 설립된 네덜란드 은행은 80여 년의 황금기를 마감하고 국제 금융 중심지의 바통을 영국에 넘겼다. 네덜란드에서와 같은 '저리'로 대규모의 금융지원을 받은 영국 제조업은 나날이 발전했다. 그리고 무역 확대와 식민지 개척도 속도를 낼 수 있었다. 영국은 네덜란드로부터 세계 최고의 해상국가로서의 지위까지도 넘겨받은 것이다. 이제 영국은 사상 최대 규모로 세계의 상업과 식민정책을 주무르는 제국으로 탈바꿈했다.♦

♦ 에이미 추아, 《제국의 미래》, 이순희 옮김, 비아북

민간 소유의
중앙은행 탄생

17세기 영국 상인들은 여유 자금을 정부 기관인 조폐국에 맡기는 경우가 많았다. 그런데 돈이 궁해진 찰스 1세가 '대부'라는 명목으로 조폐창에 보관 중인 상인들의 돈 20만 파운드를 강탈하는 사건이 벌어졌다. 그러자 상인들은 조폐창에서 돈을 빼서 골드스미스(금 세공인) 곧 금장(金匠)들에게 맡기기 시작했다. 그들은 예금에 대한 이자도 지불했고 보관영수증도 발행했다. 이들이 발행한 보관영수증은 마치 은행권처럼 통용되기도 했다.

그러나 유대인들이 몰려온 17세기 후반 이후 영국의 대외무역 팽창으로 상인과 해운업자들의 자금 수요가 크게 늘어나면서 새로운 금융기관에 대한 요구가 커졌다. 이로써 영란은행이 탄생하게 된다. 그러나 영란은행의 설립 배경은 또 있었다. 1689년 윌리엄이 영국 왕위 계승 이후 처음 부닥친 난제가 재정적자 문제였다. 오랜 전쟁으로 국고가 바닥나 매우 곤란한 지경에 처해 있었다. 영국은 스페인과 네덜란드를 상대로 50여 년에 걸친 전쟁 수행으로 국고가 바닥나자 세금을 올렸다. 국민소득의 2~4퍼센트를 세금으로 걷었는데 전시에는 6퍼센트까지 올라갔다. 프랑스와의 긴장이 고조된 1689년에는 12퍼센트까지 뛰었다. 국민들의 혈세로도 전비를 조달할 수 없었다.

전비가 모자라자 1692년에 국채발행 제도가 시작되었다. 이것은 일종의 재정혁명이었다. 그간 군주의 변덕에 달려 있던 엉성한 대부방식을 효과적인 정부채권 체계로 대체했기 때문이다. 또 국채를 발행하기 위해서는 의회의 동의를 받아야 했기 때문에 재정 악화를 어느 정도 견제하는 효과가 있었다. 의회가 재정 운용권을 가지게 되자 의회는 그 전처럼 증세에 반대하지 않았고 1693년에는 국가채무에 대해 지급을 보장했다. 이런 사정 덕택에 국채의 신뢰도가 높아졌다. 그러나 국채 발행도 한계에 이르자 더 이상 재정적자를 해소할 방법이 없었다. 왕으로서 가장 화급한 문제는 당장 눈앞에 닥친 전쟁을 위한 전비 마련이었는데 말이다.

마지막 수단으로 윌리엄 왕은 유대 금융가들에게 국가 부도를 막기 위한 긴급 협조를 요청했다. 왕이 요청한 돈은 120만 파운드. 너무 큰 금액이었다. 몇 명이 나서서 해결할 수 있는 금액이 아니었다. 게다가 문제는 돈을 마련해 왕에게 빌려 준다 해도 재정적자가 날로 심해지는 형국에서 돈을 돌려받을 가능성이 희박했다는 것이다. 그렇다고 모른 채 할 수도 없는 난처한 입장이었다. 그들은 우선 윌리엄 패터슨 등 스코틀랜드인들을 끌어들였다. 이른바 신디케이트 대출을 구상한 것이다.

유대자본의 민간소유 중앙은행 설립

유대인들과 스코틀랜드인들이 주축이 된 금융가들은 왕에게 제안을 한다. 돈을 모아 빌려 주는 대가로 '은행권'을 발권할 수 있는 민간은행 설립 허가를 요구한 것이다. 그들의 제안은 상인들이 120만 파운드의 자본금을 모아 주식회사 은행을 세우고 이때 모은 자본금을 모두 국왕에게 대부하겠다는 것이었다. 대신 상인들은 출자액만큼을 은행권으로 교부받아 지불수단으로 통용할 수 있게 해달라고 했다.

그들로서는 금괴를 맡기고 그만큼의 은행권을 받는 것이어서 밑질 게 없는 장사였다. 그뿐만이 아니다. 더 중요한 것은 최초로 은행권을 찍어낼 수 있는 발권력을 쥐게 된다는 점이었다. 유대인들은 예로부터 유대 은전의 발권을 통해 발권력의 위력을 잘 알고 있었다. 게다가 그들은 암스테르담 은행을 만들어 은행권을 발행했던 경험을 갖고 있었다. 당시 영국은 주화와 금장들이 발행한 금괴나 은괴 보관증은 많이 통용되고 있었지만 은행이 정식으로 발권한 은행권이라는 개념이 없던 때였다.

윌리엄 3세는 전임 제임스 2세의 왕위 탈환 움직임을 공공연히 지원하는 프랑스와의 전쟁에서 필요한 자금을 마련해야 했다. 하지만 의회에 세금징수권을 내주었기 때문에 세금을 거두지 않고 전쟁비용을 마련할 수 있는 방안이 필요했다. 의회도 국왕이 다시는 조세권에 접근치 못하게 하려는 의도에서 왕의 차입을 적극 지원했다.

상인들의 제안은 왕에게 솔깃했다. 무엇보다 상인들이 출자금만큼을 은행권으로 가지고 가기 때문에 구태여 빚을 갚지 않아도 됐다. 왕은 120만 파운드를 연이자 8퍼센트로 빌리는 대신 이자만 지급하고 원금은 영구히 갚지 않아도 되는 영구채무로 하기로 유대인들과 협상했다. 은행권 발권력 부분만 제외하면 누이 좋고 매부 좋은 협상이었다. 이때부터 유대 금융 권력이 주도해 세운 민간은행이 은행권에 대한 독점 발권력을 소유하고 중앙은행으로 진화하게 된다.

화폐의 발행과 국채를 묶어 놓은 괴상한 구조

월리엄 3세는 영란은행에 은행권 발행 독점권을 주는 칙허장을 교부했다. 군비조달을 위해 자금을 영구히 빌리는 대가로 유대인들에게 화폐 주조권을 넘긴 것이다. 이렇게 국가를 대표하는 왕과 상인들의 이해관계가 절묘하게 맞아 떨어져서 탄생한 것이 영국의 중앙은행이다. 화폐 주조권을 손에 넣은 유대인들은 은행을 설립했고, 이것이 민간 중앙은행인 잉글랜드은행(BOE, Bank of England) 곧 영란은행이다. 세계 최초의 '민간 소유' 중앙은행이 탄생한 것이다.

영란은행은 여느 개인기업과 마찬가지로 주식공모를 통해 설립자금을 모집했다. 애초에 영국 정부가 요구한 금액은 120만 파운드였으나 투자자들에게서 거둬들인 돈은 80만 파운드에 불과했다. 그럼에도 다급한 영국 정부와 의회는 1694년 7월 의회 입법을 통해 영란은행의 창립을 허가했다.

이렇게 유대인 금융가들은 네덜란드로부터 영국에 건너온 지 얼마 안된 17세기 말에 영국 중앙은행을 설립했다. 1694년에 영란은행이 첫 대출로 정부에 80만 파운드를 빌려 주었을 때, 이 금액의 일부는 은행권 형태로 정부에 지불되었다. 정부는 이 은행권을 이용해서 루이 14세와 싸우기 위한 전쟁의 보급품을 사들였다. 이 은행권들은 기업 사이에서 그리고 사람들 사이에서 돈처럼 유통되었다. 이것이 영란은행 지폐의 원조다. 이때부터 영란은행은 국가에 거액의 대출을 해 주고 짭짤한 이자 수입을 챙기게 되었다. 여기서 하나 이상한 점은 유대인들은 은행 설립 때 출자한 금괴만큼의 은행권을 되받아 갔기 때문에 실질적으로 빌려 준 돈이 없었다. 그래도 국가로부터 받는 이자는 매년 꼬박꼬박 챙겼으니 참으로 이상한 셈법이다.

어쨌든 강력한 새로운 금융 수단이 생기면서 영국의 재정적자는 수직 상승했다. 쉽게 돈을 빌릴 곳이 생겼기 때문이다. 1670~1685년에 영국 재정수입은 2,480만 파운드였고 그 뒤 1685~1700년의 정부 수입은 두 배 넘게 증가한 5,570만 파운드였다. 그런데 같은 기간 재정 지출은 더 늘어나 영국 정부가 영란은행에서 대출한 액수는 17배나 급증한 1,380만 파운드가 되었다.

아이러니하게도 이 제도는 화폐의 발행과 국채를 영구히 묶어 놓는 구조라서 화폐를 신규 발행하면 국채가 늘어나게 되었다. 그렇다고 국채를 상환하면 국가의 화폐를 폐기하는 셈이 되므로 시중에 유통할 화폐가 없어지게 된다. 따라서 정부는 영원히 채무를 상환할 수 없는 구조가 되었다.

경제도 발전시켜야 하고 이자도 갚아야 하므로 화폐 수요는 필연적으로 늘 수밖에 없다. 그 돈을 다시 은행에서 빌려 와야 했기 때문에 국채는 계속해서 불어날 수밖에 없었다. 이 채무에 대한 이자수입은 고스란히 은행가의 지갑으로 들어갔으며 이자는 국민의 세금으로 부담해야 했다. 그때부터 영국 정부는 채무를 갚지 않았다. 1783년의 국채 발행 누적액은 세금 수입 20년분이었다.

하지만 정부가 신뢰도 높은 국채를 대량으로 발행하자 영국의 금융업은 크게 발달했다. 런던 금융시장의 유통자본이 늘어나고 국채의 신뢰도가 높아져 이자율이 하락했다. 영란은행은 런던 상공업자를 대상으로 대출해 주었고 런던 이외에서는 지방은행이 설립되어 소액 은행권을 발행하거나 대부했는데, 18세기 말 이자율은 연 6~8퍼센트 정도였다.

국채는 주로 전시에 많이 발행되어 1814년에 나폴레옹 전쟁이 끝났을 때는 국채의 이자 지급액이 국가 세입의 56퍼센트를 차지할 정도로 많았다. 이후에도 국채는 계속 발행되어 2012년 초 현재 영국 정부의 채무는 1694년의 80만 파운드에서 1조 파운드로 늘어나 영국 GDP의 64퍼센트를 차지하고 있다. 이러한 구조를 미국이 따라 하고 있다. 미국 중앙은행도 민간 소유이기 때문이다.

영란은행, 훼손되지 않는 동전을 주조

프랑스와의 전쟁에 든 비용은 영국 정부의 재정수입을 초과했다. 정부는 마침내 과거에 했던 짓을 되풀이했다. 헨리 8세를 비롯한 튜더가의 왕들이 정부의 재정적자를 손쉽게 메우려고 화폐의 액면가치는 그대로 둔 채 금의 함량을 줄여 통화품질을 떨어뜨린 것이다. 품질이 떨어지면서 영국인들은 집에 양화를 축적하기 시작했고 악화만이 시중에 유통되고

::: 16세기 영국의 금융인이자 무역상 토머스 그레셤. "악화가 양화를 몰아낸다."는 '그레셤의 법칙'을 제창했다.

있었다. 당시 영국은 에드워드 3세 시대부터 금은복본위제를 채택하고 있었다.

"악화가 양화를 몰아낸다."는 '그레셤의 법칙'은 16세기 영국의 금융인이자 무역상인 토머스 그레셤(Thomas Gresham)이 제창한 것이다. 실질가치가 다른 두 화폐가 같은 명목가치로 동시에 시장에 유통되면 실질가치가 큰 화폐는 유통과정에서 사라지고 실질가치가 작은 화폐만이 계속 유통되는 현상을 의미한다.

잉글랜드 북부에서 마침내 폭동이 일어났다. 금융의 핵심인 신용도 붕괴되었다. 정부

의 단기 채권은 할인율이 40퍼센트까지 치솟았고 주가가 폭락하기 시작했다. 우량주였던 동인도회사의 주가도 1692년 2백 파운드에서 1697년에 37파운드로 폭락했다. 1693년 잉글랜드와 스코틀랜드에 있던 140여 개의 주식회사 가운데 1697년까지 살아남은 회사는 단 40개에 지나지 않았다. 이 공황은 투기와 연결되어 발생한 최초의 경제공황이다.

그러자 공황 타개를 위해 유대 금융인들이 나섰다. 우선 시중에 유동성을 늘려주는 것이 급선무였다. 이를 위해 유대인들은 부동산을 담보로 대출을 늘리고 이자율을 낮추었다. 이자율이 떨어지자 유동성이 늘어났으며 이는 다시 이자율을 떨어트리는 선순환 구조가 되었다. 1690년대 초 만해도 14퍼센트였던 이자율이 1700년도 직전에는 6~8퍼센트로 떨어졌다.

한편 1699년 왕립 조폐국의 조폐국장이 된 물리학자 아이작 뉴턴 (Isaac Newton)은 이를 바로 잡고 주화의 순도를 보장했다. 뿐만 아니라 금화와 은화의 둥그런 가장자리에 톱니모양의 장식을 했다. 주화를 받았을 때 이 톱니모양의 장식이 없으면 사람들은 받지 않았다. 뉴턴의 조치는 동전을 조금씩 깎아 내는 행위를 방지해 동전 가치의 손상을 막기 위한 보호조치였다. 그 이전까지는 동전을 교환할 때 항상 무게를 달아 정량인지를 확인해야 했는데, 톱니모양은 이 같은 불편함을 일거에 해소했다. 뉴턴이 과학계에만 공헌한 게 아니라 우리 실생활에도 큰 공헌을 한 것이다. 오늘날 우리가 사용하는 동전에도 톱니모양의 장식은 여전히 남아 있다. 훗날 영란은행은 1946년에 노동당 애틀리 정부의 주요 기간산업 국유화 정책의 일환으로 국유화되었으나 그 실질적인 운영은 여전히 금융계 큰손들에 의해 주도되고 있는 것으로 알려져 있다.

유대인, 고객만족경영으로
세상을 바꾸다

유대인의 세력이 커지자 영국도 네덜란드와 마찬가지로 상업의 귀재인 유대인을 견제하기 시작했다. 소매상인으로 활동하려면 자유민 신분이 필요했는데, 그것은 기독교 신앙을 믿는다는 서약을 전제로 했다. 그 뒤 아예 자국인과 경쟁을 제한하기 위한 법률이 제정되어 유대인은 '소매업'에 종사할 수 없게 되었다. 그러나 이것이 오히려 전화위복의 계기가 되었다. 유대인들은 소매업 대신에 도매업, 유통업, 무역업, 은행업, 재정 분야에 주력했다. 특히 금융 분야에 집중했다. 고대 이후 특정 분야에서의 유대인에 대한 배제는 오히려 그들을 더 부가가치가 높은 분야에서 키우는 결과를 가져왔다.

영국에서도 유대인들의 자본축적이 본격적으로 시작되었다. 자본축적은 곧 금융산업의 부흥을 뜻한다. 암스테르담에서 온 요셉 베가를 비롯한 유대인 금융가문들은 1688년에 영국에서 전문적인 주식거래사업을 시작했다. 유대인이 주식거래인으로 활동하기 위해서는 시참사회(Court of Aldermen)서 값비싼 면허장을 구입해야 했고, 왕립거래소에서 활동할 수 있는 유대인 출신 거래인은 전체 124명 가운데 12명을 넘을 수 없었다. 하지만 이때를 기점으로 유대인들이 런던 주식시장을 장악하기 시작했다.

이렇게 가는 나라마다 유대인들은 그들의 상업적 재능을 견제 받았다. 도대체 이렇게 견제당하는 이유는 무엇일까. 《유대인의 역사》를 쓴 폴 존슨(Paul Johnson)은 그의 저서에서 그 무렵 유대인 상업의 특징을 다음 다섯 가지로 요약했다.

"첫째, 그들은 '혁신'을 생활화했다. 무엇이든지 효율과 능률적인 방법을 찾아내고자 노력했다. 주식시장이 좋은 예다. 주식시장은 생산 현장에 재원을 효율적으로 투자할 수 있도록 만든 합리적인 방식이었다. 둘째, 판매의 중요성을 늘 강조했다. 셋째, 가능한 넓은 시장을 추구했다. 규모의 경제에 대한 중요성을 이미 이해하고 있었다는 이야기다. 넷째, 그들은 될 수 있으면 상품의 가격을 낮추려고 애썼다. 생산성 향상과 유통구조 합리화 등 늘 경쟁력 향상을 위해 노력했다. 다섯째, 유대인들은 상업정보 수집과 활용에 정통했다. 세계 각국에 뿔뿔이 흩어져 사는 디아스포라 간의 소통과 결집력 덕분이었다."

한마디로 그들은 18세기 경제체제에서 종합적인 정보를 바탕으로 '더 낫고, 더 쉬우며, 더 싸고, 더 빠른' 방식들을 끊임없이 모색한 것이다. 그리고 이 과정에서 '합리주의'를 추구했다. 이는 세상의 부(富)란 다른 사람을 도와줌으로써 만들어진다는 원리를 일찍이 터득한 것이었다. 옛날부터 유대인들은 고객들의 필요와 욕구를 경쟁자보다 더 빨리 파악하고 만족시키는 '기업가 정신'에 충실했다. 따라서 부를 축적했다는 것은 경쟁자보다 훨씬 나은 가치를 제공해 고객을 만족시켰다는 뜻이다. 이른바 현대 경영학에서 이야기하는 '고객만족 경영'이었다. 유대인들의 상업적 재능과 고객만족 경영은 전통과 규범에 얽매어 있던 영국의 수공업자조합을 17세기 말에 무력화시킨 것에서도 드러난다.

'우연의 일치'가 일어나다

유대인들이 몰려오자 경제가 발전하는 것을 직접 목격한 영국인들은 이후 유대인 유치에 더 열을 올렸다. 당시 내로라하는 사상가들이나 정치 지도자들은 대부분 유대인을 옹호했다. 영국 철학자 존 톨란드(John Toland)는 1714년에 출간된 《대영제국과 아일랜드의 유대인 귀화를 위한 근거》에서 유대인들을 영국으로 데려오는 일이 왜 이익이 되는지를 설명했다. 여기에 당시 계몽주의 사상의 대가인 몽테스키외(Charles De Montesquieu)는 유대인들이 그들의 돈을 국제적으로 통용시키기 위해 환어음을 고안한 사실을 강조하면서, 유대인들이 유럽경제 발전에 긍정적인 영향을 끼친다고 주장했다.

이성의 힘에 의해 인간은 자신의 상황을 개선할 수 있다고 보는 계몽주의는 지식·자유·행복이 합리적 인간의 목표라고 보았다. 계몽주의가 널리 전파되자 이 사상은 특히 경제력은 있었지만 정치적인 권력이 없었던 부르주아 계층이 크게 환영했다. 자신들의 정치적 권리 획득의 뒷받침이 될 수 있는 이론이었기 때문이다. 이는 유대인에게도 유리하게 작용했다.

17세기 영국의 지배자들은 유대인들에게 기독교도들의 부당한 고리대금업을 견제해 달라고 부탁했다. 또한 그들이 독점적으로 터무니없이 비싼 값에 파는 국채에 대한 제제에도 협력할 것을 요청했다. 당시 은행을 경영하던 유대인들은 개인적으로 높은 이자율로 큰 이득을 볼 수도 있었지만, 부당한 고금리 금지 법률제정에 앞장서 영국 정부에 적극 협력했다. 결국 유대인 은행가들의 경쟁력이 네덜란드에서처럼 시장금리를 떨어뜨리는 효과를 가져왔다.

그 뒤 영국의 산업혁명 확산과 과학기술의 발달에도 유대인의 자본력과 저금리의 금융 지원은 큰 역할을 해 영국이 세계경제의 패권을 쥘 수 있도록 도왔다. 1669년부터 1750년 사이에 영국의 지배자들은 줄기차게 네덜란드 유대인 장인들에게 영국으로의 이주를 권유했다. 이것은 마치 종교적 관용을 찾아 유대인들이 스페인에서 네덜란드로 몰려들었던 역사의 판박이였다. 1750년경 독일과 러시아의 게토에서도 아슈케나지 유대인들이 대거 이주해 왔다.

유대인들의 이주 뒤 영국에서도 네덜란드와 같은 '우연의 일치'가 일어났다. 유대인들이 자리를 잡자 영국 경제가 무섭게 발전하기 시작해 마침내 유럽 제1의 무역국이 된 것이다. 17세기 초 인구 15만 명을 헤아리던 런던이 17세기 말 인구 40만 명의 대도시로 급부상하는 것에서도 알 수 있듯이 경제의 중심이 암스테르담에서 런던으로 이동했다. 1700년 당시 영국 해외무역량의 75~80퍼센트가량이 런던 항을 통해서 이루어졌다. 18세기 초의 영국은 세계에서 가장 넓은 해외시장과 가장 규모가 큰 상선대를 보유하게 되었다.

영국 정부도 두 팔 걷고 도왔다. 수출 장려를 위해 산업계에 보조금을 지급하고 수출 보상금도 지원했으며 국내산업 육성을 위해 수입에는 각종 금지조치를 내리고 보호관세를 부과했다. 또한 다양한 지원정책을 법령으로 제정했다. 특히 1662년에는 기술력 향상을 목적으로 왕립 런던 학술원을 설립했다. 산업혁명은 이런 제도적 뒷받침 속에서 싹을 틔웠다. 1640년 런던의 수출액 중 80~90퍼센트가 모직물 제품이었고, 같은 해 중계무역은 수출총액의 3~4퍼센트를 넘지 못했으나 유대인이 몰려온 17세기 후반 들어 영국의 수출에서 모직물의 비중은 줄고 중계무역이 현저히 증가하기 시작했다. 한 통계에 따르면 1700~1760년 사이에 영국의 국민생산에서 수출이 차지하는 비중은 8.4퍼센트에서 14.6퍼센트로 상승했으며 1770년대에 담배 수입량의 85퍼센트, 커피의 94퍼센트가 대륙으로 재수출되었다. 18세기는 해외무역에서 영국과 유럽 간의 거래보다 영국과 아메리카 및 아시아와의 거래 비중이 더 높아지는 추세를 보였다.

설탕과 노예무역이
키운 영국의 자본주의

항해조례 발표 뒤 영국과 네덜란드 사이에는 1652년부터 1674년까지 22년 동안 세 번의 전쟁이 있었고 결과는 네덜란드의 패배였다. 그 뒤 네덜란드는 아시아 및 아프리카에서 여전히 많은 식민지를 갖고 있었으나 해상강국으로서의 지위는 잃었다. 유대인들이 네덜란드 대신 영국에 자리 잡자 그들이 거래하던 기존의 해외거점을 활용해 무역거래를 폭발적으로 늘려 나갔다.

대서양 무역을 대표하는 것 가운데 하나가 삼각무역이었다. 영국 리버풀에서 직물이나 총기, 술, 유리구슬 등을 싣고 아프리카에 가서 흑인 노예와 바꾸고 이를 다시 신대륙에 팔아 사탕수수·담배·면화, 커피 등 아메리카 플랜테이션 산물을 싣고 유럽으로 되돌아오는 것이다. 한 번 항차에 여러 번 거래를 할 수 있었다. 요약하자면 유럽에서 아프리카로 공산품이, 아프리카에서 아메리카로 노예들이, 아메리카에서 유럽으로는 설탕이 실려 갔다. 당시 설탕은 흰 화물이라 불렸고, 상품으로 전락한 노예는 검은 화물이라 불렸다. 대서양은 흰 화물과 검은 화물을 가득 실은 배들로 분주했다.

이렇게 영국의 유대인들이 노예무역을 주도하게 된 이면에는 교황의 노예무역 금지 선포가 한몫 단단히 했다. 1640년대에 교황이 노예무역 금지를 명하자 가톨릭 국가인 스페인과 포르투갈이 노예무역에서 철수했기 때문이다. 다른 나라의 가톨릭 상인들도 노예무역에서 자진 철수했다.

설탕산업, 영국으로 옮겨 오다

17세기 유럽에서 가장 중요한 산업은 설탕산업이다. 정제시설에 많은 자본이 투입되나 높은 수익을 올려 주는 유럽 최초의 자본주의적 산업이었다. 18세기 후반에 면직물산업이 발전하기 전까지 자본축적에 요긴한 사업이었다.

네덜란드에서 영국으로 이주한 유대인들이 설탕산업을 주도하자 네덜란드의 설탕산업은 내리막길로 접어들었다. 1668년 36개였던 암스테르담의 제당공장 수가 1680년에는 20개로 감소했다. 이후 1720년경부터는 설탕산업뿐 아니라 네덜란드 산업계 전체가 심각한 붕괴를 겪었다. 네덜란드의 시대가 끝나가고 있었다. 유대인들이 빠져 나온 결과였다.

설탕은 세계 자본주의 성장과 깊이 관련된 역사적 작물이다. 또한 설탕은 유럽인의 식생활에 큰 변화를 가져와 17세기 이후 커피나 홍차 같은 음료 문화의 발전에도 큰 기여를 했다. 18세기로 접어들면서 설탕 수요가 급증해 중요한 국제 상품이 되었는데, 일례로 영국의 1인당 설탕 소비량을 보면 16세기 초에 5백 그램이었던 것이 17세기에는 약 2킬로그램, 18세기에는 약 7킬로그램으로 급증했다. 1650년에 귀중품이었던 설탕은 1750년에는 사치품, 1850년에는 생활필수품이 되었다.

설탕에 녹아 있는 흑인 노예의 땀과 피

이러한 설탕의 대중화를 가능케 해 준 것이 흑인 노예였다. 사탕수수 농사에는 일손이 많이 필요했기 때문에 노예무역을 통해 신대륙 흑인 노예들이 대거 투입되었다. 열대지방에는 계절의 변화가 없기 때문에 1년 내내 사탕수수 재배가 가능했다. 심는 시기를 조금만 달리해도 1년 내내 수확할 수 있었다. 사탕수수는 다년생 풀이라서 새로이 씨앗을 심어 경작하는 방식이 아니라 잘라 낸 줄기 옆으로 새로운 줄기가 솟아 다시 자란다. 그렇지만 지력을 심하게 소모하는 작물인 만큼 윤작을 통해 경작지를 계속 바꿔 줘야 한다. 게다가 수확 후에는 사탕수수의 단맛이 급격히 떨어지기 때문에 재빨리 즙을 짜내어 이를 다시 졸이고 정제해야만 한다.

사탕수수는 다 자라면 키가 4미터가 넘는다. 이를 베어서 공장으로 운반하고 분쇄한 다음 롤러를 이용해서 압착해 즙을 얻는데, 이것을 정제하기 위해 큰 솥에서 오랫동안 끓여야 한다. 이때 엄청나게 많은 연료가 필요하므로 주변 지역에서 땔나무를 가져와야 한다. 그래서 사탕수수 농장에는 항상 대량의 일손이 필요했다. 20세기 이전에는 이 모든 일들을 기계의 도움 없이 전부 사람의 힘으로 처리했기 때문에 노동력 확보와 노동 통제가 설탕산업의 핵심이었다.

17세기 중엽은 사탕수수 재배의 역사에서 결정적인 전환점이었다. 특히 영국의 2차 항해조례로 설탕 등 중요 상품은 영국령끼리만 거래하도록 한 것이 결정타였다. 이 시점 이후로 설탕 유통의 판도가 바뀌었고 때맞추어 수요가 급증하면서 아프리카 노예수입이 크게 확대되었다. 그 뒤 대규모 플랜테이션이 완전히 자리 잡았다. 예컨대 바베이도스에서는

1660년대까지 유럽인 노동자가 다수를 차지했으나 이후 흑인 노예들이 더 많아졌다.

17세기에 크게 번영했던 바베이도스를 제치고 18세기에는 자메이카가 서인도제도의 으뜸 제당산지로 발전했다. 1774년 자메이카 국세조사에 따르면 680개소의 경작지에 있는 12만 헥타르의 농장에서 10만 5천 명의 흑인 노예와 6만 5천 마리의 말로 사탕수수를 재배했다는 기록이 있다. 농장 밖의 농지에서도 4만 명의 흑인 노예가 일했다. 사탕수수 플랜테이션에서는 기술 발전에 따른 생산성 증가가 거의 없어 설탕 수요 확대에 대처하기 위해서는 오로지 생산 규모 확대에만 의존했다. 이는 곧 노예무역의 증가로 연결되었다. 자메이카는 영국-서아프리카-카리브 해를 잇는 노예 삼각무역의 중심지였다.

설탕 외에도 면화, 담배, 커피 등 플랜테이션 농장 재배품목이 늘어나면서 흑인 노예의 수요도 증가했다. 초기 노예상인들은 고작 2~5파운드에 사들인 노예들을 25~30파운드에 팔아 폭리를 취했다. 노예 값이 말 가격의 30분의 1에 불과했다. 그 뒤 수요가 늘면서 노예 값은 점차 올라갔다.

노예무역은 16세기에 본격화해 19세기 중반까지 3백여 년 간 유지되었는데, 그동안 흑인들은 아메리카로 팔려가 혹독한 노예생활을 했다. 서인도 제도의 사탕수수 농장 노예들이나 유럽 제당공장의 노동자들은 무덥고 비위생적인 환경에서 새벽 3시부터 하루 17시간의 살인적인 강도의 노동에 시달리며 혹사당했다. 노예들의 피가 배어 있지 않은 설탕이 없다고 할 정도였다.

비인간적인 노예무역으로 자본을 형성하다

이러한 노예무역에 영국이 가장 적극적이었다. 어떤 연구자는 17세기 영국 자본형성의 3분의 1이 노예무역에 의한 것으로 추산했다. 스페인, 포르투갈, 네덜란드, 프랑스 같은 다른 나라의 경우도 정도는 덜하나 마찬가지였다. 따라서 이 시기 번영했던 유럽의 대서양 연안 항구 가운데 노예무역과 관련을 맺지 않은 곳은 거의 없다고 할 수 있겠다. 노예무역 중에 흑인 노예에 대한 비인간적인 대우는 말로 표현할 수 없었다.

전쟁도 노예무역에 한몫 거들었다. 영국은 스페인 왕위계승 전쟁에서 프랑스를 제압한 끝에 1713년 위트레흐트 조약(treaties of Utrecht)으로 프랑스로부터 미국 식민지 일부를 할애 받았다. 그리고 스페인으로부터는 지브롤터 해협을 양도 받고 스페인령에 대한 노예수출 독점권인 '아시엔토(Asiento)'도 획득했다. 아시엔토 협정에서 영국은 차후 30년 동안 11만 4천 명의 노예를 스페인 식민지인 포르트베로 또는 베라크루스의 노예시장에 공급하는 권리를 얻었다. 영국 정부는 이 특권을 남해회사에 양도했는데 이것이 투기과열을 유발해 남해버블사건 원인의 하나가 되었다. 또한 이 시기에 노예의 밀무역도 성행해 노예무역의 황금시대를 이루었다.

대서양 노예무역은 18세기 말에 정점에 이르렀는데, 노예 대부분은 서아프리카 내륙에서 벌어진 약탈 원정에서 잡힌 사람들이었다. 약탈 원정은 보통 아프리카 부족의 왕이나 추장들이 실시했다. 사실 유럽인들은 질병과 아프리카인들의 격렬한 저항이 두려워 아프리카 내륙으로 들어가진 않았다. 서아프리카 부족의 왕들은 전쟁포로나 이웃 마을에서 납치한 주민들을 유럽인들에게 노예로 팔았다. 그들은 노예들을 줄줄이 세워 목에 나무로 만든 족쇄 같은 것을 채워서 해안으로 데려왔다.

해안에 도착하면 나무로 된 우리에 가두는데 갇혀 있는 기간이 며칠이 될 수도 있고 때로는 몇 달이 되는 경우도 있었다. 노예들은 건장한 남자가 대부분이었지만 여자나 아이들도 있었다. 배가 도착하면 아프리카 어느 해안 출신인지 표시하기 위해 노예의 몸에 낙인을 찍은 다음에 선창에 몰아넣었다. 그렇게 배를 꽉 채워서 아메리카로 데리고 갔다. 1백 톤의 노예선에 4백 명 이상이 실렸는데 항해 중에 병으로 6분의 1 이상이 죽었다.

노예들이 병들어서 값이 떨어질 것을 우려한 상인들은 가끔씩 노예들을 갑판으로 끌고 나와 운동을 시키기도 했다. 채찍을 휘두르며 강제로 춤을 추게 하는 등 매우 가혹하게 대했다. 노예들 중에는 이 같은 고통과 굴욕을 견디다 못해 음식을 거부하거나 바다에 뛰어들어 자살하는 경우도 있었다. 분노한 노예들이 반란을 일으켜 몰살당하는 경우도 있었다. 이렇게 길들이는 동안에 3분의 1 이상이 죽었다. 중간 항로에서의 잔혹하고 비참한 실정은 말로 표현할 수 없는 지경이었다.

거래가 끝난 흑인에게는 가슴 또는 어깨 위에 불에 달군 은제 낙관으로 새로운 주인의 이니셜이 새겨졌다. 이러한 과정이 끝나면 노예들은 마리, 장 따위의 서양식 새 이름을 얻게 된다. 이제 그 노예는 농장으로 간다. 한 주 동안 그 노예는 일도 하지 않고 배불리 잘 먹기만 한다. 대서양을 건너는 동안 녹초가 되었던 노예에게 이러한 요법은 아주 유효했다. 일주일이 지나면 주인은 살이 올라 모든 힘을 농장에 바칠 준비가 된 노예를 부릴 수 있게 되는 것이다. 아프리카에서 흑인 노예를 매입할 때는 보통 럼주·화약·직물 등을 추장에게 지불했으나 1750년 이후에는 노예 수렵에 의한 약탈로 이루어졌다.

1771년에는 영국의 노예무역선의 수가 190척이나 되었고 연간 4만 7

천 명을 운반했다. 16세기에서 19세기까지 아메리카로 실려 간 아프리카
인은 1천5백~2천만 명으로 추산된다. 이들 대부분은 중남미와 서인도
제도 사탕수수 농장으로 팔려 나갔고 나머지 645만 명은 오늘날의 미국
땅으로 끌려갔다. 1860년 미국 인구조사에 따르면, 미국인 40만 명이
노예 4백만 명을 소유하고 있었다.

유대인에 의한 면직물산업의 태동

　그 무렵 영국에서는 일거리를 잃은 농촌 실업자들이 많았다. 그리고 이런 농촌 실업자들의 유휴노동력을 이용해 돈을 벌어보려는 도시의 의류 상인들이 있었다.

　상인들은 양털을 농촌 실업자들에게 나누어 주었다. 양털을 세탁해 먼지와 기름기를 제거한 후 염색하고 털끝이 한 방향으로 향하도록 손질하여 물레를 이용해 실을 만드는 것은 여자들이, 베틀을 이용해 옷감을 짜는 작업은 힘든 노동을 요했기에 남자들이 맡았다. 이처럼 영국을 농촌 실업자 층의 인력을 기반으로 일찍이 '직물 가내수공업'이 발달했다.

　상인들이 농민들에게 양모와 대마, 면 같은 원재료를 나누어 주고 나중에 완성품을 수거하는 직물 가내수공업과 같은 방식을 '선대제(先貸制, putting-out system)'라고 한다. 선대제 덕분에 과거 가공되지 않은 양모를 그대로 수출하던 영국은 16세기 중반부터 대부분의 상품을 원단 형태로 가공해 수출했다. 수출량은 여덟 배까지 늘어났으며 수십만 명에게 일자리를 제공했다. 이것이 발전해 직물 이외에도 상인들로부터 선금을 받는 선대객주제에 의한 제조업이라는 특수한 생산관계가 나타났다.

　선대제도는 선금을 먼저 받거나 원자재를 외상으로 미리 공급하는 도

시상인의 주문에 따
라 생산하는 가내수
공업제도이다. 특히
17세기 중엽 이후 도
시 상업조합에서 배
제된 유대인들이 도
시 길드의 제약을 피
해서 농촌과 직접
거래하면서 이 제도

Prior to the Industrial Revolution, and even during its early years, entrepreneurs provided poor families with raw materials for spinning, weaving, and garment making in their own homes. Early 19th-century print of English family sewing uniforms for the British army under the domestic, or putting-out, system that preceded the factory system.

::: 선대제를 통해 가내수공업에 매진하는 농부 가족들.

를 적극 활용했다. 선대제에 참여했던 농민들은 나중에 각각 독립된 작
업장과 도구를 지닌 소생산자들이 된다. 상업이 발달하고 제조품에 대
한 수요가 증가하자 길드에서 배제된 유대인들은 이러한 생산과정을 통
해 생산물을 확보했다. 유대 도시상인들은 수거한 완성품을 유대인 도
매상이나 무역업자에게 넘겼다. 이들 도시상인의 일부는 그 뒤 대상인자
본과 결합하거나 그 자신들이 모직물 도매상(draper) 또는 모직물 수출상
(merchant adventurer)으로 점차 진화해 생산자들을 지배했다.

매뉴팩처와 분업의 탄생

그러나 선대제는 농민들이 약속을 어기고 생산을 미루는 문제점이 있
었다. 그러자 일부에서는 상인이 직접 생산도구와 작업장 등을 소유하고
노동자를 고용해 제품을 생산하기도 했다. 공장의 출현이다.

초기 공장제의 본질은 기계화 자체라기보다 규율로 노동을 지휘하고

통제하는 것이었다. 산업혁명기에 이르러 선대제로는 더 이상 대량생산을 감당할 수 없게 되자 노동자를 한 곳에 모아 과업별 감독을 시행하고 규율을 강제하는 공장생산제도가 성행했던 것이다.

모직물공업의 경우, 농촌 매뉴팩처 경영자는 수십 대의 베틀을 설치한 작업장에서 임금 노동자들을 고용했으며, 그와 아울러 원모 처리나 실잣기와 같은 예비공정은 주변의 가내수공업자들에게 하청을 주었다. 이와 같이 농촌 매뉴팩처는 일부 공정에는 집중했지만 그 밖의 다른 공정에 대해서는 가내수공업자들과 선대제 관계를 맺고 있었다.

또한 17세기에는 영국에서도 '분업'이 도입되었다. 17세기 중엽 네덜란드 유대인들이 건너오자 네덜란드 청어가공에서부터 시작된 유대인의 분업 경영능력이 이 분야에서도 빛을 발한 것이다. 자본가는 공장을 세우고 각자의 능력에 맞게 일을 맡기는 분업으로 물건을 신속히 만들었다. 이것이 공장제 수공업, 즉 매뉴팩처다. 이러한 분업은 혼자서 물건을 만들던 시대에는 상상도 할 수 없을 정도로 많은 양의 물건을, 그것도 빠른 시간에 만들 수 있었다. 생산성이 급격히 향상된 것이다. 더 나아가 수공업자들은 그들이 사용하는 도구를 기계로 바꾸어 나갔다. 면직물공업 분야에서 가장 먼저 기계화가 이루어졌다.

영국 면직물산업의 태동

면직물은 일찍부터 유럽에서 수요가 많았다. 드레스 외에도 침대시트와 커튼으로 이용되었던 탓이다. 특히 17세기 후반 동인도회사가 들여온 아름답게 염색된 인도 무명 '캘리코'는 유럽인들 사이에서 신기한 패션으로 인기를 끌었다.

수입량이 너무 많아지자 정부는 제한을 가했다. 전통적인 영국의 모직물산업을 보호하기 위해서였다. 혼방제품만 수입하도록 규제하기도 하고 1680년부터는 국내에서 순면제품의 사용을 금지시키기도 했다. 수입 면직물에 대한 규제는 이렇게 1770년대까지 여러 형태로 유지되었다.

면제품에 대한 수요는 가라앉지 않았다. 결국 엄청난 양의 면제품이 수입되어 국내 경제를 압박하자 영국 내에서 이 직물을 국내에서 생산하려는 시도가 이루어지게 된다. 18세기 초 인도 무명에 맞설 면직물 제조가 영국의 전 국민적 관심사가 된 것이다.

이미 최초의 면직물산업은 16세기 말에 네덜란드에서 건너온 유대인 이민자들에 의해 처음 시작되었다. 그들은 동방무역에 종사하며 주로 레반트 지역에서는 원면을, 인도에서는 면직물을 수입했었는데, 당시 이슬람이 지배하고 있던 레반트 지역은 유대인이 아니면 들어갈 수 없었기 때문에 원면은 유대인 상인들만 취급할 수 있었다.

17세기에 이 유대인 상인에 의해 들여온 레반트 지역의 수입 원면으로 국내에서 면직물을 생산하기 시작했다. 주로 선대제를 통한 일손이 많은 농촌에서 생산했다. 17세기 중엽 이후에는 길드의 규제를 피해 유대인들이 직접 선대제에 가세했다. 그러나 유대인들이 레반트로부터 수입하는 원면만으로는 선대제 가내수공업에 쓰일 물량이 턱없이 모자랐다. 그래서 18세기에 유대인들은 영국령 카리브 지역이나 브라질 등 여러 곳으로 수입처를 확대했다. 인도산 원면을 수입하는 게 가장 좋았겠으나 부가가치가 높은 면직물 수출에도 바쁜 인도가 원면을 수출할 까닭이 없었다. 원료 문제가 해결되지 않는 한 영국의 면직물 산업은 한계에 부딪힐 수밖에 없는 것이다.

그러던 1757년, 인도에서 벌어진 플라시 전투로 원면 확보에 돌파구가 열렸다. 이 전투로 동인도회사가 원면의 주 생산지인 벵골 지방을 장악했다. 1765년에는 벵골 지방의 조세징수권을 빼앗아 실질적인 통치권을 행사했다. 이때부터 영국의 동인도회사는 무역보다는 여러 가지 세금을 만들어 인도에서 돈과 자원을 수탈하기 시작했다. 인도에 식민지 체제를 수립한 동인도회사는 벵골에서 거둔 세금으로 원면을 사서 영국으로 보냈다.

이제 영국의 면직물산업은 본격적인 수출산업이 되었다. 수출액은 1760년에는 전체 생산량의 50퍼센트에 달했다. 그러나 대량의 원면 확보가 이루어진 뒤에도 실은 여전히 사람 손으로 짰기 때문에 많은 양을 빨리 만들 수는 없었다. 게다가 1760년대에 천 짜는 공정의 능률이 배가되자 실을 미처 못 대어 실 기근이 일어났다.

산업혁명 시동 걸리다

필요는 발명의 어머니다. 목수인 하그리브스(James Hargreaves)가 1767년에 면화에서 실을 뽑는 기계인 '방적기'를 발명했다. 이것이 그의 아내 이름을 딴 제니(jenny)방적기다. 이것이 산업혁명에 시동을 걸었다. 이어 1769년에는 이발사이자 가발 제조업자였던 아크라이트(Richard Arkwright)가 제니방적기를 개량해 수력방적기를 발명했다. 이로써 생산성이 비약적으로 증가했고 물레방아를 돌릴 수 있는 물이 있는 계곡에 '공장'이 출현했다.

한편 수력방적기로 제조된 실은 굵어 모양새가 좋지 않았고 제니방적기로 제조된 실은 섬세해 모양새는 좋았으나 약했다. 그리하여 1779년에는 새뮤얼 크롬프턴(Samuel Crompton)이 수력방적기와 제니방적기의 장점을 합친 '뮬(mule) 방적기'를 만들었다. '뮬'은 힘 좋은 말과 지구력이 강인한 당나귀 사이에서 나온 노새를 일컫는 말이다. 이제 품질 좋은 실이 대량으로 생산되었다. 실이 남아돌자 이번에는 옷감 짜는 직조가 더딘 게 문제였다. 이에 1784년 옥스퍼드대학교 출신의 목사 카트라이트(Edmund Cartwright)가 '옷감 짜는' 직조기를 발명했다.

영국 정부는 국내 면직물산업이 가져올 희망찬 미래를 금방 알아보았다. 그래서 지금까지의 태도를 바꿔 발전을 위한 모든 조치를 다했다. 1774년 원면 수입에 대한 관세면제 혜택을 베풀었고 같은 해에 영국 내에서 생산한 면직물은 혼방이 아니더라도 의복뿐 아니라 커튼이나 식탁보 등 집안 살림살이용이나 가구에 사용하는 것을 허용했다. 국내의 면직물 수요를 증가시키기 위한 조치였다. 한편 인도 면직물은 재수출 조건으로 런던만 수입이 가능하도록 했다. 면직물 생산업자들을 인도와의 경쟁에서 지키기 위해서였다. 정부가 철저하게 자국의 면직물산업을 보호·육성하기 위해 발 벗고 나선 것이다.

면직물산업에서도 독과점 프로세스를 만들다

면직물산업은 1750년대부터 1830년대에 이르는 사이에 생산성이 약 4백 퍼센트 증가해 영국이 세계 제조업 생산에서 차지하는 비중이 극적으로 높아졌다. 그 뒤 면직물산업은 대량생산 시대로 돌입해 1785년부터 1860년 사이, 영국 총 생산액의 60퍼센트를 차지하는 중요한 산업이 되었다.

　면직물산업의 급성장으로 인도산 원면만으로도 부족하자 1790년대에는 이집트에서 원면을 재배해 들여왔다. 또 1800년대에 들어서는 미국 남부에서 흑인 노예를 이용, 대규모 면화 플랜테이션들을 조성하기 시작했다. 이렇게 생산량이 늘어나면서 미국은 1820년부터 인도를 제치고 세계 최대의 면화 생산국이 되었고 1830년이 되자 영국 원면 수요량의 4분의 3을 미국이 공급할 수 있었다. 미국은 원면 세계 최대 공급국 자리를 1971년까지 150년 이상 유지했다. 현재는 중국이 그 자리를 차지하고 있다. 이런 점에서 영국 면직물산업은 산업혁명에 기인한 바 크지만 한편으로는 식민주의와 노예제도를 딛고 일어선 것이라 할 수 있다.◆

　이 때 유대인들은 면직물산업에서도 면화의 '생산-수입-제조-수출' 등 일련의 독과점 프로세스를 만들어 상당기간 재미를 보았다. 이후 면직물은 그 인기를 모직물과 견직물에 넘겨주게 된다. 모직물과 견직물이야말로 중세 북부 이탈리아 도시국가 시절부터 유대인들이 독점해 오던 산업이었다.

유대인, 산업혁명과 무역대국의 토양이 되다

　경제학자들은 산업혁명이 영국에서 일어난 이유를 크게 두 가지로 꼽고 있다. 하나는 유대인들이 수공업자조합을 붕괴시켜 억압적인 제도의 틀을 부순 것이다. 이로써 창조적인 발명 및 기술 개량이 사회적 신분상

◆ 강철구, '강철구의 세계사 다시 읽기', 프레시안(www.pressian.com), 2008년 8월 1일

승과 부의 획득으로 이어질 수 있는 토양이 마련되었다. 또 다른 하나는 네덜란드 유대자본이 영국에 건너옴으로써 저렴한 자본을 쉽게 구할 수 있어 산업혁명 기술이 널리 확산될 수 있었다는 점이다.

이렇게 유대인을 통해 암스테르담의 부와 금융기술을 받아들인 런던은 세계 최대의 금융도시로 부상했다. 1백여 년 사이에 런던 인구는 네 배나 급증했다. 17세기 초 15만 명에 불과하던 런던은 17세기 중엽 유대인들이 건너와 경제가 활성화되자 17세기 말에 이르러 인구 40만 명의 도시로 급성장했다. 그 뒤 얼마 지나지 않아 인구 60만 명의 유럽 최대의 도시가 된 것이다.

산업혁명으로 면직물산업이 발전하자 영국은 수출을 본격화했으며, 산업혁명으로 일어난 새로운 산업은 해외시장을 기반으로 성장할 수 있었다. 유대인들은 수출품목의 다양화뿐 아니라 수출지역의 다변화와 사업의 다각화를 꾀했다. 호주와 최초로 대규모 무역을 하고 뭄바이에 최초의 직물공장을 세우는 등 사방팔방으로 진출했다. 희망봉 식민지에서도 제조업을 시작했으며 남극과 북극에서 포경산업도 했다.

그러나 이보다 더 중요한 사실은, 유대인들은 특유의 추진력으로 새로운 세계시장 개척뿐 아니라 과감한 해외 투자로 글로벌 경영을 시작했다는 점이다. 그들은 커다란 위험을 감수하면서 새로운 지역으로 이주했다. 그곳에서 다양한 상품을 취급했으며 커다란 주식시장을 열었다. 이러한 세계 시장을 경영하는 유대인들에 의해 18세기에 영국이 유럽 제1의 무역대국이 되었다.

영국 산업혁명 과정에서 활약한 유대 가문

19세기 산업혁명으로 인한 철도와 전신산업의 발달은 영국시장뿐 아니라 세계시장을 형성했다. 이렇게 세계시장이 형성되고 국제무역 또한 급증하자 영국의 금융시장은 전 세계를 상대로 커졌다. 이 과정에서 가장 큰 역할을 한 유대 금융가문이 유럽 대륙 전체의 글로벌 네트워크를 완성한 로스차일드 가문이었다.

런던의 유대인은 나라를 도와 금융공황을 사전에 방지할 수 있었다. 메나세 로페스 일족은 앤 여왕의 시절에, 기데온 일가와 살바도르 일가는 조지 1세~3세의 시절에 런던의 금융시장을 안정시키는 일에 대단한 역할을 수행했다. 그들은 남해 버블 사건을 미연에 방지했다. 남해 버블 사건은 1711년 영국에서 스페인령 남미와의 무역 독점권을 얻어 설립된 '남해회사'가 국채 인수를 조건으로 대대적인 선전을 통해 투기를 부추겨 주가가 열 배로 치솟았다가 사업 부진이 탄로 나서 주가가 대폭락한 사건이다. 1745년에는 제임스 2세 지지파인 자코바이트가 대두되어 도시가 혼란에 빠졌을 때, 삼손 기데온이 170만 파운드라는 막대한 재원을 염출해 정부가 사태를 진정시키는 일을 도왔다. 하지만 그 후 그는 유대교를 버리고 상원에 들어갔다.

영국의 군사대국화를 이룬 금융혁명

영국과 프랑스는 1689년부터 1815년까지 127년 동안 여덟 번의 전쟁을 치렀는데 전쟁기간을 다 합치면 65년이나 된다. 영국은 전쟁에 대처하는 과정에서 강력한 국가로 발전했다. 해가 지지 않는 대영제국이 탄생한 것이다.

사실 전쟁은 해외시장 개척이나 기존 식민지의 기득권을 유지하기 위한 일환으로 벌어졌다. 때문에 주된 전장은 아메리카나 인도 같은 해외 식민지나 유럽 대륙이었다. 영국은 점차 강력한 해군과 육군을 유지하기 위한 재정지출이 늘어났다. 특히 해상에서의 우위를 유지하기 위해 많을 때는 국가예산의 70~80퍼센트를 쏟아부었다. 그리고 이를 부담하기 위해 조세 부담률 증가와 물품세 부과, 일련의 국채발행이라는 수단에 의존했다. 이 시기의 국가는 일종의 효율적인 전쟁기구였고, 그 성격은 한마디로 '재정-군사국가'라고 할 수 있었다.

여기에서 무엇보다 중요한 것은 재정-군사국가가 이른바 금융혁명의 토대 위에서 발전할 수 있었다는 사실이다. 역사가들에 따르면 일반적으로 이 시기의 금융혁명은 1694년 영란은행의 설립과 물품세 부과 그리고 국채 발행으로 요약된다. 동시대 사람들은 이러한 제도들이 모두 윌리엄 3세 즉위와 함께 영국에 건너온 네덜란드 유대인 때문이라고 생각했다.

전쟁 기간 중 유대인들은 양쪽에 군수 보급품을 대고 또 군자금까지 빌려 주었다. 이는 생각보다 규모가 큰 데다 안전한 장사였다. 예나 지금이나 군수산업은 큰 이윤이 보장된 사업이었다. 게다가 전쟁터의 군자금은 현금처럼 쓸 수 있는 만국 화폐 격인 금이어야 했다. 이 과정에서 유대인인 로스차일드 가문은 세계의 금을 독점적으로 주도하게 된다. 사실 전쟁 기간 중 대륙봉쇄령을 뚫고 양쪽을 오가며 장사할 수 있는 사람은 유대인들밖에 없었다. 잘 훈련된 유대 커뮤니티 간의 협조가 이를 가능하게 했다.

결정적인 사건이 1815년 6월 20일 워털루 전쟁이 끝난 다음날 런던 증권시장에서 일어났다. 영국 채권과 증권의 62퍼센트가 네이선 로스차일드(Nathan Rothschild)의 손아귀에 떨어진 것이다. 이후 영국의 금융업은 로스차일드 영향력 아래 놓이게 된다.

로스차일드, 영란은행의 발권을 독점하다

워털루 전쟁 이후 사실상 영란은행을 장악한 로스차일드 가문은 정치권과 손잡고 또 하나의 변화를 주도했다.

그간 은행권 발행을 독점했던 영란은행에 맞서 설립된 지방은행들은 우후죽순으로 은행권을 남발하다가 공황이 닥치자 도산하기에 이르렀다. 자금수요가 줄어든 1809년부터 1830년까지 파산한 지방은행만 331개였다. 은행이 흔들리는 통에 공황이 더욱 깊어졌다. 이에 1844년 당시 수상이던 로버트 필(Robert Peel)경이 후원한 '은행허가법(Bank Charter Act)'이 나왔고 이 법으로 말미암아 금융 상황은 일시에 달라졌다. 이 법은 지방은행이 산업혁명의 자금줄 역할을 수행한 것까지는 좋았지만 공황에는 속수무책이라는 반성에서 비롯되었다.

핵심 내용은 지방은행권 발행을 제한하고 영란은행에 돈 찍는 권한을 몰아주는 것이었다. 영란은행의 은행권이 법정화폐이므로 누구든지 대금결제에 이것을 사용해야만 한다고 선포했다. 그리고 발행할 수 있는 은행권의 수량에 대해 나름대로 엄격한 규칙을 정했다. 또한 화폐의 총량은 국가가 보유하고 있는 금의 양과 정비례해야 한다는 '금본위제'를 명시했다. 금 준비금 없이 발행할 수 있는 한도를 1천4백만 파운드로 묶었다. 이로써 영란은행은 발권을 독점하고 금 준비에 집중하는 명실상부한 '은행 중의 은행'이 되었다. 입법 제안자인

::: 영국 금융계에서 큰 활약을 펼친 네이션 로스차일드

476

로버트 필 수상의 이름을 따 '필 은행법'으로도 불리는 이 법은 그 뒤 전 세계로 퍼졌다.

1870년대 초까지만 해도 은본위제나 금은복본위제를 채택한 국가가 많았다. 그 무렵 금본위제를 택한 영국이 오히려 예외에 속했다. 그러나 1870년대부터 독일과 미국이 영국을 쫓아 금본위제를 채택했다. 다른 비유럽 국가들도 금본위제를 채택하기 시작했다. 왜냐하면 당시 영국이 세계 최대 무역국일 뿐 아니라 가장 많은 자본을 세계로 수출하는 '세계의 은행' 역할을 해 파운드화가 가장 중요한 국제적 지불수단이자 금과 동일시되었기 때문이다.

그런데 발권의 남발을 억제하는 이러한 금본위제에도 문제는 있었다. 금의 수량이 성장하는 경제 규모를 따라 가지 못했던 것이다. 필 은행법 제정 이후 영국은 10년마다 금융공황에 시달렸다. 유대인들에게 공황은 부를 늘릴 수 있는 또 다른 기회였다. 유대인들은 2차대전까지 세계 금융의 중심지였던 런던 금융시장을 장악했다.

그 뒤 세계에는 성공한 영란은행의 모델을 쫓아 민간 소유 중앙은행들이 줄을 이었다. 1800년 중엽 프랑스에서도 민간 소유 중앙은행인 프랑스은행이 설립되었는데, 영국과 프랑스 중앙은행의 최대 주주는 양쪽 모두 당시 유럽 최대의 금융재벌인 유대계 로스차일드 가문이었다.

1886년 밀라노에 신용협동조합을 세웠던 루자티(Luiqi Luzzati)라는 유대인은 최초로 로마에 은행을 세운 공로로, 다섯 번 씩이나 이탈리아의 재무대신을 역임한 후 수상에 올랐다. 그 뒤 1913년 유대인 제이피 모건이 주축이 되어 설립된 미 연방준비은행도 민간 소유의 중앙은행이다.◆

◆ 권홍우, '오늘의 경제소사', 〈서울경제〉, 2006년 7월 18일

5

영원한 금융 황제,
로스차일드

유대인 역사의 클라이맥스는 사실상 로스차일드가에서부터 시작한다. 이전까지는 스페인계 세파르디 유대인들이 주도해 왔다면, 로스차일드가 이후로는 독일계 아슈케나지가 유대인 사회를 주도하게 된다. 유럽에서 처음으로 국제적인 대규모 금융산업을 일으킨 로스차일드 가문을 알지 못하고는 오늘날 세계 금융시장의 뿌리를 이해하지 못한다.

본격적인 국제유대자본의 태동기

독일 프랑크푸르트 게토 출신의 마이어 암셀 로스차일드(Mayer Amschel Rothschild, 1744~1812)가 본격적으로 국제 금융업에 뛰어든 것은 19세기 초였다. 산업혁명이 진행되면서 국내적으로는 대자본이 필요해졌을 뿐만 아니라, 국제적으로는 무역 증가에 따른 대금결제 필요성이 증대되던 시기였다. 게다가 유럽이 나폴레옹전쟁에 휩쓸려 있던 시기였다.

창의성이란 원래 평화로운 시기보다는 비상시에 더 빛을 발하는 법이다. 그는 갓 10대를 벗어난 다섯 아들을 유럽 5대 도시에 보내어 어음결제은행을 세웠다. 프랑크푸르트, 빈, 런던, 나폴리, 파리에 은행을 세운 것이다. 은행 이름은 '로스차일드 상사'였다. 메디치가 이후 최대의 민간 '다국적 은행'이다.

랍비 교육을 받다

마이어 암셀 로스차일드는 어려서부터 명석했다. 그래서 그의 아버지는 로스차일드를 랍비 양성학교에 보내서 유명한 랍비로 키우려 했다.

마이어 로스차일드 자신도 랍비가 되고 싶었다. 유대인에게 랍비는 가문의 영광이었다.

그러나 아버지의 지원으로 랍비가 되기 위해 열 살에 랍비 양성학교, 곧 유대교 신학교에 들어간 그는 부모가 천연두에 걸려 일찍 사망해 3년 만에 학업을 중단할 수밖에 없었다. 하지만 그가 신학교에서 랍비가 되기 위해 받은 교육, 특히《탈무드》교육은 그를 훗날 세계의 금융업자로 우뚝 서게 하는 지식과 지혜의 창고 역할을 했다.

그 후 그는 친척들의 도움으로 하노버에서 '오펜하이머'란 유대계 은행에서 일하게 되었다. 그는 이곳에서 도제로 일하면서 은행업을《탈무드》의 시각으로 조망하고 종합하며 금융업의 본질을 파악하는 데 주력했다. 금융업의 웬만한 수단을 다 습득한 그는 일을 잘해 어린 나이임에도 주니어 파트너로 승진했다. 로스차일드 가문의 3백 년 번영을 자랑하는 시작점이었다.

고물상 물려받아 환전소 개업하다

마이어 암셀 로스차일드는 7년간 다양한 유형의 금융업을 체득한 뒤 1764년 고향 프랑크푸르트로 돌아온다. 그리고 아버지가 하던 고물상 겸 골동품상을 물려받았다. 그는 여기에 대부업을 추가하는 한편 동전(古錢)을 수집하는 부유층을 상대로 옛날 동전 거래를 시작했다. 장사는 부자를 상대로 해야만 많이 남는다는 기본적인 유대인의 상술을 따른 것이었다.

마이어는 옛날 동전의 목록과 카탈로그를 정성껏 만들어 흥미 있음직한 사람들에게 보냈다. 흥미 없는 이들로부터는 옛날 돈을 사들였다. 공짜나 다름없이 사서 부유한 귀족들에게 이 돈을 팔러 다녔다. 그러다가 독일 빌헬름 왕자와 인연을 맺고 거래할 수 있게 된다. 유대인 박해가 심한 시기에 한낱 장사꾼이 왕족이나 귀족들과 친하게 지낸다는 것이 그리 쉬운 일은 아니었다.

마이어는 한걸음 더 나아가 독일 내 왕국이나 공국들이 서로 다른 화폐를 쓰는 것에 착안해 게토 안에 환전소를 열었다. 독일 안에서 통용되는 다양한 화폐를 교환하는 일종의 초보적인 형태의 은행업을 시작한 것이다. 그는 환전에서 얻은 이익금으로 좀 더 진귀한 동전과 골동품 수집에 투자하면서 일류 갑부들을 그의 고객으로 만들었다. 유럽에서 가장 부자 귀족인 헤센 카젤 공국의 빌헬름 왕자에게는 남들이 구하기 힘든 진귀한 동전과 골동품들을 대 주기 시작했다. 가장 좋은 상품을 경쟁자들보다 훨씬 저렴하게 팔아 신용을 얻은 것이다.

빌헬름에게는 칼 부데루스(Karl F. Buderus)라는 재무관이 있었다. 그는 궁전의 재산뿐 아니라 빌헬름의 개인재산 관리를 잘해 총애를 받고 있었다. 부데루스는 각종 진기한 물건들을 들고 찾아오는 마이어에게 관심을 보였다. 그는 유대인을 좋아했을 뿐 아니라 마이어가 건네는 진기한 동전 또한 좋아했다. 부데루스는 마이어를 통해 빌헬름 공의 런던 채권을 할인하기도 했다. 로스차일드가 마침내 궁전의 금융 업무에 파고든 것이다. 당시 빌헬름은 자신의 채권을 가능한 여러 사람들을 통해 할인 받고자 했다. 한 사람에게 맡기면 환율이 떨어질지도 모르기 때문이었다.

빌헬름과 그의 재무관인 부데루스가 마이어의 능력을 인정하면서 서로의 관계가 긴밀해졌다. 이후 마이어 암셀 로스차일드는 1769년 '어용 상인'이 된다. 이는 단지 명예에 지나지 않았으나 궁전과 거래한다는 것을 공개적으로 인정해 주는 것이었다. 마이어가 어용상인이 되자, 건물주는 건물의 일부를 그에게 팔기로 결정했다. 마이어의 오랜 숙원이 해결되었다. 또한 마이어는 궁전의 심부름을 하기 때문에 어디든 쉽게 여행할수 있게 되었다. 이 일로 그간 마이어를 탐탁치 않게 생각했던 예비 장인이 그에게 딸을 주기로 결정했다. 어용상인 직함이 그에게 많은 것을 갖다 준 것이다. 그 뒤 마이어는 특별허가를 얻어 자기 가게에서 세금을 걷는 대행업을 하는 동시에 소규모 금융사업도 할 수 있게 되었다. 당시 세금 대행업이란 대행업자가 미리 지역에 자기 돈으로 내고 거기에 적정 이자와 이윤을 얹어 주거지 시민들에게서 세금을 받아내는 제도였다.

이후 마이어 암셸 로스차일드는 17세의 신부 구텔레를 아내로 얻어 스무 명의 아이를 낳았다. 그 가운데 열 명은 병으로 일찍 죽었다. 결국 슬하에 다섯 명의 아들과 다섯 명의 딸을 두었다. 자라나는 아이들을 위해 단칸방에서 침실이 두 개 있는 집으로 옮겼다. 붉은색 방패 간판이 달린 집이었다. 당시 게토는 3천여 명의 유대인이 2백 채의 집에 옹기종기 모여 살았기 때문에 한 집에 평균 15명 정도가 살았던 셈이다. 평수가 좀 늘어난 가게에는 포목점을 추가로 열고 담배와 와인도 팔기 시작했다. 가게가 조금 더 고급스러워졌다.

평소 마이어는 아들들에게 유대인의 역사와 정신, 그리고 장사를 가르쳤다. 그는 유대인이 돈을 벌 수 있는 이유는 두 가지라고 했다. 첫째는 5천 년의 역사요, 두 번째는 머리라는 것이다. 5천 년의 역사는 수많은 지혜의 축적을 의미한다. 하지만 이러한 5천 년 영광의 역사보다 더욱 중요한 것은 머리라고 했다.

그러나 마이어는 아무리 개개인이 총명하더라도 일의 성취를 위해서는 집단의 힘이 필요하다는 것을 알고 있었으며 이를 아들들에게 강조했다.

그는 협상 능력보다 '상대방을 즐겁게 하는' 능력이 더 중요하다는 사실을 알려 주기 위해 항상 먼저 스스로 미소를 지었다. 마이어는 사람을 편하게 해 주는 능력이 있었다. 이것이 사람을 끌어당기는 매력이었다.

마이어는 토요일 저녁 예배가 끝나면 종종 랍비를 초대했다. 때론 평일에도 아이들을 불러 앉히고 《탈무드》를 펼쳐 놓고 히브리어로 즐겁게 낭송했다. 아이들에게 자연스러운 종교 교육이 되도록 세심한 배려를 했다.

국제 어음결제 거래를 시작하다

그 무렵 헤센 카젤 공국은 용병 장사로 유럽 최고의 부자가 되었다. 로마시대 이후 스위스 용병을 최고로 쳤지만 몸값이 치솟자 대체한 것이 헤센 카젤 공국 용병이다. 이들은 남부 독일인들이었는데 스위스 용병과 달리 경작할 땅이 없어 고향으로 돌아갈 수 없었다. 전쟁이 계속 일어나지 않으면 실업자 신세가 될 수밖에 없었던 것이다.

1775년 미국에서 독립전쟁이 발발하자 빌헬름 공은 휘하의 군대를 3백 만 달러를 받기로 하고 영국 측 용병으로 파견했다. 이때 마이어에게 기회가 왔다. 그는 빌헬름 공이 용병파견 대가로 수취한 영국은행 어음을 맨체스터 섬유업체에게 결제해야 할 금액과 연계시켰다. 즉 맨체스터 섬유업체가 독일 로스차일드 은행으로부터 지불 받을 돈을 영국은행이 발행한 어음으로 대체토록 한 것이다. 이렇게 빌헬름 공과 로스차일드 은행이 부담해야 할 환전수수료를 서로 아낄 수 있었다. 이 같은 방법으로 국가간 어음 결제를 시작해 재미를 본 이후 로스차일드 가문은 국가간 어음결제 금융거래를 본격적으로 하게 된다.

셋째 아들 네이선을 영국으로 보내다

빌헬름 공이 1785년 독일 헤센 공국의 왕위를 승계해 빌헬름 9세가 됐을 때, 그는 4천만 달러라는 엄청난 유산도 함께 상속 받았다. 이 금액은 당대 최대 규모의 유산이었다. 그간 신임을 쌓은 마이어는 '최고' 궁전 상인이 될 수 있었다. 그는 포도주, 커피, 담배, 영국의 직물 등 귀족들이 애호하는 고급 명품 거래로 부를 축적했다. 마이어는 가족의 사업기반 조성과 더불어 정치적 실세들과의 교분을 쌓기 위해 20년 이상 빌헬름 조정을 위해 일하며 인맥을 구축했다. 그가 관리해야 할 귀족 고객들에게는 동전과 골동품을 남보다 싸게 팔았다.

이렇게 신용이 쌓이자 1789년에는 돈을 빌려 주고 받은 비교적 큰 금액 채권의 할인 업무도 할 수 있게 되었다. 그 뒤 로스차일드가는 빌헬름 9세의 크고 작은 심부름을 자처하고 나서 빌헬름 자신이나 측근들이 나설 수 없는 일들을 도맡아 처리했다. 마이어의 다섯 아들들은 빌헬름 9세를 위해 프랑크푸르트의 은행들과 빌헬름을 은밀히 연결하는 메신저 역할을 하며 양쪽에서 수수료를 받았다. 또 유럽 전역에 산재한 빌헬름 9세의 채권 심부름을 마다하지 않고 성실히 관리했다.

가격 때문에 영국의 섬유도매상과 매일 싸우던 마이어는 1797년 셋째 아들 네이선에게 2만 파운드를 주어 맨체스터로 보냈다. 직거래를 시도한 것이다. 네이선은 프랑스 대혁명으로 수출 길이 막혀 값이 떨어진 면포를 싸게 사서 게토의 상점들로 직접 보내기 시작했다. 대혁명이 끝나자 면포 가격은 천정부지로 치솟았다. 로스차일드 일가가 국제적인 네트워크를 형성하게 된 계기는 이렇게 우연히 시작되었다. 그 뒤 마이어는 국제적 금융 사업에 그의 아들들을 최대한 활용했다.

네이선, 금융업에 진출하다

영국은 1793년 2월 프랑스에 전쟁을 선포했다. 그러나 그의 동맹국들이 프랑스와 제각기 조약을 체결하여 영국은 혼자 남게 되었다. 영국 정부는 전비조달을 전적으로 영란은행에 의존했다. 이에 금이 영국에서 대륙으로 유출되고 겁먹은 사람들이 은행에서 금을 회수하기 시작했다. 영국은행에서 유출되는 금의 양이 너무 많아지자 1797년 2월 영란은행 총재는 금태환(은행권을 금으로 교환하는 것)을 정지해 버렸고 이는 1821년까지 계속되었다. 시중에 금이 귀해지고 금값은 계속 올랐다.

로스차일드 형제들, 즉 마이어의 다섯 아들 중 가장 두뇌가 비상했던 사람은 셋째인 네이선이었다. 겨우 2만 파운드를 들고 영국에 온 네이선은 당시 초기 산업혁명의 시발지이자 목화산업의 중심지인 맨체스터에서 사업을 시작했다. 처음에는 면직물을 구입해 독일 게토에 보내는 게 주업무였다. 그 뒤 면화, 양모, 담배, 설탕 등을 사 보내며 로스차일드 상사는 많은 돈을 벌었다. 그리고 점차 사업 반경을 넓혔다. 그곳에서 그는 생지를 사 소규모 방직공들에게 날염을 맡긴 후 이를 유럽의 구매자들에게 직접 판매했다. 부가가치를 높인 것이다. 네이선의 직물 직거래 방식은 3개월 신용거래로 이루어졌는데, 이는 제조업 유통에 금융거래가 도입되었다는 뜻이다.

점점 경쟁이 치열해짐에 따라 그는 직물산업보다 금융업이 더 많은 안정된 이윤과 폭 넓은 기회를 제공한다는 사실을 알았다. 1803년 네이선은 영국에서 금융업을 시작하기로 마음먹고 우선 안정적이고 이윤이 큰 영국 정부의 전시 공채사업에 참여하기 위해 맨체스터와 런던을 오갔다. 나폴레옹전쟁이 확대됨에 따라 당시 영국 정부는 전쟁자금을 마련하기 위해 2천만 파운드의 국채를 팔아야 했다. 이미 직물업계의 환어음 거래에서 좋은 평판을 얻고 있던 그는 신용이 생명인 국제 환어음 인수 가문으로 활동할 수 있었다. 이듬해부터는 아예 주무대를 런던으로 옮겼다. 그리고 본격적으로 금융업을 시작했다. 금융업 가운데서도 채권, 금, 주식 거래가 그의 전공이었다.

빌헬름 9세의 재산을 지키다

특히 18세기부터 19세기까지 정치적 혼란기와 나폴레옹-전쟁 시기에 마이어의 재산은 눈덩이처럼 불어났다. 마이어가 세계 제일의 재벌로 성장한 동기는 빌헬름 9세의 돈을 관리하면서부터다. 빌헬름 9세의 재무관인 부데루스는 이미 로스차일드 상사의 가장 강력한 후견인으로, 일정 지분을 소유한 드러나지 않는 파트너가 되어 있었다. 이후 로스차일드가는 눈에 보이지 않는 빌헬름 9세의 주거래 은행이 되었다. 특히 외부로 노출을 꺼리는 대부와 대출금 회수 등의 일들을 도맡아 처리했다. 1800년에 이르러 로스차일드 가문은 프랑크푸르트에서 제일가는 유대인 갑부가 되어 있었다.

그해에 마이어 암셀 로스차일드는 신성로마제국 황제에게 '황실 대리인' 칭호를 부여받았다. 이 덕분에 그는 제국의 각 지역을 자유롭게 통행할 수 있었다. 그의 회사 직원들은 무기를 소지할 수도 있었다.

1804년에 덴마크 왕실이 로스차일드 상사로부터 큰돈을 대출받았다. 다름 아닌 빌헬름 9세의 돈이었다. 빌헬름 9세의 재산이 외부에 노출되지 않고 또 원금을 떼이지 않기 위한 마이어의 아이디어였다. 곧이어 덴

마크 왕실에서 신청한 여섯 건의 대출이 마이어를 통해 성사되었다. 이를 계기로 로스차일드가는 유럽 금융계에 삽시간에 유명해졌다.

나폴레옹이 전 유럽을 휩쓸기 시작해 1806년에는 친영국 성향의 빌헬름 9세의 공화국도 점령했다. 빌헬름 9세는 처가인 덴마크로 피신하면서 자신의 재산을 부데루스 재무관에게 맡겼다. 재무관은 다시 필요로 할 때마다 돌려준다는 조건으로 마이어에게 그 돈을 맡겼다. 당시로서는 거액인 3백만 '탈레르(thaler)'였다. 참고로 이 탈레르로부터 달러의 명칭이 유래되었다.

여기에 유명한 일화가 있다. 마이어는 이 재물을 그의 정원 한구석에 파묻고 나서 4만 탈레르 정도 되는 자신의 상품과 재물은 숨기지 않았다. 만약 이때 자신의 재산까지 다 숨겼다면 나폴레옹군의 엄격한 수색으로 발각되었을 것이고 끝내는 빌헬름 9세의 재물도 빼앗겼을 것이다. 그는 자기의 재산과 목숨을 걸고 빌헬름의 재물과 대외 차관 장부를 지켜낸 것이다.

이 시기 마이어의 로스차일드의 아이들 또한 그 누구도 하기 힘든 일을 해냈다. 점령기간 동안 나폴레옹군은 빌헬름 9세의 숨은 재산과 채권들을 찾아내려고 혈안이 되어 있었는데, 로스차일드가의 아이들이 위험을 무릅쓰고 마차를 몰고 유럽 전역을 사방팔방으로 돌아다니면서 점령군 모르게 그간 빌려 주었던 빌헬름 9세의 채권을 모두 회수한 것이다. 비록 지체되기는 했지만 그 뒤 회수금은 피난 가 있는 빌헬름 9세에게 안전하게 전달되었다. 이제 로스차일드가와 빌헬름 9세의 관계는 돈에 관한 한 한 가족처럼 믿고 맡기는 사이가 되었다.

유럽 거부 금융가로 떠오르다

1806년에 마이어 암셀 로스차일드는 네이선에게 돈을 보내 영국 유가증권에 대한 투자를 일임했다. 이후 네이선은 시장을 꿰뚫는 직관으로 큰 재미를 보았다. 네이선은 전쟁 기간 중인 1809년에 빌헬름 9세에게 만기가 없는 영구 공채인 '콘솔채'에 투자할 것을 권했다. 전시라 수익이 높을 뿐 아니라 만기가 없어 번거로운 자금 이동을 자주할 필요도 없었기 때문이다. 빌헬름 9세처럼 큰 자금을 굴리는 사람에게는 안성맞춤이었다. 빌헬름 9세는 영국에 있는 네이선에게 55만 파운드의 자금을 보내 콘솔채를 사기로 했다. 현재의 시세로 5백만 달러가 넘는 큰돈이었다.

네이선은 콘솔채를 평균 72파운드에 구매해 달라고 위탁받았다. 하지만 네이선은 그 금액에 사지 않았다. 더 떨어질 것이라고 예상한 네이선은 이 돈을 활용해 다른 종목에 단기로 신속하고 과감하게 투자해 원금의 몇 십 배 수익을 올려 막대한 부를 거머쥐었다. 이때 단기수익이 종목에 따라 무려 20배에서 150배에 달했다. 그 뒤 수익의 일부로 콘솔채를 빌헬름이 요청한 금액보다 10파운드나 더 싼 62파운드에 사 주었다. 액면가 1백 파운드에 연 5퍼센트 짜리 채권을 이렇게 싸게 샀으니 실질 연수익률은 8퍼센트가 넘었다. 게다가 영구적이었다. 더구나 전쟁이 끝나면 채권 가격 자체가 올라 대박이 담보된 채권이었다. 이를 통해 네이선은 빌헬름 9세에게 큰 이익을 안겼을 뿐 아니라, 그 자신도 큰 부를 축적할 수 있었다.

이후 네이선은 금괴 시장에 뛰어들었다. 그는 시장의 흐름을 정확히 읽고 치고 빠지는 데 능숙했다. 손해를 한 번도 보지 않았고 배팅 타이밍도 너무 늦거나 빠르지 않았다. 그가 이렇게 할 수 있었던 것은 자신의 감각과 재능도 있었지만 주변에 랍비를 비롯해 유대 금융 전문가들이 유대 커뮤니티 간의 정보를 수집해 분석하고 흐름을 전망해 조언했기 때문이다. 이러한 정보의 교환은 유대인의 오랜 관습이기도 하다.

전쟁이 끝난 후 빌헬름 9세가 돌아왔을 때 마이어는 그의 재산에다 이자를 더해 돌려주려고 했다. 그러나 빌헬름 9세는 "그대가 정직하게 얹어주는 이자도, 아니 원금도 지금은 되돌려 받을 생각이 없다. 내 돈은 앞으로 20년 동안 2퍼센트 이하의 이자로 그대에게 맡기겠다."라며 그에게 유럽 각국에서 돈을 수금할 수 있는 권리를 두둑한 커미션과 함께 주었다. 이것이 로스차일드 가문이 금융업을 성공으로 이끌게 된 계기로, 유대인답게 약속을 철저히 지킨 결과였다.

이렇게 해서 마이어는 당시 유럽 최대의 사유재산이라 할 수 있는 약 4천만 달러를 관리하게 된다. 마이어는 빌헬름 9세의 재산을 관리하게 되자마자 아들들을 활용해 전 유럽을 상대로 하는 다국적 금융업을 운영하기로 마음먹었다. 그간 그의 다섯 아들들이 빌헬름 9세의 대부업을 관리하느라 유럽 대륙 곳곳을 마차로 휘젓고 다녔던 터라 그리 어려운 일도 아니었다.

세계 최대의 다국적 은행 탄생

마이어는 다섯 아들에게 자신을 대리해 유럽 각국에 상주하면서 대부하고 수금하는 일과 어음 결제하는 일을 맡겼다. 첫째 아들 암셀 마이어는 자기 사업을 이어받게 하기 위해 프랑크푸르트에 두고 둘째 아들 살로몬 마이어는 빌헬름 9세의 재정자문관으로 조정에 집어넣었다. 그리고 그 자신 역시 빌헬름 9세의 채권담보물 관리에 전념했다. 셋째 아들 네이선 마이어는 이미 섬유 비즈니스를 위해 영국의 맨체스터로 보내져 있었다. 그 뒤 국가 간 어음교환 업무를 주력으로 삼게 되자 빌헬름 9세의 재정자문관이었던 차남 살로몬 마이어를 비엔나로 보내고, 네이선을 맨체스터에서 런던으로 이동케 했다. 그리고 넷째 칼 마이어를 나폴리로, 다섯째 제임스 마이어를 파리로 보내 각각의 거점지역에 어음인수 은행을 개설토록 했다. 한마디로 유럽 전역에 다국적 금융네트워크를 만든 것이다. 마이어와 그 다섯 아들로 근대 최초의 거대한 국제 결재소가 만들어졌다.

이것이 우리가 알고 있는 로스차일드 가문 번영의 시작이다. 덕분에 그의 아들들은 유럽의 지리와 정보를 훤히 꿰뚫게 됐다. 이 일은 로스차일드 가문이 다국적 금융 기업으로 탄생할 수 있던 밑거름이 되었다.

프랑크푸르트	암셀 마이어 로스차일드(1773~1855)
빈	살로몬 마이어 로스차일드(1774~1855)
런던	네이선 마이어 로스차일드(1777~1836)
나폴리	칼 마이어 로스차일드(1788~1855)
파리	제임스 마이어 로스차일드(1792~1868)

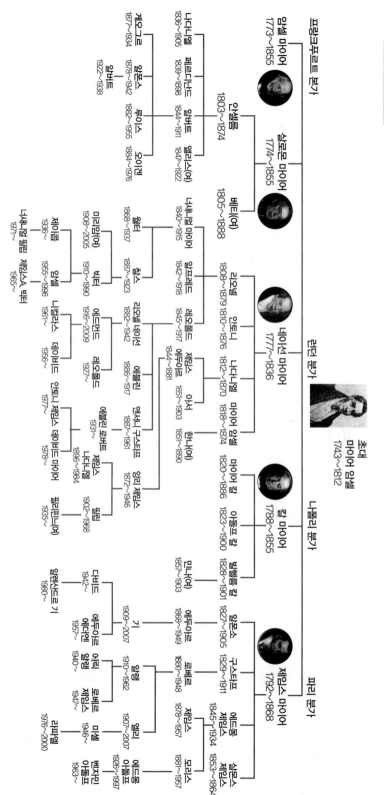

로스차일드 가계도

형제들, 정보 및 수송 네트워크 구축

형제들은 유럽 전체를 커버하는 '통신과 마차 수송 네트워크'를 만들었다. 통신은 주로 비둘기를 사용했는데, 날씨가 나빠 비둘기를 날리기 힘들 때는 배를 띄웠다. 당시 로스차일드 집안은 영국과 프랑스를 가로막는 도버해협에 자가용 쾌속선을 여러 척 대기시켰다. 네이선은 악천후 속에 바다로 나갈 용감한 선장이 급히 필요할 때면 늘 수고비를 듬뿍 주었다. 이들은 몇 세대에 걸쳐 로스차일드가에 봉사하며 대대로 충성심을 이어 갔다. 그들은 네이선을 위해서라면 태풍과의 싸움도 불사했다. 비바람이 몰아치는 날에도 반드시 출항해 도버해협을 넘나들었다.

또한 유럽 대륙을 종횡무진으로 내달릴 수 있는 마차 수송 네트워크도 갖고 있었다. 이 로스차일드 집안 전용 파발마는 어느 파발마보다 빨리 전 유럽을 누비고 다니며 독자적인 정보망을 구축했다. 그들은 마부를 바꿔가며 밤새 달렸다. 남들이 닷새 걸릴 길을 그들은 나흘이면 충분했다. 이 하루 차이가 금융 세계에서는 잔혹하게 승패를 갈라놓았다. 예를 들어 혁명 소식을 하루 먼저 접한 로스차일드는 그 나라 채권을 미리 팔아 치우고 다음날 혁명으로 채권이 폭락하면 저녁에 다시 헐값에 사들였다. 그러면 하루 만에 채권이 서너 배로 부푸는 것이다. 또한 그들은 보안을 유지하기 위해 정보를 전달하는 편지에도 이디시어와 암호를 조합한 것을 사용했다. 3백 년 전부터 로스차일드 집안은 정보가 돈을 낳는다는 사실을 알고 있었던 것이다.

실제 이 네트워크를 이용한 빠른 정보는 엄청난 이득으로 연결되었다. 가문의 정보원들은 로스차일드의 다섯 은행을 오가며 정부와 금융계의 동향을 다른 은행에 비해 30시간 정도 먼저 알렸다. 예를 들면 1805년

12월 나폴레옹이 아우스터리츠 전투에서 오스트리아군에 대승했다는 소식을 먼저 안 형제들은 각국에서 오스트리아 채권과 주식을 내다 팔았다. 그리고 패전 소식이 전해져 가격이 폭락하면 다시 사들였다. 이러한 정보전에 맛들인 형제들은 공매도(空賣渡)도 서슴지 않았다. 공매도란 주식 가격이 떨어질 것을 미리 알고 주식을 빌려다 판 다음 가격이 떨어진 이후 싼 주식을 사서 되갚는 방식이다. 이런 식으로 한 몸처럼 움직인 형제들은 유럽의 돈줄을 움켜쥘 수 있었다.

형제 중 하나가 손해를 봐도 다른 형제가 이를 만회했다. 영국 철도 사업에서 재미를 못 보면 오스트리아와 프랑스 철도건설을 추진하는 식이었다. 그들에겐 실패도 유용한 정보이자 재산이 되었다. 당시의 '정보 및 수송 네트워크'는 오늘날 인터넷에 의한 네트워크만큼이나 획기적인 시스템이었다. 이것은 형제들끼리만 가능한 제휴 플레이였다.

그들의 최대 무기는 무엇보다도 뛰어난 정보 분석력이다. 로스차일드 집안이 융자를 제공할 때는 사전에 당시 유럽의 정치정세를 분석한 정보를 토대로 치밀하게 조사해 변제능력을 철저하게 검증했다. 특히 전쟁이 끊이지 않았던 격동의 유럽에서는 정치정세 분석이 생존의 관건이었다. 격변하는 시대의 물결 속에 사라지는 은행들이 많았지만, 로스차일드 집안은 서로의 정보망을 이중으로 검증하고 분석하는 로스차일드 시스템을 탄생시켰다. 당시 군소 유대 금융가문들은 이러한 로스차일드 가문의 정보 네트워크에 일원이 되는 게 꿈이었다. 로스차일드 가문과 정보만 공유할 수 있으면 금융 시장의 강자가 되는 것은 시간 문제였기 때문이다. 적어도 정보 부재로 실수하는 일은 없을 것이기 때문이다.

밀수로 떼돈을 벌다

로스차일드 가문의 '정보 및 수송 네트워크'가 진가를 발휘한 사례가 있다. 1806년 나폴레옹이 대륙봉쇄령을 내리자 유럽의 공산품 가격이 폭등했다. 싸고 품질 좋은 영국산 제품을 사용할 수 없었기 때문이다. 로스차일드 상사의 맨체스터 지점은 이 기회를 놓치지 않았다. 값싼 옷을 대량 구입해 로스차일드 정보원들이 개척한 밀수 루트를 통해 프랑크푸르트로 긴급 공수했다. 그는 종래의 면포뿐 아니라 식료품과 유럽에서 살 수 없는 모든 물품들을 사서 보냈다.

이 물건들은 독일뿐 아니라 유럽 대륙으로 뿌려졌다. 담배·커피·설탕·염료 등이 비싼 값에 팔려 나갔다. 상품뿐 아니라 화폐의 밀수도 서슴지 않았다. 예를 들어 영국에서 스페인으로 돈을 보내야 할 경우, 영국 화폐를 프랑스로 반입해 스페인 수표로 교환한 후 스페인에 이 수표를 안전하게 전달하는 방식이다. 전시에 통화는 금괴이거나 현지 통화여야 하기 때문이다.

이제 로스차일드 가문은 상품과 자금의 안전하고 빠른 수송으로 알게 모르게 유명해졌다. 그 뒤 네이선은 영국 군대의 군자금 수송을 도맡았다. 나폴레옹의 대륙봉쇄령 기간 동안 위험을 무릅쓰고 대륙으로 금 밀수를 해본 사람은 네이선 말고는 없었기 때문이었다. 그는 아무리 어려운 환경에서도 기필코 임무를 완수했다. 사실 이는 영국에서 금이 유출되면 영국의 힘이 약해진다고 중상주의적으로 사고한 프랑스 당국이 모른 채 했기에 가능했다. 나중에 로스차일드 가문은 영국과 동맹국들에게 생명줄이 된다. 그들은 영국과 협력하고 있는 신성동맹국들에게도 영국이 지원하는 군자금을 수송하며 정치적 연결망을 구축했다. 또 이렇게 번 돈의 절반을 금에 투자했다. 전쟁으로 금값이 치솟자 정부에 비싼 값에 팔아 큰 차익을 남겼다.

네이선, 유럽 금융계 장악

미국의 토머스 제퍼슨(Thomas Jefferson) 대통령은 1803년 나폴레옹과 세기의 흥정을 벌였다. 나폴레옹에게서 당시 1천5백만 달러에 해당하는 금을 주고 지금의 루이지애나 주를 사들인 것이다. 당시 신흥 국가였던 미국의 국제신용도는 그리 높지 않았다. 제퍼슨이 나폴레옹으로부터 루이지애나 주를 매입할 때 프랑스가 미국 국채를 결제수단으로 인정하지 않아 미국은 현찰, 곧 금으로 대금을 지불해야 했다.

나폴레옹은 이렇게 루이지애나 주를 팔아 그 돈으로 군대를 강화해 유럽 정복의 여정을 시작했다. 하지만 뜻대로 되지 않았다. 러시아 정벌 실패로 그의 힘은 크게 쇠약해지고, 급기야 엘바 섬에 유배되었다가 탈출에 성공, 다시 최후의 전투를 준비하게 된다. 일이 이렇게 되자 영란은행은 나폴레옹과 맞서는 나라에 전력을 다해 막대한 규모의 군자금을 빌려주었다.

한편 영란은행의 대주주였던 네이선 마이어 로스차일드는 영란은행을 통해 나폴레옹과 맞서는 국가에 대규모로 돈을 빌려 주는 한편, 나폴레옹에게도 접근했다. 1807년 네이선은 가문을 대표해 나폴레옹을 만나 비밀협약을 맺었다. 나폴레옹에게 스페인 침공자금을 대는 조건으로 스페인의 금을 갖겠다는 협약이었다. 전쟁 시에는 금만이 유일한 국제 화폐였다. 네이선은 전통적인 유대인의 기술로 여러 악조건 속에서도 금괴를 신속하고도 안전하게 전장의 군부대로 옮겼다. 1808년 나폴레옹이 스페인을 침공할 때, 네이선이 직접 진두지휘해 파리로 스페인의 금을 반출했다. 이로써 영국 최고의 거부 반열에 올랐다.

18세기까지만 해도 유럽의 대표적인 은행은 기독교도가 운영했다. 이러한 판세를 뒤엎은 사람이 바로 네이선 마이어 로스차일드이다. 그는 1810년에 런던 증권거래소에서 금융왕 베어링을 제치고 일인자 자리에 올랐다. 런던 금융계 입성 후 6년도 채 안 되는 단기간에 유럽 금융계를 장악한 것이다. 놀라운 사업 수완이었다.

로스차일드의 유언, 집안 재산을 일체 공표하지 말라

1811년에는 막내 제임스 마이어 로스차일드가 파리에 정착했고, 이듬해 부친 마이어 암셀 로스차일드가 68세로 사망했다. 마이어가 세상을 떠나면서 남긴 유언은 다음과 같았다.

첫째, 가문 은행의 요직은 반드시 가문 내부에서 맡아야 한다. 남자만이 상업 활동을 할 수 있다.

둘째, 사촌끼리 결혼함으로써 재산의 외부유출을 막아라.

셋째, 재산 상황을 절대 외부에 공개하지 말라.

넷째, 재산상속시 변호사를 개입시키지 말라.

다섯째, 장자가 우두머리다. 가족이 만장일치로 동의할 경우에만 차남을 후계자로 할 수 있다. 유서내용 위반자는 재산 상속권 일체를 박탈한다.

이 유언장 문구는 이후에도 로스차일드 가문 후손들의 유언장에 예외 없이 그대로 반복되곤 했다.

이 때문에 오늘날까지 로스차일드 일가의 자산은 비밀에 싸여 있다. 당시 상황은 이해할 만한 것이었다. 그들은 수없이 많은 유력한 개인들과 몇몇 정부들과 은밀한 거래를 많이 했다. 이러한 비밀을 지키기 위해서는 꼭 필요한 서류 이외에는 보존하지 않았으며, 이마저도 일정 기간이 지나면 조직적으로 파기하곤 했다. 반유대주의를 촉진시킬 만한 어떠한 사소한 증거도 남기려 하지 않았기 때문이다. 아울러 가문의 금전적 흐름과 상황을 외부에 노출시키는 것도 철저히 금지시켰다. 마이어는 1810년부터 그가 사망할 때까지 다른 일반 사업에서 손을 떼고 수익이 월등한 금융업에만 전념했다. 그의 다섯 아들들도 유럽 5개국의 수도에서 은행업으로 뿌리를 내렸다.

네이선, 금 유통을 장악하다

1814년 영국 동인도회사의 인도무역 독점권이 폐지되자 네이선은 이 회사의 주식을 대부분 사들여 흡수했다. 이후 동인도회사를 통해 금을 대량으로 사들였다. 한마디로 금을 싹쓸이하다시피 한 것이다. 이에 더해 네이선은 당시 전비 조달을 위해 영국해협을 통해 유럽 대륙에서 막대한 양의 금을 사들여 영국 정부에 큰 이득을 붙여 팔았다.

1814년 1월 11일, 영국 재무장관이 보낸 편지 한 장이 영국군 총사령관인 웰링턴 공작에게 도착했다. 이 편지의 내용은 네이선을 영국 정부의 대리인으로 임명한 것이다. 몇 해 전부터 영국 정부를 대신해 웰링턴 장군의 부대에 군자금을 송금해 주었으나 이로써 명실상부한 영국 정부의 유일한 법정대리인이 된 것이다. 이듬해 3월 1일에는 나폴레옹이 유배

::: 나폴레옹. 로스차일드가는 나폴레옹에게
도 군자금을 제공해, 아군 적군 가리지 않고
전쟁 통에 부를 축적할 수 있었다.

지 엘바 섬을 탈출해 파리로 돌아
왔다.

네이선의 임무는 유럽 대륙에서
금과 은을 최대한 많이 모아 프랑
스 남부를 진격 중인 웰링턴 장군
에게 전달하는 것이었다. 영국 정
부는 채권 판매로 엄청난 양의 현
금을 보유하고 있었다. 하지만 웰
링턴 공작에게 현금은 쓸모가 없었
다. 군인들에게 급여를 주고 동맹군들에게 사례금을 주려면 언제 어디서
나 지불 가능한 통화가 필요했다. 결국 네이선은 채권 시장에서 빌린 돈
을 금으로 바꿔 웰링턴 장군에게 전달했다. 로스차일드가 제공한 금은
상자 884개와 커다란 포도주통 55개를 가득 채운 양이었다. 2백만 파운
드가 넘었다. 네이선은 유럽 전역에 뻗어 있던 로스차일드 가문의 신용
네트워크를 이용해서 금을 모은 뒤 수송 작전을 성공적으로 수행했다.
1811~1815년까지 6년간 네이선은 4천2백5십만 파운드의 금괴를 스페인
에 있던 영국군에게 보냈다.

유럽의 금 유통은 대부분 로스차일드 가문의 영향력 아래 놓이게 되
었다. 예를 들어 파리의 금값이 런던보다 비쌀 때는 파리의 막내 제임스
가 금을 팔아 환어음을 받은 뒤 이를 런던에 보냈다. 그러면 런던에 있는
네이선이 이 환어음으로 더 많은 금을 사는 식이었다. 한마디로 무위험
차익거래였다. 로스차일드 가문은 이런 식으로 환차익 수익을 거두었다.
이것이 지역별 가격 차이에 대한 대응이라면 시기적 대응도 있다. 금은의
시세가 평소보다 많이 떨어져 있으면 모든 지점망을 동원해 금괴와 은괴

를 사기 시작한다. 그러면 시중의 품귀 현상이 발생해 금은 값이 치솟아 돈을 벌게 된다. 이렇듯 독과점 체제가 이루어지자 아예 로스차일드가 금값을 결정했다.

정보 선점의 위력

당시 유럽에서는 세계 역사의 운명을 결정할 워털루 전쟁이 벌어지고 있었다. 세계 3대 전쟁의 하나로 일컬어지는 대규모 전투였다. 만일 나폴레옹이 승리를 거머쥐면 프랑스가 유럽의 주인이 되며, 웰링턴 장군이 나폴레옹을 물리치면 영국이 패권을 장악하게 되는 형세였다. 이 전쟁의 승패를 남보다 먼저 알기 위해 로스차일드가는 유럽 내 모든 정보망을 가동했다.

1815년 6월 18일 브뤼셀 근교의 워털루에서 나폴레옹이 영국의 웰링턴 장군에게 패배했다. 이 정보를 로스차일드 런던이 영국 왕실보다 먼저 입수했다. 네이선은 증권시장으로 직행했다. 큰손으로 알려진 그에게 전쟁 결과를 초조하게 기다리던 사람들의 시선이 조심스럽게 집중되었다. 그러나 네이선의 얼굴에는 표정이 없었다. 단지 그의 눈빛 지시에 따라 네이선의 사람들이 국채를 내다 팔기 시작했다. 이러한 움직임에서 사람들은 분명히 영국이 전쟁에서 패했기 때문이라고 짐작했다. 그래서 그들을 따라 보유 국채를 매물로 내놓았다. 그렇지 않아도 워털루 전투에 앞서 벌어진 전투에서 영국군이 패했고 이번에 형세가 아주 나쁘다는 소식이 전해진 상황이었다. 사람들은 불안해 했고 네이선은 계속 국채를 매도했다. 이를 본 증권시장 안에서는 '워털루 전투에서 영국군이 프랑스

군에 패배했다'는 루머가 돌았다. 순식간에 증권시장은 아수라장이 되었고 충격과 공포로 국채와 주식 가격은 폭락에 폭락을 거듭했다. 채권은 순식간에 액면가의 5퍼센트도 안 되는 휴지조각으로 전락했다.

네이선의 또 다른 눈빛 지시에 따라 네이선의 사람들은 95퍼센트 이상 폭락해 휴지나 다름없이 된 채권과 주식을 다시 긁어모으기 시작했다. 패닉 상태로 이성을 잃은 투자자들이 앞다투어 투매할 때 그들은 국채와 주식을 닥치는 대로 사들였다. 다음날 대반전이 일어났다. 나폴레옹이 여덟 시간의 전투 끝에 병력의 3분의 1을 잃고 대패했다는 소식이 전해졌다. 하루가 지난 뒤에야 승전보가 도착한 것이다. 국채와 주식은 다시 천정부지로 치솟았다. 이로써 네이선은 영국 증권시장에서 정부 채권을 이용해 하룻사이에 20배의 매매 차익을 챙길 수 있었다.

로스차일드가는 '정보'와 '시간'의 중요성을 누구보다 잘 알고 있었다. 주식도 마찬가지였다. 그들은 영국 채권 총량의 62퍼센트를 거머쥐었다. 이날 영국의 명문 재산가 대부분이 파산했다. 이때를 빗대어 사람들은 로스차일드 가문이 영국을 샀다고 평했다. 아니 강탈한 것이다.

로스차일드, 영란은행을 접수하다

그 뒤 네이선은 실제로 영국 최고의 채권가로서 영란은행의 공채 발행을 주도하는 실권자로 등극해 국채 발행을 주도하고 영란은행의 실권을 장악했다. 네이선은 전쟁이 끝나자 영란은행 주식의 대부분을 사들였다.

1815년 전쟁이 끝난 직후 로스차일드 일가의 자산은 약 1억 3천6백만 파운드에 이르렀다. 그 가운데 네이선은 9천만 파운드를 소유하고 있었다. 당시 영국 최고의 부자로 알려진 왕가의 재산이 5백만 파운드 정도였으니, 그 규모가 실로 어마어마했다. 수년간 영국이 영란은행을 통해 유럽 동맹국들에게 제공한 자금인 4천2백만 파운드의 절반을 조달할 정도로 네이선은 금융계의 강력한 권력자가 되었다.

이때부터 화폐 발행과 금 가격을 포함한 중요한 결정권은 로스차일드 가문의 수중으로 들어갔다. 영국인들은 그동안 영국 정부에 내던 세금을 로스차일드은행에 내야 했다. 당시 영국 정부는 국채를 발행해서 재정지출에 필요한 자금을 충당했다. 영국 정부는 화폐 발행 권한이 없었기 때문에 로스차일드 소유의 영란은행에서 돈을 빌려 쓰면서 연 8퍼센트의 이자를 내야 했다. 결국 영국의 세금뿐 아니라 국채 가격과 통화 공급량을 모두 로스차일드 가문이 마음대로 주무를 수 있게 된 것이다. 대영제국의 경제와 금융이 통째로 로스차일드 가문에 들어갔다.

양털 깎기의 원조, 로스차일드

로스차일드 일가의 자본형성과정을 보면 정보를 한손에 쥐고 술수로 충격과 공포를 이용한 점을 볼 수 있다. 이러한 술수는 네이선에 의해 종종 사용되었다.

실제 이러한 충격과 공포를 이용해 자본을 수탈하는 '양털 깎기(fleecing of the flock)'라는 국제 투기자본들의 은어가 오늘날에도 있다. 이들은 오래전부터 이자놀이보다는 고의적인 공포나 불황을 만들어 자본을 이동시킨 후 개인이나 기업들의 재산을 한꺼번에 수탈해갔다. 그것이 훨씬 이익이 컸기 때문이다. 이후 '양털 깎기'는 주기적으로 시장의 희생을 강요해 왔다.

로스차일드가는 1818년 11월 프랑스에서도 이 작전을 사용했다. 당시 프랑스는 2억 7천만 프랑 상당의 국채 발행 주간사를 우브라르와 베어링 사에게 맡기려고 했다. 그 전해에도 이들에게 맡겼기 때문이다. 프랑스는 로스차일드가의 사람들을 만나 주려고도 하지 않았다. 철저히 소외된 것이다. 이렇게 매년 프랑스 국채 발행에서 배제되자 로스차일드는 자기들의 힘을 보여 줄 필요를 느꼈다.

주간사 선정이 가까워지면서 그간 꾸준히 상승하던 국채 가격이 급격히 떨어지기 시작했다. 폭락의 낌새가 보이자 잘못하면 국채 시장이 붕괴될지도 모르는 공포가 시장을 휩쓸었다. 증권 시장도 마찬가지였다. 전 유럽에 걸쳐 금융 기반이 흔들리기 시작했다. 정치가들 역시 투자금을 날릴까 봐 노심초사했다. 그때서야 사람들은 로스차일드를 무시하는 것이 무엇을 의미하는지 깨달았다. 이렇게 시장을 주무를 수 있는 것은 로스차일드뿐이라는 것을 인정했다. 예정되었던 국채 발행은 무산되었고 사람들은 로스차일드를 정중히 대접했다. 그리고 시장은 안정을 되찾았다.

이렇게 전 세계의 부를 거머쥔 로스차일드 일가는 1833년 그들이 장악한 영란은행을 통해 금본위제를 채택했다. 그 뒤 다른 은행들도 하나둘 금본위제에 동참하면서 오늘날의 화폐 체제가 만들어졌다. 이후로 세계 화폐 발행의 주도권은 유대인들의 손아귀에 들어갔고 세계 금 시장을 주도했다. 특히 1919년 런던 금 시장 개설 이후 지속적으로 시장 주도자로 참여해 금 가격을 결정하는 데 지대한 영향력을 행사했다. 로스차일드 일가는 지난 2백여 년 동안 유럽의 경제 및 정치계에 막대한 금력을 행사해 왔으며, 그 뒤 뱅크 오브 노비아, 스코티아, 도이치방크, HSBC 등을 설립하는 데 주도적 역할을 했다. 보험회사 얼라이언스도 설립했다.

산업혁명의 원동력, 로스차일드의 자본

로스차일드 가문은 막대한 자금력과 정보력, 각국 정치권력과의 밀접한 유대관계 등을 활용해 유럽을 휩쓴 산업혁명 시기에도 적극적으로 투자해 부를 늘렸다. 워털루 전쟁이 끝난 후 10년 동안은 전후 복구사업과 산업혁명에 필요한 자본을 조달하기 위해 이전 1백 년 동안에 발행되었던 유가증권보다도 더 많은 양의 유가증권이 발행되었다. 이 기간에 네이선은 런던 금융계의 맹주로 막대한 부를 늘려 갔으며, 1818년부터 1832년 사이에는 런던에서 발행했던 외국 정부의 공채 가운데 약 30퍼센트를 그의 은행이 주관했다.

살로몬, 대륙 최대 철도를 건설

스티븐슨(George Stephenson)이 증기기관을 발명하자 영국에서는 철도의 장래성이 화제가 되었다. 그러나 당시 사람들은 철도사업이란 미친 짓이며 네이선 또한 마차보다 나은 수송 수단은 없다고 믿고 있었다. 그러나 네이선의 예상과는 반대로 영국에서는 철도가 순조롭게 발전해서 그 장래성이 확실해졌다. 이제는 영국 철도에 손을 내밀 기회를 잃은 상태였다.

네이선은 형제들에게 철도산업을 추진해 볼 것을 권했다. 오스트리아의 살로몬 마이어 로스차일드가 즉시 이 아이디어를 검토했다. 그러나 보수적인 오스트리아 제국에서 '말(馬) 없는 탈 것'이라는 이야기는 도저히 있을 수 없는 엉터리 정보라고 여겨졌다. 철도 소문을 들은 일이 있는 지식층조차도 기차는 악마가 만든 강철기계라고 생각했을 뿐이다. 철도 사업을 추진하려면 세상의 몰매를 맞을 것이 뻔했다. 더욱이 그들은 유대인이었다.

하지만 살로몬은 조용히 일을 진행시켰다. 영국에 조사단을 파견하고 철도사업을 기술과 금융 면에서 검토시켰다. 운수사업을 선점하기 위해 오스트리아 여러 곳의 역마차 사업을 매수했다. 운송노선 예정지들을 도보로 조사했다. 한편 신문에 철도에 관한 계몽 기사를 계속 연재했다.

5년 동안 이와 같은 신중한 준비기간을 거쳐 살로몬은 오스트리아 황제 페르디난트 1세에게 빈에서 시작해 1백 킬로미터에 이르는 유럽 대륙 최대의 대규모 철도건설 사업을 신청했다. 이미 정치권과 충분히 사전 교섭을 했으므로 살로몬은 별다른 어려움 없이 황제로부터 면허를 취득할 수 있었다.

당시 살로몬은 재상 메테르니히의 오른팔 역할을 하고 있었다. 살로몬은 합스부르크가를 위해 채권을 팔아 주었으며 오스트리아의 산업 부흥을 위해서도 금융지원을 아끼지 않았다. 1822년에 메테르니히는 로스차일드를 비판했던 〈알게마이네 차이퉁〉 신문을 판매금지시킬 정도로 로스차일드와의 유대를 중시했다.

그런데도 계획이 발표되자 살로몬에게 심각한 비난이 쏟아졌다. 빈의 신문들에 전문가들의 반대 투고가 계속되었다. "인간의 육체는 시속 24

킬로미터 이상에서는 견딜 수 없다. 악마의 강철기계가 오스트리아를 달리게 되면 승객의 코와 눈, 입, 귀에서 피가 터져 나올 것이다. 터널에서는 승객들이 질식할 것이다. 철도는 흉폭한 영구차로 변할 것이다."

정신과 권위자들도 경고했다. "지금처럼 스트레스가 많은 사회에서 인간은 이미 정신적으로 과로 상태다. 더구나 철도에 승차해 긴장하면 인간은 완전히 발광하고 말 것이다."

살로몬은 그야말로 사면초가에 처했다. 아무리 로스차일드가의 살로몬이라 해도 여론의 거센 반대에는 돌파구를 찾기는 어려웠다. 더 큰 문제는 오스트리아 금융업자들이 외국인의 철도 투자는 위험하다고 강조하면서 살로몬을 적대시하는 것이었다. 이때 살로몬은 정치권과의 관계를 통한 중앙 돌파가 아닌 다른 방법으로 여론의 반대에 대처했다. 주식의 가치를 높이는 일이었다.

철도건설 자금을 충당하기 위해 주식을 1만 2천 주 발행해, 8천 주는 로스차일드 집안이 보유하고 나머지 4천 주는 선착순으로 판매하기로 한 것이다. 살로몬의 계산대로 철도를 반대하던 자들도 막상 로스차일드 집안이 나선다고 하니까 앞다투어 주식을 신청했다. 살로몬의 철도건설에 반대하던 금융업자들도 몰려들어 응모했다. 결과는 대성공이었다. 4천 주 공모에 여덟 배나 신청이 쇄도했다. "금화가 소리를 내면 욕설은 조용해진다."는 로스차일드 유훈이 딱 들어맞았다.

이 대성공의 뒤에는 살로몬의 보이지 않는 손이 은밀히 움직이고 있었다. 그는 대리인들에게 응모하게 함으로써 주식의 인기를 최대한 끌어올렸다. 그러나 세상은 이 같은 사실을 알지 못했다. 이로써 반대운동은 약간 수그러들었지만 아직 끝나지 않았다. 교섭의 천재 살로몬은 절묘한 아이디어를 선보였다. 그는 황제에게 철도의 정식 명칭을 '페르디난트 황제 북방철도'로 하겠다는 허가를 얻었다. 유럽 최대 철도의 기차, 역, 차량마다 모두 페르디난트 황제의 명칭이 붙는 것이다. '페르디난트 황제 북방철도'라는 명칭은 마치 로스차일드 집안의 철도에서 오스트리아제국의 철도가 된 듯한 인상을 주었다. 아무도 황제의 명칭을 받드는 철도건설에 반대할 수가 없었다. 4년 뒤 결국 철도 일부가 개통되었다.◆

제임스의 맹활약, 세계를 향한 문어발식 확장

1830년대부터 본격화된 프랑스의 산업혁명은 태반이 제임스 마이어 로스차일드의 자금력으로 이루어진 것이었다. 프랑스 최대의 철도 또한 제임스에 의해 부설되었다. 당시 제임스는 새로이 등장한 철도의 장래성에 주목하고 오스트리아에서 형 살로몬이 사업하는 것을 유심히 지켜 보았다. 그리고 철도사업에 진출해 유럽의 철도왕이 되었다. 제임스도 철도사업이 난관에 부딪히자 형이 했던 대로 노선 이름에 황제 이름을 붙여 아무도 반대하지 못하게 했다. 개통은 형보다 더 빨랐다. 그리고 연이어 세 개 노선을 완공시켰다.

그는 또 세실 로즈를 지원해 남아프리카의 금광과 다이아몬드 광산개발권을 획득했다. 제임스는 로스차일드 가문의 정보 네트워크를 잘 활용했다. 이어 그는 록펠러와 손잡고 석유산업에 진출했다. 러시아의 바크 유전 이권도 획득했다. 그리고 석유회사 '로열더치셸' 등을 포함해 정보·교통·에너지·귀금속 등 당시의 첨단산업 중심으로 사업을 팽창했다.

◆ 데릭 윌슨, 《로스차일드》, 신상성, 이희영 옮김, 동서문화사

1814년 영국 동인도회사의 인도무역 독점권이 폐지되자 그 이권 역시 지배했다. 그리고 1862년에는 나폴레옹 3세와 금융 업무를 제휴했다. 1870년에는 바티칸에 융자해 가톨릭을 금융으로 지배한다는 오해를 받기도 했다.

이후 프랑스 로스차일드가는 부르봉 왕가와 오를레앙가, 그리고 보나파르트가를 위한 재원을 마련했고 벨기에의 새로운 왕에게도 자금을 조달했다. 제임스의 아들 알퐁소는 프랑스가 프러시아전쟁에서 패배한 후 1871년 '베르사유 강화조약'을 체결할 당시 전쟁배상금을 낮추는 협상을 돕고, 1871년과 1872년 두 차례에 걸쳐 배상금을 조달하는 데 결정적인 기여를 했다. 다시 말해 프랑스를 꺾은 독일의 비스마르크가 전쟁배상금 50만 프랑을 2년 내 상환토록 하는 불리한 조약을 강요했으나 알퐁스가 이 돈을 프랑스 정부에 대부해 독일군을 프랑스에서 몰아낼 수 있었다.

로스차일드가, 부의 승계

프랑크푸르트에서는 로스차일드의 본가답게 독일 왕가 및 인근 제후국들을 위해 어음을 유통시키는 등 종가 은행으로서의 역할을 다했다. 나폴레옹이 철수한 뒤 독일은 그동안 흩어져 있던 3백여 개의 작은 봉건국가들을 합병해 30여 개의 큰 봉건국가로 구성된 독일연방으로 거듭났다. 큰아들 암셀 마이어 로스차일드는 바로 이 통일 독일의 초대 재무장관이 되었다. 슬하에 자식이 없던 암셀 마이어 로스차일드는 비스마르크와 부자지간처럼 가까이 지내며 그를 음으로 양으로 후원했다. 훗날 로스차일드와 비스마르크는 질긴 인연을 이어간다. 나폴리에서는 칼 마이어 로스차일드가 사르데냐, 시칠리아, 그리고 교황청을 위해 재원을 마련해 주었다.

로스차일드가의 총자산은 지금까지 정확히 밝혀진 적은 없다. 《화폐전쟁》을 쓴 쑹훙빈(宋鴻兵)에 의하면 로스차일드 가문의 재산은 1850년을 전후해 약 60억 달러에 달했을 것이라고 추정했다. 수익률을 6퍼센트라고 가정하면 160년이 지난 오늘날은 최소한 50조 달러 이상이라는 이야기다. 이는 빌 게이츠(William H. Gates) 재산의 1천 배 이상으로 2009년 기준 전 세계 금융자산의 4분의 1이 넘는 돈이다. 쑹훙빈은 지금 세계 금융자본의 절반이 사실상 로스차일드 가문의 돈이라고 주장했다.

1836년 6월, 네이선의 장남 라이오넬과 동생 카를의 딸인 샬로테의 결혼식이 열렸다. 사촌끼리의 결혼이었다. 그는 임종하면서 아들들에게 "이제는 세상이 우리의 돈을 빼앗으려고 할 것이므로 예전보다 더 긴장해야 한다.……중요한 것은 너희들이 일치단결하는 것이다."라고 강조했다. 다음 로스차일드 가문의 장문(長文)은 비록 막내지만 재능이 출중한 파리의 제임스가 맡았다.

유대인 순혈주의와 그 유전적 영향

로스차일드가의 사람들은 대부분 그들끼리 결혼했다. 막내 제임스는 둘째 형 살로몬의 딸이자 자기의 조카인 베티와 결혼했다. 다섯 형제의 아들들 열두 명 중 아홉 명 또한 사촌들과 결혼했으며 마이어의 후손들 50쌍 가운데 반이 사촌끼리 결혼했다. 이는 혈통을 지키기 위한 유대인의 오래된 관습이자 그들의 부를 지키기 위한 방책이었다. 《성경》에 보면 아브라함도 그의 사촌 누이인 사라와 결혼했으며 그의 아들 이삭과 손자 야곱도 사촌들과 혼례를 올렸다.

과학자 그레고리 코크란(Gregory Cochran)은 이러한 순혈의 유전적 영향을 유대인 가계를 추적해 연구했는데, 중세 유대인의 지능이 평균보다 12에서 15점 높다는 사실을 밝혀냈다. 당시 토지 소유가 금지된 유대인들은 금융과 무역에 종사할 수밖에 없었다. 이런 직업은 높은 지능이 요구된다. 생존을 위해 좀 더 똑똑한 유대인들이 더 많은 자식을 낳으면서 금융 유전자가 발달했다는 것이다. 순혈은 그러나 혹독한 대가를 요구한다. 유대인들은 지능과 함께 가우처병·니만피크병 등 난치 유전병도 물려받았다.

로스차일드의 사람들, 미국으로 파견되다

1836년 로스차일드 가문에 비상이 걸렸다. 로스차일드가 일가가 가장 많은 지분을 보유했던 미국 민간 중앙은행이 앤드류 잭슨 대통령의 지시로 문을 닫는 일이 벌어진 것이다. 미국을 이대로 방치할 수는 없었다. 로스차일드 가문은 스물넷의 젊은 어거스트 벨몬트(August Belmont)를 미국으로 파견하기로 했다.

그는 열네 살의 어린 나이에 프랑크푸르트 암마인에 있는 로스차일드 상사에 입사해 뛰어난 능력을 발휘했다. 로스차일드가의 친척이기도 한 그는 출중한 능력을 인정받아 3년 후에 나폴리 지점으로 옮겨 더 중요한 직위에서 일을 했다. 그 뒤 스물한 살에 쿠바에 파견되었다. 다시 한번 탁월한 재능을 인정받아 아예 지점 전문이 되었다. 벨몬트는 독일어, 영어, 불어, 스페인어, 이탈리아어에 능통했다.

1837년 뉴욕 시로 파견된 그는 월스트리트에 사무실을 열고, 로스차일드 미국지점을 차렸다. 당시 미국은 심각한 불경기였다. 벨몬트는 헐값에 팔리는 미국의 주식과 채권을 쓸어 담았다. 미 정부의 공채는 사들여 유럽으로 보내 많은 이윤을 붙여 유럽 시장에 내다 팔았다. 젊은 나이에 뉴욕 금융가에서 대량의 주식과 국채를 매입한 그는 하루아침에 일약 유명 인사가 되고 대통령의 금융 고문까지 된다. 그 뒤에도 벨몬트는 로스차일드의 대규모 자금으로 국채를 끊임없이 사들였다.

이것을 기반으로 어거스트벨몬트사를 설립한 그는 로스차일드의 자금 지원에 힘입어 몇 년 안에 자기 회사를 미국에서 가장 큰 은행 중 하나로 만들었다. 어거스트 벨몬트는 일본을 개항시킨 페리 제독의 딸 캐롤라인 페리(Caroline Perry)와 결혼해 정치적으로도 영향력을 갖기 시작했다. 그는 미국 정부의 요청으로 외교관이 되어 헤이그 공사로 파견되기도 했다. 페리 가문의 후손 윌리엄 페리(William Perry)가 클린턴 정권의 국방 장관을 지내기도 했다.

세계공황, 로스차일드의 위력을 각인하다

영국 자본의 유입과 영란은행의 신용팽창에 따른 과대투기로 미국에 버블이 심각해졌다. 이는 사실 영국 로스차일드로부터 미국으로의 금 유출이 많아 유동성이 풍부했기 때문이다. 월요일에 주당 25센트하던 주식이 주말에 4천 달러로 폭등하는 기현상이 일어났다. 결국 버블이 터지면서 1857년 뉴욕증시는 대폭락의 재앙을 맞았다.

공황이 발발하자 로스차일드는 부랴부랴 대출해 준 돈들을 회수하기 시작했다. 결국 뉴욕의 대부분 은행들이 도산했다. 일부 유대자본의 은행들만 큰 손실을 입지 않았다.

그 뒤 미국 캘리포니아에서 대규모 금광이 발견되어 유동성이 풍부해지자 오히려 인플레이션이 일어났다. 이번에는 영국에서 공황이 발발했다. 미국으로부터 상대적으로 금값이 비싼 영국으로 대량의 금이 유출되었기 때문이다. 그리하여 최초의 세계공황이 일어났다.

공황기에는 어음유통이 완전히 중단된다. 누구도 약속어음을 받지 않고 현금만을 받으려 하기 때문이다. 그것도 영란은행 은행권만이 유통능력을 보증 받았다. 이는 국가가 은행을 뒷받침해 주고 있었기 때문이다. 이때 세계 금융업계는 로스차일드의 힘을 실감했다. 한마디로 영국 로스차일드의 위력이 온 세상에 각인되는 계기가 되었다. 다행히 이 공황은 자유무역의 추진, 유럽 내외의 철도건설, 남북전쟁을 비롯한 일련의 전쟁의 영향으로 곧 극복이 되어 1860년대에는 전대미문의 호경기를 낳게 된다.

영국, 수에즈운하를 사다

지중해와 홍해를 잇는 수에즈운하. 세계 상업 지도를 뒤바꾼 이 운하는 당시 오스만제국에 속해 있던 이집트 총독 이스마일이 1860년대에 프랑스 기술자 페르디낭 드 레셉스(Ferdinand Marie de Lesseps)의 도움으로 건설했다. 영국은 운하 건설이 기술적으로 불가능하다고 생각했기에 투자하지 않았다. 결국 운하는 프랑스의 재정원조로 완성되었다. 수에즈운하의 완공으로 유럽에서 극동까지 항해시간이 반으로 줄었고, 인도·중국·오스트레일리아·뉴질랜드 등 영국의 주요 식민지로 가는 뱃길도 거의 직선으로 열렸다. 드 레셉스는 운하가 개통된 이후 선박통과 요금을 계속 올렸고, 영국은 울며 겨자 먹기로 돈을 지불해야 했다. 더 큰 문제는 식민지를 놓고 다투는 경쟁국 프랑스의 영향권에 있는 수에즈운하가 언제 막힐지 알 수 없다는 점이었다. 그러나 불안해 하던 영국에게 기회가 찾아왔다. 1875년 11월 현금이 바닥난 이스마일 총독이 돈을 모으기 위해 자신이 보유하던 수에즈운하 주식의 44퍼센트를 비밀리에 시장에 내놓은 것이다.

당시 영국 수상은 제국주의자로 알려진 보수당 벤저민 디즈레일리 (Benjamin Disraeli)였는데, 그는 이번 기회에 꼭 운하를 매입해야겠다고 마음먹었다. 디즈레일리 수상은 빅토리아 여왕에게 강력히 운하매입을 권하는 한편, 비밀각료회의에서 만장일치로 매입을 결정했다. 문제는 신속함과 기밀엄수였다. 프랑스 때문이었다. 이스마일은 당시로서는 엄청난 액수인 4백만 파운드를 요구했다. 영국에서 그런 거액을 단기간에 마련할 사람은 로스차일드가밖에 없었다.

유대인 최초로 영국 수상이 된 디즈레일리는 친구 리오넬 로스차일드에게 급사를 보내 "내일까지 4백만 파운드를 빌려 달라."고 부탁했다. 리오넬이 담보가 무엇이냐고 묻자 "대영제국"이라는 대답이 돌아왔다. 그는 더 이상 묻지 않고 바로 4백만 파운드를 마련해 주었다. 그리하여 영국은 17만 6천 주를 매수해 수에즈운하의 최대 주주가 되었다. 영국은 환호했고 프랑스는 분노했다. 영국은 운하 매입으로 국제무역에서 큰 이익을 얻게 되었고, 아프리카·아시아 진출이란 측면에서도 큰 도움을 받았다.

훗날 영국은 수에즈운하 보호를 명목으로 이집트를 보호하고, 여세를 몰아 수단까지 식민지화했다. 영국이 3C정책, 즉 남아프리카 공화국의

케이프타운, 이집트의 카이로, 인도의 캘커타를 잇는 영국의 대표적인
식민정책을 세울 수 있던 것도, 그 지역에서 프랑스와 독일 세력을 견제
할 수 있던 것도 다 수에즈운하 매입 덕분이었다. 여기서 중요한 것은 4
백만 파운드라는 액수다. 대영제국 역사상 최대 부호는 당시 빅토리아 여
왕으로, 그 자산은 아무리 많아도 5백만 파운드를 넘지 못했다. 반면 19
세기 1백 년 동안 로스차일드 가문이 획득한 부는 4억 파운드를 넘은 것
으로 추정된다. 로스차일드 가문이 대영제국의 빅토리아 여왕보다 수십
배의 부를 소유했던 것이다. 그렇기 때문에 수에즈운하 주식구입 대금마
저도 당일로 바로 처리할 수 있었던 것이다.

미국 남북전쟁에서 일격을 당한 로스차일드

런던의 국제 금융가들에게 모처럼 큰 장이 섰다. 바로 미국에서 남북전쟁이 터진 것이
다. 유대인들이 이런 기회를 놓칠 리 없었다. 로스차일드가는 나폴레옹 전쟁, 러시아 혁
명, 프랑스 혁명 등 주로 사회 변혁기의 혼란한 틈을 타 돈을 벌었다. 로스차일드가는
이미 그 전에 미국의 전쟁 분위기를 감지하고 있었다.

1859년 가을, 제임스 마이어 로스차일드의 아들인 프랑스의 살로몬 제임스 로스차일
드가 여행자 신분으로 파리에서 미국으로 날아가 모든 정보를 수집했다. 미국의 남부와
북부를 종횡무진하며 현지의 정계와 금융계 요인들을 골고루 접촉하는 한편, 수집한 정
보를 영국 런던에 있는 사촌 형 나대니얼에게 보냈다.

이를 분석한 로스차일드가는 미국은 두 개로 쪼개질 수밖에 없다고 판단했다. 이렇게
되면 로스차일드가에게는 또 다시 큰 기회가 되는 것이다. 어차피 전쟁이 시작되면 양
쪽 모두 막대한 전비가 필요하기 때문에 로스차일드가에 손을 벌리지 않을 수 없다고
생각했다. 실제 전쟁이 시작되자 링컨은 로스차일드가의 대리인인 벨몬트에게 거액의
국채를 인수할 것을 제안했다. 로스차일드 가문이 예상했던 수순이었다. 링컨으로서는
달리 길이 없을 것이라 판단해 국채를 포괄적으로 전부 인수해 주는 대신 고율의 이자
를 불렀다. 자그마치 연 24~36퍼센트의 터무니없이 높은 이자율이었다.

::: 남북전쟁을 승리로 이끈 미국 대통령 링컨의 암살 장면을 그린 그림

링컨은 이러한 이자를 물다간 남군에 지는 게 아니라 유대 국제금융가들에게 먼저 나라가 먹힐 것이라고 판단했다. 그는 금융재벌들의 제안을 거부하고 돌아와 의회를 본격적으로 설득했다. 마침내 의회는 미재무부가 '담보 없이' 20년 동안 5퍼센트의 이자가 붙는 국채를 발행하도록 승인했다. 금이나 은을 비축하지 않고도 정부지폐를 발행할 수 있는 권한을 얻어낸 것이다. 이로써 미국 정부는 독자적으로 전시에 불환지폐인 법정화폐를 발행할 수 있게 되었다.

새 화폐는 기존의 다른 은행권들과 구별하기 위해 녹색의 도안을 사용했다. 이렇게 하여 1861년 '국채(Demand Notes)'라고 불린 최초의 10달러 지폐를 '재무부'가 발행했다. 연방정부가 일반 대중에게 최초로 지폐를 널리 유포시킨 것이다. 이때 링컨 대통령 초상화가 인쇄된 10달러 지폐는 색상 때문에 '그린백'이라는 별칭을 얻었다. 링컨은 전시 기간 중 약 4억 5천만 달러 이상의 그린백을 발행했다. 로스차일드가로서는 전혀 예상치 못했던 일격이었다. 북군은 그래도 전비가 모자라자 대규모 국채를 발행했다. 이나마도 다른 유대 금융가들이 컨소시엄을 구성해 국채를 인수했다. 너무 욕심을 부린 로스차일드가는 전혀 재미를 보지 못했다. 게다가 담보 없는 지폐가 대량 유통되면서, 금본위제도의 나라들을 상대로 장사했던 로스차일드의 독과점적인 금 시장이 심대한 타격을 받았다. 이후 링컨은 의문의 암살을 당한다.

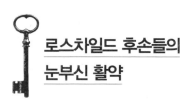

로스차일드 후손들의
눈부신 활약

3대째가 되자 로스차일드 가문의 후손들은 부와 함께 명예도 누렸다. 영국에서는 현지에 동화되지 않은 최초의 유대인이 의원으로 선출되었고 런던의 중심가 피카딜리에는 일명 '로스차일드 거리'가 생겨났다. 유럽 각 국의 국왕들은 로스차일드의 재정 지원을 받지 못하면 전쟁을 수행할 수 없을 지경에 이르렀다. 어느 한쪽에 치우치지 않은 채 전쟁자금 지원과 군 수품 조달을 하는 것은 늘 그들 몫이었고 가문의 위력은 실로 대단했다.

에드몽 로스차일드, 이스라엘 건국을 돕다

이스라엘 건국의 역사는 19세기 후반의 시오니즘(Zionism)에서 비롯된 다. 시오니즘은 "시온으로 돌아가자."라는 구호로 유명한데, 시온이란 이 스라엘의 한 지명이자 《구약성경》에 나오는 지명으로 고대 예루살렘에 있던 두 개의 언덕 중 동쪽에 있던 지역이다. 시온은 종교적으로 상당히 중요한데 《성경》에 따르면 시온은 하느님이 거처하는 곳이며, 그가 다윗 을 왕으로 세운 곳이다. 〈예레미야서〉에는 시온은 유대인들이 바빌론 유수에서 돌아올 구원의 장소로 묘사된다. 이런 이유로 시온은 단순한 지명을 떠나 유대인들에게 영원한 고향으로, 구원의 이름으로 남아 있게 되었다. 때문에 유대인들이 자신들의 민족국가 수립의 염원을 시오니즘이라고 명명한 것은 극히 당연한 일이었다.

1897년 8월 29일 스위스 바젤에서 시오니즘의 첫 단추가 꿰워졌다. 그 자리에 세계 유대인 대표들이 한자리에 모였다. 오스트리아의 언론인 테오도르 헤르츨(Theodor Herzl)이 주도했다. 그 대회에서 1948년 이스라엘 건국의 출발점이 된 '유대인 국가를 세운다'는 역사적인 결의문이 채택되었다. 이른바 '바젤강령'이다.

시오니스트 대회는 당시 오스만제국 술탄의 승인과 식민 열강의 지지를 받아 팔레스타인에 국가를 창설한다는 선언으로 출발했다. 기원후 70년 로마에 국가와 영토를 빼앗기고 각지로 흩어진 유대인들이 2천 년 가까이 꿈꾸던 고국이었다.

이때 오스만튀르크가 유대인들의 제안에 솔깃했던 이유는 독립 허용 대가로 막대한 금액의 재정 지원을 제의했던 때문이다. 그러나 아랍권의 반발이 거세지자 없던 일로 돌리고 말았다. 오스만제국에 이어 팔레스타인 지역의 통치를 떠맡은 영국도 몇 차례에 걸쳐 유대인국가의 설립을 약속했으나 역시 아랍권의 반발로 백지화되곤 했다.

바젤강령은 "시온주의는 팔레스타인에 국제법으로 보장되는 유대인의 조국을 건설하고자 한다."는 게 요지다. 운동본부는 오스트리아 빈에 설립되었다. 이 운동의 핵심적인 인물이 테오도르 헤르츨이었다. 시오니스트(zionist)◆ 대회는 2년마다 열렸으며 1901년까지 지속되었다. 헤르츨은

◆ 팔레스타인에 유대인의 나라를 세우려고 힘쓰던 시오니즘을 믿고 받드는 유대인들

오스만튀르크 제국에 팔레스타인 자치권을 요구했지만 거절당했다. 그러나 영국은 이 운동에 호의적이었다. 영국은 우간다의 일부 지역을 제공하겠다고 했다. 그러나 시온주의자들은 이를 거절하고 팔레스타인을 고집했다.

1904년 헤르츨이 사망하자 운동본부는 쾰른, 베를린으로 옮겨 다녔다. 1차 세계대전까지 이 운동은 극소수의 인물들만 참여한 미미한 운동이었다. 참가한 사람들은 대개 러시아 거주자들이었고 운동의 지도부는 오스트리아와 독일 거주자였다. 1905년 러시아 혁명이 실패하고 대학살이 일어나자 많은 러시아 출신 유대인들이 팔레스타인으로의 이주를 감행했다. 1914년경에 팔레스타인으로 이주한 유대인들은 모두 9만여 명에 이르렀다.

그 무렵 러시아가 반유대주의를 국가정책으로 삼으면서 엄청난 수의 유대인이 서유럽으로 쏟아져 들어왔다. 이와 함께 예루살렘으로도 많은 유대인들이 모였다. 그러나 이들은 거의 빈손이었고 누군가의 재정적인 도움이 절대적으로 필요했다. 이때 나타난 것이 에드몽 제임스 로스차일드였다. 팔레스타인 지역에 이주하는 유대인들이 자립할 수 있도록 자금을 댔다. 에드몽은 기부의 스케일도 달랐다. 팔레스타인에 유대인이 거주할 수 있는 땅을 거금을 주고 사들여 유대인을 이주시키고 이스라엘을 세우는 데 기여했다. 이 단계에서 땅 구입 자금은 170만 파운드에 달했는데, 그중 10만 파운드를 제외한 나머지는 모두 에드몽 자신의 주머니에서 나왔다. 에드몽이 산 개척지를 중심으로 예루살렘은 이슬람의 도시에서 유대인의 도시로 바뀌기 시작했다. 그 뒤에도 로스차일드 파리가(家)에서 1만 7천만 프랑을 이스라엘 건국자금으로 지원했다. 로스차일드가의 엄청난 부와 사회적 영향력으로 인해 그들은 결국 유대인들의 지도자 역할을 자의반 타의반 맡아 왔다.

이스라엘의 초대총리 벤 구리온(David Ben-Gurion)은 근대 이스라엘 건국의 아버지로 불리는 에드몽에 대해 이렇게 이야기했다. "유대인이 유랑민으로 지낸 2천 년의 세월 동안, 에드몽 드 로스차일드에 버금가는, 또는 그와 견줄 만한 인물을 발견하는 일은 도저히 불가능하다."

이스라엘 독립 이면에 감춰진 영국 로스차일드의 활약

1차대전으로 오스만제국이 몰락하면서 불가능해 보였던 유대 국가 건설이란 꿈이 현실로 다가왔다. 로스차일드가는 영국 정부를 움직여서 1917년 '밸푸어 선언(Balfour Declaration)◆'을 이끌어 낸다. 이 선언이 나온 것은 시오니즘 지도자들의 노력도 큰 몫을 했지만 영국 나름의 이해관계가 있었기 때문에 가능한 것이었다. 영국은 이 선언을 통해 미국계 유대인들이 연합군을 지지하리라고 계산했다. 그리고 영국을 지지하는 유대인을 팔레스타인에 정착시키면 이집트의 수에즈운하를 그들이 충실히 지켜줄 것으로 생각했던 것이다. 영국의 계산대로 밸푸어 선언은 연합국의 지지를 받았고 덕분에 1차대전 이후 1922년 영국의 팔레스타인 위임통치안에도 포함되게 되었다.

밸푸어 선언이 나오게 된 과정을 살펴보자. 유대인이 정착촌을 건설하던 19세기 말까지만 하더라도 팔레스타인에는 아랍 민족과 유대인이 평화롭게 공존했다. 오늘날과 같은 세계의 화약고로 돌변한 것은 1차 세

◆ 영국이 '팔레스타인에 유대인을 위한 민족국가 수립을 지지한다'고 선언한 것

계대전의 전비 처리 문제로 고민하던 영국 정부의 야바위 게임에서 비롯되었다. 1차대전이 한창이던 1915년 10월, 전쟁 막바지에 영국은 수에즈운하를 둘러싸고 터키와 치열하게 싸우고 있었다. 곤경에 빠진 영국은 전세를 만회하기 위한 방편으로 당시 아랍의 지도자인 후세인에게 전쟁 협력을 요청하고 전후 아랍의 독립을 약속했다. 이렇게 해서 팔레스타인 아랍인들은 영국을 위해, 형제나 다름없는 터키에 총칼을 겨눴다. 이때 유명해진 영화가 바로 '아라비아의 로렌스(Lawrence of Arabia)'이다. 하지만 아랍인들은 영국으로부터 아무것도 얻지 못했다. 철저히 영국에게 속은 것이다. 영국은 신사의 나라가 아니었다. 1900년대 초 영국은 해가 지지 않는 나라였다. 영토만 3천7백만 제곱킬로미터에 달했다. 이는 당시 세계 육지 면적의 4분의 1에 해당하는 수치다. 이렇게 큰 나라가 아랍 민족과 유대인들을 갖고 놀았다. 아랍인들과 했던 그 약속을 똑같이 유대인들에게도 한 것이다. 영국의 이중 플레이였다.

밸푸어 선언을 이끈 유대인들

당시 영국은 독일에 항복을 고려할 정도로 심각한 상황이었다. 이에 대한 유일한 해결책은 미국의 참전을 유도해 전쟁을 빨리 끝내는 것이었다. 이를 위해서는 워싱턴을 장악하고 있는 미국 내 시오니스트들의 도움이 절실했다. 그런 까닭에 영국의 전시 내각은 1916년 10월, '세계시온주의자연맹' 대표이자 유럽 최대 금융재벌이던 리오넬 로스차일드와 비밀리에 회동해, 전후 팔레스타인을 유대인들에게 넘겨줄 것을 약속하는 런던 조약을 체결하기에 이른다. 이에 대해 로스차일드는 팔레스타인 유대인들에게 새로운 국가 건설에 필요한 재정지원을 약속한다.

하지만 당시 미국의 시오니스트들은 영국 정부의 런던 조약 이행 여부에 회의적이었다. 1916년 12월 4일, 다급해진 영국 정부가 시오니스트로 유명한 로이드 조지를 총리로 전격 임명한 것도 이런 이유에서였다. 총리로 취임한 로이드 조지는 바로 다음날 조시아 웨지우드 의원을 미국에 파견했고 웨지우드는 미국 내 유대계 지도자 50여 명을 만나 런던 조약에 대해 설명했다.

당시까지 친독 노선을 지향하던 미국의 시오니스트들이 친영 노선으로 입장을 정리한 것은 바로 이 무렵부터다. 팔레스타인 지역에 이스라엘 국가를 설립하려는 유대 시오니스트들은 당시 영국 지배하에 있던 팔레스타인을 필요로 했고 그런 까닭에 영국을 돕기로 결정한 것이다. 그 결과 1917년 4월 2일, 미국의 윌슨 대통령은 의회에서 "미국은 독일에 대해 선전포고를 해야 한다."는 연설을 하기에 이르렀고, 그로부터 불과 4일 만인 1917년 4월 6일, 미국은 특별한 사유도 없이 1차대전에 참전했다.

그 뒤 1917년 11월, 당시 영국 외무장관이었던 밸푸어가 리오넬 로스차일드경에게 편지를 보낸다. 이른바 '밸푸어 선언'이다. 밸푸어 선언이 나온 배경은 간단하다. 영국은 유대인들의 돈과 기술이 필요했던 것이다. 밸푸어 선언은 다음과 같다.

친애하는 로스차일드 남작 귀하.

영국 폐하와 정부를 대표해 귀하에게 소식을 전해 드릴 수 있게 되어 영광으로 생각합니다. 유대 국가 건설과 관련한 다음의 선언은 이미 영국 내각에 제출되어 내각의 지지를 받았음을 알려드립니다.

"영국의 폐하와 정부는 유대인이 팔레스타인에 유대 민족 국가를 세우는데 찬성하고 총력을 기울여 도와줄 계획이다. 그러나 명확히 해야 할 것은 이미 팔레스타인에 살고 있는 비유대인의 공민 자격과 종교적 권리를 해쳐서는 안 된다는 것이다. 유대인이 다른 국가에서 향유하는 각종 권리와 정치적 지위도 손상되어서는 안 된다."

귀하께서 선언의 내용을 시온주의 연맹에 전해 준다면 무한한 기쁨으로 생각하겠습니다.

아서 밸푸어 배상

밸푸어 선언이 나오도록 뒤에서 도운 유대인 또 있었다. 바로 하임 바이츠만(Chaim Weizmann)이다. 1차대전 당시 영국은 폭약의 제조 원료인 무연화약이 부족했다. 그런데 러시아에서 영국으로 건너와 당시 맨체스터대학 화학교수였던 바이츠만이 고심 어린 연구 끝에 화학원료를 혼합해 포탄 제조에 들어가는 아세톤과 같은 성능의 폭발물 제조방법을 찾아냄으로써 이 문제를 해결했다.

그는 영국에서 유명인사가 되었다. 그 뒤 그는 영국 고위 정책당국자들에게 기회가 있을 때마다 팔레스타인에 유대인 국가를 만드는 것이 영국 국익에 도움이 된다고 설득하고 다녔다. 바이츠만은 "런던이 늪이었을 때 예루살렘은 유대 수도였다."는 말로 영국 외상 밸푸어를 감동시켰다.

그런 노력의 결과가 1917년에 나온 밸푸어 선언이다. 하지만 돌이켜 보면 아랍과 이스라엘 간의 끝없는 피의 투쟁이 시작됨을 알리는 메시지이기도 했다. 하임 바이츠만은 훗날 이스라엘 건국준비위원장이 되어 트루먼 대통령을 설득시키고 그 뒤 신생 이스라엘의 초대 대통령이 된다.

몰려드는 유대인 난민들

1차대전에서 오스만제국이 패배하자 국제연맹은 오스만제국 영토에서 지배받고 있는 국가들 가운데, 터키를 제외한 지역을 영국과 프랑스가 한시적으로 식민지화해 위임통치하는 것을 인정했다. 결과적으로 영국이 아랍과 유대인 양측을 모두 배신한 상황이었다.

영국과 프랑스 두 강대국은 오스만제국의 지배를 받던 아랍 지역을 이라크, 시리아, 레바논, 남시리아의 네 개 지역으로 분할했다. 남시리아 지역은 공식적으로는 영국이 팔레스타인이라고 부르는 지역이었고, 윈스턴 처칠은 이 지역을 요르단 강을 경계로 동·서 두 지역으로 다시 분할했다. 이리하여 요르단 강 동안은 요르단 왕국이 되고 서안은 팔레스타인이라는 이름으로 남게 된다.

전쟁이 끝나자 이집트에 있던 유대인 난민이 팔레스타인으로 돌아왔다. 그리고 우크라이나에서 백계 러시아인이 일으킨 포그롬(pogrom)◆을 피해 더 많은 유대인이 팔레스타인에 도착했다. 1922년 팔레스타인 인구는 종교별로 구분해 약 59만 명의 이슬람과 8만 3천 명의 유대인, 7만 1천5백여 명의 그리스도인이 거주하고 있었다. 그러나 밸푸어 선언으로 영국의 확실한 지원이 뒤따르게 되자 유대인들이 쇄도하기 시작했다. 1933년에는 유대인만 23만 8천 명으로 늘어났다.

당연히 팔레스타인 지방에 살던 아랍인들은 유대인의 물결에 두려움을 느끼기 시작했다. 1929년, 그리고 1936~1939년에 걸쳐 아랍인들은 영국의 정책에 대해 봉기를 일으켰다. 이에 영국은 1939년 유대인의 이

◆ 종교적·인종적·민족적 소수인 사람들과 그들의 재산에 대해 군중들이 당국의 묵인이나 허가를 받고 가하는 공격

주를 제한한다는 방침을 발표했다. 그러나 이는 유대인과 아랍인 모두에게 불만을 갖게 만들 뿐이었다. 이후 히틀러(Adolf Hitler)의 등장으로 위기를 느낀 유대인들은 더욱 팔레스타인 이주를 재촉하게 되었다. 당연히 팔레스타인 지방에서는 유대인과 아랍인 간의 긴장이 높아졌다.

이스라엘 재탄생과 1차 중동전쟁

1947년 영국은 국제연합(UN)을 통해 팔레스타인 지역을 유대인과 아랍인 간의 나라로 분할하는 안을 내놓았다. 특히 성지인 예루살렘을 분할하기로 했다. 이러한 UN안을 바탕으로 1948년 5월 14일 금요일에 이스라엘이 건국되었다. 벤 구리온은 텔아비브 박물관에서 독립 선언문을 낭독했다. 기원전 63년에 망한 후 정확히 2011년 만에 나라를 되찾은 것이다.

바이츠만과 함께 이스라엘 건국과 관련해 언급해야 할 인물이 또 하나 있다. 초대 수상 벤 구리온이다. 그는 폴란드계 유대인으로 근대 시오니즘 창시자인 헤르츨의 영향을 받아 시오니스트가 되었다. 1906년 팔레스타인에 입국해 팔레스타인 노동당 기관지의 편집장이 되었다. 1차대전 당시 미국으로 건너가 시오니스트인 벤츠비(Izhak Ben-Zvi)와 함께 유대군단을 결성, 영국군과 함께 팔레스타인 전쟁에 종군했다. 전후에 팔레스타인에 머물면서 노동총연합을 조직하고 서기장이 되었다. 1933년 국제 시오니즘의 최고 감독기관인 시오니즘 집행위원회에 들어가 2년 뒤에는 위원장이 되었고, 1948년 이스라엘 공화국 성립과 함께 초대 수상이 되었다.

::: 1948년 텔아비브 미술관에서 이스라엘 건국 선언하는 벤 구리온

하지만 기쁨도 잠시였다. 이스라엘의 건국은 곧 전쟁으로 이어졌다. 건국 선언한 그날 밤 이집트 전투기들이 이스라엘을 폭격했고 이튿날 마지막 영국인이 떠나는 것을 기해 아랍군의 침입이 시작되었다. 전 아랍이 전쟁 상태에 돌입했다. 이집트, 요르단, 시리아, 레바논, 이라크 등 5개국 아랍군이 이스라엘을 공격했다. 북쪽에서는 레바논과 시리아가, 동쪽에서는 요르단과 이라크가, 남쪽에서는 이집트가 공격해 왔다. 누가 보아도 이스라엘은 곧 무너질 것처럼 보였다.

그런데 이스라엘은 기적적으로 살아남았다. 이스라엘 민간인들은 부족한 무기들로나마 결사 항전으로 싸웠다. 20일 넘게 일어난 전투 끝에 유대인들은 예루살렘과 텔아비브를 지켜내 1948년 6월 11일 스웨덴의 중재로 휴전 협상이 시작되었다. 그 사이 미국의 지원으로 현대적인 군대로 변한 이스라엘군은 모셰 다얀 장군의 지휘 아래 이집트 카이로, 요르단 암만, 시리아 다마스쿠스를 폭격했다. 이에 결국 아랍 연합군이 항복한다.

1949년 2월 평화조약 조인으로 1차 중동전쟁은 이스라엘의 승리로 끝났다. 이 전쟁을 이스라엘은 '독립 전쟁'이라고 부르나 팔레스타인 측에서는 '알 나크바(Al-Nakba)', 즉 재앙의 시작이라고 부른다. 이 전쟁으로 이스라엘은 UN안보다 50퍼센트나 더 많은 지역을 점령했으나 자신의 고향에서 축출된 아랍인들은 80만 명이나 된다. 오늘날 세계는 이들을 팔레스타인인이라고 부른다. 하지만 전쟁은 이것으로 끝이 아니었다. 1차 중동전쟁 이후 이스라엘과 아랍의 대규모 정규전은 네 번이나 더 일어난다.

히틀러의 재산 압수 이후 로스차일드 베일 뒤로 숨다

히틀러의 부상과 2차대전의 발발은 로스차일드 일가에게 치명적이었다. 히틀러는 유대인인 로스차일드가의 목에 칼을 들이대고 모든 재산을 내놓으라고 협박했다. 히틀러의 직접 영향권 아래 있었던 빈의 로스차일드가는 모든 재산을 압수당한 채 추방되었다. 프랑스가 나치에 정복되자 프랑스 로스차일드가도 같은 운명을 맞게 되었다. 2차대전 당시 이렇게 나치에게 혼이 났던 로스차일드 일가는 이후 전면에서 물러나 베일 뒤로 숨었다. 대리인을 세우고 뒤로 물러앉아 운영하는 방식을 택한 것이다. 이뿐만 아니다. 그들은 자산 집중을 피해 막대한 부를 전 세계에 여러 가지 형태로 분산시켰다. 그 총액은 천문학적 숫자에 이른다 한다.

훗날 대서양을 건너 미국으로 이민 간 초창기 독일계 유대 금융인들은 직간접으로 대부분 로스차일드가의 영향 아래 있던 사람들이었다. 그들 중 일부는 로스차일드가의 대리인이다. 골드만삭스 가문 등 독일계 유대인들은 유난히도 금융에 밝아 미국 건국 초기에 금융 및 재정 분야에서 짧은 기간에 자리를 잡았다. 이들은 오늘날 미국뿐만 아니라 전 세계의 금융을 휘어잡는 토대를 마련했다.

로스차일드 일가는 2백 년 이상을 '로스차일드상사'라는 상호를 사용하다가 1967년에야 이름을 '로스차일드은행'으로 바꾸었다. 현재 로스차일드 가문은 금융업을 기본으로 석유, 다이아몬드, 금, 우라늄, 레저산업, 백화점, 와인 등의 분야에서 여전히 위력을 발휘하고 있다.

현재 표면적으로는 로스차일드 가문의 열 명이 약 15억 달러 자산을 소유한 것으로 나타난다. 그러나 실제 가문의 자산은 아무도 그 실체를 모른다. 가문의 국제적 명성과 신용은 여전히 엄청난 위력을 발휘하고 있다. 지금도 거대 유대계 자본의 배후에는 로스차일드 가문이 관련되어 있다. 역사학자들은 로스차일드 가문의 다섯 가지 성공비결로 '정보', '인맥', '기회활용', '단결력', '아이디어'를 꼽았다.◆

◆ 강영수, 《유대인 오천 년사》, 청년정신

Jewish Economic History

미국 산업사의 양대 축,
모건과 록펠러

미국의 산업사는 유대 재벌의 산업사이다. 또한 제조업의 부흥과 동시에 금융자본주의가 태동한 역
사이기도 하다. 대공황 직후 제이피모건과 록펠러의 자본금은 776억 달러 대 449억 달러로 7대 4 비
중이었다. 이렇게 미국의 전 산업이 두 가문 손에 양분되었다. 그래서 이 장에서는 지난 19세기 남북
전쟁을 거치면서 미국 산업과 경제의 토대를 구축한 제이피모건과 록펠러의 활동상을 추적해 보고
이들 유대인이 성공할 수 있었던 시대적 배경과 요인을 살펴보고자 한다.

미국의 산업과
자본주의의 태동

　뉴욕을 중심으로 미국 동부에 정착한 유대인들은 세계 각국의 유대인 커뮤니티를 파트너로 해 대규모 무역업을 주도해 큰 자본을 축적했다. 이러한 자본 축적은 곧 금융 산업을 태동시켰고 맨해튼에는 제조업과 무역업을 지원하기 위한 금융 산업이 월가를 중심으로 빠르게 자리 잡아갔다.

　흔히 제이피모건의 지난 170년사를 알면 미국 금융과 경제의 모든 것을 알 수 있다고 한다. 제이피모건이야말로 미국 금융계를 지배해온 최대 실력자라는 것이다. 금융 이외에도 철도·철강·통신·영화 산업 등 실물 경제에서도 패권적 지위를 행사해온 실세였다. 한마디로 미국 근대 산업사 그 자체다.

　제이피모건은 창업주 존 피어폰트 모건(J. Pierpont Morgan)의 약자다. 그는 코네티컷 주에서 1837년에 태어났다. 그의 선조 몰젠스턴이 유대인이다. 하지만 제이피모건은 개신교를 믿었다. 이스라엘 귀환법(the Law of Return)에는 조부모 중 유대인이 있거나 유대교로 개종한 사람을 모두 유대인으로 간주된다. 이 법에 의하면 모건은 유대인이다. 유대인이란 말은 대체로 종교적인 의미에서는 유대교를 신봉하는 사람, 민족적인 의미에서는 유대 민족의 피를 타고 태어난 사람을 가리킨다.

그의 할아버지와 아버지는 직물공장과 면화 브로커 사업을 운영하며 보험업과 부동산 투자로 상당한 부를 축적했다. 존의 할아버지 조지프 모건은 6백여 채의 건물을 잿더미로 만든 1835년의 월스트리트 대화재 덕분에 오히려 성장의 계기를 잡았다. 당시 조지프는 애트나(Aetna)라는 작은 보험회사의 대주주였는데, 이때 대화재가 발생한 것이다. 약관에 따라 배상금을 모두 지불하면 보험회사는 망하게 되어 있었다. 놀란 주주들은 하나둘씩 주식을 빼달라고 요구했다. 그러나 모건은 자신의 신용과 명예가 돈보다 더 중요하다고 생각하고 자신의 집까지 팔아 다른 주주들이 내놓은 주식들을 저가에 인수했다. 그리고 화재 배상금 전액도 지불했다. 약속 곧 계약을 목숨보다도 중히 여기는 유대인다운 행동이었다. 그러자 애트나의 명성이 높아져 월스트리트에서 신뢰 받는 보험회사로 성장할 수 있었다. 더구나 이때 확보한 지분의 가치는 세 배 이상 높아졌다.

1838년에 미국의 사업가 조지 피바디(George Peabody)는 런던에 한 머천트 뱅크(merchant bank)◆를 열었다. 1854년에 존의 아버지인 주니어스 스펜서 모건은 후계자를 찾던 피바디를 만나 런던에 본점을 둔 피바디은행의 동업자가 되었다. 제이피모건이 국제 금융업자로 성장한 역사는 조지 피바디가 주니어스 스펜서 모건을 공동 경영자로 영입한 이때부터 시작된다.

당시 세계 금융의 중심지는 런던의 금융특구였다. 스펜서 모건은 영국인들이 견고하게 쌓아 올린 금융제국에 파고든 것이다. 피바디은행은 영국 내의 유일한 미국인 회사라는 이점을 이용해 당시에 후진적이었던 미

◆ 어음 인수나 증권 발행을 주요 업무로 하는 영국의 금융기관

국의 금융시장에 영국의 선진금융문화를 적용시켜 나가면서 금융계를 장악하기 시작했다. 그 무렵 신생국 미국의 주정부들은 런던의 더 시티에서 자금을 조달해 철도, 운하, 도로 등을 건설했다.

당시 피바디은행은 당시 유행하던 큰 고객을 상대로 한 고급 금융을 다루었다. 이것이 오늘날 투자은행의 전신이다. 한편 조지 피바디는 로스차일드 상사의 홍보 대리인이기도 했다. 10년 뒤 피바디가 약속과 달리 자본금을 빼고 철수하면서 주니어스 스펜서 모건은 피바디은행을 인수해 주니어스스펜서모건 상사로 이름을 바꾸었다. 그리고 당시 세계 최대 은행인 로스차일드 상사의 파트너가 되었다.

남북전쟁 중 미국 최고 재력가로 부상한 제이피모건

영국으로 떠나기 전에 스펜서 모건은 아들을 얻었다. 존 피어폰트 모건이다(이하 제이피 모건으로 표기함). 그는 보스턴 하트포트, 스위스의 베베이, 독일 괴팅겐대학교 등을 거치며 글로벌 인재로 자란다. 특히 괴팅겐대학교 시절에 수학적 재능이 탁월했다. 학업을 마친 뒤 뉴욕으로 돌아와 아버지 회사의 대리 법인에서 회계원으로 근무했다. 주니어스 스펜서 모건은 아들 제이피 모건이 미국 금융계에서 일하는 데 필요한 이론 교육과 실습을 시켰다. 그리고 나중에는 무엇보다도 중요한 자본을 대 주었다.

금융계에 진출한 제이피 모건은 1861년 남북전쟁으로 촉발된 초호황 국면을 활용해 순식간에 엄청난 성공을 이루었다. 그는 이듬해 자기 회사를 만들어 독립했다. 투자은행 제이피모건 상사(JP Morgan&Co.)를 독자적으로 설립했다. 그리고 런던에 있는 부친 은행인 주니어스스펜스모건 상사(J.S. Morgan&Co.)에서 인수한 유럽의 채권과 증권을 뉴욕에서 판매했다. 그 뒤 제이피 모건은 30년도 넘게 회사를 경영하면서 영국과 미국 사이의 중요한 재정적 연결고리 역할을 했다. 그리고 1864년, 겨우 27세에 그는 5만 3,286달러에 이르는 세전소득을 올려 월스트리트의 영파워로 성장했다.

1861년 남북전쟁이 발발한 때 제이피 모건의 나이는 24세였다. 그는 남북전쟁 동안 북군이 폐기처분하는 낡은 카빈 소총 5천 정을 뉴욕에서 한 정에 3.5달러에 사들여 약간의 손을 본 다음 달 세인트루이스의 남군에게 22달러에 파는 거래에 뒷돈을 댔다. 1만 7천5백 달러의 헐값으로 사서 한달 만에 고스란히 11만 달러로 되판 것이다.

그는 게티스버그 전투 이후 영장을 받았지만 당시 여느 부자들처럼 3백 달러를 주고 사람을 사서 대신 보냈다. 금을 매집해 가격을 끌어올리는 수법으로 16만 달러를 순식간에 벌기도 했다. 지금 우리 돈으로 2천억 원이 넘는 액수다. 전쟁 기간 동안 이런 종류의 사업은 계속되었다. 전쟁이 계속되고 가속화될수록 군사물자의 수요는 기하급수적으로 늘어났다. 모건은 전세에 따라 남군과 북군에 번갈아 투자해 하룻밤 사이에도 수십만 달러씩 돈을 벌었다. 군수산업과 금융업이 융합한 위력이었다.

남북전쟁에서 북군의 승리는 북부 공업지역을 중심으로 세력을 형성하고 있던 신흥부르주아지의 정치·군사적 승리이자 미국에서 꽃피우기 시작한 자본주의의 승리이기도 했다. 남북전쟁을 거치면서 완전히 통합적인 국가와 시장체제를 갖추게 된 미국의 자본주의는 본격적인 발전의 길로 들어서게 된다. 4년간의 전쟁이 끝나자 제이피 모건은 미국 최고의 재력가로 부상했다. 이로써 미국의 자본주의를 주도하는 제이피 모건 시대가 본격 개막했다.

미국 최초의 군산복합체, 모건-듀폰 공조

사실 모건 상사는 남북전쟁 중 격발사고가 잦은 불량 총기류와 반나절도 행군하지 않아 밑창이 떨어지는 불량 군화 등을 비싼 값에 납품해 장관이 경질되는 등 커다란 사회적 물의를 빚기도 했다. 이로 인해 전쟁이 끝난 뒤에는 국회 진상조사까지 받았다. 의회가 "충성을 가장해 국가의 불행을 치부와 향락의 기회로 삼는 자는 반역자보다 더 나쁘다."며 제이피 모건과 몇 사람의 횡령자를 수사했던 것이다. 그러나 그는 개의치 않았다.

당시 모건이 군수사업을 하면서 만난 사람이 듀폰 대령이었다. 이 인연이 훗날 군수산업복합체인 '모건-록펠러-듀폰' 군수재벌의 시작이었다. 미국 역사상 최초의 '군산복합체'의 등장이다. 듀폰은 프랑스계 유대인이었다. 훗날 듀폰 대령은 모건의 지원으로 세계적인 군수 화학업체인 '듀폰'의 창업주가 되었다. 그는 그 뒤 모건과 함께 제너럴 모터스(GM)의 주식을 공유하는가 하면 1차대전과 2차대전 때 모건과 손잡고 대량의 무기를 공급하는 등 모건과 충실한 동반자 관계를 이어갔다. 이들의 인연은 이렇게 시작되어 아들 잭 모건으로 이어지면서 후대에도 더욱 활발하게 지속되었다.

주니어스 모건, 전쟁채권에 승부 걸다

그 무렵 주니어스 스펜서 모건은 런던에 본거지를 두고, 미국의 대륙간 횡단철도건설에 필요한 자금을 유럽시장에서 조달하는 채권 중개 사업을 하며 돈을 많이 벌었다. 그 뒤 주니어스 모건은 로스차일드와 베어링이 차지하고 있던 유럽 채권시장에 중개업이 아닌 자기 자본을 직접 투자했다. 그러나 보잘것없는 자본의 한계를 절감하게 된다.

1870년 프랑스-프로이센 전쟁이 발발하자 그는 큰 위험에도 불구하고 신디케이트를 구성해 프랑스가 발행한 채권 1천만 파운드, 즉 5천만 달러어치를 공동으로 사들였다. 그리고 이들 채권을 시장에 대량으로 유통시켰다. 지금이야 정부 발행 국채는 부도 위험이 없는 안전자산으로 인식되지만, 당시 전시 국채는 그야말로 매우 위험한 투자수단이었다. 러시아의 경우, 볼셰비키 혁명정부가 이전 정부 국채에 대해 갚을 의무가 없음을 선언함으로써 휴지로 만들어버린 적도 있었다.

강력한 비스마르크의 프로이센에 프랑스가 패배해 채권 가격이 급락했다. 위기가 현실화되자 그는 오히려 전쟁채권에 승부를 걸었다. 이번에는 시장에서 폭락한 채권을 사들였다. 그 뒤 모두의 예상과 달리 프랑스가 채무를 이행했다. 이렇게 프랑스인의 자존심을 믿고 막대한 프랑스 국채를 인수한 주니어스 스펜서 모건의 모험이 성공함으로써 그는 150만 파운드라는 막대한 돈을 벌었다. 그리고 채권전문가로 인정받으며 로스차일드의 위상에 버금갈 정도로 더 시티의 큰손으로 떠오르며 모건제국의 시작을 연다.

미국, 남북전쟁 후 세계 최대의 공업국으로 발전하다

남북전쟁은 미국 경제를 크게 발전시켰다. 새로운 발명과 기술혁신이 이어지면서 대대적인 변화가 일어났다. 이와 함께 영국에서 시작된 산업혁명의 물결이 미국으로 밀려들기 시작했다. 미국에서 철도는 1828년부터 건설되었다. 1839년에 4천8백 킬로미터, 1850년에 1만 2천 킬로미터, 1860년에 4만 8천 킬로미터였다. 교통수단이 갖추어지자 국내 수송비가 크게 떨어졌다. 그럼에도 1862년 남북전쟁이 발발했을 때에는 수천 마일의 철도가 군대 수송과 보급을 위해 더 필요했다.

철도건설을 촉진하기 위해 1850년대와 1860년대에 연방의회는 유니언 퍼시픽, 센트럴 퍼시픽, 노던 퍼시픽 같은 철도회사에 뉴잉글랜드 지방과 뉴욕 주 펜실베이니아 주를 합친 만큼인 1억 5천8백만 에이커의 땅을 넘겨주었다. 남북전쟁 기간 중인 1862년에는 홈스테드법, 곧 자영농지법이 서부에 도입되어 5년간 서부 개척에 종사했던 사람에게 약 20만 평의 토지를 무상으로 주기로 함으로써 서부개척을 촉진시켰다.

군대의 교신을 위해 수천 마일의 전신도 가설되었다. 새로 건설된 대공장들은 신기술을 활용해 밤낮을 가리지 않고 대량 생산을 계속했다. 특히 군복, 군화, 통조림, 농기구 등이 그러했다. 석탄과 증기, 철 등 혁명적 3대 동력은 1890년 중반까지 미국을 세계 공산품의 3분의 1을 생산하는 제1의 공업국으로 만들었다. '제2의 산업혁명'이라 불릴 만큼 격렬한 발전을 이룬 이 시기는 미국 역사상 가장 역동적인 시기 중 하나였다.

수많은 희생 위에 건설된 대륙횡단철도

남북전쟁 중인 1862년 7월 1일, 링컨 대통령은 대륙횡단철도건설을 위한 '태평양 철도부설령(Pacific Railroad Act)'에 서명했다. 이후 미국 정부는 새로운 철도건설을 위한 돈과 땅을 확보해 대륙횡단철도를 완성하게 된다. 이때 두 회사가 철도건설의 대리를 맡았다. 서쪽에서는 새크라멘토를 출발지로 한 '센트럴 퍼시픽'이, 동쪽에서는 '유니언 퍼시픽'이 오마하 지역에서부터 철도건설을 맡은 것이다.

미국 산업화시대의 본격적인 시작은 서부개척과 광활한 국토를 연결하는 철도건설에서 시작되었다. 철도의 원활한 운영을 위해 표준화 작업도 전개되었다. 미국은 궤간의 크기를 4피트 8.5인치로 통일했고, 전국을 네 개의 구역으로 나누어 표준 시각을 정했다. 이러한 점에 비추어 19세기는 철도의 시대라고 해도 과언이 아니다.

전쟁이 끝난 뒤 1865년부터 다시 철도건설이 본격적으로 재개되었다. 대서양과 태평양을 잇는 첫 대륙횡단철도는 6년의 공사를 거쳐 1869년에 완공되었다. 캘리포니아 주 새크라멘토에서 네브래스카 주 오마하를 잇는 길이 2,826킬로미터의 철도다.

대륙횡단열차는 교통을 발전시켜 도시 형성에 기여했다. 하지만 인디언의 땅을 철도공사용으로 무상몰수하면서 인디언과 미국 정부 간에 폭력 충돌이 일어났다. 또한 대륙을 하나로 잇기 위한 건설 사업에는 수만 명의 이주노동자들이 동원되어 가혹한 노동 조건 속에서 일했다. 이때 서부 지역에서는 일거리를 찾아 미국을 찾은 1만여 명의 중국인들이, 동부 지역에서는 이민 후발 주자로 들어온 3천여 명의 아

::: 1869년 미국에서 대륙횡단철도가 개통되고 두 노선이 만난 것을 기념해 찍었다.

일랜드 출신 노동자들이 일했다. 두 공사장 모두 흑인노예 폐지 방침에 따라 흑인들은 고용하지 않았으나 다이너마이트가 발명되기 전이라 니트로글리세린 등을 이용해 폭파작업을 해 인명 피해가 심했다. 게다가 산사태·눈사태 등 재해로 많은 사람들이 희생되었다. 이 과정에서 남북전쟁 전사자 수와 맞먹는 노동자들이 희생됐다.

그러나 철도사업은 그 자체가 어마어마한 산업이었을 뿐 아니라 각종 부가가치를 낳는 고수익사업으로 급신장했다. 대륙횡단철도는 미국 경제사에 큰 획을 그은 대역사였다. '미국은 철도의 아들이다'라고 부를 만큼 철도는 광활한 미국대륙을 하나로 통합하고 황무지를 개척해 오늘날 미국을 탄생시키는 모태가 되었다. 이는 철도산업이 곧 돈방석에 올라앉을 수 있음을 의미했다.

제이피 모건, 빠른 정보에 주목하다

1844년 5월 24일, 세계 최초로 전신기를 통해 종이테이프에 찍힌 역사적인 메시지는 "하느님은 무엇을 하시는가?(What hath God wrought?)"였다. 이 최초의 메시지는 미국의 저명한 화가 새뮤얼 모스(Samuel Morse)에 의해 워싱턴에서 볼티모어에 보내졌다. 그후 금융업계가 이를 적극적으로 활용했다.

19세기에 유럽과 미국은 정보통신 분야에서 혁명적인 변화를 느꼈다. 인간은 빛과 소리와 같은 전통적인 정보 전달 수단 이외에, 전기를 이용해서 정보를 전달하는 방법, 곧 전신을 창안했다. 전신을 이용해서 사람들은 주식의 변동, 시장가격의 변화, 열차 출발시간, 정치적 사건, 전쟁 소식 등 멀리 있는 곳의 소식을 과거에는 상상도 하지 못하던 속도로 전달 받을 수 있게 되었다.

당시 철도와 불가분의 관계에 있던 것이 통신망이었다. 아직 전화가 개발되기 전이라 그 무렵의 주된 통신망은 전신이었다. 그런데 이 전신소가 위치한 곳이 바로 전국의 철도망에 점점이 박혀 있는 철도 역사였다. 그때나 지금이나 금융인에게는 빠른 정보가 곧 돈을 의미했다. 때문에 은행이 철도업을 장악하면 자동적으로 전신망도 지배해 생생한 정보를 가장 빨리 얻을 수 있었다. 이 같은 정보는 곧 돈으로 이어졌다. 동물적인 감각의 소유자 제이피 모건이 주목한 것은 바로 이 대목이었다.

이렇게 시작된 통신의 발달로 미국에서는 우편을 제외한 전화, 전보, 송금업무 모두가 국영이 아닌 개인 기업화되었다. 이때 신속한 전보업무와 현금송금을 위해 설립된 회사가 '웨스턴유니언(Western Union)'이다. 미국에서 흔히 쓰이는 우편환(Money Order)을 당시 이 회사가 개발한 것이다. 이 회사는 현재도 운영되고 있는 세계적인 송금전문회사다. 그 뒤 전신통신망은 대륙 간을 연결하는 해저 케이블 공사로 이어졌다. 1866년 드디어 대서양 반대편과도 서로 소통할 수 있게 되었다.

제이피 모건, 로스차일드와 손잡다

1866년 대서양 해저 케이블 완성으로 월스트리트와 영국 런던의 거리는 더욱 좁아졌다. 특히 로이터 통신 등 통신사의 발달은 월스트리트의 성장에 큰 기여를 했다. 당시 미국은 만성적인 자본 부족에 시달리고 있었다. 월스트리트 금융인들은 자신들의 신용으로 정부 채권을 인수해 런던에서 유통시키는 등 해외 진출을 활발히 했다.

제이피 모건도 32세 때인 1869년 런던에 건너가 로스차일드 가문과 협력 방안을 논의했다. 모건가는 피바디와 로스차일드 가문의 관계를 그대로 물려받았을 뿐 아니라 협력 관계를 더욱 강화했다. 합의 결과, 모건은 로스차일드 상사의 미국 지부회사인 노던증권을 설립했다.

이로써 제이피 모건은 세계 최대 금융재벌인 로스차일드 가문의 자금을 대규모로 활용할 수 있는 기반을 구축했다. 모건으로서는 대단한 기회를 잡은 것이다. 실제 모건은 이를 계기로 거대한 자본력을 바탕으로 공격적인 인수합병에 돌입하게 된다. 또한 로스차일드 입장에서는 공식적으로 미국 산업과 금융에 투자하는 길이 열렸다.

1869년은 미국의 대륙횡단철도가 완성되는 해이기도 했다. 당시 남북전쟁 이후 미국은 철도건설 붐이 지나쳐 무분별한 철도의 확장과 투기로 인해, 언제 터질지 모를 거품경제를 떠안고 있었다. 1869년 모건은 철도 분쟁에 본격적으로 뛰어들었다. 이때 노던증권은 로스차일드의 자금력을 활용해 이들 철도회사들의 지주회사가 된다.

로스차일드가는 프랑크푸르트 시절 자기 집에 살았던 랍비의 손자 제이콥 쉬프(Jacob Schiff)를 뉴욕으로 보내어 미국 총책을 맡겼다. 그 뒤 제이콥 쉬프의 지휘 아래 제이피 모건이 철강업의 카네기, 철도산업의 해리먼, 석유산업의 록펠러에게 자금을 대었다. 이후 로스차일드 가문과 모건 가문은 서로 상대방의 은행에 파견 근무하면서 상대국의 금융시장에 관해 배우는 것을 관례화했다.

해외금융에 눈 돌려 핵심 네트워크 구축

제이피 모건은 해외금융 특히 해외채권에 눈을 돌려 1868년 파리 증권사인 드렉셀아르제 상사(Drexel, Harjes&Co.)가 필라델피아에 설립되자 1871년에 동업자가 되었다. 드렉셀은 국공채 사업 이외에도 업무 영역을 넓혀 철도건설, 광산 개발, 도시 부동산 등을 전문적으로 취급했다.

사실 여기에는 부친인 주니어스 스펜서 모건의 배려가 있었다. 그는 지나치게 모험적인 아들의 성향을 고려해 아들을 제어할 파트너로 경험 많은 노장 드렉셀을 주선해 합작회사를 설립케 한 것이다. 그 뒤 '드렉셀모건 은행'은 채권시장에 공격적으로 진입하여 그 분야의 최강자로 등극하게 된다. 1870년대 공황시기임에도 매년 50만 달러의 수익을 유지할 정도였다. 이 은행이 바로 제이피 모건사의 전신이다.

이 시기 세계 금융의 중심지였던 런던과의 연결은 월스트리트와 모건에게 중요한 의미를 가지고 있었다. 특히 드렉셀 가문과의 파트너십 합작으로 필라델피아, 파리, 스위스 등지로 비즈니스를 확장할 수 있었다. 이로써 금융제국 모건의 기본 네트워크인 뉴욕(J.P 모건)-런던(J.S 모건)-필라델피아(드렉셀은행)-파리(모건아르제) 구도가 확립되어 1세기 이상 유지된다. 모건은 세계적 금융가로서의 명성을 날렸다.

이 은행은 1873년 월가와 브로드웨이가 만나는 모퉁이로 이사했는데, 이후 '더 코너'라 불리면서 금융시장의 명소로 떠오른다. 월스트리트 23번지 더 코너는 월스트리트 수문장이 되었다.

1차 철도버블

대륙횡단철도는 빠른 시간에 위대한 변화를 가져왔다. 전쟁이 끝나자 산업이 번창했다. 특히 군수품 생산으로 북부의 산업 수준이 높아졌다. 땅에 매장된 철, 석탄, 석유, 금, 은 등 방대한 천연자원 또한 활발히 채굴되었다. 1869년 대륙횡단철도 이후 1871년 대륙 내 전신이 실용화되었다. 이제 산업계는 원료·시장·통신에 쉽게 접근할 수 있었으며 밀려드는 이주자들로 인해 값싼 노동력이 계속 제공되었다.

그러나 이러한 급격한 변화 뒤에는 명암이 있는 법이다. 남북전쟁 후 미국은 철도 산업에서 첫 번째 버블을 경험한다. 1868년부터 1873년 사이에 영국을 중심으로 한 유럽 자본이 대거 들어와 철도건설에만 11억 달러가 투자되었다. 그 뒤 과잉건설로 경쟁이 치열해지면서 철도회사들의 수익성이 악화되었다. 더구나 유럽에서 1873년 초에 경기침체가 엄습했다.

전시채권의 중개 수수료로 2천만 달러를 벌어들인 제이 쿡은 은행사업으로 번창하다가 대륙횡단철도인 '노던 퍼시픽 철도'에 과다한 투자를 해 1873년 파산하고 만다. 그해 9월 18일 '제이쿡은행'의 파산은 유럽의 은행 부도와 맞물려 심각한 경제위기를 초래했다. 제이 쿡과 같은 거부가 채권 이자를 지급치 못하고 파산을 선언하자 놀란 유럽 자본이 삽시간에 빠져 나간 것이다. 19세기에 벌써 핫머니(hot money)가 있었던 셈이다. 이를 계기로 세계는 불황에 돌입하게 되는데, 이를 '1873년 공황'이라 부른다.

연말까지 5천여 개의 기업이 문을 닫았다. 뉴욕 증권거래소 출범 이후 처음으로 열흘 동안 휴장한 가운데 증권사 57곳이 망했다. 유럽에도 영향을 미쳐 전 세계가 동시에 수렁에 빠졌다. 붐(boom) 뒤에는 파열(burst)이 따르기 마련이다.

이때 미국을 도운 사람이 영국의 로스차일드였다. 로스차일드가는 1874년 가을 뉴욕의 유대계 은행 가문인 조지프 셀리그먼(Joseph Seligman)과 손잡고 꽉 막힌 미국의 금융경색을 풀기 위해 5천5백만 달러의 미국 국채를 인수했다. 이후 모건그룹은 뉴욕 제1국민은행과 함께 2천5백만 달러의 국채를 인수했다. 이렇게 로스차일드가는 뉴욕 월스트리트 은행 가문들과 함께 총 2억 6천7백만 달러의 미국 국채를 인수해 미국 금융 시장이 안정을 찾게 도와주었다. 당시로서는 대단한 금액이었다.

하지만 여기에는 이유가 있었다. 로스차일드가는 금광 개발에 열을 올리며 금으로 많은 이익을 올리고 있었다. 로스차일드가는 미국 내 대리인 벨몬트와 셀리그먼을 앞세워 남북전쟁이 끝난 후 미국이 그린백을 폐지하고 금을 사용하는 금본위제로 회귀하도록 영향력을 행사했다. 1866년 미국은 '긴축법안'을 통과시키고 유통 중인 모든 달러를 회수해 금화로 환전하고 금본위제를 부활하려고 시도했다. 그러자 통화 유통량은 1866년 18억 달러에서 10년 후 6억 달러로 줄어들었다. 이렇게 시중에 유동성이 크게 줄어든 게 공황의 주요 원인이었다. 그렇기 때문에 금본위제를 시도하려는 미국이 유동성 부족으로 심하게 흔들리는 것을 그냥 두고 볼 수만은 없었던 것이다.

공황의 두 얼굴

19세기 마지막 25년 동안 미국 철도회사의 절반인 7백 개가 문을 닫았다. 극심한 공황에서도 미국 자본주의는 두 가지 반사이익을 톡톡히 누렸다. 첫째는 체질 강화다. 한계기업이 정리되면서 기업들의 경쟁력이 강해졌다. 둘째는 산업자본의 자국화였다. 유럽 투자자들이 보유 주식을 헐값에 내던지는 바람에 주가는 더 빠졌지만 35퍼센트에 이르던 외국 자본의 철도산업 평균 지분이 10퍼센트로 줄어들었다. 유럽인들은 수익을 한 푼도 못 건진 채 광대한 미국 철도망만 건설해 준 꼴이 돼버렸다. 공황이 마무리되던 1880년대부터 유럽 자본이 다시 돌아왔지만 이는 미국인들의 주머니를 불려줬을 뿐이다.

이후 1893년, 1907년, 1929년 등 공황 때마다 주가 조작이 판쳤다. 공매도도 기승을 부렸다. 공매도란 말 그대로 '없는 걸 판다'란 뜻이다.

주가가 떨어질 걸 예상해 주식을 빌려다 팔고 떨어지면 다시 사서 갚는 방식이다. 이미 1830년대에 월스트리트 최초로 공매도를 도입한 무모한 투기꾼 제이콥 리틀(Jacob Little) 덕분이었다. 이 과정에서 금융자본이나 대형 기업들이 불황에 견디다 못해 쓰러지는 기업들을 헐값에 사들였다. 이렇게 해서 문어발식 기업 운영과 자본집중이 심화되어 독점자본, 곧 재벌의 형성이 촉진되었다. 그들에게 공황은 또 한 번의 축복이었다.♦

철도왕, 밴더빌트

그 무렵 제이피 모건은 철도회사의 부실을 철저히 연구하고 분석한 후 독일 유학 당시 습득한 수학적 지식을 활용해 일명 모건화(Morganization) 기법을 창안했다. 이를 금융업에 적용해 큰돈을 벌었고 철도산업에 대한 영향력도 확대했다. 버블이 꺼지면서 철도주가가 폭락하자 1875년에는 제이피모건은 앨라배마와 조지아 주에 있던 여러 철도 노선을 사들였다. 당시 철도왕은 뉴욕 주변 철도의 대부분을 소유하고 있던 밴더빌트였다.

밴더빌트가의 사람들은 부자 가문으로 군림해 왔다. 일가가 대부호가 된 초석을 마련한 인물은 그의 아버지 코넬리어스 밴더빌트(Cornelius Vanderbilt)다. 그는 1794년 뉴욕의 가난한 유대인 농가에서 태어났다. 그의 4대조 할아버지는 스페인에서 네덜란드를 거쳐 뉴욕으로 온 이민 1세대 유대인이었다. 열한 살 때부터 일당 25센트를 받으며 연락선에서 일을 시작한 코넬리어스 밴더빌트는 열여섯에 저축과 부모에게서 빌린 돈을

♦ 현대에는 주식을 빌려다 파는 것은 대주제도라 하며 없는 주식을 파는 걸 공매도라 한다. 우리나라에서는 대주제도는 인정하나 개인에게 공매도는 허용치 않고 있다.

합쳐 1백 달러짜리 자기 배를 마련해 선주가 되었다. 결정적인 기회를 잡은 것은 1821년 영국과의 전쟁이었다. 영국 해군의 봉쇄선을 뚫고 미국군에게 군수 물자를 보급해 부를 쌓은 것이다.

허드슨 강 최대의 범선업자로 성장한 스물세 살 무렵, 밴더빌트는 증기선 운영을 익히기 위해 증기선 고용 선장을 자처했다. 그는 초저가 운임으로 승객을 싹쓸이했다. 뉴욕과 필라델피아 간의 운임을 경쟁자보다 75퍼센트나 싸게 받아 해운사업을 독점한 것이다. 증기선을 개발한 로버트 풀턴(Robert Fulton)도 이때 밴더빌트에게 밀려 망한 뒤 재기하지 못했다.

밴더빌트가 독립해 차린 회사는 그의 나이 40대 중반에 증기선 1백 척을 소유한 미 최대의 선박회사로 성장해 미국에서 종업원을 가장 많이 고용한 업체가 되었다. 1849년에는 캘리포니아 '골드러시'로 남미에서 몰려드는 노동자들을 값싸게 운송하기 위해 니카라과와 샌프란시스코를 연결하여 파나마 운하를 통과하는 경쟁자들보다 6백 마일의 여행 거리와 이틀간의 여행기간을 단축시켜 경쟁자들을 제압했다. 이때 그는 연간 1백만 달러씩 벌어들였다. 그는 대양 항해용 대형 증기선 66척도 소유해 미국 해운업계를 지배했다.

제독으로 불렸던 선박왕 밴더빌트는 68세에 대결단을 내렸다. 배를 모두 처분하고 철도 주식을 사들인 것이다. 이제 속도가 빠른 철도의 시대가 오고 있다고 판단한 것이다. 그는 철도선을 신설하는 것보다 기존철도 회사를 구입하는 사업전략을 채택했다. 주식을 사들인 지 10년 만에 뉴욕 주변 철도는 대부분 그의 소유가 되었다.

모건, 철도업계 경영 참여하다

이때 제이피 모건도 투자은행가로서 세계적 명성을 얻었다. 직접적인 계기는 1877년의 철도왕 코넬리어스 밴더빌트의 사망이다. 그는 당시로서는 최고 액수인 유산 1억 5백만 달러(요즘 가치로 1,432억 달러)를 아들인 윌리엄 밴더빌트에게 남기고 세상을 떠났다. 1880년 통계에서 미국 전체 국립은행의 총 예금액이 8억 3천4백만 달러였으므로, 그 10퍼센트 이상을 밴더빌트가 보유한 셈이다.

뉴욕 센트럴철도 주식의 87퍼센트를 소유하게 된 윌리엄 밴더빌트는 자산구조의 다양화를 시도했다. 하지만 엄청난 주식을 한꺼번에 처분한다는 것은, 주가 하락은 물론 시장 붕괴를 초래할 것이 분명했기 때문에 월스트리트에서는 버거운 일이었다. 하지만 제이피 모건은 밴더빌트의 주식을 아주 좋은 가격인 주당 120달러에 당시로서는 천문학적인 물량인 15만 주를 월스트리트가 아닌 런던시장에서 성공적으로 매각했다.

그는 매각에만 성공한 것이 아니라 우호적인 영국 투자가들에게 뉴욕 센트럴 주식을 넘겨 자신이 이사로 선임되는 수완을 발휘했다. 그리하여 제이피 모건은 1870년대 기업의 이사회에 참여하는 방식으로 자신이 단순히 자금을 지원하는 은행가 이상의 존재임을 세상에 알린다. 이는 미국 은행가들이 기업의 이사회에 진입하는 효시가 된다.

이것은 특정 기업에 대한 영향력 증대와 타 은행의 개입을 사전에 방지하는 효과를 누릴 수 있었다. 당시 사람들은 이를 '관계금융(Relationship Banking)'이라 불렀다. 이 관계금융은 20세기에 접어들면서 일반적인 관행이 된다.

그는 되살린 철도회사들이 자산을 탕진하는 일을 더 이상 하지 못하게 또 다른 장치를 강구했다. 기존 주주들의 의결권을 자신이 지명한 몇몇 사람들에게 위임하도록 하는 '의결권 신탁(Voting Trust)'을 강제한 것이다. 은행가가 필요한 자금을 지원한 대가로 의결권을 일정 기간 동안 가지고 있는 이러한 거래는 철도산업이 위기를 맞으면서 광범위하게 이루어졌다. 의결권 신탁이 본격화되면서 투자은행은 더 이상 자금을 지원하고 고객의 자문에 응하는 기관이 아니라 회사의 경영에 직접 간여하는 막강한 실체로 바뀐다.

이제 모건은 밴더빌트가 실패했던 필생의 과업, 곧 뒤죽박죽인 철도산업의 혁신과 투명화에 착수한다. 철도산업은 50년간 무계획적으로 발전해 혼돈 그 자체였다. 잡동사니처럼 널려 있는 지선 망들을 연결해 간선망을 구축하는 바람에 철도의 구조가 난삽하기 이를 데 없었다. 또 상당수 회사가 경쟁사와 중복된 철로를 갖고 있었다. 사정이 이렇다 보니 미국 경제가 호황을 누리고 있던 1880년대조차 철도회사의 수익은 요금경쟁, 중복투자, 부실경영으로 급감하는 추세였다.

덩치가 큰 회사인 뉴욕 센트럴과 펜실베이니아 철도마저도 상대 지역에 철로를 보유하고 있어 치열한 요금경쟁을 벌여야 했다. 제이피 모건은 두 회사 경영진을 초대해 합의안을 도출해 구역을 정리했다.

극적인 합의로 모건의 명성은 월스트리트뿐만 아니라 철도업계에까지 자자해졌다. 그가 거물 투자자로 급성장하자 기업의 M&A 등 수익성 높은 사업들이 모건은행에 집중되었다. 당시 철도산업은 곧 미국 산업 전체를 의미하다시피 했다. 1879년 모건은 철도왕 밴더빌트의 철도사업에 1천8백만 달러나 되는 막대한 투자금을 조달했다.

그러다 다시 철도건설 붐이 일었다. 대륙횡단철도를 완성한 유니온 퍼시픽과 센트럴 퍼시픽 두 회사는 철도를 1마일씩 놓을 때마다 무려 20평방마일의 땅을 무상으로 받았다. 정부는 1억 8천만 에이커, 곧 프랑스와 네덜란드를 합한 것보다도 더 큰 땅을 철도회사에 무상으로 준 셈이다. 게다가 저리 대출로 특혜 융자가 이루어져 미국의 철도 길이는 1880년 이후 10년 동안에 15만 킬로미터에서 26만 킬로미터로 늘어났다.

제이피 모건은 2백여 개나 난립하던 철도회사들을 상대로 끊임없이 인수합병을 단행했다. 필요한 대규모 투자금은 유럽으로부터 자금을 받았고 정계와의 인맥을 활용해 당시의 철도왕 에드워드 해리슨(Edward Harrison)으로부터 철도운영권을 헐값에 인수했다. 모건이 철도로 큰돈을 벌자 많은 사람들이 철도건설에 투자했다. 많은 노선의 철도가 추가로 건설되었다. 철도 연장의 급격한 증가는 철과 석탄의 생산을 부추겼고, 이것은 다시 제철·제강산업을 발전시켰다.

1880년대 제이피 모건은 미국의 철도회사들을 아홉 개의 대기업으로 합병하는 주도적 역할을 했다. 모건은 자신이 인수해 유통시킨 철도회사 채권과 주식이 부실화되자 투자자의 의결권 위임을 받아 직접 철도회사 경영에 뛰어들기도 했다.

위임받은 의결권으로 이사회를 장악한 그는 자산과 부실을 실사하고, 경영진의 능력을 평가했다. 이 결과를 바탕으로 살아날 가능성이 있는 철도회사 채권의 만기를 연장해 주거나 이자를 깎아 줬다. 여차하면 채권을 주식으로 바꾸는 출자전환도 단행해 이자비용을 줄여 철도회사의 소생도 도왔다. 이른바 워크아웃을 단행한 것이다. 당시 사람들은 이를 모거니제이션(Morganization)이라고 불렀다. 결과적으로 그는 치열한 경쟁 속에 난립했던 철도산업의 파국을 막은 것이다.

한편 〈월스트리트 저널〉을 창간한 찰스 다우(Charles H. Dow)가 1884년 다우존스지수를 개발했다. 뉴욕증시를 한눈에 보여 주기 위해서였다. 다우지수는 출범할 당시 아홉 개의 철도회사 주식을 포함해 열한 개 기업의 주가를 평균한 것으로 시작했다. 이는 사실상 철도주 평균주가나 다름없었다. 이렇듯 미국 산업의 주축과 저력은 철도에서 시작되었다.

19세기의 마지막 20년 동안, 모건은 볼티모어철도, 오하이오철도, 체사피크철도, 심지어 이리철도의 구조조정을 전담하면서 철도업계에서 가장 영향력 있는 인물로 부상했다. 1890년에 미국의 철도회사가 벌어들인 돈은 연방정부 세입의 두 배 반에 해당하는 10억 달러에 달했다. 그 결과 1890년에 이르러 모건의 철도재산은 30억 달러로 부풀어 미국 4대 철도업자 가운데 하나로 급부상했다. 그는 이를 기반으로 '철도왕'이라 일컬어지던 미국 최대의 철도업자 윌리엄 밴더빌트와 힘을 합쳐 미국 굴지의 전기회사 '웨스턴유니언사'를 합병하는 데 성공했다. 이로써 모건은 전신을 장악해 누구보다도 빠른 정보를 접하게 되어 철도업에 뛰어든 본래의 목적을 달성했다.

2차 철도 버블

과잉공급 상황이던 철도건설은 1893년, 다시 버블 붕괴를 맞는다. 1894년 철로 운영사업자의 4분의 1이 도산하는 지경에 이르렀다. 그렇다고 이미 건설된 철로들을 걷을 수도 없는 노릇이었다. 하지만 지난 자본주의 역사를 되돌아보면 버블이 형성되지 않은 때는 거의 없었다. 버블이 생기고 터지는 과정을 거치면서 경제는 발전했다.

이러한 거품도 산업계에는 효자 노릇을 했다. 화물 운송비용이 싸져 철로는 가장 중요한 사회 간접자본으로 급부상했다. 유통업체인 시어스와 프록터앤드갬블(P&G)이나 코카콜라 같은 대기업들이 철로를 활용해 전국적으로 기업망을 확대할 수 있던 것도 철도 거품이 꺼져 물류가 발달한 덕분이었다.

모건과 에디슨의 만남, GE의 탄생

1878년 여름, 에디슨(Thomas A. Edison)은 가스등을 대체할 전기등에 대한 연구에 몰두하고 있었다. 강렬한 아크 불빛을 등으로 사용할 수 있는지의 실행 가능성을 실험한 것이다. 기본적인 문제는 등이 지나치게 가열되어 깨지지 않도록 하는 것이었다. 에디슨은 이 문제를 해결할 수 있다고 생각했다. 그는 안전하고 값싼 전등을 발명하겠다고 공식적으로 발표했다.

제이피 모건이 이런 기회를 놓칠 리 만무했다. 그는 본능적으로 사업 가능성을 직감하고 합작회사 설립을 제의했다. 모건과 밴더빌트 등의 자산가들은 곧 에디슨에게 회사를 차려 주고 3만 달러를 연구개발비로 지불했다. 당시로서는 큰돈이었다. 오늘날 세계 최대기업 제너럴일렉트릭(GE)은 발명왕 토머스 에디슨이 1878년에 설립한 '에디슨전기회사'가 그 모태다.

1879년 10월 21일, 토머스 에디슨은 40시간 동안 빛나는 탄소 필라멘트 전등의 연구 결과를 직접 실험해 보였다. 약속대로 백열등을 발명한 것이다. 에디슨이 전구를 발명하자 전기의 가치가 날로 높아져 갔다. 그래서 에디슨은 1882년 뉴욕에 세계 최초의 '중앙화력발전소'를 건설했다. 동시에 그의 첫 발전기도 제작했다. 바로 이 중앙화력발전소가 세계 최초의 상업발전소다. 그 후 많은 발전소가 만들어지고 발전 방법도 수력, 원자력, 풍력, 조력, 태양력, 지열 등 다양해졌다.

제이피 모건은 추가로 회사 자금 30만 달러를 투자해 이 가운데 25만 달러 상당의 주식을 에디슨에게 주고 에디슨의 백열전구 특허권을 샀다. 1880년 말에는 1천5백 시간을 견디는 16와트 전등을 만들어 시장에 내

::: 발명가 에디슨. 모건의 자금력으로 많은 발명을 할 수 있었다.

놓기 시작했다. 세기적 발명품인 전등 덕분에 대주주의 자리를 차지하고 있던 모건은 돈방석 위에 앉게 되었다.

에디슨전기회사는 1889년에 다양한 품목을 묶어 종합 전기회사인 '에디슨제너럴일렉트릭회사' 곧 에디슨GE로 이름을 바꾸었다. 에디슨GE는 국내기업들의 잇단 주문으로 사업을 확장했지만 과다한 투자로 1890년 350만 달러의 빚을 지게 됐다. 제이피 모건은 경쟁 전구회사인 탐슨-휴스톤사와 협상을 벌여 두 회사 자산가치(3천3백만 달러)보다 훨씬 많은 5천만 달러를 투자해 두 회사를 합병했다. 세계 최대 전기회사인 GE(General Electric)는 이렇게 탄생했다. GE는 다우지수의 초창기 멤버로 현재까지 유일하게 남아 있는 회사다. 제이피 모건은 평생 동안 1천여 개의 발명품을 쏟아낸 에디슨을 통해 부를 늘렸다. 그는 세계 최초의 벤처캐피털리스트였던 셈이다. 전등과 발전소가 에디슨에 의해 발명되었다면 이를 실용화해 전기를 대량 공급하기 시작한 것은 모건의 자본력이었다.

모건, 미국 원탁그룹회의 설립

1891년 2월 로스차일드 가문과 영국의 은행가들이 모여 '원탁회의그룹(Roundtable group)'을 설립했다. 미국에서도 금융 자본가들이 이에 상응하는 조직을 만들었다. 이때 앞장선 장본인이 제이피 모건이었다. 미국의 원탁회의그룹은 1921년 '외교협회(Council on Foreign Relations, CFR)'로 이름을 바꿨다. 외교협회 초대회장 존 데이비스(John W. Davis)는 모건의 개인 변호사였다. 영국의 원탁회의그룹도 그 전 해에 이름을 '왕립국제문제연구소'로 개명했다.♦

나중에 왕립국제문제연구소는 국제 금융자본가를 주축으로 하는 빌더버그 비밀회의를 발족시킨다. 첫 회의가 네덜란드 오스터비크라는 마을에 있는 빌더버그 호텔에서 개최되어 '빌더버그 회의'라 불렸다. 빌더버그 회의는 세계 유수의 금융가, 기업인, 정치인, 주요 왕실이 함께하는 비밀모임이다. 초청된 정치인, 학계, 언론계 인사들과 더불어 매년 한 차례 주말을 끼고 유럽이나 미국의 최고급 호텔에서 비공개로 모여 국제정세와 경제문제를 논의한다. 이미 공공연하게 알려져 있는 이 회의의 참가자 면면을 보면 유대계가 주도하고 있다는 인상을 강하게 받는다.

우리가 잘 아는 다보스 포럼도 유대인이 만들었다. 빌더버그 회의가 베일에 싸인 비공개적인 회의라면 '세계경제포럼(World Economic Forum, WEF)'은 1981년부터 스위스의 휴양도시 다보스에서 열리는 공개적인 경제포럼이다. 세계의 시대적 조류에 대한 토론을 통해 시대 여론을 주도하고 있다. 본부는 스위스 제네바에 있으며, 주로 다보스에서 열리기 때문에 다보스 포럼이라 불린다. 1938년 독일 태생의 유대인 클라우스 슈밥(Klaus Schwab) 제네바대학교 교수가 1971년 비영리 재단으로 창설했다.

♦ 쑹훙빙, 《화폐전쟁》, 차혜정 옮김, 랜덤하우스

부도 위기의 미국을 구하다

제이피 모건이 단순한 투기꾼은 아니었다는 사실을 보여 주는 유명한 일화가 있다. 사건은 금본위제가 공포되기 전인 1893년에서 1895년에 걸쳐 일어났다. 1893년 영국 투자가들이 미국에서 자본을 철수하기 시작하자 미국은 첫 금융위기를 맞게 되었다. 주식시장이 폭락하고 은행이 문을 닫게 되자 미국 정부는 금괴를 비축해 버티기로 결정한다. 금괴 비축의 마지노선은 1억 달러였으나, 1895년 1월 이미 5천8백만 달러로 줄어들었다.

당시 재무장관 존 칼리슬은 모건에게 도움을 요청했다. 클리블랜드 대통령 시절이었다. 경제위기가 닥치자 금과 은의 잦은 교환 때문에 재무부가 보유한 금이 바닥 일보직전이었다. 1895년 2월 미국 정부의 태환용 금 준비금이 10분의 1로 급감했고 공황의 회오리 속에서 국가재정이 파산 직전까지 내몰리며 국가 비상사태가 야기되었다. 이때 클리블랜드 대통령과 제이피 모건이 만났다. 대통령을 만난 모건은 굵직굵직한 투자자들을 모아 국채인수 신디케이트를 만들고, 그들이 갖고 있는 금으로 국채를 사도록 하면 위기 극복이 가능하다고 말했다.

그 뒤 모건은 어거스트 벨몬트와 런던 로스차일드가의 삼자 제휴를 통해 신디케이트를 구성하고 6천5백만 달러 정도의 금을 재무부에 공급해 금본위제도를 안정시켰다. 이중 반은 로스차일드 유럽은행에서 지원받았다. 제이피모건은행이 신디케이트를 구성하여 정부공채를 인수해 중앙은행 역할을 한 것이다. 이 과정에서 제이피 모건은 국가적 영웅으로 떠올랐다. 이때 제이피모건은행은 연리 3.75퍼센트로 정부공채를 인수했고 유럽은행들과 함께 1천6백만 달러의 이자수입을 챙겼다.

이렇게 해서 모건가는 금융 트러스트를 형성하게 된다. 당시 록펠러의 석유 트러스트를 따라서 담배, 소금, 설탕, 술 트러스트 등이 우후죽순으로 생기던 와중이었다. 이때 모건은 트러스트 중의 트러스트라 불리는 모건 금융제국을 이룩한 것이다. 이로써 미국은 산업자본주의에서 금융자본주의로 이동하기 시작했다. 1895년 58세인 제이피 모건은 가문이 소유한 은행지분을 통합해 뉴욕, 필라델피아, 런던, 파리에 있는 네 개 은행의 대주주가 되었다. 하지만 클리블랜드 대통령은 모건이 인수한 국채의 고금리 특혜 시비에 휘말려 재선에 실패했다.

언론까지 장악하다

19세기 중엽에 이르자 비대해진 산업자본은 여론을 의식하게 되었다. 이에 따라 언론의 산업기구화가 나타나기 시작했다. 1896년 당시 파산 지경에 빠졌던 〈뉴욕타임스〉를 제이피 모건의 자금지원으로 독일계 유대인 아돌프 옥스(Adolf. S. Ochs)가 인수한 것이 유대인의 대형 언론사 접수의 첫걸음이다.

옥스는 이른바 황색언론에 혐오감을 갖고 〈뉴욕타임스〉를 정통 정론지로 키운다. 1898년에 그는 모건의 자금력을 바탕으로 신문가격을 내렸다. 그러자 판매부수가 세 배로 늘어났다. 이로써 〈뉴욕타임스〉는 일약 권위 있는 신문으로 성장했다. 또 금융가의 지원을 받아 윤전기 등 신문시설을 최고 수준으로 바꾸는가 하면 신문을 찍고 난 시설을 교양서적의 출판에도 활용했다. 그는 에이피(AP)통신사에도 관여했고, 세상을 떠날 때까지 신문의 고급화에만 전력했다. 지금도 〈뉴욕타임스〉에는 모건 스탠리가 대주주로 참여하고 있다.

카네기철강 거저 손에 넣다

1901년 42세의 시어도어 루스벨트가 최연소 미국 대통령으로 취임했다. 젊은 강성 대통령의 등장으로 20세기는 공식적으로 고양된 상태로 시작되었다.

그 무렵 금융, 철도, 전기 등 미국의 주요 산업들을 차례로 장악한 제이피 모건은 급속히 커가는 산업계를 계속해서 주도하기 위해서는 당시 떠오르는 산업인 철강업에 뛰어들어야 한다고 판단하고 환갑이 넘은 나이인 1898년 페더럴제철(Federal Steel Co.)을 설립했다. 그리고 곧바로 미국 최대의 '카네기철강'에 눈독을 들였다. .

카네기 사무실에 불쑥 나타난 모건은 말없이 수표를 한 장 내밀었다. 당시 철도화차 20대 분량의 금괴 값에 해당하는 5억 달러였다. 담력 큰 카네기도 자기 눈과 귀를 의심했다. 결국 카네기철강의 주인이 바뀌었다. 모건의 나이 61세 때였다.

1901년 카네기철강을 인수한 그는 소유하고 있던 세 개의 철강회사, 즉 페더럴제강, 내셔널제강, 아메리카제강과 합병 후 '유에스(U.S.)스틸'이라는 미국 최대의 철강 공룡을 만들어 순식간에 철강업계를 장악했다. 그 뒤 기업을 공개해 주식을 공모했다. 카네기로부터 한 주당 38달러로 계산해 산 주가가 무려 55달러에 팔렸다. 결국 모건은 기업 공개를 통해 미국 연간 예산의 두 배인 10억 달러를 며칠 만에 벌며, 매입가격의 두 배에 이르는 시세차익을 거둘 수 있었다. 전무후무한 대단한 수익이었다.

결론적으로 자기 돈 한 푼 들이지 않고 미국 최대의 철강회사를 거저 손에 넣은 것은 물론, 가외로 5억 달러를 더 번 것이니 제이피 모건을 두고 기업 인수합병의 귀재라 할 만했다. 이는 모건이 당시 제조업과 금융

유에스스틸 기업공개

당시 유에스스틸은 자본금 14억 달러로, 그 무렵 미국의 1년 예산 5억 2천5백만 달러보다 2.7배나 더 컸다. 이러한 공룡기업의 대규모 기업공개를 계기로 단박에 뉴욕증시가 규모면에서 런던을 앞서기 시작했다. 1920년대에는 유에스스틸이 뉴욕증권거래소 시가총액의 60퍼센트를 차지했다. 당시 다우지수가 20개 기업으로 구성되어 있었는데, 유에스스틸이 나머지 모두를 합한 것보다 더 컸다는 이야기다.

업을 같이 영위하면서 터득한 비즈니스와 금융을 연계할 줄 아는 감각의 결과이기도 하다. 그는 자본주의의 금융기법, 곧 돈의 논리를 꿰뚫고 있었다.

독점금지법으로 기소당하다

미국은 급격한 산업화로 노동문제, 도시문제, 농민문제가 불거졌다. 이는 이전의 농촌사회의 잣대로서는 풀기 어려운 숙제였기에, 미국에는 '혁신주의(Progressivism)'라는 개혁의 바람이 불었다. 특히 지나친 자유방임은 부의 편중을 심화시켜 개인이 자유경쟁의 시장에서 불리하게 되고 이는 오히려 미국의 국시라고 할 자유경쟁과 기회균등의 논리를 저해했다. 이에 루스벨트는 정부가 국민들 편에 서서 경제에 개입해야 된다고 믿었다.

루스벨트는 대통령으로서 정부가 독점기업 규제에 나서는 개혁의 포문을 열었다. 대통령에 취임한 그는 제이피 모건이 몇몇 철도 재벌들과 함께 강력한 철도 트러스트를 조직하려한다는 '정보'를 입수했는데, 이를 주도한 노던증권은 사실 20세기 들어 무대 뒤로 얼굴을 감춘 로스차일드 가문의 미국 내 파이프라인의 하나였다. 그러므로 이 정보는 당시 2대 핵심적 독과점 산업군이었던 철도와 금융산업의 융합으로 초대형 트러스트가 탄생될 것을 의미했다.

제이피 모건은 당시 무자비하게 문어발식 기업합병을 추진하고 있던 터였다. 국민들과 언론에서는 노던증권의 공룡화를 우려하는 목소리가 높았다. 이에 루스벨트는 모건과 이 문제를 논의하려고 그를 백악관으로 불렀다. 그러나 모건은 대통령의 호출을 거부했다. 화가 머리끝까지 난 루스벨트는 법무장관을 시켜서 10여 년 전에 제정되었지만 유명무실해진 셔먼독점금지법으로 모건을 기소했다. 그 결과 1902년 2월 18일 모건의 노던증권은 독점금지법 위반으로 제소되었다.

국민은 환호했다. 당시의 관례상 이런 일을 대통령이 하리라고는 상상을 하지 못했는데, 국민들은 드디어 정부와 대통령이 국민의 편에 서서 대기업을 규제하려 한다는 의지를 본 것이다. 노던증권은 법에 따라 강제 해산당해 분리되었다. 그 뒤 7년 동안 43개 독점기업을 제소했던 루스벨트는 '트러스트 파괴자'라는 별명을 얻게 된다. 하지만 루스벨트가 독점기업을 모조리 파괴한 것은 아니었다. 그는 공익을 위해서 정부가 기업의 중재자가 되어야 된다고 믿었을 뿐 현대사회에서 독점은 피할 수 없다는 것을 인식했다. 단지 사회에 해악이 되는 나쁜 독점을 분쇄하려던 것이다. 예컨대 록펠러의 석유회사, 듀크의 담배회사를 포함한 몇 개의 회사를 기소했지만, 카네기철강을 사들여 유에스스틸로 만든 것은 그냥 두었다.

노던증권 사건 이후에 루스벨트가 모건과 벽을 쌓고 지냈던 것도 아니다. 한 예로 펜실베이니아 주에 있는 무연탄 탄광에서 연합탄광노조

원 15만 명이 20퍼센트 급여인상, 하루 아홉 시간 노동, 노조 조직의 승인을 요구하며 파업에 들어간 지 5개월이 지났으나, 해당 여덟 개 회사의 사용자측은 노조의 요구에 응하지 않을 뿐더러 정부의 중재 요구도 받아들이지 않았다. 겨울이 다가오는데 국민의 연료보급에 차질이 생길 전망이었다.

이에 루스벨트는 방위군을 탄광에 투입해 접수하겠다고 으름장을 놓고, 다른 한편으로는 모건을 만나 탄광회사가 정부의 중재를 받아들이지 않으면 그가 그 회사들을 매입하겠다고 압력을 넣어달라고 부탁했다. 모건의 협조로 무연탄회사는 협상테이블로 나와서 10퍼센트 급여인상, 하루 아홉 시간 노동에 합의했고, 노조승인은 수렴되지 않은 채 이 일은 수습되었다. 루스벨트는 이 일을 두고 노사분규의 중재를 공평함을 추구한다는 뜻으로 스퀘어딜(Square Deal), 즉 '공평한 정책'이라고 불렀다.

자기 자본의 1백 배를 대출한 은행들

20세기 초엽, 제이피모건은행의 영향력은 막강했다. 지배주주였던 제이피 모건은 뉴욕 월가에서 신들의 신이라는 의미로 '주피터'라는 별명으로 불렸다. 백악관 화이트하우스에 견주어 모건하우스라는 말이 생길 정도였다. 모건하우스는 미국 금융사의 거의 전부를 결정했다. 주식시장에서 밸류에이션(Valuation)◆에 대한 기본 개념이 없던 시기에 모건은 정기적으로 주가의 적정가를 발표했다. 모건의 발표에 의해 시장이 움직였다.

◆ 애널리스트가 현재 기업의 가치를 판단해 적정 주가를 산정해 내는 기업가치평가

연방준비제도이사회가 생기기 전에 모건이 위기 때마다 미국의 중앙은행 역할을 담당한 사례는 유명하다. 당시 미국 전역에는 크고 작은 2만 5천여 개의 은행이 난립하고 있었다. 또한 통화와 신용의 유통량을 조절할 수 있는 중앙은행이나 은행의 건전성을 상시적으로 감시·감독할 수 있는 금융 감독당국도 존재하지 않았다. 한마디로 경제가 위험한 상황에 처하더라도 사전에 경보를 울리거나 유동성을 조절할 수 없었다. 금융기법도 형편없어서 신용대출이란 애당초 존재하지 않았다. 담보 없이 급전을 빌리려는 개인은 살인적인 고금리를 요구하는 전당포로 가야 했다. 또 오늘날과 같은 예금보호제도도 전혀 없었고, 증권 등에 대한 건전성 규제도 미비했다.

1907년 공황은 과잉자본 때문에 발생한 최초의 공황이었다. 당시 미국의 은행들은 자기자본 비율이 1퍼센트에도 미치지 못할 정도로 지나친 대출을 하고 있었다. 금본위제하의 화폐라는 것은 고작 금을 쌓아두고 그에 대한 교환권의 의미만 가지고 있었기 때문에 화폐량에 대한 조절능력이 애당초 없는데, 이런 상황에서 은행들이 대출에 대출을 해주게 되고 급기야는 버블을 만들게 된 것이다. 경기가 하강하자 자기 자본의 1백배까지 레버리지가 실린 은행들은 이제 시한폭탄이나 다름 없었다.

특히 당시 새롭게 만들어진 투자신탁회사(트러스트 뱅크)들이 금융패닉의 발단이 되었다. 경기침체로 주가가 폭락하자 고객 돈을 갖고 주식투자를 하던 투신사들이 무더기로 도산했고 가파른 경기침체가 나타난 것이다.

주요 산업에서 이윤이 저하되어 금융 압박이 생겼고, 이 때문에 주식매각과 상품 투매가 이어지면서 생산이 감소했다. 악순환의 고리에 빠진 것이다. 10월이 되면서 몇몇 대기업들까지 도산했다. 이어 이들에게 대규모 융자를 한 은행들에서 예금인출 사태가 쇄도하는가 싶더니 급기야 금융공황으로 발전했다. 은행들이 대출금을 회수하자 기업들은 줄지어 도산했고 실업률은 급증했다. 이 와중에 8천 개의 회사가 도산했다.

이런 불안한 경제 상황에서는 언제나 금에 대한 수요가 폭증하기 마련이다. 뉴욕 금 시장에서는 금값이 폭등했고 런던에서 뉴욕 금 시장으로 대규모 금 유출사태가 발생했다. 가뜩이나 불안한 시장에 결정적인 찬물을 끼얹은 사람은 구리 광산업계 거물인 프리츠 오거스터스 하인즈(F. Augustus Heinze)였다. 서부의 구리광산에서 돈을 모아 월가에 진출해 증권사와 투신사를 사들인 하인즈가 주가조작 과정에서 자금난에 빠지자 시장 전체가 흔들린 것이다. 워싱턴과 캘리포니아, 오클라호마 등 일부 주는 은행 영업까지 정지시켰다. 파리와 로마에서는 은행 창구에서 예금 인출 소동이 벌어지고 일부 이탈리아 은행은 파산을 맞기도 했다.

중앙은행의 역할을 맡다

1907년 10월, 월가의 은행들이 집단 파산의 위기에 직면하자 모건은 긴급 구제금융을 제공해 위기를 모면시켰다. 당시 미국엔 연준(FRB)이 없던 시절이므로 모건은행이 중앙은행의 역할을 한 것이다. 당시 상황을 살펴보자.

1907년 10월 21일, 미국 월가는 구리광산 주가의 대폭락을 신호탄으로 순식간에 패닉 상태에 빠져들었다. 다우존스지수는 전년도에 비해 48퍼센트나 급락했다. 반 토막이 난 것이다. 연쇄 뱅크런(예금인출사태)으로 일주일 사이에 은행과 신탁회사 여덟 개가 무너졌다. 증권사 50곳이 파산 직전으로 내몰렸다. 공황의 시작이었다.

그런데도 무능한 정부는 아무런 대책도 내놓지 못하고 허둥댔다. 그 절박한 위기에 월가의 뱅커들이 구조를 요청한 사람은 대통령도, 재무장관도 아니었다. 제이피모건 회장 존 피어폰트 모건이었다. 그는 10월 22일 저녁 주요 금융인들을 불러 모았다. 워싱턴에서 재무장관도 달려왔다. 당시 모든 금융기관들은 자신들의 자금회수에 여념이 없었다. 기업이나 사람들도 금이나 현금이 아니면 인수를 거부했다. 그래서 비정상적인 현금 결핍 상태가 계속되었다.

그는 먼저 은행들의 개별 행동을 금지시켰다. 다음으로 투신사와 영세 은행의 구제계획을 내놓았다. 동시에 정부에 압박을 가해 국립은행과 거래은행에 대해 구제금융을 지원하도록 했다. 정부도 2천5백만 달러의 구제금융자금을 내놓는 데 합의했다. 다음날 정부는 이를 발표했다.

그러나 24일에 또다시 주식시장이 중단될 위기에 놓였다. 증권거래소의 딜러와 증권사들은 평소 연리 6퍼센트의 조건으로 하루짜리 콜금리 자금을 써왔으나 금융경색이 극심해지자 1백 퍼센트 금리로도 자금을 빌릴 수 없었다. 서로가 서로를 믿지 못하는 신용경색이 극에 달한 것이다. 절망을 넘어 극도의 공포가 시장을 휩쓸었다.

모건은 무엇보다 먼저 신용경색을 푸는 것이 급선무라고 판단했다. 그는 자기 은행을 포함한 여러 은행에서 10퍼센트 금리 조건으로 긴급자금을 모아 제공함으로써 주식거래가 중단되는 사태를 막았다. 실세 금리를 파격적으로 끌어내린 것이다. 1백 퍼센트 금리에도 돈을 빌릴 수 없던 시기에 연리 10퍼센트짜리 자금을 공급해 주는 제이피모건은행은 그야말로 신과 같은 존재였다.

자금부족으로 영업중단 위기에 처한 뉴욕증권거래소에 대해서도 지원 사격에 나섰다. 그러고는 더 나아가 2천7백만 달러의 증시부양자금을 확보했다. 이 소식이 알려지자 증권거래소는 회생했고 이후 금융시장도 조금씩 안정을 되찾았다.

공무원들에게 줄 월급마저 떨어진 뉴욕 시 정부도 모건에게 도움을 청했다. 뉴욕 시가 파산하면 금융시장에 나쁜 영향을 줄 것을 우려한 모건은 당국으로 하여금 연리 6퍼센트의 수익채권을 발행하게 하고, 이를 은행들이 사들이게 했다. 양적완화(guantitative easing) 정책을 쓴 것이다.

이 밖에도 각각 이해관계가 다른 투신사들을 설득해, 이들이 공동출자해서 구제기금을 만들도록 하는 등 동분서주하며 공황을 해결해 나갔다. 이처럼 모건이 정부를 대신해 불철주야로 금융계를 재조직한 결과, 11월 들어 파국 일보직전까지 갔던 금융위기가 비로소 진정되었다.

그 과정에서 모건은 '테네시석탄철강회사'를 손에 넣고, 루스벨트의 반독점 칼날도 비켜갔다. 시장의 파수꾼을 자처하면서 엄청난 이익도 챙겼다. 경기침체는 이듬해 6월에야 마무리되었다. 하지만 다우지수는 2년 동안 90퍼센트나 급등했다.

진보적인 정치인들은 월스트리트가 공황 이후의 재정비과정에서 돈을 벌기 위해 공황을 부추겼다고 주장하지만 어쨌든 미국에 중앙은행이 없던 1913년 이전, 모건하우스는 사실상 미국의 중앙은행이나 다름없었다. 금융시장 패닉을 종식시켰고 금 유출로 무너질 위기에 몰린 미국 금본위제를 사수했으며 세 차례나 디폴트 위기에 빠진 뉴욕 시를 구제했다.

1910년 모건 나이 73세 때 런던에 투자은행 모건그렌펠(Morgan, Grenfell&Co.)을 설립했다. 이 은행은 모건 조직의 영국 본부가 되었다. 이로써 제이피모건은행과 1935년 제이피모건의 증권 부문이 독립한 모건스탠리, 그리고 런던법인 모건그렌펠 세 회사를 아우르는 모건 금융제국이 완성되었다.

이 세 회사를 지칭하는 통칭 모건하우스의 역사는 20세기 금융의 역사를 집약하고 있다고 해도 과언이 아니다. 모건 가문은 피바디은행(런던상업은행)이 런던에 세워졌던 1838년부터 지금까지 170여 년 동안 세계 금융시장의 양대 축인 뉴욕 '월가'와 런던 '더 시티'의 현장 한가운데에 늘 서 있었다.

미국 연방준비은행은 민간기구

몇 차례의 공황과 재정실패를 겪고 나자 미국은 절실하게 안정을 추구했다. 특히 1907년 금융공황은 사람들로 하여금 중앙은행의 필요성을 절감하게 했다. 이를 계기로 은행가들 사이에 강력한 중앙은행 곧 발권은행이 필요하다는 공감대가 형성되었다.

1907년 의회에 국가금융위원회가 신설되고 위원장으로 넬슨 올드리치 상원의원을 선출하였다. 그는 부유한 은행가문 출신이었다. 은행가들로 구성된 위원회는 민간 중앙은행인 연방준비은행 설립을 준비하였다. 그 뒤 1910년 11월 모건의 별장이 있는 조지아 주 연안의 휴양지 지킬섬에서 비밀회의가 열렸다. 여기에 모인 사람은 모두 7명이다. 올드리치가 모임을 주최했지만 실제로 자리를 준비한 사람은 폴 와버그라는 독일계 유대인이었다. 그는 로스차일드가의 금융업체인 쿤로브의 공동 경영자이자 중앙은행제도에 대한 전문가였다. 다른 참석자로는 모건의 뱅커스트러스트사 회장 벤저민 스트롱, 제이피모건은행 사장 헨리 데이비슨, 모건계 뉴욕 퍼스트내셔널 은행장 찰스 노턴, 하버드대학 교수출신 재무부 차관보 피아트 앤드류, 록펠러계 내셔널시티뱅크 프랭크 밴덜립 행장이었다.

10일간의 회의 끝에 연방준비은행법 초안이 마련되었다. 재미있는 것은 법안을 입법부에서 만든 것이 아니라 유대인들이 주도하여 만들었다는 점이다. 주로 모건, 록펠러, 로스차일드 3대 금융가문이 주축이었다. 이 중에서도 로스차일드 가문의 대리인 폴 와버그가 이를 주도했다. 이들은 중앙은행이 주는 부정적 이미지를 없애기 위해 연방준비시스템이라는 용어를 사용했다. 그리고 과거의 중앙은행이 20% 정부지분을 인정했던데 비해 100% 전체를 민영으로 설계하여 정부의 끈을 원천적으로 차단해 버렸다.

이런 연방준비위원회제도 법안을 의회는 1913년 12월 크리스마스 이틀 전에 통과시켰다. 월가 금융세력들에게 적대적인 의원들이 크리스마스 휴가를 떠난 틈을 이용하여 상하 양원에 기습 상정하여 처리한 것이다. 이 법안이 통과되면서 미국은 비로소 연방준비제도이사회를 비롯해 12개 지역연방은행을 주축으로 하는 중앙은행체제를 확립할 수 있었다. 일종의 은행 카르텔이 탄생한 것이다.

무자본특수법인인 우리나라의 한국은행과는 달리 연준(FRB)은 자본금이 있는 주식회사이다. 그 지분은 민간은행들이 나누어 갖고 있다. FRB 조직은 12개의 지역준비은행 산하에 다시 25개의 지점을 두고, 연방은행법에 따른 약 1천 개의 은행과 연계되어 방대한 조직을 구성하고 있다.

12개 지역연방은행 가운데 가장 큰 뉴욕연방은행의 초기지분을 살펴보면 주식 총수 20만여 주 가운데 록펠러와 쿤롭사의 뉴욕내셔널시티은행이 3만주, 제이피모건의 퍼스트내셔널은행이 1만 5천주, 폴 와버그의 뉴욕내셔널상업은행이 2만 1천주, 로스차일드 가문이 이사로 있는 하노

버은행이 1만 2천주, 체이스은행이 6천주, 케미컬은행이 6천주 등이다. 이들은 모두 로스차일드가문 등 유대계 금융세력이다.[♦]

1차 세계대전, 자본가에게 전쟁은 기회다

1913년, 미국의 금융사와 산업사와 궤적을 같이했던 전설적인 인물 제이피 모건은 이집트 여행 중 얻은 병이 악화되어 요양 중이던 로마에서 76세의 나이로 사망했다.

그러나 그가 보유한 기업군에 비해 남긴 유산이 너무 적었다. 세간에는 분분한 이야기들이 많이 돌았다. 그의 소유로 알려진 재산 가운데 19퍼센트만 그의 것이었다. 그가 모건하우스의 실제 오너가 아니고 결국 로스차일드 가문의 대리인이 아니었느냐는 이야기다. 나머지 재산의 실제 소유주는 장막에 가려 보이지 않는 로스차일드 가문의 것으로 추정되기도 한다.

뒤를 이어 하버드대학교 졸업 후 세계의 금융센터였던 런던 모건상사에서 금융수업을 받고 있던 아들 잭 모건이 급거 귀국해 제이피모건 상사의 새 주인이 되었다.

잭 모건이 사업을 물려받은 이듬해인 1914년, 또다시 대도약의 계기가 왔다. 1차 세계대전이 일어난 것이다. 자본가에게 '위기는 곧 기회'였다. 잭 모건도 선친 못지않은 동물적 감각의 소유자였다. 그의 선친이 남북전쟁 과정에서 돈을 벌었듯, 잭 모건도 1차 세계대전을 축재의 기회로 최대

♦ 쑹훙빙, 《화폐전쟁》, 랜덤하우스

한 활용했다. 전쟁 초기 미국은 국내 반발 여론을 명분으로 직접 참전하지 않았다. 대신 후방기지를 담당해 무기 공급을 맡았다. 그러나 발등에 불이 떨어진 영국 정부는 1915년 초 월가에서 가장 영향력이 큰 제이피모건상사를 전시자금 조달 및 무기매입 대리인으로 지정했다. 때마침 미국의 연방준비은행이 1914년 11월 16일 정식으로 출범한 직후였다. 1915년 1월 15일에 모건상사와 영국 정부는 연방준비은행을 대신해 대규모 신용대출에 대해 협의했다. 대출협약 금액은 놀랍게도 30억 달러였다. 이건으로 모건상사는 1퍼센트의 수수료를 받아 3천만 달러를 챙겼다. 5월에는 프랑스가 그 뒤를 따랐다. 프랑스와도 5억 달러의 대출협약이 이루어졌다.

잭 모건은 남북전쟁 때부터 무기 공급 사업을 같이했던 미국 최대의 화학독점기업 듀폰과 손잡고, 미국 전역에 다이너마이트 공장을 세우고 화약류를 대량생산해 유럽에 공급했다. 유럽연합군이 대부분의 탄약을 미국에서 공급받은 까닭에, 듀폰의 화약 생산량은 전쟁 전보다 26배로 늘어났다. 모건은 미국에서 이들 나라를 대신해 미국 기업체로부터 군수품과 기타 필요 물품을 구매했다.

당시 영국과 프랑스 등 연합국은 전쟁을 치르고 있었기 때문에 자체적으로 전쟁비용을 조달할 길이 없었다. 이 전시자금 조달을 자임하고 나선 사람이 바로 잭 모건이다. 그는 총 15억 달러 이상의 '자유채권'이라는 전시공채를 개발해 국내외에 매각했다. 사실 1차 세계대전 5년 동안 이런 식으로 조성해 연합군에 빌려 준 돈은 그리 많지 않았다. 그러나 잭 모건은 영국 정부가 가지고 있던 미국 채권을 월가에서 팔아 주었고 이는 30억 달러가 넘는 거금이었다. 물론 이 과정에서 잭 모건은 엄청난 수익을 올렸다. 이를 계기로 미국과 영국은 채무국 관계가 역전되었다.

연합국의 무기매입 대리인기도 했던 잭 모건은 이 기간 중에 듀폰 등에서 사들인 군수물자 30억 달러어치를 연합국에 공급했다. 제이피모건사는 이 과정에서 동업자인 듀폰사와 계열사였던 유에스스틸 등에서 각종 군수물자를 독점가격으로 비싸게 사들여 이중삼중 부를 불려나갔다.

전쟁과정에서 큰 이익을 올린 제이피모건상사는 전후 유럽 재건사업을 위해 총 1백억 달러 이상을 대출해 주었다. 그 뒤 전 세계를 상대로 미국을 대표하는 최고 공신력 있는 은행으로 전시공채 등 위험성이 큰 정크본드(junk bond, 투자적격 신용등급 이하의 채권) 판매중개에 적극 나서기도 했다. 그러는 과정에 개발도상국이던 일본·이탈리아·벨기에 등에도 커다란 영향력을 행사할 수 있었다.

1차대전이 끝난 후 미국의 산업은 기록적으로 발전했다. 무역 흑자 규모도 천문학적으로 늘어났다. 반면 유럽은 전쟁의 참화로 폐허가 되었다. 다급하게 재건에 필요한 자금을 빌려야 하는 처지였다. 유럽 각국의 정부와 지방 정부 그리고 기업들이 월스트리트로 몰렸다. 반면 영국은 전후 자본 부족을 해결하기 위해 자본 유출을 못 하도록 규제했다. 이로써 런던의 더 시티는 과거의 위상을 뉴욕에 넘겨주지 않을 수 없었다.

모건상사, 15개 철도회사로 1천 개 넘는 기업 지배

1920년대 들어 연방대법원이 정부가 제소한 유에스스틸의 해체를 기각했다. 그러자 다우지수는 1906년 이후 세 번째로 1백 선을 돌파했다. 1925년 무렵 모건상사가 지배한 주요 15개 철도회사의 자산만도 85억 달러였다. 이 금액은 요즘 시가로 1조 달러가 넘는 엄청난 금액이다. 하나의 철도회사 산하에 각기 수십 개의 회사가 문어발처럼 달려 있었다. 미국 내 발행 주식 가운데 47퍼센트가 철도회사 소유였고, 총 1천 개가 넘는 기업들이 모건상사의 지배를 받고 있었다. 모건상사의 실질적인 자산 총액은 여러 경제사가들이 계산을 시도했지만 그 누구도 밝힐 수가 없었다.

세계 석유 시장을 석권한 록펠러의 등장

　바위를 뚫는 사람이라는 뜻의 록펠러(Rockefeller)란 성은 원래 독일계통의 성인 로겐펠더(Rogenfelder)를 미국식으로 부른 것이다. 로겐펠더는 동부 유럽에서 흔한 유대인의 성이다. 유대인임을 판단하는 기준으로 보통 사용되는 이스라엘 귀환법 제4B조에는 유대인이란 "유대인 어머니에게서 난, 혹은 유대교로 개종한 사람 중에서 다른 종교에 속하지 않는 자"라고 정의하고 있다. 이 정의에 의하면 록펠러는 유대인이다. 그의 어머니가 독일계 유대인으로 알려져 있기 때문이다. 하지만 유대인 혈통일지라도 유대교를 믿지 않으면 유대인으로 분류하지 않기도 한다. 록펠러도 모건과 마찬가지로 유대인 여부에 대한 논란이 있다.

　하지만 1차대전에서 패배한 독일이 베르사유조약으로 인해 유전이 있는 모든 식민지를 잃었을 때 히틀러는 이를 유대인의 공작 때문이라고 공격했는데, 이는 바로 록펠러를 염두에 두고 한 말이었다. 히틀러는 세계 석유시장을 지배하고 있는 록펠러가 독일을 압박하고 있다고 판단했던 것이다. 히틀러의 그런 판단은 나중에 6백만 명의 유대인을 학살하는 배경이기도 했다.

　석유왕 존 데이비슨 록펠러(John D. Rockefeller)는 1839년 뉴욕에서 약품 판매업자의 아들로 태어났다. 1853년 오하이오로 이사간 후에는 거기서 자랐다. 록펠러는 어렸을 때부터 칠면조나 사탕을 팔아 이윤을 남기면서부터 돈에 눈을 뜨기 시작했다. 19세에 그는 클리블랜드에 생산업체를 갖고 있었고, 북군에게 소금과 돼지고기를 팔아 막대한 이득을 얻었다. 1855년 고등학교를 졸업하고 전문대학의 6개월짜리 비즈니스 코스에 들어간 그는 3개월 만에 과정을 마치고 조그만 곡물위탁판매회사의 경리사원 보조로 취직했다.

록펠러는 그렇게 해서 번 돈 1천 달러와 아버지한테서 빌린 1천 달러를 합해 친구와 함께 1859년 곡물중개회사를 하나 차렸다. 같은 해 조지 비셀(George Bissell)은 펜실베이니아에서 석유 시추에 성공한다.

원래 석유(石油)라는 이름은 바위틈에서 흘러나온 기름이라고 해서 붙여진 것이다. 영어 petroleum은 petra(돌)란 말과 oleum(기름)이란 라틴어 단어를 묶어서 만든 말로 '돌에서 얻은 기름'에서 '석유'가 된 것이다. 이렇듯 예전에는 석유가 바위틈에서 흘러나오거나 지표면에 간혹 자연 분출된 것들만 시중에 나왔다. 이 당시 석유는 용도가 없었고 간혹 약국에서 상처를 치료하는 데 바르는 연고로 쓰이거나 두통, 치통 및 류머티즘 등 만병통치약으로 팔릴 뿐이었다.

조지 비셀, 유전 개발에 성공하다

월가의 주식 전문 변호사인 조지 비셀은 고향을 방문해 석유 샘플을 본 순간 직감적으로 연료로서의 가능성을 알아차리고 '약국에서 의약품으로 팔리는 석유를 파내어 조명용으로 쓰면 돈을 벌 수 있지 않을까' 하는 아이디어를 떠올렸다. 그는 곧 예일대학교에 석유 성분 분석 및 용도 조사를 의뢰했고 1855년 4월 예일대학교의 보고서는 "석유는 다양한 물질로 분류될 수 있으며 값싼 공정으로 램프에 사용할 수 있는 양질의 기름도 얻어낼 수 있다."고 결론 내렸다.

그 뒤 비셀은 투자자들을 모집했다. 그는 중국의 염정 굴착기술을 동원하면 석유도 찾을 수 있다고 믿었다. 결국 펜실베이니아 석유회사를 세우는 데 성공했다. 그리고 소금 광산 주변부터 찾아보도록 시켰다. 보통 석유가 솟아나는 곳이 염정 부근이었기 때문이다.

드디어 1년간의 노력 끝에 1859년 펜실베이니아 주 타이터스빌에서 처음으로 시추 석유가 나왔다. 석유 시추 현장책임자인 에드윈 드레이크 (Edwin L. Drake)가 기계굴착 방법으로 암반 밑 21미터까지 뚫어 유전개발에 성공한 것이다. 그가 타이터스빌에서 최초로 유전개발에 성공한 것은 그 지역이 전부터 오일크리크(Oil Creek, 석유가 흐르는 강)라고 불리는 데서 착안한 것이다. 유정 발견에 성공한 드레이크는 곧 펌프를 설치해 그날부터 매일 30배럴씩 원유를 퍼 올렸다. 비록 소량이었지만 당시 시장수요로는 충분한 양이었다. 석유는 배럴당 20달러로 날개 돋친 듯이 팔려 나갔다. 이것이 근대 석유산업의 시작이다.

록펠러, 석유의 가능성을 보다

드레이크의 성공을 계기로 석유에 대한 관심은 급속도로 확산되었다. 드레이크가 석유를 발견한 지 15개월 뒤인 1860년 말에는 약 75개의 유정이 원유를 뿜어냈다. 원유를 등유로 바꾸는 정제시설도 15개나 들어섰다.

사용처도 불분명한 석유 개발에 수많은 사람이 몰렸던 이유는, 골드러시 열풍을 대신할 절호의 기회를 석유가 가져다줄 것이라는 인식 때문이었다. 오일크리크 계곡의 산유량은 최초 연간 2천 배럴에서 10년 동안에 5백만 배럴로 크게 늘어났으며, 19세기 말 텍사스가 등장하기까지 미국은 물론 전 세계에서 가장 큰 산유지역이었다. 이후 록펠러가 살던 오하이오 주를 비롯한 인근 주들이 빠르게 성장하는 석유산업 지대가 되었다.

록펠러는 남북전쟁 중에 석유 수요가 급증하는 것을 보고 석유업계에 관심을 갖게 되었다. 그러나 석유를 찾는 일보다는 석유의 파급효과에 관심을 쏟았다. 석유는 채취한 그대로의 광유(鑛油)를 등화에 사용했을 경우 매캐한 연기와 냄새를 발산했으며 그다지 밝지도 않았다. 그러나 이를 증류해 정제해서 등유를 만들면 밝은 빛을 냈다.

그 뒤 텍사스 등 미국 각 주에서 석유 생산이 이루어짐에 따라, 종래 석탄을 원료로 쓰던 정유공장들이 석유로 원료를 전환했다. 오늘날 등유를 '케로신(Kerosene, 그리스어로 밀납을 의미)'이라고 부르는 것은 그 당시 역청질의 석탄으로부터 제조한 등유에서 연유한 것이다. 신규 정유공장들도 속속 건립되었다. 클리블랜드, 피츠버그, 필라델피아, 뉴욕 및 텍사스 산유지가 정유 산업의 5대 밀집지역으로 등장했다.

처음에는 석유에서 램프용 등유가 제조되고 그 부산물로 양초를 만들 수 있는 파라핀이 나왔다. 등유는 연기와 냄새가 적을 뿐 아니라 불빛이 밝아 바로 인기를 끌었다. 이전까지만 해도 거리의 가로등에는 비싼 고래기름을 쓰다가 석탄을 증류해 조명용 가스를 생산하여 사용했다. 이는 폭발 위험이 있어 가정용으로는 거의 쓰지 못했다.

그러나 석유에서 증류해 낸 등유는 달랐다. 석탄에서 추출한 가스와 달리 폭발 위험도, 소음도 없었을 뿐 아니라 파이프를 설치할 필요도 없었다. 원하는 장소 어디든 이동할 수도 있었다. 등유 램프는 당시 센세이션을 일으켰다. 이후 정유회사들은 검은 액체를 정제해 주로 램프용 등유를 만들었고 저렴한 양질의 등유가 대량으로 생산되어 시장수요를 충족시켰다. 본격적인 '정유시대'였다.

이제 석유는 미국인들의 생활양식까지 바꾸었다. 해가 지면 잠자리에 들던 사람들이 등유 램프 덕에 밤늦게까지 책을 읽거나 다른 일을 할 수 있었다. 초기의 사업자들은 원유에서 등유만 추출하고 남은 액체를 처리하는 데 골머리를 앓았다. 찌꺼기라고 생각해 청소업체에게 돈을 주고 치우거나 몰래 버렸다. 때문에 당시에 석유라고 하면 등유를 가리켰다. 중유나 휘발유의 가치를 깨닫게 된 것은 19세기 후반 이후다.

록펠러의 선택, 철도회사와 승부보다

석유의 잠재 가능성을 확인한 록펠러는 진짜 돈은 석유 채굴업이 아니라 운송과 정유를 담당하는 중간상인이 번다는 것을 간파했다. 1863년 그는 친구와 함께 차린 곡물중개회사를 계속하면서 한편으로는 오하이오 주 클리블랜드에 정유소(精油所)를 설립했다. 물론 당시 정제시설이란 건 뒷마당에 설치된 과학 실험실 정도 규모에 불과했다.

석유가 산업용으로 다양하게 쓰일 가능성이 보이자 그는 유전개발에 뛰어들기보다는 한 수 앞을 내다보고 부가가치가 더 높은 정제공장을 차린 것이다. 솟구쳐 오르는 검은 황금도 정제하지 않으면 끈적끈적한 구정물에 지나지 않았기 때문이다. 정유사업이 돈이 되자 록펠러는 남동생들(윌리엄과 프랭클린)을 불러들이고 새뮤얼 앤드루스(Samuel Andrews)와 헨리 플래글러(Henry M. Flagler) 같은 경험 많은 기업가들을 끌어들였다. 1867년에 이루어진 이들의 동업은 승승장구했다.

무분별한 유전개발로 석유가 쏟아져 나오면서 석유가격이 폭락을 거듭하고 있었다. 유전 주인들은 무작정 석유를 캐내지 말고 생산량을 할당해 가격 폭락을 막자는 데 동의했지만 그 누구도 약속을 지키지 않았다. 난립한 유전 주인들이 서로 힘을 모으기 힘든 데다 조금이라도 석유 값이 오르는 기미가 보이면 너나없이 채굴량을 늘렸기 때문이다.

철도회사들은 석유 수송이 일정하게 이루어지기를 바랐다. 하지만 석유 생산량이 들쑥날쑥해 유통량을 조절하기 힘들었다. 그래서 한 주는 정신없이 물량이 쏟아지다가 다음 주에는 급격히 줄어드는 상황이 되풀이됐다. 수요가 불규칙해지는 이런 상황은 철도회사들에게 그만큼 비용이 많이 드는 것을 의미했다.

록펠러는 정유사업에서의 관건을 물류비용이라고 보았다. 경쟁자보다 물류비용에서 우위를 점하는 것이 사업 성공의 열쇠라고 확신했다. 록펠러는 철도회사에게 일정한 원유 수송량을 보장해 주는 대신 운송료를 깎아달라는 협상을 벌였다. 협상 대표는 플래글러였다. 1867년 후반의 어느 날, 플래글러는 레이크 쇼어 철도회사를 찾아가 운송료를 할인해 준다면 운하를 통한 석유 수송을 중단하고 레이크 쇼어 철도회사에 매일 유조차량 60대 분량의 운송을 보장하겠다고 제의했다. 철도회사는 제안을 받아들였다.

스탠더드오일 설립으로 정유업계 장악하다

록펠러는 그 정도의 할인에 만족하지 않았다. 철도회사와의 운송료 협상에서 유리한 고지를 차지하기 위해 주변 정유공장을 흡수 합병하는 전략을 짰다. 먼저 자신의 회사 이름을 바꾸어 1870년 1월 1일, '스탠더드오일'이라는 회사가 탄생했다. 사장은 록펠러, 부사장은 동생 윌리엄, 플래글러가 재무담당 이사를 맡았다. 오늘날 시세로 약 1천1백만 달러에 해당하는 자본금 1백만 달러로 문을 열었다. 스탠더드오일은 정유사업과 제조공장, 창고, 운송시설, 유조차 등 석유 관련 설비를 갖추었다. 미국 전체 정유시장에서 10퍼센트의 시장 점유율을 확보했다.

스탠더드란 회사 이름 자체가 고객 지향적이다. 당시 사람들은 등유에 불순물이 섞여 혹시 폭발이 일어나지 않을까 우려했는데, 회사 이름이 '균질(스탠더드)한' 품질이라는 것을 상징했다. 스탠더드오일은 미국 최초의 주식회사였고, 미국 최초로 중역회의 제도를 실시한 회사이기도 하다. 투자자들은 회사 부채에 책임을 지지 않는 주식회사에 거리낌 없이 투자했다.

독점을 향한 인수합병 시작하다

록펠러는 석유산업에 투신한 뒤 기술개발은 물론 현장 밀착경영을 통해 원가절감 요소를 찾아냈다. 경비를 줄이면서 생산성을 올릴 수 있는 모든 경영요소를 찾아내어 경쟁력을 키웠다. 그런 방식으로 타사에 비해 경쟁우위를 확보한 뒤 철도운임협상으로 절대적인 우위를 확보했다. 그 뒤 록펠러 형제는 차례로 동료 정유업자들을 설득 혹은 협박해 신디케이트를 조직했다. 신디케이트는 몇 개의 기업들이 공동판매소를 하나 두고 판매하는 가장 고도화된 카르텔의 형태다. 그는 경쟁력을 바탕으로 아예 경쟁을 회피하는 독점전략을 사용한 것이다. 이로써 당시 물류를 담당하는 핵심수단인 철도를 장악하고 경쟁자들을 압박해 들어갔다.

록펠러는 스탠더드오일을 통해 시장 독점을 향한 자신의 꿈을 실천에 옮겼다. 그는 스탠더드오일의 귀찮은 경쟁자들을 인수합병하거나 도태시키는 계획을 차근차근 진행했다. 경쟁자들에겐 두 가지 선택을 제안했다. 경영권을 그에게 상납하고 주식을 배분받든가, 독자적으로 하다가 파산하든가 둘 중의 하나였다. 록펠러는 가장 큰 경쟁업체부터 시작해서 차례로 이 선택안을 갖고 교섭에 들어갔다. 경쟁자들과의 회동에서 록펠러는 이 계획이 모두에게 이익이 될 것이라고 설명했다. 사실 그는 '규모의 경제'를 믿고 있었다. 그리고 덩치가 커야 철도협상도 더 수월하게 진척시킬 수 있었다. 이미 절대적인 우위를 누리고 있던 록펠러는 클리브랜드의 주요 은행 간부들에게 스탠더드오일의 주식을 일정액 양도함으로써 쐐기를 박았다. 독립을 지키려는 정유사들이 고독한 싸움에서 버틸 재정적 지원을 차단해 버린 것이다.

록펠러의 인수전은 전격전이었다. 1871년 12월에서 1872년 3월까지 그는 일명 '클리블랜드 대학살'로 알려진 기업 인수합병 전쟁을 치렀다. 뉴욕에서 열다섯 개, 필라델피아에서 열두 개, 피츠버그에서 스물두 개, 석유지대에서 스물일곱 개의 정유사를 인수했다. 그중 여섯 개사는 단 이틀 만에 인수를 끝냈다. 전쟁이 끝나자 스탠더드오일만이 홀로 우뚝 서 있었다. 그는 그렇게 전쟁에서 승리를 거두었다. 찰스 다윈(Charles Robert Darwin)의 진화설이 생태계뿐만 아니라 산업계에도 그대로 적용되고 있음을 보여 준 셈이었다. 록펠러는 이런 적자생존 세계에 꼭 맞는 사람이었다. 몇몇 회사들은 스탠더드오일의 독점에 휘말리지 않으려고 경쟁사를 매입했으나 결과적으로 오래 버티지 못하고 스탠더드오일에 인수돼 록펠러에게만 좋은 일을 해 주고 말았다.

자본주의 병폐 가운데 하나는 자본력이 커진 기업은 돈 되는 사업을 무엇이든지 집어 삼키고 경쟁상대를 더 커지기 전에 박살내는 것이다. 록펠러도 마찬가지였다. 그는 유전과 정제시설을 아주 싼값에 매입해 막대한 이익을 남기는 식으로 재산을 모으는 이른바 '금융 비즈니스'로 석유산업을 거의 송두리째 장악해 석유 트러스트를 결성했다.♦

석유, 중요한 수출품이 되다

1861년 12월 미국의 석유는 영국, 프랑스, 독일, 스페인 등 유럽으로 수출되었다. 원유에서 얻어진 등유가 등화용으로 우수하다는 것이 알려지면서 크게 환영을 받아 등유 램프의 사용이 19세기 말에 전 세계에 크게 보급되었던 덕분이다. 그러자 서부 펜실베이니아 전역에 석유 시추공들이 설치되어 갑자기 공급과잉이 되었고 생산과잉으로 원유 값이 떨어져 20달러였던 원유가격이 1달러 20센트까지 폭락해 많은 석유회사들이 파산했다.

생산과잉을 해결할 수 있는 유일한 길은 수출이었다. 1880년대에는 세계적인 수요증가에 힘입어 미국의 석유수출량이 국내생산량의 60퍼센

♦ 정혁준, 스탠더드 오일의 탄생, 정혁준 블로그(blog.hani.co.kr/june/37837), 2011년 9월 28일

트를 웃돌았다. 내수용보다 수출량이 앞선 것이다. 1882년에는 수출량이 816만 배럴로 전 세계 시장을 거의 독점했다. 세계의 등유 수요가 늘어나 미국의 석유 수출이 1900년에는 3천1백40만 배럴로 늘어났다.

한편 석유가 돈이 되자 유럽과 러시아도 석유사업에 뛰어들었다. 1879년 러시아는 카스피 해 부근의 바쿠 유전을 개발해 1888년에는 석유생산이 미국을 앞질렀다. 러시아 황제는 1873년 이후로 외국 자본의 코카서스 지방 석유탐사를 인정하고 있었다. 미국 펜실베이니아보다 훨씬 많은 매장량이 있다고 여겨졌던 이 지역에는 스웨덴의 발명가 노벨의 두 아들이 이권을 획득하고 있었다. 하지만 자금 조달 문제에 직면한 노벨 형제는 프랑스 로스차일드 은행을 이 사업에 끌어들여 러시아산 원유를 판매하기 시작했고 이것이 얼마 후 록펠러의 독점을 위협하게 됐다. 이때 노벨 형제와 로스차일드 은행은 록펠러의 스탠더드오일과 타협해서 유럽 시장을 양자가 분할하기로 잠정적인 합의를 보았다.

1890년대에는 인도네시아의 석유를 개발하기 위해 네덜란드의 반 덴 베르흐 등이 '로얄더치(Royal Dutch)'란 회사를 설립했다. 세계 석유시장을 놓고 스탠더드오일과 경쟁하는 과정에서 '쉘(Shell)'과 '로얄더치' 등은 세계적 규모의 거대 석유회사로 성장했다. 이들 두 회사는 1907년에 제휴해 영국과 네덜란드 자본으로 국제적인 거대석유회사 그룹인 '로열더치 쉘' 그룹을 이루었다. 그동안 석유는 주로 등화용으로 이용되어 왔으나 20세기에 들어서면서 등유의 용도가 난방용으로까지 확대되었다.

가솔린과 중유의 시대로

등유를 생산하게 되면 불태워 버리지 않으면 안 되는 '잉여제품' 즉 휘발유와 같이 폭발의 위험성이 있는 것과 중질유분(重質溜分)이라고 부르는 검고 끈적끈적한 제품이 부산물로 생산된다. 이런 석유 부산물로 얻어지는 가솔린과 중유는 용도가 적어 처음에는 귀찮은 존재로 천대 받았다.

그러다 1886년 칼 벤츠(Karl F. Benz)가 휘발유 자동차를 보급하기 시작하자 가솔린의 가치가 치솟았고 점차 가솔린과 등유의 위치가 바뀌었다. 게다가 1901년 텍사스에서 대규모 유전이 발굴되고 같은 해 '올즈모빌' 자동차가 생산되어 가솔린과 중유가 본격적으로 보급되기 시작했다.

이어 1903년 헨리 포드(Henry Ford)가 포드자동차회사를 설립하고, 라이트 형제(Wright brothers)가 12마력의 휘발유엔진에 프로펠러를 장치한 글라이더로 비행에 성공함으로써 휘발유 시대의 도래를 예고했다. 특히 1908년 포드 자동차에서 'T형 포드'의 대량생산을 계기로 휘발유 사용이 극적으로 증가하면서 1911년에는 휘발유 소비가 등유를 웃도는 중요 제품으로 등장했다. 처음에는 가치 없고 귀찮은 부산물로 간주되던 휘발유는 불과 수년 사이에 원유에서 가장 많이 요구되는 석유제품이 된 것이다. 이는 석유산업이 비약적으로 발전하는 계기가 되었다.

록펠러는 창업한 지 9년 만에 미국 전체 석유의 95퍼센트를 스탠더드오일사의 정유탱크 속에 틀어쥘 수 있었다. 이것이 그 유명한 독과점 신디케이트의 효시다. 제이피 모건이 철도왕 밴더빌트로부터 거대 철도회사를 넘겨받은 시점이었다.

남에게 단 5퍼센트만 남겨 주었다는 것은 실로 놀라운 독점력이 아닐 수 없다. 이렇게 트러스트를 형성하기까지 록펠러는 10여 년간 다른 정유사를 흡수·합병하고 수송부문과 저장시설을 독점함으로써 근대 석유산업 체제를 성립했다. 이 유례없는 독점의 이면에는 군사작전을 방불케 하는 교활한 수법이 숨어 있었다. 스탠더드오일의 독점에 대항하기 위해서 지역의 여러 석유업자들이 다른 회사로 힘을 모아 주고 보니 그 회사가 스탠더드오일의 자회사더라는 식이었다.

이 밖에 또 다른 숨은 스토리도 있다. 미국에서 1800년대 후반까지는 석유를 주로 값비싼 포도주 통으로 운반했다. 때문에 중간에 석유가 새거나 증발되어 없어지는 일이 흔했다. 이때 공간이 밀폐된 철제탱크를 처음 개발한 곳이 바로 록펠러의 유니온탱커카 회사였다. 이 회사로 인해 기존의 나무통으로 운반하던 다른 운송업체들이 모두 망했다. 그리고 독점이 된 록펠러 운송회사가 운반 량을 줄여 나가자 판매수단을 잃어버리게 된 대부분의 석유업체들도 파산 직전에 이르렀다.

록펠러는 1900년에서 1910년 사이에 이런 과정을 반복하면서 미국 전역에서 파산 직전에 이른 회사들을 거저 줍다시피 하면서 회사를 단기간에 급팽창시켰다. 미국 에너지 비즈니스의 대부분을 통제한다는 말까지 나왔다. 하지만 록펠러에게는 독점에 대한 나름대로의 철학이 있었다. 스탠더드오일이 단단한 독점체제를 유지하는 동안 등유 가격은 80퍼센트 이상 인하되었고 품질 혁신은 물론, 현대 기업의 모델이 되었을 정도로 산업 역시 비약적 발전을 이루었다.

록펠러, 세계시장 거머쥐다

록펠러는 미국 내 정유업계를 평정한 후 목표대로 세계시장을 거머쥐기 시작했다. 유럽과 남아메리카의 시장에도 손을 뻗어 국제 독과점기업을 형성했다. 1882년 스탠더드오일 트러스트의 일부로 '엑슨(Exxon)'을 설립했다. 1888년에는 영국에서 석유를 판매하기 위해 'Esso Petroleum Co.'의 전신인 '앵글로아메리칸오일컴퍼니'를 설립했다. 그리고 2년 뒤에는 나중에 '에소(Esso AG)'가 되는 독일 회사의 지분을 인수해 대주주가 되었다. 1898년에는 캐나다의 대표적인 석유회사인 '임페리얼오일'의 지배권을 획득했다. 이렇게 미국 내뿐만 아니라 해외에서도 유전과 정유소를 소유한 거대한 회사로 성장했다.

1926년 에소라는 상호를 여러 제품과 계열사들에 사용하기 시작했으나 다른 스탠더드오일 회사들이 소송을 제기하는 바람에 엑슨으로 이름을 바꾸었고, 계열사들도 엑슨의 이름을 사용하게 했다. 그러나 외국 계열사는 그대로 '에소'라는 이름을 유지했다. 1938년 3월 사우디아라비아에서 록펠러의 캘리포니아 스탠더드오일, 곧 '소칼'이 초대형 유전을 발견했다. 지금의 '셰브런(Chevron Corporation)'이다.

그 뒤에도 세계 진출은 계속되어 세계 80개국 이상에서 사업 활동을 하면서 70개 이상의 정유시설을 운영했다. 그러다가 20세기 말 같은 스탠더드오일 후예 기업의 하나인 '모빌'을 흡수해 '엑소모빌'이란 이름으로 재탄생했고 이로써 로열더치쉘그룹을 누르고 세계 최대의 석유기업이 되었다.

록펠러의 독점에 대한 꿈은 석유산업으로 끝나지 않았다. 스탠더드오일은 다른 회사들의 주식을 지배하는 지주회사로 개편되어 은행, 선박,

철강, 석탄 등으로 사업 범위를 확대했다. 사업 확대에 따라 철광산·삼림 등을 지배하기 위해 제조·운송업 등 수십 개의 회사를 거느렸다. 그는 전 세계 지구상의 유전에 대한 독점적 지배에 표적을 두었다. 그의 재산은 20억 달러에 이를 정도가 되었다.

동유럽의 유대인 박해를 피해 영국으로 이주해 와서 어렵게 살던 유대인 일가가 있었다. 이 집에는 열한 명의 아이가 있었는데, 그중 열 번째 아들은 머리가 좋고 활력이 넘쳤지만 학교 수업방식에 적응하지 못해 늘 성적이 떨어졌다. 그가 고등학교를 졸업하자 아버지는 아들에게 선물을 하나 주었다. 유대인들은 한 시기를 매듭지을 때 반드시 선물을 하는 습관이 있다. 아버지의 축하 선물은 아시아로 가는 배의 3등 선실표 한 장이었다. 돌아오는 표는 없고 목적지까지 가기만 하는 표였다.

그러면서 아버지는 아들에게 두 가지 조건을 내세웠다. 금요일 안식일이 시작되기 전에 어머니를 안심시키기 위해서 반드시 편지를 쓰라는 것과 아버지 자신도 나이를 먹었고 열 명의 형제자매도 있으므로 집안 살림에 도움이 될 만한 일을 여행 중에 생각해 주기 바란다는 것이었다.

아들은 18세의 나이로 런던에서 혼자 배를 타고 인도, 태국, 싱가포르를 거쳐서 아시아의 끝으로 향했다. 도중에 내리지 않고 종착점인 일본 요코하마까지 갔다. 그때가 1871년의 일이다. 재산이라곤 주머니에 있는 5파운드가 전부였다. 5파운드는 오늘날로 계산하면 10만 원 정도 되는 돈이다. 일본에 아는 사람도 없고 기거할 집도 없었다. 당시에 일본에 살고 있는 외국인들이라야 요코하마와 도쿄 등지에 수백 명이 있을 뿐이었다.

그는 '쇼난'이라는 해안에 도착해 빈 판잣집에 들어가서 며칠 동안을 지냈다. 거기에서 그는 이상한 것을 하나 보았다. 매일 일본 어부들이 와서 바닷가의 조개를 캐고 있었는데 굉장히 아름다웠던 것이다. 그는 이런 조개를 가공하

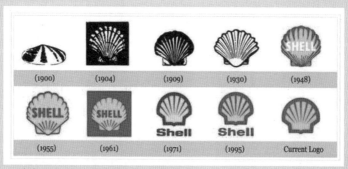

::: 마커스 새뮤얼이 만든 '쉘'의 로고 변천

면 단추라든가 담배 케이스 등 훌륭한 장식품이 되지 않을까 하는 생각을 하게 되었다. 그래서 자신도 열심히 조개를 줍기 시작했다.

이후에 그는 자신의 아이디어대로 조개를 가공해서 영국으로 보냈다. 아버지는 이것을 손수레에 싣고 다니며 팔았다. 런던 사람들은 조개장식을 진기하게 여겨 제품들이 날개 돋친 듯이 팔렸다. 얼마 후 아버지는 행상대신 조그마한 가게를 열었다. 조개 제품이 의복이나 장신구 등에 사용되어 큰 유행이 되었고 가게는 번창해 2층이 되고, 3층이 되었다.

런던 빈민가에 있던 점포를 부자동네로 옮겼다. 조개껍질을 밑천으로 시작한 장사는 나날이 번창했다. 일본에서 나전칠기 화장함을 비롯한 나전칠기 제품을 전문으로 수출해 아버지는 이를 도매로 팔았다. 런던에서는 아버지의 사업이 날로 번성하고 일본에서는 아들 사업이 번창했다. 이 청년의 이름이 '마커스 새뮤얼(Marcus Samuel)'이다.

1876년에 새뮤얼은 요코하마에 새뮤얼 상회를 설립했다. 그 무렵 사업가들 사이에서 가장 큰 화제는 석유였다. 때마침 내연기관이 등장했고, 석유수요가 급증하고 있었다. 록펠러가 석유왕이 된 것도 이 시기였다. 조개껍질 장사로 크게 성공한 새뮤얼도 당시 일본 석탄을 유럽으로 출하하고 있었는데, 얼마 후에 새로운 연료인 석유에 관심을 가지게 되었다. 그는 1만 파운드를 자본금으로 새로운 계획을 세운다. 그 자신은 석유에 대한 지식이 전혀 없었지만, 다른 사람들과 의논해 인도네시아에서 석유탐사를 시작했다. 직감이 맞았던지 석유를 채굴하게 되었다.

그런데 인도네시아는 더운 나라라 석유를 난방용으로 쓸 필요가 없었다. 또 어두워진 뒤에도 계속 활동하는 생활을 하지 않았기 때문에 석유를 팔 곳이 없었다. 그래서 그는 조개모양의 상표를 붙인 라이딩선 석유 주식회사를 설립해 석유를 일본에 판매했다. 이 장사도 대성공을 거두었다.

그런데 인도네시아에서 일본까지 석유를 운반하는 것이 쉽지 않았다. 그래서 연구 끝에 세계 최초로 유조선을 고안해냈다. 그리고 1891년 세계 최초의 유조선 선주가 되었다. 이 1호 유조선은 그 후속 유조선과 마찬가지로 바다의 조개라는 뜻을 빌어 '뮤렉스(Murex)'라고 이름을 지었다. 뮤렉스는 바다의 신 트리톤(Triton)이 가졌던 조개다. 그는 자기 소유의 유조선마다 일본에서 캐냈던 조개 모양을 상표로 붙였다. 그 뒤 유조선 사업이 잘되어 '쉘운송회사'를 별도로 만들었다. 이때 그에게 선박왕이란 별칭이 붙었다.

그는 러시아 바쿠 유전에도 투자해 러시아 등유를 일본에 가져와 팔아 큰돈을 벌었다. 록펠러의 해외 독점이 무너지게 된 것도 흑해 남동부의 항구 도시 바툼에서 적재한 러시아산 원유를 수에즈운하를 경유해 싱가포르와 방콕, 도쿄로 안전하게 수송할 수 있는 쉘의 신형 유조선이 생겼기 때문이다.

그의 사업이 성공할수록 영국인들은 유대인이 석유업계를 좌지우지 하고 있다고 하면서 반발이 심해졌다. 당시 영국은 함대를 많이 가지고 있었고, 새뮤얼은 함대에 석유를 공급하고 있었다. 어쩔 수 없이 석유회사를 팔 수밖에 없었던 새뮤얼은 회사를 팔 때 조건을 하나 내세웠다. 그 조건은 비록 그의 자손이 소액주주일지라도 반드시 회사의 간부가 될 것과 회사가 존속하는 한 조개모양의 상표로 사용해야 한다는 조건이었다. 새뮤얼은 항상 자신의 어려웠던 과거를 기억하고 싶었던 것이다.

이 석유회사가 바로 세계 어디에서나 볼 수 있는 '쉘(Shell)'이다. 지금도 일본에 가면 많은 쉘 석유회사가 있다. 마커스 새뮤얼은 자신이 어려웠던 과거를 잊어버리지 않기 위해 항상 과거에 조개를 주워서 상품을 만들어 팔았던 그 시절을 기억하면서 자신의 삶의 거울로 삼으며 살았다.

대공황을 극복한 미국,
재벌을 탄생시키다

미국 중산층들의 소비가 실소득 이상으로 급속히 신장했다. 이들 중산층들은 1차대전 동안 전비 마련을 위해 공모한 '자유채권'에 참여한 적이 있어 자본주의 '금융의 맛'을 알고 있었다. 이들은 증권투자에 열을 올렸다. 1928년 여름, 미국의 투자가들은 유럽에서 돈을 빼서 뉴욕증권시장에 투자했다. 뉴욕증시는 급격히 달아올랐다.

이러한 붐을 목격한 개인투자가들은 돈을 빌려서라도 주식을 매입하려는 유혹에 빠졌다. 심지어 마진론(주식담보대출) 매커니즘, 곧 레버리지를 활용한 차입투자까지 감행해 주가 상승을 부채질했다. 자기 돈 10퍼센트만 있으면 나머지 90퍼센트는 브로커에게 돈을 빌려 주식을 사는 셈이었다.

레버리지를 활용한 마진론 투자는 만약 주식이 오른다면 투자금 대비 큰 수익을 올릴 수 있는 구조지만 반대의 경우에는 원금 전부를 잃어버리는 것은 물론 빌린 돈도 갚지 못하는 사태에 직면하게 된다. 그래서 마진론은 자본잠식시에 24시간 이내에 갚아야 하는 조건이 있었다. 증시가 대세 상승세일 때였으니 일확천금이 어렵지 않게 보였다. 완연한 버블의 조짐이었다.

::: 대공황 때 뱅크 런 위기에 처한 아메리칸 유니언뱅크로 몰려든 고객들. 이 은행은 1917년 설립되어 1931년 문을 닫았다.

1929년 늦여름, 유럽에서는 미국의 투자자들이 빠져나감에 따라 주가가 떨어지고 불경기에 시달렸다. 유럽의 경기 침체는 미국에도 영향을 주었다. 미국의 국민총생산(GNP)은 1929년 1/4분기를 최고점으로 해서 점차 감소하기 시작했다.

1929년 9월 초 금융인들의 오찬 모임에서 투자가인 로저 뱁슨(Roger Babson)이 목청을 돋우었다. "파국이 눈앞에 왔습니다." 이 같은 발언이 퍼지자 고공행진을 하던 주식시장이 약세를 탔다. 급락세는 멈출 줄 몰랐다. 투자자들이 하나둘 시장을 떠났다. 급기야 1929년 10월 24일 대폭락을 맞고 금융 버블이 터졌다. 영국의 재무장관 처칠(Winston L. S. Churchill)이 뉴욕증권거래소 관람석에서 지켜보는 가운데 주가가 12.6퍼센트나 급락했다. 이른바 '검은 목요일(Black Thursday)'이다. 마진론을 쓴 투자자들이 순식간에 자본잠식 상태가 되어 24시간 이내에 빌린 자금을 갚아야 했다. 그 결과 주식시장은 아수라장이 되었다. 대공황이 닥친 것이다.

이튿날 제이피모건 은행을 비롯한 대형 은행들이 조성키로 한 1억 3천만 달러가 시장을 안정시킬 것이라고 믿었지만 그렇지 못했다. 주가는 11.7퍼센트 폭락했다. 이틀 사이에 시가총액의 4분의 1이 날아갔다. 마진론을 쓴 투자자들은 대부분 파산했다. 그해가 끝날 무렵 다우지수는 최고 351에서 238로 하락했다. 다우 30종목의 시가총액이 3분의 1로 줄어든 것이다. 그러나 이건 시작에 불과했다. 1930년에는 더 하락하게 된다.

1929년 대공황 발생 직후 허버트 후버(Herbert Hoover) 대통령에게 공매도는 공공의 적이었다. 그는 당시 월가에서 주가 하락에 따른 위험 회피 수단으로 널리 퍼져 있던 공매도 관행을 문제 삼으며 "주가가 폭락하고 있는 순간에 보유하지도 않은 주식을 팔아 막대한 수익을 챙기는 버러지 같은 제도"라고 말했다. 국민적 분노가 월스트리트로 향하는 순간, 의회도 발 빠르게 반응해 1929년과 1940년 두 차례에 걸쳐 공매도를 사실상 금지하는 법이 시행됐다.

제이피모건그룹 주가도 폭락했다. 그룹은 내수경제 침몰로 공황 발발 후 3년 동안 법인세를 납부하지 못할 정도로 큰 타격을 입었다.

주가는 1932년 6월까지 최악의 기록을 새롭게 써가며 폭락을 거듭했다. 유에스스틸 주가는 1929년 9월 3일 262달러에서 1932년 22달러로 12분의 1 토막이 되었다. 제너럴모터스는 73달러에서 8달러로, 투자은행들의 주가는 1백 달러에서 50센트 전후로 내려앉았다. 은행주는 완전 휴지조각이 되다시피 폭락했다.

다우지수는 1929년 최고 381에서 1932년 41로 폭락에 폭락을 거듭했다. 3년 사이에 시가총액의 무려 89퍼센트가 증발해 버렸다. 2년 10개월 동안 거의 10분의 1 토막이 난 것이다. 공포가 공포를 잡아먹는 무서운 폭락이었다. 그리고 10여 년 동안 주가는 회복되지 않아 1930년대를 고작 150으로 마감했다.

이 과정에서 은행들의 줄도산이 이어져 전체 은행의 44퍼센트가 도산했다. 예금을 보호받지 못한 많은 예금자들이 알거지가 되었고, 투자자들은 한 푼이라도 더 건지기 위해 주식시장 앞에 장사진을 이루었다. 은행도 자신감을 완전히 상실해 기업과 개인에 대한 대출을 중단했다.

대공황의 여파로 제조업의 양대 축이었던 건설업과 자동차 업계 공장 가동률이 50퍼센트 이하로 떨어지면서 노동자들이 대량 해고되었다. 노동자의 25퍼센트가 직장을 잃었다. 공황 전에는 260여 만 명이던 실업자 수가 공황이 정점에 달했던 1933년에는 1천3백만 명으로 급증했다. 미국 경제의 30퍼센트가 붕괴되었다.

미국에서 시작된 대공황은 전 세계로 확산되었다. 부유하고 산업이 발달한 나라일수록 불황은 더욱 심했다. 대공황에 영향을 받지 않은 유일한 나라는 소련이었다. 미국 경제는 2차대전이 시작될 때까지 충격을 회복하지 못했다. 뒤집어 이야기하면 2차대전이 공황에서 미국을 건져 주었다는 말이다.

글래스-스티걸법에 따른 모던스탠리 증권회사 설립

원래 부자들은 대공황과 같은 비상시기를 놓치지 않는다. 위기를 이용해 돈을 버는 법이다. 이들은 대공황 이후 헐값에 기업들을 사들였다. 제이피모건 상사는 당시에는 기업이 아니라 판관(判官)이었다. 1930년대에는 전문가도 없었고 기업을 어떻게 평가해야 하는지의 여부도 몰랐던 시기였다. 경제학자들이 우후죽순으로 나오기는 했어도 이론들이 정리되지 못했던 이 시기에 탄생한 제이피모건 상사는 말 그대로 절대 권력을 행사했다. 기업들의 목표가격은 추정이 아닌 결정이었다. 그냥 모건이 "이 주식의 가격은 얼마가 적정하다."고 결정하면 시장은 그렇게 움직였다. 그만큼 모건의 힘은 막강했다. 심지어는 잭 모건 사장이 연준 의장을 동시에 수행할 정도로 권한이 하늘을 찔렀다.

다수 국민이 공황과 전쟁으로 고통 받는 과정에서 나날이 통제 불능의 거대공룡이 되어 가는 제이피모건 상사는 사회의 공적이 되었다. 권력을 얻은 대신 존경을 상실한 것이다. 대공황이 시작되면서 잭 모건 회장은 여러 차례 괴한의 습격을 받았고 제이피모건 사옥에는 사제 폭탄이 투척될 정도로, 복합재벌인 제이피모건 상사에 대한 국민의 증오는 정점에 달했다. 국민의 분노가 빗발치자 정치권이 나섰다. 제이피모건 상사를 방치했다가는 체제 위기까지 발생할 수 있다는 판단에서였다.

정부와 의회는 먼저 1933년에 글래스와 스티걸 의원이 공동 발의한 금융독점방지법인 '글래스-스티걸법'이라는 칸막이법을 제정해, 은행과 증권업이 서로 상대방의 영역에 침범하지 못하도록 겸업을 금지시켰다. 동시에 이미 겸업을 하고 있던 기존의 금융기관들을 강제 분리시켰다.

당시 잭 모건은 1차대전과 1929년 대공황의 위기를 기회로 이용해 1930년대 초반에 이미 제이피모건 상사를 미국 상장기업 자산 총액의 40퍼센트를 차지할 정도로 크게 키워 놓았다. 그러므로 1933년 여수신 은행과 투자은행의 겸업을 금지하는 글래스-스티걸법은 사실상 무소불위의 권력 기관이 되어 버린 제이피모건을 겨냥한 것이었다.

1935년 잭 모건은 고심 끝에 여수신 전문은행, 곧 상업은행으로 남기로 결정하고 모건스탠리라는 이름으로 새로운 투자은행을 설립했다. 잭 모건의 둘째 아들 헨리 모건과 초대 회장인 스탠리의 이름을 따서 만든 투자은행이다. 두 사람은 모두 제이피모건 상사에서 일했었다. 이 시기에 체이스맨해튼과 내셔널시티 등도 증권 관련 자회사를 설립했다.

하지만 글래스-스틸걸법도 모건제국의 팽창을 저지할 수는 없었다. 초

거대 철강기업 유에스스틸, 세계 최대의 민간해운회사 인터내셔널 머컨타일 마린(IMM), 미국 농기계 시장의 85퍼센트를 장악하는 인터내셔널 하베스터 등 거대 트러스트가 모건의 손에서 탄생했다. 급기야 모건은행과 내셔널시티, 퍼스트내셔널은행 등 세 은행의 신디케이트까지 장악했다.

거대 재벌, 미국을 양분하다

어느 정도 공황이 가라앉은 1930년대 중반 모건그룹의 지배 아래로 들어온 자산규모가 1억 달러 이상이던 대형기업만 해도 제이피모건과 퍼스트내셔널뱅크 등 은행 열네 개, 생명보험회사 네 개, 제너럴일렉트릭과 아메리카전신전화 같은 전기·전화·가스 등 공기업 여덟 개, 철도회사 네 개, 유에스스틸 등 자동차·철강제조업체 열두 개에 이르렀다. 여기에 중견기업까지 합하면 모건 산하의 기업체 수는 440개사였으며, 자산총액은 776억 달러에 달했다. 이는 미국 상장기업 2백 개사의 자산총액 가운데 40퍼센트에 가까운 엄청난 액수였다.

반면 록펠러가는 스탠더드오일, 체이스내셔널은행, 아나콘다제강 등 287개로 자본금이 449억 달러에 달했다. 이것은 실제로 대공황 직후 미국 상원에 제출된 모건가의 기업명세서에 의거한 내용이다. 두 가문의 자본금이 776억 달러 대 449억 달러로 7대 4 비중, 이렇게 미국의 전 산업이 두 가문 손에 양분되어 있었다. 거대 유대계 자본이 뒤에 있었기에 가능한 일이었다. 더불어 정부 차원의 강력한 지원이 음으로 양으로 도왔다는 추정이다. 미국 신대륙에서는 자본주의 태동과 거의 동시에 재벌이 탄생한 것이다.

미국이 영국을 제치고 산업과 금융에서 앞서 나갈 수 있었던 것은 이러한 거대 자본을 축적한 유대인 자본가가 있었기에 가능했다. 이들은 재력을 바탕으로 정계의 막후 실력자가 되었다.

미국은 1870년부터 불과 60년 만에 요술처럼 세계 제1의 초강대국 기반을 구축했다. 오늘날의 미국 경제의 뿌리가 한 세대 만에 유대계 자본에 의해 이루어진 것이다.

국제결제은행의 설립

1차 세계대전을 계기로 미국의 월스트리트는 영국 런던의 더 시티를 누르고 세계 금융의 중심지로 발돋움했다. 미국은 채무국에서 채권국으로 변신했다. 제이피모건 또한 세계에서 가장 막강한 은행으로 떠오르면서 전무후무한 영향력을 행사했다. 1930년 5월 미국·영국·프랑스·이탈리아·독일·벨기에 등 6개국이 참여한 가운데 스위스 바젤에서 국제결제은행(BIS)이 설립되었다. 이 기구의 목적은 1차 세계대전의 패전국인 독일에게서 전쟁배상금을 받기 위한 것이었다. 그런데 국제결제은행 설립 구상을 내고 이를 조직한 막후세력이 바로 잭 모건이었다.

1차 세계대전 과정에서 자유채권 판매를 대행해 영국·프랑스의 전비 조달업무를 맡았던 잭 모건은 미국 대통령이던 후버와 함께 미국 협상대표로 직접 독일배상회의에 참석했다. 그는 여기서 패전국 독일에게 큰 선심을 썼다. 독일이 배상금으로 지불해야 할 2천2백6십억 마르크를 1천억 마르크로 대폭 깎아준 것이다. 지불시한도 59년 동안으로 늘려 주는 등 전쟁 뒷마무리 협상을 깔끔히 매듭지었다. 독일은 잭 모건의 배려를 두고두고 고마워했다고 한다.

설립 목적인 배상협상이 끝난 뒤에도 국제결제은행은 그대로 스위스에 존속되었다. 그 뒤 독일의 유럽 침공으로 2차 세계대전이 발발했다. 독일의 나치는 유럽 전역을 휩쓸었으나 스위스만은 손대지 않았는데 제이피모건에 대한 독일의 감사 표시라는 이야기가 있다. 그 뒤 스위스는 전 세계의 블랙머니가 모여드는 국제금융의 파워 중심지가 되었다. 지금도 8월과 10월을 제외하고 1년에 10회, 매달 첫째 주 일요일 저녁에는 미국·영국·스위스·독일·이탈리아·일본 6개국 중앙은행 총재들이 바젤에 모여 계속 비밀회합을 갖고 있다고 한다. 그 외에도 필요할 경우 다른 나라 중앙은행 총재나 막후 실력자들도 불러들여 회합을 열고 있다고 한다. 바젤이 이처럼 지금까지 계속 국제금융계의 크렘린으로 군림하는 이유는 국제결제은행 막후에 제이피모건이 있기 때문이라는 견해가 있다.

제이피모건 제국이 전면에 나서지 않고 이렇게 은막 뒤로 숨은 사연이 있다. 1930년 국제결제은행 설립 당시 제이피모건은 미국에서 수난을 당하고 있었다. 대공황에 분노한 군중이 금융·산업공룡인 제이피모건을 적대시했다. 그들은 로스차일드 가문처럼 서둘러 베일을 치기 시작했다. 그 결과물이 바로 서방 중앙은행들의 결집체이자 최고의결기구인 국제결제은행이 아니냐는 해석이다.

전쟁이 한창이던 1943년 3월 12일 잭 모건이 숨을 거두었다. 그의 뒤를 이어 모건 3세인 주니어스 스펜서 모건이 등장했다. 주니어스는 이미 모건그룹의 자회사인 제너럴모터스와 유에스스틸의 이사를 거치면서 후계자 수업을 받은 상태였다. 하지만 그 뒤 국제 금융계에서 모건이라는 고유명사는 별로 눈에 띄지 않았다. 미국 산업계의 절반 이상을 장악했던 모건그룹이 로스차일드 가문처럼 번거로운 노출을 피해 좀 더 은밀한 곳으로 자리를 옮겼기 때문이다.

7

미국을 움직이는
오늘날의 유대인들

세계 금융시장을 쥐락펴락하는 미국 투자은행의 역사는 인수합병으로 점철된 역사다. 끊임없는 인수
합병을 통해 미국 투자은행들은 덩치를 키웠고 대형화된 자본력과 인력으로 시장을 지배해 왔다. 이
장에서는 현재 월가를 움직이는 유대인들을 통해 오늘날 복잡하게 얽혀 있는 세계 금융산업의 실체
를 파헤쳐보고 현재 미국이 주도하고 있는 환율전쟁의 면면을 살펴보고자 한다. 이를 통해 돈줄과 언
론을 쥐고 있는 유대인의 위력을 실감할 수 있을 것이다.

시티그룹,
미국 최초의 금융백화점

전통적으로 월가의 대표 선수는 시티그룹이다. 그 역사를 보면 로스차일드, 록펠러, 모건 등을 합친 유대계 금융기관임을 알 수 있다. 시티그룹은 1812년에 창업한 시티뱅크 오브 뉴욕이 그 전신이니 2012년이 2백주년 기념해다. 시티뱅크는 창립 50여 년 뒤 '내셔널시티은행'으로 개명했다. 그 뒤 존 록펠러의 동생 윌리엄 록펠러가 투자를 계속하면서 월가 1위로 올라섰다. 20세기 초에는 제이피모건 상사도 주식 5만 주를 사들여 대주주가 되었다. 1955년에는 '내셔널시티은행'과 '뉴욕퍼스트내셔널은행'이 합병해 '뉴욕퍼스트내셔널시티은행'이 되었다. 이때 합병한 '뉴욕퍼스트내셔널은행'이 로스차일드계와 밴더빌트 일가와 끈이 닿아 있다. 한마디로 유대계 금융 대부호들이 양쪽 은행에 대주주로 참여하면서 서로 얽히고설킨 것이다. 그 뒤 1976년에 개명해 '시티코프은행'이 탄생했다.

1998년 초 트레블러스그룹과 시티코프은행의 합병 이야기가 시작되었고, 두 회사의 합병 논의는 예상을 깨고 신속하게 진행되었다. 트레블러스그룹은 보험사와 증권사, 투자은행 업무를 하는 이른바 제2금융권이었다. 반면에 시티코프은행은 세계에 막강한 지점망을 갖고 있던 대표적인 제1금융권이었다. 그러나 합병은 제2금융권인 트레블러스가 주도해

2개월도 안 되어 성사됐다. 세계 1백여 개국에 지점망을 갖고 있는 다국적 은행과 증권회사, 생명보험회사, 손해보험회사, 자산운용회사, 신용카드회사가 모두 시티그룹을 상징하는 빨간색 우산 아래 모였다. 이름은 인지도가 높은 '시티'를 쓰되, 로고는 트레블러스의 것을 쓰기로 했다. 1998년 이전까지만 해도 이 빨간색 우산은 트레블러스그룹의 상징이었다. 이 우산을 시티그룹 전체를 아우르는 상징으로 만든 인물이 다름 아닌 샌디 웨일(Sandy Weill)이다. 웨일은 은행과 증권, 보험 등 모든 금융서비스를 하나의 우산 아래 두고자 했다. 이렇게 탄생한 게 시티그룹이었다.◆

1998년 4월 시티코프은행과 트레블러스그룹의 합병은 세계 금융사에서 한 획을 긋는 중요한 사건이 되었다. 전 세계 1백여 개국에 27만 명의 직원과 2억 명의 고객을 확보한 초대형 금융종합그룹이 탄생한 것이다. 두 회사의 합병 효과는 한마디로 은행·증권·보험을 총괄하는 원스톱 서비스를 제공할 수 있게 되었다. 웨일 회장이 주도해 만든 시티그룹은 소비자금융·기업금융에서 증권·보험까지 '돈과 관련된 모든 것'을 다루는 미국 최초의 금융백화점이 되었다.

트레블러스의 상징인 빨간 우산을 쓴 시티그룹 로고 탄생 이후 대형합병이 줄을 이었다. 일주일 뒤 네이션스뱅크와 뱅크오브아메리카는 합병은행인 '뱅크 오브 아메리카'를 서둘러 발표했다. 그 해 11월에는 독일의 도이체방크가 미국의 뱅커스트러스트와 합병해 이름은 그대로 '도이체방크'를 썼다. 또 2000년 말에는 제이피모건과 체이스맨해튼은행이 '제이피모건체이스'로 새 출발했다.

◆ 박정태, '월가를 움직이는 100인', 〈머니투데이〉, 2001년 2월 20일

유대계 금융인의 대부, 샌디 웨일

샌디 웨일 전 시티그룹 회장은 '금융황제', '금융제국의 사냥꾼'으로 불린다. 그는 밑바닥에서 출발해 정상까지 오른 입지전적인 인물이다. 폴란드 유대계인 그는 1933년 뉴욕 브루클린 빈민가에서 태어나 신문배달을 하며 군사학교를 다녔다. 그 뒤 명문 코넬대학을 졸업하고 메릴린치 등에 입사 원서를 냈지만 번번이 퇴짜를 맞았다. 결국 그는 스물두 살인 1955년에 유대계 투자은행인 베어스턴스에 주당 35달러의 메신저보이로 취직했다. 월가 고객에게 주식·채권 등 증권 다발을 배달하거나 브로커들에게 투자정보를 전달해 주는 직업이었다. 그의 꿈은 브로커가 되는 것이었다. 얼마 뒤 그는 번햄으로 자리를 옮겼는데 이곳에서는 좀 더 많은 월급을 받았다. 웨일은 5년을 일한 뒤 스물일곱 살이 되던 해인 1960년 동갑내기 세 명과 함께 증권투자자문회사를 차렸다. 그간 저축한 돈과 어머니에게 빌린 3만 달러 그리고 세 명의 동업자들이 투자한 돈 등 총 20만 달러를 투자했다.

설립 초기 그는 투자 실수를 줄이고 자문을 제대로 하기 위해 명석한 애널리스트(시장분석가)를 뽑으려 했다. 마침내 이 회사에 두 명의 특출한 인물이 새로 들어왔다. 그 가운데 한 명이 미 증권거래위원회(SEC) 위원장을 역임한 아서 레빗 주니어(Arthur Levitt Jr.)였고, 또 한 명이 하버드 경영학석사(MBA) 학위를 딴 마셜 코간(Marshall Cogan)이다. 이러한 인재들 덕분에 그의 회사가 내는 리서치 보고서는 월가에서 평판이 좋았다.

성장 가도를 달리던 웨일의 회사에 기회가 왔다. 주식시장이 폭락한 것이다. 1970년 그는 눈여겨보던 하이든 스톤을 인수하면서 비약적인 성장의 계기를 마련했다. 하이든 스톤은 웨일의 회사보다 자산규모에서 30

배나 큰 전통 있는 회사였다. 하지만 1969년 주식시장 폭락으로 인수 당시에는 부도 직전에 몰려 있었다. 웨일은 하이드 스톤을 인수한 뒤 기업공개를 통해 자본을 끌어들였고 그 돈으로 부채를 갚았다. 결과적으로 비용을 거의 들이지 않고 하이든 스톤을 인수한 셈이었다. 그는 회사 이름도 하이든 스톤으로 바꾸었다.

웨일은 하이든 스톤의 경영권을 잡자 본격적인 회사 키우기에 나섰다. 그는 잠재 M&A 대상기업에 대한 기업의 내재가치 분석에 주력했다. 이후로도 두 차례 웨일의 회사보다 크고 이름도 더 알려진 회사들을 인수했다. 이러한 웨일의 M&A 과정을 들여다보면 '잠재력이 있는 회사'가 커다란 어려움에 봉착했을 때 헐값으로 인수해 회사를 살리는 것이었다. 그는 이렇게 잠재력은 있으나 부실한 금융사들을 찾아내 인수한 뒤 이를 탄탄한 회사로 성장시키는 일을 반복했다. 하지만 그 이면에는 대규모 인원정리와 비용감축이라는 냉혹함과 냉정함이 숨어 있었다.

그는 회사를 회생시킨 뒤 이를 다시 비싼 값에 팔았다. 이는 전형적인 인수합병 수법으로 '기업사냥꾼'이나 다름 없었다. 그는 20년 동안에 15회 이상의 인수합병을 성사시켰다. 1970년대에는 부실 금융사들이 무더기로 쏟아질 때였기 때문에 가능한 일이었다.

웨일은 부실 증권사를 잇달아 인수해 1979년에 '시어선 뢉 로드'라는 증권사를 만드는 데 성공했다. 시어선은 무섭게 성장해 세계적으로 280

개의 지점을 보유한 대형 소매증권회사로 컸다. 메릴린치에 이어 마침내 미국 2위의 증권사가 되었다. 회사 시가총액은 거의 1백 배나 커졌다. 1970년대에 이렇게 급성장한 기업은 웨일의 회사 말고는 없었다. 대단한 경영수완이었다.

웨일은 그 뒤 메릴린치를 따라잡기 위해 또 한 번의 변신을 꾀한다. 1981년 아메리칸익스프레스(아멕스)와 합병을 결정한 것이다. 웨일은 1981년 자신이 20년 동안 키워온 증권회사인 시어선을 아멕스에 매각하고 이 회사 증권사업 부문을 맡았다. 웨일이 시어선을 아멕스에 매각한 이유는 증권회사 하나만으로는 한계가 있다고 보고 다른 금융서비스 업종과의 결합을 통해 시너지 효과를 극대화해야 한다는 생각 때문이었다. 아멕스는 당시 급부상하던 미국 최대의 신용카드 회사였다. 그는 증권과 신용카드업을 결합해 증권과 신용카드 양쪽의 고객에게 더 많은 서비스를 교차 판매하고자 했다.

웨일, 아멕스를 떠나 새로운 사업을 시작하다

그러나 아멕스는 교차판매에 소극적이었고 합병의 시너지 효과도 적었다. 아멕스의 2인자였는데도 유대인이었던 웨일은 앵글로색슨계 임원으로 가득 찬 이사회에서 이방인처럼 취급받았다. 그는 새로운 계획을 추진했다. 워런 버핏의 지원을 받아 아멕스의 펀드보험 사업 부문을 인수하겠다는 제안을 한 것이다. 미래의 손실 가운데 일부를 아멕스가 부담한다는 조건과 함께. 그의 제안을 접한 아멕스의 이사회는 웨일을 경계해 제안을 거절했다. 웨일은 결국 아멕스를 떠날 수밖에 없었다.

웨일은 아멕스를 함께 그만둔 '제이미 다이먼(James Dimon)'과 함께 새로운 사무실을 차렸다. 그들이 눈여겨본 인수대상 기업은 샌프란시스코에 본사를 둔 뱅크 오브 아메리카였다. 당시 뱅크 오브 아메리카는 캘리포니아 지역 부동산 가격의 폭락으로 위기에 빠져 있었다. 웨일은 뱅크 오브 아메리카의 이사회에 인수 제안을 했으나 거절을 당했고, 적대적 인수를 하고 싶지 않았던 웨일은 물러났다. 하지만 뱅크 오브 아메리카는 몇 년 뒤 월가의 유명한 기업사냥꾼인 휴 맥콜(Hugh L. McColl)의 적대적 인수에 넘어가고 만다.

웨일이 새로운 사업으로 잡은 것은 1986년 5월 잘 알려져 있지 않았던 볼티모어 지역의 대부업체인 커머셜크레디트의 인수였다. 웨일은 인수 당시 2천5백만 달러에 불과했던 커머셜크레디트의 순이익을 6년 만에 1억 9천3백만 달러로 여덟 배 가까이 키웠다. 그 사이 1988년에는 채권분야 선두권 증권회사 스미스바니의 지주회사인 프라이메리카를 15억 달러에 인수했다. 그 뒤 1992년에는 과도한 부동산 투자로 어려움을 겪던 대형 생명보험회사 트레블러스의 지분 27퍼센트를 사들였다. 1993년에는 아멕스에게 팔았던 시어선을 12억 달러에 도로 사들이고 트레블러스그룹의 대주주 지분도 인수했다.

웨일은 1996년에는 애트나 손해보험을, 아시아 경제위기로 월가의 금융기관들이 움츠러들던 1997년에는 90억 달러 규모의 살로먼브라더스를 인수했다. 당시 살로먼브라더스의 대주주였던 워런 버핏은 합병에 적극 찬성했다.

트레블러스그룹은 마침내 1997년 3월 다우존스 30개 종목 가운데 하나로 편입되었다. 미국 주식시장을 움직이는 30대 기업의 하나가 된 것이다. 그리고 1998년 미국 굴지의 은행인 시티코프와의 합병을 이끌어 내어 미국 금융계 정상에 올랐다. 커머셜크레디트는 웨일이 인수한 직후 기업공개를 했고, 상장 당일의 최초 가격은 주당 20.50달러였다. 1986년에 커머셜크레디트 주식 한 주는 주식분할을 거쳐 시티그룹 주식 열두 주가 됐다. 20.50달러에 산 주식 한 주가 650달러에 이르렀으니 15년 만에 30배 이상의 투자수익을 올린 셈이다.

그는 합병의 귀재였다. 하지만 최근에는 합병이 좋은 것만은 아니라는 우려가 제기되고 있다. 원래 합병은 업종 간 통합으로 발생하는 시너지 효과와 위험자산을 담보할 덩치 키우기가 주된 이유였는데 업종 간 칸막이 제거로 오히려 부실과 위험의 전이가 빨라져 더 위험해졌다는 이야기다. 시티그룹의 탄생은 2008년부터 시작된 국제 금융위기의 단초를 제공했다는 비난도 듣는다.

제이피모건체이스, 월가 제1의 종합금융그룹

투자은행 제이피모건의 정식 명칭은 '제이피모건체이스'다. 2000년 말 제이피모건과 체이스맨해튼이 합병되었기 때문이다. 제이피모건체이스는 2011년 8월 총자산 기준으로 뱅크 오브 아메리카(BoA)를 능가했다.

제이피모건과 합병한 체이스맨해튼의 원래 모체는 1799년 설립된 맨해튼상수도 회사였다. 로스차일드가의 대리인 쿤 롭(Kuhn Loeb)의 후원 하에 상수도회사 설립을 주도한 애런 버(Aaron Burr) 뉴욕 주 상원의원의 속셈은 따로 있었다. 그는 주 의회가 '맨해튼상수도회사'를 인가할 때 "주식 발행이나 차용을 통해 조달한 자금을 자본잉여금으로 삼을 수 있다."는 조항 하나를 슬쩍 집어넣었다. 은행업 진출을 위한 위장전술이었다. 그가 꼼수를 쓴 이유는 당시 은행 설립이 그의 정적이자 금융을 장악하던 알렉산더 해밀턴(Alexander Hamilton) 전 재무장관이 주도하는 주 의회의 인가사항이었기 때문이다. 우회통로를 택한 셈이다.

미국의 1인당 국민소득이 2백 달러 남짓하던 시절에 이 회사 자본금 2백만 달러는 큰돈이었다. 맨해튼상수도회사의 은행영업은 막대한 수익을 올렸다. 1808년 맨해튼상수도회사는 상수도 시설을 시에 매각하고 은행업무로 전업했다. '맨해튼은행'은 이렇게 편법으로 태어났다.

이보다 거의 1세기 뒤늦게 태어난 '체이스내셔널은행'은 1930년대부터 1950년대까지 존 록펠러 주니어의 처남이 회장을 맡은 록펠러가의 금융기관이었다. 이 은행이 1955년 맨해튼은행과 합병해 '체이스맨해튼은행'이 되었다. 이후 2000년 9월 체이스맨해튼은행이 제이피모건을 360억 달러에 인수한다고 전격 발표했다. 그러나 인수 주체가 체이스맨해튼임에도, 제이피모건이 150년이 넘게 한 시대를 풍미했던 점을 인정해 회사의 이름을 '제이피모건체이스'로 정했다.

그 뒤 제이피모건체이스는 2004년 1월 은행업계 5위인 뱅크원을 520억 달러에 인수함으로써 업계 1위인 시티그룹을 맹추격한다. 뱅크원은 당시 신용카드 사업으로 명성을 떨치고 있었는데, 이 합병으로 투자은행과 소매금융에 치중한 제이피모건체이스가 종합금융그룹으로 거듭나게 된다.

다이먼과 웨일의 만남

2004년 1월 제이피모건체이스와 뱅크원이 합병을 선언하면서 뱅크원의 최고경영자 제임스 다이먼이 4년 만에 다시 월가로 돌아왔다. 뱅크원 인수에는 '다이먼의 복수'라는 비하인드 스토리가 있다.

웨일 시티그룹 회장과 다이먼은 20여 년 동안 스승과 제자 사이이자 전략적 동반자였다. 첫 만남은 다이먼이 1982년 하버드 비즈니스 스쿨을 마치고 '아버지 회사의 사장님'인 샌디 웨일을 찾아 진로를 의논하면서부터 시작되었다.

이후 웨일은 다이먼을 개인비서로 채용했고, 이후 '현대 미국 금융사'

자체라고 불리는 웨일의 뒤에는 언제나 다이먼이 함께했다.

아멕스를 함께 나온 뒤, 그들은 커머셜크레디트를 인수해 알짜 회사로 키워나갔다. 이후 오늘날의 시티그룹을 만들었다. 제임스 다이먼은 이 과정에서 웨일 회장이 가진 인수합병 기술을 배우면서 제2의 웨일을 꿈꿨다.

1998년 4월 트레블러스와 시티코프의 합병 이후, 월가는 물론 다이먼도 웨일 회장의 후계자가 다이먼임을 확신했다. 그러나 시티그룹이 완성되자 16년 동안의 인연에 균열이 생기기 시작했다. 샌디 웨일의 친딸 제시카가 그룹 내 계열사 승진에서 문제가 된 후, 제시카를 탐탁지 않게 여긴 제임스 다이먼이 홀대받기 시작한 것이다. 샌디와 제임스의 결별은 결국 세계 최대 금융기관 합병 이후 생긴 내부 권력다툼의 산물이라 할 수 있겠다.

결국 1988년 11월, 시티그룹이 합병한 지 7개월 만에 제임스 다이먼은 시티그룹에서 쫓겨났다. 그 뒤 수많은 기업이 다이먼에게 최고경영자 자리를 제의해 왔지만 다이먼은 시카고를 기반으로 하는 뱅크원을 선택했다.

다이먼은 2000년 5월, 5억 1천1백만 달러 손실을 내고 적자에 허덕이던 뱅크원을 2년 만에 22억 달러 흑자로 바꾸었다. 그리고 4년 동안 7천 명을 감원하는 극약처방을 단행해 주가를 60퍼센트 이상 끌어올렸다. 그리고 그의 주특기인 인수합병에 나서 제이피모건체이스와 뱅크원을 합병시킨 것이다.

월가의 진화법칙은 생존이다. 그 방법은 인수합병, 처절한 구조조정, 또 다른 인수합병이다. 웨일과 다이먼 등이 벌인 일련의 합병은 지난 30여 년 동안 미국 금융시장이 어떻게 진화했는지 보여 준다. 월가는 다이먼을 '돌아온 탕아'라고 불렀다. 《성경》의 탕아는 아버지에게 돌아오지만 다이먼은 아버지 웨일에게 복수를 꿈꾼다. 제이피모건체이스와 뱅크원의 합병 조건을 보면 다이먼의 의도가 분명하다. 피흡수 은행의 최고경영자인 다이먼이 합병 후 최고경영자가 되는 유례없는 계약을 맺었기 때문이다. 대신 제이피모건체이스는 뱅크원을 550억 달러, 프리미엄 14퍼센트라는 저렴한 가격에 사들였다.

제이피모건체이스 회장 다이먼의 활약

제임스 다이먼은 합병 당시 합의대로 2006년에 제이피모건체이스의 최고경영자가 되었다. 연봉만 무려 3천만 달러로 미국 대통령 연봉 40만 달러의 75배다. 미국 재무부와 연방준비제도이사회가 파산 직전의 부실회사 베어스턴스를 2008년 3월 16일 제이피모건체이스에 넘겼다. 다이먼의 제이피모건체이스는 미국 5대 투자은행인 베어스턴스를 주당 10달러, 총 24억 달러라는 헐값에 인수했다. 이는 당시 시가총액의 반값이었다.

정확히 1년 전인 2007년 3월 16일 베어스턴스 주가는 주당 145.48달러였고, 이틀 전 종가만 해도 30달러였다. 그러나 주말 동안 숨 가쁘게 진행된 매각 협상에서 베어스턴스(Bear Stearns)◆는 파산을 면하기 위해 일부라도 건지는 쪽을 택할 수밖에 없었다. 미국의 연방준비이사회(FRB) 정부가 주말 사이에 초고속으로 제이피모건체이스의 베어스턴스 인수를 승인하고 재할인율 인하 등의 조치를 발표한 것은 세계 증시가 개장하기 전에 거래를 마무리해야 한다는 절박함 때문이었다. 이 일을 계기로 베어

◆ 2007년 미국 서브프라임 모기지 사태 이전에는 월가의 5대 투자은행 중 하나였다.

스턴스가 파산할 경우 미국 금융회사들의 연쇄 도산 공포로 먼저 아시아 증시가 폭락하고 유럽을 거쳐 미국 증시까지 그 여파가 미칠 것을 우려했기 때문이다. 이 일을 계기로 제이피모건체이스는 미국 금융위기의 '구원투수'라는 명분을 얻은 것은 물론 연방준비이사회의 자금까지 지원 받으며 자사의 취약점인 위탁매매(브로커리지)와 모기지 사업 부문에서 높은 평가를 받는 베어스턴스를 '거저먹는' 횡재를 하게 됐다. 이후 다이먼 회장은 월가의 풍운아로 떠올랐다.

다이먼의 목표는 제이피모건체이스를 월가 1위 은행으로 올려놓는 것이었다. 마침내 제이피모건체이스는 2009년 들어 뱅크 오브 아메리카를 제치고 시가총액 1위로 부상했다. 이어 신용위기를 틈타 2008년 9월에는 미국 최대 저축은행인 워싱턴뮤추얼도 19억 달러에 인수했다. 워싱턴뮤추얼 인수로 제이피모건체이스는 23개 주, 5천4백 개 지점을 확보했으며 2008년 2/4분기에 베어스턴스 부실요인을 안고도 20억 달러의 흑자를 냈다.

영국의 〈더뱅커(The Banker)〉지는 해마다 세계 1천대 은행 순위를 매긴다. 2009년 7월, 이 잡지는 세계 1위 은행은 제이피모건체이스라고 발표했다. 2위는 뱅크 오브 아메리카, 3위는 시티그룹이었다. 2008년 발표까지 4위에 머물렀던 제이피모건체이스는 금융위기가 닥친 후 1위를 차지한 반면 1998년부터 2005년까지 세계 1위였던 시티그룹은 2006년 들어 홍콩상하이은행(HSBC)에 자리를 내주며 2위로 물러앉았고 금융위기 후 4위로 내려갔다.

베어스턴스가 제이피모건체이스에 전격 인수된 뒤 다이먼의 주가는 천정부지로 치솟았다. 그가 주변의 우려를 무릅쓰고 추진했던 각종 경영정책들이 번번이 옳았다는 것이 입증되면서 그는 월스트리트 최고의 경영자라는 찬사를 받았다.

골드만삭스, 유대계 자본의 상징

골드만삭스는 월가의 대표적인 투자은행이자 유대계 자본의 상징이다. 골드만과 삭스라는 독일계 유대인들이 세웠을 뿐만 아니라 전·현직 최고경영자들이 모두 유대인들이기 때문이다. 골드만삭스는 증권지주회사로 자기자본이익률(ROE) 40퍼센트에 이르는 세계 투자은행(IB) 시장의 절대강자다. 동시에 전 세계 금융인이 가장 선망하는 직장이기도 하다. 고객의 입장을 먼저 생각하는 마인드, 나보다 우리를 내세우는 기업문화, 헌신적이면서도 창의적인 세계 최고의 인재들, 이들을 하나로 묶어 이끄는 우수한 경영진, 이것이 바로 대부분 국가의 금융회사들의 벤치마킹 대상이 된 골드만삭스의 성공비결이다.

골드만삭스 창립자 마르쿠스 골드만(Marcus Goldman)은 원래 펜실베이니아에서 의류점으로 사업을 하다가 금융업으로 영역을 넓혔다. 그는 사업 초기에 챙이 큰 실크 모자를 쓰고 기업어음을 사기 위해 뉴욕 시내의 기업체를 일일이 찾아다녔다. 기업들로부터 산 약속어음을 모자 속에 숨겼는데, 이는 강도를 피하기 위한 방법이었다. 그는 이 어음들을 뉴욕의 상업은행에 팔았다. 장사가 잘되자 1882년에 사위를 파트너로 끌어들여 골드만삭스를 창건했다. 마르쿠스 골드만과 사위 샘 삭스(Sam Sachs)의 성을 따 '골드만삭스'라 지은 것이다. 이러한 가족 중심적인 경영은 향후 골드만삭스의 가족적인 분위기에 결정적인 영향을 미친다. 상업어음 장사로 시작한 골드만삭스는 1970년대 월가 최초로 기업 인수합병과 부동산 전문부서를 설치했다.

유대인의 전형적인 가족경영 방식으로 다져진 회사답게 팀워크를 강조하며 세계 금융계의 거장 반열에 오른 기업 골드만삭스는 뒤에 재무장관에 오른 로버트 루빈(Robert Rubin)이 경영을 맡고부터 세계적인 투자은행으로 성장했다. 특히 인수합병, 채권추심 업무 등에서 세계 선두가 되

골드만화와 모건화

월가에서 유행한 신조어 두 개로 골드만화(Goldmanization)와 모건화(Morganization)가 있다. 골드만화는 월가에 골드만삭스의 영향력이 커진다는 의미고, 모건화는 월가를 좌지우지한 모건하우스가 부실 금융기관을 인수해 강력한 구조조정으로 재건한다는 뜻이다. 전자는 주로 미국 금융시장이 골드만삭스의 손아귀에 놀아난다는 비판적 시각을 드러낸 표현인 반면, 후자는 제이피모건이 혼란에 빠진 월가를 구원한다는 긍정적 뉘앙스를 담고 있다.

비록 2008년 이후 신용위기로 망가지기는 했지만 세계 금융시장을 쥐락펴락하는 미국 투자은행의 역사는 인수합병으로 점철된 역사다. 끊임없는 인수합병을 통해 미국 투자은행들은 덩치를 키웠고, 대형화된 자본력과 인력으로 시장을 지배해 왔다. 투자은행들은 각종 파생상품을 취급하는데, 그 위험을 분산하고 커버하려면 기본 체력을 갖추고 있어야 했다. 대형은행들의 끊임없는 짝짓기가 계속되면서 월가에는 "거대한 것이 아름답다(Big is beautiful)."는 유행어가 번졌다. 국경을 넘어선 인수합병도 많아 "글로벌한 것은 우아하다(Global is glamorous)."는 말도 생겼다. 세계 금융산업의 추세를 요약한 말이다. 앞으로도 이러한 추세가 계속 유효할 것인지는 지켜보아야 할 대목이다.

었다. 기업공개는 월가 증권사 가운데에서 가장 늦은, 창사 130년 만인 1999년에야 이루어졌다. 전통적으로 기업의 인수합병을 관할하는 투자 은행 및 증권업무 중심이었던 골드만삭스는 지속적인 사업 개발에 박차를 가하며 트레이딩 및 직접투자 분야를 크게 확대해 나갔다. 특히 '채권(Fixed Income)', '통화'(Currency)', '상품(Commodities)을 뜻하는 FICC 시장에 골드만삭스는 집중적으로 투자했다.

골드만삭스의 현재

2012년 현재 골드만삭스의 수장은 로이드 블랭크페인(Lloyd Craig Blankfein)이다. 그는 1954년 뉴욕 브롱스의 가난한 유대인 가정에서 태어났다. 가진 것이라곤 뛰어난 머리밖에 없었던 그는 장학금을 받고 하버드대학교에 들어갔다. 하버드대학교와 하버드 로스쿨을 졸업한 뒤 로펌에서 첫 직장을 잡고 그 뒤 골드만삭스와 모건스탠리에 지원했지만 모두 낙방했다. 그의 화려한 학력과 유대인 혈통으로도 골드만삭스의 입사시험을 뚫지 못한 것이다. 대신 그는 금과 원유 등을 트레이딩하는 제이아론에 들어갔다. 1981년 골드만삭스가 상품 트레이딩을 강화하기 위해 제이아론을 인수하는 바람에 그는 '뒷문'으로 골드만삭스 직원이 됐다.

골드만삭스는 미국 경영대학원(MBA) 졸업생들이 가장 들어가고 싶어 하는 직장이다. 그러다 보니 입사 과정이 하늘의 별따기다. 일단 지원서를 내면 줄잡아 20~30명과 인터뷰를 해야 한다. 경력사원의 경우에도 자기 분야의 상급자, 그 위 상급자들을 차례로 만나야 하며 일할 지역의 책임자들과도 인터뷰해야 한다. 이것이 골드만삭스의 우수인력채용과 체

계적인 인재양성 프로그램인데, 수십 번의 면접 과정에서 상황적응 능력, 팀워크 능력, 순발력, 창의력 등도 평가한다. 또한 면접을 진행한 상급자 가운데 단 한 명이라도 부정적인 의견을 제출하면, 그 응시자에 대해서는 여러 번에 걸친 재고를 한다. 즉 골드만삭스는 철저한 능력 중심의 인재채용을 실시해 최고로 우수한 사람만을 받아들이는 것이다.

골드만삭스는 서브프라임 사태 때에도 제대로 된 판단으로 투자 헤지와 석유, 원유, 선물 투자에서 견조한 수익을 달성했다. 2008년 금융위기에 1999년 이후 최초로 적자를 봤지만 파산한 다른 투자은행들과는 질적으로 달랐다. 골드만삭스에서는 최고경영자 블랭크페인이 리스크를 직접 관리했다. 리스크가 지나치게 커졌다고 판단해 회사 투자전략을 바꾸는 것은 최고경영자의 몫이었다. 또한 골드만삭스는 리스크 관리직과 매매 중개역을 수시로 보직 순환했다. 자기 영역에만 몰두하다 보면 시장이 보내는 위험신호를 알아채지 못할 수 있기 때문이다. 골드만삭스가 경쟁업체보다 담보대출 관련 파생상품 투자에서 빨리 빠져나올 수 있던 것도 이 덕분이다. 그 덕에 골드만삭스는 투자은행업계에서 보기 드물게 독자 생존할 수 있었다.

그 뒤 골드만삭스는 투자은행들 가운데 신용위기를 가장 잘 견뎌냈고 덕분에 엄청난 수익을 일궈냈다. 블랭크페인의 능력이 위기에서 빛났다.

강한 결속력을 가진 특유의 엘리트 문화

골드만삭스가 미국 행정부의 인재 파이프라인으로 자리 잡은 데는 오랜 역사가 있다. 1930년대 골드만삭스의 토대를 쌓은 시드니 와인버그(Sidney Weinberg) 회장은 2차대전 때 프랭클린 루스벨트 대통령과 해리 트루먼 대통령에게 정책 조언을 가장 많이 했던 인물 중 하나다. 1990년대 초에는 존 화이트헤드(John C. Whitehead) 전 회장이 국무부 부장관(차관)을 지내기도 했다. 골드만삭스 출신이 공화·민주를 가리지 않고 행정부에 잘 '팔리는' 이유는 다소 독특하다. 파트너십을 바탕으로 개인주의보다는 실용적 팀플레이를 중시하기 때문에 타협이 필요한 행정부에 쉽게 적응한다는 분석이다.

골드만삭스가 이렇게 자리매김한 것은 강한 결속력을 가진 특유의 엘리트 문화 때문이다. 1999년에 상장기업으로 전환했음에도 '파트너십' 구조를 유지하면서 구성원끼리 긴밀한 결속력을 유지하고 있는 것이 유능한 인재를 배출하는 원동력이라는 것이다. 골드만삭스는 다른 금융기관과 달리 입사 과정에서부터 10여 단계의 면접을 거쳐 사람을 뽑을 뿐 아니라, 파트너가 되기 위해 9년에서 길게는 12년 동안에 걸쳐 이른바 '360도 다면평가'를 받으며 최고 학벌의 인재들 속에서 치열한 경쟁을 거치도록 하는 전통을 고수하고 있다.

엘리트주의의 정점은 파트너십 문화다. 전 세계 3만 2천5백여 명의 직원 가운데 3백여 명만 파트너가 된다. 파트너라는 '별'을 달면 주인 대접을 받는다. 골드만삭스에서는 '나'보다 '우리'가 우선이다. '인화단결', '공동책임', '무한성실' 등의 단어들이 여전히 회사 안에 살아 있다. 이런 풍토에서 훈련받다 보니 연대감이 강하다. 이는 회사를 떠나도 골드만삭스 출신을 밀어주고 끌어 주는 요인으로 작용하고 있다.

지도자 공급 사관학교, 골드만삭스

골드만삭스는 인재집단이다. 산업계의 제너럴일렉트릭(GE)이나 컨설팅업계의 매킨지처럼 금융계에서 다른 기업이나 정부에 최고 지도자를 공급하는 사관학교 역할을 하고 있다. 특히 워싱턴 커넥션으로 유명하다. 골드만삭스 회장이었던 로버트 루빈은 클린턴에 의해 1995년 재무장관에 발탁되어 1999년까지 최장수 재무장관으로 미국 역사상 최장기 호황을 이끌어냈다. 그는 1966년 골드만삭스에 입사해 최고경영자까지 지낸 골수 골드만삭스 맨으로, 1993년 백악관 국가경제회의(NEC) 보좌관으로 클린턴 정부에 참여하였다.

부시 대통령도 2002년 백악관 경제수석으로 스티븐 프리드먼 전 골드만삭스 공동회장을 기용하고, 2006년에는 헨리 폴슨 골드만삭스 회장을 재무장관에 임명하였다. 앞서 1960년대의 헨리 파울러까지 포함하면 재무장관만 세명을 배출했다. 부시 시절 골드만삭스 출신 고위 공직자 면모는 화려하다. 조슈아 볼튼 백악관 비서실장, 국무부 부장관을 거쳐 세계은행 총재로 일하고 있는 로버트 죌릭, 루벤 제프리 3세 상품선물거래위원회 회장, 로버트 스틸 재무부 국내재정담당 차관 등이 있다.

민주당 소속 존 코진 뉴저지 주지사도 골드만삭스 최고경영자 출신이다. 서브프라임 사태로 위기에 빠진 메릴린치를 구할 신임 최고경영자로 선임된 존 테인 뉴욕증권거래소(NYSE) 유로넥스트 최고경영자도 골드만삭스 사장 출신이다. 또 존 테인 후임으로 뉴욕증권거래소 최고경영자로 임명된 던컨 니더라우어도 골드만삭스 출신이다.

미국뿐 아니라 다른 나라에서도 골드만삭스의 인맥이 광범위하게 형성되고 있다. 이탈리아 중앙은행 총재를 거쳐 EU 중앙은행 총재인 마리오 드라기와 캐나다 중앙은행 총재인 마크 카니를 비롯해 세계 각지의 금융계 전반에도 골드만삭스 출신들이 포진해 있다. 13년 동안 골드만삭스에 몸담아 오다 중화권 담당 회장에서 물러난 후쭈류는 중국 인민은행 부행장으로 자리를 옮겼다. 세계 시가총액 1위 은행인 중국 공상은행 부행장에 임명된 장훙리 역시 골드만삭스 출신이다.

세계 금융산업의 변화, 헤지펀드의 약진

최근 10여 년 사이 세계 금융산업의 변화 가운데 가장 두드러지게 나타나는 현상이 상위 헤지펀드들의 약진이다. 상상을 초월하는 그들의 연봉이 이를 잘 보여 주고 있다. 사실 2008년 금융위기 이후 헤지펀드 업계의 수익률은 그리 좋지 못하다. 2008년은 최악이었다. '리먼 사태'가 발생했던 2008년 헤지펀드들은 평균 23퍼센트의 손실을 보았다. 당시 37퍼센트 떨어졌던 미국 S&P500지수나 반 토막 났던 많은 국가의 주식 시장에 비하면 나아 보였지만 이는 충격적 사건이었다. 2008년 이전 10년간 글로벌 헤지펀드의 평균수익률은 연간 13~15퍼센트였고, 단 한 해도 손실을 기록한 적이 없었기 때문이다. 헤지펀드들은 2009년과 2010년 각각 평균 20퍼센트와 10.3퍼센트의 수익률을 올렸다. 이는 같은 기간 S&P500지수 상승률인 26.5퍼센트와 15.1퍼센트에 못 미치는 수치였다. 헤지펀드들의 부침도 심한 편이며 헤지펀드 간의 간극도 커지고 있다. 그런데도 상위 헤지펀드들의 활약은 눈여겨 볼 필요가 있다.

2010년 하반기의 경우, 미국 10대 헤지펀드의 수익이 미국 6대 은행들보다 더 많았다. 조지 소로스(George Soros)의 '퀀텀펀드' 등 상위 열 개 헤지펀드는 2010년 하반기 고객들에게 280억 달러 수익을 배정했다. 이는 펀드 매니저의 수수료를 제한 순수익으로 이를 더할 경우 수익은 30퍼센트 이상 늘어난다. 360억 달러 이상 벌었다는 이야기다. 같은 기간 골드만삭스, JP모건, 시티그룹, 모건스탠리, 바클레이스, HSBC 등 6개 주요 은행은 260억 달러의 순수익을 올리는데 그쳤다. 2010년 하반기 1~2위인 폴슨앤드코(Paul Son&Co)와 퀀텀펀드가 수수료를 떼고 순수하게 고객들에게 돌려준 수익은 각각 58억 달러와 30억 달러에 달했다. 특히 120명을 고용하고 있는 폴슨앤드코가 3만 2천5백 명이 일하는 골드만삭스의 순수익 43억 달러를 능가한 점이 눈에 띤다. 백여 명의 인력으로 운영되는 헤지펀드 수익이 수만 명의 인력을 고용하고 있는 투자은행보다 많았다.

그러나 2011년은 헤지펀드들의 무덤이었다. 업계의 평균 수익률이 마이너스 10퍼센트였다. 특히 헤지펀드 전략 중 가장 큰 비중을 차지하는 주식 롱숏 펀드는 평균 19퍼센트 손실을 봤다. 2010년에 약진을 기록했던 존 폴슨(John Paulson)과 소로스의 참패는 기록적이었다. 이들 펀드처럼 거시지표의 방향성을 예측하여 투자하는 매크로 투자는 방향을 어디로 잡느냐에 따라 심한 기복을 보였다. 유럽 재정위기와 중국 경기둔화 등 불투명한 거시경제 환경 속에서 어떤 일이 일어날지 예측이 어려워 매크로 투자는 운용에 어려움을 겪고 있다. 그럼에도 안정적인 분산투자와 시스템투자는 여전히 진가를 발휘해 제임스 사이먼스(James H. Simons) 같은 상위 헤지펀드들의 수익은 확연히 높다. 불황기에도 전혀 흔들리지 않을 정도로 그들의 투자기법이 고도화되고 있다는 증거다.

이과생들의 롤 모델, 제임스 사이먼스

보스턴에서 신발공장을 하는 유대인 가정에서 태어난 사이먼스는 어려서부터 천재 소리를 들으며 자랐다. 매사추세츠공과대학교에서 수학을 공부하고 버클리대학교에서 23세 때 미분기하학으로 박사학위를 땄다. 그 뒤 매사추세츠공과대학교 수학교수로 재직하다 베트남전쟁 당시 국방부 암호해독 전문가로 활약했다. 베트남전쟁 이후에는 하버드대학교와 뉴욕주립대학교 스토니브룩의 수학과 학과장을 역임했다.

그는 특히 기하학에서 뛰어난 업적을 남긴 수학자다. 1974년 독특한 기하학적 측정법을 고안해 미분기하학자인 천성선(陳省身)과 함께 '천-사이먼스 게이지 이론'을 만들었다. 이 이론은 지금도 이론물리학에서 널리 쓰이고 있다. 그는 한마디로 기하학과 숫자 속에 파묻혀 숫자로 구성된 세계관을 갖고 살았다.

그랬던 그가 메릴린치 브로커에게 결혼축의금 5천 달러를 맡겼더니 원자재에 투자해 8개월 만에 돈을 열 배로 불려오는 광경을 목격하고 자신의 강점인 수학적 분석법을 이용하면 차익거래(arbitrage)에서 충분히 승산이 있다는 판단을 내렸다. 그래서 1976년 수학교수를 하면서 림로이(Limroy) 헤지펀드를 만들어 그의 이론을 직접 실험해 보았다. 헤지펀드란 원유부터 외환까지 돈이 되는 곳이라면 어디든 뛰어들어 고수익을 노리는 펀드다. 예상한 대로 가능성이 보이자 1978년 마흔 살에 교수직을 버리고 아예 월

::: 이과생들의 롤 모델로 꼽히는 제임스 사이먼스

가로 방향을 바꿔 새로운 인생을 시작했다. 사실 나이 마흔이면 펀드업계에서 은퇴해야 할 나이였다. 그는 이후 놀라운 성과를 올리며 승승장구했으며, 1982년 르네상스테크놀로지스를 설립했다.

사이먼스의 투자전략은 경제학이 아니라 수학과 과학에 의존하고 있었다. 거기에 필요에 따라 천문학·지리학·전산학과 물리학·통계학·암호해독가 등이 가세해 팀을 이룬다. 맨해튼 거리에서 한 시간 거리에 있는 그의 본사 연구실에는 20개국 출신의 이학·공학박사학위를 받은 과학자 70명을 포함, 250여 명의 직원들이 근무하고 있다.

그의 회사는 사람이 직접 매매에 참가하지 않고 그의 팀이 개발한 컴퓨터 프로그램에 의한 매매만 하는 것으로 유명하다. 나날이 발전하는 월가의 금융기법과 금융환경의 변화는 현장에 있는 사람들도 따라잡기 힘들 정도다. 이제는 사람의 '감'에 따른 투자가 아닌 과학적 기법에 따른 컴퓨터 프로그램 거래가 대세를 이룬다. 테크놀로지들이 새로운 금융기법과 금융상품을 개발해 거대 국제 금융자본들이 세상을 휩쓸고 있다.

과학적 시스템 투자기법의 정상을 차지하고 있는 제임스 사이먼스는 환경 변화에 크게 흔들리지 않고 꾸준히 큰돈을 벌어들이고 있다. 그의 2005년도 연수입은 자그마치 15억 달러로 헤지펀드 업계 1위였다. 2006년에도 17억 달러를 벌어 1위를 고수했다. 미국인 평균 급여의 3만 8천 배에 이르는 거금이다. 헤지펀드 매니저 수입 상위 25명이 2006년도에 벌어들인 돈은 무려 140억 달러다. 요르단이나 우루과이의 국내총생산과 비슷하다. 이렇듯 월가로 진출해 성공한 제임스 사이먼스는 이제 이과생들의 꿈이자 우상이 되었다.

하락장에서도 높은 수익 올리다

과학적 시스템 투자기법은 놀랍게도 다우지수가 3분의 1 토막이 난 금융위기에서조차 높은 수익을 낼 수 있다는 것을 보여 주었다. 주식은 상승장에서만 수익을 낼 수 있지만 파생상품은 하락장에서도 돈을 벌 수 있기 때문이다. 사이먼스는 금융위기 중인 2008년도에도 25억 달러를 벌어 수입 1위를 차지하는 기염을 토했다. 그 뒤 2009년에 20억 달러, 2010년에 25억 달러를 벌어 경기불황기에도 계속 상위권을 놓치지 않았다. 헤지펀드들에게 평균 10퍼센트 수익을 기록케 해 죽음의 계곡이라 불렸던 최악의 해인 2011년에조차 제임스 사이먼스는 34퍼센트 수익을 올려 21억 달러를 벌었다. 운용자금의 80퍼센트로 미국과 해외 주식을 사들였고 20퍼센트는 공매도한 게 주효했다. 2012년 9월 기준 그의 개인 재산은 110억 달러로 미국 28위 갑부다.

과연 제임스 사이먼스는 어떤 방법으로 매년 이러한 어마어마한 연 수입을 얻었을까? 헤지펀드는 극소수의 갑부나 투자기관들에만 문호가 개방되는데, 일반인을 대상으로 공개적으로 모집하는 공모펀드와는 비교할 수 없을 정도로 많은 수수료를 뗀다. 헤지펀드는 수익이 나건 안 나건 평균 2퍼센트를 매년 고정수수료로 받고, 이익의 최소 20퍼센트를 성과급 수수료로 떼 간다. 유명 헤지펀드일수록 이 비율이 높다. 사이먼스가 이끄는 르네상스테크놀로지스의 경우 5퍼센트가 고정수수료이고, 성과급 수수료는 이익의 44퍼센트에 이른다. 이익의 절반을 떼 가는 셈이다. 일반 헤지펀드에 비해 수수료가 두 배 이상이다. 하지만 높은 수익률을 올리기 때문에 자금이 꾸준히 몰려든다. 여러 개의 펀드를 묶어 운용하면서 상황에 따라 포트폴리오를 신축적으로 조절하는 등 투자기회 포착에 뛰어난 것으로 정평이 나 있다.

이 회사에서 운용하는 약 60억 달러 규모의 '메달리온 펀드'는 2006년에 무려 84퍼센트의 수익률을 기록했다. 신용위기 와중인 2008년도에 올린 수익도 놀랍기는 마찬가지다. 당시 70세를 넘긴 노장 사이먼스는 80퍼센트에 이르는 수익률을 올렸다. 연 5퍼센트의 운용보수와 44퍼센트에 이르는 성과보수를 포함하면 펀드수익률은 무려 160퍼센트에 이르렀다.

17년간 연평균 38퍼센트라는 경이적인 성과

르네상스테크놀로지스의 대표펀드는 메달리온 펀드로, 이 펀드의 성과는 믿기 어려울 정도다. 메달리온 펀드는 1988년에 조성되었는데, 2005년 말까지 복리로 연 수익률 38.4퍼센트를 기록했다. 이는 다시 말하면 조성된 이후로 17년간 1만 8천 퍼센트 가량의 누적 수익률을 올린 것을 의미한다.

NYSE(미국증권거래소)와 나스닥에 상장된 주요기업을 대표하는 S&P500지수의 연평균 수익률 10.7퍼센트보다 세 배 이상 높다. 이는 모든 역외 헤지펀드 가운데 가장 높은 수익률이다. 그 뒤에도 선전은 계속되어 2007년까지 연평균 30퍼센트 이상을 웃도는 수익을 거두었다. 이는 소로스의 퀀텀펀드나 피터 린치(Peter Lynch)의 마젤란펀드를 훨씬 뛰어넘는 실적이다.

독자들은 아마 당장이라도 메달리온 펀드에 투자하고 싶을 것이다. 그러나 아쉽게도 메달리온 펀드는 1993년 이후 신규 투자자를 받지 않는다. 너무 많은 사람들이 몰려들어 펀드운용 적정금액을 넘어섰기 때문이다. 이 펀드의 운용자금은 66억 달러로 제한하고 있으며 240명의 직원이 지분의 96퍼센트를 보유하고 있다. 르네상스테크놀로지스의 다른 펀드들도 1인당 최저 투자금액이 수백만 달러여서 투자하는 것도 그리 쉬운 일은 아니다.

한편 제임스 사이먼스가 어떤 식으로 투자해 그렇게 높은 수익률을 올리는지는 잘 알려져 있지 않다. 투자기법은 영업기밀로 엄중히 보호되고 있다. 다만 사이먼스의 투자전략이 경제학이 아닌 수학과 과학에 크게 의존하고 있다는 점은 앞서 언급했듯이 공개된 유일한 사실이다.

무위험 차익거래 Arbitrage

차익거래는 이론적으로 같은 가격으로 일치해야 하는 자산들 간의 가격 차이를 이용해 고평가된 자산을 매도하고 저평가된 자산을 매수해 이익을 얻는 거래기법이다. 흔히 프로그램 매매라고 불리는 선·현물 간 차익거래가 대표적인 예다. 이런 방법을 통계적 차익거래라고 한다. 이론적으로는 무위험 차익거래의 수익률이 이자율보다 높으면 누구나 대출을 받아 무위험 차익거래를 할 것이므로 무위험 차익거래의 수익률은 이자율 수준을 크게 벗어나기 힘들어야 한다. 위험 차익거래의 경우에는 리스크가 높으므로 의미 있는 초과수익률을 얻지 못해야 정상이다. 그러나 현실과 이론 사이에는 간극이 존재하고 그 안에서 의미 있는 초과수익률을 얻기 위한 여러 가지 차익거래기법이 연구되었고, 지금도 연구 중이다.

통계적 차익거래란 넓은 의미에서 자산가격의 기댓값과 현재가격 사이의 차익거래를 의미한다. 따라서 가치투자도 경제 기초여건(Fundamental, 펀더멘털) 분석에 의한 기댓값과 현재가격 사이의 차를 이용한 일종의 통계적 차익거래라고 할 수 있다. 그러나 흔히 통계적 차익거래라고 할 때는 컴퓨터를 사용한 계량적인 접근에 기반한 좁은 의미의 차익거래를 뜻한다. 컴퓨터를 이용한 통계적 차익거래는 일반적으로 주가의 움직임을 확률모형화하고, 이 모형의 특성에 기반을 두어 투자하는 거래기법이다. 이러한 투자기법은 사이먼스의 회사뿐 아니라 디이쇼(DE Shaw)그룹, 시타델 등 여러 헤지펀드들도 많이 사용하는 방법이다.

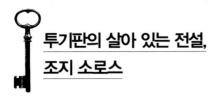

투기판의 살아 있는 전설, 조지 소로스

　하루 세계 외환거래액은 4조 달러가 넘는다. 그 가운데 수출입 대금결제와 실수요에 쓰이는 돈은 1퍼센트 미만이다. 나머지 99퍼센트 이상은 핫머니다. 핫머니의 대부분은 글로벌 자본시장과 자산시장을 대상으로 하는 거래로 거의 단기차익을 노린 투기거래다. 이러한 투기거래에서 단연 살아 있는 전설적 인물이 조지 소로스(George Soros)다.

　그가 운용한 헤지펀드의 실적은 30년 동안에 원금을 5천3백 배 이상 불렸다. 시작 당시 1백만 원을 투자하였다면 그 돈을 무려 53억 원으로 불린 것이다. 이것은 42년 동안 4천1백 배를 기록한 20세기 최고의 투자가 워런 버핏을 웃도는 성적이다. 전 세계가 서브프라임 위기로 흔들리던 2007년과 2008년조차도 그는 개인적으로 27억 달러와 11억 달러가 넘는 돈을 벌어들였다. 2009년, 2010년에도 각각 33억 달러를 벌어 노익장을 과시했다. 80억 달러가 넘는 기부 활동을 했음에도 외환과 금 투자 등으로 재산을 증식해 2011년 기준 220억 달러로 미국 7위 갑부에 올랐다. 펀드 매니저 중에서는 가장 부자다.

헤지펀드의 산증인

원래 헤지펀드는 금융 감독기관이나 증권거래소에 등록할 필요가 없는 사적 투자 파트너십으로서, 여러 시장과 상품에 투자하는 펀드다. 펀드의 구성은 보통 1백만 달러 이상의 투자자 1백 명 이내로 구성된다. 등록할 필요가 없으니 공시의무도 없으며, 기존 투자에 대한 투명성 제공의무도 없다.

'소로스'라는 이름이 세계적으로 유명해진 계기는 1992년 9월 16일 파운드화 폭락 사태 때다. 이른바 '검은 수요일'이라 불리는 이날, 파운드화의 가치는 순식간에 20퍼센트나 떨어졌다. 당시 소로스의 퀀텀펀드가 파운드화를 집중적으로 투매하면서 영국 정부의 환율하락 방어정책을 무력화시켰다. 이때 소로스가 2주 만에 얻은 이익이 10억 달러에 이른다. 그는 하루만에 '영란은행을 초토화시킨 사나이'로 세계에 이름을 알렸다. 최단시간에 가장 많이 번 기록이다. 유대인 한 명이 세계에서 제일 큰 외환시장인 런던 금융시장의 수장 영란은행을 굴복시킨 것이다. 세계가 경악할 수밖에 없었다.

확신이 있던 소로스에게는 떨어져야 할 파운드화를 무리하게 떠받치고 있는 영국 정부가 공격 대상이 되기 충분했다. 그래서 총자산의 150퍼센트에 해당하는 돈을 더 빌려서 투자했다. 방법은 파운드화 공매였다. 예상대로 상하 6퍼센트에 묶여 있던 환율조정장

::: 헤지펀드 투자의 살아 있는 전설, 조지 소로스

치는 무너졌다. 투자 금액은 약 1백억 달러였다. 모든 일이 예상보다 너무 빨리 진행되는 바람에 계획대로 다 실행하진 못했다. 결국 예상했던 10억 파운드에 못 미치는 10억 달러의 수익을 올리는 것으로 만족해야 했다.

그의 눈에는 이후에 진행될 그림도 보였다. 검은 수요일 이후 그는 영국, 독일, 프랑스의 금리 선물을 대량 매수했다. 그는 영국의 현물 주식도 매입했다. 그리고 프랑스 정부가 프랑화를 살릴 수 있도록 도와줬다. 소로스의 퀀텀펀드와 자회사 세 곳이 그해 가을 유럽에서 벌어들인 돈은 약 20억 달러에 달했다.

이는 '철저한 연구와 분석', '과감한 투자', '발 빠른 후속조치' 세 가지로 요약되는 '소로스 투자기법'의 전형이다. 파운드화의 가치 하락을 확신한 뒤 자본금의 150퍼센트를 더 빌려 과감하게 투자했고, 파운드화 폭락 이후 금리가 인상될 것을 예견해 금리 선물을 매수했으며, 현물 주식을 매입해 위험을 분산시키고, 벌어들인 자금을 프랑스 정부에 투자함으로써 환율을 안정시키도록 하는 '선투자 구조'를 구축한 것이다.◆

글로벌투자의 선구자로 클 수 있던 성장 배경

소로스는 젊어서부터 국경을 넘나들며 주식·채권·외환은 물론, 부동산·원자재·곡물 등에 투자해 천문학적 투자수익을 올리면서 세계 금융계의 큰손이 되었다. 실질적인 '글로벌투자'의 원조인 셈이다. 소로스가 글로벌투자라는 새로운 영역을 개척할 수 있던 것은 그의 극적인 삶 덕분

◆ 이범진, '투자의 전설, 악마처럼 벌어 천사처럼 썼다', 〈주간조선〉, 2011년 8월 8일

이었다.

소로스는 1930년 헝가리 부다페스트에서 태어났다. 조지 소로스의 본명은 조지 슈와르츠였다. 그러나 나치의 색출을 피해 다른 사람의 출생증명서와 졸업증명서를 위조해 신분을 위장하면서 이름을 조지 소로스로 바꾸게 된다. 부친은 소로스(Soros)란 성을 매우 좋아했는데, 그 이유는 앞에서부터 쓰나 뒤에서부터 쓰나 철자가 같았기 때문이며, 또한 에스페란토어로 "훗날 번창하리라."란 의미를 지녔기 때문이다. 부유한 유대인 변호사였던 조지 소로스의 아버지 티바다르 소로스(Tivadar Soros)는 가족이 함께 있는 것은 위험하다고 판단해 아들 둘을 친척 집에 맡겼다. 그 뒤 티바다르 소로스는 1차대전 당시 헝가리 포로로 소련군에 체포되어 집안이 뿔뿔이 흩어지게 되었다.

티바다르 소로스는 러시아 차르의 폭압을 견디며 힘든 유배생활을 하다가 볼셰비키혁명 때 탈출했다. 이런 경험을 통해 남보다 먼저 위기를 직감하는 능력을 갖게 됐고, 이 능력은 교육을 통해 아들 조지 소로스에게도 이어지게 된다. 이렇게 조지 소로스의 밑바탕에는 그의 아버지에게서부터 이어받은 생존의 본능이 있었다.

2차대전 때 독일이 헝가리를 점령하고 유대인에 대한 탄압이 시작되자 그는 열네 살인 아들 조지 소로스를 헝가리 농업장관의 양자로 입적시켜 수용소행을 피하게 했다. 이때 소로스는 1945년에 일어난 그 유명한 독일군과 소련군 사이 15일간의 부다페스트 시가전을 생생히 겪는다. 나중에 소로스는 그때의 경험이 인생 자체를 보는 시각을 완전히 바꾸었다고 술회한다. 전쟁의 와중에 생존해야 한다는 절대 명제 앞에서 그는 어려서부터 배운 여러 가치가 무력하게 무너져 내리는 과정을 겪었다. 소로스는 이를 극복하고 마음속에 굳은 심지를 키워나간다. 이 모든 것이 소로스가 다시는 전쟁이 일어나지 않도록 동구의 민주화에 일생을 걸게 만드는 계기가 된다.

이러한 고난을 겪는 과정에서 그는 자신의 감정을 숨기는 법을 익히게 되었다. 대형 투기판에서도 끝까지 포커페이스를 유지하는 까닭에 소로스는 훗날 주변으로부터 '냉정한 승부사'로 불리게 되었다. 소로스의 돈에 대한 집착과 철학은 이때 생긴 것으로 보인다. 아버지 티바다르의 노력으로 소로스 가족은 생명을 건질 수 있었지만 생활은 궁핍했다. 생활고에 쫓기던 소로스는 고향 헝가리를 떠나기로 결심한다. 1947년 헝가리가 공산화되자 야밤 탈주를 감행해 런던으로 탈출하는 데 성공했다.

런던 생활도 쉽지는 않았다. 단돈 2백 파운드로 결행한 그의 정치적 망명 겸 유학생활이 순탄치 않았다. 특히 아는 사람 하나 없는 런던에서의 생활은 너무도 외롭고 궁핍했다. 철도역에서 짐 나르는 일을 하다가 화차 사이에 다리가 끼어 뼈가 부러지는 바람에 두 달간 병상신세를 지기도 했다. 영국에서의 생활은 훗날 그가 "내 생애에서 가장 어려웠던 시절이었다."고 회상할 정도로 배고픔과 고난의 나날이었다.

그런데 주목할 점은 그가 거듭된 실패를 겪는 중에도 온 힘을 다해 철학고전을 읽었다는 것이다. 조지 소로스는 아리스토텔레스, 에라스무스(Desiderius Erasmus), 마키아벨리(Niccoló Machiavelli), 홉스(Thomas Hobbes) 같은 천재 철학자의 저작을 공부했다. 1949년 수영장 안내원으로 일하면서 영국의 최고 명문 중 하나인 런던정경대학(LSE, London School of Economics and Political Science)에 합격했다. 그는 어려운 형편에서도 런던정경대학에서 철학을, 대학원에서는 경제학을 공부하고 1952년에 조기 졸업했다.

624

소로스의 핵심 투자이론, 재귀성이론

당시 소로스가 다니던 런던정경대학에는 세계적 석학 칼 포퍼(Karl Popper) 교수가 있었다. 그 유명한 유대인 철학교수가 소로스의 논문 지도교수였다. 포퍼 교수는 반 전체주의, 반 마르크스 성향의 우익 사상가이자, 양자역학 등 물리학을 철학적 분석틀로 즐겨 사용하던 당대의 과학 철학자였다. 칼 포퍼를 통해 소로스는 논리적 사고를 철저히 전수 받았다. 이는 세계 최고의 펀드매니저의 토양이 된다. 훗날 "펀드매니저가 되지 않았다면 철학자가 되었을 것"이라고 고백하는 데서 알 수 있듯이, 스승 칼 포퍼의 사상은 조지 소로스에게 절대적인 영향을 미쳤다. 나중에 소로스는 열린사회연구소라고 명명된 사회철학연구소를 만들어 스스로 그 이사장이 된다.

소로스는 포퍼의 사상에 자신의 사상을 더해 '오류성(Fallibility)'과 '상호작용성(Reflexibility)'이라는 개념을 완성했다. 그리고 이를 실제 그의 50년 투자활동에 적극 활용했다. '오류성'이란 인간은 불완전해 세상을 인지하는 데 있어서 항상 왜곡된 시각을 갖게 되며 전체가 아닌 부분을 보게 된다는 것이다. 따라서 인간의 지식은 틀리기 쉬우며 다음 전개를 예측해도 틀릴 수 있다는 것이다. 곧 남은 물론 자신의 판단도 틀릴 수 있음을 항상 인정하고 유의하면서 투자에 임하라는 것이다.

'상호작용성'이란 기대와 현실 속에서 사람과 사람은 서로 영향을 주고받으며 행동한다는 것이다. 서로 상대방의 행동과 그에 따른 결과에 영향을 받는다는 사고방식이다. 이 두 개념은 그의 투자에도 적극 응용되어 시장에 참여하는 사람들을 유연하게 보려고 하는 소로스 특유의 시장철학이 되었다. '재귀성이론'으로 발전한 그의 투자 철학은 이때 정립되었다.

포퍼는 "인류사회는 인간이 오류를 범할 수 있다는 점을 인식할 때에만 진보하며 궁극적인 진리를 독점할 수는 없다."고 강조했다. '수요와 공급에 의해 시장이 균형을 이룬다'는 기존의 정설을 거부한 소로스의 투자 철학은 포퍼 교수의 이 같은 주장에서 비롯되었다.

소로스는 "수요와 공급이 주어졌다는 가정은 현실과 동떨어진 것이다. 시장 참여자들의 생각과 시장의 움직임은 서로 영향을 미치는 상호작용적인, 곧 재귀적인 관계를 갖는다. 가격은 수요와 공급에 따라서만이 아니라 판매자와 구매자의 기대에 따라서 좌우된다."고 설명했다. 이렇게 심리학을 경제학에 접목해서 인간의 행동을 관찰하는 행동경제학은 고전학파 이론의 가정 자체가 틀렸다고 지적한다. 인간은 부분적으로만 합리적일 뿐이라는 것이다. 오류를 범할 수밖에 없는 인간의 판단과 행동을 가정하는 것이 더 합리적인 경제인이라는 것이다. 그런 의미에서 인간 행동의 오류성을 지적한 조지 소로스는 행동경제학을 몸에 체화한 투자자라고 할 수 있다.

그의 재귀이론은 주류 경제학파들에게는 "논할 가치도 없는" 담론이라는 혹평도 받았지만 1969년 펀드 운용을 시작한 이후 1981년 단 한 해만을 제외하고는 수익을 냈으며, 그것도 연평균 35퍼센트라는 경이적인 성과를 낸 인물의 말이기에 어떻게 취급해야 할지 주류 경제학계는 오늘도 고민하고 있다. 훗날 소로스는 국제 자선사업에 첫 발을 내디디면서 자선기금을 만들었고 스승의 대표작 《열린사회와 그 적들》을 따 '열린사회 기금(Open Society Fund)'이라는 이름으로 지음으로써 스승에 대한 예를 표했다.

무위험 차익거래로 금융시장에 발을 들여 놓다

힘들게 명문 런던경제대학을 졸업했어도 취직자리를 구하지 못했던 그는 런던에 있는 모든 투자은행에 취업을 부탁하는 편지를 보내 딱 한 군데서 답을 받았다. 그 회사는 헝가리 이민자가 설립한 카우프싱 은행의 영국 내 현지법인이었다. 인터뷰 끝에 이 회사에 취직해 금융의 기초적 지식을 습득하게 된다.

그는 회사에서 증권 재정거래(Arbitrage Transaction) 업무를 맡았다. 원래 '재정거래'란 어떤 상품의 가격이 시장 간에 서로 다를 경우 가격이 싼 시장에서 사서 비싼 시장에 팔아 매매차익을 얻는 거래행위를 말한다. 이를 '차익거래'라고도 한다. 이는 리스크 없는 무위험 수익거래다. 소로스가 한 일은 신주인수권부 사채와 같이 권리가 붙은 증권의 가격과 실제 주식가격의 차이를 이용해 신주인수권만 거래해 차익을 챙기는 것이었다. 일종의 파생금융상품 거래와 같았다.

1956년 스물여섯 살이 된 소로스는 드디어 미국에 진출한다. "최단시간 내에 50만 달러를 벌어서 그 돈으로 철학자가 된다."는 극히 이상주의적 목표를 가지고 월스트리트로 진출한 것이다. 첫 번째 직장은 소형 투자은행이었던 메이어(F.M. Meyer)였다. 여기서 맡은 일도 차액거래였다. 당시만 해도 대서양을 사이에 두고 통신 인프라가 빈약했기 때문에 런던과 뉴욕에서 거래되는 유럽계 증권의 가격 차이를 이용해 그 차익을 챙겨 돈을 벌 수 있었다. 당시 미국에는 유럽의 증권 사정을 아는 사람이 거의 없었다. 때문에 런던 증권회사에서 일했던 소로스가 자신의 지식을 살려 점차 이름을 알리고 신용을 구축해 간 것이다. 하지만 금리균등세가 도입되면서 차익이 세금으로 다 나가 이 거래는 중단되었다.

여기서 3년을 근무한 후, 1959년에 리서치에 강한 증권사인 워트하임(Wertheim&Co.)의 리서치 헤드로 자리를 옮겼다. 이 시절부터 소로스의 진가가 나타나기 시작해 월스트리트의 가장 유능한 주식종목발굴가(stock picker) 중 한 사람으로 명성을 떨쳤다.

전 세계 금융시장을 아우르는 소로스의 영향력

그의 영향력을 볼 수 있는 일화는 많다. 1992년 영국 정부를 상대로 파운드화를 놓고 맞대결을 벌여 영국이 그의 투기 공세를 견디다 못해 유럽통화체제에서 탈퇴했다. 또 1993년 초에는 소로스가 금광을 개발하는 미국의 한 광산업체 주식을 사들였다는 소문이 나자 전 세계적으로 금값이 폭등하기도 했다. 1996년 1월 일본 도쿄의 한 국제 투자 세미나장에 나타난 그가 "일본 주가가 비싼 것으로 생각하지 않는다."고 한마디 하자 닛케이주가가 폐장을 앞둔 막판 10분 동안 270포인트 이상 급등한 적도 있다. 이런 이유에서 금융의 역사를 '소로스 이전'과 '소로스 이후'를 구분 지어 설명해야 한다고 주장하는 분석가들도 있다.

그렇다면 이 같은 평가와 영향력은 어디서 나오는 것일까? 무엇보다 소로스는 글로벌 시장을 대상으로 정교한 투기를 하기 시작한 첫 전문 투자자다. 외환시장과 주식시장, 채권시장, 상품시장을 넘나들며 활동한 첫 번째 투자자인 셈이다.

특히 1970년대 초 고정환율제가 붕괴된 뒤 그는 외환시장을 매개로 한 글로벌투자의 단초를 이끌어냈다. 소로스는 정부의 인위적인 개입으로 조성된 외환시장의 부실한 허점을 알아보는 눈을 가졌다. 또 국가 간의 이해관계가 외환시장에 어떻게 영향을 미치는지를 알아채는 통찰력 또한 지니고 있었다. 모건스탠리딘위터(MSDW)의 투자전략가인 바이런 위언(Byron Wien)은 이렇게 말했다.

"소로스 덕분에 우리는 거시경제이론에 눈뜨게 되었다. 그는 우리를 글로벌리스트로 만들었고, 세계 여러 곳에서 벌어지는 정치 경제적 사건들이 어떻게 미국 경제에 영향을 미치는지 가르쳐 주었다."

은퇴 선언, 자선사업을 활발히 추진하다

소로스는 2011년 7월 가족 돈만 관리하겠다며 은퇴를 선언했다. 그는 투자자들에게 보낸 편지에서 "투자환경의 변화로 더 이상 고객 자산을 운영할 수 없다."며 "투자금을 돌려주기로 결정했다."고 밝혔다. 소로스가 운용해온 퀀텀펀드는 헤지펀드가 아닌 패밀리 펀드로 전환되었다. 가족자산만 하더라도 20조 원 가까운 매우 큰돈이다.

거부 투자자들에 대해서 여러 가지 규제 법안이 나오면서 투기성 헤지펀드에 대해서는 누구든지 자신의 포트폴리오를 알려야 한다는 것이 부담으로 작용한 듯하다. 퀀텀펀드의 자산은 255억 달러에 달한다. 외부투자금은 전체의 4퍼센트 정도인 10억 달러 선이기 때문에 외부 투자금을 운용하지 않는다고 해서 금융시장에서 그의 영향력이 크게 쇠퇴하진 않을 것으로 전문가들은 내다보고 있다. 아직도 현역인 셈이다.

현재 그는 31개국에 재단을 설립하고 다양한 프로젝트로 자선사업을 하고 있다. 대상은 주로 동유럽권과 아프리카 국가다. 공산주의 망령이 아직 가시지 않은 시기부터 그는 자신이 번 엄청난 규모의 돈을 공산주의를 극복하면서 국가 발전에 도움이 되는 각종 프로젝트에 투자했다. 그가 신봉하는 사상인 열린사회와 대척점을 이루는 공산주의 국가들이 열린사회로 전환되도록 지원하는 것이다. 소로스는 1979년 자선단체인 '열린사회 기금'을 설립해 옛 소련 및 동유럽권의 순조로운 체제 전환을 위해 매년 3억 달러의 거액을 지원하고 있다.

특히 그는 그가 태어난 공산국가였던 헝가리의 자유화를 위해 많은 기부를 했다. 그는 헝가리에서 공산주의를 자본주의로 평화롭게 전환시킨 중요한 역할을 했다. 1991년 소로스는 헝가리 부다페스트에 본교를 두고 체코 프라하와 폴란드 바르샤바에 분교를 둔 중앙유럽대학교를 설립하기도 했다. 이 대학은 법학, 사회학, 역사학, 경제학, 여성학 등 인문학 중심의 커리큘럼을 갖추고 영어로 수업을 진행하는데, 소로스는 설립 이후 이 대학에 해마다 2천만 달러를 기부해 유럽 사상 최대의 고등교육 기부금을 제공하기도 했다. 그는 현재까지 80억 달러 이상을 기부한 것으로 알려졌다.

금융위기 감지해 대박 터트린, 존 폴슨

2007년에는 헤지펀드 매니저 다섯 명이 10억 달러(1조 원) 이상의 소득을 올렸다. 이른바 '빌리언 클럽'에 이름을 올린 것이다. 그들의 소득은 자산운용 대가로 받은 수수료 가운데 펀드매니저에게 할당된 금액과 개인적으로 보유한 자산수익을 합한 것이다. 1등은 37억 달러를 벌어들인 폴슨앤컴퍼니 창립자 존 폴슨이 차지했다. 그는 280억 달러에 이르는 펀드자산을 모기지 채권과 파생상품에 투자해 엄청난 수익을 올렸다.

서브프라임 모기지 부실 충격은 존 폴슨에게는 오히려 축복이었다. 주택시장의 거품이 붕괴될 것을 미리 예측하고 신용 파생상품에 투자하는 방식으로 돈을 벌었기 때문이다. 폴슨은 서브프라임 파장이 본격화되기 한참 전인 2005년 초, 여러 자료를 분석한 끝에 미국 주택시장에 거품이 많이 낀 것을 확신했다. 그의 혜안은 2006년 여름에 빛을 발한다. 그는 뜨겁게 달아올랐던 주택시장이 열기를 더 이상 이어가지 못할 것으로 확신했고 거품 붕괴는 필연적이라고 믿었다.

그는 초기에 유럽의 투자가들로부터 1억 5천만 달러의 돈을 끌어모아 회사가 파산하는 것을 막기 위해 보험에 드는 신용 파생상품인 신용부도 스왑(CDS)을 사들였다. 거품 붕괴로 금융회사나 개인기업의 부도가 늘어나면 신용부도스왑 가격이 오를 것으로 보았기 때문이다. 예상은 적중했다. 그가 운영한 네 개의 신용펀드 평균수익률이 연 340퍼센트를 기록하였고 2007년도에는 590퍼센트라는 경이적인 수익률을 달성하였다.

한편 그는 2007년도에 거품이 본격적으로 붕괴될 것으로 확신하고 공매도 게임을 벌였다. 부채담보부증권(CDO) 값이 폭락할 것으로 보고 공매도에 베팅해 3백 퍼센트의 수익을 올린 것이다. 2007년 한해에만 그는 커미션만 37억 달러라는 헤지펀드 매니저 사상 최고수익을 올렸으며 '헤지펀드의 제왕'이라는 별칭을 얻었다.

투자와 재무 DNA를 새기다

노르웨이에서 미국 뉴욕으로 이민 온 유대계 집안에서 태어난 폴슨의 금융재능을 키워 준 사람은 1929년 대공황 때에도 돈을 번 은행가 출신 외할아버지였다. 할아버지는 초등학교 시절의 폴슨에게 과자를 봉지로 사서 친구들에게 낱개로 팔면 이익을 볼 수 있다는 것을 가르칠 정도였다.

뉴욕대학교에 진학한 폴슨은 당시 골드만삭스에 근무하던 로버트 루빈의 강의를 들으면서 '무위험 차익거래' 업무에 눈을 뜨게 된다. 대학을 수석으로 졸업하고 하버드 경영대학원에 진학한 폴슨은 '레버리지 비즈니스'를 배운다. LBO(Leveraged Buy-Out)란 기업을 인수·합병할 때 인수할 기업의 자산이나 향후 현금흐름을 담보로 은행 등 금융기관에서 돈을 빌려 기업을 인수하는 인수합병 기법 가운데 하나다. 그는 자본 50만 달러와 피인수회사의 자산을 담보로 한 2천만 달러의 차입으로 회사를 매수한 후 2년이 지나 그 회사를 1억 7천만 달러에 매도했다는 강의를 듣고서 왜 투자은행(IB)보다는 사모펀드(LBO, 요즈음은 Private Equity라는 표현을 쓴다)에 똑똑한 사람들이 몰려드는지 알게 되었다.

대학 시절 잠시 휴학을 하고 중남미 여행을 하며 견문을 넓힌 그는 1976년 다시 뉴욕대학교로 돌아가 체계적인 공부를 하고 하버드 경영대학원에 진학을 했다. 그가 하버드를 졸업하는 시기에 가장 인기 있는 직종은 컨설팅 회사였다. 폴슨도 신입직원의 연봉이 높은 보스톤컨설팅그룹(BCG)에 취직했다. 하지만 파트너가 될 때 두 직종 간(IB와 LBO)의 소득에는 엄청난 차이가 있다는 것을 발견하고는 오디세이파트너즈로 옮긴다. 몇 년을 일해 본 뒤 IB업무를 좀 더 확실하게 배울 필요가 있다고 생각한 그는 스물여덟 살이 되던 1984년 베어스턴스로 옮겼다.

4년 후 마침내 2백만 달러를 들고 자신의 회사를 만들어 독립했다. 아시아 금융위기가 발생한 1998년 4.9퍼센트 손실을 본 것을 제외하고 그의 펀드는 늘 이익을 봤다. 그는 월가 주류의 반대편에 베팅했다. 월가가 흥분할 때 비극적 파국에 돈을 걸었다. 덕분에 1998년 롱텀캐피털 사태와 2000년 인터넷 거품 붕괴 순간에 고수익을 올릴 수 있었다. 하지만 그가 부동산시장에서의 거품을 발견하기 전까지만 해도 폴슨은 월스트리트에서 그렇게 주목을 받는 존재가 아니었다.

폴슨, 부동산 위기를 감지하다

존 폴슨은 미국의 부동산 붐에서 위기의 징후를 읽었다. 그는 신용평가기관의 분석자료를 맹신하지 않았다. 폴슨은 무디스나 S&P 같은 회사들의 평가에 의존하기보다는 직접 주식을 연구하고 분석했

다. 그는 팀원들에게 서브프라임 모기지가 대거 편입된 'CDO(Collateralized debt obligation, 부채담보부증권)'의 리스크를 파악하라는 지시를 내렸다. 하지만 2005년 폴슨이 모기지를 잔뜩 가지고 있는 은행과 증권회사에 대한 숏거래, CDS(Creadit Default Swap, 기업의 부도위험 등 신용을 사고 팔 수 있는 신용파생상품 거래, 신용 부도 스와프)에 대한 투자를 전문으로 하는 펀드를 결성하려고 할 때 부동산 시장에 관련된 투자 경험이 없는 그에게 돈을 맡기려는 사람은 많지 않았다.

그가 미 주택시장을 불안하게 바라본 이면에는 '금리인상'이 있었다. 미국 연방준비이사회(FRB)의 단계적인 금리인상은 주택시장을 뒤흔들 판도라의 상자였다. 연준은 지난 2004년 이후 금리를 단계적으로 올리기 시작했다. 인플레이션을 겨냥한 선제적 대응이다. 원리금 상환 부담이 더욱 커지자 버블 붕괴의 징후는 더욱 뚜렷해졌다. 서브프라임 모기지론을 기초 자산으로 발행한 채권의 이자율은 미 정부가 발행한 국채 이자율에 비해 불과 1퍼센트가 더 높은 수준이었다. 시장이 서브프라임 모기지의 리스크를 과소평가하고 있다는 방증이었다. 존 폴슨은 주택시장의 버블을 경고했다. '집값'과 '담보대출 부도'가 밀접한 연관성이 있다는 것이 그의 주장이었다.

그는 집값 하락이 다시 부도율 상승을 부르는 악순환이 반복될 것으로 내다보았다. 실제 메릴린치와 시티그룹이 보유하고 있던 모기지는 대부분 AAA 등급을 받은 것들이었지만 폴슨은 이들 대형 금융기관이 자신들의 포지션에 대한 이해가 부족하다는 사실을 알아냈다. 비록 트리플 A등급을 받았지만 이들 유가증권은 서브프라임론을 담보로 하고 있었기 때문이다. 폴슨의 표현을 빌리자면 "마치 1백 개의 독이 든 애플파이를 가지고 있는 것 같았다."

그 무렵 그는 비우량 주택담보대출(서브프라임 모기지)과 우량 모기지가 뒤섞여 있는 부채담보부증권(CDO)을 공매도했다. 집값 거품이 붕괴해 CDO값이 하락하면 막대한 수익을 챙기는 작전이었다. 미국 집값이 2006년 7월 이후 고개를 숙이기 시작했지만 CDO의 값은 2007년 2월이 돼야 본격적으로 추락했다. 그는 1년 정도 손해를 감수하며 기다려야 했다. 하지만 최후의 승리자는 폴 존슨이었다. 그가 위기 국면 2008~2009년 사이에 벌어들인 돈은 2백억 달러였으며 개인 수수료만 38억 달러를 챙겼다.

이 금액은 온두라스와 볼리비아 그리고 파라과이의 국내 총생산을 넘어서는 수치다. 존 폴슨은 지난 1990년대 초반 영란은행을 굴복시키며 천문학적인 돈을 번 조지 소로스에 이어, 또 다른 전설이 되는 데 성공했다.

존 폴슨의 투자 성공은 부동산 위기 징후를 조기에 파악하고 선제적으로 대응한 덕이다. 물론 버블 가능성을 제기한 전문가는 비단 그만은 아니었다. 지난 2000~2003년 미 언론에는 부동산 버블이라는 단어가 무려 1천3백여 차례 이상 등장했다. 그리고 2004년 이후 3년 동안 이 단어의 등장 횟수는 무려 5천5백 회 이상 급증하며 위기감이 깊어갔다.

하지만 이러한 위기감은 부동산 특수로 천문학적인 돈을 벌어들이던 금융 회사 소속 전문가들에게 조기경보기 역할을 기대하기 힘든 상황이었다. 집값의 이상 징후에 불안감을 느낀 헤지펀드 운영자들조차 CDS

구매를 쉬쉬했다. 파생상품 매입을 권유한 그들이 부동산시장 전망을 어둡게 보는 사실이 노출되면 자칫 고객의 이탈을 부를 수 있다는 위기감 때문이었다.

어쨌든 2007년 6월 당시 125억 달러 정도였던 폴슨앤컴퍼니사의 자산은 2009년 기준 무려 360억 달러에 이르렀다. 전 세계가 금융위기로 신음을 하는 사이에 그는 세 배 정도 자산을 늘렸다. 위기를 기회로 산 것이다.

워싱턴 행정부의
유대인들

루스벨트 대통령 당시 전시내각이 구성되었다. 육군장관에는 모건상사의 고문변호사를, 전시 생산국장에는 제너럴모터스 사장을 임명했다. 그리고 연합군최고사령부 요직은 모건계의 팬아메리카항공사 중역들로 구성되었다. 전시내각은 마치 유대계 증권회사의 주주총회를 방불케 했다. 그 뒤 루스벨트는 재무장관에 유대인 모겐소 주니어(Henry Morgenthau Jr.)를 임명해 11년 동안 나라살림을 맡겼다. 유대인들의 탁월한 능력을 잘 알고 있던 루스벨트는 아인슈타인의 건의를 받아들여 원자폭탄개발계획을 유대인에게 맡겼다. 미국의 나라살림과 국방산업은 유대인 몫이 되었다.

닉슨과 포드 행정부에서 국무장관직을 맡았던 헨리 키신저(Henry Kisinger)와 CIA국장에 이어 국방장관에 오른 제임스 쉴레징어(James Schlesinger)도 유대인이다. 이 덕분에 1974년 4차 중동전쟁에서 이스라엘은 미국의 전적인 지원을 받아 승리했다.

미국 행정부를 장악한 유대인

이제는 아예 유대인들이 정치 일선에 나서고 있다. 상원의 경우, 2012년 기준으로 13퍼센트가 유대인이다. 특히 민주당의 클린턴이 집권한 1993년부터는 유대인들이 본격적으로 미국 행정부의 전면에 등장했다. 이들의 활약은 특히 클린턴 행정부의 요직인 외교·재무·무역·국방 분야에서 두드러졌다. 유대인 각료만 열 명에 이르렀다. 여기에 더해 연준 이사장인 그린스펀(Alan Greenspan)도 있다. 이들 가운데 루빈(Robert Rubin), 서머스(Lawrence Summers), 그린스펀은 1960년대 미국 경제를 이후 최대 호황으로 이끈 클린턴 행정부의 경제정책 삼총사라고 할 수 있다. 클린턴 집권 시절 행정부 내 주요 인물의 42퍼센트가 유대계였다. 연방대법관 아홉 명 가운데 새로 임명된 두 명도 유대인이었다.

정권이 바뀌어 부시 행정부가 들어섰어도 유대인 중용은 그칠 줄 몰랐다. 부시 자신도 유대인의 피가 흐르고 있다. 그의 외할머니가 유대인이다. 부시 정권의 유대계 등용은 백악관 실세인 볼튼(Joshua Bolten) 비서실장 입김에 의해 이루어졌다. 볼튼은 1994년부터 1999년까지 골드만삭스 유럽법인 책임자였다.

정치와 경제 분야뿐만이 아니다. 부시 행정부 때 미국의 대외정책도 유대인 네오콘(공화당 신보수주의자)들에 의해 좌지우지되었다. 럼스펠드(Donald Rumsfeld) 국방장관 등 유대인들이 고위직을 차지해 노골적으로 이스라엘 편들기에 나섰다. 이른바 네오콘의 선봉장이자 부시 행정부의 '선제공격론'의 주창자로 꼽히는 폴 올포위츠(Paul Wolfwitz) 국방부 부장관을 비롯해, 펜타곤 서열 3위인 더글러스 페이스(Douglas Feith) 국방차관, 럼스펠드(Donald Rumsfel) 국방장관 측근 리처드 펄(Richard Perle), 백악관 중동정책 책임자로 국가안보위원회 엘리어트 에이브럼스(Eliot Abrams), 백악관 대변인으로 일하다 물러난 애리 플라이셔(Ari Fleischer) 등이 바로 부시의 중동정책에 영향을 끼쳐온 유대인들이다. 그 뒤 폴 울포위츠는 세계은행 총재와 국무부 국제안보자문위원회 위원장을 지냈다. 한편 미국 내 유대인들은 자신들의 유대계 이름을 표시 안 나는 영국식 이름으로 바꾸는 것으로 알려져 있다. 대표적 인물이 도널드 럼스펠드 전 국방장관이다.

이러한 미국 내 유대인의 영향력은 그리스계 유대인인 존 네그로폰테(John D. Negroponte)가 미국 정보기관을 총괄하는 DNI(Director of National Intelligence)의 최고 통솔자로 임명되면서 최고조에 이른다. CIA와 미 국무성 내 정보기관을 포함한 미국 16개 정보기관을 총괄하는 DNI는 해당 기관들을 총괄해 정보력 활용의 극대화를 이룰 목적으로 2006년에 신설되었다. 그 첫 번째 국장으로 네그로폰테가 임명되어 미국의 모든 정보망의 수장 자리에 유대인이 앉은 것이다.

유대인이 득세하는 이유

상원의원이었던 힐러리 클린턴(Hillary R. Clinton)이나 뉴욕시장인 마이클 블룸버그(Michael Bloomberg)가 당선되자마자 가장 먼저 이스라엘을 방문해 '통곡의 벽' 앞에서 사진을 찍은 것은 결코 우연의 일치가 아니다. 그렇게 하지 않고서는 재선이 어림도 없는 탓이다. 대통령 후보였던 오바마도 선거기간 중에 통곡의 벽으로 달려가 유대인 모자 키파(Kippah)를 쓰고 유대인 식으로 엄숙하게 기도를 했다.

::: 2008년 당시 미국 민주당 대통령 후보였던 버락 오바마가 이스라엘의 통곡의 벽 앞에서 기도하고 있다.

유대인 파워는 몇 가지 특징이 있다. 우선 이들은 권력의 생리를 잘 알고 있다. 과거 이 나라 저 나라에서 눈칫밥을 먹으면서 터득한 지혜다. 이들은 권력의 길목을 지키고 있다가 권력이 필요로 하는 부분을 도와주면서 이를 그들의 권력기반으로 삼고 장기적인 관리를 한다. 또한 유대인들은 수적 열세라는 약점을 잘 알고 있어 그들만이 특화할 수 있는 권력을 집중적으로 개발했다. 경성(硬性)권력 중에는 경제력과 금융, 연성(軟性)권력 중에는 문화예술, 그리고 20세기 이후부터 특수권력으로 성장한 언론 등을 세 개 축으로 해 권력기반을 확대했다.◆

이렇게 유대인들이 득세한 저변에는 그럴 만한 이유가 있다. 먼저 유대인들 스스로가 뛰어난 능력을 지녔을 뿐만 아니라 선거에서 가장 중요한 후원금이라는 돈줄을 쥐고 있기 때문이다. 미국 선거는 후원금이 없으면 치루기 힘든 구조다.

미국에는 엄격한 의미에서 민주당도 공화당도 존재하지 않는다. 창당 정신을 따지기 전에 입후보자들은 선거자금을 대줄 대부호들에게 먼저 인정을 받아야 한다. 미국의 대통령 선거는 후보자가 최저 수억 달러를 모금해야 한다. 2008년 대선만 하더라도 각 후보가 모은 후원금 합계

◆ 박재선, '권력의 길목에, 이면에 그들이 있다', 〈월간조선〉, 2011년 1월호

가 10억 달러를 넘은 것으로 알려졌다. 2012년 대선의 경우, 양당 대선 후보와 전국위원회가 20억 달러, 정치외곽단체인 슈퍼팩이 5억 2천8백만 달러, 전당대회 주최위원회 등이 1억 4천2백만 달러를 지출한 것으로 추정된다. 그러니 그들의 입맛에 맞는 정책으로 돈줄로부터 양해를 얻어야 한다. 이러한 사실에 대해서는 이미 많은 미국 언론들이 지적했다. 선거에 나선 입후보자들의 자금 출처를 좀 더 자세히 살펴보면, 대개가 유대계 돈줄임을 파악할 수 있다. 유대인들은 언론도 쥐고 있어 여론을 자기 입맛대로 이끈다. 정치인들한테는 가장 중요한 아킬레스건인 두 가지를 유대인들이 쥐고 있는 셈이다.

연준을 장악한 헬리콥터, 벤 버냉키

19년을 연준 의장으로 재직하면서 세계 금융시장을 주도한 유대인 앨런 그린스펀에 이어, 2006년 2월 연준 의장에 취임한 벤 버냉키(Ben Shalom Bernanke)는 1953년 유대계 가정에서 장남으로 태어났다. 버냉키는 율법학자인 외할아버지로부터 히브리어와 유대교 율법을 배웠다.

어려서부터 버냉키는 천재로 통했다. 고교 시절 그는 혼자 미적분학을 독학하며 올 에이(A)로 졸업하고 대학입학자격시험(SAT)에서 1천600점 만점에 1천590점을 받은 것으로 유명하다. 이후 1975년 하버드대학교를 수석으로 졸업하며 최우수논문상을 받는 등 1등을 놓치지 않았다. 그는 1979년 매사추세츠공과대학교에서 경제학 박사학위를 받고 23년 동안 명문 스탠퍼드대학교와 프린스턴대학교 교수를 지냈다.

그는 거시경제학, 재정정책, 대공황, 경기순환 등 경제 문제에 관한

폭넓은 저술로 유명한데, 특히 경제불황과 대공황 분야에 강하다. 그가 대공황 연구에 매력을 느낀 것은 유대 역사에서 영향을 받았기 때문으로 보인다. 대공황은 나치 독일을 발흥시킨 유대인에게는 불행한 요인 가운데 하나였기 때문이다. 버냉키는 1930년대 대공황, 1970년대 디플레이션, 1990년대에 발생한 일본의 잃어버린 10년 등 경기불황에 대한 연구로 학문적 일생 전부를 바친 인물이다. 따라서 버냉키만큼 현재의 경제위기를 잘 이해하고 이를 극복할 정책을 제시할 수 있는 인물도 드물다.

그는 평생 학자로 살겠다던 신념을 접고 2002년에 연준 이사로 취임했다. 그는 이사들 사이에 이견이 생길 때 철저한 조사와 조율로 주목받았다. 버냉키는 연준 이사로 재직하면서 미국 경제가 지난 2002, 2003년의 디플레이션으로 회귀될 가능성을 가장 큰 목소리로 경고해 온 인물이다. 그는 연준의 개입을 통한 어느 정도의 인플레이션을 옹호해 왔다.

2005년 6월부터는 대통령경제자문회의 위원장에 임명되어 부시 대통령을 측근에서 보좌했고, 2006년부터 미국 경제가 가장 어려운 시기에 연준 의장으로 일하고 있다. 그린스펀은 암호해독기가 필요할 만큼 알쏭달쏭한 메시지를 던짐으로써 시장을 선제적으로 제압하거나 오히려 시장의 혼란을 초래했지만 버냉키는 솔직한 커뮤니케이션 방식으로 투명한 연준을 만들어 가고 있다.

월가를 대표하는 가이트너 재무장관

오바마 대통령이 당선된 뒤, 전 골드만삭스 회장이던 재무장관 헨리 폴슨(Henry Merrit Paulson Jr.)과 루빈 밑에서 일했던 뉴욕연방은행 총재인 티머시 가이트너(Timothy Geithner)가 신용위기로 휘청거리는 미국 경제를 추슬렀다. 그 뒤 재무장관, 국가경쟁력위원장, 경제회복자문위원장, 예산국장 등 경제정책의 핵심자리는 모두 유대인 몫이 되었다.

특히 가이트너 재무장관은 금융위기가 발생했을 당시 뉴욕연방은행 총재를 지내면서 베어스턴스나 AIG의 구제금융 지원에 나서는 등 위기대책을 주도했던 인물이다. 가이트너가 발탁되자 월가가 환호한 이유다. 시티 구제금융과 가이트너 임명이 거의 동시에 발표되자 다우지수는 1987년 이후 최대의 폭등으로 화답했다. 이틀간 무려 11.8퍼센트나 올랐다. 특히 금융주가 강세를 보였다. 시티 주식은 하루만에 58퍼센트, 제이피모건체이스와 메릴린치, 모건스탠리는 20퍼센트 이상 올랐다.

가이트너는 다트머스대학교를 졸업한 뒤 루빈과 서머스 두 유대인 재무장관의 밑에서 각각 차관보와 차관으로 일하며 1997년 아시아 통화위기를 관리한 바 있다. 루빈과 서머스의 '제자'인 셈이다. 아시아 경제위기가 도래한 1997년에는 재무차관으로, 신용위기가 도래한 2009년에는 재무장관으로 일한 특이한 경력의 소유자로 오바마 정권의 경제정책을 주도하고 있다. 일본어와 중국어도 구사하는 '아시아 통'으로 한미통화스왑협정 체결에도 중요한 역할을 한 것으로 알려졌다. 특히 1997년 재무차관 시절 우리나라 외환위기 때 한국의 경제와 금융정책을 혹독하게 주무른 인물이다.

달러의 위기와
환율전쟁

달러의 역사를 되짚어 보면 저 깊숙한 속내는 시종일관 '달러 약세 정책'이 있다. 그래야 빚 탕감 효과가 있기 때문이다. 지금까지의 미국 환율정책의 역사가 그것을 말해 주고 있다. 이 정책에는 두 가지 방법이 있다. 알게 모르게 화폐 발행을 늘려 달러 가치를 떨어뜨리는 인플레이션이 그 하나요. 다른 하나는 아예 드러내 놓고 평가절하하는 방법이다.

그러나 여기에도 미국의 고민은 있다. 미국은 세계 기축통화로서의 달러 위상을 지키기 위해 동시에 달러 강세를 지향한다. 여기서 달러 강세란 돈의 실질가치가 높아서가 아니라 국제 결제통화로서 강한 지배력을 뜻한다. 따라서 미국은 국내 재정정책상의 약 달러 정책과 국제 기축통화로서의 강 달러 정책을 동시에 유지해야 하는 모순을 안고 있다. 이 모순된 딜레마를 가능한 눈치 채지 못하도록 끌고 나가는 과정이 '교묘한 달러 곡예의 역사'다.

미국 주도의 환율전쟁

미국은 자기들의 경제 상황이 힘들 때마다 주기적으로 달러의 평가절하를 시도해 환율전쟁을 촉발하고 있다. 1930년 대공황을 촉발한 1차 환율전쟁(1921~1936년), 브레턴우즈 체제가 붕괴된 2차 환율전쟁(1967~1987년), 플라자 합의로 9년 7개월간 지속된 3차 환율전쟁(1985년~1995년) 등 크게 세 차례가 있었다.

대공황 때 루스벨트 정부는 달러를 40퍼센트 평가절하해 환율전쟁을 촉발한 바 있다. 그 뒤 갈등의 정점은 1971년 8월의 '닉슨쇼크'였다. 미국의 닉슨 대통령은 달러를 금과 바꿔 주는 금태환의 정지를 전격 선언해 브레턴우즈 체제를 무너뜨렸다. 이후 갈등의 산물은 1985년 9월의 플라자 합의였다. 주요 선진 5개국(G5) 재무장관과 중앙은행 총재들은 뉴욕의 플라자 호텔에 모여 달러화 약세 유도를 결정했다.

환율전쟁 이후 달러화는 일본의 엔화와 독일 마르크화 등 주요 통화에 대해 공통적으로 큰 폭의 약세를 보였다. 닉슨쇼크 시점부터 7년 2개월간 지속된 달러약세기(1971년 8월~1978년 10월)에는 달러화의 가치가 엔화와 마르크화에 대해 각각 절반 수준으로 떨어졌다. 플라자 합의부터 9년 7개월 동안 지속된 달러약세기(1985년 9월~1995년 4월)에도 달러화의 가치는 엔화에 대해 3분의 1 수준으로, 마르크화에 대해서는 절반 수준으로 각각 급락했다.

2008년 금융위기 이후 현재까지 4차 환율전쟁인 미국의 양적완화 정책의 결과 브라질 헤알화가 75퍼센트 급등(2002년 말 대비)한 것을 비롯해 일본 엔화(46퍼센트), 중국 위안화(30퍼센트) 등이 모두 통화가치가 올랐다. 오늘날 대다수 국가는 자국 통화 강세를 막기 위해 안간힘을 쓰고 있는 형편이다.

누리엘 루비니(Nouriel Roubini) 미국 뉴욕대학교 경영대학원 교수와 스티븐 로치(Stephen S. Roach) 전 모건스탠리 아시아 회장 같은 석학들은 작금의 4차 글로벌 환율전쟁이 세계경제에 암적인 존재라고 경고한다. 특히 문제는 유럽의 재정위기, 일본의 경기침체와 맞물려 이들 국가들조차 양적완화에 동참함으로써 이제 앞으로 가장 큰 피해 대상국은 중국과 한국·인도 등 아시아 통화와 브라질·러시아 등 신흥 개발도상국들이 주요 절상대상으로 떠올랐다는 점이다. 남의 문제가 아닌 바로 우리 문제가 된 것이다.

멈추지 않는 양적완화 정책

미국은 금융위기를 이용해 달러 유동성을 무섭게 공급하고 있다. 2009년 연초에 1천6백8십억 달러나 되는 세금을 환급해 주었다. 미국 GDP의 5.7퍼센트에 이르는 7천억 달러 규모의 금융구제안도 통과되어 돈을 열심히 풀었다. 유로 지역에 달러스왑을 통해 달러를 무제한 공급하기도 했고 유로 자체적으로도 2조 5천억 달러 규모의 유로화가 풀렸다. 모기지 업체인 패니메이와 프레디맥의 국유화에 쓴 돈이 4천억 달러나 된다. 연준에서는 지금까지 상업은행에만 공급하던 유동성을 직접 시장에 공급하는 양적완화(Quantitative Easing) 정책 등을 활용해 2조 5천억 달러의 자금을 시중에 공급했다. 이를 통해 기업어음(Commercial Paper, CP)도 직접 매입했다. 즉 기업들의 단기 유동성 조달창구인 기업어음 시장에 1조 8천억 달러를 쏟아 부어 사들였는데, 기업어음은 신용도가 높은 우량기업이 자금조달을 목적으로 발행하는 단기의 무담보어음을 일컫는다.

한편 은행채 등의 발행보증으로 1조 9천억 달러를 퍼부었으며 그들의 부실자산들을 매수하는 데 7천억 달러를 썼고, 모기지 채권을 직매입하는 데 6천억 달러를 조성했다.

2009년 초까지만 해도 전 세계 유동성 공급량이 6조 달러 정도였지만, 오바마가 취임하고 단 2~3주 만에 이미 집행했거나 투입할 유동성이 본원통화의 증가분을 포함해서 8조 달러를 넘어섰다. 이 정도의 유동성이라면 유로존 전체와 미국·일본 총통화의 3분의 1에 해당되며, 미국 GDP의 60퍼센트에 이르는 엄청난 유동성이다.

연준은 양적완화를 통해 주택담보부증권(MBS)과 장기국채를 대량 매입해 침체된 주택시장을 부양하고 장기금리를 내려서 실물경제를 회복시키려 했다. 그러나 양적완화 효과가 끝난 직후, 미국 경제는 다시 침체로 빠져들었고 '더블딥'(이중침체) 우려가 시장에 팽배했다. 이런 시장의 우려를 불식하기 위해 그 뒤 2차 양적완화가 2010년 11월에 시행되었다. 미국 연준은 6천억 달러 상당의 양적완화를 8개월에 걸쳐 시행했다.

경기부양이냐 인플레이션이냐

그런데도 고용이 늘지 않고 경기가 살아나지 않자 2012년 9월 13일에는 3차 양적완화 정책을 발표했다. 적어도 2015년 중반까지는 기준금리를 연 0~0.25퍼센트로 유지하는 초저금리 기조를 이어가고, 매달 4백억 달러에 달하는 규모의 주택담보부증권을 매입하는 조치가 주 내용이었다. 반면 기한은 '고용이 호전되거나 물가가 급등하기 전까지'로 명시해 사실상 무기한 매입할 것임을 시사했다. 지난 시기에는 양적완화가 시작되면 금융시장에 과열이 일어나고, 돈 풀기가 끝나면 얼마 안가 증시가 급락하면서 금융시장이 흔들리는 상황이 반복됐었다. 이에 연준은 기한을 잡지 않음으로써 과열과 급락을 방지하고 경기 부양의 의지를 공표한 것이다.

금액으로만 보면 1차 양적완화는 2009년 1월부터 2010년 3월말까지 15개월간 총 1조 7천5백억 달러 규모로 시행됐고, 2차는 2010년 11월부터 2011년 6월까지 8개월간 6천억 달러 규모로 시행됐다. 월 매입 규모는 1차 양적완화 때의 월평균 960억 달러, 2차 때의 750억 달러보다는 다소 약해 보이나 무엇보다 무제한으로 이 조처를 시행할 계획이고 부족하면 추가 조치를 취해서라도 경기를 부양하겠다고 밝혀 전례 없이 강력한 정책을 쓴 것이다.

게다가 2012년 12월 12일에는 추가 확대조치를 발표했다. 2013년 1월부터 주택담보부증권 400억 달러 매입 이외에도 별도로 매달 450억 달러의 국채를 추가 구입키로 한 것이다. 결국 매달 총 850억 달러 규모의 채권을 사들이는 방식으로 시중 유동성을 늘리게 된다. 더구나 초저금리를 실업률과 연동시켜 현재 8% 안팎의 실업률이 6.5%선까지 줄어들 때까지 초저금리를 지속하겠다고 발표하여 사실상 무기한 지속 가능성을 보여 주었다.

문제는 나중에 벌어질 일이다. 지금은 경기부양이 달콤한 꿀이지만 나중에 경기가 회복되면 광의의 유동성은 화폐발행액의 70배, 본원통화의 35배 이상으로 불어나는 게 보통이다. 앞으로 불어 닥칠 인플레이션 후폭풍이 염려된다.

달러 약세 정책이 환율전쟁을 부른다

양적완화는 달러화의 가치를 떨어뜨려 미국 수출 기업이 외국 기업에 비해 유리하도록 하는 효과를 내는데 실제로 1차 양적완화 이후에 달러 가치는 10퍼센트 정도 떨어졌고, 2차 이후에는 5퍼센트 정도 더 떨어졌다. 미국의 2차 양적완화 정책은 그 시점이 G20 정상회의 및 미국과 중국 간의 환율갈등과 맞물려 마치 다른 경쟁국 통화에 대한 미화 가치를 인위적으로 내리려는 것처럼 인식되었다. 특히 기회만 있으면 미국 통화 정책을 비판해 오던 중국과 브라질은 물론 이제는 일본, 독일, 프랑스 등 대부분의 G20 국가들도 미국을 비판하고 나섰다.

3차 '무제한' 양적완화 정책의 시행으로 당장은 주식시장의 호황과 저금리 하의 시장안정에는 이바지할 것으로 보이나 그 후유증은 전례 없이 크게 나타날 것이다.

1985년 플라자 합의 이후 미국은 단계적인 달러 약세를 통해 상당한 이익을 챙겨 왔다. 당시 아시아 국가 중 일본만이 신축적인 환율 제도를 가지고 있어 절상의 부담을 고스란히 안았으며 그 결과 자산 버블과 붕괴를 거치면서 잃어버린 20년을 경험했다.

문제는 무제한 양적완화 정책으로 앞으로 달러 가치가 얼마나 더 떨어질지 모른다는 점이다. 이로 인해 미국의 양적완화 정책은 국가 간 긴장을 더욱 강화하고 있다. 다른 나라들도 무역경쟁력 확보를 위해 환율전쟁에 뛰어들 것이 뻔하기 때문이다. 미국의 무제한적인 양적완화 효과와 유로존 경제국들의 재정위기, 일본의 디플레이션 위험 등 환율에 큰 변수가 될 만한 경제 문제들이 산재되어 있어 외환시장의 긴장감은 어느 때보다 고조될 것으로 보인다. G2로 이야기되는 미국과 중국의 환율 공방을 비롯해 유로화와 엔화 등 외환시장에 환율전쟁의 먹구름이 몰려오고 있다.

　게다가 지금까지의 경험상 미국 시중은행에 넘쳐난 자금은 미국 국민에게 대출을 하기보다는 연준에 재예치되거나 투기자본화해 자본이득을 극대화할 목적으로 외국으로 유출되어 버리기 때문에 문제가 있다. 미 연준은 3차 양적완화 조치를 발표하면서 다시 돈을 찍어 푸는 것이 '고용' 때문임을 강조했지만,◆ 이러한 조치가 고용과 성장에 도움을 줄 가능성은 그리 높지 않다. 중앙은행이 찍어낸 돈으로 시중의 채권을 매입하면, 그 돈은 JP모건이나 씨티그룹, 골드만삭스 같은 주요 대형은행들에 공급된다. 양적완화가 고용과 성장에 도움이 되려면, 이들이 받은 돈으로 가계나 기업에 대출을 해 주고, 가계나 기업이 투자를 하고 집을 사는 등 소비가 일어나면, 고용이 늘어나고 또 소비가 촉진되는 선순환이 일어나야 한다. 그러나 거품이 붕괴되고 경기 침체가 지속되면서, 가계와 기업들은 부채를 줄이고 자산 건전성을 회복하기 위해 안간힘을 쓰고 있는 상황이다. 따라서 중앙은행이 아무리 돈을 찍어 은행에 공급해도 그 돈이 생산적인 부분으로 흘러 들어가 고용과 성장을 촉진하기 어려운 상황이다. 이런 이유로 지난 1~2차 양적완화로 풀린 2조 3천5백억 달러 중 절반가량인 1조 달러 가량이 연준에 재예치되어 낮잠을 자고 있다는 것이다. 문제는 돈이 없는 게 아니라, 투자할 곳이 없다는 데 있다.

　생산적인 분야로 들어가지 못한 돈은 결국 금융시장으로 흘러가게 된다. 특히 수익성이 높은 동아시아와 상품 투자가 유력한 대상이다. 그리

◆ 미 연준은 3차 양적완화조치를 발표하면서 "지난 금융위기 때 사라진 8백만 개의 일자리 가운데 절반도 회복하지 못했고, 2012년 9월 8.1퍼센트의 실업률은 2012년 초부터 개선기미를 보이지 않고 있다."고 했다.

하여 증시와 상품시장은 급등하게 되고 자산 거품이 늘어나게 된다. 투기자본들의 배만 불리게 되는 것이다. 양적완화는 세계적인 금융투기를 부추겨 동아시아의 금융시장과 상품 시장을 더욱 불안정하게 할 것이다.

우려되는 인플레이션 쓰나미

3차 양적완화 정책의 골자는 시중에 돈을 '무제한'으로 뿌리겠다는 것이다. 통화 정책의 기본은 뿌린 돈이 물가를 올리면 다시 거두는 것이다. 그런데 이번 정책은 뿌린 돈을 거둬들이지 않고 2015년 중반까지 시장에 그대로 내버려 두겠다는 점이 다르다. 인플레이션이 필연적이다. 미국은 인플레에 대한 부작용을 알면서도 고용시장 활성화라는 목표 달성을 위해 사실상 인플레이션을 방치하겠다는 것이다. 아니 방치 정도가 아니라 인플레이션을 유도해 집 값 상승을 시켜 금융 위기로부터 벗어나겠다는 의도가 보인다.

차마 드러내 놓고 말은 못하지만 돈을 뿌리는 연준의 전략은 간단하다. 첫째, 부동산가격을 올리기 위해서는 인플레이션 외에는 약이 없다는 것이다. 둘째, 달러 약세를 통해 빚을 줄인다는 것이다. 이렇게 되면 경기가 정말로 회복될 경우 금리 인하 등 선제적 대응이 불가능해 출구 전략을 펼칠 사이도 없이 인플레이션 쓰나미가 닥칠 수 있다. 또 그 쓰나미를 막겠다고 급격한 통화회수와 금리인상을 쓸 수밖에 없을 터이니 그 부작용과 역풍도 걱정하지 않을 수 없다.

맺는
말

세계의 금융시장을 리드하는 연준과 월가가 이렇듯 유대인에 의해 주
도되고 있다. 연준은 발권력뿐 아니라 기준금리의 책정, 공개시장 조작
등으로 금융통제를 맡아 왔다. 백악관은 언제나 사립은행의 집합체인 연
준으로부터 돈을 빌려 썼고, 그 결과 연준에 의해 좌우되는 오늘의 상태
가 되었다.

미국뿐 아니라 세계의 많은 나라들이 연준이 금리를 얼마만큼 올리고
내리느냐, 통화량을 얼마만큼 줄이고 푸느냐에 따라 일희일비하면서 신
경을 곤두세우고 있다. 연준을 지배하는 자가 세계의 금융을 지배할 수
있게 된 것이다.

이번 미국발 금융위기에서도 우리는 두 유대인의 입만 쳐다보았다. 버
냉키 연준 의장과 헨리 폴슨 재무장관이 그들이다. 오바마 정권이 들어
선 이후에도 유대인의 입만 쳐다보기는 마찬가지다. 헨리 폴슨이 티머시
가이트너로 바뀌었을 뿐이다.

유대인 이야기를 쓰고 보니, 1990년대 초 밀턴 프리드먼(Milton
Friedman)과 《흥망 세계경제》를 쓴 일본의 가나모리 히사오(金森久雄)가 별

였던 논쟁이 생각난다. 이들 사이의 논쟁은 국가경제의 흥망과 성쇠를 가져오는 원인이 '제도'에 기인하는 것인지 아니면 '인간'에 기인하는 것인지에 대한 설전이었다. 프리드먼은 제도가 중요하다고 보았고, 히사오는 인간이 중요하다고 보았다. 프리드먼은 1980년대의 중국과 대만의 예를 들어 같은 민족이지만 제도적 차이로 경제력의 차이가 벌어졌다고 주장했다. 결국 경제의 성공과 실패를 만드는 것은 인간이 아니라 제도라고 보았던 것이다. 결국 이 논쟁에서도 프리드먼이 이겼다. 그러나 유대인 이야기를 쓰고 보니 경제는 인간이 주인공이었다. 세계 경제사의 주역은 유대인이었다.

사실은 유대인 이야기보다는 좀 더 현실감 있는 국제금융에 관한 글을 쓰고 싶었다. 여기에 우리 서비스수지 적자의 근본 요인인 관광산업, 교육산업, 의료산업 등을 덧붙여 금융을 포함한 서비스산업의 중요성에 대해 알리고 싶었다. 특히 요사이 국제 금융시장이 얼마나 현란하게 돌아가고 있는지, 금융자본은 얼마나 빨리 팽창하고 있는지, 월가와 런던 금융시장의 깊숙한 내부의 메커니즘은 어떻게 돌아가고 있는지 이야기하고 싶었다.

파생상품이 만들어진 시대적 배경과 아울러 그 해악, 주식시장과 파생상품의 거래가 사람의 손을 떠나 치밀한 컴퓨터 프로그램들끼리 부딪히는 현장, 과학적 투자기법의 원리, 자본주의의 극을 달리는 국제금융시장의 실체, 첨단 금융기법 등을 욕심껏 파헤쳐 전달하고 싶었다. 너무 무분별하게 달리다 신용위기가 터졌지만, 이는 감추어진 축복일 수 있다. 자본주의가 살아 있는 한, 자본의 위력은 그 스스로가 다시 이야기를 시작할 것이다.

또한 창의력과 의지로 키울 수 있는 관광산업, 미래의 궁극적 승부처인 교육산업, 가장 우수한 인재들이 모여 있는 의료산업을 비롯해 이들 서비스산업을 키워낼 인재 양성에 관해 이야기하고 싶었다. 그리고 그 무엇보다도 서비스산업의 '중요성'을 알리고 싶었다. 그냥 중요하다고만 외쳐서는 피부에 와 닿을 것 같지 않았다. 그래서 유대인을 통해 본 서비스산업의 경제사적 의미를 도입해, 독자가 그 중요성을 피부로 느끼게 하고 싶었다. 그래서 고대부터의 유대인의 발자취를 추적했던 것이다.

그간 쓴 내용을 다시 들여다보니 내 능력을 넘어서는 분야가 많았다. 한마디로 욕심이었다. 내가 도전하기에는 역부족임을 자인한다. 게다가 소송을 무기로 유대인 연구를 감시하는 유대인비방대응기구(Anti Defamation League, ADL) 때문에 서구에서는 유대인에 관한 자료를 구하기 힘들었다. 특히 비유대인이 쓴 책은 거의 없었다. 부족한 글을 모아 '유대인, 그들은 과연 누구인가?'라는 화두를 던지는 데 그쳤지만 누군가는 또는 어느 조직에선가는 해야 할 일이다. 개인이 아닌 시스템을 갖춘 조직이 앞장서야 할 것 같다. 능력 있는 단체의 관심과 후학들의 정진이 있기를 바랄 뿐이다.

| 참고문헌 |

《가난한 아빠 부자아들 3-금융의 정복》, 데릭 윌슨, 신상성 옮김, 동서문화사, 2002.

《갈등의 핵, 유태인》, 김종빈, 효형출판, 2007.

《경제 강대국 흥망사》, 찰스 P. 킨들버거, 주경철 옮김, 까치, 2005.

《경제사 오디세이》, 최영순, 부키, 2002.

《경제의 세계 세력도》, 사카키바라 에이스케, 삼정KPMG경제연구소 옮김, 현암사, 2005.

《경제의 역사》, 비토리오 주디치, 최영순 옮김, 사계절, 2005.

《경제학의 역사》, 갤브레이스, 장상환 옮김, 책벌레, 2002.

《곰브리치 세계사 1, 2》, 에른스트 곰브리치, 이내금 옮김, 자작나무, 1997.

《공동번역 성서》, 대한성서공회.

《그림자 정부1-3》, 이라유카바 최, 해냄, 2008.

《금융의 지배》, 니얼 퍼거슨, 김선영 옮김, 민음사, 2010.

《달러의 경제학》, 애디슨 위긴, 이수정 옮김, 비지니스북스, 2006.

《돈, 뜨겁게 사랑하고 차갑게 다루어라》, 코스톨라니, 김재경 옮김, 미래의창, 2005.

《돈 버는 경제학》, 최용식, 랜덤하우스, 2008.

《로마인 이야기》(전 15권), 시오노 나나미, 김석희 옮김, 한길사, 1995-2007.

《로스차일드 가문》, 프레더릭 모턴, 이은종 옮김, 주영사, 2008.

《미국경제의 유태인파워》, 사토 다다유키, 여용준 옮김, 가야넷, 2002.

《미래의 물결》, 자크 아탈리, 양영란 옮김, 위즈덤하우스, 2007.

《부의 역사》, 권홍우 지음, 인물과사상사, 2008.

《상식 밖의 동양사》, 박윤명, 새길, 1995.

《상식 밖의 세계사》, 안효상, 새길, 1997.

《성경 탈무드》, 마빈 토케이어, 이찬일 옮김, 선영사, 1990.

《성서 이후의 유대인》, 최영순, 매일경제사, 2005.

《세계 경제의 그림자 미국》, 홍성국, 해냄, 2005.

《세계 경제를 뒤흔든 월스트리트 사람들》, 우태희, 새로운제안, 2005.

《세계를 움직이는 유대인의 모든 것》, 김욱, 지훈, 2005.

《세계사100장면》, 박은봉, 실천문학사, 1998.

《세계사의 주역, 유태인》, 박재선, 모아드림, 1999.

《세계최강성공집단 유대인》, 막스 디몬트, 이희영 옮김, 동서문화사, 2002.

《소금과 문명》, 새뮤얼 애드셰드, 박영준 옮김, 지호, 2001.

《소로스의 모의는 끝났는가》, 쿠사카리 류우헤이, 강탄현 옮김, 지원미디어, 2000.

《스페인 역사 100장면》, 이강혁, 가람기획, 2003.

《신을 거역한 사람들》, 피터 번스타인, 안진환, 김성우 옮김, 한국경제, 2008.

《0.25의 힘》, 육동인, 아카넷, 2009.

《월스트리트 100년》, 찰스 R. 가이스트, 권치오 옮김, 좋은책만들기, 2001.

《월스트리트 제국》, 존스틸 고든, 김남규 옮김, 참솔, 2002.

《월가 제대로 알기》, 머니투데이 국제부, 아카넷, 2005.

《유대교 입문》, 브라이언 랭커스터, 문정희 옮김, 김영사, 1999.

《유대인 기적의 성공비밀》, 김욱, 지훈출판사, 2006.

《유대인》, 정성호, 살림, 2012.

《유대인은 EQ로 시작하여 IQ로 승리한다》, 최한구, 한글, 1998.

《유대인을 알면 경제가 보인다》, 최재호, 한마음사, 2001.

《유대인의 역사》, 폴 존슨, 김한성 옮김, 살림, 2005.

《유태 7대재벌의 세계전략》, 오오타류, 양병준 옮김, 크라운출판사, 2006.

《유태인 경제교육의 비밀》, 문미화·민병훈, 달과소, 2005.

《유태인 오천 년사》, 강영수, 도서출판 청년정신, 2003.

《유태인의 상술》, 후지다 텐, 진웅기 옮김, 범우사, 2008.

《이스라엘사》, 최창모, 대한교과서주식회사, 1994.

《이야기 세계사》, 김경묵·우종익, 청아출판사, 2006.

《인생은 경제학이다》, 공병호, 해냄, 2006.

《자본주의 종말과 새 세기》, 기 소르망, 김정은 옮김, 한국경제, 1995.

《제2의 가나안 유태인의 미국》, 박재선, 해누리, 2002.

《하룻밤에 읽는 세계사 2》, 미야자키 마사카츠, 오근영 옮김, 랜덤하우스코리아, 2011.

《하룻밤에 읽는 유럽사》, 윤승준, 랜덤하우스코리아, 2004.

《화폐전쟁 1,2》, 쑹훙빈, 차혜정, 홍순도 옮김, 랜덤하우스코리아, 2008, 2010.

《환율전쟁》, 최용식, 새빛에듀넷, 2010.

《흥망 세계경제》, 가나모리 히사오, 정재철 옮김, 매일경제신문사, 1995.

그 외 각종 논문, 신문 및 인터넷 글 참조.

657

유대인 이야기

초판 1쇄 발행 2013년 1월 20일
초판 23쇄 발행 2024년 10월 5일

지은이   홍익희

펴낸곳   (주)행성비
펴낸이   임태주

출판등록번호 제2010-000208호
주소   경기도 김포시 김포한강10로 133번길 107, 710호
대표전화   031-8071-5913
팩스   0505-115-5917
이메일   hangseongb@naver.com
홈페이지   www.planetb.co.kr

ISBN 978-89-97132-28-7 (03920)

행성B는 독자 여러분의 참신한 기획 아이디어와 독창적인 원고를 기다리고 있습니다.
hangseongb@naver.com으로 보내 주시면 소중하게 검토하겠습니다.